推进国家治理体系和治理能力现代化

长江产经院研究报告选编（2020）

张月友 陈 柳 编著

中国财经出版传媒集团
中国财政经济出版社

图书在版编目（CIP）数据

推进国家治理体系和治理能力现代化：长江产经院研究报告选编．2020 / 张月友，陈柳编著．－－北京：中国财政经济出版社，2020.9

ISBN 978－7－5223－0029－0

Ⅰ.①推…　Ⅱ.①张…　②陈…　Ⅲ.①国家－行政管理－现代化管理－研究报告－中国　Ⅳ.①D630.1

中国版本图书馆 CIP 数据核字（2020）第 170386 号

责任编辑：李筱文　　　　责任校对：李　丽

封面设计：陈宇琰

中国财政经济出版社 出版

URL：http：//www.cfeph.cn

E－mail：cfeph@cfeph.cn

社址：北京市海淀区阜成路甲 28 号　邮政编码：100142

营销中心电话：010－88191537

北京财经印刷厂印刷　各地新华书店经销

710×1000 毫米　16 开　32 印张　547 000 字

2020 年 9 月第 1 版　2020 年 9 月北京第 1 次印刷

定价：92.00 元

ISBN 978－7－5223－0029－0

（图书出现印装问题，本社负责调换）

本社质量投诉电话：010－88190744

打击盗版举报热线：010－88191661　QQ：2242791300

“双循环”新发展格局下的高质量发展

（代序）

习近平总书记在2020年全国“两会”上讲，面向未来，我们要逐步形成以国内大循环为主体、国内国际“双循环”相互促进的新发展格局。2020年7月21日在企业家座谈会上的讲话，他进一步解释了提出这个重大的战略转变的原因：以前，在经济全球化深入发展的外部环境下，市场和资源“两头在外”对我国快速发展发挥了重要作用。在当前保护主义上升、世界经济低迷、全球市场萎缩的外部环境下，我们必须充分发挥国内超大规模市场优势，通过繁荣国内经济、畅通国内大循环为我国经济发展增添动力，带动世界经济复苏。

众所周知，中国过去以瞄准国外市场进行出口导向的经济全球化战略，在40多年中取得了巨大成功。这一全球化战略的实施，是在客场进行的。为什么没有在自己的主场进行？因为国内市场发育不足或不良，既无法消化日益增长的供给能力，也无法引导或决定资源配置。因为人均收入低、消费能力差，如果企业仅仅瞄准国内市场，就没有办法通过销售以实现扩大再生产。经济转轨中虽然我国居民收入水平有了迅猛增长，但由于国内市场分割或市场主体的信用不足，企业发现我们的国内市场往往是看起来比较大，而实际可利用的规模和效能并不大，企业就更愿意选择出口销售。

客场经济全球化为什么能取得巨大的成功？内在的原因是我国在生产要素方面存在着巨大的比较优势，切入全球价值链后进行全球竞争，我们有巨大的竞争优势。但在2008年世界金融危机后，我们越来越发现在客场进行的经济全球化，从大国发展的角度看是一种不可持续的战略。一是过于依赖西方国家的市场，容易在复杂多变的国际环境中遭遇某些国家的抵制；二是对自身发展资源利用不足，尤其是不能有效地用好自己逐步成长的市场容量这一重要竞争优势；三是长期进行国际代工，难以在竞争中培育出自主品牌和技术并取得高附加值，而且容易丧失发展的自主性；四是我们自身的比较优势也在发生变化，随着发展水平的提升，廉价要素不再是竞争优势，逐步形成的超大规模市场成为真正的优势。

为此，要尽快把在客场进行的、以出口为主要特征的经济全球化，升级为在主场进行的、以利用内需为主的经济全球化。简单来说，就是要利用内需，对全球开放市场。世界市场或全球市场不是一个地理学概念，不是用区域来划分的，而是一个开放与否的概念：市场只对本国开放，就是国内市场，如果对全球各国开放，就是全球市场。

这样一来，一是内需就成为实现全球化战略转型的工具、资源和手段；二是中国市场成了全球市场后，新一轮的全球化将在我们的主场进行，内需市场开放是更大的对外开放；三是可以利用内需来促外需，即一方面用内需虹吸全球先进生产要素为我所用，发展创新经济，进行产业升级；另一方面依托于庞大的内需，实现规模经济和差异化的优势，鼓励中国企业走出去、走上去和走进去。

这种“双循环”的新发展格局，显然不是不要国外市场，更不是封闭起来搞自我经济循环，而是要让国内市场在资源配置和经济成长中起决定性作用，改变中国参与国际产业竞争的形式、方式和途径，不仅要以国内大市场体系循环代替“两头在外、大进大出”的单循环格局，而且要让国内市场与国际市场链接起来，以国内市场发展和壮大促进和带动国内企业参与国际市场循环。显然，这是跟客场经济全球化完全不同的发展战略。

以国内循环为主的“双循环”的新发展格局，强调的是要把自己国内的事情先做好，任凭国际风云变幻，我们仍然坚持高水平的开放，仍然坚持首先要走高质量发展的道路。全面实现社会主义现代化必须坚持十九大报告提出的高速增长转向高质量发展，坚持质量第一、效益优先，推动经济发展质量变革，满足人民日益增长的美好生活需要。问题的关键和核心在于，我们怎样在“双循环”新发展格局下坚持走高质量发展道路？

第一，在“双循环”新发展格局下推进高质量发展，要刺激扩大内需的制度改革，将其放到改革与发展的最重要的位置上。扩大内需是“双循环”新格局形成的起点和基础。扩大内需既要做大“蛋糕”，也要分好“蛋糕”。前者与刺激生产性努力增加和提高生产率的制度改革有关，这是扩大内需的决定性方面的因素；后者与如何分配结构性改革有关，影响甚至决定后期的“蛋糕”生产。在一个收入和财富分配基尼系数很高的社会中，由于高收入者的消费边际倾向很低，而低收入者又没钱消费，那么即使这个社会平均的财富和收入都很高，也达不到扩大内需的作用。发达国家的社会实践证明，形成中等收入群体占据绝对地位的收入分配结构，是一种最有利于扩大内需的制度结构安排。因此我们可以断言，"十四五"规划必定要较大幅度地调整现有的收入和财富分配格局，并为此制定新的战略和政策。由于这种调整必然会损害有关利益集团的既得利益，因此收入和财富的分配结构不是短期可以改变的，形成中产阶级占据统治地位必然是一个长期的系统工程，因此扩大内需也不可能如某些人所认为的那样是一种短期策略，而是一个中长期的战略取向和政策选择。

第二，在"双循环"新发展格局下推进高质量发展，要把建设全国统一大市场的任务，置于改革政策设计的优先次序。在主场实施新一轮的经济全球化战略，一个充分必要条件是国内必须有强大的内需支撑或超级市场规模的优势，从而该市场可以为全球的资源和要素提供新的发展机会。未来国内强大市场可能会成为我国参与或在一定程度上主导国际竞争的绝对优势。这一逻辑必须在"十四五"国家战略规划中给予充分的重视和坚决的贯彻实施。党的十八大、十八届三中全会、十九大报告，都提出要建设统一开放竞争有序的市场体系，让内需规模名列世界前茅的要求。我国现在内需规模有100万亿元人民币，但是内需的结构还存在着一些突出的问题：一是内需中消费比重低、投资比例过大。2019年最终消费占比为55.4%，发达国家一般占70%、甚至80%，差距很大。二是我国的人均GDP与人均可支配收入之间差距较大，后者水平较低，同时可支配收入水平也很低，结构失衡，6亿人口处于人均月可支配收入在1000元左右的水平。自然，这部分人口的消费水平相应也很低。三是我们的市场体系结构严重不均衡，消费品市场和生产资料市场发育充分竞争激烈，但是要素市场如土地、资本、高级人力资源等市场严重扭曲，同时行政区经济、市场信用度不足、行政垄断以及对内开放不足。这给参与"双循环"的企业造成很高的交易成本，阻碍通过内需发挥增长支撑效应。这是中国市场建设中需要迫切解决的重要问题，需要进一步坚持市场取向改革，尤其是要通过大力推进要素市场化改革来解决。要素市场改革是中国统一市场形成的难题，也是"双循环"新格局形成的突破口和关键环节，是中国经济全球化发展战略重大调整的基础。

第三，在"双循环"新发展格局下推进高质量发展，要建设各类虹吸全球科技创新资源的平台，这是未来中国参与国际竞争的重要措施和途径。过去在客场全球化下，我国地方政府和企业参与国际竞争地方办法，是通过举办各类开发区、制定各类优惠政策，积极主动创造吸收外资的"洼地"效应。

依据开发区这类空间平台，鼓励企业承接跨国企业发出的制造业外包订单，进行加工制造生产装配活动，然后再进行出口。在“双循环”的主场全球化态势下，我国庞大的内需，将会为全球先进要素尤其是人力资本、技术资本和在知识资本创造巨大的发展机会。当今世界只有内需强大的发达国家，才真正具有大量的投资机会，才能为资本和人才创造具有安全性、增值性、流动性的发展机遇。因此“双循环”新格局下吸收外资虽然也重要，但是与开放内需发展创新经济的本质性要求相比较就处于相对次要地位，只有大力吸引各类技术和人才，才是促进创新经济发展的根本途径和措施。一是可以通过塑造各种世界性宜居城市，利用内需提供的市场和事业发展机遇，广泛吸收全球人才和技术；二是可以利用内需优势发展对全球供应商的外包，在国际外包中利用全球智力资源；三是可以依托内需走出去，参股联合或者并购外国企业，吸收所在国的知识、技术和人士，帮助其就业，利用其智慧为开拓国内、国际市场服务。

第四，在“双循环”新发展格局下推进高质量发展，要把科技政策和产业政策的重心，引导以战略性新兴产业为主导的现代产业链和产业链集群建设。过去在外需主导的全球化下，国内产业链的基础是脆弱的。代工企业在稳定的利润引诱下，没有或缺乏技术升级和自创品牌动机，往往只愿意或只可能做国外研发设计好的订单，进行简单加工制造出口，这自然无法形成具有自主可控能力的现代产业基础和产业链。自主品牌、自有知识产权的自主创新，只有在内需主导的企业间竞争中才有可能完成。因此在基于内需的“双循环”新发展格局下，我国的产业政策和科技政策要利用好庞大的内需，顺势去激励企业和地方政府形成以战略性新兴产业为主导的现代产业链。这次新冠肺炎疫情在全球蔓延，给全球带来了巨大的生命和财产损失，也促使全球跨国企业对其全球产业链进行横向和纵向的重组，同时在技术上为经济活动从物理世界走向数字世界提供了重大机遇。“十四五”期间我国的产业政策和科技政策要根据上述趋势进行一定的战略调整：一是用现代技术改造传统产业链。如对电子、机械、化工产业等进行大规模的信息化改造，既可以提高自动化水平，降低消耗和保证安全生产，又可以为信息化提供巨大的需求支持。再如要加速机器换人促进产业链升级。机器劳动代替人类劳动正在进入重要的时间拐点。机器换人可以减少服务业人员密切接触的频率，减轻各企业单位劳动用工的压力，提升劳动生产率和改进产品质量，推动质量变革、效率变革和动力变革。二是要把全球产业链集群建设问题放到国家竞争力高度予以重视，通过推进区域经济高质量一体化发展，选择若干先进制造业建设产业链上下游相互拉动或推动的具有世界级先进水平的产业链集群，争取在人工智能、物联网、云计算、大数据、网络安全及集成电路等领域形成具有国际竞争力的产业链和生态环境。

第五，在"双循环"新发展格局下推进高质量发展，要奋力构建国内价值链，促进国内经济为主体的大循环格局形成。过去在客场全球化下，中国产业链过于依赖国际经济循环，过于强调嵌入全球价值链低端进行国际代工。这是形成巨大低端产能、关键技术和关键环节的产品供给不足的重要原因之一。"双循环"的主场全球化，其对国内市场的充分利用，必然促进中国企业立足于国内市场构建自己为"链主"的国内价值链，掌控价值链两端的技术和市场，形成有利于国内市场循环的治理规则。对于实现基础产业高级化、产业链现代化的目标来说，构建国内价值链、促进国内循环为主的格局形成，一是灵活运用新型举国体制，突破卡脖子的关键生产环节和关键技术，构建强大的产业技术链。需要说明的是，现在经常有人质疑举国体制有效性。其实，新型举国体制就是如何在市场决定资源配置的基础上，更好地发挥政府作用的问题。二是运用产业组织政策推进产业现代化，形成产学研政、大中小企业、技术经济关系密切的上下游企业之间的联合，尤其可以通过兼并收购等重组形式进行企业间的联合，构建强大的企业链或供求链。三要从形成现代价值链的治理结构出发，重点培育产业链上的"链主"和"隐形冠军"，并以此决定合理资源和价值分配。四要建设新型的国内经济循环关系，尤其是要重新建构沿海与内地、东北之间，京津冀、长三角、粤港澳、成渝地区等内部以及相互间的循环关系，形成紧密的产业空间链。

第六，在"双循环"新发展格局下推进高质量发展，要通过开放促进国内价值链与全球价值链、全球创新链的有机链接，形成国内国际"双循环"相互促进的新发展格局。在出口导向型经济全球化战略下，嵌入全球价值链的国内企业似乎也形成了国内国际"双循环"，但是实质上是以国际经济为主体的大循环，国内循环充其量只是加工制造平台。与此不同的是，在基于内需的"双循环"格局下，发展的侧重点和重心不是在全球价值链上，而是在建立和完善国内价值链的循环上；是以国内循环为主体带动国内企业参与国际经济循环，以国内经济循环来促进国际经济循环。这样，以中国市场的充分开放来促进中国国内价值链的建设，促进中国企业参与国际分工，其实就是把中国的国内价值链构建，当作全球价值链和全球创新链的一部分来建设，内需将成为链接国内循环与国际循环的主要手段和工具。显然，作为发展中的大国经济体就摆脱了对发达国家市场的依赖，但是它不是与世界经济脱钩，而是为世界经济发展提供中国的市场需求，为全球经济增量提供中国机遇，而且在这个过程中利用全球的资源发展创新经济，增强自身的竞争能力。

刘志彪

2020 年 9 月

目　　录

第一篇　培育市场环境

第二篇　防范重大风险

第三篇 创新宏观调控

第五篇　推进区域协调发展

第六篇　强化基层自治

第七篇　优化对外开放全球格局

第一篇

培育市场环境

第一章　实现要素市场化配置的改革

社会主义市场经济体制被明确为社会主义基本经济制度的组成部分后，要素市场化配置的改革就显得尤为重要。党的十九大明确要素市场化配置和完善产权制度是加快完善社会主义市场经济体制的两个改革重点。要素的市场化配置的改革同供给侧结构性改革密切相关。通过要素自由流动、价格反应灵活、竞争公平有序、企业优胜劣汰等市场途径，可以改变供给侧长期存在的无效供给过剩、有效供给不足的结构性矛盾和全要素生产率过低的问题，但要实现要素的市场化配置需要一系列的改革，不仅涉及实现市场化配置资源的改革，也涉及相应的市场秩序建设。

第一节　要素市场化配置的改革目标

我国从1992年确认社会主义市场经济起到2012年党的十八大一直明确社会主义市场经济就是市场在国家宏观调控下对资源配置起基础性作用。党的十八届三中全会的突破性进展是确认市场对资源配置起决定性作用。习近平总书记对此的解释是：理论和实践都证明，市场配置资源是最有效率的形式。

作为资源配置方式的市场经济在决定生产什么、怎样生产和为谁生产方面的机制就是：生产什么取决于消费者的货币选票；怎样生产取决于生产者之间的竞争；为谁生产取决于生产要素市场的供求，取决于由要素市场供求决定的要素价格。这三个方面的决定就是资源配置的过程。所谓市场决定资源配置，是指依据市场规则、市场价格、市场竞争配置资源，实现效益最大化和效率最优化。为什么市场配置资源是最有效率的。市场有两大功能：第一是市场的选择功能，也就是优胜劣汰的选择机制；第二是市场的激励功能，即奖惩分明的激励机制，市场上只承认竞争的权威，不承认别的任何权威。

优胜劣汰，奖惩分明，既是选择又是激励，可以说是市场参与者的生存法则。市场机制的这两个功能是靠市场机制的运行实现的。市场机制是指在竞争性市场上供给、需求和价格之间相互制约的联系和运动。要素市场配置意味着市场机制充分作用。

要素的市场化配置同市场决定资源配置似乎是同义语。仔细研究，可以发现，要素的市场化配置是市场决定资源配置的实现形式。在市场化改革进行 40 年后进一步明确要将要素的市场化改革作为改革重点，是要指出，现实中还有相当部分要素不是由市场决定的。要素的非市场配置，要么是处于自给自足的自然经济，要么是处于政府的直接配置中，要么是大量的要素存量滞留在低效率企业中。要素市场化配置的这个“化”，就是要求市场化改革进一步深入，推动还没有完全实现市场配置的要素由市场决定。具体说，要素市场化配置突出需要解决以下问题：

一、市场决定资源在部门和企业间自由流动

市场配置资源的效率可以用马克思的理论来说明：资源配置，说到底，是社会劳动时间的分配。“没有一种社会形态能够阻止社会所支配的劳动时间以这种或那种方式调整生产。”社会总劳动时间，或者说社会总资源在任何社会都是有限的，而各方面的需要是无限的，这就提出各部门和企业分配的必须是社会必要劳动时间的要求。在马克思的分析框架中，社会总劳动在各生产者之间的分配，从而资源配置是由价值规律调节的，由此实现效益目标。这就是马克思说的：“生产这些产品的社会必要劳动时间作为起调节作用的自然规律强制地为自己开辟道路，就像房屋倒在人的头上时重力定律强制地为自己开辟道路一样。”其机制就是：“竞争，同供求比例的变动相适应的市场价格的波动，总是力图把耗费在每一种商品上的劳动的总量归结到这个标准上来”，即社会必要劳动时间的标准。

何谓要素的市场配置？马克思《资本论》第三卷在讲到利润平均化的时候，就描绘了这种景象：第一，资本有更大的活动性，也就是更容易从一个部门和一个地点转移到另一个部门和另一个地点。第二，劳动力能够更迅速地从一个部门和一个地点转移到另一个部门和另一个地点。马克思还讲到实现资本和劳动力自由流动的重要前提：一是社会内部已经有完全的贸易自由，消除了自然垄断以外的一切垄断。二是信用制度的发展已经把大量分散的可供支配的社会资本集中起来。从这点来看，要素的市场流动有两个要求：一

是要素流动没有任何人为的障碍，没有市场垄断，也没有行政限制。二是要为要素自由流动提供通畅的通道，马克思当时指的是信用制度，也就是现在讲的金融通道。

二、提高全要素生产率

习近平在说明供给侧结构性改革目标时指出：“优化现有生产要素配置和组合，提高生产要素利用水平，促进全要素生产率提高，不断增强经济内生增长动力。”这里讲的优化生产要素配置和组合就是指的资本、技术、管理、劳动、土地等要素在部门、企业中怎么组合，这也是一个要素的配置问题。各种要素都有生产率，包括劳动生产率、资本生产率和土地生产率等。各种要素集合所产生的生产率之和大于各单个要素投入的生产率之和，其中的差额就是全要素生产率。在这里，各种生产要素的集合所产生的全要素生产率涉及多方面作用，如技术进步、规模经济、人力资本投资等。在市场经济中所有这些因素推动全要素生产率提高的要素都要靠市场机制作用。因此要素的市场化配置，不仅涉及市场决定资源流到哪里（部门、企业）去，还涉及市场决定各种要素（资源）的组合。前提是要素的市场配置。各种要素在企业中、在行业中集合，是以各种要素市场上由供求关系决定的价格为导向的。其机制是各种生产要素的价格由各自市场的供求决定，生产要素价格的比例反过来又调节对各种生产要素的供给和需求，因此形成最有效率的要素组合。其效果是：各种生产要素得到最有效的利用，全要素生产率得到提高。

长期以来我国的全要素生产率偏低的主要原因，一是要素没有全部进入市场，还有部分要素的流动不受市场调节。在过去的计划经济中，各种要素都集中在政府手中。现在转向市场经济，各种要素正在从政府转向市场。但现行的各种行政审批制度却在事实上阻碍市场配置资源。二是要素报酬没有完全取决于要素市场的供求，导致要素错配和低效率组合。因此，要提高全要素生产率，就需要不受市场调节的要素进入市场，使要素都由市场配置。相应的改革就是显著缩减直至取消企业经营活动的行政审批，打破各种要素进入市场的体制性障碍。政府对生产要素放得越彻底，要素的流动也就越自由，市场对要素配置的作用越大，全要素生产率越高。

三、产权通过市场流转

市场交易的本质是产权交易。市场配置的要素基本上是有一定产权归属的要素。尤其是归属于一定产权的存量要素能实现市场化配置就需要产权通过市场进行交易。相比于增量要素，存量要素规模巨大，市场对这部分要素的配置意义更大。企业产权结构重组，存量结构调整，可以在优化资产质量中提高要素配置效率。就如青木昌彦所说："如果所有权可转让给出价最高的人，那么社会福利将趋于最大化。"科斯说：如果产权最初被错误地分配了，那么交易就会发生，并持续到产权以一种有效的方式拥有为止。在现阶段以产权流转方式进行的要素市场化配置主要涉及以下方面：

一是资本在产权流转中提高效率。供给侧结构性改革就是要解决被束缚在低效率的产能过剩的部门和企业的资源由死变活的问题，经济结构调整从增量扩能为主转向调整存量，做优增量关键在存量资产的调整。一些国有企业长期亏损，国有企业资产效益不高，原因就是国有资产一旦进入企业后，就"死"在那里了，就不动了，企业再亏损也不能流出。最后国有资产也就被毁掉了。这种国有资产不能流转的产权制度实际上造成国有资产的最大流失。要改变这种结构性问题就需要进行资源的再配置，"将资源从经济中生产率较低的部门转移至生产率较高的部门"资源的再配置、存量结构的调整就要靠市场的作用，也就是要素的市场化配置。一方面需要着力优胜劣汰，淘汰过剩产能、污染产能、落后产能，另一方面需要腾笼换鸟、凤凰涅槃，腾出发展的空间和资源发展新产业、新业态，使产业结构得到根本性转型和提升。显然，存量结构的调整是靠要素的市场化配置实现的。

二是企业在资产重组中做强做优做大。对国有经济来说，需要加快国有经济布局优化、结构调整、战略性重组，促进国有资产保值增值，推动国有资本做强做优做大。对民营企业来说，其发展面临两大问题。第一，单个所有者的资本达不到规模经济；第二，单个所有者的企业建立不起现代企业制度。在单一所有者的私营企业中存在的家企不分问题同政企不分一样，都会严重影响效率。私营企业通过吸收包括公有资本在内的其他法人资本进入，参与改造国有企业，收购、兼并公有产权，甚至达到控股，可以说是最为有效并快捷的做大做强的路径。在这里，谁兼并谁，谁重组谁？取决于谁的效率高，完全由市场来决定。无论是国企还是民企，谁的效率高，谁就是兼并重组的主体。由此使资产向高效率企业集中。就像供给侧结构性改革需要处置"僵尸"企业，"僵尸"企业并不是都要关门，需要更多地通过并购的办法来处置"僵尸"企业，这样既可以降低处置"僵尸"企业的成本，更能使束缚在其中的资产由"死"变"活"。这就是要素市场化配置的结果。

以上要素市场化配置的任务也就提出完善市场经济体制的要求。原因是市场不完善，上述要素市场化配置的目标不可能达到。习近平在党的十八届三中全会上指出："我国市场经济是由计划经济转型而来，市场体系和市场秩序的混乱现象更为严重，难以实现市场配置资源的有效性。"这就是说，虽然明确了市场决定资源配置，但要实现有效的市场配置资源，需要完善市场经济，尤其是根据上述市场有效配置资源的要求，需要解决要素的自由流动问题，进一步的问题是把调节资源配置的市场规则、市场价格和市场竞争作为完善的着力点。由此提出了围绕要素市场化配置推进改革的任务。

第二节 完善要素市场的改革内容

要素的市场化配置是市场决定资源配置的基本特征，也是实现市场决定资源配置的前提条件。完善要素的市场化配置牵涉一系列的改革。

市场决定资源配置指的是，市场价格、市场规则和市场竞争调节资源配置。其体制要求是要素自由流动、价格反应灵活、竞争公平有序、企业优胜劣汰的市场。我们所讲的市场机制是包括市场、供给、需求、竞争等要素在内的结构。我国现阶段实现要素市场化配置的短板就在于要素市场不完善，由此提出在改革中补要素市场短板的要求。

一、建设完备的要素市场

要素市场化配置的基础是存在完备的生产要素市场，从而为各种生产要素同等并便捷进入市场提供条件。我国实行市场经济体制以来，虽然大部分要素市场已经形成并开放，但毕竟是从非市场的计划经济转化来的，市场建设还存在以下三个短板，因而需要补市场建设的短板。

一是完善并规范金融市场。金融是现代经济的核心。金融市场主要涉及银行信贷和资本市场，是市场配置资源的主渠道。要素流通基本上是在金融市场进行的。马克思当年就指出，竞争和信用是资本集中的两个杠杆。在现代，包括银行和各层次的资本市场的金融体系越是发达，要素在金融系统的集聚度越高，越是有利于资本的自由流动。根据要素市场化配置的要求，完善和规范金融市场主要涉及以下方面：（1）发展多层次资本市场。长期以来我国的金融体制特征是重银行轻市场。由此产生的供给侧问题是银行贷款的数量太大，企业资产负债率太高，利息负担太重，社会的杠杆率太高，不但经济不“活”，还存在金融风险的压力。因此供给侧改革要“去杠杆”。但是“去杠杆”绝不意味着企业不要融通资金，而是调整企业融资结构，由间接融资转向直接融资，鼓励股权融资，但遇到资本市场供给不足的瓶颈。发展多层次的资本市场就是要给投资者、企业提供多元的投资场所、多种投资工具。多层次资本市场需要涵盖债权、股票、基金、期权，以及不采取证券形式的产权交易市场。特别是创新创业投资依托风险投资市场。（2）规范金融市场行为，也就是规范银行信贷和资本市场配置资金的行为。银行信贷产生的杠杆率可能会使企业产生资不抵债问题，资本市场投资和投机行为交织，银行贷出的资金可能“脱实向虚”进入虚拟资本市场，这些都会造成金融市场行为的扭曲，从而降低市场配置资源效率。这就提出规范金融市场的改革要求。金融制度的建设既需要克服“脱实向虚”的现象，增强服务实体经济的能力，又要防止系统性金融风险。（3）有效衔接金融市场的两大组成部分，即信贷和资本市场。主要方式是建立促进要素市场化配置的基金。如以创业（风险投资）基金支持创新创业，以产业基金支持产业转型升级，以并购基金支持企业重组。

二是建设和规范土地市场。土地是财富之母。经济发展既需要保护基本农田，又需要土地有序流转。土地只有进入市场流转和流通才最为规范有序。我国的土地，城市的国家所有，农村的集体所有。因此，进入市场交易的是土地使用权。土地市场是包含了土地的出让、转让、租赁等交易内容的市场。土地市场包括两级：一级市场涉及土地使用权转让、划拨；二级市场涉及土地流通。土地市场建设的重点在规范。一级市场既然是市场就要引入公平竞争的机制。在二级市场上不仅要充分竞争，也需要建立防止过度投机的监管机制。现阶段补土地市场的“短板”突出的是农村集体所有土地的入市。一方面需要解决集体土地进入非农用途市场与国有土地出让市场的同地同权问题。另一方面需要探索在所有权、承包权和经营权三权分置的背景下，农民承包地经营权流转的市场建设问题。

三是发展技术市场。我国正在实施的创新驱动发展战略，突出需要解决科技创新成果和新技术迅速转化为现实的生产力。技术转移的重要路径是技术交易市场。现实中技术市场的困境与新技术供求信息严重不对称相关，表现在两个方面，一方面是企业需要的技术不知从哪里取得；大学科研机构创新的技术不知用到哪里去。另一方面新技术供给者为防止被仿冒而不愿公开新技术的完全信息，而新技术的需求者则因得不到新技术的完全信息而不愿购买和采用新技术。两者的脱节是技术要素的最大浪费。因此，针对新技术转移中的信息不对称问题，发展技术交易市场的着力点，第一是技术市场建设要充分利用互联网信息平台，克服新技术供求信息的不对称；第二是活跃科技中介，这是技术市场重要组成部分；第三是强化技术市场上知识产权的保护和运营。技术市场既要严格保护知识产权，防止各种侵权行为的发生，又要推动知识产权的运营，在许可转让中实现知识产权价值最大化。

四是充分开放劳动力市场。劳动力市场配置劳动力资源可以实现人尽其才，就业优先战略的实施更需要劳动力市场充分发挥作用。但是囿于社会主义条件下劳动力不是商品的判断，我国劳动力市场是最晚开放的。现在劳动力市场得到了肯定。但劳动力进入市场至今还不是充分的。突出需要解决两大问题：第一，由于城乡地缘行业分割和身份性别的歧视，城乡劳动力的自由流动还是受限制的。为此需要深化户籍制度改革，实现劳动力在城乡之间自由流动，不仅仅是农村劳动力进入城市，还要解决城市劳动力进入农村。这个通道解决好了，城乡发展就深度融合了。第二，在创新驱动发展阶段，人才成为第一要素，对科技和管理人才主要忠诚于他们所负责的项目，并不要求终身服务于某个企业。而目前人才通过市场的合理流动则受到所在单位和档案的限制，优秀的科技管理人才难以在市场流动中找到合适的充分展示其才干的岗位，其价值也难以在劳动力市场上得到充分实现。对此，劳动力市场的改革和完善不能停留在简单劳动力市场建设，需要建设和完善人才市场，其中包括科技人才市场和企业家市场，在这类市场上人力资本价值是重要的评价标准。

五是大数据的市场分享，这是个新问题。在信息社会，尤其是进入互联网时代后，大数据成为除资本、技术、劳动、管理、土地以外的新的发展要素，甚至要比石油资源还要重要。现在大型互联网平台企业，大型的电商企业掌握足够多的大数据。谁掌握大数据，谁就垄断市场。各政府部门也掌握了大量数据。正因为大数据已经成为现代经济资源，需要解决大数据资源进入市场，进一步发挥要素推动发展作用问题。也就要求大数据市场充分开放，以市场方式来实现大数据的有偿共享。2017 年 12 月 8 日，习近平同志主持中央政治局会议学习，专门研究大数据问题，要求以数据集中和共享为途径，打通信息壁垒，形成覆盖全国、统筹利用、统一接入的数据共享大平台。

二、要素价格市场化的改革

生产要素由国家定价还是由市场定价？就看由谁来配置资源。如果市场配置资源，要素价格就必须由市场来定价。要素价格的市场决定就是马克思讲的：竞争，以及供求比例的变动相适应的市场价格的波动。要素市场价格的调节能促进要素供求平衡并实现要素有效配置。

我国商品价格已经完全放开，由市场定价。但还有相当部分，尤其是生产要素的价格形成还没有完全交给市场。因此，要素价格的市场化突出需要解决以下三大问题：

一是进一步扩大物质性生产要素价格市场形成的范围。现在竞争性领域价格基本已经放开，由市场定价。但是，涉及水、电、气、电信这样一些垄断性领域中的物质性的生产要素的价格还没有完全放开，由政府规制。政府规制是针对在一定时期允许存在垄断的领域所要进行的规制，包括自然垄断行业和少数非自然垄断行业。国家对资源性产品和垄断行业试图通过国家定价办法来进行规制，政府规制实施的效果表明，政府规制的效果并不理想。现实中往往是政府限价的垄断企业产品供不应求或服务质量低劣。针对政府规制和部门垄断造成的低效率问题，20 世纪 80 年代，世界各地在自然垄断行业中掀起了“规制改革”的浪潮，2014 年诺贝尔奖获得者梯诺尔就是讲规制改革的。在科技进步和企业组织创新成果的推动下，某些受规制产业不再具有自然垄断的性质。例如，固定电话被移动通信所代替。这使对相关行业的规制手段失去了现实的必要性。专业化分工的发展也改变了自然垄断的范围。随着产业的发展和产业需求的扩大，企业内部的垂直一体化分工转化为社会专业化分工，有相当部分环节不再具有自然垄断性质。针对某些产业环节适合于竞争而其他环节适合于垄断经营的混合产业结构，规制改革的主要走向是：放松管制、引入竞争，转向激励性规制。所谓放松规制，是指市场调节更有效率的部门退出政府规制。所谓引入竞争机制，是指让有效率的竞争者进入，把竞争机制引入自然垄断产业，可以提高规制部门的效率。显然，规制改革就是要把一部分被政府规制的要素放到市场去配置。例如，电力行业规制改革，只是保留网络部分的垄断和国家定价，而把发电、电力设备生产、供电服务等环节作为竞争性环节交给市场定价。这样，政府定价范围就主要限定在重要公用事业、公益性服务、网络型自然垄断环节。同时赋予被规制企业以更多确定商品价格或服务收费的自由度，使被规制企业更加趋于按商业原则经营。各种激励性规制方式使企业受到了利润刺激或竞争的刺激，对于促进企业降低成本、提高生产效率以及资源配置效率具有积极意义。

二是资本、劳动、土地、技术、管理等要素价格在各自的市场上形成，各要素市场的供求决定要素的价格。以资本的价格利息率为例，马克思认为不存在自然利息率，利息率会作为市场变量发生变动。在市场上，利息率的高低与货币资本的供求相关。这就是马克思说的，“市场利息率是由供求关系直接地、不通过任何中介决定的”。意味着在资本市场上，资本供不应求，利息率就高；反之，资本供过于求，利息率就低。在经济周期的不同阶段，资本供求是不一样的，因此就有不同水平的利息率。“低利息率多数与繁荣时期或有额外利润的时期相适应，利息的提高与繁荣转向急转直下的阶段相适应，而达到高利贷极限程度的最高利息则与危机相适应。”其他要素的价格也是这样，由市场供求决定。例如，企业家（职业经理人）价格在其市场上形成，劳动力价格也要受劳动力市场的供求决定。由此形成的生产要素的价格比例能够准确反映各种要素的市场供求。要素市场供求决定的要素价格涉及两个方面：第一是各要素之间的相对价格；第二是不同质量的同种要素的相对价格。以这种要素价格比例调节资源配置，对供求双方都起调节作用。一方面要素的需求方依据由市场决定的生产要素价格比例，对投入要素进行成本和收益的比较，以最低的成本使用生产要素。另一方面，要素的供给方增加相对稀缺的要素供给，减少相对宽裕的要素供给，提高供给要素的质量。由此全社会的要素得到充分利用和有效配置。因此，要素的市场化配置要求逐步取消要素价格的国家定价。

三是完善要素报酬机制。要素价格在市场上形成落到实处，就是其决定要素所有者得到的要素报酬。各种要素参与收入分配，实际上是要素使用者分别给要素所有者支付报酬，企业和要素所有者能否分别从需求方和供给方对要素报酬做出反应，就看要素价格多大程度上反映要素市场的供求状况。而且即使同一种生产要素在市场上由于不同质而有不同的供求状况，优质要素更为稀缺。这就有个优质优价的要求。这些要求需要在收入分配结构中得到体现。社会主义的基本分配制度是按劳分配为主，多种分配方式并存。多种分配方式的实质就是各种要素参与收入分配。要素报酬有三个含义：第一是按照要素的投入来决定报酬；第二是按要素的贡献来决定报酬；第三是按照要素的市场供求来决定报酬。要素报酬应该是这三方面的综合。要素的市场供求状况对要素报酬起着决定性作用。各种要素的供求状况以及由此决定的要素价格必然是需要考虑的因素。

市场对各种要素的供求关系所形成的市场评价成为要素报酬的客观依据，也就是通常说的物以稀为贵。以此评价标准形成企业中各尽所能、各得其所的收入结构，对要素配置效率有明显的效果。第一是企业依据要素供求结构确定要素报酬比例，从而形成有效的要素组合。现阶段不仅仅劳动力是私有的，其他生产要素，如物质资本、技术、管理等有相当部分也是私有的。这些要素相比劳动要素更为稀缺。对企业来说，用多少资本、多少劳动、多少土地，这些要素可以相互补充，也可以相互替代，这就有一个最有效率的要素组合问题，资本价格太高，那就少用资本多用劳动；土地价格太高，就少用土地多用资本，还能充分动员稀缺要素的供给。第二是依据企业对高质量要素的需求促进要素质量的提高。由于同种生产要素有不同的质量，由此产生的要素价格也不一样。例如，职业经理人市场上具有更高人力资本含量的企业家更为稀缺，其报酬必然更高。企业依据不同质量的要素支付报酬，对稀缺的优质的要素给予高的报酬，不仅能把稀缺的要素充分动员起来，还能促进资本积累和人力资本积累，从而增加优质稀缺资源的供给。

第三节　保障要素市场化配置的市场秩序建设

要素市场化配置是否有效的关键在市场秩序。市场经济理论对市场秩序的认识也是在不断深化的。最早的市场秩序理论是强调建立充分竞争的市场秩序，后来的理论发现，市场完全竞争是不存在的。就如萨缪尔森《经济学》中一个注解所说，那种完全竞争的市场只有维多利亚王朝时才存在一会儿。市场不完全竞争是常态。后来理论又进一步发现，不仅竞争是不完全的，市场信息也是不完全的。后来的交易费用理论又说明，市场交易是有成本的，现实中的市场不仅仅是竞争不充分，也可能存在“血拼式”过度竞争，现在“血拼式”过度竞争比比皆是，大家互相之间竞相压价，采取各种各样零和的竞争手段，竞争都很残酷。如果竞争那样残酷，那样血拼，竞争费用那么高，还不如搞计划经济。因此，现代市场经济理论开始转向建立有秩序的竞争。只有竞争是有秩序的，市场调节资源配置的成本才是最低的。

市场经济理论范式也经历了两个阶段，原来的市场经济理论范式基本上可以概括为选择理论，要素市场化配置都是强调优胜劣汰的选择。在信息经济学产生以后，产生了新的理论范式，就是激励范式。针对信息不完全的市场条件下可能产生的机会主义的经济行为，要素的市场化配置强调激励机制。我国现在讲要素的市场化配置要把这两个理论都用起来，一是要讲选择，强调优胜劣汰，充分发挥市场作用。二是要讲激励，面对信息不完全的市场，要通过相应的制度安排克服各种机会主义行为，调动各方面积极性。

市场有效配置资源的基础性秩序是市场机制的充分并有效运行。其前提是消费者主权、机会均等、自由竞争、企业自主经营、资源自由流动。在这种市场状态下实现市场对资源有效配置就需要相应的制度安排。一是等价交换机制的作用。其关键的制度安排是在价格上体现公平交易。二是信息机制的作用，产生横向信息反馈，其关键的制度安排是买卖双方自主决策。三是竞争机制的作用，其关键的制度安排是充分竞争，只承认竞争的权威，而不承认其他权威。四是风险和利益机制的作用，其关键的制度安排是经济行为者对自己的行为负责并承担风险。由于这四大机制的作用，市场配置资源就最为有效，我们说要建立要素市场化配置的秩序，关键是要使市场经济这四大机制充分发挥作用。按此要求，针对我国的市场现状，实现有效的要素市场化配置的市场秩序建设主要涉及以下方面：

一、培育自主决策的市场主体

企业自主决策的主要表现是资本流动的自主选择。在市场经济中要素基本上是被资本带进市场的。要素怎么进入市场，怎么自由流动，是在资本流动的自由选择中实现的。资本自由选择有两个条件。第一，需要宽松、便捷的市场准入环境，公平统一、开放透明的市场准入机制。政府审批和准入的制度性限制阻碍资本的自主选择和要素的自由流动。改革的重要方面是实施负面清单的准入制度，并且负面限制范围越来越小。第二，需要有效的资本退出机制。存量资本日积月累，如果没有退出，进入市场的要素一定是有限的。这涉及市场对存量结构调整的调节。需要两个方面机制建设：一是强化优胜劣汰的退出机制，促使束缚在低效率企业中的各种要素退出该企业后进入市场。其机制包括：建立企业破产制度、企业出售、被兼并等。二是灵活的资本市场退出机制。这对支持创新创业的风险投资特别重要。风险投资在资本市场及时退出，可以使风险投资源源不断。相应的科创板之类的资本市场建设就非常重要。

二、建立公平开放透明的市场规则

任何游戏都有规则，市场交易也不例外。只有规范有序的市场配置资源才是有效的。建立市场规则也就是规范市场秩序。这是提高市场调节效果，降低市场运行成本的重要途径。相关的规则，第一是公平竞争，包括权利平等、机会均等、公平交易、规则公平。我国目前市场竞争的不公平突出表现在三个方面：（1）不同所有制经济的不平等待遇，一方面民营经济实际上受到各种形式的歧视，国有企业的运行不如民营经济那么自主。（2）存在市场垄断，其中包括相当多的属于计划经济残余下来的行政垄断。（3）国家和地方出台的各种优惠和倾斜政策。有优惠就有歧视，政策不一视同仁，部分地区、部分企业获得某种优惠和照顾，造成竞争机会不公平，由此弱化市场机制的调节效应。第二是规范市场行为。（1）定价行为规范。价格放开不等于定价可以随心所欲。定价中的垄断性行为、倾销性行为和牟取暴利的行为都应得到限制，以免价格的暴涨暴跌。（2）竞争行为规范。竞争中出现的欺诈、串谋、虚假广告等不正当竞争行为都可能造成过高的竞争费用和交易成本，并导致低效率。（3）增加市场透明度。市场的公开透明要求建立市场信息披露制度。市场信息不完全，独享信息的一方可能垄断和操纵市场，市场交易就达不到双赢。从社会来讲就需要通过一定的制度安排来强制市场参与者披露信息，政府也要建立市场信息披露制度，为市场参与者提供产能规模、技术水准、市场需求等信息，由此从社会范围降低信息成本。基于上述市场规则提出市场监管体系问题，不仅需要市场自律，也需要他律，主要是市场立法和政府监管。

三、建立统一开放的市场

要素在统一开放的而不是在封闭的“条条块块”的市场配置才有效。统一市场可以从多角度做出规定：一是从产品和要素的流动性规定，统一市场意味着在市场上要素自由流动、企业自由流动、产品和服务自由流动。二是从各类市场主体的市场地位规定，统一市场是指各类市场主体平等地进入各类市场并平等地获取生产要素。三是从市场规则规定，各地区的市场体制和政策统一，各地区市场按照统一的规则运作。我国是从计划经济向市场经济转型的，而且存在自然经济的残余，因此，我国进入市场经济时，统一市场并没有形成。在改革进程中已有的财政税收制度的改革和地区发展政策又强化了地方利益，由此产生的地方保护主义的市场壁垒，阻碍要素的自由流动。因此，统一市场建设突出在三个方面：一是打破地方保护，打破地方政府对本地处于劣势的产业和企业的保护。二是打破市场的行政性垄断和地区封锁，实现商品和各种生产要素在全国范围自由流动，各市场主体平等地进入各类市场交易。三是打破城乡市场分割，建设统一的城乡市场。其路径涉及提升农村市场化水平，完善农产品价格在市场上形成机制，建设城乡统一的要素市场。

四、降低市场调节的成本

我国市场化改革以来，竞争局面已经形成。按理说，企业的经济效益应该有明显提高。可是现实中，企业的经济效益不但没有提高，还有下滑的趋势。仔细分析便可发现，竞争对企业提高生产效率确实起到了明显的促进作用。但竞争作为提高效率的手段，本身也有费用，企业间只有竞争，没有合作，出现严重的无序竞争、过度竞争、恶性竞争，甚至“血拼”，造成了过高的竞争费用。膨胀起来的竞争费用严重地侵蚀企业的效益。在这种情况下，人们不免要提出一个问题：竞争费用这么高，竞争是否还值得？因此，对竞争也要作费用和效用的分析。如果竞争费用过高，高于竞争所产生的效率，这种竞争就是划不来的。现代市场经济理论已经发现，市场经济作为一种资源配置方式是有成本的。其中包括：交易成本，即寻找市场、寻找真实价格的信息成本、谈判成本、签订和监督契约的成本等。信息成本，由于信息的不确定、不完全，获得信息有成本，就有可能产生搭卖、互惠、垄断、搭便车、舞弊等不正当交易行为。分散化市场经济也产生了巨大的广告费用和竞争费用。交易费用以及贸易伙伴的不可靠带来的费用足以高到使人们对分散化完全丧失信心的程度。诺贝尔经济学奖获得者希克斯 1977 年在他的《经济学展望》一书的序言中指出了现代市场经济同瓦尔拉斯和马歇尔描述的市场经济有明显区别，其主要体现在两个方面：第一，市场不再是“原子型市场”。由于生产的集中和资本的集中，垄断性企业控制了市场，垄断企业内部的计划性会带动它所控制的市场的计划性。第二，没有组织的市场已经被有组织的市场代替。诺贝尔经济学奖得主科斯指出，交易成本是市场经济固有的制度性成本。现实中企业之间不仅需要为寻找市场需要支付成本，相互之间的竞争也需要支付成本。通过并购之类的产权制度安排，企业代替市场，就能降低交易成本。这也是降低市场配置资源的成本。显然，降低市场调节成本的重要路径是建设有组织的市场，促进企业集中。在这里不反对企业间合并形成垄断组织，但反对垄断行为。

五、完善产权保护和流转制度

党的十九大提出的完善社会主义市场经济体制的两大改革重点，即完善产权制度和要素的市场化配置实际上是相辅相成的。有效的产权制度是保障市场秩序的基础，是保障市场主体活力的基础，也是保障市场预期的基础。有恒产者有恒心。市场决定资源配置是建立在有效的产权制度基础上的。根据马克思的分析，市场交易就是所有权的交易。任何商品（包括资产）只有在产权界定清楚的情况下才能进行交易，市场机制也才能发挥作用，资源才可能获得有效配置。产权被用来界定人们在经济活动中如何受益、如何受损，以及他们之间如何进行补偿的规则。市场调节中决定为谁生产就是指的各种要素的所有者在社会总产品中凭借所有权获取的收益。各种要素的收益取决于在各自市场上的供求状况，由此实现市场所配置的资源最有效率的组合和配置。为什么市场主体能够服从市场调节，根本原因在于自身的产权利益与其市场行为相关。现实中经济行为同风险与收益相挂钩，最致命的风险是产权丧失，最重要的收益是财产增值。产权制度安排具有降低市场配置资源成本的功能。在已有的产权制度改革的基础上，党的十九大提出完善产权制度是要突出产权的有效激励功能。对经济行为者所谓的激励，通常讲的是收入的激励。理论和实践都证明，财产权利的激励是更为重要的激励。产权激励是市场经济最强大的动力源，产权的界定、配置和流转具有更强更有效的激励。产权激励制度把人们经济活动的努力和财产权利紧密地联系在一起，把经济活动的风险和财产收益联系在一起。这是稳定持久的激励。中国改革成功得益于产权制度改革和产权激励。

产权的有效激励所要求的产权制度的完善主要涉及以下内容：第一是严格保护产权。保护产权要以公平为核心，全面保护，依法保护。第二是产权流转。产权流转一般在入股企业和产权交易中进行。产权流转基本上是指存量资产的市场配置。这就有个资产价值的准确估价问题。根据实验经济学原理，在卖者和买者集中的市场上交易的价格更为准确。这意味着产权进入公开市场交易比私下交易对产权价值的评价更为客观公正。尤其是公有产权与私人产权交易时公有产权往往被低估，原因是公有产权没有得到自身财产利益的关心。这表明产权在规范的资本市场流转最为有效。这也是要素市场化配置的内容。第三是产权的安全性，指的是入股和交易的产权必须是安全的。就如诺斯所说："私人所有者之间通过市场契约转让的产权必须是排他性的权利。这种权利不仅必须是可度量的，而且必须是能行使的。"如果入股或购买的企业债务缠身，股价再便宜，也会因承接过高的债务而难以行使所获取的产权。根据以上分析，公有制经济财产权不可侵犯，非公有制经济财产权同样不可侵犯。基于以上有效激励的产权制度要求，必须明确国家界定和保护产权的职能：国家不只是保护国有资产，而且要保护各种所有制经济产权和合法利益。

总的来说，要素的市场化配置是系统工程。市场配置资源要能达到效率目标，关键在市场整体有效。市场有效的关键在市场秩序和规范。我国的市场经济发育程度低，市场体系和市场秩序的混乱现象较为严重，难以实现市场配置资源的有效性。因此需要推进以市场整体有效为目标的市场秩序和规范建设。其中包括：建立法治化的营商环境，降低市场交易成本；基于信息不完全建立克服机会主义行为的体制机制；建立统一开放竞争有序的市场等。所有这些都是当前加快完善社会主义市场经济体制的内容，也是市场配置资源有效的基本保证。

作者：洪银兴　南京大学长江产业经济研究院
中国经济转型研究方向首席专家

第二章　利用和培育国内市场问题的研究

中央经济工作会议把促进形成国内强大市场作为今后一段时期的主要任务。习近平总书记明确指出，中国近 14 亿人口的大市场必将成为世界经济的增长之源、活力之源。强大的国内市场是新时代复杂国际环境下中国发展的巨大的比较优势，也是我们可以充分有效利用的重大战略资源，可以用来作为实现全面小康和基本现代化战略目标的重要手段和工具。

过去，在围绕发展问题的经济分析中，形成国内强大市场或者形成超级国内市场规模经常是被人忽视的问题、现象和概念。这导致我们在发展战略的研究中，难以从战略上看清未来国家能力的作用、作为以及经济演化趋势。本章基于积极应对中美贸易战的基本背景，研究了在我国发展战略的转换中，国内强大市场的含义究竟是什么，这种超级市场规模因素将发挥什么样的作用？我们能不能把国内强大市场概念充分理论化，变成分析我国国家能力、国家竞争优势或促进经济演化的框架和基本工具？以及如何促进形成国内强大市场等一系列改革和政策取向问题。

第一节　形成国内强大市场

形成国内强大市场或超级国内市场规模，指的是在国土辽阔、人口众多的前提下，通过不断升级市场结构、完善市场秩序、改革市场机制等优化市场环境的办法，来推进国内市场容量和规模不断成长的过程。疆域广阔和人口众多，是形成国内强大市场的两个必要条件，另外还需要加上不断成长的人均收入水平或消费能力这个充分条件。因为，疆域广阔和人口众多，只是超大规模国家的特征,[1] 并不一定具有超级国内市场规模，后者是一个与支付能力有关的经济概念，必须具备国民收入不断成长这个充分条件才能成立。

与超大规模国家及其负荷往往会给国家治理带来复杂严峻的挑战不同，超级国内市场规模虽然对国家的基础设施、流通组织、市场秩序等条件提出了许多挑战，但是它却可以实现许多小国经济体系中无法达到的巨大的、正向的经济功能。

一是支撑现代经济成长的动力更强。经济成长的直接动力来自需求端的扩张。形成国内强大市场的过程，就是现代经济不断成长的过程。没有需求的不断成长，经济增长就失去了基本的支撑，这时供给增长得越快，产能过剩问题就会越发严重。这种因市场无法同步扩张而形成的产能过剩问题的长期累积，就可能导致周期性的、破坏严重的经济危机。

二是促进专业化分工水平不断提高。著名的经济学家斯密关于市场规模限制劳动分工的定律指出，“分工取决于市场规模，而市场规模又取决于分工，经济进步的可能性就存在于上述条件之中”。对某一产业的需求规模只有达到一定的程度，工序或生产环节才能从原来的混合经营中独立出来。分工降低了生产成本，而低成本又进一步刺激了需求不断扩大和生产的不断扩张，刺激提升专业化分工水平，从而进一步促进形成强大国内市场。[2]

三是虹吸全球生产要素尤其是人才技术等先进要素。国内强大市场的形成有利于构建高水平的需求平台，在国际要素和资源流动的竞争中，就如万有引力定律中揭示的那样，引力的大小与两物体质量的乘积成正比，需求平台高、规模大的一方由于可以为先进要素创造更多的机会，因此可以获取更多的高级要素和资源，从而有利于在开放经济氛围中为我国创新经济发展提供高质量供给，有效地驱动创新型国家建设。

在当前纠正重大经济结构失衡、进行供给侧结构性改革的背景下，国内强大市场的建设具有的特殊作用在于：

第一，可以给实体经济以强大的需求信号和盈利激励，从而吸引各种资源和要素积聚于实体经济，增加实体经济的有效供给，抑制虚拟经济过火过旺的不良局面，平衡虚实经济关系，纠正重大经济结构失衡，防止其可能带来的重大的经济风险发生。

第二，可以从增加消费和投资需求两个方面，抑制当前和未来经济的下

---

① 洋伟江：“如何理解中国的超大规模性”，《读书》2019 年第 5 期，第 3—11 页。

② G. J. 施蒂格勒：《产业组织和政府管制》，上海三联书店 1996 年版，第 25—36 页。

行趋势，实现更充分的就业，从而为进一步提高人民收入水平提供动力，适应居民消费提档升级趋势，满足居民对优质产品和服务的个性化需求，满足人民日益增长的美好生活的需要。①

第三，可以为全球企业进入中国大市场创造更多的机会。作为世界第一大货物贸易国、发展中国家中最大的外资吸收国、130 多个国家主要贸易伙伴，中国国内强大市场的建设，将有利于保持它对世界经济增长的高贡献率，为稳定世界经济作出新的贡献。

尽管当前“逆全球化”盛行，国际形势波谲云诡，国内经济下行压力加大，但是如果我们可以背靠一个强大的国内市场，那么对于仍然处于战略机遇期的中国经济发展来说，稳操胜券的几率将会大大增加。国内强大市场对于发展战略的实施来说，具有三项特性：

第一，它是战略行动中最可靠的战略资源。真正的战略资源不是物质等有形状态的资源，而是能产生战略性影响、起着关键作用的无形资源，如制度、声誉、意识形态、文化、国内强大市场容量等。有效实施发展战略，除了要有战略行动，最基本的是要有足够的有形和无形的战略资源。行动与资源匹配、基于资源而行动，才是最可靠的战略实施。

第二，它是新型的可以绝对依靠的比较优势。我国发展中的比较优势，过去是低成本生产要素，现在则发生了深刻的变化。目前，我国的低要素成本的优势不再明显和显著。除了继续拥有新型举国体制的政治优势外，随着发展程度的提升，在超大规模国家基础上我们逐步形成了国内强大市场的比较优势。这种超级市场规模将进一步衍生出规模化低成本、精细化专业分工、自主创新等方面的竞争优势。

第三，它是实现战略目标的最重要的手段和工具。超级国内市场规模的存在，将助力突破发展的制约条件和上限的阈值，我们基于此优势，几乎可以实现所有可行的发展战略目标。巨大的需求不仅有助于成为具体经济目标实现的工具和手段，如区域经济一体化、规模经济等，更重要的是可以与飞速发展的信息化、网络化经济结合，成为拉动或推动重大的技术进步、结构变迁和社会演化的主要力量，可以助力中国迈过中等收入陷阱并实现基本现代化。

① 何立峰：“促进形成强大国内市场　大力推动经济高质量发展”，《智慧中国》2019 年第 4 期，第 8—12 页。

第二节 依托国内强大市场升级我国经济全球化的战略

1992 年以来，尤其是加入 WTO 的 2001 年以来，中国经济融入全球化的战略取得了巨大的成功。2008 年之后，中国经济全球化所依托的战略资源已经发生了根本性变化，急需要把依靠世界市场出口导向的经济全球化战略，转换为以基于国内强大市场吸纳全球创新要素为特征的经济全球化战略。

第一，目前以美国为主的西方国家的结构调整和“逆全球化”浪潮的迅速兴起，封杀了中国出口导向型经济增长的延展空间，由此成为中国加速启动新一轮经济全球化战略的外在压力。第二，国内生产要素成本急速上升，世界市场新进入者低价竞争，使中国快速丧失制造业国际代工的比较优势。而建立新的动态比较优势则必须基于国内市场的支持，否则中国经济将随着制造大国地位的下降而衰退。这是中国必须尽早扬弃出口导向经济的内在动力。第三，中国从高速度经济转向高质量经济，人民对美好生活的追求要求我们把重视投资推动的传统经济转向注重消费拉动的现代经济，培育和利用国内市场问题放到了经济工作的主要位置。第四，当今中国经济已经完全具备了利用国内市场支撑新时代增长的一切条件。目前在我国近 100 万亿元的 GDP（国内生产总值）中，仅消费这一项的内需就达到了 50 万—60 万亿元，与美国等国家消费占 GDP 70% 以上的情况相比较，增长的潜力巨大。总之，随着发展战略机遇期的内涵、条件和环境的变化，中国过去以廉价生产要素进行加工制造和出口导向为特征的经济全球化进程趋于尾声，而以依托国内市场战略资源吸纳全球创新要素为特征的新的经济全球化浪潮正在展开。

基于内需的经济全球化并不是一个崭新的现象和新出现的模式。在开放经济条件下，因超级规模国家的内需潜力大，一般都会自然演化为“基于内需的全球经济”形态；而小的经济体如亚洲“四小龙”，因内部市场容量小，无法吸收达到规模经济产量的供给量，因此自然会发展成“基于出口导向的全球经济”形态。美国是一个较为典型的基于内需的全球化经济体系：第一，它的民众收入高、购买力强加上人口多，使其内需规模一直处于全球最大的地位；第二，强大的内需加上其他非经济因素，塑造了长期的强势美元地位，诱使全球其他国家对其实施出口导向战略，使美国可以通过发行货币来长期获得低成本的要素、产品和资源；第三，美国国内市场吸引力强，成功机会众多，也是吸收全球高级要素力度最大的国家，如它是发达国家吸收 FDI 最多的国家，也是全球顶尖人才富集度最高的国家。①

基于内需的经济全球化，与基于出口导向的经济全球化之间，除了在实施的前提条件不同、市场需求方向不同、机遇创造的主动性不同外，在基本的战略内容上有着根本性的差异，主要有两点：

第一，出口导向的全球化是在发展的起步阶段，因国内收入水平低、市场狭窄，而不得不采取的被动战略措施，目的是解决国内增长的支撑条件问题。该战略的特征，可概括为“利用别国的市场来发挥本国低端要素的比较优势”。而基于内需的全球化战略，是进入高质量发展阶段因国内市场不断强大后我们自己主动的战略选择和作为，其目的可以概括为“利用本国的市场来虹吸国外的高级创新要素，加速发展中国的创新经济”。

第二，出口导向的经济全球化主要是单向的招商引资，通过吸收 FDI（外商直接投资）来实现两头在外大进大出。在基于内需的经济全球化中，对全球高级要素的利用重点在于技术和人才，其方式主要是：（1）走出去，即通过海外设厂或者海外并购等方式，以资本的控制力为突破，争夺人才等高端要素，争夺技术、品牌、渠道等价值链高端环节，实现发展方式转型；（2）利用国内市场的巨大吸引力和规模效应的支持，发展逆向外包，吸收外国高级要素为我所用；（3）建设各种内需平台，吸收海外高科技人员加入我国产业高级化进程的研究开发等。

借鉴发达国家过往的经验，根据中国国情和现实需要，我国促进经济全球化战略转变的经济政策，其基本取向应该主要体现在四个方面：②

第一，扬弃出口导向战略，构建崭新的、以我为主的全球价值链机制和总部经济平台，以此吸引全球高级要素尤其是各类高级人才。过去，全球市场都是我们企业驰骋的战场；现在，中国的内需是我们吸收全球创新要素的磁场。在开放性内需平台建设的具体方向上，主要有两方面：一是要把过去融入全球价值链进行国际代工的发展方式，转型为沿“一带一路”倡议构建以我为主的全球价值链的发展方式。中国企业沿“一带一路”走哪儿去？国内丰富的有竞争力的产能怎么才能转移出去？投资和贸易活动与谁联系？这一系列问题的关键，是要沿着“一带一路”的大城市建设全球价值链，尤其是建设价值链总部（平台）与转移出去的工厂之间的治理机制；二是相类似

① 刘志彪：“战略理念与实现机制：中国的第二波经济全球化”，《学术月刊》2013 年第 1 期，第 88—96 页。

② 刘志彪：“基于内需的经济全球化：中国分享第二波全球化红利的战略选择”，《南京大学学报》2012 年第 2 期。

的，要沿着长江经济带构造国内价值链或区域价值链，以长三角区域一体化战略带动国内市场的开放和产业转移，缩小东中西发展差距。这同样要求主要在长三角地区建设总部经济平台。

第二，实施深度的结构性改革，使居民收入水平、人民生活水平和社会保障水平迈上新的台阶，以支持内需扩张。利用内需拉动经济成长，政府必须进行存量调整型的结构性改革。这主要包括要打破国内各种利益集团尤其是垄断利益团体的既有格局，以民生和公共福利均等化为核心，实施收入分配改革和培育中等收入阶层等。结构性改革是扩大内需的基本前提，它决定了中国现实市场的规模和潜力，从而决定了中国吸收全球高级生产要素战略的具体实现。结构性改革也是进一步开放的前提，深度的对内改革就是对内开放，是深度全球化的主要推进力量。结构性改革的一个重要指向是培育和形成一个庞大的中等收入阶层，以此来进行分配和再分配的重大改革。

第三，鼓励民营企业在全球创新链上构建处于高端地位的跨国公司。跨国公司是全球化的组织形式和主要运作载体。新的经济全球化战略需要由中国的跨国公司来承担。为此关键是要放手让民营企业在国内市场进行兼并重组，使其形成具有一定市场控制力的巨型企业，以便为国内市场的充分开放做好准备；要鼓励民营企业联合起来走出去，把中国过去发展的经验传播给“一带一路”国家，如举办各种经济技术开放区；还要利用西方经济结构调整的重大时机，联合起来收购其拥有技术、人才、品牌和渠道的企业，同时在走出去的过程中，实现以产权融合和资产重组为基础的实质性的一体化、集团化、跨国化的发展。

第四，聚集一大批具有高度国际化视野、可以利用各方面优势的高端人力资本，是新一轮经济全球化战略的重点。引进和培养人才我国过去做的较多，而“利用”这篇文章可做的空间很大。“利用”的第一个含义，是指可以利用西方各国经济结构调整的机遇，收购它们的企业尤其是有实力的上市公司。利用我们的市场来盘活其资产，用活其高级人才资源，如利用它们的高级技能员工培训中国的工人，让它们的高级科技人员为中国企业开拓全球市场提供研发和设计服务。“利用”的第二个含义，是指可以用中国的市场吸引力对外国先进企业进行“逆向”的高级生产性服务外包，让其竞争来自中国的订单，使中国企业在“干中学”，在学习中模仿、创新和提高。“利用”的第三个含义，是指可以通过建设“最适宜人类居住城市”为契机，以中国市场发展提供的众多机会为基础，吸收全球一流人才到中国生活、工作、创业和创新。

第三节　基于国内强大市场建设创新驱动新国家

利用好我国国内市场，还有一个重要的发展战略问题是如何依托于这一重要的比较优势发展创新经济、尽快建设成为创新驱动新国家。

为什么自主创新难以依靠外需，为什么鼓励自主创新必须基于内需？回答这一问题并不难。因为在依靠别国市场出口导向支持经济增长的情况下，本国企业做的都是跨国公司事先研发和设计好的订单，这种国际代工虽然可以让本国企业回避风险很大的前期研发阶段，但是从长期看却抑制了本国企业独立自主研发的动力和能力。当企业主动去竞争国内市场的时候，自有品牌和自主技术就成为抢占市场份额、取得高额附加价值的决定性因素。纵观当今世界经济强国，几乎没有一种世界品牌和先进科技是在出口导向中培育出来了，而常见的现象是：它们首先在国内市场中被培育和成长起来，发展成著名品牌后再进行大规模的自主出口。

发展创新驱动经济，不是主张中国回归封闭经济、关起门来搞自力更生和自主创新，也不是要搞过去那种已被实践证明是失败的进口替代，而是要扬弃过去以国际代工为基础的出口导向经济模式，以中国超级规模的内需为磁场，把全球先进的生产要素尤其是知识资本和人力资本引进来，创造良好的营商环境让它们在我国进行创新和创业；同时，要基于超级规模的内需支撑中国企业走出去，寻找和利用所在国家的先进生产要素，服务于我国企业的科技创新和创业活动，服务于我国企业建立全球竞争力的需要。

可以推论，把这种新型、高水平开放经济的发展，与实施创新驱动发展战略结合起来，必将会培育出我国企业参与新一轮国际竞争的动态优势。我们把这一战略设想的内涵，简单地概括为“高水平引进来和大规模走出去，共同驱动构筑全社会创新创业的竞争优势”。这主要包括三个方面：①

第一，以促进国内创新要素通畅流动、创新氛围优化浓烈为出发点，高强度地引进全球知识、技术和人才。引进来的重点在于人力资本。我国不断释放和起飞的内需，对全球人才来说意味着高水平的就业岗位和巨大的发展机会。在这个全球化的网络时代，我们如果可以不断地推进世界宜居城市建设战略，以优化制度环境为根本，以全球化企业为主体大力虹吸全球先进的

---

① 刘志彪：“在新一轮高水平对外开放中实施创新驱动战略”，《南京大学学报》2015年第2期。

科技、智慧、知识和人才，中国创新驱动战略实施一定可以迅速取得成就。为此，一方面，我们要创造更为宽松自由的创业创新环境，让全球具有新理念、新思考、新思想、新知识的人才到中国发展，与中国本土知识、人才和企业交流，与国内创业创新的热情、政策和平台等因素充分地对接，这就必将激活国内的创业创新的活力动力，激活我国战略性新兴产业兴起的空间和动力；另一方面，我们要最大限度地促进全球科技人才融入我国现有的产业体系，用其改造落后的产业技术，通过破坏性的创新活动创造出优质的、低污染的、高附加值的产品和服务，以更替我国的低端产业和世界工厂形象。

第二，以就地吸收人才技术和服务于全球市场为出发点，大规模地走出去。走出去的重点一是吸收本地化的人才和技术；二是避开贸易壁垒进行全球竞争，而不是攫取稀缺矿物资源。至少可以从四个层面来增强中国企业竞争优势：（1）推动我国具有国际产业领先优势的企业参与境外基础设施和产能的合作，尤其是要推动我国高铁、电力、通信、工程机械以及汽车、飞机、电子等中国装备走向世界，向具有潜力的新兴市场渗透和延伸；（2）依托市场规模迅速成长壮大的“母市场效应”，除了提升产业分工、出口结构的水平外，还可以在走出去中就地吸收国外高级人才和实用人才，以此服务于国内企业的研发设计能力提升；（3）可利用我国巨额的外汇储备，扩大和增强在国外的投资，与当地企业合作开发利用稀缺资源，增强我国企业在全球价值链上的产业控制力；（4）我国企业可以有效利用资本纽带，全面建立“国内与全球”之间的知识流动管道，构筑国内创新创业的双向流动机制，提升国内企业在全球创新网络中的地位。

第三，要构建全方位对外对内开放新格局，共同致力于创新驱动发展。以进一步高水平对外开放倒逼国内开放，促进结构性改革。各地自贸区扩容和政策复制，是进一步高水平对外开放的重要内容和体现。这一开放举措倒逼政府简政放权、负面清单改革。如果可以与区域经济一体化发展战略结合起来，就会起到更大的促进国内开放作用。例如，长三角高质量一体化发展战略的实施，一个重要内容是打通上海对外开放和对内开放载体之间的联系，形成浦东面向世界与浦西面向国内的联动格局。为此要在长三角交汇处尽快启动高质量一体化发展示范区建设，并把其定位于为上海建设有世界影响力的科技创新中心服务，从而在对外开放中成为上海对内开放的新高地。此外，在“一带一路”倡议的发展理念下，要升级我国企业参与全球经济竞争和分工的形式，攀升全球价值链高端、嵌入全球创新链。各类双边的自由贸易区、区域全面经济伙伴关系协定、中外投资协定等的建设，具体看是各种开放措施，本质上是用开放的主动赢得知识交流和移动的主动，从而赢得发展的主动，赢得国际竞争的主动，是中国参与、推动经济全球化行动的具体体现。

总结来讲，我国在新一轮高水平对外开放中实施创新驱动战略，需要由过去基于出口导向为主的“模仿学习”的初级阶段，全面转向基于引进来和走出去共同驱动的“创业创新”为主的高级阶段。创新驱动实质上是人才驱动，构建高水平开放型经济促进创新驱动发展的新体系，关键是要促进创新创业型人才、技术、知识向我国集聚、集中、集结。“高水平引进来”的实质性内容，应由物质资本转向人力资本，千方百计推进全球创新型和创业型人才向中国移动和流动，增强他们在中国扎根的意愿，让他们的创新创业活力在国内形成社会氛围，激发国内全民创新创业热潮。这是在开放型经济条件下推进创新驱动发展的首要政策目标。“大规模走出去”应重视激发国内企业家的冒险精神，鼓励国内企业组团式走出去，利用当地资源进行再创新再创业，以增强国内企业在全球价值链高端的治理能力。

在国内强大市场的背景下，提升我国的开放型经济发展水平，就是要让更多的全球智慧和资源为我所用。全球智慧和资源主要是人力资源。人力资源为生产力中最积极主动的要素，其特殊性在于：由于受国境线、文化、习惯等限制，人力资源跨区域的可移动性相对不足。这种较弱的可移动性，是导致国家之间在生产率、产业结构和收入福利等方面存在巨大差异的主因。如果人才可以如资本等生产要素那样快速地、低成本地甚至无成本地移动，那么国家之间就不存在产业结构方面的差异，生产率鸿沟和收入福利差距很快就会自动填平。由此可知，中美贸易摩擦的核心不在贸易，也不在金融，而在科技和人才的争夺。阻止人才进入中国市场为中国创新经济服务，才是美国压制中国崛起的直接途径和手段。因此在这种背景下，如果我们可以千方百计推进全球优秀人才向中国市场移动，就能够快速提升我国国力，缩小与发达国家在产业结构、收入和福利水平上的差距。这一点，应该成为当前和未来很长时期内，发育和壮大国内强大市场支撑我国创新驱动战略实施的首要政策目标之一。

第四节　以制度创新促进形成强大国内市场的主要建议

2019 年国家发展改革委会同有关部门共同研究制定了《进一步优化供给推动消费平稳增长，促进形成强大国内市场的实施方案》，从汽车消费、补足城镇消费供给短板、促进农村消费、带动新品消费、扩大优质产品和服务供给、优化消费市场环境等六个方面全面细化了促进形成强大国内市场政策措施。我们认为在当前条件下，国家有关部门出台的具体政策实施方案已经十分细致。本章则侧重于从制度改革方面，提出一些更为本质性的政策取向方面的思考和建议。

促进形成强大国内市场关键问题在于供给端，在于提高要素生产率。因为，只有生产率提高了，成本降低了，收入扩大了，市场规模才能扩大，需求结构才能升级。但是壮大国内市场除了要考察促进生产性努力的制度因素外，我们主要还需从以下三个方面分析制度创新问题：

1. 以强化竞争和推进区域市场一体化，来促进形成强大国内市场。通过引入竞争制度和强化市场导向的改革，消除区域市场的行政壁垒，放大被市场非一体化压制的潜在市场能量，形成超级市场规模效应。

潜在市场规模不等于现实市场规模。对一个具体的企业来说，中国的超级市场规模对它来说只是一个概念或环境，它要获取的是自己所在产业中能利用的规模经济效应。如果市场是分割的，那么即使产业加总的需求规模很大，但是支持企业达到最小最佳规模的市场需求条件也不一定会被满足。中外企业普遍认为，中国的市场性状是：理论上计算的市场规模大，但现实市场规模小。除了人均收入水平和消费水平的限制外，其中一个重要原因是中国目前的市场并不是统一市场，不是充分一体化的市场，而是存在着比较严重的区域分割的市场，局部的区域市场经常不足以体现超级市场规模的优越性。这一状况与我国地方政府长期深入地干预市场活动有关，与它们不惜代价地保护本地市场和本地企业的本位行为有直接的关系。

中国经济实践表明，习近平中国特色社会主义思想在经济发展方面的重要体现之一，就是持续坚定地推动区域经济高质量一体化发展，以全国一盘棋这个重要思路建设全国统一协调市场、放大超级市场规模效应。经济理论分析证明，在大国经济中，只有坚决地拆除地方政府出于本位利益动机而建构的各种有形与无形的行政壁垒，逐步减少其经济职能，防止其过度干预市场交易活动，鼓励企业充分竞争，才能在这种区域经济相互开放和一体化的基础上，逐步建设统一、开放、竞争、有序的强大国内市场。[①] 强大国内市场是由超级大规模加上结构上的复杂性两大因素构成。其中，结构上的复杂性，

① 国内市场统一是实施扩大内需战略的切入点和攻坚点，有学者就此研究了美国的历史经验。参见李黎力：“扩大内需战略下的国内统一市场建设——来自美国19世纪的经验”，《学习与探索》2012年第12期，第92—95页。

就是指市场要素之间不是呈现为各自的独立性（如行政分割的市场，市场要素之间就是没有多少联系的），而是建立了比较稳固的有机联系，即市场秩序。因此，光有大规模的市场，还不是国内强大市场。形成国内强大市场还必须加上有效率的市场秩序这个不可省略的硬条件。

有效率的市场秩序往往通过三个途径来创造：一是要明确地界定市场竞争领域与公共领域，在此基础上界定好政府和市场的职能，以及各自发挥作用的区间。最理想的条件是形成政府在公共领域强势，以及企业在市场竞争领域强势的"双强"体制机制；二是在市场竞争领域，要强调相互开放和竞争，以竞争政策作为基本准则或根本大法，作为协调和统领其他经济政策的基础，防止其他的经济政策有损于市场的公平竞争；三是要在公共领域强调政府有所作为，强调地区间制度建设上的协调、协商和协同，强调政府要在公共基础设施建设上的合作，坚决贯彻"成本共担、利益共享"的一体化机制和原则。

2. 以收入分配制度创新和改革促进形成强大国内市场。改善我国不断恶化的资本收益与劳动收益的比率，承认人力资本的剩余索取权，让民众分享国家发展成果，壮大民众的支付能力。

目前我国的消费类市场规模的扩张能力，主要受制于收入分配严重不均等的格局。收入高的阶层边际消费倾向递减，而收入低的阶层虽然消费的欲望高却无支付能力，因此扩大消费性的内需，关键在于通过收入分配改革，改善需求扩张的基本条件。中国在从温饱走向全面小康社会的过程中，收入分配的差距持续扩大，居民收入的基尼系数 2000 年就超过警戒线 0.4。2003 年至今，该系数从未低于 0.46，2015—2017 年，由 0.462 升至 0.467。造成收入分配差距持续扩大的原因很多，也很复杂，往往有多种综合性因素的交互作用，如市场结构缺陷、城乡差距、再分配政策失衡等，但是财产性收入与工资性收入的不对称，是其中的基础的制度原因。

以中美两国为例。中美居民工资性收入占 GDP 的比重其实大致相当，都在 50% 以上。但明显不同之处在于，中国居民的财产性收入占中国 GDP 的比重仅有 3%，远低于美国 25% 的比重。财产性收入的低下，使得中国居民总收入占 GDP 比重偏低，因而消费在整个经济中的比重不高。[①]

我国居民消费占 GDP 比例一直较低，而且长期处于下降通道。国家统计

① 研究者发现，财产性收入能够明显提高家庭消费支出，因此应该多渠道提高财产性收入。参见易行健、朱力维、杨碧云："财产性收入对家庭消费的影响——基于 CFPS 数据的实证研究"，《消费经济》2018 年第 3 期，第 21—28 页。

局资料显示，2000 年时为 46.9%，到了 2017 年只有 38.4%。而发达国家这一指标普遍在 60% 上下，如 2016 年美国为 68.8%，日本为 55.7%，加拿大 2017 年为 57.8%，法国为 54.1%，德国为 53.1%。在高速度发展阶段，我国的内需增长量主要来自投资的增量。由于长期受房地产泡沫、高杠杆以及产能过剩三大因素的影响，我国在增加房地产投资、增加政府支出和增加制造业投资等传统的政策工具方面，其边际能力和实际的潜力已非常有限，因此进入高质量发展阶段，消费尤其是居民的消费，应该成为拉动经济发展的新动能，中国现代化的消费驱动和消费结构是替代投资驱动成为新内需的主要力量。

因此，将中国从出口大国和投资大国转变为消费大国，中国的消费占比的提升，就有可能为制造业转型升级打开新的空间。认识到这个原理并不难，难的是如何通过提高居民收入占国民收入的比重，来提升居民消费在整个 GDP 中的比重。针对中国经济的特殊性，调整分配关系、扩大内需的政策关键在于如何提高居民的财产性收入。为此我们提出：

一是迫切需要在产权理论上承认人力资本在价值创造方面的贡献，明确不能仅仅是物质资本拥有剩余索取权，而人力资本也要适当参与剩余的分配。只有如此，才能确立分享经济的基本格局，才能真正缓解日益扩大的收入分配差距，使分享利润的资本所有者与仅拿取工资的劳动者之间实现利益均衡。

二是确立分享经济和共享经济的政策体系。不仅生产要讲效率，分配也要讲公平，现阶段尤其要以公平促效率。具体来说就是不仅再分配要讲公平，在初次分配阶段，就要讲公平，尤其在初次分配阶段，就要形成经济主体之间平等竞争的基本条件。这个阶段不进行公平、平等导向的竞争和政策调节，完全依据于再分配阶段的调节，不仅分配的效率低，而且纠正不公平和不平等状态都已经很难。

三是在市场体系建设上，要重点建设资本市场强国，让人们分享中国经济发展的巨大成果，健全和完善资本市场的财富增值功能，而不是让其成为人民财富的“绞肉机”。为此要尽快扭转资本市场仅为企业融资的单一功能，尤其要防止把资本市场服务于落后地区脱贫、为深陷债务危机的企业和平台解困的危险做法，以人民为中心、以增加人民的财产收入为中心改革其内在功能，加强严刑峻法取向，强化其法治化管理能力。

3. 以平等各类所有制企业竞争条件为重点，提高民营企业的投资愿望和投资能力。这是扩大内需、壮大国内市场的重要措施。目前投资需求方面下降最快的是民营企业的投资愿望和投资能力。问题的根源是各类所有制企业竞争条件不均等的情况日益严重，民营企业发展遇到了空前的困难。破除各种针对民营经济的歧视，是扩大投资性内需的正确选择。

我国企业这些年来投资能力的不断降低，与我国经济结构尤其是产业结构存在重大失衡有直接的关系。这种失衡可以从房地产、金融业、工业的毛利率差距中看出来。2009—2018 年，工业的平均毛利率一直维持在 12%—15%，房地产业在 30%—40%，金融业 2009—2014 年在 18%—25%，从 2014 年之后，其毛利率从 22% 左右上升到 2017 年的 60% 左右，虽然这一情况在 2017 年中期以来开始有所降低，目前也在 50% 左右。当前很多从事实业的上市公司，其赢利也十分微弱甚至亏损。这样资本自然不可能顺畅流入，相反还要斩仓出局。结果必然会造成对实体经济投资不足、产业部门间的发展严重失衡的困境。

资本收益率的短期波动和部门差距是可以理解的，但是如果长期存在，部门间利润不能趋于均等化，那么市场竞争中一定存在着严重的阻碍要素流动的因素，导致供给不足或供给过度。[①] 如牌照管制成为金融进入的高障碍；或者存在资本退出产业的壁垒，如很多国有企业云集的煤炭、钢铁、水泥、电力等部门，因企业无法在供给过度的市场中正常退出而出现严重的产能过剩问题。

因此，缓解产业部门间存在的严重的非均衡状态，建设协同发展的产业体系，政策的重点就是：

一是要打破行政权力，如打破通过国有资本进行的各种形式的行政垄断行为，取消所有制分类管理，让国有、民营、外资企业等市场主体进行平等竞争，从而促进利润率尽快出现平均化趋势，给投资主体正确的市场信号。

二是要强化企业的预算约束，尤其要强化资本的盈利属性，让其既能按照盈利信号主动进入需求有前景的产业，也能根据市场信号进行投资战线的收缩，实现退出市场的自由选择，以此缓解可能发生的投资失误和产能过剩。

三是在进入资产短缺时代后，要特别注重强化资产管理，把总供给与总需求的均衡概念扩展到包含资产需求和资产供给的管理方面，通过加大资产供应，平抑社会对资产的旺盛需求。否则以房地产、金融为代表的虚拟经济活动，在资产短缺的时代很容易出现价格过高的泡沫经济状态。

我国近些年投资速度降低，根本原因是民营企业的投资意愿和投资能力

---

① 张伯超、邸俊鹏、韩清："行业资本收益率、资本流动与经济增长"，《财经问题研究》2018 年第 8 期，第 34—41 页。

的降低。而针对民营企业的核心问题，关键还在于对内开放不足，对其限制太多。习近平总书记指出，中国民营企业在实践中客观存在着“市场的冰山、融资的高山、转型的火山”这“三座大山”。地方和部门政府的政策针对民营企业的“卷帘门”“玻璃门”“弹簧门”等，都是对内开放不足的主要表现。对内开放不足，影响对外开放的步伐和水平，如造就了国内市场外资与本土企业直接严重的不平等竞争态势，抑制了民营企业的发展能力。如这将影响民营企业走出去、走上去的能力；限制了国内市场需求的扩大，从而抑制了利用内需虹吸外国先进生产要素尤其是科技人才、技术和可能性；压制了要素市场化的进程。

优化民营企业营商环境，从短期看是要通过政策倾斜于民营企业，让其吃“定心丸”，逐步淡化乃至取消按所有制和企业规模分类管理企业的老办法。从中长期看，是要强化从非均衡发展转向平等竞争的基础条件，即要保护个人的生存和发展权利，充分尊重个体财产权利；要确立竞争政策基础性地位，落实公平竞争审查制度，坚决反对各种垄断行为尤其是行政垄断行为；商业银行不应成为反垄断的法外之地，要通过反商业银行的垄断，为实体经济振兴提供法制环境。

作者：刘志彪　南京大学长江产业经济研究院院长
首批长江学者特聘教授

第三章 江苏省营商环境评价指标体系研究

第一节 前言

习近平总书记在2018年11月1日主持召开民营企业座谈会时强调，所有民营企业和民营企业家完全可以吃下“定心丸”、安心谋发展，而“保持定力，增强信心，集中精力办好自己的事情，是我们应对各种风险挑战的关键”。在习近平总书记讲话后的1周年之际，2019年12月，中共中央、国务院出台了《关于营造更好发展环境支持民营企业改革发展的意见》（以下简称《意见》），这也是目前为止我国出台的最高级别最权威的支持民营经济发展的政策文件。《意见》坚持公平竞争原则，围绕营造市场化、法治化、制度化的长期稳定发展环境做出一系列安排部署。2019年以来，江苏省陆续出台了《关于促进民营经济高质量发展的意见》《聚焦企业关切　大力优化营商环境行动方案》等一系列政策，建立优化营商环境工作联席会议制度，努力打造市场化、法治化、国际化营商环境，促进民营经济高质量发展。这些都为进一步激发江苏省经济发展活力和创造力、促进经济高质量发展注入了强劲推动力。

“强富美高”新江苏建设，离不开稳定、适宜的环境和土壤。江苏是制造业大省，是实体经济大省。作为一项学术研究，应该构建一项江苏省营商环境评价指标体系，使这样指标具备结构科学性、数据可得性、操作便捷性，并具有可复制性和易于向全省、全国推广。已经公布的江苏省《聚焦企业关切　大力优化营商环境行动方案》已公布，涉及7类30条150项任务清单，内容相对科学详细。这项指标的区别是，主要从企业出资人的主观感受出发构建指标。营商环境的构建有两个视角，一方面是政府视角，如何去优化营商环境；另一个是企业视角，即企业经营过程中遇到的那些“堵点”“痛点”。而企业的“堵点”和“痛点”，最客观的感受就是企业出资人，企业的兴衰成败最关系他们的利益，因此他们的感受也是最直接的。尽管主观感受可能离客观事实有一定的偏差，但通过科学的指标和方法设计，深入的调研交流，可以将偏差降到一定的程度。其指标可以和已经推广的相应指标对应比较，综合起来能更好地反映江苏省的营商环境现状。

正是在这样的背景下，以江苏省企业出资人为调研对象，从民营经济的市场环境、政策政务环境、法治环境、社会环境、企业家信心、投资情况着眼，多角度、多层次、宽范围开展调研，掌握实际情况，设计相应指标。本文在指标设计的基础上，利用最新的江苏省民营企业抽样调查数据进行了测算检验，并和长三角其他省市进行了对比。

第二节 江苏省营商环境指标体系的设计

一、设计原则

营造企业家健康成长环境，是促进民营企业健康成长，弘扬优秀企业家精神，更好发挥企业家作用的重要前提。2017 年 9 月 8 日，中共中央、国务院颁发了《关于营造企业家健康成长环境　弘扬优秀企业家精神　更好发挥企业家作用的意见》中指出，“着力营造依法保护企业家合法权益的法治环境、促进企业家公平竞争诚信经营的市场环境、尊重和激励企业家干事创业的社会氛围”。2019 年 12 月 4 日，中共中央、国务院进一步颁发《关于营造更好发展环境支持民营企业改革发展的意见》指出，“坚持公平竞争，对各类市场主体一视同仁，营造公平竞争的市场环境、政策环境、法治环境，确保权利平等、机会平等、规则平等”。根据两个“意见”，我们将法治环境、市场环境、政策政务环境，以及民营企业家注重的社会环境四个指标作为民营企业营商环境的核心评价要素。

（一）发展环境指标体系的设计

民营经济发展环境是一个复杂的系统。为此，本章基于指标选取的科学性、可操作性、可比性和针对性原则，构建了包括市场环境、政策政务环境、法治环境、社会环境4个一级指标25个二级指标的发展环境指标体系（见表3－1）。

表3－1　民营经济发展环境测度体系

一级指标	二级指标
市场环境	税费成本
	融资成本
	能源成本
	物流成本
	人力成本
政策政务环境	行政审批手续更加方便、简捷
	工商证照办理时间更加节省
	工商行政机关公正执法
	企业注册更加灵活
	企业年报程序简洁便利
	“五证合一”时换证手续简化
	政府官员勤政、积极服务企业
	市场监管部门运动式执法
法治环境	对失信主体的惩戒
	企业家和家人的人身安全保障
	财产和财富的安全
	企业家人格权的保护
	知识产权保护
	法律、法规的完备
	合作企业的法治意识
	司法机关的立案效率
	法院判决书的执行情况
社会环境	经济地位
	社会地位
	政治地位

（二）发展形势指标体系的设计

近年来，民营企业家的发展信心不足，民间投资增速也出现断崖式下跌，并始终处于较低水平的增速。为了研究发展环境对微观经济主体的影响，我们选取发展信心和投资信心两个一级指标和16个二级指标来衡量，具体如表3－2所示。

表 3－2　民营经济发展情况测度体系

一级指标	二级指标
发展信心	经济陷入低迷
	出现大规模失业
	物价大幅上涨
	房地产“泡沫”破裂
	局部金融危机爆发
	地方政府债务破产
	生态环境严重恶化
	社会矛盾激化
投资方向	扩大原有产品生产规模
	新产品研发
	投向新的实体经济领域
	投资房地产
	用于收购、兼并
	技术创新、工艺改造
	民间借贷
	投向股市、期货

二、测度方法

指标的测量有两种途径，第一是客观评价法。客观评价法虽然理论说客观，但存在数据收集难，同时有些指标难以客观量化的困境，如发展信心，就无法通过客观指标来衡量。发展环境，有些也难以用直接的数据来衡量，虽然可以寻找一些替代变量，但替代变量是否能等同于所需衡量的指标，存在疑问。第二是主观评价法。主观评价法存在的不足是受评价者个人的异质性影响，且收集起来相对很难，必须要和被调查者交流。为此，本章采用两种指标，企业投资方向用客观指标；发展环境和发展信心主要主观收集。

（一）绝对数值指标

市场环境：分 5 个档次，表示成本变化情况。从 1—5 分别为成本上涨过快、有所上涨、没有变化、有所降低、明显降低。数字越大，表示成本越低，3 为中间值，表示维持原状。

政策政务环境：分 5 个等级，表示政务服务变化情况，从 1—5 改善程度逐渐加大。1 为完全没有改善；2 为改善不大；3 为一般；4 为有所改善；5 为改善很大。

法治环境：分 5 个等级，表示依法治国变化情况，从 1—5 法治环境逐渐向好。其中，1 为法治环境最差；5 为最好；3 为一般水平。

社会环境：分政治、经济和社会地位的评价，分 10 个等级，1 为评价等级最低，10 为评价等级最高。

投资信心：分 5 个等级，表示对未来的预期程度，1 为预期最差，5 为预期最好。具体为危险的发生程度，分别为很有可能、较有可能、不好说、不太可能、不可能。

投资方向，具体包括：扩大原有产品生产规模；新产品研发；投向新的实体经济领域；投资房地产；用于收购、兼并；技术创新、工艺改造；民间借贷；投向股市、期货。用二值变量，是为 1，否为 0。

（二）内部差异指标

本章采用变异系数 CV（Coefficient of Variation）以分析内部差异，即指标内部数据的离散程度。变异系数又称“标准差率”，是衡量资料中各观测值变异程度的另一个统计量。当进行两个或多个资料变异程度的比较时，如果度量单位与平均数相同，可以直接利用标准差来比较。如果单位或平均数不同时，比较其变异程度就不能采用标准差，而需采用标准差与平均数的比值（相对值）来比较。标准差与平均数的比值称为变异系数，记为 CV。变异系数可以消除单位或平均数不同对两个或多个资料变异程度比较的影响。其表达式为：

$$CV = \frac{S}{EQ}$$

其中，标准差 $S = \sqrt{\frac{\sum_{i=1}^{n}(x_{ij} - \bar{x}_j)^2}{n}}$，均值 $EQ = \frac{\sum_{i=1}^{n} x_{ij}}{n}$

变异系数越小，变异（偏离）程度越小，区域内发展环境差距越小；反之，变异系数越大，变异（偏离）程度越大，区域内发展环境差距越大。

三、测度程序

（一）加强相关培训

对参与调查的工作人员进行培训，包括对指标的内容解读，对测度方法进行优化，对如何和企业主进行交流进行统一规范等。

（二）确定调查对象

为使评价结果能客观反映江苏省营商环境的总体情况，将所在区域、行业、规模、性别、年龄作为分层变量，确定每个层次总体的比例，然后计算出各层次的样本点数量，并从每层中选取调查对象。

（三）深入企业调研

调查员根据要求，深入企业进行访谈交流和信息填报。

（四）上报相关数据

所在设区市、县（市、区）核对评价对象的填报信息，了解评价对象的其他信息，确认真实无误后，输入评价信息系统，统一报送省评价工作领导小组。

（五）加强抽查核对

省评价工作领导小组对输入的评价信息和报送评价信息进行抽查核对。

四、评价应用

具体来说，评价结构可以运用于两个方面：

首先，分区域综合的评价结果可以用于全面科学反映和监测企业健康发展的营商环境，以引导各级政府因地制宜科学制定针对性且有效的政策，改善企业家健康成长环境，提高企业家健康成长水平。

其次，可以应用反馈企业家的思想政治状况和企业经营状况，为政府改善、提升营商环境提供科学依据。

此外，也可以为政府项目招标，企业的金融、科技创新扶持，企业信用的限制、司法服务的保护或处理等提供优先支持的素材依据。

五、组织保障

（一）成立领导机构

江苏省发展改革委（以下简称省发改委）可以协调成立省评价工作领导

小组、评价工作领导办公室，负责整体评价工作的规划与推进指导，办公室设在省发改委。各设区市、县（市、区）以发改委为主体，相应成立评价工作领导小组。

（二）建立工作制度

一是建立工作例会制度。省领导小组定期召开情况汇报会，通报工作，交流经验，研究解决问题。二是建立工作指导制度。领导小组可成立专门工作小组负责联系，指导有关设区市及县（市、区）开展评价工作。三是建立保密制度。各成员单位、协助单位要严格遵守保密制度，不得外传泄露，涉及评价对象的相关信息以及评价结果，违反保密制度，对试点工作和评价对象造成不良影响的要追究有关人员的责任。

第三节　江苏省营商环境评价指标体系的测算

在指标设计的基础上，还对江苏省营商环境进行了测算，数据来源于2018年长三角三省一市工商联、工商局（市场监管局）完成的民营企业抽样调查，该抽样调查是在国家相关部门统一组织下，按科学的抽样方法进行抽样后组织实施的，数据调查实际完成人都是三省一市政府机关人员，并经过系统的统一培训，而调查对象也由调查员深入到企业指导，特别是与企业出资人进行面对面的深度访谈，保证了问卷答案的可靠性。抽样调查各项标准完全一致，具有可比性。由于该数据没有对设区市一级进行分类，我们在省一级层面进行测度，并和长三角其他省市进行对比。未来可以再扩大样本规模，进行跟踪调查对比分析。

一、样本分析

（一）区域分布（见表3-3）

表3-3　调查样本的区域分布

区域	样本量	百分比（%）	累积百分比（%）
江苏省	392	23.6	51.5
上海市	462	27.8	27.8

续表

区域	样本量	百分比（%）	累积百分比（%）
浙江省	442	26.6	78.1
安徽省	363	21.9	100.0
合计	1659	100.0	

（二）行业分布（见表3－4）

表3－4　　调查样本的行业分布

行业	样本量	百分比（%）	累积百分比（%）
农、林、牧、渔	52	3.1	3.1
采矿业	3	0.2	3.3
制造业	633	38.2	41.5
电力、煤气水	12	0.7	42.2
建筑业	118	7.1	49.3
交通运输、仓储	24	1.4	50.8
信息服务	92	5.5	56.3
批发和零售	310	18.7	75.0
住宿、餐饮	39	2.4	77.3
金融	17	1.0	78.4
房地产	36	2.2	80.5
租赁、商业服务	88	5.3	85.8
居民服务、修理业	21	1.3	87.1
科学、教育、文化、卫生	51	3.1	90.2
其他	117	7.1	97.2
未回答	46	2.8	100.0
合计	1659	100.0	

（三）人数分布（见表3－5）

表3－5　　调查样本的人数分布

职工人数分布（人）	样本量	百分比（%）	累积百分比（%）
<20	702	42.3	42.3
[20，300)	721	43.5	85.8
[300，1000)	135	8.1	93.9

续表

职工人数分布（人）	样本量	百分比（%）	累积百分比（%）
≥1000	101	6.1	100.0
合计	1659	100.0	

（四）营业收入分布（见表3－6）

表3－6　　调查样本的营业收入分布

主营业务收入（万元）	样本量	百分比（%）	累积百分比（%）
<300	515	31.0	31.0
[300，2000)	324	19.5	50.6
[2000，40000)	568	34.2	84.8
≥40000	252	15.2	100.0
合计	1659	100.0	

（五）性别分布（见表3－7）

表3－7　　调查样本的性别分布

	样本量	百分比（%）	累积百分比（%）
男	1306	78.7	78.7
女	344	20.7	99.5
未回答	9	0.5	100.0
合计	1659	100.0	

二、发展环境

（一）市场环境：政策红利有效释放

由图3－1可以看出，江苏省市场环境有5项指标全部低于3（涨跌分界线），说明企业的各项成本是上涨的。涨幅最大的是人力成本，其次是物流成本、能源成本。近年来，随着刘易斯拐点的到来和人口老龄化，人工成本越来越贵。随着环境治理力度的加大，能源成本也随之上升。同时，物流成本上升也较快。由于物流成本长期居高不下，清理物流中的各种不必要的费用也是一项长期而艰巨的任务。比如，有企业反映货车加装ETC后，成本不降反增，且增长幅度非常大，说明我国物流成本下降的路还很漫长。长期所诟病的融资难、融资贵，但融资成本指标低于 3 的均值水平并不多，说明融资成本快速上涨得到遏制，得益于政府大力推行的通过多种渠道解决民营企业融资难问题。不过据我们了解，虽然银行贷款略微放松一些，但民营企业的债券融资几乎达到冰点，中小民营企业融资紧张并没有得到多大缓解。指标中数值最接近 3 的是税费成本，长期以来企业所反映的税费成本高，在江苏省表现的并不明显，说明近年来在这方面所做的努力，特别是取消各种乱收费的现象，取得了较为积极的效果。

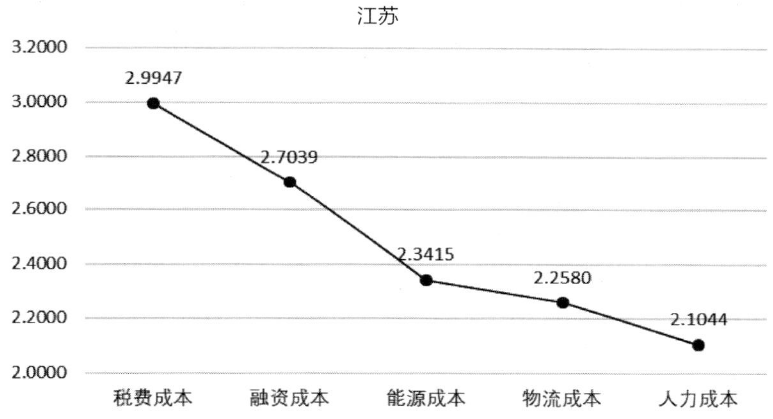

图 3－1　市场环境总体指标

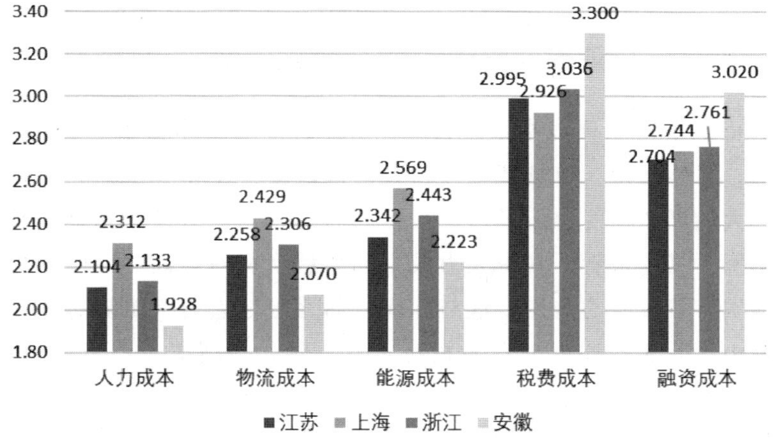

图 3－2　市场环境分区域对比

我们分区域对长三角进行对比，从图 3－2 可以看出，总体上和江苏省的规律相同，且主要问题表现在人力、物流和能源上，满意度比较低。税费成本和融资成本下降较好。

分省来看，江苏总体上处于中等位置。在人力成本、物流成本和能源成本三个表现较差的项目上，上海的指标较好，安徽的指标较差，江苏和浙江处于中间位置，浙江表现略好一些。在税费成本和融资成本上，反而是安徽表现最好，均超过了 3 的中值水平，成本较之前有所下降，上海的表现不佳。江苏的表现也不算太好，在税费成本下降指数上，仅高于上海，在融资成本下降指数上，处于最后的位置。江苏是民营经济大省强省，但在成本上，江苏的民营企业并没有占据优势，特别是在对比另一个民营经济大省的浙江，各指标均有差距，需要进一步对标找差距继续深挖成本下降的空间。同时，在融资问题上，江苏在横向对比上，仍有一定的上升空间。

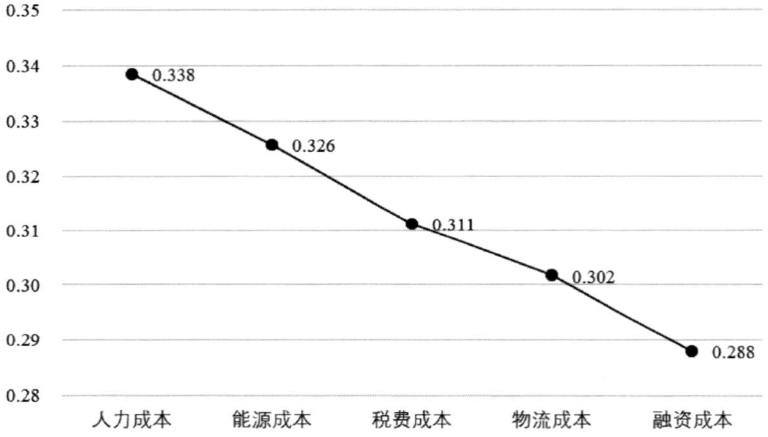

图 3－3　市场环境总体变异系数

我们将 5 个市场环境指数进行 CV 换算，得出江苏总体情况如图 3－3。可以看出，总体来说，市场环境各指数的离散度处于中低层次，差别并不是太大，最大的离散程度为 33.8%，最低的为 28.8%，处于中低离散程度，相对较为均衡。具体来看，其中人力成本的离散度相对最高，说明省内各区域的人力成本有着较大的差别，这与苏南、苏北等地人力资源拥有程度不一致相关，苏中、苏北普通人力资源相对丰富，而苏南高端人力资源相对丰富。能源成本和税费成本处于中间位置。而物流成本和融资成本全省一体化程度最高，接近或低于 30%，差异较低。江苏省基础设施较为先进，特别是公路建设较为先进，为平衡全省物流成本奠定了坚实的基础。另外，融资成本全省一致，为不同区域企业发展提供了良好的发展支撑。说明这几年，各区域政府都在努力减税降费，降低小微企业融资成本，起到了较好的作用，各地区在这方面差别已经不大（见图 3－4）。

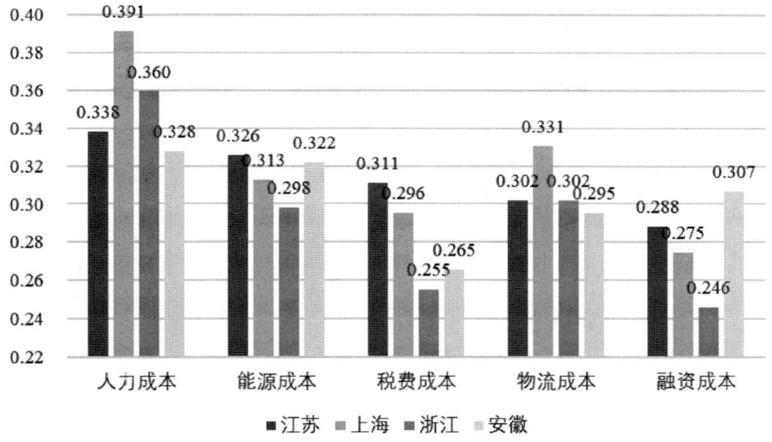

图 3-4　市场环境分区域变异系数

进一步对市场环境的长三角分区域变异系数进行分析，可以看出，总体来说，无论是哪个区域，无论是哪个指标，变异系数均不大。最高的差异化为 39.1%，最小的为 24.6%，均处于中低变异的区间，说明长三角地区的整体市场环境一体化程度较高。具体来看，人力成本的变异系数略大，税费和融资成本的变异系数略小。在具体比较上，上海的人力成本和物流成本的变异系数比其他地区大。江苏省的能源成本和税费成本虽然总体不高，但相对其他省市还是较高，有进一步区域平衡的空间。可以看出，浙江的区域市场化指数较为平衡，仅人力成本的区域差异化相对高一些，在能源成本、物流成本、融资成本的区域差别上，长三角地区都是最低的。

（二）政务环境：行政效率较大改善

从图 3-5 可以看出，政务环境所有指标均值得分均在 4 以上，即都在“有所改善”以上，说明整体上，江苏省在政务服务环境上取得了不错的效果。我们再来看一下具体指标，改善程度最大的是“五证合一”时换证手续简化，随后分别是企业注册更加灵活，工商证照办理时间更短，行政审批手续更加方便、简捷，企业年报程序更加简洁便利，工商行政机关公正执法也相对满意。这些与江苏省不见面审批直接相关，都是优化营商环境的重要内容，是政府重要的改进方向。另外，官员勤政和市场监管的得分略低，如何进一步激活官员勤政工作的积极性，如何防止监管部分运动式执法，或搞一刀切，仍是需要努力的方向。

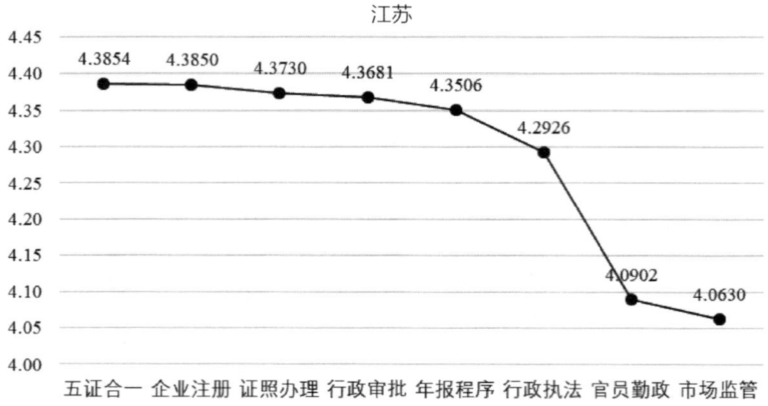

图 3－5　政务环境总体指标

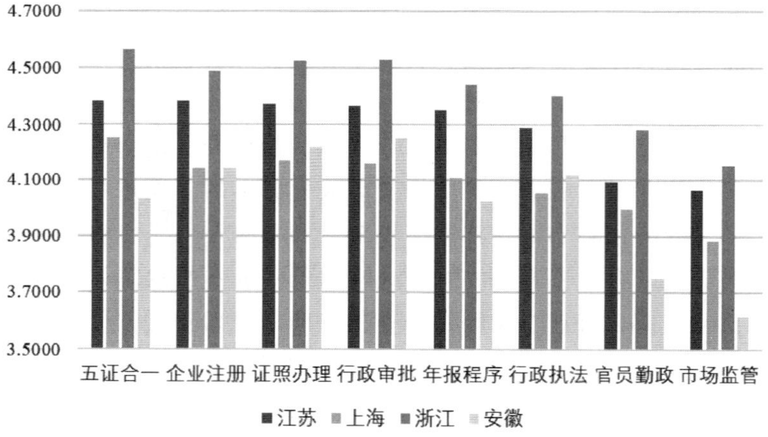

图 3－6　政务环境分区域比较

分省市对比来研究，从图 3－6 可以看出，各区域对政务环境改进的满意度均处于较高水平，最低的指数也达到 3.6160，处于改善很大的层次，最高的达到 4.5674，接近于 5 的满分水平，大部分指标都超过 4，处于“有所改善”水平以上。因此，总体来说，政策政务环境，企业家是比较满意的。具体分区域来看，浙江的企业对改善的满意度要略高于其他地区的水平，安徽的满意度相对低一些。而江苏则总体处于第二位置，每一项指标均低于浙江，但高于上海和安徽。浙江和江苏同为民营经济大省强省，其中江苏民营经济的总量要高于浙江，但在规模以上民营经济上，浙江则具有一定的优势，每年的全国工商联民营企业 500 强排序，浙江均领先于江苏，而浙江在民营经济的政策创新上，也总是敢于天下先，这一点，是值得江苏学习的。

我们继续将政务环境进行变异系数比较，从图 3－7 看各指标在区域内的离散程度。总体来说，政策政务环境的值均较小，大部分处于20%左右，属于低变异区间，说明江苏全省不同的政策政务环境的区别不大，相似程度较高。变异系数相对大一点的是官员勤政和市场监管，在前面的计算中，也可以看出，这两项指标的指数相对较低，说明其中有部分地区的市场监管水平和官员勤政水平满意度较低，进步较少。

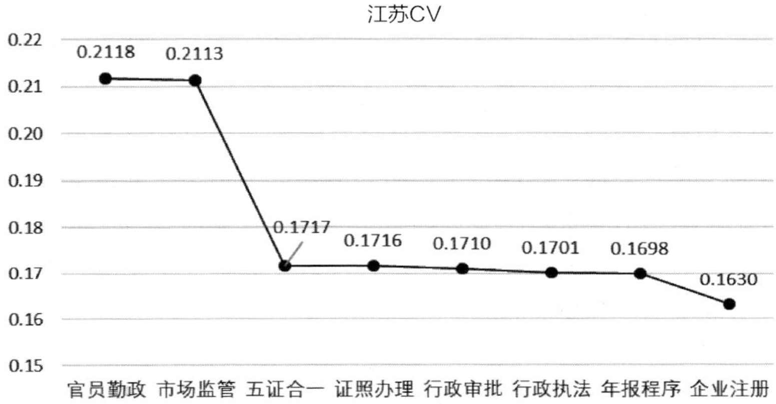

图3－7　政务环境总体变异系数

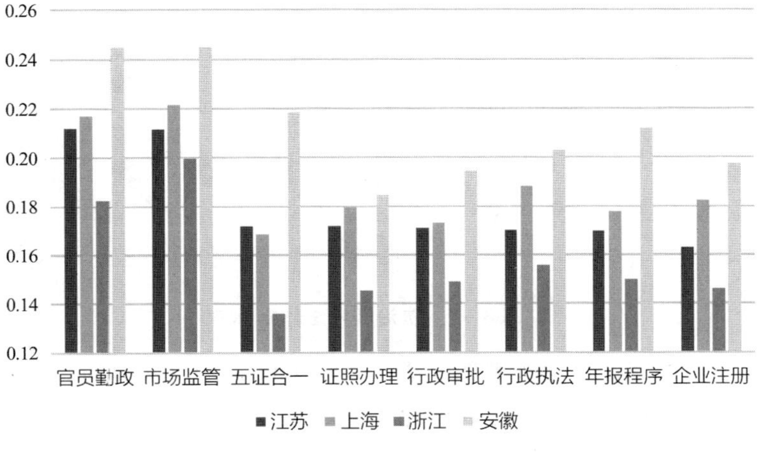

图3－8　政务环境分区域变异系数

进一步对政策政务环境的变异系数进行长三角对比分析，从图3－8可以看出，总体来说，无论是哪个区域，无论是哪个指标，变异系数均不大。其中最小的变异系数为13.6%，最大的指标变异系数为24.51%，均处于中低变异的区间，说明长三角不同区域政策环境较为趋同，离散程度不高。具体来看，安徽的变异系数略大，其次是上海的变异系数，江苏和浙江的变异系数略小，其中浙江最小，说明长三角的省份及区域内部发展在政策上还是有一定差别的，不过浙江和江苏两地的政策政务环境改进程度相对一致，没有大的差别。

（三）法治环境：权益保障不断提升

从图 3 - 9 可以看出，江苏省的法治环境较好，为全部超过 3 的中值水平，大部分均接近或超过 4 的水平，即“比较满意”水平。其中，涉及个人的几种安全保护列前三。对人身安全的保障最为满意，列第一，财富安全排第二，人格权保护排第三。长期以来，民营企业家对自己的安全比较担忧，对个人的产权保护颇多微词，涉及企业家个人的“物权法”执行的并不特别好，很多涉及企业家的“冤假错案”时有发生。如果企业家没有安全感，就很难沉下心去做好百年企业，加强研发投资等。可喜的是，江苏省在这些方面做得比较好，民营企业家在这样的产权保护环境下，好似吃下“定心丸”，有利于专注企业的长远发展。

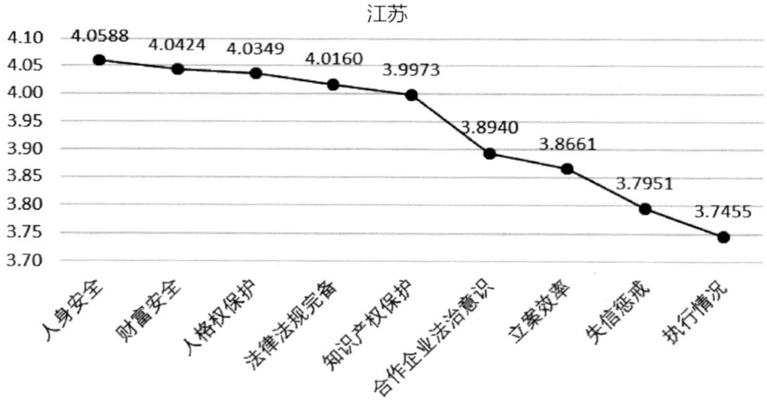

图 3 - 9　法治环境总体指标

法律法规的完备程度排第四，法律法规不仅有全国层面的，也有省级层面的。江苏省企业家对法律法规的完备程度相对比较满意，这至少在客观方面说明江苏省做得相对较好。知识产权保护也接近 4 的水平，说明在保护创新方面，江苏省做得相对到位，这也是推动创新大省建设的一个重要保障途径。

排名相对靠后的 4 个指标分别为合作企业的法治意识、立案效率、失信惩戒、判决书的执行情况。可以看出，企业的法律意识得分不高，因而也就可能存在违规违纪情况，这方面还需要相关部分加强法治观念的普及，加强普法宣传。另外，失信惩戒的力度也不够大，会导致违法成本较低，因此需要进一步加大惩戒力度，让企业和个人更加珍视自己的信用。

从图 3－10 可以看出，总体来说，长三角不同省市对法治指标的评价差别不大，全部处于中间位置 3 以上，说明较为正面。江苏省的所有指标均高于其他省市，说明江苏省法治营商环境处于长三角最好的位置。上海市和浙江省的相关指数互有高低，而安徽省的法治营商环境指数得分最低。

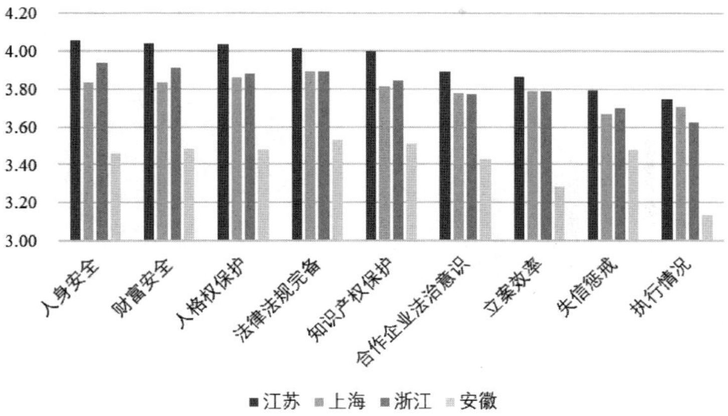

图 3－10 长三角法治环境指标

我们来计算一下江苏省法治建设的变异系数，变异系数越大，说明不同地域法治建设的水平差别越大。图 3－11 显示，江苏省各变异系数均处于较低范围，属于低变异系数范围，全省法治建设水平较为均衡。具体分内容来看，财富和人身安全，离散度最小，区域内法治建设最均衡，其他几个指标，包括人格权保护、知识产权保护、合作企业法治意识、法律法规完善等，均处于离散较低水平。离散程度相对较高的是失信惩戒情况、执行情况、立案效率，可能在具体的法治执行上，各地的标准有较大区别。

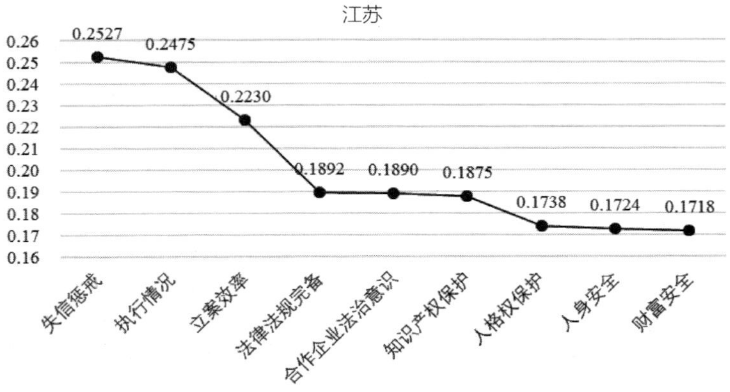

图 3－11 法治环境总体变异系数

从图 3－12 分区域来看，长三角不同区域的变异系数差别不大。最大的地方，即在立案效率的差别上，差别为 7.42%，最小的地方几乎相同，说明长三角不同省市区域内的法治水平并没有大的差别。其中，安徽省域变异系数总体上略高于其他地区，说明安徽省域法治化差异还是比较大的。而江苏省有 5 项指标变异系数最小，其他 4 项指标也不高，总体发展较为均衡。

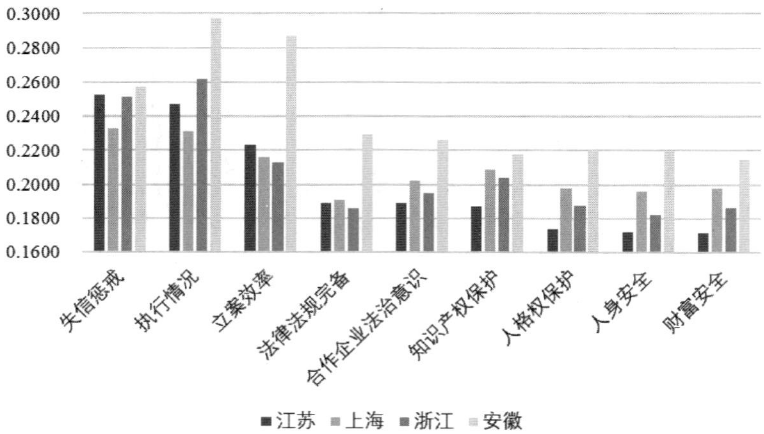

图 3－12　法治环境分区域变异系数

（四）社会环境：综合地位快速提升

图 3－13 显示，民营企业家群体对当前自身的地位评价总体中等偏上，均高于 5 的中值水平。具体来看：（1）从数值上来看，经济地位为 5.9784，社会地位为 5.8706，政治地位为 5.6397，政治获得感最弱，社会获得感稍强，经济地位评价相对最强。即在取得经济地位的同时，并没有得到同等的政治上的获得感。（2）5 年来，企业的社会环境指数有了一定程度的提升，企业家地位有明显的提升，这一趋势值得肯定。（3）企业主自我社会地位评价要远低于民众对企业家的地位评价。民众总体来说还是对民营企业家高看一眼，对其地位评价较高，但企业家自我评价有较大落差。可能是外面只能看到企业家光鲜的一面，而企业家自己才“冷暖自知”。

图 3－14 至图 3－16 对相关指标进行了分省市比较。可以看出，无论是现在，还是 5 年前，无论是经济地位，还是社会地位、政治地位，总体遵循着经济 > 社会 > 政治获得感的规律。同时，5 年前的地位要低于现在的地位，老百姓的评价要高于自己的评价。分省市来看，江苏企业家当前的地位感知，无论是经济地位、还是社会地位、政治地位，都是最高的。5 年前的三项地位

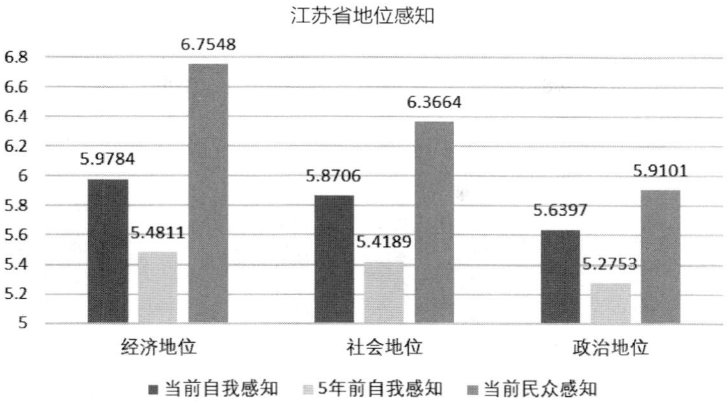

图 3－13　社会环境总体指标

感知，以及老百姓的地位评价，也基本遵循着这样的规律。总体来说江苏省企业家在长三角地位还是比较高的。

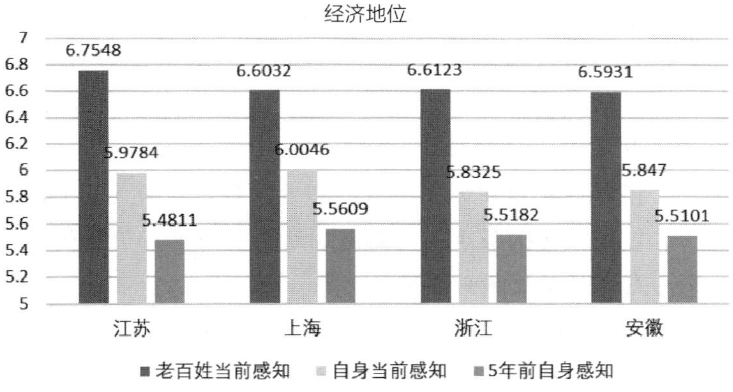

图 3－14　经济地位总体指标

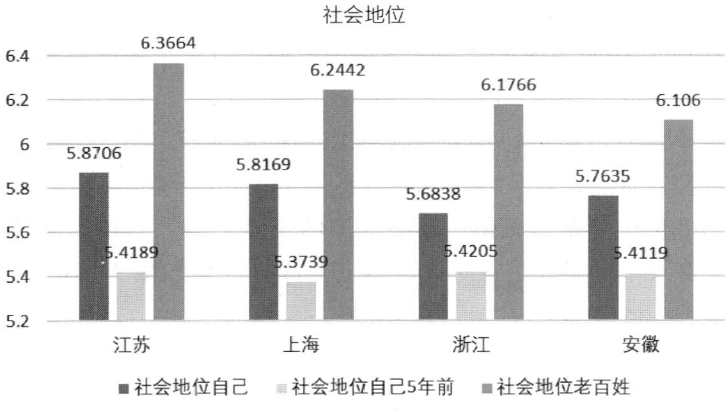

图 3－15　社会地位总体指标

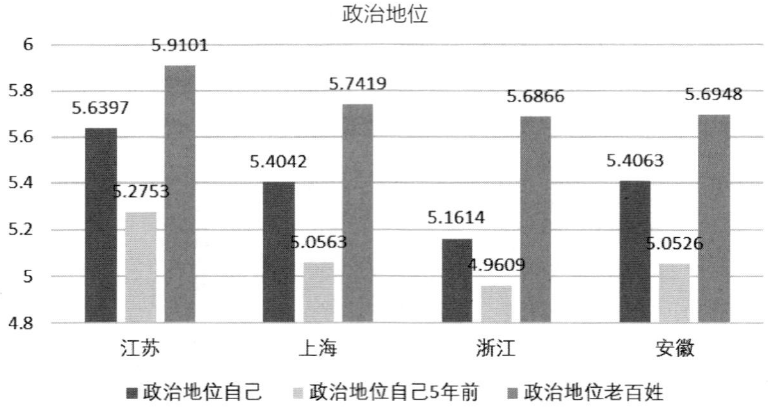

图 3-16　政治地位总体指标

图 3-16 通过对不同类型地位感知 CV 进行比较，可以得出以下几个特征：（1）总体变异系数中等偏上，最小的为 28.72%，最大的达到 44.8%，说明企业家和民众的自我评价内部有一定的差异。（2）政治地位的全省区域差异最高，社会地位的区域差异居中，差异最小的是经济地位。说明江苏省企业家对自己的经济地位的满意度较为一致，间接反映了江苏省经济发展较为平衡。（3）5 年前的地位感知区域差异最大，近年来有收缩的趋势，区域差异逐渐缩小，说明近几年江苏省经济社会发展进步比较大。（4）民众对企业家地位评价，在离散度上最小，说明民众对企业家的评价整体上较为一致，民众总体上对企业家还是比较仰慕的。

图 3-17 比较了各区域当前自我评价的地位感知变异系数，可以看出，长三角的地位感知区域还是有一定的差异的。（1）总体来说，安徽的企业家地位感知在差异性上最小。前面我们验证过了，安徽企业家对自身的地位感知相对较低，这说明，安徽的企业家整体来说对自身的地位感知，均处于较低水平上。（2）江苏的地位感知得分虽然较高，但差异性也相对较大，说明在感知上的省内分歧还是比较大的。（3）部分来说，三省一市经济地区感知的差异化最小，而政治地位的差异化最大，社会地位和经济地位较为一致。说明区域内部，企业家在政治地位感知上，有较大的分歧。（4）整体区域内，变异系数均处于中等偏上范围，还有一定的下降空间。另外，我们将 5 年前的环境感知和民众的感知进行对比显示（见图 3-19 和图 3-20），也基本符合相同的规律。

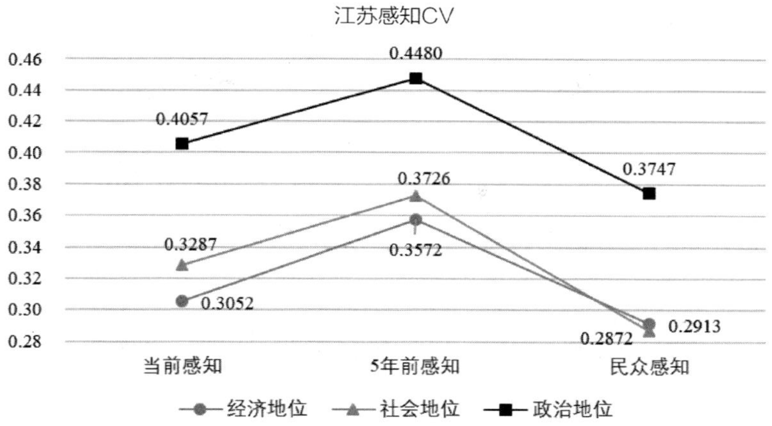

图 3－17　社会环境总体变异系数

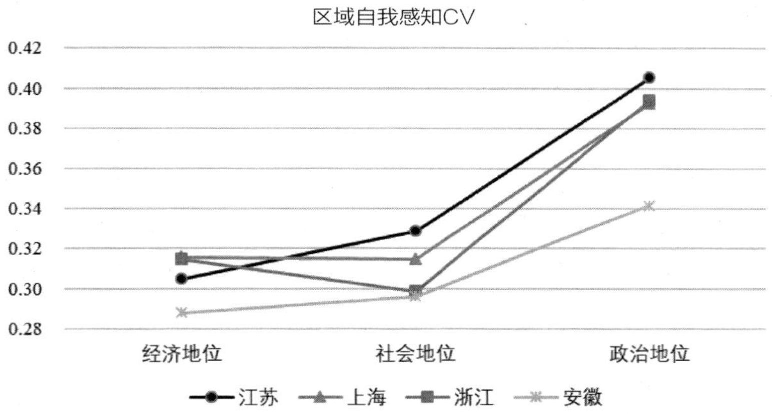

图 3－18　当前环境分区域变异系数

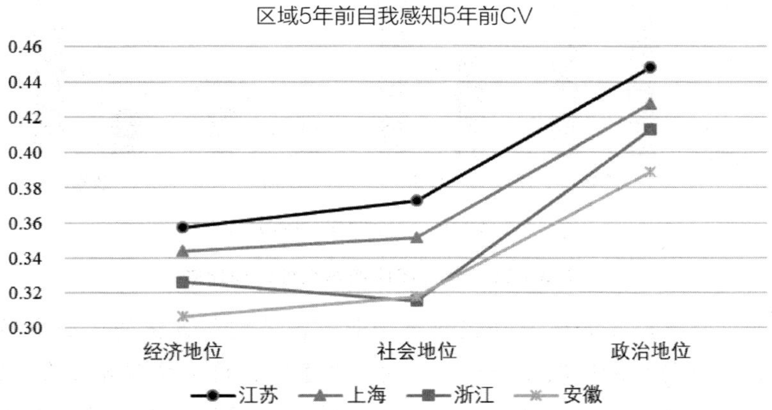

图 3－19　5 年前环境变异系数比较

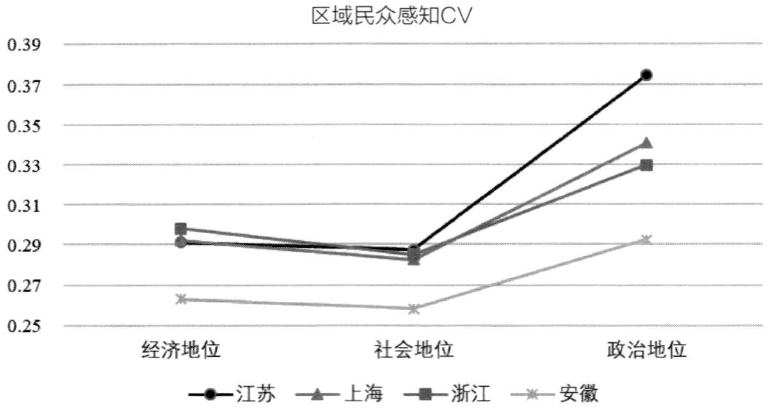

图 3－20　民众感知变异系数比较

另外，图 3－21 比较了企业家 5 年前对自身地位感知与当前的感知，可以看出，长三角地区，无论哪个省，在感知上的区域内差异性都在缩小，即区域内企业家的评价分布更为一致。其中，江苏的企业家评价差异下降幅度最大，经济评价差异下降幅度为 5.2%，最小的政治评价差异也达到 4.24%。而浙江的下降差异最小，说明浙江区域内评价差异和 5 年前变化不大。安徽的下降幅度较为不平均，其中政治地位的评价差异下降幅度最大，而经济地位下降幅度最小。上海的三个指标评价差异下降幅度均处于中间位置。

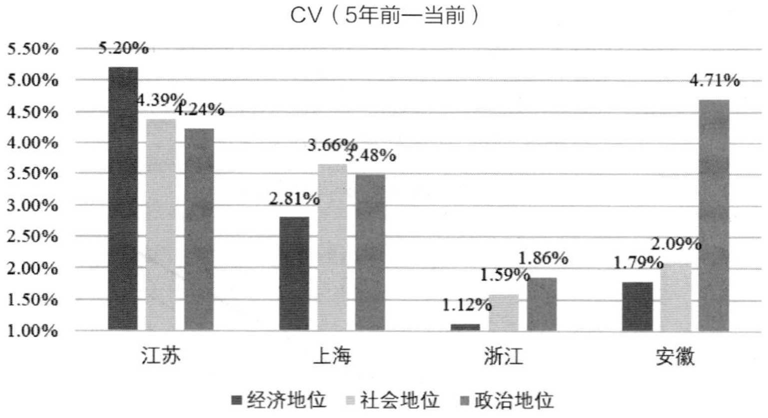

图 3－21　社会环境变异系数时间比较

图 3－22 比较了企业家和民众对企业家群体地位评价的区域离散性。可以看出，民众评价的区域差异较小，而企业家的评价区域差异较大。这说明，民众整体上的评价还是较为一致的，结合前面的指数分析，说明民众整体上都认为企业家地位较高，且保持较为一致。而企业家对自身地位的认识，差

异性则较大，如江苏省的评价差异性在长三角整体上来说就是最高的。

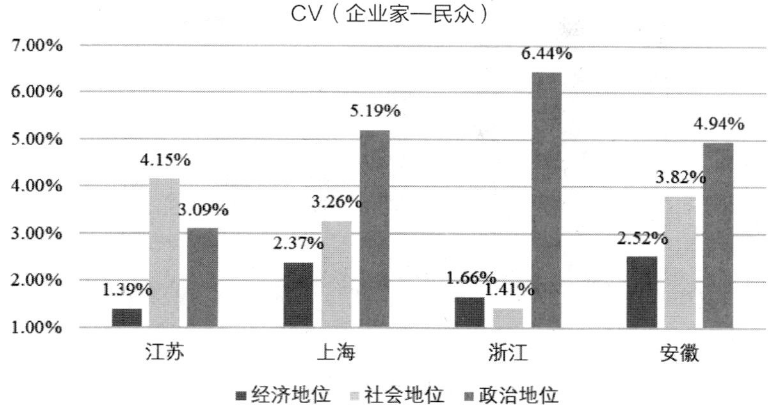

图3－22　社会环境变异系数群体比较

三、发展情况

（一）投资信心：发展信心总体上乐观

民营企业发展，需要“定心丸”，而这些均建立在对发展信心之上。由图3－23可知，从均值来看，企业家信心总体得分中间层次，最高的也没有超过4，最小的没有低于2。依次为：社会稳定信心（3.4649）、生态环境信心（3.4529）、政府债务信心（3.4101）、就业信心（3.2119）、发展信心（2.9767）、金融稳定信心（2.8903）、房地产信心（2.8394）、物价信心（2.6295）。总体来说，对社会信心要高于对经济的信心。社会信心方面：对社会稳定的信心高居第一，说明企业家对党领导下的社会稳定信心极强。生态环境信心排第二，说明这几年对环保治理理念深入人心。对政府债务排第三，企业家同样信心较足，认为政府债务并不严重。经济方面的信心整体靠后，其中就业信心方面排第四，在经济信心指标方面处于第一位。居后三位的分别是金融信心、房地产信心、物价信心，这也是老百姓最为关注的三件民生问题，需要政府重点关注。

图3－24至图3－26对比了长三角三省一市信心指数，可以看出，在社会发展信心上，江苏省整体处于中等偏上位置，如在社会稳定信心上排第三，生态环境信心上排第二，政府债务信心上排第一。浙江省有两项排第一，一项排第二。安徽省和上海市的社会发展信心排名相对靠后，其中安徽省有两

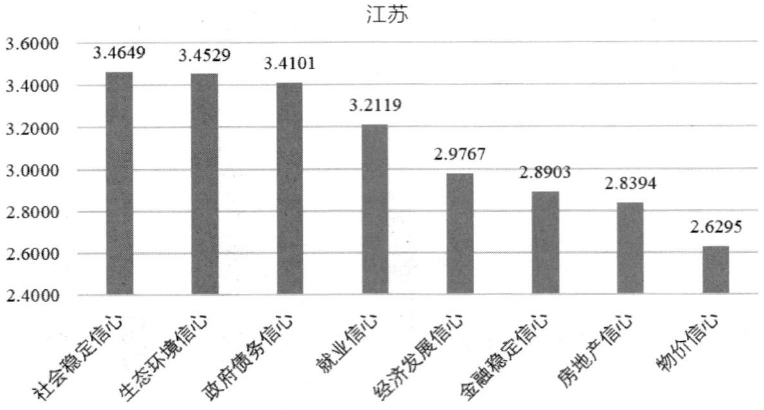

图 3－23　发展信心指数总体指标

项排名在长三角最后一名。再看经济发展信心，情况则出现较大的不同，安徽省有 3 项指标排名第一，经济发展信心较足。江苏省也有 2 项指标排名第一，分别为就业信心和金融稳定信心，经济发展信心也相对较足。而浙江省的经济发展信心则相对较弱。这里为什么有个悖论：经济强省浙江经济发展信心较低？这可能是这几年民营经济发展信心较差导致的。而江苏省以制造业立省，经济发展抗压能力较强。而安徽省由于经济基础相对较弱，投资占比较大，因此这几年发展速度较快，所以经济发展信心也相对较足。但这也带来政府债务较高、生态环境被破坏较快的问题。

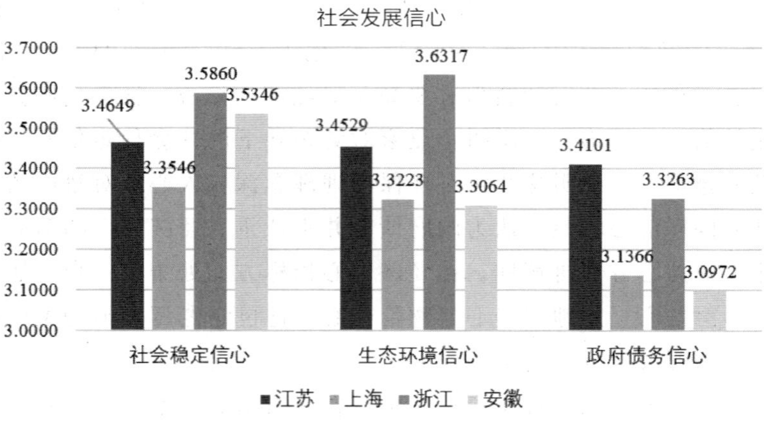

图 3－24　经济发展信心指标

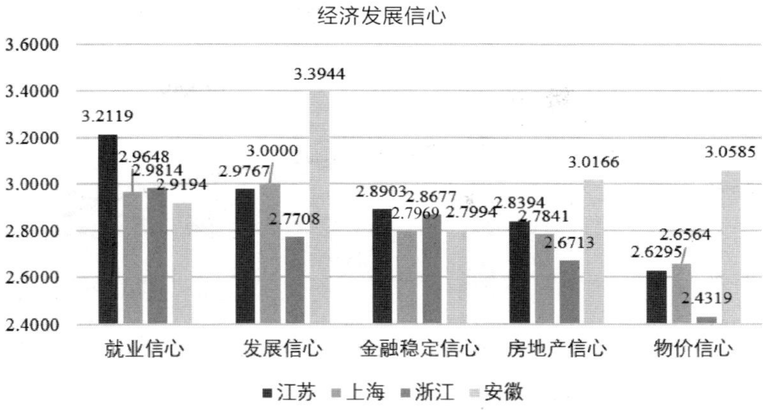

图 3－25 社会发展信心指标

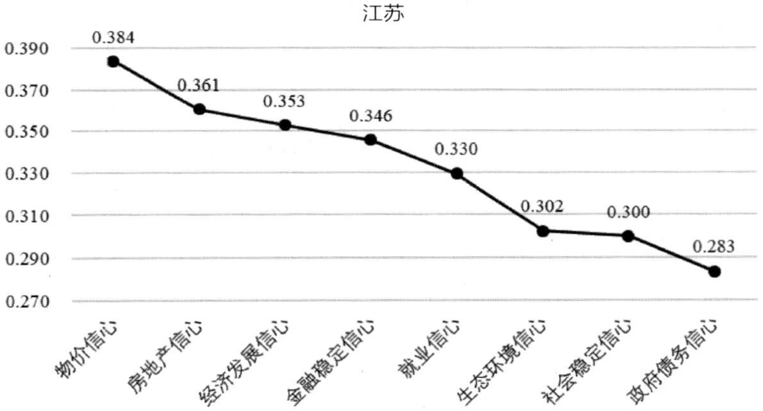

图 3－26 江苏发展信心总体变异系数

图 3－27 对江苏省企业家信心的离散度进行分析，可以看出，江苏省企业家整体在信心分布上离散度并不大，最高没有超过 40%，最低低于 30%。其中，区域差异较高的分布在经济领域，社会领域的差异度相对低一些。最高的是物价信心的变异系数，房地产、经济发展、金融稳定和就业发展系数。这表明，江苏省在经济领域的信心上，有一定的差异。图 3－28 从不同区域的信心变异系数来看，江苏省的企业家在经济发展信心的区域离散度上要高于其他省市，仅就业信心的离散度最低。在社会发展的离散度上，政府债务的信心离散度最小，其他三项和别的地区差别不大，浙江省的离散度最小。

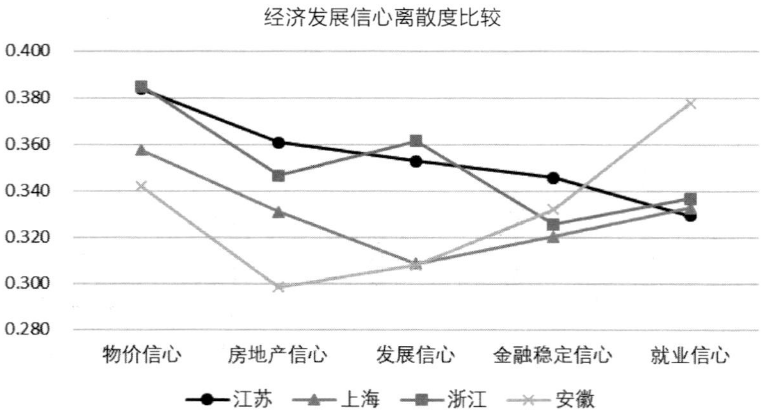

图 3 - 27　经济发展信心区域离散度

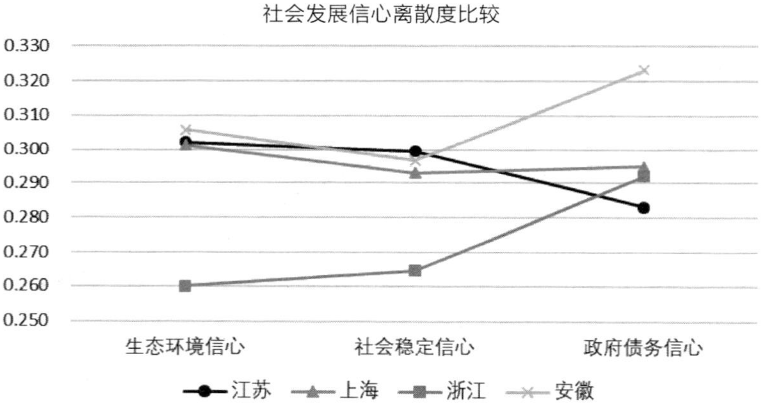

图 3 - 28　社会发展信心区域离散度

（二）投资方向：规模和研发投资并重

我们将企业的投资方向进行分析，从图 3 - 29 可以看出，江苏省企业的投资方向主要还是扩大原有产品的生产规模，占到所有企业样本的 62.99%。其次是新产品研发和技术创新工艺改造，分别占到调查样本的 57.79% 和 51.95%；研发投资占到样本的半数以上，这个比例还是比较乐观的。再随后就是投向新的实体经济领域，占比为 12.99%，而用于收购兼并的仅占不到 5%。可以看出，企业在当前的环境下，还不太愿意转向新的投资领域，以及去进行收购兼并扩大再生产，相对来说，更注重内延式规模扩张，加大对自己原有领域的投资，以及以创新推动转型升级。至于后面三类，房地产投资、股市期货投资、民间借贷等，占比均较小，说明企业并没有出现明确的“脱实向虚”现象。

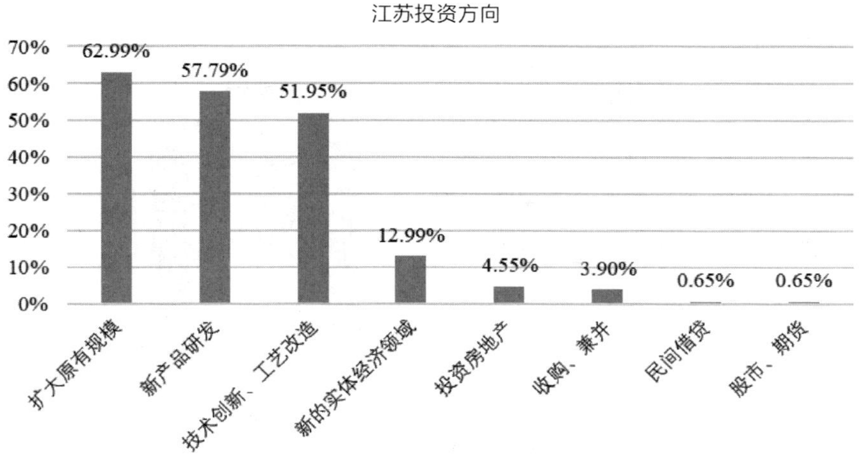

图 3-29　投资方向分布指标

图 3-30 至图 3-33 将投资方向分区域进行了对比。从扩大规模来看，总体来说，所占比例均比较高，说明各地企业还是比较重视扩大原有规模的。这也反映了企业在进行投资时，还是比较谨慎的，相对来说更注重原有的规模。对比来说，安徽和江苏分列前两位，占比均超过 60%，而上海的比例最低，不过比例也超过了 50%。再看研发投资，江苏和浙江的企业更注重研发投资，其中江苏的企业在技术创新、工艺改造上领先于长三角，浙江的企业在新产品研发上领先于长三角，说明这两个省的企业在转型升级谋求高质量发展上面的努力。这里需要指出的是，上海的研发投资在长三角处于末位。上海是长三角高端服务业最发达的地方，可能在服务上的研发投资相对来说要求不是特别高。

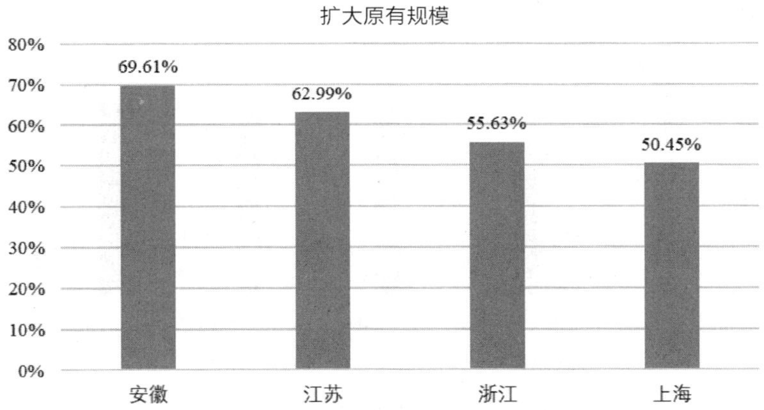

图 3-30　扩大原有规模分区域比较

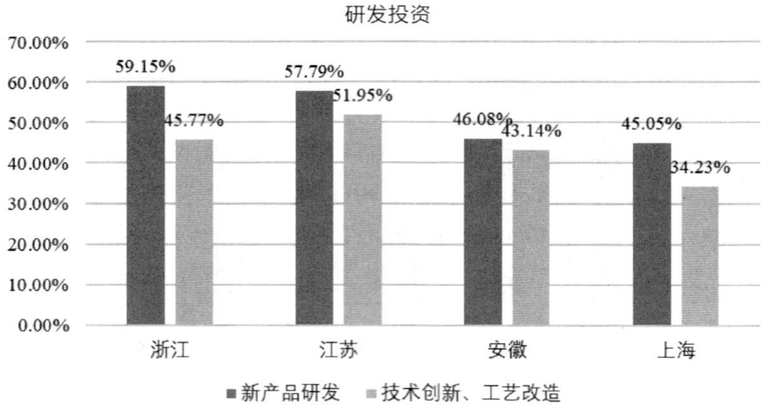

图 3－31 研发投资分区域比较

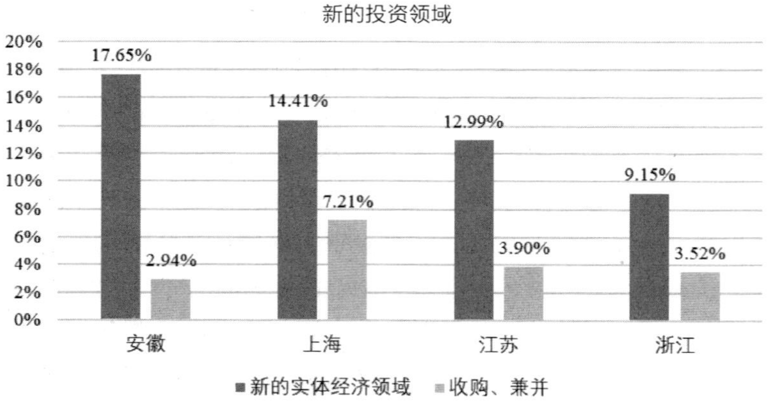

图 3－32 投资新领域分区域比较

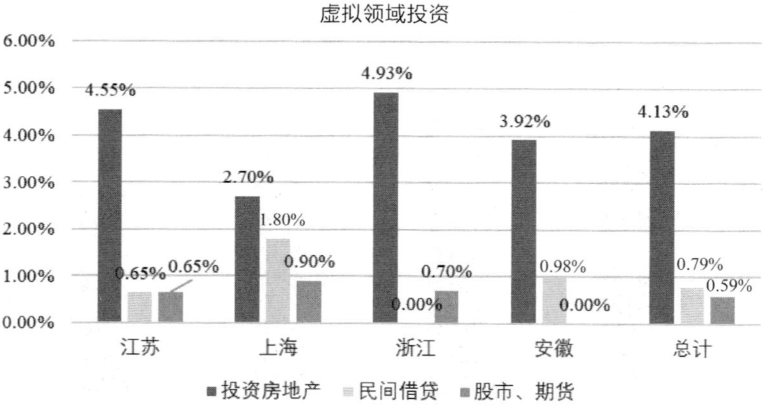

图 3－33 虚拟经济投资分区域比较

进一步将不同区域企业进入新的实体投资领域和进行虚拟经济投资进行比较分析，可以看出，总体来说，安徽省的企业相对来说更喜欢进入新的实体投资领域，上海企业则谨慎进行收购兼并，江、浙企业在这两个指标上全面落后。另外，在虚拟经济投资上，不同区域的比例均不高，相对来说，房地产的比例略高一些，而投资股市期货和民间借贷的比例均非常低。总体来说，企业进行新的实体投资领域和虚拟投资领域的比例都很低。

四、存在问题

通过上面的具体分析，以及对标国际、国内营商环境的标杆地区，和高质量发展的要求，江苏省营商环境还存在以下问题：

（一）人力成本上升成首要障碍

人力成本在所有成本中上升指数最高，已成最主要的成本负担。且省内几个指标的离散程度较大，说明负担有向部分地区集中的趋势。近年来，江苏省经济发展步伐非常快。高质量发展转型成效显著，对劳动力的知识技能提出了很高的要求，单纯的对劳动力的渴求转向对智力资源的渴求。而中小城市则以当地剩余的劳动力为主，年纪较大，女性偏多，高学历、高技术和高技能职工、中青年职工占比不足。总体来说，当前江苏省劳动力发展从“用工荒”向“人才荒”“技术荒”等方向转变，成为制约经济发展的重要因素，特别已是实体经济发展的主要瓶颈。导致这一方面的原因是多方面的，一是江苏省的高校和研究机构主要集中在南京，很多经济发达地区，如苏锡常等地区要向高质量发展，对当前学校培养的人才需求存在结构性缺口，创新性人才不足，具有全球视野和竞争力的高端领军人才不足。苏中、苏北等城市由于交通、医疗、教育、生活配套设施与中心城市有较大差距，人才持续被虹吸，自身又难以培养，处于持续“失血”状态。

（二）能源和物流成本上升较快

上面分析显示，江苏省内能源和物流成本增长较大，区域内物流成本离散度较低，全省的物流成本都相对较高。这些都成为企业的重要负担。江苏省经济总量大、资源自给率低、客货运输强度高，运输结构不合理，公路运输占比过大，而长距离大宗货物运输所需的铁路占比较小，内河航运除长江外运力较小，江海联运不通畅，物流设施不衔接、物流信息不共享，综合运输效率较低，全社会物流成本较高。近年来，随着“去杠杆”的推进，原材料涨价较快，给企业的生产经营活动带来极大的困难，很多企业无力将生产成本转嫁到消费终端，只能选择停业倒闭。特别是制造业受到原材料的涨价影响更大，生产较为困难，纷纷“脱实向虚”。据《经济日报》2019年年初消息，我国能源和物流成本较高，对我国制造业竞争力造成较大的抑制作用。如工业用电价格高于美国、韩国、马来西亚、越南等国。物流成本长期居于高位，据物流与采购联合数据显示，虽然2008—2016年，我国物流总费用占GDP比重从18.1%降至14.9%，降低3.2个百分点，但仍高于全球平均水平2.9个百分点。

（三）市场监管存在运动式执法

从指标分析来看，市场监管的运动式执法现象较多，在行政服务的8个指标中得分最低。从变异系数来看，运动式执法整体离散程度较大，在8个指标得分中高居第二，说明这一现象在部分地区较为严重，可能与江苏省近年来出现多起安全环保事件引起的各级检查执法相关。近年来，在供给侧结构性改革下，为了达到某一“指标”，市场监管的运动式执法、粗暴执法现象屡见不鲜，数个执法部门组成联合执法组，集中执法人力、设备、资源，在较短时间内从重、从快地进行声势浩大的行政检查、执法处罚行动，往往使民营企业受到很大冲击。在调研中发现，如此运动式执法在江苏省部分基层并不鲜见，特别是当某地出现环保或安全事故时，运动式执法、一刀切现象就会频频出现，且往往“切”的是民营企业。经济越是发达的地区，环保安全事故发生的概率越大，越有可能受到运动式执法的伤害，甚至出现个别企业从苏南被赶到苏中、苏北，在“一刀切”后又被迫将产能迁到海外的现象。

（四）政府人员存在“懒政”的现象

应该说，江苏的各级政府官员素质较高，勤政务实的能力居于全国前列，但这并不代表就不存在“懒政”现象。从分析得知，江苏省官员勤政主动服务的得分较低，得分率仅高于市场监管分数，在长三角中得分低于浙江省。近年来，在落实党中央和习近平总书记提出的构建“亲”“清”新型政商关系过程中，不少地区官员对政商关系的“度”拿捏不准，对与企业交往分寸拿捏不清，选择“明哲保身”。一些干部为保“清”而舍“亲”，到企业调研推进工作，与企业家直接对话的次数明显减少。一些干部担当意识明显减弱，在帮助企业开绿色通道、破解发展难题上缺乏主动性，“可为可不为”的事情倾向“不为”，“门好进脸好看”但“事慎办”的现象较为普遍。不得不处理的事，宁“左”勿“右”，如在处理企业与职工矛盾纠纷过程中，不敢、不愿维护法规公平正义，甚至变相牺牲企业利益成全“弱势群体”，严重挫伤了企业家发展积极性。另外一个值得关注的问题是下游地区的干部勤政得分要低于中上游，这个现象值得高度警惕。长三角地区干部长期以来积极主动，但这次调研反映出现了相反的情况。如果这种懈怠现象持续显现，将会严重影响中国经济发展的步伐。

（五）案件的执行效率有待提升

通过江苏省调研数据发现，虽然江苏省在长三角法治建设排在最前的位置，但仍有待改善的地方，如在法治建设的所有指标中，排在最后的是法院判决书的执行情况，倒数第二的是失信惩戒。一个执行案件“执结”并不等于“执毕”，“案件执结”还存在“程序上已结案，实质上还未结案”的情况。虽然法院每年执结了大量的执行案件，但案件的执毕率并不容乐观，失信惩戒不够，我们经常听到各种“老赖”，甚至有基层政府也上了“老赖”榜单。为什么会出现执行难和失信惩戒不够？可能有多种原因，最主要存在三种情况：一是客观上难以执行。被执行人无财产或无足够的财产可供执行，意味着这种执行案件在进入到执行程序之前，就是不能执行到位的。这种情况尤其容易发生在企业之间业务纠纷，一旦对方企业遇到经营困难、破产倒闭等，财产就难以执行。很多上市公司股份被轮候“冻结”数轮，也是难以执行的表现。二是主观上的执行不力。既包括法院执行措施不到位、部分法官没有勤勉履职，也包括由于我国现行执行制度本身存在的这样或那样的执行缺陷而造成的执行难，这种情况的执行难是可以通过加强法院的制度建设，加大对法官行为的监督来解决的。三是综合原因难以执行。法院在办理案件时还要受到来自社会各方面因素的影响，可能是社会经济发展水平方面的原因，也可能是为了维护社会稳定方面的原因，还可能是来自各级政府、部门的压力。如政府、大型央企国企违约，民企即使胜诉法院在执行时也会面临困难。

（六）法院立案难现象不容乐观

立案难和执行难都是民营企业反映较大的问题，且离散系数较大，说明在某些地区较为严重。当前，江苏省正处于向高质量发展的转型时期，特别是近年来国内外形势变化，各类经济纠纷案件大幅增加，各种新矛盾、新问题，特别是民间经济纠纷案件纷纷出现，法院审判工作压力日趋增大。同时，由于受各种因素的困扰，存在有案而不立的诸多现状，社会上把“立案难”和“执行难”“申诉难”，称之为法院的“三难”。如有企业反映，有经济纠纷案件，法院受理6个月一直没开庭，理由是排期太满，到第七个月才开庭，但没有立即判决，说回去等判决书。类似的情况较多，产生这种情况的原因，除客观上有些因为诉讼程序、诉讼证据材料不足等原因外，也有一些是因为法院自身的原因。如有的法官主动担当意识不强，坚持超标准的严格起诉审查原则，对于一些诉状格式不符、诉讼请求不明确、缺乏起诉要件的案件，不给予指导改正，而是简单的拒绝、不予立案。敏感案件，由于害怕引起集体上访、群体事件或其他社会稳定事件，立案法官不愿接当事人诉状，既不立案，也不下书面裁定，致使当事人无法上诉等。社会各界认为人民法院是维护社会正义的最后一道防线，对法院解决社会矛盾纠纷寄予了厚望，法院的立案难，在某种程度上伤害了民营企业家的信心，甚至让一些利益受损事件投诉无门，影响了企业家信心。

（七）企业家政治地位仍需改进

通过分析可以发现，江苏省民营企业家虽然地位感知要高于长三角其他省市，但分类比较看，政治地位要低于其经济地位和社会地位，说明他们感觉在政治生活中，仍有一定的改进空间。改革开放以来，民营企业家阶层重新出现并迅速发展，被视为市场经济改革最重要的参与者和获益者，但他们积累的合法财富，也时常将其推向舆论的风口浪尖。目前，民营企业家的政治地位主要体现在参政议政上，包括加入各级人大代表、政协委员、党代表、工商联执常委、各民主党派的委员等。但拥有这样身份的企业家毕竟是少数，其庞大的群体，一般只有发展好企业，才会有参政议政的机会，并不能整体上改变民营企业家政治地位。为什么相当部分企业家自我地位评价较低？一是近年来国内外经济压力较大，企业经营状况没有以前好，与理想预期有落差；二是营商环境不如宣传的那么完善，时常要面对权力的掠夺之手或者“合法侵害”，特别是近年来，各种运动式的执法，导致各种“一刀切”，或其他整治，使得部分守法经营的企业家产生了相对剥夺感，不认为自己属于改革开放以来最大的获益群体。虽然民众对民营企业家的地位评价较高，但自己真实的地位如何，也只有企业家自己“冷暖自知”，因此，企业家的政治地位，仍然是下一步需要迫切提升的。

（八）区域内环境指标差异较大

通过数据分析可以发现，在四个环境指标中，有些指标省内之间的变异系数还是比较大的，消除省内区域差异还有较大的空间。一是整体的发展环境的区域变异系数差别较大。最高的政治地位的变异系数达到44.8%，市场环境中的人力成本变异系数也达到了33.8%。这说明江苏省的营商环境差别还很大，要素流动的一体化还有很大的空间要做，特别是人力资源要素的差别较大。法治环境中，案件的执行、对失信主体的惩戒及立案的变异系数也比较大。说明法院在办案过程中，各地的标准有着较大的区别，这其中既有客观原因，也有主观上的不作为或故意为之。二是从区域内的比较来看，部分发展环境指标，江苏省的变异系数要高于其他省市，这与江苏省经济发展的程度不相符合。其中，社会环境和市场环境区域变异系数相对较高，如地位感知，江苏省在长三角区域离散度最大，成本离散度较高，在长三角仅次于上海市，应该说江苏省是长三角地区经济问题最高的地区，承担着国家高质量发展的历史重任，抛开上海单列市不算，在一体化程度上应该居于前列。但从我们的数据可以看出并不是这样。有一种解释是经济相对不发达地区的企业对发展环境的要求比较高，但无论如何，破除不同区域之间发展环境的不平衡，让企业在相对一致的环境中谋划发展，仍然是施政者未来的目标。

（九）部分信心指标仍处于凹地

通过分析可以看出，江苏省企业家在经济发展信心上总体得分指数不高，除了就业信心外，其他几项均没有超过中间水平，即处于悲观区间。而有些与民生相关的重要指标，信心则更为不足，如对物价的信心最低，对房地产的信心则排在倒数第二，金融稳定的信心为倒数第三。信心的不足必然会对投资产生较大的影响，也就不会进行谋划长远的发展，如加大研发投资，开拓新的投资领域，或在经济发展低谷期果断加大收购兼并，提高行业集中度。另外，在发展信心的离散度上，江苏省的经济发展信心在长三角离散度整体较高。而社会发展信心方面，除了债务信心外，生态环境和社会稳定的信心离散度均较高，说明江苏省内信心不足有集聚现象。区域分布上，江苏省的发展信心也略显不足，在三省一市中整体处于中等偏下位置，而安徽和浙江的企业家信心相对高一些。为什么对社会发展信心和对经济发展信心会出现“跷板效应”呢？应该常理说对社会发展越有信心，就应该对经济发展越有信心，但事实上却截然相反。可能是近年来有些基层政府在维护社会稳定方面投入过大，或政策执行变“左”，抑制了民间资本的积极性，进而影响了企业家的信心，这一点要引起管理层高度重视。

（十）投资结构仍需进一步优化

通过分析可以看出，整体来说，江苏省企业投资以扩大原有规模为主，占比超过6成，仍然有40%以上的企业没有研发投资。在研发投资结构上，江苏省企业更多的是关注技术创新、工艺改造，而没有注重新产品研发，说明在原创性、基础性创新上、在技术创新策源地建设上，还存在一定不足；在谋求转型升级和高质量发展方面，没有意愿，或者没有实力加强投资。另外，分区域来看，浙江省的企业在新产品研发创新投入上的占比较大。江苏省经济总量在全国排第二位，是制造业大省，但从全球产业链定位来看，产业总体上还处于中低端，民营企业相对来说产业链更低，要迈向中高端，创新驱动是核心，转型升级是必经之路。民营企业要对现有资源整合，加大新产品的开发力度，加大开发具有自主知识产权的新产品、新技术。虽然说创新非常重要，但实际的分析并不乐观，出现这样的情况，除了企业自身的条件尚不具备大规模研发投入外，也有一部分原因是外部发展环境并不如意，难以提供一个让民营企业家敢投资、愿投资的稳定环境，他们因而也就不愿意在谋求长远发展上下功夫，而是只顾眼前，更愿意在原有产品上扩大规模。

第四节　指标体系测算总体评价及下一步改进方案

一、指标体系测算总体评价

通过对江苏省和长三角样本测算分析，我们认为测算结果基本达到预期效果。

（一）指标体系科学有效

本指标体系包括一级指标、二级指标观测点。通过对江苏省和长三角样本的测算分析，各级指标总体上相关性较好，解释性也较强。因此，我们认为本指标体系科学有效。

（二）指标权重确定方法科学合理

原设计方案中指标权重为直接打分法，主要采用企业家主观判断，主观性较强，后我们调整为层次分析法，不直接赋分，我们认为新方案的指标权重更加合理。

（三）样本评分结果符合实际判断

江苏是实体经济大省和制造业大省，长三角在全国经济中处于重要地位。我们的评价结果，基本上符合实际状况。因而我们认为，本样本测算结果是客观有效的。

二、指标体系尚待解决问题

通过对江苏省样本测算分析，我们认为还有需要进一步完善的地方，主要问题有如下几个方面：

（一）判断思维问题

在问卷分析过程中，我们发现专家回答问卷会出现判断思维问题，即选择的答案越靠前，选择的人越多。我们认为其原因在于人们在做 A 和 B 两两比较时，认为 A 比 B 重要的正向思维倾向要强于 A 比 B 不重要的反向思维倾向。这可能会带来选择的偏误。

（二）部分指标难以采集问题

发展环境指标中，有些指标，企业家也不一定能把握准，包括社会稳定信心、政府债务信心、金融稳定信心等，因而打分比经济打分高，这不一定是真实的反映。下一步，对有些指标可以进一步优化。如，可以将这些指标请政府工作人员进行填写，以进行对比分析。

（三）样本的选取方法及问卷质量问题

1. 样本的代表性问题。企业家样本的抽样，要保证样本具有代表性，即要保证所抽取的样本单位对全部样本具有充分的代表性。就江苏省而言，既要确保企业家的年龄、性别、社会地位等的代表性，又要确保企业家所在企业的行业、规模的代表性。虽然随机抽样方法是最科学的方法，但操作难度较大，需要进一步扩大企业的样本量。

2. 答卷的完备性和真实性问题。问卷的真实性与重视程度有关，需要问卷组织者有较强的执行力。由于企业家通常比较忙，如果不够重视的话，往往会由企业里其他人填写，可能会影响数据的真实性。特别是对环境满意度的调查，就会失真。

三、改进方案

（一）针对指标层级设计问题的改进方案

1. 加强培训。专家答卷前，做好事前培训或说明，一是对指标体系进行解释，让答卷者熟悉指标体系的结构和特点；二是对层次分析法进行解释，让答卷者了解两两比较的逻辑关系，尽可能避免不一致性现象的出现，提高有效问卷比率。

2. 增加调查对象数量。有效问卷越多，确定出来的权重越合理。在尽可能提高有效问卷比率的同时，增加政府和高管人员进行相应的答卷，也是非常必要的。

（二）针对样本的选取及问卷质量的改进方案

首先，要尽可能确保问题含义明晰，定义准确，数据易统计。

其次，要加强组织机制保障。调查问卷工作对下级工作人员和企业家而言都是一件吃力不讨好的事情，要确保问卷的填写质量，需要各级政府部门充分重视，加强落实力度，如由各管理部门（如发改委）等落实企业填报任务。

最后，要改进工作方式。建议牵头部门采取面对面交流方式，或召开会议的方式，督促和协助企业家亲自填写。

作者：陈　东　南京大学长江产业经济研究院特约研究员
安徽工业大学教授

第二篇

防范重大风险

第四章　未来十年中美制造业竞争态势及策略研究

第一节　中美制造业各项实力对比

伴随着国家战略导向的变更，中美制造业实力似乎正在发生此消彼长的变化。如今，中国正基于创新发展战略步入制造强国阶段，美国也旨在实施“再工业化”大力推动制造业强势回归。未来10年，中美制造业各项实力是否又将重新洗牌？需要基于当前中美实力对比，从制造业规模结构、技术创新、领头企业和战略布局等进行全方位对比。知己知彼、承认差距、因势利导，为预测未来10年中美制造业竞争态势和中国重点施力方向提供依据。

一、中美制造业规模结构对比

（一）制造业整体产值规模对比

新中国成立至今，中国制造经历了由“小且弱”到“大而全”的变化。继2004年和2006年中国制造业产值分别超越德国和日本之后，又于2010年首超美国（见图4-1），目前稳居世界第一。2018年，中国制造业增加值所占世界份额达到28%以上，已经接近美、日、德三国总和。同时，中国是全球唯一拥有联合国产业分类中全部工业门类的国家。

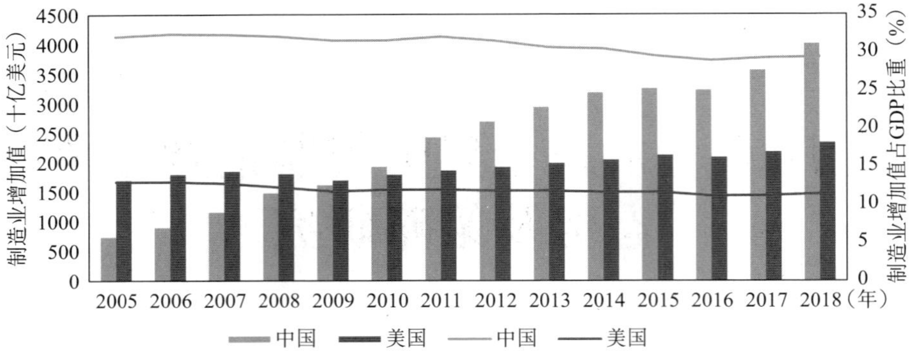

图 4-1　中美制造业增加值及所占 GDP 比重

资料来源：世界银行（World Bank）、Wind 数据库。

而美国自 20 世纪 50 年代开始推行“去工业化”战略，虽然明智地保留价值链高端制造业，但大量中低端制造业外迁使美国制造业增速放缓甚至出现负增长，长期以来，服务业和金融业则成为支撑美国经济的主要行业。

从制造业整体产值规模上，中国相比美国已具有明显优势。从图 4-2 显示的中国 GDP 与制造业产值所占美国对应指标的比重来看，制造业为中国缩小与美国的经济差距贡献了主要力量。2018 年，中国 GDP 占美国比重只有 66.11%，但制造业产值已是美国的 1.71 倍。

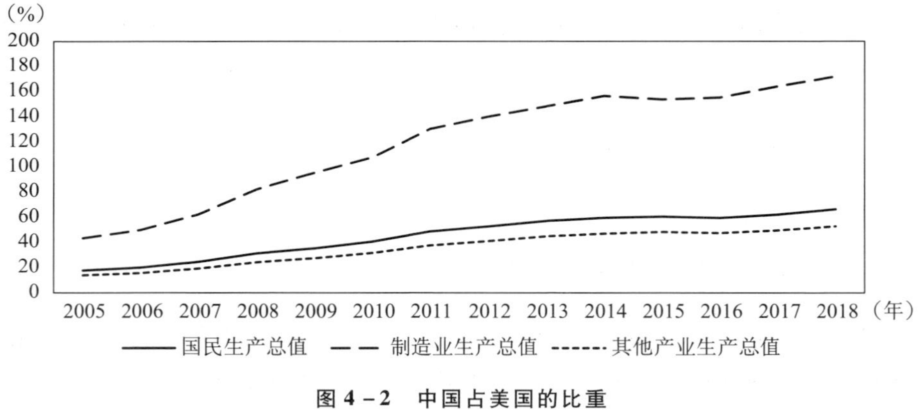

图 4-2　中国占美国的比重

资料来源：世界银行（World Bank）、Wind 数据库。

可见，中国制造已成为中国经济的关键标签，制造业支撑起中国的崛起。根据发展趋势来看，中美制造业整体产值规模实力地位在未来 10 年难以扭转。

（二）制造业产品出口规模对比

自中国加入 WTO 以来，对外贸易规模取得了突飞猛进的提升，出口一度成为拉动中国经济增长的“三驾马车”之一。若以2000年为基期，2017年中国出口物量指数达到738.93，出口价格指数达到908.24，而美国则分别为161.04和197.75。可见，中国出口商品的产量或销量增长速度均比美国快得多。

然而，中美两国2017年的净易货贸易条件指数均小于100，意味着两国进口商品价格比出口商品价格相对上涨，且中国为87.29，小于美国的99.59，说明中国的贸易条件相比美国处于更为不利的地位。

从钢铁制品、药品、电子数据处理和办公设备、通信设备、集成电路和电子元器件、汽车产品、纺织品、服装八类制造业产品出口规模来看（见图4－3），在以纺织品和服装为代表的劳动密集型领域，中国始终占有出口相对优势。并且在以钢铁制品为代表的资本密集型领域，中国也基本表现为出口相对优势。

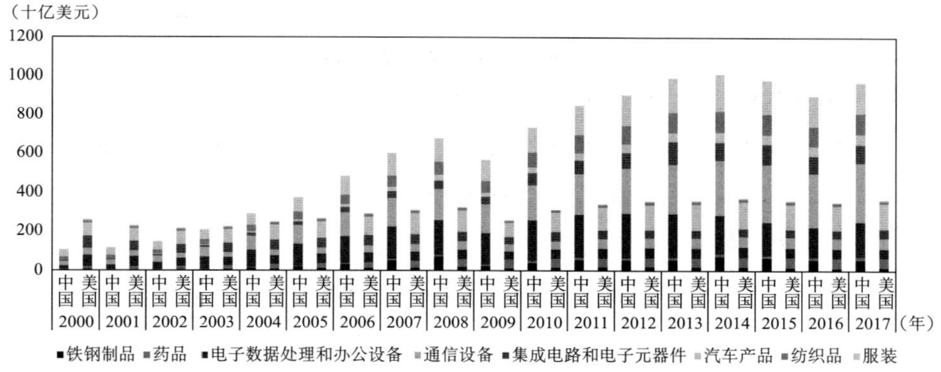

图4－3　中美八类制造业产品出口额

资料来源：世界贸易组织（WTO）。

在以电子数据处理和办公设备、通信设备、集成电路和电子元器件为代表的技术密集型领域，中国表现出显著的后发者赶超态势，且目前已成为中国出口最为依赖的领域。但在以药品和汽车产品为代表的高技术密集型产业领域，中国的出口实力始终不占优势，且与美国依然存在明显差距。根据图4－3所示，美国高技术产品占据半壁江山，而中国则不足8%。

（三）基于商品用途的结构优势对比

按照商品用途分类，制造业可划分为消费资料制造业和生产资料制造业。这里以食品、饮料和烟草业，以及纺织和服装业为消费资料制造业的代表性行业，以机械和运输设备业以及化学品业为生产资料制造业的代表性行业。

根据图4－4显示的基于四大领域产值的制造业结构，美国始终呈现出重生产资料制造业、轻消费资料制造业的结构表现，前者产值规模始终是后者的2.2—2.8倍；中国则由早期的两类规模相当，逐步演变为生产资料制造业规模领先的结构，由2000年1.02倍演变为2016年1.62倍。

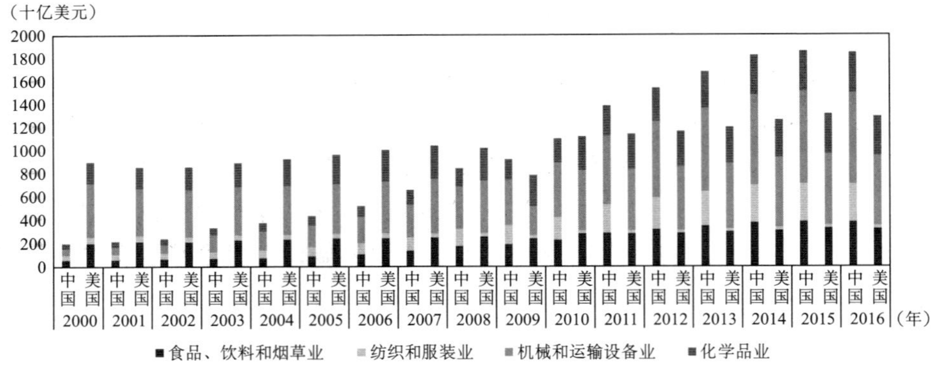

图4-4　基于四大领域产值的制造业结构

资料来源：根据世界银行（World Bank）数据计算所得。

可见，从两国自身制造业结构来看，美国的生产资料制造业比较优势始终明显，中国的生产资料制造业比较优势趋于增大，两国在生产资料领域的竞争将会不断加剧。

表4-1　　　　四大领域的显性比较优势指数

产业	2000年		2008年		2016年	
国家	中国	美国	中国	美国	中国	美国
食品、饮料和烟草业	1.08	0.98	0.90	1.08	0.89	1.17
纺织和服装业	2.25	0.69	1.86	0.29	1.52	0.20
机械和运输设备业	0.53	1.12	0.99	1.01	0.93	1.10
化学品业	1.01	1.00	0.80	1.16	0.83	1.26

资料来源：根据世界银行（World Bank）数据计算所得①。

然而，从结构比较优势角度，中国除了纺织和服装业始终具有明显优势外，目前在另外三大领域均处在结构比较劣势位置（见表4-1）。其中，对

① 显性比较优势指数（Revealed Comparative Advantage，RCA）的表达式为：$RCA_{ir}=\frac{\left(\frac{VBE_{ir}}{VBE_r}\right)}{\left(\frac{VBE_i}{VBE}\right)}$。其中，$RCA_{ir}$为国家$r$在产业$i$上的显性比较优势指数；$VBE_{ir}$为国家$r$产业$i$的产值；$VBE_r$为国家$r$的制造业产值；$VBE_i$为所有样本国家产业$i$的产值总和；$VBE$为所有样本国家的制造业产值总和。

于食品、饮料和烟草业，中国由早期的结构比较优势变为如今的结构比较劣势；对于机械和运输设备业，中国实现了一定程度的比较地位追赶；对于化学品业，中美由早期的结构比较地位基本相当变为如今的美国比较优势明显。

（四）基于技术的结构优化程度对比

从一定程度上来说，中高技术制造业比重能够体现出一国制造业结构的优化程度。从图 4－5 可见，自 2000 年以来，中国的中高技术产业增加值保持在 41%—44% 的比重，但自 2002 年呈现微降趋势。而美国在此时间段内呈现波动变化，并在 2009 年出现了约 11% 的骤降，原因可归结为金融危机的连带负效应，虽然在 2010 年和 2011 年比重有所回升，但 2012 年至 2015 年也只保持在 41.20% 的水平，与 2009 年之前的占比水平存在明显差距。

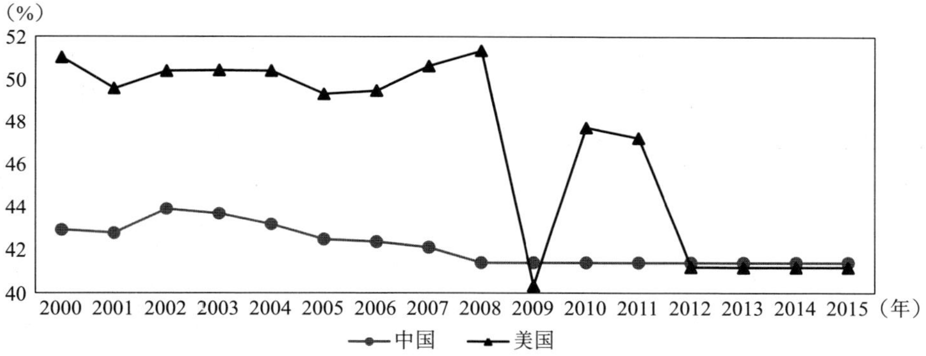

图 4－5　中高技术产业增加值占制造业增加值的比例

资料来源：世界银行（World Bank）。

依据中高技术产业比重所代表的制造业结构优化程度，中国在 2015 年已略微赶超美国，而结合实际规模，中国在中高端制造业上的实力已经明显超越美国。

然而，就高端制造来说，中国与美国依旧存在明显差距，以军工、汽车、医药三个代表性高端制造业为例。从军工领域来看，2018 年，美国军费预算开支约为 6315 亿美元，占其 GDP 的 3.08%；中国则仅为 1748 亿美元，约占 GDP 为 1.30%。且根据美国 Defense News 发布的《2019 年世界军工百强排行榜名单》，美国占有 41 家排名首位，英国占有 10 家排名第二，中国占有 8 家排名第三。不过，中国虽然在企业数量上落后于英国，但在国防总收入上高于英国 217.17 亿美元。然而，无论是企业数量还是国防总收入，中国与美国的差距都很明显，在百强企业中，美国国防总收入约为中国的 2.62 倍。

从汽车领域来看，2017 年中国汽车产品出口达 543.42 亿美元，相比美国 1350.23 亿美元的出口规模依旧相差甚远。在销售实力上，根据《Focus2move》发布的《2018 年全球汽车集团十强排行榜》，美国有通用、福特两大集团，还有和意大利联合的 FCA 集团，2018 年销售量分别约为 878.70 万辆、573.43 万辆和 484.07 万辆，三大集团全球市场占有率约为 15.19%。进一步地，根据《Focus2move》统计的《2018 年全球汽车品牌十强排行榜》，美国的福特和雪佛兰上榜，2018 年销售量分别约为 556.01 万辆和 415.13 万辆，两大品牌全球市场占有率约为 10.16%。不过，在汽车领域中，日本的实力最为凸显，在十强集团和品牌榜单中均占有 4 个名额，且 2018 年四大集团全球市场占有率达到 27.35%，四大品牌全球市场占有率达到 22.28%。然而，相比较日本和美国，中国的自有品牌汽车实力还非常薄弱，销售榜单上至今没有出现中国企业的身影。

从医药领域来看，2017 年，美国药品出口 496.94 亿美元，中国则仅为 150.67 亿美元。且在销售实力上，根据美国《Pharm Exec》公布的 2018 年全球制药企业 50 强，美国拥有 16 家独占鳌头，且 TOP10（前 10，以下同）企业中占有 6 位，16 家药企的处方药销售额于 2017 年达到 2939.34 亿美元，研发投入共计 520.58 亿美元。在榜单中，企业数量排名第二的日本占有 10 家，2017 年处方药销售额共计 586.4 亿美元，研发投入共计 126.27 亿美元，和排名首位的美国存在明显差距。除此之外，德国占有 4 家，瑞士虽占有 3 家，但其处方药销售总额及研发总投入分别达到 858.51 亿美元和 173.14 亿美元，均超越企业数量居第二位的日本，不过排名 46 位的瑞士爱可泰隆（Actelion）如今已被美国强生（Johnson 和 Johnson）收购。与美国差距更为悬殊的是中国，中国制药企业至今未登上榜单。

综上可见，在中美制造业的规模与结构对比上，中国以“大”取胜，美国以“强”占优。未来 10 年，中国若要实现对美国的全面赶超，应将发展重点聚焦于高技术制造业这块最短板上。

二、中美制造业技术创新对比

（一）行业角度创新能力对比

通过对麦肯锡的《中美创新实力对比》结果分析，可发现中国在诸如互联网、半导体、生物医药、汽车等行业的关键核心技术依旧受制于人，自主可控能力明显不足。下面我们从麦肯锡全球研究院划分的四大类型行业具体情况来分析。

对于科学研究型行业，美国在生物技术、品牌药、特种化学品、半导体设计四个行业领域的创新水平遥遥领先于中国，其中，生物技术实力最为悬殊。不过，中国近些年也开始在科学研究型行业发力，例如在生物技术领域，《中国制造 2025》明确强调对生物产业的突破和优化，且 2017 年 5 月由科技部印发的《“十三五”生物技术创新专项规划》更为细化地布局生物技术发展。目前，中国在合成生物学研究领域成果引人注目，在生物质资源挖掘与利用、酶工程与生物催化机理研究等领域也取得了一系列代表性成果，但根据 2016 年《韩国国家战略技术水平评估报告》，中国在生物技术各细分领域同美国还存在 3—8 年的技术差距。

对于工程技术型行业，美国在商业航空、医疗器械、应用程序和系统软件、通信设备、汽车配件、汽车主机厂六大行业的创新实力强于中国，而中国在铁路、风力涡轮机两大行业的创新实力超出美国。然而，随着近些年中国在通信设备产业领域加强重视，技术创新能力快速提升，从 PCT（Patent Cooperation Treaty）专利申请角度，中国在通信设备产业上已经实现对美国的反超。然而在航空和汽车领域，中国依旧没有找到关键核心技术突破点。

对于客户中心型行业，中国除了在家用电器行业的创新能力强于美国外，其他领域则都或多或少弱于美国，其中包括互联网零售、互联网软件与服务、智能手机、消费电子与高科技硬件、家庭娱乐软件、家居产品、饮料以及包装食品。当前，美国依然是全球互联网行业技术创新能力最强的国家，不过，随着中国 5G 技术日趋强大，中美两国未来在客户中心型行业的创新实力走向值得拭目以待。

对于效率驱动型行业，中国除了在石油天然气服务与设备制造行业明显弱于美国外，在太阳能电池板、半导体中的晶圆代工和后端工程、电气设备、工程机械、建筑材料、通用化学品、仿制药、纺织品等行业的创新实力均强于美国，尤其在太阳能电池板领域最为突出。值得一提的是，中国在半导体低端市场领域是成功的，但在制造逻辑芯片方面依旧困境重重，即中国通过效率驱动的半导体加工制造能力全球领先，但基于科学研究的半导体设计能力却依旧依赖美国供应商。

（二）研发投入规模结构对比

研发投入一定程度上揭示了两国的技术创新力度，从国内研发投入及其所占 GDP 比重来看（见图 4－6），中国研发投入强度虽然稳步提升，从 2000 年 107.8 亿美元的研发投入和所占 GDP 不足 0.90% 的比重提升至 2018 年 2973.7 亿美元和 2.18% 比重的水平。但相比美国在 2018 年高达 5738.3 亿美元的研发投入和 2.80% 的 GDP 比重，中国的研发投入强度仍显不足。

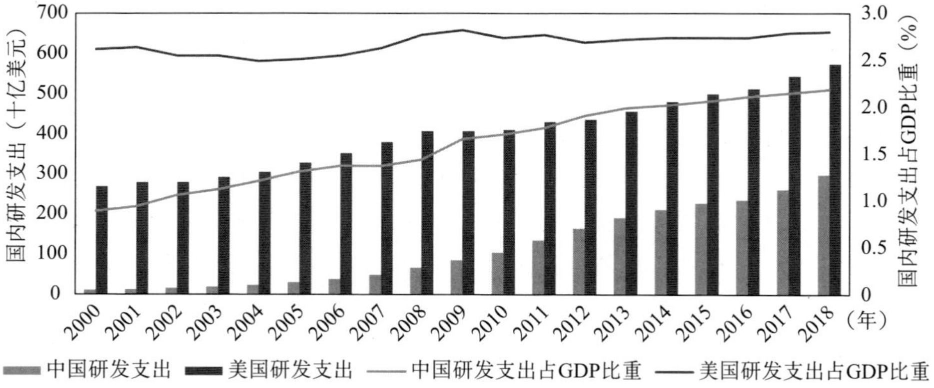

图 4－6 中美国内研发支出及所占 GDP 比重

资料来源：亚太经济合作组织（APEC）、Wind 数据库。

进一步从国内研发投入结构来看（见图 4－7），中国在基础研究方面的重视度明显低于美国，中国的基础研究投入比重始终低于 6%，而美国则基本在 16.5% 以上；同时，中国在应用研究方面的研发投入强度也不及美国，中国的应用研究投入比重基本不足 20%，甚至近几年仅维持在 10% 左右的水平，而美国基本保持在 19%—23% 的比重水平；相比较而言，中国则将大部分国内研发资金投入在试验发展领域，近几年保持在 83% 以上的占比水平，明显高于美国 63% 左右的投入比重。

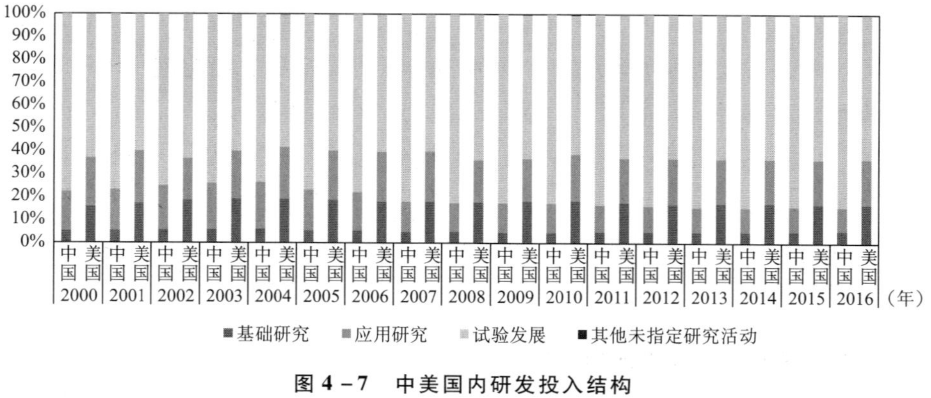

图 4－7 中美国内研发投入结构

资料来源：亚太经济合作组织（APEC）、Wind 数据库。

可见，相比美国，中国制造业科技研发经费投入明显不足，尤其是在基础研发领域投入长期偏低，这会导致中国企业缺乏创新主动性和可持续动力，造成中国制造业基础技术与美国的差距进一步拉大。

同时，根据2018年的《欧盟工业研发投资记分牌》统计显示，全球2500家工业企业研发投入总额达到7364亿欧元，覆盖ICT生产、健康、汽车及交通、ICT服务、航空航天及国防、化工、工业、其他这8个领域，其中，中国大陆和美国的上榜企业分别占据17.5%和31.1%，研发投入总额分别占据9.7%和37.2%。从上榜企业研发投入增速来看，中国大陆已达20%，美国则为9%；从上榜企业研发投入强度来看，中国大陆仅为2.8%，远低于美国的6.3%。可见，中国大陆企业研发投入增速全球领先，但投入规模和强度相比美国仍有很大追赶空间。

从研发投入领域来看，ICT、健康、汽车及交通成为当下三大重点（见图4－8），共占研发总投入76.4%。其中，ICT领域成为中美最活跃的创新力量，也是未来10年中美竞争的焦点。在汽车及交通领域，中国大陆近些年开始加大对新能源汽车和自动驾驶汽车的研发力度，但研发投入绝对数上依旧显著低于美国。另外，健康成为美国研发投入的第二大领域，但中国的投入明显薄弱。

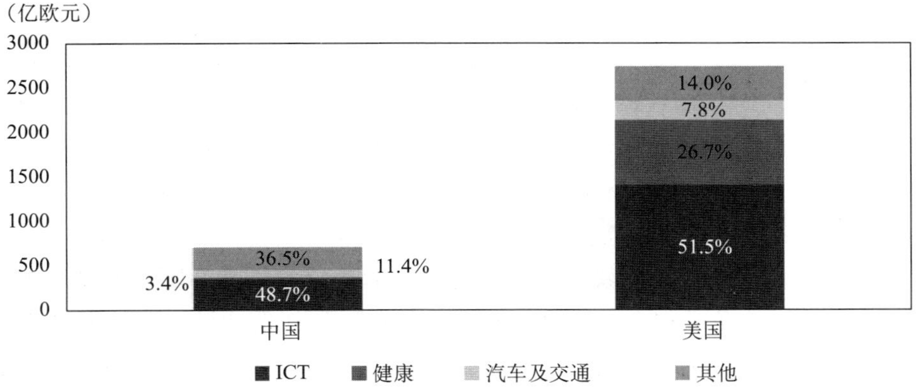

图4－8　中美企业在不同领域的研发投入情况

资料来源：2018年《欧盟工业研发投资记分牌》。

（三）专利与商标申请量对比

根据世界知识产权组织发布的《2019年度世界知识产权指标（WIPI）报

告》，中国的专利和商标申请数量已经位于全球首位（见表4－2），以电信和计算机技术为主。2018年，中国专利申请数达1542002件、商标申请数达7365522件，分别占据全球总量的46.4%和51.4%，已超越美国、日本、韩国和欧洲国家的总和，增长幅度也处于全球领先。而美国不仅申请总量上远低于中国，专利申请量在2018年甚至出现了负增长。

表4－2　全球专利与商标申请量排名前三国家的情况

国家	专利			
	2017年申请量（件）	2018年申请量（件）	同比增长幅度（%）	2018年占比（%）
世界	3162300	3326300	5.2	100.0
中国	1381594	1542002	11.6	46.4
美国	606956	597141	－1.6	18.0
日本	318481	313567	－1.5	9.4
国家	商标			
	2017年申请量（件）	2018年申请量（件）	同比增长幅度（%）	2018年占比（%）
世界	12395700	14321800	15.5	100.0
中国	5739669	7365522	28.3	51.4
美国	613895	640181	4.3	4.5
日本	560265	512156	－8.6	3.6

数据来源：世界知识产权组织：《2019年度世界知识产权指标（WIPI）报告》。

另外，根据世界知识产权组织（WIPO）统计的2018年专利申请数量TOP50企业，日本数量最多，共上榜16家，其次是美国、中国、德国和韩国，分别上榜12家、8家、5家和3家。其中，中国华为以5405件专利位居全球企业第一，且中国8家企业的专利申请总量为12515件，超过美国12家企业总量的12278件，但与日本企业的14869件还存在一定差距。

进一步从具体技术领域来看，在信息技术革命下，通信技术领域的专利成为各国企业竞争的焦点。根据《通信产业报》的评选结果，2018年，中国华为在5G核心专利、研发投入、贡献力、发展潜力四项关键指标中均获得最高排名。在5G标准必要专利族排行上，中国华为以1554件的专利数量，战胜芬兰的诺基亚（1427件）、韩国的三星（1316件）和LG（1274件）、美国的高通（846件）等。且在排名前15的企业中，中国所占专利族份额为34.19%，明显高于韩国的25.20%、美国和芬兰的13.88%。

在当下火热的人工智能（AI）领域，根据《人工智能技术专利深度分析报告》，2017年，中国以76876件的AI专利申请量高居全球首位，高于排名其后的美国（67276件）和日本（44755件）。其中，百度和IBM分别成为中国和美国的AI专利领头羊。然而，在PCT（Patent Cooperation Treaty）专利申请方面，中国还不占优势。2017年中国的PCT专利申请仅占全球总量的10%，远远低于美国的41%占比。并且在重大突破领域，例如计算机视觉领域的BigGAN和NLP（自然语言处理）领域的BERT等，以及具有较大影响力的数据集和竞赛等打造方面，中国依旧捉襟见肘。

综上可见，长期的“技术拿来主义”造成中国制造业自主创新与可控实力的突出劣势。与美国相比，中国制造业科学研究领域的短板凸显，在科技研发投入上仍需加力。中国虽然在专利与商标申请上表现积极与成果丰硕，但在关键核心技术创新上依旧任重而道远。

三、全球领头企业实力对比

（一）世界500强企业实力对比

企业强大是国家强盛的奠基石，中国利用31年时间，实现了从1989年只有中国银行一家企业上榜，到2019年129家企业“霸屏”世界500强榜单。

从表4-3显示的世界500强中美日企业的情况变化，中国上榜企业的上升速度有目共睹，尤其是在2010年以后。且中国企业的强大不仅体现在数量上，还体现在营收实力上，在榜单TOP10企业中，中国企业从无到有、从少到多、从后到前。由于中国企业的崛起，美日上榜企业数量呈现下降趋势，尤其是日本企业减少幅度较大，且逐渐淡出TOP10榜单。另外，企业营收门槛不断攀升，一方面说明企业实力的绝对提升，另一方面也反映出企业间角逐的难度加大。

表4-3　　中美日世界500强企业变化情况

指标	国家	2000年	2010年	2019年
上榜企业数量	中国	11	54	129
	美国	178	141	121
	日本	107	71	52
企业营业收入门槛	中国	99.05亿美元	173.80亿美元	249.32亿美元
	美国	97.60亿美元	170.99亿美元	250.67亿美元
	日本	99.01亿美元	170.53亿美元	262.77亿美元

续表

指标	国家	2000 年	2010 年	2019 年
排名前10的企业	中国	无	中国石化（7），国家电网（8），中国石油天然气（10）	中国石油化工集团公司（2），中国石油天然气集团公司（4），国家电网公司（5）
	美国	通用汽车公司（1），沃尔玛（2），埃克森美孚（3），福特汽车公司（4），通用电气公司（9）	沃尔玛（1），埃克森美孚（3）	沃尔玛（1），埃克森美孚（8）
	日本	三井物产（6），三菱商事（7），丰田汽车（8），伊藤忠商事（10）	丰田汽车（5），日本邮政（6）	丰田汽车公司（10）

资料来源：《财富》。

注：①中国企业包含中国台湾地区、中国香港特区企业；②括号里显示为企业当年排名。

进一步从行业领域来看，2000 年中国上榜企业基本均为银行、保险、贸易类企业，且不存在行业领军者。到 2019 年，中国在能源矿产、电力燃气、工程建筑、交运物流、金属产品、房地产、纺织服装、建材、船务、家电十大领域均出现全球行业龙头（见表 4－4）。中国所占领的行业龙头比重与美国相当，但行业龙头企业的平均营收实力明显不及美国。

表 4－4　　2019 年世界 500 强各行业龙头企业

行业领域	企业	国家	营业收入（亿美元）
商业贸易	沃尔玛	美国	5144.05
能源矿产	中国石油化工集团公司	中国	4146.5
电力燃气	国家电网公司	中国	3870.56
汽车	大众公司	德国	2783.42
信息技术	苹果公司	美国	2655.95
金融	伯克希尔—哈撒韦公司	美国	2478.37
生物医药	麦克森	美国	2143.19
工程建筑	中国建筑工程总公司	中国	1815.25
电信	美国电话电报公司	美国	1707.56
食品饮料	沃博联	美国	1315.37
机械	通用电气公司	美国	1202.68
航天军工	波音	美国	1011.27

续表

行业领域	企业	国家	营业收入（亿美元）
化工	杜邦公司	美国	859.77
交运物流	中国邮政集团公司	中国	856.28
金属产品	中国五矿集团公司	中国	800.76
房地产	中国恒大集团	中国	704.79
休闲娱乐	华特迪士尼公司	美国	594.34
纺织服装	恒力集团	中国	561.99
建材	中国建材集团	中国	526.11
船务	中国船舶重工集团公司	中国	461.14
家电	美的集团股份有限公司	中国	395.82
烟草	英美烟草集团	英国	326.67
人力资源服务	德科集团	瑞士	281.67

资料来源：《财富》。

从制造业领域来看，2019 年中国虽有鸿海精密工业股份有限公司（第 23 位）、上海汽车集团股份有限公司（第 39 位）、中国中铁股份有限公司（第 55 位）等企业遍布榜单，但相比拥有大众公司（第 9 位）、戴姆勒股份公司（第 18 位）的德国，拥有丰田汽车公司（第 10 位）、本田汽车（第 34 位）的日本，拥有苹果公司（第 11 位）、麦克森公司（第 17 位）的美国，中国制造业企业的实力依旧薄弱。且从表 4－4 可以看出，中国在汽车、信息技术、生物医药、机械、航天军工、化工等技术密集型制造领域缺乏领头企业，而在这些领域，美国企业始终占据首领地位。

另外，中国企业的盈利水平普遍较低，2019 年中国上榜的 119 家企业（不含台湾地区企业）平均利润为 35 亿美元，不及世界 500 强 43 亿美元的平均水平。且中国企业的平均盈利水平仍需要依靠银行带动，除去银行所带来的盈利外，其余 108 家中国上榜企业平均利润仅有 19.2 亿美元，相比较美国高达 52.8 亿美元的平均利润，中国非银行企业盈利能力与美国差距显著。

（二）独角兽企业实力对比

世界 500 强企业更多反映国家老牌企业的实力积累，独角兽企业则更能体现国家新兴企业的未来潜力。根据《2019 胡润全球独角兽榜》，在全球 494 家独角兽企业中，中国拥有 206 家，不仅超过美国的 203 家，更是遥遥领先于排名第三的印度（21 家）和排名第四的英国（13 家）。且在 TOP10

榜单中，中国企业占据前三甲（见表4-5），其中，成立5年的蚂蚁金服独得榜首。

表4-5　　2019年胡润全球独角兽排行榜TOP10企业

企业	国家（总部所在城市）	排名	估值（亿元）
蚂蚁金服	中国（杭州）	1	10000
字节跳动	中国（北京）	2	5000
滴滴出行	中国（北京）	3	3600
Infor	美国（纽约）	4	3500
JUUL Labs	美国（旧金山）	5	3400
陆金所	中国（上海）	6	2700
爱彼迎	美国（旧金山）	7	2700
SpaceX	美国（洛杉矶）	8	2500
WeWork	美国（纽约）	9	2100
Stripe	美国（旧金山）	10	1600

资料来源：《2019胡润全球独角兽榜》。

从表4-6显示的中美独角兽重点所处行业来看，中国独角兽在电子商务和物流领域相比美国具有明显优势。虽然电子商务和物流行业不能直接划分到制造业领域，但若没有制造业，这两大行业则基本失去存在价值，同时，电子商务和物流业发展也大大提升了制造业产品交易效率。可见，依据独角兽企业实力，在制造业产品流动效率上，中国远胜于美国。

表4-6　　中美独角兽企业数量排名前五行业

中国			
行业	独角兽企业数量	总估值（十亿美元）	成为独角兽平均所花时间（年）
电子商务	33	62	5
金融科技	22	262	5
媒体和娱乐	17	123	6
物流	15	57	6
人工智能	15	30	4
美国			
行业	独角兽企业数量	总估值（十亿美元）	成为独角兽平均所花时间（年）
云计算	32	97	8
金融科技	21	71	6
人工智能	20	43	7

续表

美国			
行业	独角兽企业数量	总估值（十亿美元）	成为独角兽平均所花时间（年）
电子商务	17	37	6
健康科技	12	22	7

资料来源：《2019 胡润全球独角兽榜》。

然而，在人工智能行业，中国独角兽企业实力还不及美国，但中国企业在此领域成为独角兽的平均速度明显高于美国，说明中国企业在人工智能行业的后发力量充沛。另外，在云计算行业，中国独角兽相比美国存在明显劣势，这凸显出中国制造业在信息系统性、资源共享性和部署灵活性方面的欠缺。

而在健康科技行业，虽然表 4－6 所显示的中国行业榜单上没有涉及，但实际上中国拥有 13 家企业上榜，全球占比最高，这说明中国企业在提供医疗保健服务或资金援助方面占据头筹。然而，中国在生物医药制造方面依然与美国存在巨大差距，由此显示出中国在健康领域的制造与服务具有明显不对称问题，重点在于中国在此领域的关键核心技术尚未自主可控。

综上可见，无论是老牌企业还是新兴企业，中国“身影”实现对全球领先企业排行榜的快速占领，并于 2019 年拿下世界 500 强和全球独角兽两大冠军杯。然而，在制造业领域，尤其是高端技术密集型制造领域，中国相比美国依旧缺乏领头企业。这不仅需要中国老牌国有企业继续发挥领头羊作用，中国民营企业和独角兽企业的潜力同样值得拭目以待。

四、中美制造业战略布局对比

（一）中美近年代表性政策对比

全球金融危机后，美国开始实施“再工业化”和“制造业回归”战略，中国也开始强调向高端价值链位置攀升，近些年来，中美陆续发布产业政策竞争制造业（见表 4－7）。中国政策主要可归纳为两点：一是“转型”，二是“高端”；美国政策的侧重点为两方面：一是“重振”，二是“创新”。

表 4－7　　中美发布的有关制造业的重大政策（2009—2019 年）

年份	中国政策	美国政策
2009 年	出台《装备制造业调整和振兴规划》	出台《重振美国制造业框架》

续表

年份	中国政策	美国政策
2011年	发布《工业转型升级规划（2011—2015）》	正式启动“先进制造伙伴计划”（AMP计划）
2012年		推出《美国先进制造业国家战略计划》
2013年		发布《国家制造业创新网络初步设计》（NNMI）
2014年		通过《振兴美国制造业和创新法案》（RAMI法案）
2015年	发布《中国制造2025》	
2016年	发布《国家创新驱动发展战略纲要》	
2018年	中央经济工作会议将“推动制造业高质量发展”列为2019年七大重点工作任务首位；发布《2018先进制造业产业发展白皮书》	出台《美国先进制造领导力战略报告》
2019年	—	发布《未来工业发展规划》

资料来源：中国国务院、美国白宫、Manufacturing. gov。

在影响中美制造业未来发展方向的近期政策中，中国《2018先进制造业产业发展白皮书》提出“加快传统制造升级”“推动先进制造业融合化发展”“打造先进制造业产业集群，构建全产业生态系统”“发展寡头型市场主体，树立先进制造业品牌”“建设先进制造业有竞争力的发展软环境”这五大核心策略，《美国先进制造领导力战略报告》指出，要保护并利用自身在科技创新方面领先的优势，“在国内工业基地和国际盟友中迅速有效地开发和将新的制造技术转化为实践”。《中国制造2025》提出重视关键核心技术突破和高端装备制造；《国家创新驱动发展战略纲要》进一步强调“强化原始创新，增强源头供给”；美国《未来工业发展规划》则明确聚焦人工智能、先进制造、量子信息科学和5G这四项关键技术。

中美未来的战略布局和实施重点也反映出两国制造业目前的基础实力，美国在规模环境上不及中国，而中国在高端程度上不及美国，但显著的共同点在于对准“关键核心技术是改变未来制造业格局主要因素”的重大命题。

（二）代表性科技强国战略对比

伴随中国经济步入新常态，资源环境和要素成本约束日益趋紧，中国通过一系列重大战略部署，不断释放内需潜力和改革红利，试图为制造业发展开辟更加广阔的空间。然而，随着新一代信息技术与制造技术深度融合，全球产业格局发生重大调整，国际贸易规则逐渐重构，许多发达国家开始陆续发布再工业化战略（见表4-8），使得“只大不强”的中国制造业又要面临严峻的外部形势。

表 4－8 德法日英近年来发布的再工业化战略

发布时间	战略名称	主要内容	战略目标
2013 年	德国工业 4.0 战略实施建议	建设一个网络：信息物理系统网络；研究两大主题：智能工厂和智能生产；实现三项集成：横向集成、纵向集成与端对端的集成；实施八项保障计划	通过信息网络与物理生产系统的融合来改变当前的工业生产与服务模式；使德国成为先进智能制造技术的创造者和供应者
2013 年	“新工业法国”战略	解决能源、数字革命和经济生活三大问题，确定 34 个优先发展的工业项目，如新一代高速列车、节能建筑、智能纺织等	通过创新重塑工业实力，使法国处于全球工业竞争力第一梯队
2014 年	日本制造业白皮书	重点发展机器人、下一代清洁能源汽车、再生医疗以及 3D 打印技术	重振国内制造业，复苏日本经济
2015 年	英国制造业 2050	推进服务＋再制造（以生产为中心的价值链）；致力于更快速、更敏锐地响应消费者需求，把握新的市场机遇，可持续发展，加大力度培养高素质劳动力	重振英国制造业，提升国际竞争力

资料来源：综合整理。

从制造业技术创新实力对比结果来看，中美之间的科技实力并不对称，严格意义上讲，中美之间还不能断定为科技战，但不可否认的是，中美之间的技术差距正在快速缩小。按照工业成熟度和制造业份额的综合判断，德、美、日、中均被划分为全球工业 4.0 发展的领先国家行列。目前，中国与美、德、日制造业差距更多表现在工业成熟度和高新技术制造业份额上，一个重要原因可归为制定产业创新政策、实施科技强国战略时间与程度差异。

美国的科技强国战略主要定位为突破型创新，其产业创新政策以较为密集的创新法案为表达。自 20 世纪 70 年代以来，就已陆续制定和颁布了 20 多部科学技术创新法律，重点扶植创新研究，扶持小企业创新，推动合作研究、技术转移及产业化。且自 2008 年金融危机后，美国明确提出再工业化战略。紧接着于2009 年提出“推动可持续增长和高品质就业”的创新战略；2010 年推出小企业就业法案；2011 年提出“确保经济增长与繁荣”的创新战略，并推出美国发明法案；2014 年进一步推出创新法案等。在美国的一系列产业创新政策推动下，一大批科技型大公司在人工智能、大数据、工业互联网、生命科学、新材料、智能汽车、新能源等诸多领域投入巨资进行研发和技术产业化。

德国的科技强国战略主要定位为渐进式创新，可追溯的产业创新政策更为久远。早在1877年，德国就已经颁布第一部专利法，时隔80年，《雇员发明法》的出台明确界定了职务发明以及企业和员工在技术创新、知识产权等方面的责任和义务，成为德国史上促进企业创新的重要法律之一。进一步地，20世纪70年代，德国各州陆续出台的《中小企业促进法》《中小企业增加就业法》帮助企业建立研发部门，德国制定的《高校框架法》推动高校科研能力和人才竞争实力的提升。自2007年后，德国推出的《科研实践合同法》《基因技术法》《科学自由法》等有力提高了优秀人才的科研积极性，有效促进了科研机构与市场的快速嫁接，实现了新技术快速产业化并迅速打入国际竞争市场。在德国侧重制度层面与工艺创新环节的战略引导下，各种规模的优秀科技型企业开始投身"德国工业4.0"，将"智能制造、智慧工厂、智能产品"作为未来的发展定位。

日本的科技强国战略主要定位为追赶式渐进创新，产业创新政策的相关法律更加侧重研究成果转化。自21世纪以来，随着《大学技术转移法》《产业竞争力强化法》《知识产权基本法》《研发力强化法》等陆续出台，日本研发主体的知识产权得到了强有力保护，有效激发了创新活力。同时，日本高度重视开放式创新，《开放式创新白皮书》估计了三大发展趋势：一是从研究开发到创造新业态的开放式创新；二是开放式创新方法的成熟；三是从"开放式创新1.0"到"开放式创新2.0"。在此过程中，日本不断加强风险投资在产业创新中的作用，重视知识产权体制同国际标准接轨。

中国的科技强国战略主要定位为追赶式迸发创新，近年来由于受到发达国家的技术封锁，中国开始把科技创新、关键核心技术自主可控作为建设世界科技强国的重要施力方向。相比美、德、日，中国正式开启的科技强国战略相对较晚。虽然从20世纪80年代起，陆续出台的《中华人民共和国商标法》《中华人民共和国专利法》《中华人民共和国著作权法》《中华人民共和国科学技术进步法》《中华人民共和国促进科技成果转化法》对保护知识产权、激发创新热情起到关键作用，但中国科技创新相关的法律体系构建依旧缺乏前瞻性，重大科技领域的立法仍旧缺乏针对性，这造成中国创新主体在大量关键核心技术领域缺少明确的法律支持与保障。

综上可见，中美制造业近年来开始对高端制造进行重点布局，均强调技术创新与关键核心技术自主可控。不过，相比美、德、日，中国制造业在工业成熟度和高新技术制造业份额上的差距尚且明显，重要原因之一在于制定产业创新政策、实施科技强国战略相对落后。

第二节 中美经贸博弈的现实态势

一、大国危机造就中美经贸博弈

中国自加入 WTO 以来，对外贸易水平取得了突飞猛进的提升（见图 4 -9），从 2000—2018 年，中国进出口总额实现了从与美国约 15669. 21 亿美元的差距到 2018 年对美国约 3440. 72 亿美元的反超，成为世界第一大进出口贸易体。中国进出口总额超越美国始于 2013 年，对比制造业产值超越美国的时间点，可以认为中国制造业壮大是因，对外贸易水平提升是果。同时，广阔的海外市场又为中国制造业拓展规模营造了必要契机，复杂的国际竞争也为中国制造业转型升级创造了充分条件。

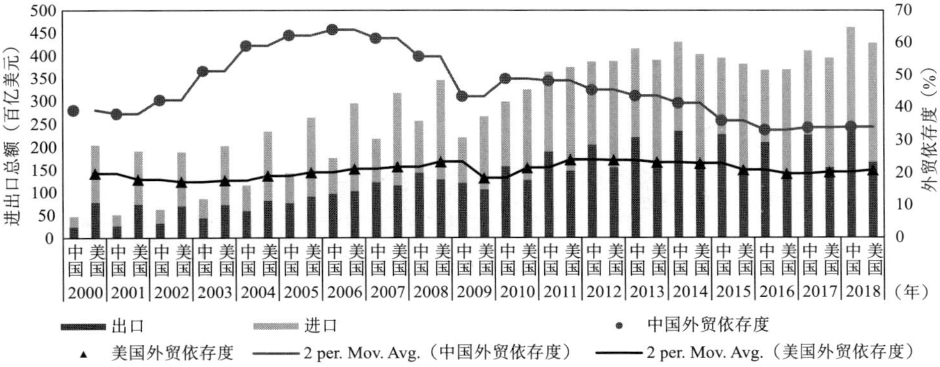

图 4 -9 中美对外贸易发展情况

资料来源：世界贸易组织（**WTO**）、世界银行（**World Bank**）、**Wind** 数据库。

对中国来说，经贸发展和制造业实力已经形成了累积因果循环关系。而美国在长期的制造业“空心化”和国际贸易逆差局面下（见图 4 -10），面对中国制造业不断强大和国际经贸地位逐步提升，修昔底德陷阱现象日趋明显，对美国来说，中国已经成为动摇它国际霸主地位的最大威胁。

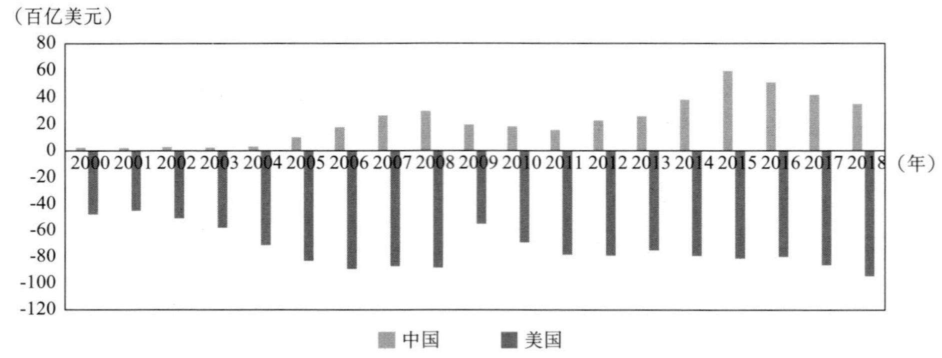

图 4－10　中美贸易差额

资料来源：世界贸易组织（WTO）、世界银行（World Bank）、Wind 数据库。

中国虽然在制造业关键核心技术实力上与美国依旧悬殊，但长期以来，由于美国陷入“资源陷阱”以及中国享受技术外溢红利，中美之间的技术差距正在不断缩小，中美之间的互动已经逐步趋于对等，从而推动两国进入冲突区（见图 4－11）。

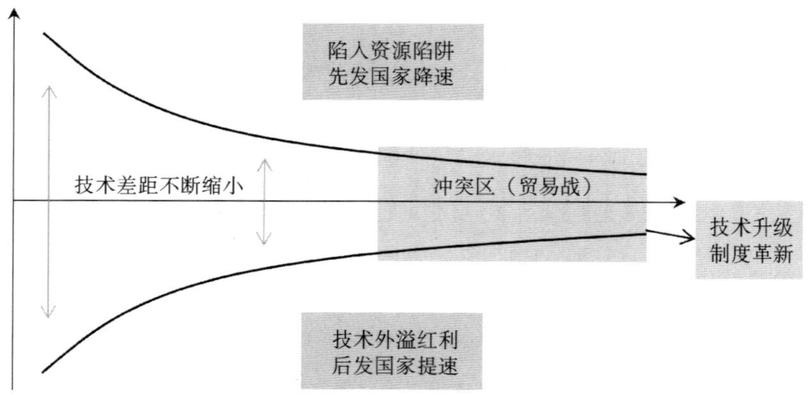

图 4－11　先发国家与后发国家的技术均等化趋势

资料来源：作者绘制。

目前，美国已明确将中国划定为“战略性竞争对手”，而中美经贸博弈萌芽却早已种下。伴随中国国际地位提升和美国大国危机感加剧，中美“贸易战”早就成为弦上之箭。

二、双重贸易圈加剧博弈复杂性

改革开放 40 多年来，中国通过与发达经济体构建传统贸易圈和与欠发达经济体构建新兴贸易圈，逐渐成为全球贸易循环体系的关键节点。

在中国所构建的双重国际贸易圈中，一方面，中国需要积极融入以美国为首的全球创新链。在国际贸易活动中，中国依旧逃脱不了对发达经济体中高技术行业的中间品进口依赖，美国则始终是其中的重要一员（见表4－9）。同时，中国制造业科技创新仍旧需要利用全球创新链中的高端资源开展。另一方面，“一带一路”建设正加速中国与丝路国家间新兴贸易圈的构建。随着“一带一路”倡议的稳健落地与稳步推进，中国不断拓宽开放空间并有望加速成为区域价值链链主，使得中国在国际经贸关系中逐步减少对美国等发达经济体的依赖。

表4－9　　中国与主要发达经济体的贸易往来情况

区域	国家	进口金额（十亿美元）与占比（%）		出口金额（十亿美元）与占比（%）	
		2000年	2017年	2000年	2017年
北美洲	美国	22.36（19.67）	153.95（21.88）	52.10（37.18）	429.73（44.04）
	加拿大	3.75（3.30）	20.42（2.90）	3.16（2.25）	31.38（3.22）
欧洲	德国	10.41（9.15）	96.94（13.78）	9.28（6.62）	71.13（7.29）
	英国	3.59（3.16）	22.33（3.17）	6.31（4.50）	56.71（5.81）
	法国	3.95（3.47）	26.80（3.81）	3.71（2.64）	27.67（2.84）
	荷兰	1.24（1.09）	11.27（1.60）	5.16（4.77）	67.13（6.88）
	意大利	3.08（2.71）	20.50（2.91）	2.58（2.71）	29.20（2.99）
	西班牙	0.62（0.55）	8.03（1.14）	1.52（1.52）	22.91（2.35）
亚洲	日本	41.51（36.50）	165.79（23.56）	29.66（29.73）	137.26（14.07）
	韩国	23.21（20.41）	177.55（25.24）	6.25（8.06）	102.70（10.52）

资料来源：国家统计局、Wind数据库。

注：括号中为各国对应年份所占样本国家总额比重。

从美国视角下，一方面，美国需要中国的广袤市场，更需要中国在加工制造领域的强大基础，从而配合其处在价值链上游的高端技术；另一方面，美国政策及行动对中国造成的影响正逐渐减轻。同时，美国释放的“美国第一”“美国优先”等信号造成其盟友体系日趋松散，相比较而言，中国的“一带一路”倡议、“人类命运共同体”理念、“共商共建共享”原则等有力地推动中国国际形象提升。中国按照自身节奏积极参与全球事务，不可避免地撼动了美国的国际话语权地位。

可见，中国的传统贸易圈构造离不开美国，但也并非受制于美国；美国的全球化战略布局缺不了中国，但也不敢放任中国成为新兴贸易圈链主。加之两国在经济关系、产业链条上的互补性，使得博弈必然是复杂的、曲折的和长期的。

三、博弈行动频繁破坏经贸稳定

2018 年是中美经贸互博密度较大的一年，美国作为此次贸易战挑起方，先以加征关税的手段缓解美国对中国的贸易逆差，并阻碍中国对美国的投资并购。面对 1333 项 500 亿美元的加税商品清单，中国迅速以反制商品清单给予反攻，直接对准美国大豆、汽车等行业。可见，在正式贸易战的第一回合，美国在将“刺拳”打出的同时，也紧接着挨上了中国的“后手拳”。

表 4－10　　中美经贸博弈行动（自 2018 年 1 月至 2019 年 10 月）

时间	美方行动	中方行动
2018 年 1 月	对进口大型洗衣机和光伏产品分别采取为期 4 年和 3 年的全球保障措施，并分别征收最高税率达 30% 和 50% 的关税	
2018 年 2 月	对进口中国的铸铁污水管道配件征收 109.95% 的反倾销关税；对中国铝箔产品厂商征收 48.64%—106.09% 的反倾销税，以及 17.14%—80.97% 的反补贴税	
2018 年 3 月	对进口钢铁和铝分别征收 25% 和 10% 的关税；因知识产权侵权问题对中国商品征收 500 亿美元关税，并实施投资限制	计划对价值 30 亿美元的美国产水果、猪肉、葡萄酒、无缝钢管和另外 100 多种商品征收关税
2018 年 4 月	发布加征关税的商品清单，将对中国输入美国的 1333 项 500 亿美元的商品加征 25% 的关税；要求额外对 1000 亿美元中国进口商品加征关税；对产自中国的钢制轮毂产品发起反倾销和反补贴调查	对原产于美国的 7 类 128 项进口商品中止关税减让义务，在现行适用关税税率基础上加征关税；将对原产于美国的大豆等农产品、汽车、化工品、飞机等进口商品对等采取加征关税措施，税率为 25%；决定对原产于美国的进口高粱实施临时反倾销措施；规定进口原产于美国卤化丁基橡胶的进口经营者根据倾销幅度提供保证金；对原产于美国的浆粕采取反倾销措施

续表

时间	美方行动	中方行动
2018 年 5 月	将对从中国进口的含有“重要工业技术”的 500 亿美元商品征收 25% 的关税，其中包括与《中国制造 2025》计划相关的商品	
2018 年 6 月	将对从中国进口的约 500 亿美元商品加征 25% 的关税	将对原产于美国的 659 项约 500 亿美元进口商品加征 25% 的关税
2018 年 7 月	开始对第一批清单上的 818 个类别、价值 340 亿美元的中国商品加征 25% 的进口关税；拟对约 2000 亿美元中国产品加征 10% 的关税	对美部分进口商品加征关税措施正式实施
2018 年 8 月	拟将加征税率由 10% 提高至 25%；美国贸易代表办公室（USTR）公布第二批对价值 160 亿美元中国进口商品加征关税的清单；在“301 调查”项下对自中国进口的 160 亿美元产品加征 25% 关税。	决定对原产于美国的 5207 个税目约 600 亿美元商品，加征 25%、20%、10%、5% 不等的关税；在世贸组织起诉美国“301 调查”项下对华 160 亿美元输美产品实施的征税措施；决定并正式对 160 亿美元自美进口产品加征 25% 的关税
2019 年 5 月	将对 2000 亿美元中国输美商品加征的关税从 10% 上调至 25%	发布对原产于美国的部分进口商品提高加征关税税率的公告
2019 年 6 月		对原产于美国的部分进口商品提高加征关税税率；对原产于美国约 600 亿美元进口商品清单中的部分商品，分别实施加征 25%、20%、10% 的关税，对之前加征 5% 关税的税目商品，仍实施加征 5% 的关税
2019 年 8 月	将对约 3000 亿美元自华进口商品加征 10% 关税；宣布将提高对约 5500 亿美元中国输美商品加征关税的税率	将对原产于美国的 5078 个税目、约 750 亿美元商品，加征 10%、5% 不等关税；中国相关企业已暂停采购美国农产品
2019 年 9 月	正式实施对中国 3000 亿美元输美产品中第一批加征 15% 关税的措施；公布 3 份对中国加征关税商品的排除清单，涉及 400 多项商品；考虑限制投资组合流向中国	开始恢复自美国采购一定数量的大豆、猪肉及制品等农产品，并给予加征关税排除
2019 年 10 月	将 28 家中国实体加入“实体管制清单”，禁止这些实体企业购买美国产品	

资料来源：综合整理。

根据表4－10显示的两国自2018年的行动案例，可看出美国是多次博弈的主动方，而中国也做出了强有力的反制，且双方主要通过加征关税的方式影响两国间的贸易。

对照中国对美国的进出口情况（见图4－12），中国对美国的出口额于2018年1月到3月以及2018年9月到2019年2月这两阶段表现出明显下降，分别减少68.9亿美元和240.2亿美元。可见，美国于2018年1月、2月、3月、7月、8月的加税措施在很大程度上影响了中国对美国的出口。

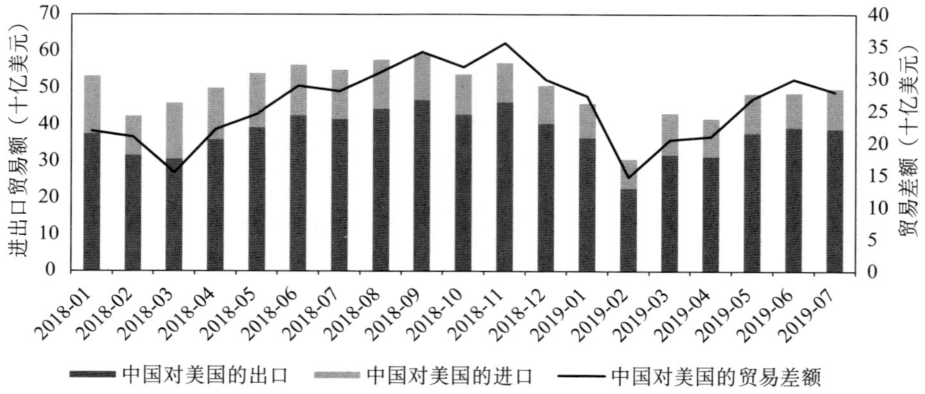

图4－12 中国对美国的进出口情况（中方统计）

资料来源：Wind数据库。

同时，在中国的反制措施实施下，中国对美国的进口态势也产生了一定波动，且自2018年4月正式实施行动以来，中国对美国的进口额从2018年5月的147.3亿美元降低到2019年2月的79.4亿美元。

另外，在这期间中国对美国的贸易顺差最高值达355.4亿美元，最低值仅为147.2亿美元，但在双方多次加征关税行动下，如今中国对美国的贸易顺差依旧保持在较高水平上。

可见，中美之间的博弈造成了两国间经贸关系的不稳定，但中国并未因美国一次次的猛烈进攻而降低决心，且通过加征关税或限制投资等措施并没有达到美国试图实现两国贸易平衡的目的。

四、美方遏制投向高新科技领域

当前，中美两国均已意识到通过“伤人七分，自毁三分”的博弈方案不可持续，通过加征关税试图遏制对方发展的结果必然是场负和博弈。然而，中美经贸摩擦已是离弦之箭，具有无法避免之势，随着中国开始投向弥补高新技术短板，美国也开始从五大方面进行全方位围堵。

从限制出口方面，美国长期以来限制对中国的高科技产品出口。根据美方统计，2018 年美国对中国在高科技产品的贸易逆差达到 1346 亿美元，高于其全部高科技贸易逆差额。主要涉及的高科技领域包括光电、信息及通信、核技术，其中，信息及通信为美国对中国的主要逆差来源。同时，2018 年 11 月，按照美国国会通过的《出口管制改革法案》（Export Control Reform Act）要求，美国商务部工业安全局出台了一份针对关键核心技术和相关产品的出口管制框架，明确对生物技术、人工智能（AI）和机器学习技术、定位、导航和定时（PNT）技术、微处理器技术等 14 类核心前沿技术进行出口管制。意图通过减少技术外溢，保证自身在高科技制造领域的领导地位不被动摇。

在阻碍投资方面，一方面，美国对中国的直接投资呈现递减态势（见图 4 - 13）；另一方面，美国处于国家安全考虑开始限制外商投资。2018 年 8 月 6 日，美国总统特朗普所签署的《2018 年外国投资风险审查现代化法案（FIRRMA）》已成为法律，该法案强调对半导体、航空航天、生物医药等 27 个关键核心技术行业的外资投资进行重点审查。同时，该法案明确规定需每隔两年提交的“中国企业实体对美直接投资报告”和“国企对美交通行业投资报告”直接剑指中国。

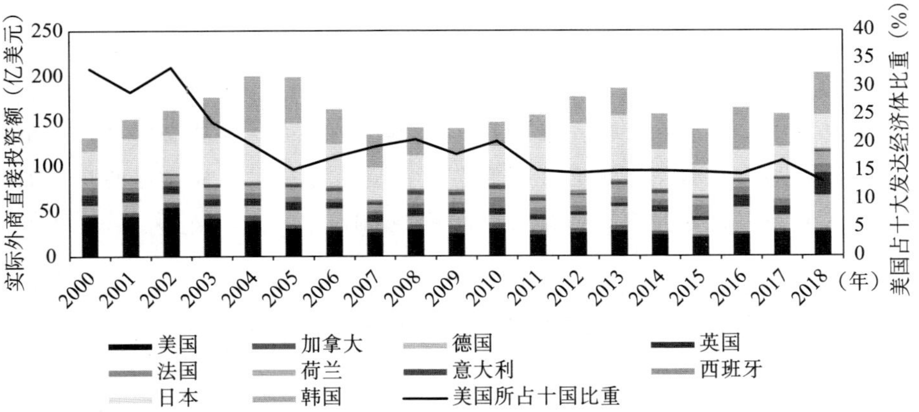

图 4 - 13　中国获得的实际外商直接投资情况

资料来源：Wind 数据库。

在封锁市场及切断供应链方面，美国以“国家安全”为由，联合日、英、澳等盟友阻碍华为和中兴产品进入国际市场。从 2018 年 1 月起，美国开始阻碍华为与美国两大运营商巨头 Verizon 和 AT&T 的合作，同时明令禁止美国运营商销售华为产品。进一步地，2018 年 4 月，美国着手全面制裁中兴，规定 7 年内禁止美国企业向中兴销售关键零部件，这严重影响了中兴的正常经营。至 2018 年 8 月，美国宣布正式禁止与华为、中兴等公司签订政府合同，意图切断中国高科技信息通信领域的产业链，沉重打击中国 ICT 产业的系统软件和基础研究、存储芯片、FPGA 芯片、模拟芯片、光模板这五大薄弱领域。同时，美国一系列的封锁举措也施压于其贸易伙伴，日本、英国、澳大利亚、新西兰等也纷纷采取行政手段干预中国通信业的国际市场。

在否认知识产权方面，美国曾多次给中国扣上"窃取知识产权"的罪名。在对《美国国防授权法案》（National Defense Authorization Act，NDAA）的修正意见中，美国参议员卢比奥于 2019 年 6 月 17 日提出禁止华为通过美国法院向美国企业索要专利费、寻求损害赔偿。且在此之前，卢比奥曾多次公开发文诬蔑中国窃取美国的知识产权。这一系列行为严重影响中国华为在美国申请的数千件专利保护问题，赤裸裸地揭示了美国在知识产权方面的损人利己形象。

在干扰人才交流方面，美国缩短留美学生签证期限，打压华人在美国企业任职以及与美国科研机构合作。从 2018 年 6 月起，美国规定在机器人、航空航天、高科技制造等专业的留学生，其签证期限缩短至 1 年，这些领域直接对准《中国制造 2025》计划重点。同时，很多出色的华裔研究院和学者遭受无端调查，以"没有披露研究经费来源""严重违反规则"等为由被强制解雇。美国的这些规定或行为直接阻碍中美之间构建平等互惠的学术人才交流关系。

可见，在美国将"世界工厂"拱手让给中国之后，令美国更加恐惧的是中国在制造业关键核心技术领域的突破。但美国的一系列围堵举措已无法对中国制造业产生实质性影响，未来 10 年，两国的表面贸易战必定会正式引发出潜在科技战，竞争焦点势必在于制造业关键核心技术，根本目的在于抓住第四次产业革命机遇并打好第五次产业革命基础。

第三节　中美制造业竞争的方向和重点

以《中国制造 2025》国家重大技术战略为导向，对标中美制造业重点领域的经贸摩擦，中美高科技技术的竞争加剧。为深度探究中美制造业未来 10 年主要科技指标以及主要领域的竞争态势，我们主要采用 ARIMA 模型进行未来趋势预测，为中国未来 10 年的战略布局在一定程度上提供有价值的信息。

一、中美制造业的主要竞争方向

美国的“301调查”围绕中美知识产权和科技创新领域的摩擦展开。2018年5月2日在中美的一次磋商中，美国提出苛刻条件，要求中国到2020年年底至少减少2 000亿美元对美贸易逆差，并取消对《中国制造2025》10个高科技领域的政府补贴和支持，停止知识产权的特定政策和做法，如强制技术转让、合资企业要求等。此外，美国对中美经贸实施投资限制、技术封锁和人才截流等措施，比如对中国华为和中兴通信等高科技产品的出口限制，收紧学生签证和学术访问签证、针对“千人计划”的专家调查等，并企图通过拉拢盟友，遏制中国制造业的技术创新和转型升级。

种种迹象表明，美国发起的贸易战表面上是针对中美贸易的逆差，实际剑指中国经济崛起和产业升级，尤其是对中国高科技领域的战略遏制和“围猎”。科技是世界霸权更迭的根源，中美长期竞争仍是科技的冷战，科技发展停滞带来的美国精英阶层的焦虑是导致中美博弈的决定性因素。为深度发掘中美制造业未来10年科技的竞争方向与重点，并考虑到数据的可获得性，下文将从研发视角、专利与知识产权视角、制造业质量竞争力视角进行分析。其中研发视角的科技指标主要包括研发强度、研发人员规模、研发投入结构，专利与知识产权视角的科技指标包括专利授予量以及知识产权使用费，制造业质量竞争力视角的科技指标主要为中高技术产值占比。

（一）研发视角的趋势预测

第一，中美研发强度的趋势预测。研发强度以研发支出占GDP比重表示，具体预测结果如图4-14所示。

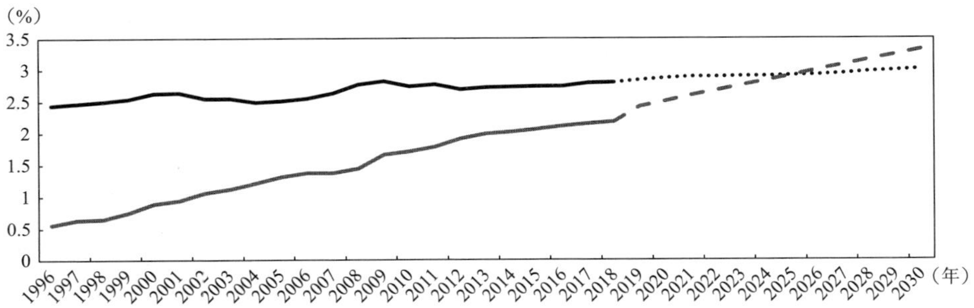

图4-14　中美研发支出占GDP比重未来十年预测

资料来源：世界银行（World Bank）、Wind数据库及作者预测结果。

由图4－14可知，中国研发支出占GDP比重稳步上升，美国研发支出占比增长速度劣于中国，因此中美两国研发支出占比差距逐步缩减。其中到2018年，中美研发支出占比分别为2.18%、2.81%，与2010年相比增速分别为27%、3%，中国是美国的9倍。以目前的增速趋势，预计未来10年里中国的研发支出占比在很大程度上将超越美国，成为全球最大的研发中心。

进一步的预测结果表明，中美未来10年的研发支出占GDP比重差距持续缩减。分阶段来看，预计到2025年，中美两国的研发支出占比水平可望并驾齐驱，均为2.91%左右。到2030年，中美两国的研发支出占比分别为3.32%、3.01%左右，这意味着中国对科技创新的重视程度在不断提高。然而，《中国制造2025》预测规模以上制造业研究经费支出占主营业务收入比重，2025年为1.68%左右，有效研发投入较低，中国在研发支出方面仍有较大提升空间。

第二，研发人员规模的趋势预测。研发人员规模以每百万人研发人员规模表示，具体预测结果如图4－15所示。

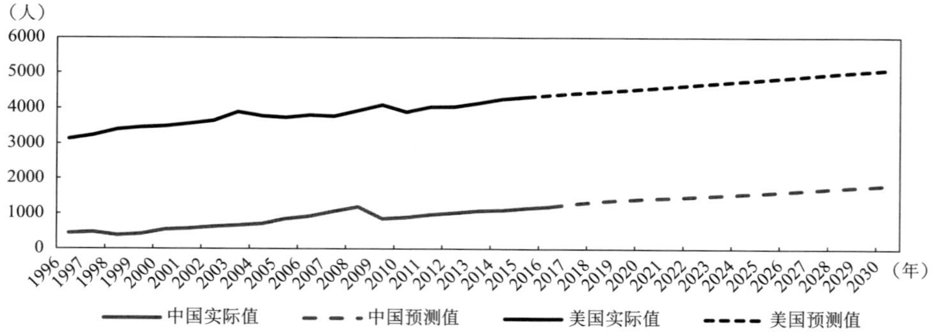

图4－15　中美未来10年每百万人研发人员规模预测

资料来源：世界银行（World Bank）及作者预测结果。

图4－15显示，截至2015年，中美两国每百万人研发人员规模均在稳步提升，而研发人员规模始终保持较大差距。其中到2015年，每百万人中研发人员规模中美分别为1158.91、4313.38，美国是中国的4倍左右。以目前的增速预测，未来10年研发人员规模中国难以超越美国带来的巨大差距。

进一步的预测发现，未来10年内中美研发人员规模增速相当，中美差距较大。分阶段来看，到2025年，中美研发人员规模分别为1603.68、4819.44，美国是中国的3倍左右，2030年美国仍是中国的2.8倍左右。

第三，研发投入结构的趋势预测。研发支出的重点投资领域为基础研究、应用研究与试验研究，图4－16、图4－17、图4－18分别为对中美基础研究、应用研究、试验研究占国内总研发支出比重的预测趋势。

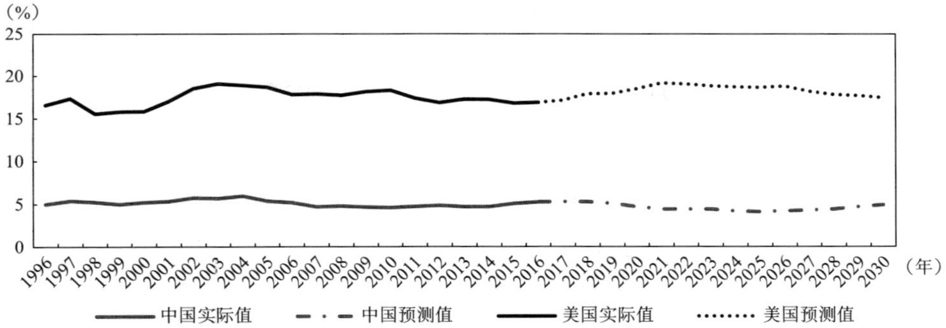

图 4－16　中美基础研究投入占比趋势预测

资料来源：亚太经济合作组织（APEC）、Wind 数据库及作者预测结果。

图 4－16 显示截至 2016 年，美国基础研究占比增速缓慢，中国基础研究占比甚至有下降趋势，中美始终有较大差距。2016 年，中美基础研究占比分别为 5.25%、16.89%，美国是中国的 3 倍以上，以目前增速预测，预计未来 10 年中国在基础研究方面很难望其项背。

2016 年之后中美在基础研究方面的投入无明显改变。分阶段来看，到 2025 年，中美基础研究差距基本达到最高水平，美国是中国的 4.5 倍左右。2025 年之后中美差距有缩减之势，到 2030 年，中国基础研究占比仅为 4.91% 左右，美国则为 17.4%，美国基础研究仍是中国的 3.6 倍左右。

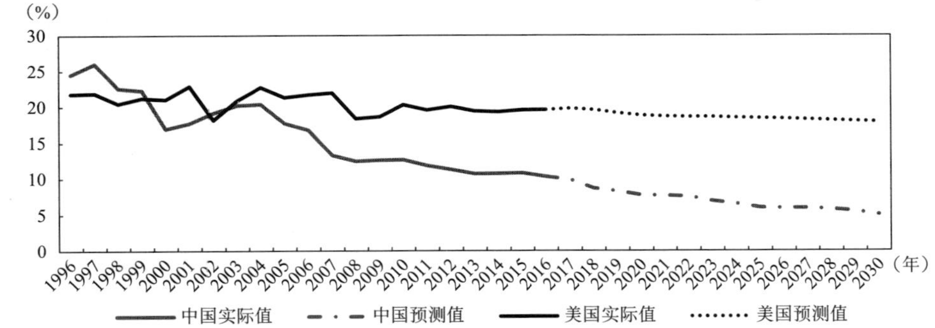

图 4－17　中美未来 10 年应用研究投入占比趋势预测

资料来源：亚太经济合作组织（APEC）、Wind 数据库及作者预测结果。

从应用研究的角度，图 4－17 显示截至 2016 年，中美应用研究占比增速波动式下滑，且中美两国的差距在逐步扩大。2016 年美国应用研究支出占比为中国的 1.91 倍，以目前增速预测，预计到 2030 年中国对应用研究的重视程度仍不及美国。

结果显示，2016 年之后中美应用研究投入占比持续下滑，但中国的下滑速度远超美国，中美差距持续扩大。比如 2025 年、2030 年美国分别为中国的 3.08、3.57 倍左右，到 2030 年，中国将研究支出的 5.01% 左右投资于应用研究，而美国为 17.9% 左右，这将直接削弱中国的科技创新能力。

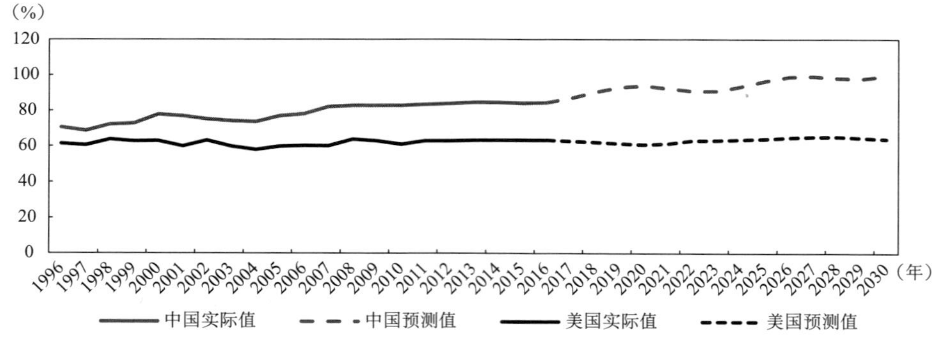

图 4－18　中美试验研究占比的趋势预测

资料来源：亚太经济合作组织（APEC）、Wind 数据库及作者预测结果。

从试验研究投入的角度，图 4－18 显示至 2016 年中国的试验有较小增速，中美差距逐步扩大。到 2016 年，中美的试验研究投入分别为 84.48%、63.27%，中国略高于美国，且预计未来 10 年中国的试验研究投入占比仍高于美国。

到 2025 年，中国的试验研究占比将增至 96.6% 左右，占据中国大部分研发支出，美国的试验研究降至 64.1% 左右，中美差距扩大。到 2030 年，中美试验研究占比分别为 99.3%，63.9%，这在一定程度上揭示中国的试验研究投入过高，研发投入整体结构失衡。

（二）专利与知识产权视角的趋势预测

第一，中美专利总授予量的趋势预测。具体预测结果如图 4－19 所示。

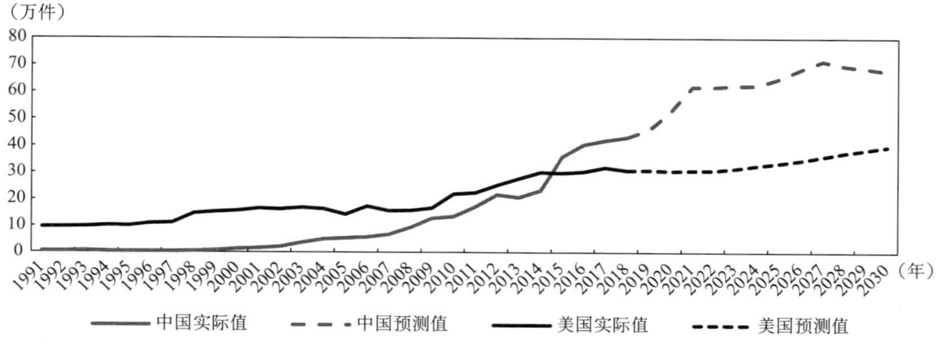

图 4－19　中美专利授予量趋势预测

资料来源：世界知识产权组织（WIPO）、世界银行（World Bank）及作者预测结果。

图 4－19 显示，截至 2018 年中美专利授予量均波动上升，且中国的总专利授予量于 2015 年赶超美国。2018 年，中美的专利授予量分别为 43.2 万件、30.8 万件。以中美目前增速，预计未来 10 年中国的总专利授予量仍高于美国，且差距持续扩大。

到 2025 年，预计中国的专利授予量高达 65 万件左右，几乎为美国的 2 倍，中国增速明显快于美国。预计到 2030 年，中美专利授予量分别为 67.8 万件、39.8 万件。2015 年规模以上制造业每亿元主营业务收入有效发明专利数为 0.44，《中国制造 2025》预测到 2020 年规模以上制造业每亿元主营业务收入有效发明专利数达到 0.7，虽然中国在专利授予方面得到明显提升且强于美国，但中国整体专利水平并不强。

第二，中美知识产权专利使用费的趋势预测。具体预测结果如图 4－20 所示。

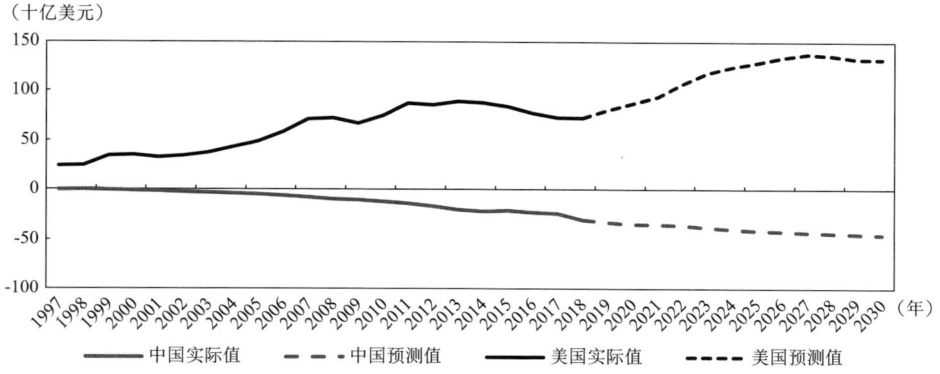

图 4－20　知识产权使用费净收入趋势预测

资料来源：世界知识产权组织（WIPO）及作者预测结果。

从知识产权使用费净收入①角度看，图 4－20 显示至 2018 年中国始终为逆差，2018 年逆差超过 300 亿美元。美国的知识产权使用费净收入稳步上升，2018 年超过 700 亿美元，中美知识产权差距较大。预计未来 10 年中美知识产权差距持续增大，中国短时间内难以扭转知识产权弱的客观局面。

2018 年之后，美国的知识产权使用费净收入波动上升，2025 年高达 1300 亿美元左右，2030 年将达 1320 亿美元左右。同样，中国的逆差值持续上升，2025 年提升至 400 亿美元左右，2030 年将达 450 亿美元。综合发现，虽然中国的专利授予规模出现较大增长，与发达国家相比，中国的知识产权与专利

① 知识产权使用费数据由知识产权接收费与知识产权支付费差值计算而得。

水平发展仍有较大上升空间。

（三）制造业质量竞争力视角的趋势预测

我们以中高技术产业增加值占制造业产值的比重指标侧面预测中美制造业技术结构的竞争态势，并结合中国制造业质量竞争力指数预测中美制造业整体质量竞争力的发展趋势。预测结果如图 4－21 所示。

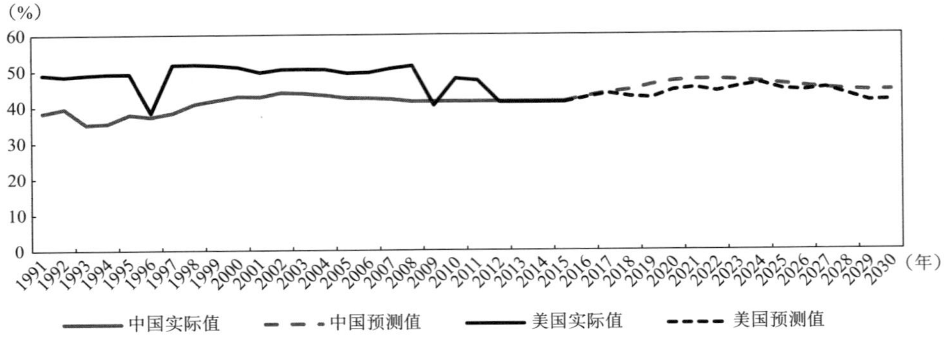

图 4－21　中美中高技术产业增加值占比预测

资料来源：世界银行（World Bank）及作者预测结果。

从中高技术产业增加值占制造业产值比重角度，图 4－21 显示至 2016 年中国缓慢上升，美国波动较大。2016 年中美中高技术产值占比分别为 41.4%、41.2%，中国略高于美国。以目前增速，预计未来 10 年内中国的中高技术产值占比将超越美国。

比如在 2025 年，中美中高技术产值占比分别为 46.02%、44.54% 左右。2030 年分别缓慢下降至 44.17%、41.5%，中国仍在美国之上，这在一定程度上体现中国企业对中高技术的重视。此外，2015 年中国的整体制造业竞争力指数为 83.51，预测到 2020 年上升至 84.5，并且中国的人口红利消失，制造业全员劳动生产率下降，意味着中高技术产值占比等因素对于提升中国的制造业竞争力成为重要的突破口，中国制造业的整体竞争力仍有较大提升空间。

综上可见，通过对研发视角、专利与知识产权视角以及制造业质量竞争力视角的分析发现，近年中国的科技实力在快速崛起，研发强度、中高技术产值占比等方面中国取得关键进展。然而，预计到 2030 年中美科技实力在整体上仍存在较大差距，中国在研发、专利与知识产权、制造业质量竞争力等整体水平方面仍有较大的提升空间。

二、中美制造业的主要领域竞争

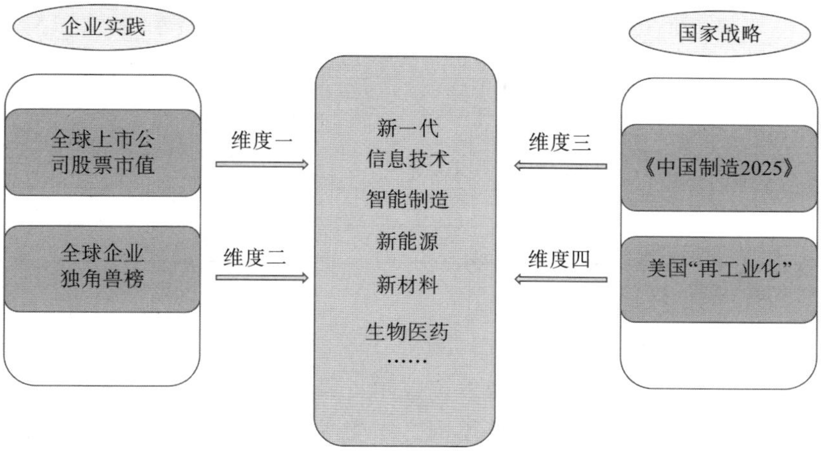

图 4－22　中美未来竞争的主要领域

图 4－22 中，对标国家战略与企业实践，基于上述四大维度，中美制造业未来 10 年主要从新一代信息技术、智能制造、新能源、新材料、生物医药等重点战略性新兴产业入手，加快技术创新以期掌握重塑国际生产体系的霸权。本部分主要从主要战略性新兴产业的关键核心技术专利规模①角度入手，并综合其他因素，对比、预测中美未来 10 年内在主要竞争领域的竞争实力与竞争态势。新一代信息技术领域的核心技术专利为数字通信以及半导体，智能制造领域主要为机床与机械元件专利，新能源领域主要为电机、设备与能源专利，新材料领域涉及微结构与纳米技术、生物材料技术专利，生物医药领域则涉及生物技术与医疗技术专利。在对上述关键技术进行预测之前，我们统计了各国对关键核心技术的掌握情况，如表 4－11 所示。

表 4－11　发达国家战略性核心技术对比表

技术领域	美国	德国	日本
半导体材料			√
真空蒸镀机			√
工业机器人			√
重型燃气轮机	√	√	√
激光雷达	√		

① 该部分的专利规模数据来源于世界知识产权组织。

续表

技术领域	美国	德国	日本
电池			√
碳纤维			√
高端电容电阻			√
核心工业软件	√		
高端轴承		√	√
工程器械	√		√
医学影像元器件	√	√	√
……			

资料来源：作者整理。

表 4－11 所示皆为未来中美制造业主要领域竞争的高附加值核心技术，同为中国目前尚未掌握的核心和关键技术。其中，日本企业具备拥有大部分关键技术的优势，其次为美国与德国，中美关键技术的差距不言而喻。下文将对主要竞争领域的关键核心技术专利规模进行预测分析，试图探究未来 10 年内中美在主要领域的竞争态势。

（一）新一代信息技术领域的竞争

第一，数字通信专利规模的趋势预测。预测结果如图 4－23 所示。

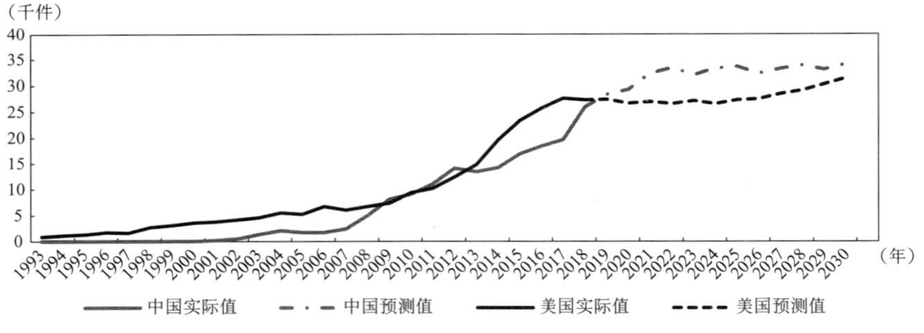

图 4－23　数字通信专利的趋势预测

资料来源：世界知识产权组织（WIPO）及作者预测结果。

至 2018 年，中美数字通信专利规模呈稳步增长态势，整体美国的数字通信强于中国。2018 年中美数字通信专利规模数分别为 25 千件、27 千件左右，中美差距缩小。

图 4－23 显示，2018 年后中国的数字通信专利增速高于美国。比如 2025 年，中美的数字通信专利分别为 33 千件、27 千件左右，2030 年分别为 34 千件、31 千件左右。此外在信息通信领域，中国自 2015 年以来对 5G 基础设施

的投入比美国多 240 亿美元，已建成约 35 万个蜂窝基站，平均每万人拥有 14.1 个站点，而美国则不到 3 万个蜂窝基站，平均每万人拥有 4.7 个站点，中国华为正在引领全球 5G 技术与标准的发展。但美国早年专利规模高于中国，为准确考察美国累计专利规模的潜在影响，我们对累计专利规模同样进行了预测分析（如图 4－24 所示）。

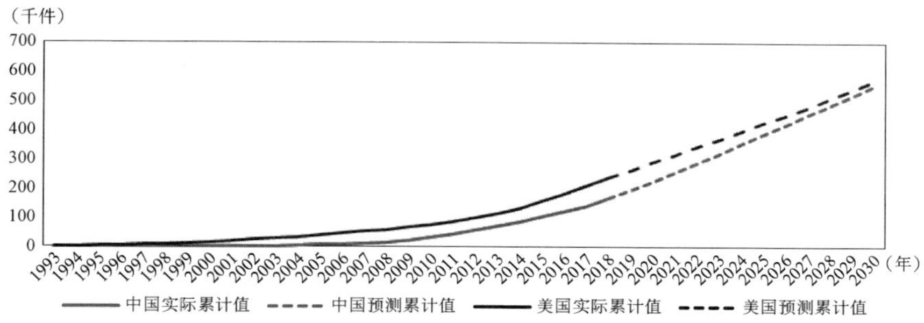

图 4－24　数字通信累计专利规模的趋势预测

资料来源：世界知识产权组织（WIPO）及作者预测结果。

预测发现未来 10 年美国的通信专利累计规模仍高于中国，由此可知中国在新一代信息通信领域的增长速度可能难以抗衡美国的实际累计潜力。以目前增速，预测中美未来 10 年内中国的数字通信专利规模有望缩小与美国差距，但仍难赶超美国。

第二，半导体专利规模的趋势预测。预测结果如图 4－25 所示。

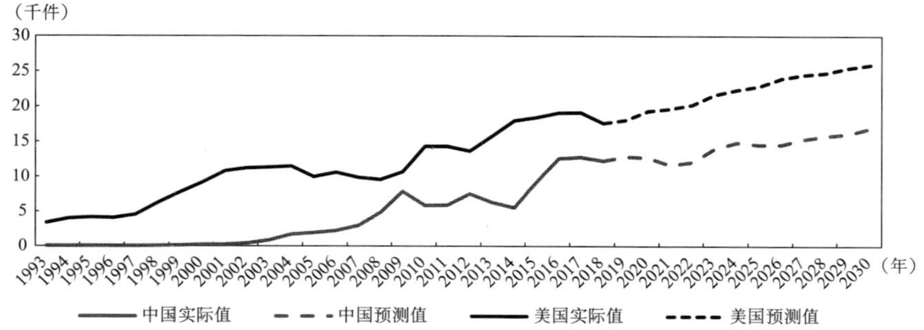

图 4－25　半导体专利的趋势预测

资料来源：世界知识产权组织（WIPO）及作者预测结果。

由图 4－25 可知，至 2018 年，中美半导体专利规模稳步上升，并且美国始终占优，2018 年中美半导体专利规模分别为 12 千件、18 千件。以目前增速，预计到 2030 年，在半导体领域中国仍很难望其项背，美国占有绝对霸主地位。

2018 年后，中美半导体专利规模持续稳步上升，到 2025 年，中美半导体专利规模分别为 15 千件、23 千件，2030 年分别为 17 千件、26 千件，中美差距较大。此外，半导体领域中国与美国差距极大，全球十大半导体公司研发支出排名中，2013—2017 年中国无一企业上榜，美国企业占据一半。

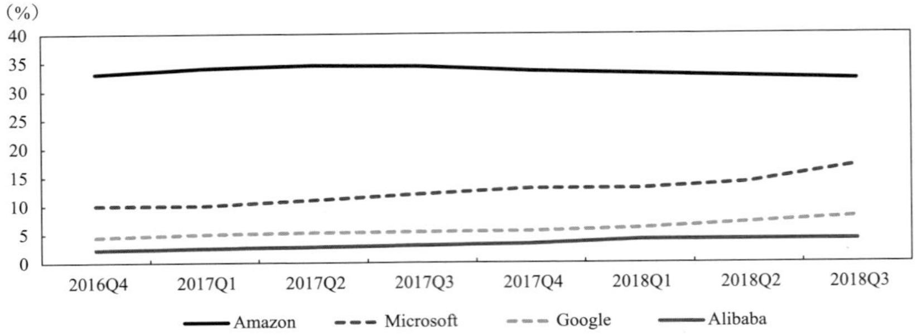

图 4－26　全球云基础服务基础设施的市场份额

资料来源：Synergy Research Group。

第三，云服务基础设施领域的分析。图 4－26 对云服务领域基础设施企业市场份额排名进行了统计，云服务领域全球基础设施市场份额前 4 位分别为 Amazon（亚马逊）、Microsoft（微软）、Google（谷歌）、Alibaba（阿里巴巴）。Amazon 市场份额始终占有 30% 以上，Alibaba 截至 2018 年第三季度不到 5%，与美国差距悬殊，但总体趋于稳步上升，取得积极进展。

综上发现，中国新一代信息技术产业取得积极进展，但总体水平与美国差距悬殊。美国在半导体、互联网云服务等领域仍是绝对霸主，预计未来 10 年内难以撼动美国在新一代信息技术领域的地位。

（二）智能制造领域的竞争

第一，机床专利规模的趋势预测。预测结果如图 4－27 所示。

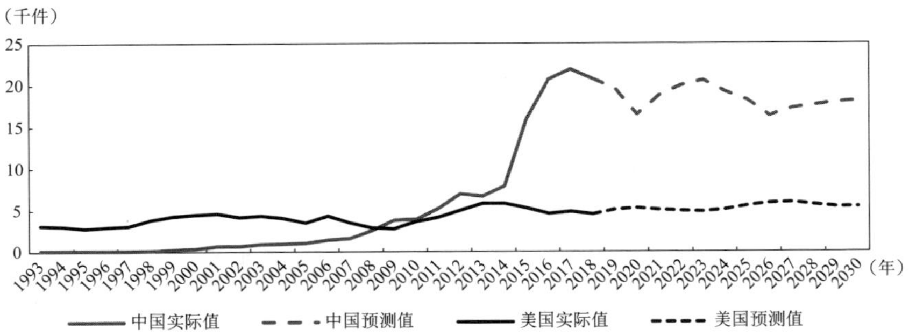

图 4－27　机床专利规模的趋势预测

资料来源：世界知识产权组织（WIPO）及作者预测结果。

由图 4－27 可看出，中国的机床技术专利规模于 2008 年赶超美国，至 2018 年中美差距逐渐扩大，2018 年的机床专利规模分别为 21 千件、5 千件。由预测结果可知，预计到 2025 年中美机床专利规模分别为 19 千件、6 千件左右，中国是美国的 3 倍。到 2030 年，中国机床专利规模为 18 千件左右，仍远超美国，机床制造成为中国智能制造的重点突破口。

为考察美国机床专利累计规模的可能优势，报告对机床累计专利规模进行了预测，如图 4－28 所示。

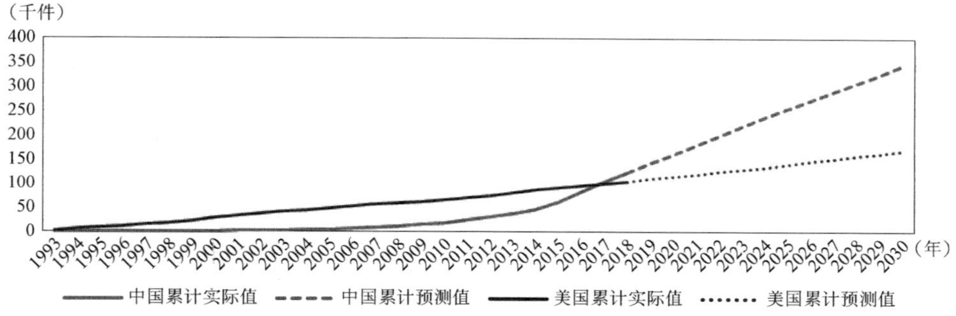

图 4－28　机床累计专利规模的趋势预测

资料来源：世界知识产权组织（WIPO）及作者预测结果。

预测发现到 2030 年，中美累计专利规模分别可达 345 千件、170 千件左右，中国仍强于美国，因此预测中国在机床专利领域具有较高的增长速度与竞争力。综合机床年度与累计专利预测，以目前差距态势，预计未来 10 年中国的机床专利规模仍超美国，这得益于中国庞大的制造工厂优势。

第二，机械元件专利规模的趋势预测。预测结果如图 4－29 所示。

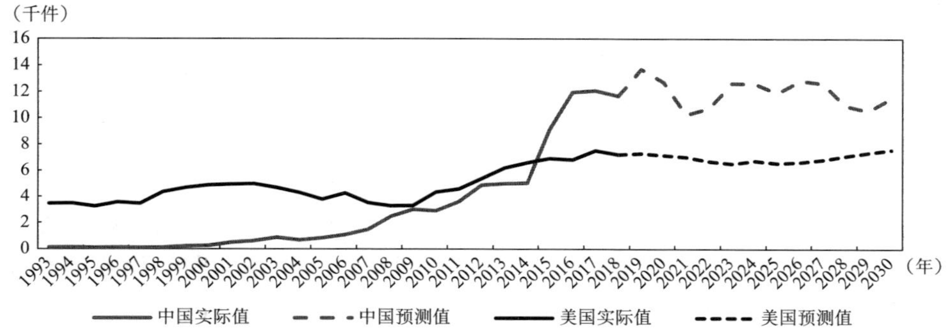

图 4－29　机械元件专利规模的趋势预测

资料来源：世界知识产权组织（WIPO）及作者预测结果。

由图 4－29 看出，中国的机械元件专利规模于 2015 年赶超美国，至 2018 年累计达 12 千件，美国为 7 千件左右，中国是美国的 1 倍以上。由预测结果可知，2018 年后中国的机械元件专利规模可能存在波动，而美国增速缓慢，中美仍存在较大差距。2025 年中美机械元件专利规模分别为 12 千件、7 千件，中国是美国的 2 倍左右，2030 年分别为 12 千件、8 千件。

为考察美国机械元件专利的累计优势，报告对机械元件累计专利规模进行了预测，如图 4－30 所示。

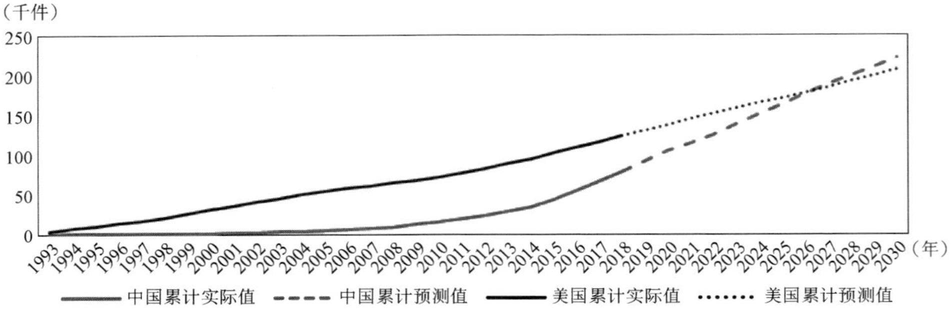

图 4－30　机械元件累计专利规模的趋势预测

资料来源：世界知识产权组织（WIPO）及作者预测结果。

图 4－30 显示，得益于中国机械元件专利的增长速度，从累计专利规模角度，到 2030 年中国在机械元件领域依然强于美国。2030 年中美机械元件累计专利规模分别可达 22 万件、20 万件，中国超于美国。综合年度以及累计机械元件专利预测，预计未来 10 年内中国的机械元件专利规模仍超美国。总之，中国智能制造领域有较大优势，得天独厚的要素禀赋优势为中国奠定了良好的竞争基础。预计到 2030 年中国有望在智能制造专利规模方面赶超美国，缩小与美国在智能制造领域的悬殊。

（三）新能源领域的竞争

中美新能源行业都处于产业生命周期的快速发展期，将在 3 年左右的时间内陆续进入成熟期。由于技术差异和资源禀赋不同，中国和美国在新能源行业的发展方面存在一些差异。新能源领域的分析主要从电机、设备和能源专利规模以及替代能源与核能占能耗比重两大角度入手。

第一，电机、设备和能源专利规模的趋势预测。年度与累计专利预测结果分别如图 4－31、图 4－32 所示。

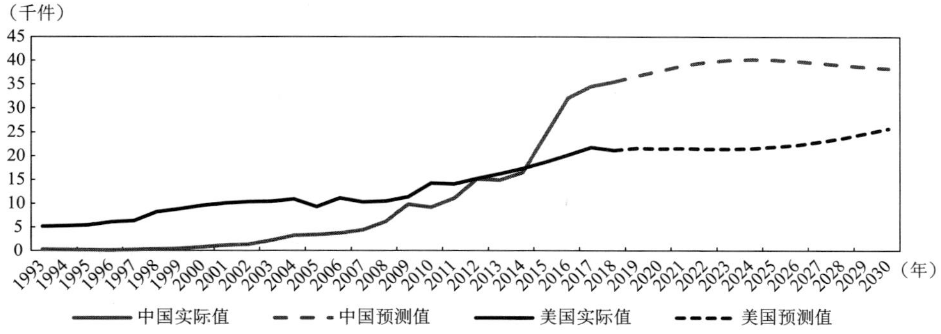

图 4－31　电机、设备和能源专利规模的趋势预测

资料来源：世界知识产权组织（WIPO）及作者预测结果。

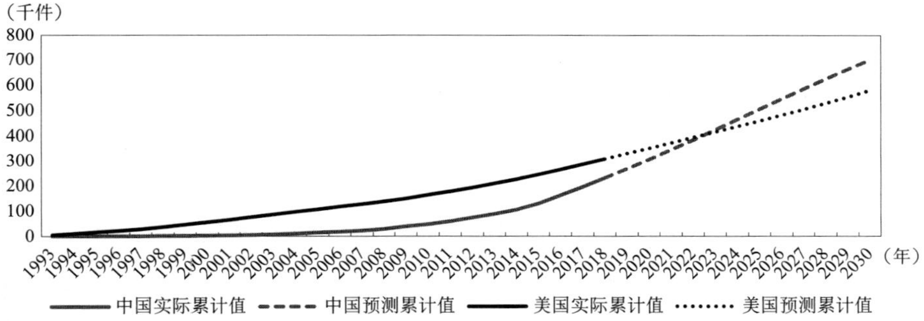

图 4－32　电机、设备和能源专利累计规模的趋势预测

资料来源：世界知识产权组织（WIPO）及作者预测结果。

由图 4－31 发现，中美的电机、设备和能源专利规模均稳步上升，中国于 2014 年赶超美国。至 2018 年，中美的专利规模分别为 35 千件、21 千件，中国是美国的 1 倍以上。以目前增速，结合图 4－32 两国的相关专利累计规模发现，预计未来 10 年内中国有望在电机、设备和能源专利方面稳步拉开与美国差距。

由预测结果可知，2018 年后中国的专利规模增速略高于美国，中美始终保持较大差距。到 2025 年，中美的电机、设备与能源年专利规模分别为 40 千件、22 千件左右，累计规模分别为 504 千件、459 千件左右。截至 2030 年，中美专利规模分别为 38 千件、26 千件左右，中国始终为美国的 1 倍以上，且累计专利规模分别为 700 千件、578 千件左右。

第二，替代能源与核能占能耗比重的趋势预测。新能源产业的重要竞争目标之一是光伏发电、风电及生物质能等可替代新能源的挖掘。图 4－33 是替代能源与核能占能耗比重方面，中美的差距以及未来 10 年的发展趋势预测。

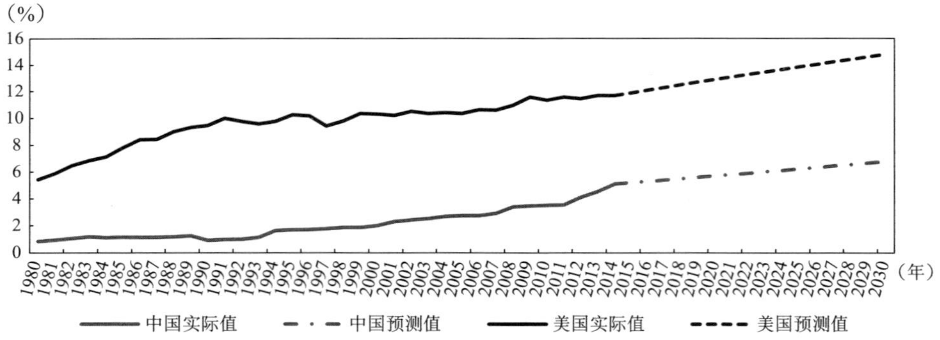

图 4－33　中美替代能源与核能能耗占比的趋势预测

资料来源：世界知识产权组织（WIPO）及作者预测结果。

1980 年，美国对可替代能源的重视程度便高于中国，至 2014 年美国的替代能源与核能能耗占比是中国的 2 倍左右。预计到 2030 年，与美国相比，中国替代能源与核能产业的发展仍存在较大上升空间。

由图 4－33 趋势预测显示，未来中国替代能源与核能增速减缓，美国增速明显加快，进一步拉升了中美两国的替代能源与核能占比差距。分阶段来看，在 2025 年，中美替代能源与核能能耗占比分别为 6.24%、13.87%，2030 年分别为 6.79%、14.80%，美国均是中国的 2 倍以上。综合新能源领域主要专利规模以及替代能源耗能占比的预测结果，核心技术专利不足以弥补替代能源的劣势，预计到 2030 年中国在新能源领域仍与美国存在较大差距。

（四）新材料领域的竞争

第一，微结构和纳米技术专利规模的趋势预测（图 4－34）。

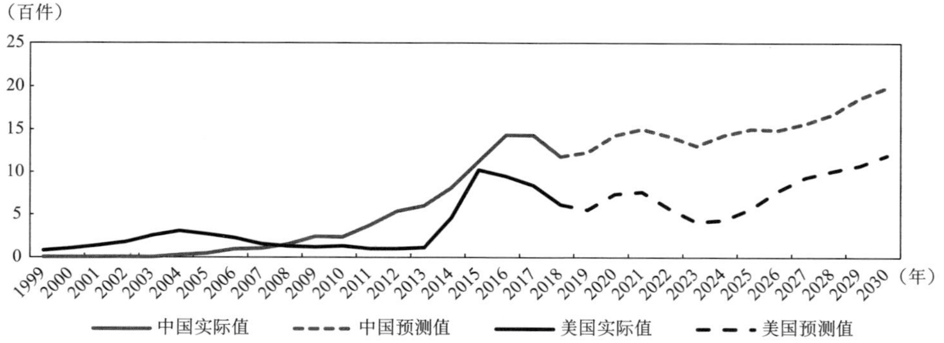

图 4－34　微结构和纳米技术专利规模的趋势预测

资料来源：世界知识产权组织（WIPO）及作者预测结果。

由图 4－34 可以看出，中美专利规模均稳步上升，中国的微结构和纳米技术专利规模于 2008 年赶超美国。至 2018 年，中国的微结构和纳米技术专利规模将近 1200 件，是美国的 2 倍左右。以目前的增速预测，未来 10 年内中国将在微结构与纳米技术专利规模方面与美国存在较大差距，且远超美国。

由预测结果看出，2018 年后中美的微结构与纳米技术专利规模持续稳步上升，但差距明显增大。至 2025 年，中国的专利规模为 1500 件左右，美国可能暂时下降至 550 件左右，2030 年分别上升至 2000 件、1200 件左右，中国将略占优势。

第二，生物微材料技术专利规模的趋势预测。预测结果如图 4－35 所示。

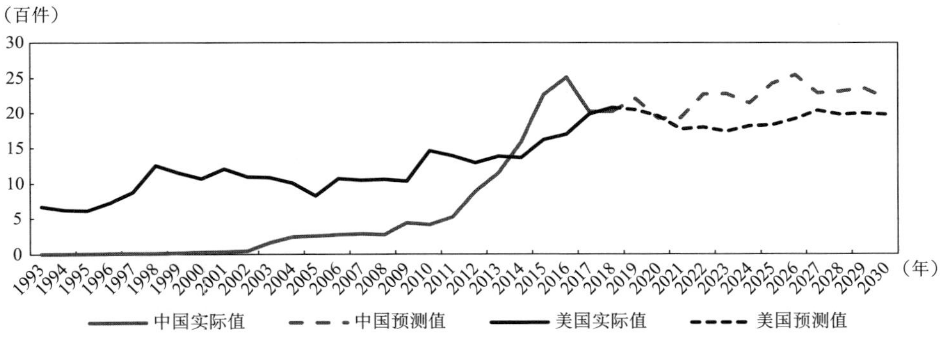

图 4－35　生物微材料技术专利规模的趋势分析

资料来源：世界知识产权组织（WIPO）及作者预测结果。

由图 4－35 可知，中美生物微材料技术专利规模稳步上升，中国于 2014 年赶超美国，至 2018 年中美专利规模分别为 2022 件、2083 件。以目前增速，预计未来 10 年内中国有望在生物微材料技术专利规模方面超过美国。

2018 年后美国的生物微材料技术专利规模持续缓慢上升，中国增速下降，但仍处于美国之上。到 2025 年，中美的生物微材料技术专利规模分别为 2500 件、1800 件左右，到 2030 年中美分别为 2200 件、2000 件左右，中国有望在生物微材料技术专利规模方面略胜一筹。为考察美国累计专利规模的优势，我们更换生物微材料技术年度专利为累计专利，预测结果如图 4－36 所示。

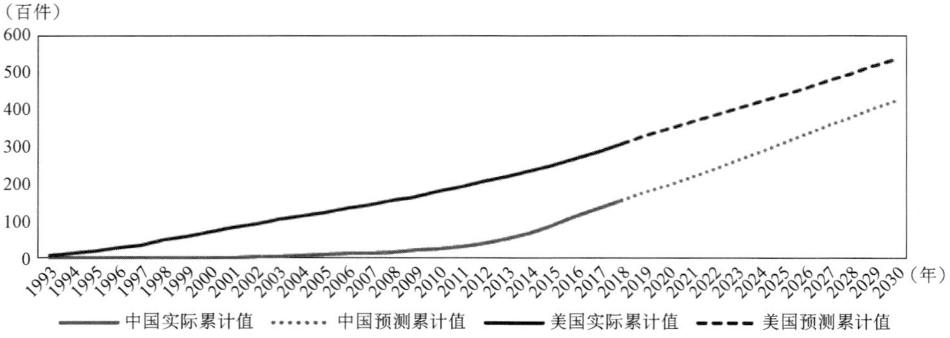

图 4 – 36　生物微材料技术累计专利规模的趋势分析

资料来源：世界知识产权组织（WIPO）及作者预测结果。

由图 4 – 36 可知，美国在生物微材料领域的累计专利规模优势较大，为美国带来较高竞争力。至 2030 年，中国仍与美国存在较大差距。综合新材料领域关于微结构与纳米技术、生物微材料技术专利规模的预测，未来 10 年中国在新材料领域与美国相比，中国的竞争实力很难望其项背。

（五）生物医药领域的竞争

第一，生物技术专利规模的预测。预测结果如图 4 – 37 所示。

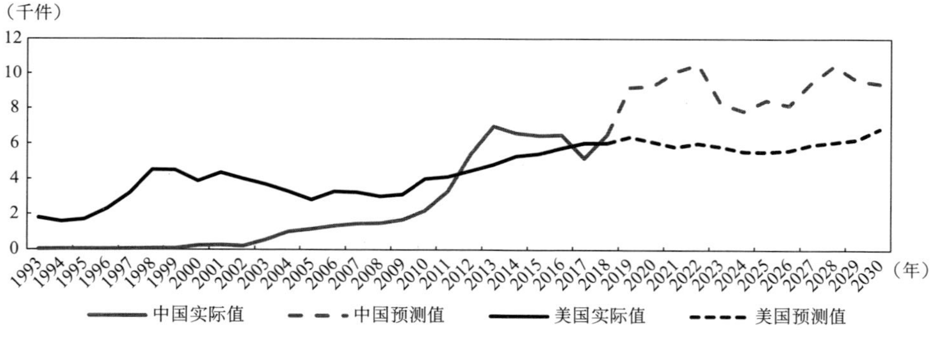

图 4 – 37　生物技术专利规模的趋势预测

资料来源：世界知识产权组织（WIPO）及作者预测结果。

由图 4 – 37 可知，中国的生物技术专利规模增速得到增长，2018 年中美生物技术专利规模分别为 6500 件、6000 件，中国略高于美国。通过预测结果可知，2018 年后中国的生物技术专利规模持续增长，美国有下降趋势，中美差距扩大。至 2025 年，中美生物技术专利规模分别为 8500 件、5500 件左右，2030 年分别为 9500 件、6900 件左右。

为考察美国累计专利规模的优势，我们对生物技术的累计专利规模进行了预测，如图 4 - 38 所示。结果发现，中国在生物技术领域的增长速度难敌美国的潜在竞争实力，但与美国的差距在缩小。以目前增速，预计未来 10 年内中国在生物医疗领域得到快速发展，但生物技术专利规模仍难敌美国。

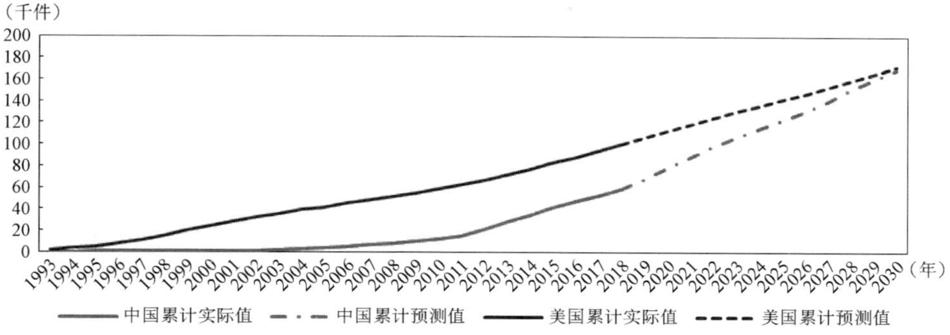

图 4 - 38　生物技术专利规模的趋势预测

资料来源：世界知识产权组织（WIPO）及作者预测结果。

第二，医疗技术专利规模的趋势预测。预测结果如图 4 - 39 所示。

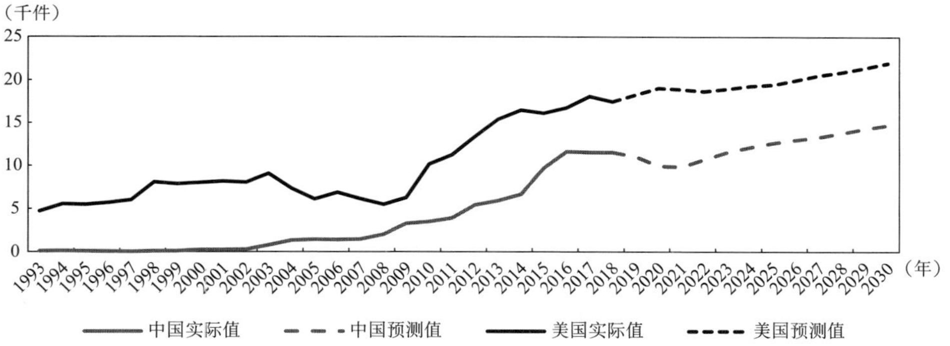

图 4 - 39　医疗技术专利的趋势预测

资料来源：世界知识产权组织（WIPO）及作者预测结果。

由图 4 - 39 所示，至 2018 年，中美医疗技术专利规模稳步增长，并且美国远超于中国，2018 年中美的医疗技术专利规模分别为 12000 件、17500 件。以目前增速以及竞争实力，预计未来 10 年内中美的医疗技术专利规模仍存在较大差距，中国很难赶超美国。

2018 年后中美医疗技术专利规模持续稳步增长，中美仍有较大差距。到 2025 年，中美医疗技术专利规模分别为 12600 件、20000 件左右，2010 年分别为 15000 件、22000 件左右，美国均为中国的 1 倍以上。综上，到 2030 年中国在生物医疗领域增长速度逐渐上升，但仍很难赶超美国。

本章的内容主要包括中美制造业主要科技指标未来竞争方向的预测以及主要竞争领域的趋势预测分析。结合研发、专利与知识产权、制造业质量竞争力视角的分析，预计到2030年，中国的研发强度、试验研究占比，以及中高技术产业产值占制造业产值比重可与美国抗衡，研发人员规模、基础研究与应用研究投入、专利与知识产权等大部分科技指标，中国与美国仍差距悬殊，中国的科技创新能力有待提升。具体到主要领域，中国在新一代信息技术、智能制造、新材料、新能源、生物医药等关键领域与美国竞争激烈，其中新一代信息技术、新能源、生物医药、新材料领域在未来10年里仍不能撼动美国地位，而智能制造领域有望缩小与美国差距。总之，中国制造业在关键技术、高端制造、科技创新等领域与美国仍有很大差距，从霸权大国对新兴大国的战略遏制角度，中美贸易摩擦具有长期性和严重性。

第四节　中国应采取的策略和主要措施

中美贸易战拉开了全球领导权更迭的序幕，中美制造业各项实力差距在不断缩小但仍悬殊，加上中国制造业面临产能过剩的内部困境，如能成功推动新一轮对外开放将奠定中国内圣外优的基础。为合理应对当前困境，中国应以基于自身禀赋保持战略定力、聚焦自主创新以及深化“一带一路”国际产能合作等为共同抓手，并依据本土制造业产业基因对产业分类突破。通过缩小差距、重点突破，力争到2025年，中国进入创新型国家前列，迈入制造强国行列；到2030年，中国自主创新能力位列全球顶端，巩固地位，提前跻身制造强国中列。

一、基于自身禀赋优势，保持战略定力

（一）加快构建开放型自主可控的现代产业体系

第一，加快构建开放型自主创新体系。重点深化知识产权与专利制度改革，塑造良好的营商环境。一方面提高研发费用加计扣除比例，重点提高中国对外的知识产权使用接收费、降低知识产权使用支付费。另一方面提升有效专利占比，提升重点领域核心技术专利规模增速。争取到2025年取消中国

知识产权使用费净收入逆差，中国的规模以上制造业每亿元主营业务收入有效发明专利数为1.1左右，知识产权制度得到有效规整。到2030年超越美国知识产权使用费水平的1/2以上，规模以上制造业每亿元主营业务收入有效发明专利数为1.5左右，知识产权整体体系全面建成。

第二，完善支撑实体经济的服务体系。深化国企改革，重点放开新一代信息通信、新能源、生物医药等战略性新兴行业的管制和干预，保证竞争中性，调动企业家积极性。此外，通过政府和市场双轮驱动，重点完善股权、专项债等融资体制，发展多层次资本市场，拓展中小型初创企业的融资渠道。加大对中小企业的政府采购力度，为技术援助、风险投资、研发补贴、市场开拓等提供全方位、专业化的服务，提高独角兽企业盈利能力。

第三，打造协同发展的现代产业体系。抓住后金融危机时代国际、国内产业发展的新机遇，国家整体打造实体经济、科技创新、现代金融、人力资源四位协同发展的现代产业体系。优化国家和地方政府创新系统“官、产、学、研、金”协同的网络体系，深化政府、企业、大学、科研院所、金融机构的协调参与。此外，合理匹配不同产业技术创新能力与市场开发能力的协调性，科学统筹资源、制度、技术、市场等核心要素。比如高端制造、新材料、节能环保等领域的技术创新能力弱于市场开发能力，而新能源领域的技术创新能力强于市场开发能力。

（二）充分挖掘中国禀赋优势激发的需求拉动力

第一，加快公平分配，刺激消费活力。加快新型城镇化建设步伐，建立居住导向的住房制度和长效机制，保障人地挂钩。到2030年，新增2亿城镇人口，将城镇化率提升至70%以上，形成15个以上人口过亿、衔接紧密的国家级城市群都市圈。依托城市群创造更多工作岗位，缩小收入差距，推动内需对实体经济的带动作用，加速盘活自由竞争的市场经济，使中国作为后发国家摆脱“中等收入陷阱”。

第二，降低成本，实行差异化投资。以有效落实更大力度减税降费为抓手，大规模降低企业交易成本。从碎片化、特惠式减税转向一揽子、普惠式减税，切实落实降低增值税税率。此外进行差异化补短板，重点加大新一代信息技术、新能源等战略性新兴领域中小型企业和创新企业的投资优惠力度，延长前沿颠覆性技术领域的税收优惠期限。力争到2030年，中国的全球独角兽企业规模增速提高5%以上，企业涉足的国家重大战略领域得到全面扩展。

第三，利用市场规模加快专业化分工。依据斯密定理，市场规模的大小决定分工的专业化以及专业的多样化，而人类特有的交易倾向下的专业分工会产生普遍富裕，因此分工是导致经济进步的唯一原因。增加技能与产业禀赋的匹配度，提高制造业生产率。力争到2025年，实现制造业全员生产率年增速6.5%左右，制造业竞争力指数为85.5%左右。到2030年，实现商品、人员、服务和资本都可自由流动，制造业全员生产率年增速8%以上，制造业竞争力指数提升至86.5%左右。

二、聚焦自主创新，加快迈向创新强国

（一）加强国家目标导向的基础研究

第一，长期而稳定增加基础研究的研发投入。摩尔定律跨越极限需要知识革新，在提升整体研发强度的基础上，政府带动企业加大基础研究的研发投入。利用基础研究保障基础科学创新的自主性和持续性，增强科学研究型产业的科技供给能力。力争到2025年，将基础研究投入占比升至15%以上，到2030年基础研究投入比例翻番，基础研究整体投入水平可与美国并肩齐驱。

第二，合理配置基础研究的研发投入的结构。加强在关系到国家安全和经济命脉的战略性新兴产业领域的基础研究投入，重点提升信息通信、可替代能源等领域的研发投入，并聚焦军民融合的脑科学等颠覆性核心技术的创新。此外，重点关注生命科学、工程、物理和环境等极具战略价值领域的交叉融合，加快推进基础研究领域颠覆性创新的前瞻遴选和培育。

第三，加强制造业基础研究科技成果的转化。发挥应用研究与基础研究的匹配效应，提高技术成果市场化速率、推动重点产业转型与发展。此外，围绕主要竞争领域的重大共性需求，加强高校与市场联系，打造国际一流的重大基础研究设施，重点推动一批国际一流的研究型大学与国家实验室建设。力争到2025年提升应用研究占比至10%以上，形成40家左右制造业创新中心。到2030年，应用研究占比可与美国持衡，形成50家以上工业技术研究基地与制造业创新中心。

第四，尊重科学规律，释放基础研究的潜力。基础研究具有战略性、先导性、公益性、探索性等特点，明确国家战略科技力量在重大基础研究领域的不同功能和定位。充分利用中国高试验研究投入的优势，保障科学家对基础研究方向和研究路线选择的自主权，利用基础研究的不可预知性激发新的

产业生态。到2030年，中国制造业的技术结构以及战略性新兴产业领域竞争实现全方位优化，带动新增长极的培育与迸发。

（二）创新技术范式政策，分类突破

第一，借鉴发达国家经验，编织中国制造业谱系，培育产业基因。借鉴各发达国家技术范式政策，结合中国不同产业的特性，采取分类施策的柔性技术政策。在国家重大战略需求的关键领域，借鉴以美国、英国和法国为代表的“使命导向型”国家的做法，以政府为导向研发突破性的关键技术。充分利用制度和市场优势，重视战略性产业基因的培育。基于市场竞争的一般商业性产业领域，借鉴以德国、瑞士和瑞典为代表的“扩散导向型”国家的做法，发挥市场在资源配置中的决定性作用。通过靶向施策，运用市场机制加快技术商业化和推广，着力化解企业技术创新的困境。此外，善于以物联网、大数据等信息技术为手段创新互联工业理念，编制中国制造业关键技术、品牌光谱，培育制造业产业基因，避免制造业技术碎片化。

第二，依托技术生命周期与工艺成熟度，对产业进行分类突破。以产业为突破点，全方位识别技术生命周期。从产业类型角度，处于技术生命周期的萌芽阶段的大部分战略性新兴高科技产业，重视其关键技术变革风险，而处于成熟阶段的传统产业面临的商业风险较大。从产业结构的角度，厂商进入和退出比例较高的产业，其技术成熟度低、变革机遇高。此外，精准对接工艺成熟度与模块化程度，对战略性产业分类突破。生物医药采用工艺驱动式创新，先进材料采用工艺嵌入式创新，半导体采用纯产品创新，柔性电路采用纯工艺创新。根据工艺成熟度和技术生命周期，灵活采取共性技术的产业扶持政策，实现科学技术化、技术工程化、价值规模化、规模资本化、资本科学化“七化”齐头并进。

第三，善于发现和捕捉关键技术间断点，灵活运用产业政策。产业演化的复杂性展示产业存在一系列间断均衡和离散的主导技术，形成关键技术识别的辨别系统。比如重型燃气轮机是中国能源安全领域的一个技术间断点，生物技术是生物医药的技术间断点。从产业链位置的角度，关键技术的间断包括基础技术、“杀手锏”技术和非对称技术，从专用性角度可分为基础技术和应用技术。灵活运用专用技术政策和通用技术政策，善于捕捉主导技术的间断点，力争到2025年，解决50%以上重点缺失的关键技术环节。到2030年，核心关键技术的对外依存度保持在30%以下，关键核心技术实现自主可控。

（三）培育现代产业化的创新价值观

第一，重视创新型人才的培育。由人口数量红利转向工程师红利，加大教育投入，提高高校以及人才科研水平。提高教育、科研人员收入待遇，给予科研人员在创业、兼职、咨询方面更大的自主权。推动创新教育，全面推动高校和科研院所示范基地建设。力争到2030年，保障中国高校跻身全球高校500强每5年增加8个以上，科技文章数量增速提升20%，打造15个以上高校和科研院所示范基地。

第二，弘扬企业家的工匠精神。转变企业粗放型增长的思维方式，鼓励企业将国家精神资本物化到物质资本，提高物化技术的积聚力。一方面加强自我投资和自我学习，成功塑造结构、技术和市场的“钱德勒三重基准”。另一方面加大研发人员投入，提升有效研发占比，联合重点领域龙头企业打造企业创新基地，并重视中高技术创新对科技的支撑能力，塑造重点领域的创新型隐形冠军。力争到2025年研发人员规模每百万人中至少3000人，规模以上制造业研究经费支出占主营业务收入比重为1.68左右，中高技术产业产值占制造业产值的比例始终保持在50%以上。到2030年研发人员规模增至5000人以上，规模以上制造业研究经费支出占主营业务收入比重达到2左右。

第三，塑造可持续发展的创新环境。加快新能源领域的开拓，降低传统能源的消耗。提高替代能源与核能占总能耗的比重，增加可替代能源的发电量，加速将新能源汽车由示范阶段转向推广阶段。深化促进新兴战略领域的产业融合，重点推进新一代信息技术与高端制造、新能源的跨界融合，以高效率塑造绿色制造工程。力争到2025年替代能源与核能能耗占比提升至10%以上，制造业绿色发展达到世界先进水平，绿色制造体系基本建成。到2030年，替代能源与核能能耗占比提升至15%以上，绿色制造体系全面发展。

三、依托“一带一路”深化国际产能合作

（一）提高产业属性与国家产能禀赋的契合度

第一，深化与“一带一路”发展中国家的合作。立足中国自身制造业产能优势，结合“一带一路”沿线发展中国家的产能需求，提高产能供需耦合度。细分北亚、东南亚、南亚、西亚等区域市场，从初级产品、半成品、零部件和资本品等细分维度，制定差异化且有针对性的贸易和投资促进政策。

通过双方在技术、资金、项目的对接，扩大中国与“一带一路”沿线发展中国家的产品和服务贸易，继续推进人民币国际化，深化打造新兴贸易圈。

第二，积极开拓“一带一路”的发达国家市场。基于“一带一路”的东向拓展市场战略，以点带面，深化与欧洲、亚洲等发达国家的“第三方”合作。重点深化新一代技术与智能制造业融合的产能项目合作，提升对“一带一路”沿线发达国家高端产品的进口力度，分化瓦解美国对部分“豁免关税”的拉拢，获得国际认可。力争到2025年，与英国、日本等发达经济体的进出口贸易额提升一倍以上，深化塑造双重贸易圈，合理规避美国贸易导致的负面影响。到2030年，力争与“一带一路”发达国家的贸易额提升至2倍以上，重塑国际贸易体系。

（二）塑造以我为主价值链，嵌入双重产业链

第一，加速重构以我为主的包容性全球价值链。以区域经济一体化为支撑，将中国最初的单一开放，逐渐延伸拓展到双向开放和全方位开放，塑造中国在“一带一路”中的全球价值链链主地位。将单个产业或产业集群嵌入“一带一路”全球价值链，一方面继续为沿线国家代工，另一方面将总部放在国内。此外，改变传统单一的“U形”价值链模式，提升中国以平台技术、整成技术为主的“W形”复合模式，加速参与新的国际分工和产业重塑。

第二，深度攀升发达国家主导的全球创新链。依托中国制造业的本土基因，加大对外开放力度，以关键共性技术、战略性新兴技术、颠覆性技术创新为突破口，突破自主品牌、核心技术抑或制定标准的核心专利，保证专利规模与质量同步发展，跻身专利前后引用的关键节点。通过实现关键技术、关键环节的自主可控，在“W形”全球价值链上，通过平台和集成技术提供一揽子问题的解决方案，切入价值链的高附加值环节，进而攀升发达国家主导的全球创新链。

第三，全方位嵌入全球产业链双环流。基于发达国家主导的全球创新链，提高工艺成熟度和模块化程度，加快制造外包，深度嵌入全球产业链双环流。结合中国在科技创新、大学教育、关键核心技术、独角兽企业等领域在国际上的特点，优化中国在全球价值链双环流中的资源配置。坚持引进来和走出去并重，推动新一轮高水平对外开放，形成陆海内外联动、东西双向互济的开放格局。

作者：吴福象　南京大学长江产业经济研究院研究员　南京大学商学院教授
郭彦彦、张　雯　南京大学商学院博士研究生

第五章　中美贸易摩擦
——从短期应对到长期机制建设研究

2019 年 10 月 11 日，中美第十三轮高级别经贸磋商初步达成了“第一阶段”协议，中美经贸摩擦出现了缓和迹象，但这并不意味着中美经贸摩擦可以鸣金收兵，仍然充满了各种变数和不确定性，更不能排除有进一步升级的趋势和可能。各种迹象表明，中美经贸摩擦具有长期性、复杂性和曲折性的特点。一方面，我们要沉着应对中美经贸摩擦的短期冲击，尽可能保持“斗而不破”，避免出现“中美脱钩”的局面，为中国争取时间和回旋的余地；另一方面，我们要重视应对中美贸易摩擦长期机制的建设。中美贸易摩擦的实质是价值链之战、科技战，因此要加快构建开放型自主可控的现代产业体系，保障产业链、供应链安全，把扩大开放、吸引全球创新要素聚集和自主研发结合起来，为自主可控的产业体系奠定坚实的技术基础。在发展更高水平、更高层次的开放型经济中，提升对经济全球化发展的推动力和引领力。这是应对中美经贸摩擦的长期和根本之道。

第一节　美国发起对华经贸摩擦的战略意图

美国对华发起经贸摩擦，所凭借的主要口实就是所谓中美之间的巨额贸易逆差，以及所谓中国“盗窃”美国的知识产权、强制美国在华企业转让技术等，而这几项莫须有的“罪名”其实都是不成立的。中国对美长期贸易顺差，并非是中国主动刻意追求，而是全球价值链分工演进、产业和产品增值环节国际梯度转移、美国消费行为和习惯，以及美元霸权地位等多种因素促成的结果。即便美国采取贸易保护主义措施，促使中国对美贸易顺差下降，也难以从根本上改变美国贸易逆差的局面，其结果无非是美国的贸易逆差从主要源自中国转向其他国家而已。换言之，贸易保护主义只会通过贸易转移效应而转移贸易失衡的主体对象，但却无法改变美国贸易逆差的局面。以中美贸易失衡为代表的全球经济失衡，实际上是国际分工演进新趋势下南北发展差距这一最大的不平衡所导致的。这是当前经济全球化条件下新型国际分工模式演进的必然规律。特朗普政府还简单地将贸易失衡等同于利益失衡，认为中国对美国的巨大贸易顺差，意味着中国在对美贸易中成为最大的受益者，而美国成了利益受损者。这种传统的重商主义思维模式，实际上是故意曲解当前全球价值链分工模式下的真实利益分配关系。美国作为全球价值链分工体系中的高端控制者和主导者，由于掌控和收获着全球价值增值中最高端的部分，因此实际上是经济全球化的最大受益者。在跨国公司可以游走世界市场、整合全球资源、布局全球生产网络条件下，由于企业的实物交易流量和金融流量，不可能与国家层面的实物和金融流量完全一致，因此，仅从国家层面的贸易差额来判断利益分配状况，显然是错误的，具有极大的误导性。对此，特朗普政府其实也是十分清楚的。只不过，全球价值链共识之所以唤不醒“装睡的”特朗普，主要还是在于其贸易逆差口实背后深藏着难以启齿和不可告人的战略意图。

将中国“盗取”美国知识产权的莫须有罪名作为发动对华经贸摩擦的口实，同样是荒唐和站不住脚的。近几年，美国知识产权被盗从而“造成巨大经济损失”的说法，在美国已经开始广泛流传。但是自 2018 年中美经贸摩擦之后，上述论调就进一步演变为“中国每年盗窃美国知识产权 6000 亿美元”，而这一论调居然是《知识产权委员会报告》根据两家研究机构不靠谱的推测所得出的。这种基于少数美国人和机构有意制造的谣言，作为发动对华经贸摩擦的依据，显然是完全没有根据的，更是荒唐的。实际上，为了更好地融入经济全球化，中国在知识产权保护方面的工作取得了巨大成就和进步。这一点也得到了知识产权国际组织的认可。2018 年发布的国际知识产权指数发展报告显示，在所评价的全球 50 个主要经济体中，中国位列第 25 位，中国在知识产权保护上取得的成就和进步速度，是目前世界上做得最好的。可见，美国将知识产权被盗所造成的经济损失，在没有任何实际证据的条件下以夸张的方式栽赃中国，抹黑中国，并借此作为发起对华经贸摩擦的依据，显然背后有着更大的用意。类似地，指责中国强制美国在华企业进行技术转让同样是歪曲式的主观臆测。美国启动的“301 调查”以及最终所形成的报告，至今也未能找到和提出任何确凿的事实根据。企业间的技术转让是企业基于自身经营需要和利润最大化考虑的自然市场行为，这种现象在经济全球化日益深入发展的当代，变得越来越普遍，并不存在什么所谓强制性技术转让，在中国也根本不存在允许强迫跨国公司进行强制技术性转让的法律法规和政府规定。

总之，美国发起对华经贸摩擦的依据是不存在和站不住脚的，也不是美国发起贸易摩擦的真正目的。比如，从产业互补和比较优势的分工原理角度看，如果美国真正是为了纠正贸易失衡，针对的应该是中国出口产业中最具比较优势的产品，而不是选择并不具备显著比较优势的技术含量相对较高的产品，更不会采取对中国从美进口量最大的芯片“断供”“实体清单”管制等举措。

那么，美国发起对华经贸摩擦的本质和战略意图究竟是什么？从理论逻辑、历史逻辑和现实逻辑看，美国发起并不断升级对华贸易摩擦，其根本的战略意图就是遏制中国的和平崛起，就是为了继续维护美国的全球霸权地位以及对经济全球化发展的绝对主导权。“修昔底德陷阱”表明，当一个崛起的大国与既有的统治霸主竞争时，无论是新崛起的大国挑战现存大国，还是现存大国对新崛起大国的遏制，都会导致战争变得不可避免。从当代国际关系和世界政治经济尤其是军事格局看，大国之间爆发战争的可能性不大，但采取无硝烟的经贸摩擦这一新型“战争”模式，似乎成为既有统治霸主对崛起大国进行遏制的重要战略选择。中国无意挑战任何国家，但是以全球霸主地位自居的美国总是陷入战略误判，比如2008年美国《国防战略报告》将中国定位为“潜在竞争者”，2018年《国防战略报告》将中国首次定位为“战略性竞争对手”。正如2015年习近平主席访美时在欢迎晚宴上指出的：世界上本无“修昔底德陷阱”，但大国之间一再发生战略误判，就可能自己给自己形成“修昔底德陷阱”。应该说，美国把一个和平崛起并对全球经济和世界和平有着重要贡献的发展中大国视为挑战者和战略性竞争对手，进而对中国发动并不断升级的经贸摩擦，正是“修昔底德陷阱”理论逻辑和思维模式主导下战略误判的结果和表现。

从历史逻辑和现实逻辑看，美国对崛起的国家进行遏制，在历史上早有先例，只不过在不同的历史时期采用的手段各异而已。比如在中国之前，苏联和日本的经济均经历过高速增长期，并在发展的高峰期时其国内生产总值均接近于美国国内生产总值的2/3。在这种背景下，美国为了巩固自己的霸权地位，消除潜在的威胁，从而对崛起的大国的政策迅速做出重大调整。比如针对苏联，美国同时在地缘政治、经济、科技、军事和意识形态等领域进行全面打击。尤为值得一提的是，针对经济实力日益崛起的日本，美国采取的主要措施与今天针对中国的措施极为类似，就是通过发动经贸摩擦来进行战略遏制。美国不仅在贸易领域对日挑起摩擦，迫使日本采取自愿限制出口、自愿扩大进口、对出口美国的产品进行价格管制等一系列违背自由贸易原则的举措，而且还在汇率金融和经济领域发起了攻击。突出表现在 1985 年在美国的主导和强制下，美、日、德、法、英等签署了《广场协议》，迫使日元兑美元在短时间内大幅度升值。以及之后美国与日本签订的《美日结构性障碍问题协议》，强制日本修改国内经济政策和方针。从上述历史逻辑可以看出，美国针对历史上崛起的苏联和日本进行遏制，尽管采取的措施不同、实施的强度各异，但结果均是以美国的“胜利”而告终。统计数据显示，2018 年日本和俄罗斯的国内生产总值占同期美国国内生产总值分别约为 1/4 和1/14。经过改革开放以来 40 多年的经济高速增长，目前中国已经成为仅次于美国的世界第二大经济体，GDP 占美国 GDP 比重从改革开放初期不足 5% 上升到当前约 66% 。正是中国经济实力的对比性变化以及与世界霸主美国在经济总量上的快速接近，致使历史逻辑再次转向现实逻辑，只不过美国这次是把和平崛起的中国视为其战略竞争对手和遏制对象。

第二节　中美经贸摩擦的根本原因

上述分析表明，遏制中国和平崛起和打断中国正常发展之路，维护美国的世界霸权地位，是美国发动经贸摩擦的根本战略意图。那么，产生中美经贸摩擦根本原因是什么？作为战后经济全球化主要推动者和主导者同时也是受益者的美国，为什么转向贸易保护主义、采取逆全球化的做法呢？对此，我们需要从当代经济全球化发展新特点及其产生的经济影响等角度，做一深层次的理论探讨。因为认识决定态度，态度决定战略，战略决定体制机制和应对之策。只有在理论上形成更为深刻和正确的认知，我们才会对当前美国发起的贸易保护主义和逆全球化行为和举措，有着更为清晰的认识和应该持有的态度，并采取可能的有效应对之策；也唯有正确的理论认知，我们才会清醒地认识到，在当前经济全球化走到“十字路口”，尤其是面对美国试图与中国“脱钩”的不断升级的经贸摩擦，中国应旗帜鲜明地反对“逆全球化”，继续扩大开放和深化改革，坚定不移地走开放发展之路。

20 世纪 80 年代以来，国际分工发生了深刻变化，即分工由原来的以最终产品为边界的传统模式，逐步转向以生产要素为边界的新型国际分工模式，即全球价值链分工。由于全球价值链旨在说明产品生产的不同环节和阶段，或者说不同增值环节被配置到不同国家和地区的新型生产和组织模式，但却并没有很好地反映当前生产要素流动及其在国际分工和贸易中的重要作用，因而还没有从本质上刻画当前国际分工的真实模式。基于产品生产环节的分解和全球布局及其要素跨境流动的双重特征事实，价值链分工实质上是全球要素分工。以要素分工为主要特征的新一轮经济全球化，的确为发展中国家带来了重要的发展机遇。全球要素分工至少从两种作用机制上，为发展中国家通过融入经济全球化实现经济发展，带来了重要战略机遇。一种就是产品价值增值环节的全球分解；一种就是生产要素的跨境流动。

产品价值增值环节的全球分解即全球价值链，之所以能够为发展中国家融入经济全球化获得发展机遇，主要是因为这种新型国际分工模式降低了发展中国家融入国际分工体系的门槛，降低了利用国内国际两个市场、两种资源的成本。这是因为，在传统以最终产品为界限的国际分工模式下，产品生产的完整产业线和流水线均在一国国内完成，任何一个价值增值环节和阶段由于诸如技术等障碍因素无法克服，或者克服的成本过高，都会导致该国无法进入国际分工体系。但是在全球价值链或者说产品价值增值环节全球分解条件下，情形完全不同。一国无须在最终产品生产上具有比较优势，而只需要在产品生产的某个环节和阶段具有比较优势即可，不会再因为受到某个环节和阶段的制约无法融入国际分工的情形。这种分工模式的变化对于发展中国家融入国际分工显然是更加有利的。因为在发展初期，与发达国家相比，发展中国家通常会面临着资本、技术等诸多方面的发展瓶颈，生产能力相对低下，尤其是在某些关键生产环节和流程、关键零部件和核心中间产品等方面生产能力的缺失，最终导致其融入国际分工体系面临困难。而产品价值链的全球分解无疑有助于发展中国家越过这种障碍，因为在最终产品生产上不具备比较优势甚至是生产能力缺失的发展中国家，只需要发挥自身在某些环节和阶段上的比较优势，就可以融入国际分工体系。这种能够为发展中国家降低融入国际分工体系门槛的新型模式，可以称之为比较优势的创造效应。

如果说，产品价值增值环节的全球分解即全球价值链，具有比较优势的创造效应从而为发展中国家融入国际分工实现开放发展带来了战略机遇的话，那么，生产要素的跨国流动则具有显著的比较优势激发效应，从而为发展中国家通过“借船出海、借鸡生蛋”的方式，实现开放型经济发展提供了重要战略机遇。虽然 20 世纪 80 年代以来生产要素的跨国流动性不断增强，但不同生产要素之间的流动性仍然存在巨大差异。相对而言，发达经济体的诸如资本、技术等优势要素流动性相对较强，而发展中经济体的诸如土地、一般劳动力等优势要素流动性相对较弱。因此，基于整合和利用全球资源的需要，发达国家跨国公司主导的资本和技术等生产要素，向发展中国家流动以实现与丰富廉价的劳动力禀赋优势等结合，就成为当代经济全球化发展的重要特征和表现之一。生产要素的跨国流动，尤其是发达国家和发展中国家优势要素的差异性所决定的不同要素类别在空间上的非对称流动，不仅从数量上改变着发展中国家要素禀赋状况，而且也改变着发展中国家所能使用的要素质量状况，换言之，发展中国家通过吸引和集聚来自国外的生产要素，尤其是来自发达国家的先进生产要素，实现了发展中国家要素禀赋在尽可能短的时间内的质量升级，从而有助于发展中国家在融入国际生产分工体系中，实现产业发展的从无到有乃至产业结构的不断优化升级。发达国家流动性相对较强的优势生产要素，通过追逐发展中国家流动型相对较弱的优势生产要素，在实现“强强联合”的过程中实际上进一步激发了发展中国家的潜在比较优势，即通过引进和集聚国外生产要素，发展中国家的优势要素甚至可以说使处于闲置状态的优势要素，其潜在比较优势得以顺利地转化为现实生产能力。这种情况可以称之为比较优势的激发效应。

正是产品价值增值环节的全球分解以及生产要素跨国流动性的不断增强，由此所触发的比较优势创造效应和激发效应，给发展中国家融入经济全球化实现开放发展带来了重要机遇。从国际分工演进的实践和现实表现看，就是由此推动了产业和产品生产环节和阶段的国际梯度转移。中国以开放的姿态积极承接发达国家跨国公司主导的产业、资本和技术等全球转移和扩散，就是典型表现，这也是中国在改革开放40多年来实现产业尤其是制造业规模快速扩张，并实现产业结构一定程度的优化升级的重要理论逻辑之一。当然，对于像中国这样具备一定基础且采取了正确开放战略的发展中国家而言，融入经济全球化获得经济的巨大发展，其更为重要的机制同时也是重要的利益之一，就是开放倒逼改革的利益。在开放中实现了思想观念的解放和创新、在开放中实现了体制机制的不断调整和优化、在开放中实现了规则制度不断与国际先进接轨等动态变化，这对于发展中国家实现经济发展而言更为有益。在价值链条件下，虽然发展中国家融入国际分工体系的门槛降低了，通过承接产业和产品生产环节的国际梯度转移，确实为发展中国家发展开放型经济带来一定机遇，但总体而言，发展中国家在现实的全球产业分工格局中只能采取“低端嵌入”的方式，从事的都是价值增值相对较低的生产环节和阶段，在分工和贸易中所得利益十分有限。这种观点无疑具有一定的道理，也是符合实际情况的，但这种分析和观点主要着眼于国际分工和贸易的静态利益，而忽略了其背后存在的动态利益。实际上，像中国这样的发展中国家通过积极融入经济全球化实现开放发展，所获得的静态利益尽管重要，但无法定量测算和衡量的动态利益才是我们收获的更为重要的开放发展利益。

需要指出的是，与美国等仍然处于和掌控着全球价值链高端的发达国家相比，总体而言，中国确实处于全球价值链的中低端，因此从附加值创造等利益获取方面看，美国仍然是经济全球化的最大获益者。但就其中的技术溢出效应、融入经济全球化的学习效应、不断深化改革的倒逼效应等一系列动态作用机制，又确实推动着中国与美国经济发展差距的不断缩小。这种变化无论是从开放型经济发展的诸多指标比如进出口贸易额、利用外资等方面看，还是从经济总量角度衡量看，都得到了明显反映。这种变化趋势应该说是全球要素分工对各国经济发展呈现收敛的内生性要求，即跨国公司基于成本最小化和利益最大化的全球战略，会不断地通过要素流动等方式推动产业和产品增值环节国际梯度转移，从而缩小产业和产品生产的转出国与转入国之间经济发展差距，并且转出国和转入国之间的差距越大，其效应可能越明显。因此从本质上看，全球要素分工这种新型分工模式并非零和博弈而是更加具有互利共赢的特质，有助于推动经济全球化繁荣发展的同时，实现发达国家和发展中国家在发展水平上更加协调和均衡。只不过，长期处于霸权地位的美国是不愿意看到这种“均势”化发展的。此外，全球要素分工推动下产业和产品生产环节的国际梯度转移，在有助于实现跨国公司利益最大化的同时，却进一步深化了劳资矛盾，使得资本主义社会的劳资矛盾在新型国际分工条件下有了新的表现，即技术进步加上产业转移不仅使得普通劳动者收入下降，甚至带来了失业等更为严重的影响。也就是经济全球化虽然使得美国在整体层面上仍然是最大的获益者，但是内部的利益分配失衡却愈发严重，即内部不同利益集团的“非均势”化发展。因此，当特朗普政府已经充分意识到当前全球分工模式有助于推动外部“均势”化发展时，以及自身治理能力的缺失疲于应对内部利益分配愈发失衡的非均势化发展时，力图抛开以往的全球多边贸易体系，改变并重塑更加有利于美国的全球经济规则，并试图将中国排除在外，至少是要打断中国扩大开放和深化改革的发展之路，既有助于遏制中国的和平崛起，也有助于转变国内矛盾的矛头指向，逆全球化、贸易保护主义理所当然就成了美国特朗普政府的必然选择。这正是美国发动对华经贸摩擦并不断升级的根本理论逻辑和原因所在。

从上述意义来看，美国发动对华经贸摩擦并不断升级，越发反映了其惧怕中国在融入经济全球化中获得进一步发展的焦虑和不安，也从另一个层面说明了中国进一步深度融入经济全球化的意义所在，以及面临的发展新机遇。特别地，从当前全球产业分工格局看，中国整体上仍然处于全球价值链中低端，经济发展水平从平均意义上看与美国等发达国家相比，差距依然比较大。因此，进一步融入并扎根全球要素分工体系，仍然存在着巨大的提升空间，当然，也是一个长期的过程。为此，中国需要保持战略定力、沉着应对，不能被“美国优先”打乱了开放发展的步伐。总之，进一步扩大开放、深化改革，不仅是中国顺应经济全球化发展大势和市场经济规律的必要选择，也是中国再创经济发展辉煌成就的必由之路。

第三节　价值链国际分工背景下贸易摩擦新特点

从传统国际经济学理论来看，与发达国家相比，发展中国家和欠发达国家更加倾向于采取贸易保护主义措施，这是因为后者在经济全球化竞争中相对处于弱势。处于弱势地位的发展中国家和处于强势地位的发达国家，如果在同一水平线上开展竞争，对于前者来说显然是不利的，这种理论推断至少在以最终产品为界限的传统国际分工模式下基本是成立的。因此，通常而言，发达国家应该是贸易和投资自由化的积极倡导者和推动者，而不是相反，成为贸易保护主义的主要发起者和推动者。当然，如果不是完全出于产业和经济发展的目的，而是有着其他战略目标，比如出于通过采取经贸摩擦和经济制裁的手段，达到遏制贸易伙伴国崛起和发展的目的，也是可以理解的，即实施贸易保护主义的根本目的不是为了保护本国产业，也不是出于经济层面因素的考虑，更多变成一种政治上的需要和战略选择。比如，从历史经验上看，美国当年发起的长达几十年的对日贸易摩擦，其主要目的显然就是一种战略遏制。如果说美国当年发起的对日经贸摩擦至少还属于发达国家之间贸易战的话，那么当前美国发起的对华经贸摩擦，由于是发达国家对发展中国家挑起的，因此更加说明了其贸易保护主义的“遏制”战略意图本质。问题的关键在于，当前的贸易保护主义措施，还能像传统国际分工条件下一样，对本国产业发挥保护作用，对贸易伙伴国产生预期的制裁和遏制效应吗？应该说，由于国际分工形态发生了深刻变化，从而贸易保护主义的实施效果也与以往大有不同，企图采用传统贸易保护主义措施来实现预期效果，已经面临巨大的挑战和局限。对此，我们可以从理论层面略作简要分析和探讨。因为对这一问题的认知，实际上很大程度上也是我们能够保持战略定力从而沉着应战的理论依据和勇气所在，同时也是据此探寻有效应对举措的重要出发点和视角之一。

当国际分工从以最终产品为界限的传统模式，转向以生产要素为界限的全球要素分工这一新型模式以后，传统贸易保护主义政策举措的实施效果会大打折扣，甚至难以实现其产业保护和打击对手的预期目标。因此，作为世界上最大发达国家的美国和最大发展中国家的中国，目前都已经深度融入经济全球化，成为全球要素分工体系下重要的节点，在此背景和条件下，美国发起对华经贸摩擦会面临诸多挑战和限制因素。应该说，“贸易战没有赢家”“合则两利、斗则双输”的说法在当前全球价值链分工体系下尤为正确。概括而言，与以最终产品为界限的传统模式相比，全球价值链分工条件下至少会因为下述三个方面的作用机制，致使贸易保护主义政策举措的实施效果面临巨大局限性。

首先，价值链分工条件下产品价值增值环节的专业化分工，已经形成了“你中有我，我中有你”的相互依赖格局。如果说，在以最终产品为界限的传统国际分工模式下，采取诸如关税等贸易保护主义手段，所产生的主要负面影响就是导致国内需求消费品价格的上涨，以及这一负面影响所产生的积极效应就是拉动国内生产扩张的话，那么在价值链分工条件下，同样的贸易保护主义手段和举措，所影响的不仅仅是消费品的价格上涨，给国内生产同样带来了不利影响。因为此时的贸易不仅局限于最终产品贸易，还包括很多中间产品贸易，甚至中间产品贸易在全部贸易中已经占据了主导地位。因此，经贸摩擦的直接效应就是中间产品进口成本的上升，甚至无法正常进口。不论是何种情形，发起经贸摩擦的一方对于本国依托中间产品进口的生产企业来说，无疑会产生显著的负面影响和消极作用。这种贸易保护举措不仅无益于拉动本国相应产品产出扩张，甚至还产生了严重的阻碍和抑制作用。现有研究已经表明，在全球价值链的新型产业组织模式和分工格局下，包括某一环节和阶段的中间产品交货延迟，都会给下游生产过程带来显著冲击，那么由经贸摩擦造成的影响更是可想而知了。当然，贸易保护主义措施除了会对下游生产环节和阶段造成影响外，同样由于对贸易伙伴国的出口贸易等带来直接冲击，而对方国家的出口产品生产可能又会使用到本国的中间产品，因此，同样也会对本国的上游生产造成严重冲击。总之，在专业化不同生产环节和阶段的新型分工模式下，国与国之间已经在生产领域形成了“你中有我，我中有你”的相互依赖格局，打击对手其实就是打击自己，损害了对方国家的产业发展实际上就是损害自己的产业发展，阻碍对方国家的经济增长，同样也不利于自身的经济增长。上述理论逻辑，在当前美国发起的对华经贸摩擦中已有显著的实践表现，一方面在给中国开放型经济带来显著冲击的同时，美国的消费者、企业、产业乃至经济增长同样也在遭受巨大损失。实践表明，美国挑起的对华经贸摩擦已使美国经济出现明显的衰退迹象。总之，在新的产业组织和国际分工模式下，依然依托经贸摩擦的传统手段进行战略遏制和打击，实际上已经面临着巨大的局限性，不仅使得美国自身面临经济增长衰退的巨大压力，同时还会面临着由此所带来的国内政治上的巨大压力。

其次，价值链分工条件下生产要素跨境流动性的日益增强，企业的利益已经超越国家边界。当前，产业和产品生产环节的国际转移，之所以能够得到快速推进，其中一个重要的因素就是跨国公司实施的对外直接投资，即跨国公司以资本为纽带带动资本、技术等优势要素的跨境流动，在世界范围内整合和利用资源，建立全球生产网络并将某些国家和地区打造成为重要的全球出口平台。从这一意义上说，某一国家的出口贸易从其微观主体看，可能并非是本土企业所为，而是国外的跨国公司所为。这一点在中国的开放型经济发展实践中表现得尤为明显，即大量利用外资是中国发展开放型经济的重要方式和表现之一，这其中，就有大量来自于美国的跨国公司在中国开展投资和生产经营行为。在不存在生产要素跨境流动条件下，由于企业的边界、国家的边界以及生产活动等边界呈现出高度统一，因此，从国家层面发动的经贸摩擦伤及的企业也相对确定。但是在价值链分工条件下，由于企业边界以及由此微观经济主体的生产活动边界等，已经与国家边界出现了不一致，因此，再从国家层面发动经贸摩擦，所伤及的企业就面临着很大的不确定性，既有可能伤及贸易伙伴国的本土企业，也有可能伤及本国企业。贸易保护主义的传统政策措施看似具有保护作用，实则产生了显著的伤害作用；看似对贸易伙伴国具有遏制作用，实则对自己的跨国公司的发展及其整合和利用全球资源的能力产生了显著抑制作用。采取经贸摩擦的传统贸易保护主义手段，不论是对本国走出去的跨国公司的出口产生了直接打击效应，还是通过产业关联而产生了间接打击效应，其最终结果显然都是“双输”的。由此可见，由于企业生产经营活动的边界超越了国家边界，从而使得传统贸易保护主义措施的打击精准度严重下降，甚至可以说无法避免对自身的伤害。可以肯定的是，只要特朗普政府试图采取威逼利诱等手段，尚没有促使在华的美国跨国公司迁出中国，只要仍有大量的美国跨国公司愿意来中国投资，特朗普政府发动的经贸摩擦就会有顾忌有压力。事实上，美国商务部已经发布公告，宣布2019年10月31日起的3个月内，对中国3000亿美元加征关税清单产品启动排除程序。如果排除申请得到批准，自2019年9月起已经加征的关税可以追溯返还。据估计，排除金额将超过1000亿美元。

最后，全球价值链分工条件下生产的全球化和网络化，不仅形成了“你中有我，我中有你”的相互依赖格局，同时也形成了“你我中有他，他中有你我的”全球联动、共生、共赢格局。在这种新型国际分工模式下，美国发起的对华经贸摩擦，显然已经不是中美两国之间的事，而是会对全球经济产生重要影响的全球性大事件。因为全球生产网络条件下，在产品生产的价值链条上进行专业生产的不仅仅是美国和中国，通常是多国共同参与的结果。比如苹果手机的生产，从零部件到整机的完成，就广泛涉及美国、德国、日本、韩国、奥地利、墨西哥、菲律宾、捷克、巴西、印度尼西亚、越南等几十个国家和地区。正是基于分工演进的上述事实特征，目前许多国际组织和机构为了能够更为清晰地揭示和反映当前全球分工和贸易状态，力图构建区域性乃至全球性投入产出表。显然，在全球投入产出表中，其投入产出的作用机制主要就是通过贸易尤其是中间产品贸易而发挥作用，全球各国生产和经济之间真正具有了“牵一发而动全身”的关系，因为任何节点上的贸易问题，都会透过整个投入产出关系而产生往复循环的作用，最终使得处于全球生产网络中的各国均受到不同程度的影响。换言之，在这种全球性复杂生产网络结构中，任何一个价值增值节点上出现问题，都会波及整条价值链。从上述意义看，在全球价值链中，中国和美国分别作为最大的发展中国家和发达国家，在生产网络中具有特殊的地位和节点功能，美国发起的对华经贸摩擦所带来的价值链、供应链、服务链、产业链等冲击效应和破坏效应，所波及的范围已经远远超越中美两国之间，考虑到涉及产品的广泛性以及摩擦领域和范围的不断蔓延性，包括从贸易领域向科技、金融等范围的扩展，已经对全球生产和经济产生了冲击效应。在当前“你我中有他，他中有你我的”新型国际分工体系下，由于美国发起的对华经贸摩擦所伤及的不仅是中国，同时还会殃及其他国家和地区，因此，美国逆全球化举措也容易招致“失道寡助”的困境和压力。所有这些，都会大大削弱美国挑起的贸易摩擦的实际效果，也是中国有底气应对贸易摩擦的基本原因之一。

当然，需要指出的是，尽管当前国际分工的深度演进，在不同程度上几乎将所有国家和地区卷入到全球生产分工体系中来，即各国和地区均是全球要素分工的参与者，但是受到经济发展阶段和要素禀赋结构等现实因素影响，各国在全球生产网络中不仅受益程度不同，面对价值链、供应链、服务链、产业链的破坏和冲击，所受到的影响程度也不尽相同。通常而言，上述影响的差异性取决于两种主要因素，一是在全球分工体系中所处分工地位；二是对全球分工的依赖程度。显然，在全球分工体系中所处分工地位越高，对价值链的主导和掌控能力越强，在面临外部冲击时由于具有更强的调整能力，从而所受冲击可能就相对较小；反之，在全球分工体系中所处分工地位越低，甚至是价值链中的被动融入者和被整合者，在面临外部冲击时由于调整和替代能力相对较弱，从而所受冲击可能就相对较大。类似地，对全球分工的依赖程度越高，那么外部冲击带来的负面影响效应通常就会越大，反之，对全球分工的依赖程度相对较低，面临外部冲击时其所受负面影响效应通常也就会越小。也正是基于上述差异，我们不得不承认，由于中美两国经济无论是在经济发展水平，还是在科技实力等方面，仍然存在较大差距，从经济体量衡量的对全球分工的依赖程度，中国也要明显要高于美国，因此，美国挑起的对华经贸摩擦所产生的冲击和负面效应，对于中国而言可能也要显著强于美国。对此，我们需要有正确客观的认识，不可轻视。总之，一方面，我们既要认识到美国采取传统经贸摩擦手段，在新型国际分工条件下所面临的局限性；另一方面，我们也要清醒地认识，并高度警惕其对中国开放型经济可能产生的更大冲击效应和负面影响。如此，才有可能尽量做到扬长避短，在短期应对举措和长期机制建设上探寻最优方案。

第四节　应对中美经贸摩擦的短期战略举措

基于上述分析，我们基本上可以形成如下几方面的判断和预测：第一，从美国试图通过发动对华经贸摩擦以遏制中国发展的战略意图看，为了达到其目的可能会不择手段，因此不排除经贸摩擦有进一步升级并不断扩大范围和领域的风险，从目前趋势看已经从贸易领域开始向科技领域、金融领域、规则领域等蔓延或者出现蔓延的苗头。第二，从美国发起对华经贸摩擦的本质原因看，其采取的遏制战略主要是试图与中国“脱钩”，甚至试图通过价值链排挤战、产业链排挤战、科技排挤战、规则排挤战等方式，将中国从现行全球分工体系中排挤出去，促使中国与国际分工体系“脱钩”，使得中国丧失在进一步融入经济全球化中获得发展的机遇。这同时也说明了进一步融入乃至扎根国际分工体系，对中国抓住新一轮发展机遇的重要性。第三，在全球价值链分工这一新型国际分工模式下，传统经贸摩擦措施和手段的局限性，意味着美国难以在短期内取得预期效果并且会有所顾及。并且在美国和中国多次的接触、试探和谈判之后，美国特朗普政府也意识到并承认贸易“速胜论”破产，诚如白宫经济顾问库德洛所说：为确保把事情做好，纵然花上10年、50年乃至100年时间，那又何妨。第四，综合上述三个方面的考虑，中美经贸摩擦必然具有长期性、复杂性和多变性。因此，短期看必然是打打停停，长期看很可能是领域逐步扩大、事态不断升级。即便中美之间取得了阶段性的谈判成果，签署了阶段性的贸易协定，我们也不能据此认为短期内中美经贸摩擦可以鸣金收兵，或者说一定会朝着事态缓和和前景一片光明的方向发展。因为我们要清醒地认识到，在美国没有实现其“遏制中国发展、维护美国霸权”的最终战略意图之前，这些都不是美国最终所需要的。特朗普“出尔反尔”的秉性和作风、一意孤行频繁“退群”的历史经验，同样警示着我们，即便签订了贸易协定，其到底能够发挥多大作用和多长时间的作用，仍然面临着巨大不确定性。

基于上述基本判断和预期，有效应对中美经贸摩擦，既要有短期措施，也要有长期的机制建设。短期应对措施的核心和关键就在于，根据美国发动经贸摩擦所采取的具体举措，做到见招拆招、斗而不破，通过不停接触、试探、谈判等方式与美国进行周旋，防止中美“脱钩”，并尽可能地将负面冲击降至最低程度，为中国进一步扩大开放争取时间，争取和创造尽可能有利的外部环境。长期应对措施的核心和关键在于，保持战略定力，重新思索贸易立国战略并尽快实现战略转型，提升参与和治理经济全球化的能力，最终与美国形成良性的竞合关系。这就要求我们做好自己的事，尤其是要通过进一步的深化改革，夯实扩大对外开放的国内基础，把开放的大门越开越大，树立中国维护和倡导贸易和投资自由化、维护多边贸易体制、坚定推动经济全球化健康持续发展的大国形象，不仅要为世界各国树立起“善治”国内经济的良好榜样，也要为世界各国树立起“善治”全球经济的榜样，即用中国的实践和行动向世界证明，中国不仅有意愿，而且有能力在推动和构建更加包容、开放的全球要素分工体系中贡献智慧、方案和行动，最终推动经济全球化朝着“更加开放、包容、普惠、平衡、共赢”的“全球增长共赢链”方向发展。

就应对中美经贸摩擦的短期措施而言，可以考虑着重做好如下几方面的主要工作：

第一，针对美国政府的反复无常，中国政府必须做好随时反击的准备。对于美方的贸易霸凌主义，对于美国政府的反复无常，我们都要习以为常，随时做好战斗准备，进行必要的、有理有利有节的反击，期望能够取得阶段性的“以战止战”效果。要注重把握反击力度，防止事态升级和恶化。如果应对不当，反而有助于实现美国试图“脱钩”的战略意图。因此，有理有利有节的反击既要能够体现和表明中国“不怕打”的姿态，又要能够体现中国愿意坐下来谈的诚意。特别地，在反击的具体措施上，应选择价值链相对较短尤其是对中国影响相对较小的产品，把对美国国内影响相对较大的产品和利益集团，作为主要的反击对象。

第二，为了遏制中美经济“脱钩”的企图，延长中国的后发优势和学习效应以期获取更多的动态利益，在战术上提升美国利益获取对中国市场的依赖。与更为直观、更易看见、更易被重视的直接利益相比，不易被衡量、不易被感知、更易被忽略的学习等间接动态利益对我们更为重要。因此，通过扩大从美国进口等举措，一方面可以确保我们在延长学习效应期中继续收获动态利益，另一方面也有助于提高美国对中国的依赖程度，增强美国降低贸易赤获利的“直观”满足感。

第三，利用美国政界和商界的利益分歧，采取适当的分化战略，尽可能地捆绑作为美国微观经济主体和中国之间的经济和利益关系。对在华的美国跨国公司，要跳出政府层面经贸摩擦关系的冲击波，尽可能保护好和利用好跨国公司在缓和经贸摩擦中的重要作用。我们要进一步向美国跨国公司和科技巨头开放市场，特别是在服务业领域的开放上，在确保产业安全和国家安全的前提条件下，对美国具有比较优势的服务业跨国公司开放，包括银行、证券公司、基金管理等业务领域的开放，并且通过营造公平经营环境、保护合法权益、做好相关服务工作、提供便利化制度安排等，实现美国跨国公司与中国经济发展利益形成紧密的捆绑关系，让美国跨国公司在中国能够获得归属感、认同感、安全感，让美国跨国公司通过在中国扎根实现与中国经济发展互利共赢。以利益捆绑破除美国试图与中国“脱钩”的战略意图。

第四，在与美国接触和谈判的过程中，要加强舆论宣传。中国在经贸摩擦中占据道德和道义制高点，要以事实为依据加大国际舆论宣传，揭示贸易摩擦没有赢家的道理，在“边打边谈”中展现出开放的姿态，显示中国坚定不移地扩大对外开放包括向美国扩大开放的决心和诚意，同时充分表明我们坚持原则底线不动摇的态度。

第五，加快发展与美国以外的国家和地区全球价值链合作，以实现价值链、供应链、服务链、产业链和技术链在其他外部空间的拓展、转移和重组。加快推动“一带一路”建设，加强与欧盟的合作，尽快商签“10+6”亚太区域贸易协定，充分发挥和灵活运用双边协议和区域协定以不断扩大自己的“朋友圈”。“朋友圈”扩大了，就有助于在加强区域合作中实现价值链的重构和优化，从而逐步化解和转移对美国市场和供应链的依赖，将供应链“断裂”尤其是关键和核心零部件断供带来的风险降低到最低程度。

第五节　应对中美经贸摩擦的长期机制建设

短期应对举措只能治标但无法治本，并不能从根本上解决具有长期性和复杂性的中美经贸摩擦问题。我们认为，美国政府对华经贸政策和策略的重大转变，是针对发展阶段而做出的重大调整，面对这种变化，中国开放发展的战略也必须做出适时调整，需要有新一轮的长期规划。要更加注重深化国内改革，以夯实扩大对外开放的基础，从“被动融入”和“跟随式”发展转向“积极推动”和“引领式”发展。需要指出的是，能否有效应对经贸摩擦，外部因素固然重要，但内部因素更加重要，因此，能否最终实现有效化解中美经贸摩擦问题，根本上并不取决于美国，而是取决于我们自身，即如何通过深化改革，建设高水平的市场经济和开放体制，对标和引领国际先进规则，进而在优化国内外环境中提升构建开放型自主创新体系的能力，提升构建开放型自主可控的现代产业体系的能力，提升推动和引领经济全球化发展的能力。这才是应对中美经贸摩擦的长期机制建设的根本之道。为此，需要做好如下几方面的重要工作：

第一，加快建立与国际经贸规则相衔接的国内改革机制。密切跟踪国际经贸规则的高标准演进新趋势，并以此为目标导向倒逼国内改革，建立和系统推进与国际经贸规则相衔接的国内改革机制。我们要认真跟踪研究能够代表未来发展方向的国际经贸规则演变趋势和主要内容，明晰其可能的运行环境和需要的基础条件，在保证风险可控的条件下，主动对标找差，注重对照高标准国际经贸规则，或即将形成的高标准国际经贸规则，以此为目标导向倒逼国内改革。此外，在“大胆试、大胆闯、自主改”中不仅要逐步探索出能够与国际经贸规则相衔接的规则制度体系，而且要探索出具有引领国际经贸规则高标准化发展的规则制度体系。

第二，加快制度型开放步伐，打造法治化、国际化的世界一流营商环境体制机制。在价值链分工深度演进趋势下，参与国际竞争与合作的主要优势在于营商环境。伴随全球创新链的不断演进，产业和产品价值链中的高端生产环节和阶段的区位配置、先进和高端生产要素的跨境流动，对制度质量和营商环境等引起的交易成本更加敏感。因此，营造法治化、规范化、国际化的营商环境，欢迎包括美国在内的外商在华投资兴业与国内企业合作竞争，提升虹吸和集聚创新要素的能力，提升开放发展的水平、层次和质量，是中国深度融入经济全球化、顺应经济全球化、引领经济全球化的必由之路，也是应对中美经贸摩擦的最重要举措。

第三，打造有助于构建开放型自主可控现代产业体系的体制机制。从“断供”中兴通讯到从全球价值链上“围堵”华为，再到威胁让美国公司撤出中国、切断与中国的产业联系、使中国经济与美国“脱钩”，不断升级的中美经贸摩擦给我们上了生动一课：要努力保护产业链的完整性，构建自主可控的现代化产业体系，保障产业链、价值链、服务链、供应链、创新链的安全。而上述目标唯有在建设更高水平的市场经济和开放体制机制条件下才能实现。

第四，打造有助于加快构建开放型自主创新体系的体制机制。自主可控的现代产业体系，是建立在自主创新体系基础之上的。只有把关键核心技术掌握在自己手中，才能从根本上保障国家经济安全、国防安全和其他安全。自主创新不是关起门来自己创新，而是在吸引、整合全球人才、先进技术等创新要素的基础上，以我为主导的创新。要坚决反对技术封锁和贸易保护主义，把扩大开放、吸引全球创新要素聚集和自主研发结合起来，为自主可控的产业体系奠定坚实的技术基础。实际上，只有创新要素是不够的，还需要具备能够形成对创新要素进行创新激励作用的体制机制。因此，打造有助于加快构建开放型自主创新体系的体制机制，就是必然选择。

作者：张二震　南京大学长江产业经济研究院开放经济研究方向首席专家
戴　翔　南京大学长江产业经济研究院特约研究员

第六章　从中美贸易摩擦看我国产业安全现状及对策研究

第一节　产业安全理论与范畴

2018 年以来，中美贸易摩擦迅速升级，转变为产业战、科技战和金融战，对我国产业结构和产业链格局形成重大冲击，严重威胁我国的经济和产业安全。美国《2019 财年国防授权法案》强化科技战，加速对华技术封锁，加剧我国产业链和供应链“断链风险”①，严重影响关乎国家安全的高科技信息技术产业。另外，贸易战叠加国内制造成本上升，进一步加速了劳动密集型产业向印度、越南等东南亚国家转移。据统计，受贸易战影响，2019 年一季度，越南吸引外资总额达 108 亿美元，同比增长 86.20%，而 2018 年全年仅 150 亿美元左右。此外，我国资本和技术产业有向发达的日韩、欧美等经济体回流的倾向，会引发产业链、供应链重构，比如，日企三菱电机在中国的金属加工机器工厂迁回日本，东芝机械部分生产据点从上海转移到日本、泰国等。

贸易战背景下，产业安全已然引起了当局和学术界的高度重视。在此背景下，中央和地方陆续出台扶持政策，如 2019 年出台的《国家网络安全产业发展规划》，工信部与北京市人民政府联合建设国家网络安全产业园区，保障中国软件产业安全；《“十三五”科技军民融合发展专项规划》进一步促进军工高技术产业发展；《国家卫星导航产业中长期发展规划》提升卫星导航产业规模等。

---

① 美国以“违反美国国家安全或外交政策”利益为由，将 44 家中国机构列入“实体清单”，强化对华技术出口封锁，中兴限购、华为断供。

一、产业安全的定义及评价

在经济开放和贸易全球化背景下，产业安全理念可追溯到早期的贸易保护理论。但目前对产业安全的定义尚未形成一致认识。结合当前众多学者从一国产业控制力、产业竞争力和产业发展能力等研究角度阐述产业安全，可以提炼出以下观点：

第一，产业控制力说。核心是强调本国资本对本国产业的控制力。

第二，产业竞争力说。认为产业竞争力是产业安全的核心。在产业竞争力观点下，企业竞争力不再来源于降低成本，研发投入和技术创新才是决定一国产业竞争力和产业安全的核心。

第三，产业发展说。这种观点认为，产业安全应从动、静态两个角度进行研究。产业安全的内涵一般是指一国拥有对涉及国家安全的产业和战略性产业的控制力及这些产业通过国际对标体现出的发展力。控制力是对产业安全的静态描述，发展力是对产业安全的动态刻画，是产业安全的本质特征。

以上众多观点是从不同角度阐述产业安全问题。从早期重商主义、幼稚产业保护理论等贸易保护主义出发，强调“外商直接投资威胁”，认为本国资本对国内产业有控制力才能实现产业安全；逐步过渡到强调“产业竞争力”，在知识经济和开放竞争背景下，只有通过积极的研发投入与技术创新提升本国的产业竞争力才能保证产业安全。之后再转变强调“产业发展”，只有拥有控制力和独立发展能力，才能保证产业安全。事实上，这几种观点的核心都是研究国家产业经济发展的安全问题，认为在开放经济条件下，在内外部各种因素的综合作用下，一国重要产业的持续发展能力不受损害或威胁，则产业是安全的。然而，实际上，产业安全是一个相对的概念，由于各国的具体情况有较大差别，产业安全难以用统一的标准来衡量。特别在新常态下，面对复杂多变的贸易摩擦，逐步升级的科技战和金融战，产业安全问题变得更加复杂，需要多角度、全面地去面对产业安全问题。

除了界定产业安全的概念外，也有少数学者着重研究了产业安全的评价指标体系。影响产业安全的因素众多，评价体系需要充分反映主要因素。

二、开放背景下产业安全的特点及问题

第一，战略性特点。开放经济下，产业安全是国家经济安全的重要组成

部分，只有保证产业安全，才能保证国民经济持续长远发展，国家经济权益和政治地位不受威胁和侵害。在贸易战背景下，产业迁移和资本技术外流，可能对我国产业安全和经济安全造成较大冲击。

第二，综合性特点。产业安全涉及的行业范围广，产业间的关联性导致某一产业受威胁也会影响其他产业安全。比如，我国半导体芯片缺乏竞争力，将影响整个高新信息技术行业的安全。同时，影响产业安全的因素复杂，囊括了政治、经济、自然、社会、信息、技术等多方面因素，产业安全具有高度复杂性和综合性特点。

第三，紧迫性特点。在开放经济和贸易战背景下，产业安全尤为紧迫，需要高度重视。缺乏必要的维护措施将危及国家经济安全，拖累国民经济发展。

第四，系统性特点。产业安全与财政安全、金融安全紧密联系。产业安全是一国财政、金融安全的基础和前提，而后两者又为一国产业发展产生积极的促进作用。因此，产业安全本身作为一个相对独立的开放子系统，也在向国民经济的大系统输出各种信号和能量。

第五，层次性特点。产业安全既包括一国某一产业安全，也包括一国产业链、供应链安全。各国资源禀赋和比较优势不同，产业在国际竞争力上存在差距。需要以宏观层次的产业链和供应链安全为目标，聚焦重要支柱产业的安全①。

第六，动态性特点。产业安全问题长期存在，伴随着各国经济实力、产业国际竞争力改变，国际政治关系改变都会带来不同的产业安全问题。与此同时，实现产业安全的途径和手段也是动态变化的，政府产业政策是手段，产业和企业自身生产力升级，才能提升产业国际竞争力。

在经济全球化背景下，中国融入世界经济，不断放开资本账户和经常账户管制，扩大对外开放程度。伴随着改革开放的深化，国内产业在嵌入全球价值链的过程中得益于国际分工体系，但同时也带来了产业发展自主权弱化、本国资本对产业控制力削弱、重要产业国际竞争力不强等突出问题。在开放条件下，产业安全问题更加突出和重要。从我国当前产业经济发展现状看，产业安全问题主要体现在外商直接投资、贸易自由化和国内产业竞争力方面。

---

① 信息产业属重要支柱产业，我国信息产业缺乏比较优势，核心要件对外依赖程度大，需要改变这一被动局面。半导体芯片全球前10名，美国占6家。软件产业全球前14名均属美国，中国短板明显。

第二节　中美贸易摩擦背景下我国产业安全的现状特征分析

一、中国参与全球价值链的产业特征与产业安全的风险点

根据HS分类口径，2018年中美之间主要贸易顺差来源前两名，分别是：类别1“电机、电气、音像设备及其零附件”；类别2“核反应堆、锅炉、机械器具及零件”，占据了中国对美国出口的48.84%、中国对美顺差的56.65%。

根据SITC分类（国际贸易标准分类）口径，2018年中国对美顺差、中国对美出口最大的三个类别分别是：类别1“电信及声音的录制或重放装置及设备”；类别2“办公用机械及自动数据处理设备”；类别3“未列明杂项制品”。类别1—3主要涉及电子信息产业和部分高端制造业产品。按照SITC分类口径，2018年3类总顺差2312亿美元，顺差贡献占比52.20%。

按照NACIS（北美产业分类）口径的2016年中美贸易金额前2位的商品中，“电脑及电子产品”“电气设备、电器和组件”合计对中美贸易顺差的贡献占比达到50.47%，总额为2634亿美元。

可以看出，中国外向型经济参与全球价值链产品的第一大品类是机电、电器、电气、音像等，主要表现为电子信息产业的特征。中国出口前20名的企业，绝大多数是电子信息产业，具体到细分商品，代表性产品包括手机、电脑等电子产品及配件等。因此，可以得出：

特征一：中国参与全球价值链的产业特征是电子信息产业。

中国出口到美国的主要商品与美国出口到中国的主要商品，在品类上是基本重合的，除了美国向中国出口交通运输设备（包括飞机等）外，HS分类口径表现为电机、电气、音像设备及其零附件，SITC分类口径表现为电信及声音的录制或重放装置及设备，NACIS分类口径表现为电脑及电子产品，在进出口上表现是一致的。

而按照我国海关月度数据统计的分类，同样发现机电产品都是中美两国出口到对方国家的第一大贸易品。这主要是与手机、电脑等产业链中我国是

主要加工制造地有关，贸易方式主要是加工贸易[①]，比如在苹果产业链中，最终产品和多个模块都是外资企业在华加工组装。

特征二：在电子信息等代表性产业中，中国主要以加工贸易模式参与全球化。

2018 年，我国外贸进出口规模首次超过 30 万亿元，比 2017 年增长 9.7%。其中，进出口规模最大的 200 家企业，2018 年外贸合计实现进出口 8.2 万亿元，增长 21.7%，对当年进出口增长贡献率达 54.3%。中国企业从电子信息行业参与全球价值链的主体是外资企业，在中国出口前 20 强中，除了华为这样一枝独秀的中国民营企业和少数石化企业之外，绝大部分都是外资企业。

此外，以国内上市公司为代表的部分中国科技企业嵌入全球价值链，并没有直接表现为出口形式，而是直接服务于跨国公司在国内的加工组装企业。如较多国内上市公司在诸多结构件、功能器件的模块参与苹果价值链。

特征三：在电子信息等代表性产业中，中国主要以外资企业和部分国内上市公司参与全球价值链。

二、中美贸易摩擦背景下产业风险的主要表现形式

在上述三大特征下，中美贸易摩擦背景下产业安全的主要风险体现为两点：第一，产业链若干环节对国外厂商的依赖性和不可替代性，导致产业链安全受到影响；第二，投入品和市场两头在外的模式，导致产业向外转移和国内产业的空心化。

（一）对产业链安全的影响

发达国家和跨国公司通过限制高科技产品向中国的方式阻止中国产业升级和科技创新，这一状况由来已久，在中美贸易摩擦的背景下风险更加明显。

1. 美国利用盟国管控机制对产业链限制。其中，最具代表性的是《瓦森纳协定》，又称瓦森纳安排机制，它是世界主要的工业设备和武器制造国在巴黎统筹委员会解散后于 1996 年达成的一个旨在控制常规武器和高新技术贸易的协定。《瓦森纳协定》拥有 33 个成员国，其中 17 个曾是“巴统”组织的成员国。《瓦森纳协定》虽然允许成员国在自愿的基础上对各自的技术出口实施控制，但实际上成员国在重要的技术出口决策上受到美国的影响。

---

① 加工贸易主要是指经营企业进口全部或者部分原辅材料、零部件、元器件、包装物料，以下简称料件，经加工或装配后，将制成品复出口的经营活动，包括进料加工、来料加工、来件装配。

《瓦森纳协定》以防止武器扩散的名义，制定了军民两用商品和技术出口控制的清单，涵盖了先进材料、材料处理、电子器件、计算机、电信与信息安全、传感与激光、导航与航空电子仪器、船舶与海事设备等。除了在中美高技术合作方面，美国总是以全球安全战略为借口，严格限制高技术向我国出口。《瓦森纳协定》由于受到美国的主导，严重影响着我国与其成员国之间开展的高技术国际合作。欧盟及其成员国在高科技方面受制于美国，《瓦森纳协定》也是欧美共同战略利益和政治理念的鲜明体现，目前，欧盟 27 个成员国中已有 21 个签署了《瓦森纳协定》。早在 2006 年，我国与意大利阿莱尼亚空间公司曾签署了发射意方卫星的合作协议，但由于美国的干预，意方不惜经济和信誉损失而最终取消了合作协议。欧盟理事会在 2000 年通过了《1334 号法令》，将《瓦森纳协定》的机制贯彻到欧盟高科技出口贸易方面，《1334 号法令》确定的控制出口清单同《瓦森纳协定》没有本质区别。中国半导体产业实施赶超战略，其中一个重要原因是在产业链上的关键装备受到限制。国内企业在国际市场采购设备都先后遭遇到了《瓦森纳协定》的限制，使得中国半导体设备制造业同国际先进水平还有 2—3 代的差距，落后国际先进水平 5—10 年左右。

2. 美国利用国内法令对产业链限制。中美贸易战有从关税战演化到科技战的风险。2018 年 4 月 16 日，美国商务部援引美国国内法《伊朗交易与制裁条例》禁止内含美国制造的受限类配件和软件产品出口到伊朗的规定，公告 7 年内禁止美国企业与中兴通讯开展任何业务往来，实质就是供应链的禁运。后经过 4 个月谈判、以美国“合规员”入驻中兴、4 亿美元的保证金、14 亿美元的罚款、更换全部董事会成员、接受 BIS 为期 10 年的新拒绝令的代价，换取美国商务部暂时、部分解除对中兴通讯公司的出口禁售令。

在市场进入方面，早在 2012 年美国以国家安全为由要求美国电信公司不与华为合作，也正是因为 AT&T 终止与华为合作的原因，导致华为手机难以打开美国市场。中美经贸摩擦以来，较为代表性的是美国总统特朗普 2018 年 8 月签署的《2019 财年国防授权法案》，禁止所有美国政府机构从华为购买设备和服务，还禁止美国政府机构与华为的客户签署合同或向其提供资助和贷款。

特朗普 2019 年 5 月签署了一项名为《保障信息与通信技术及服务供应链安全》的行政令，将禁止美国企业使用“外国对手”提供的电信网络设备和服务，这项事实上针对华为的行政令将限制措施深入到供应链环节。这项命令后不久，美国商务部直接点名华为并宣布，将华为及其关联企业加入商务部产业安全局的“实体名单”。按照规定将制定审查此类交易的程序，被列入“实体名单”的公司或个人日后如果得不到美国政府的批准，将无法向美国企业购买元器件。当前美国在全球范围内对华为5G业务设置障碍，华为的发展面临着前所未有的困难，正在多个领域提出“备胎”进行全面应对。这既说明华为对供应链风险防范的预见性及其已经具有参与国际竞争的科技实力，同时也说明中国科技型跨国公司的崛起需要直面产业链中断的风险。

在当前逆全球化抬头的环境下，因为政治和意识形态的原因，将限制高科技投入品作为经济冲突武器的情况更加广泛。即使是均属美国盟国的日本、韩国，也因为日本对韩国限制销售氟化聚酰亚胺、光刻胶、氟化氢等半导体材料而引起巨大纷争，导致韩国下游的半导体行业有停顿的风险，中国作为正在崛起的大国更加面临既有西方大国的高科技限制。

3. 跨国公司形成资本联盟对产业链限制。产业链当中的若干企业会通过股权等资本合作建立联盟。在芯片行业中，荷兰企业阿斯麦（ASML）是生产芯片设备光刻机的垄断企业，其股权结构及其上下游关系具有特殊性。第一，ASML公司的股权结构在原则上只有投资ASML，才能够获得优先供货权，意思就是要求他自己的客户要先投资自己才行。这样特殊的合作模式使得ASML获得了大量的资金，包括英特尔、三星、台积电、海力士都在ASML中有相当可观的股份。第二，光刻机的关键零部件是光学部件，ASML投资了在光刻中起到关键作用的光学设备企业卡尔蔡司（Carl Zeiss）24.9%的股权。由此，ASML与其上下游形成牢固战略同盟，芯片产业中的巨头形成强大的资本联盟控制整个产业链。

一方面，ASML在光刻机行业市场占有率达到80%以上，形成绝对市场垄断，一台新型的设备售价高达1亿美元以上；另一方面，因为ASML仅主要向现有作为股东的厂商供货，对芯片制造环节的新进入厂商形成巨大障碍。数家中国企业希望在芯片制造环节的突破都受限于光刻机，中芯国际目前第一台光刻机还在采购中，仍未成功。其中一部分原因是《瓦森纳协定》，另一方面的原因则来自于强大的资本联盟。按照ASML的解释，三星、英特尔、台积电这三家厂商的投资ASML合作，加快研发脚步，早期做了很多技术准备，因此在新机台推出时能优先用到设备，ASML需要按照订单排期①。

4. 跨国公司价格垄断攫取产业链大部分利润。当本土产业缺乏控制力时，跨国公司就将进行垄断性定价，国内厂商和消费者被迫接受垄断价格，福利受到损失。比如，高通搭建了一个交叉许可的专利平台，所有相关专利都被

① 光刻机霸主ASML回应“先进设备不卖给中国”的传闻，https://www.esmchina.com/news/4214.html。

高通整合，高通收取不公平的高价专利许可费。手机行业是净利润并不高的行业，高通的专利许可费用高达售价的5%。与此同时，高通对三星、诺基亚等公司的许可费标准远远低于中国手机厂商，进行歧视性定价。中国是手机生产的大国，但是整个行业的利润微薄，据报道，2018年苹果以2.1亿部的销量拿走整个手机行业73.3%的利润，三星以2.9亿部的销量拿走13%的利润，而包括华为在内的整个手机厂商一共才拿到了13%的利润，华为、小米的销售量超过了3亿部。

（二）以华为的案例说明产业链的风险

我们以华为的案例来说明当前电子信息产业的产业链风险。

1. 手机产业链。一方面，从手机业务的产业链可以看出，华为对部分关键零部件已经具备了一定的自主可控能力。在市场竞争愈发激烈的情况下，华为手机业务之所以能够实现跨越式发展，很大程度上来自于它的"芯"优势。从华为P30的BOM表中可以看出：华为P30的芯片总成本为127.78美元，其中国产芯片为73.2美元，占比高达57.3%；华为的自主芯片在CPU、基带、Wi-Fi、射频收发器、电源管理等关键芯片上都实现了国产自主供给。

但是，在射频模块、模拟器件、存储芯片领域仍依赖国外的IC芯片。相关数据显示，只有在芯片封测、摄像头芯片等在集成电路产业中对技术水平要求相对低、向中国产业转移趋势比较明显的环节实现了基本替代，大部分环节国内企业只能在低端产品占有一席之地。比如，在移动存储这一半导体下游运用最为广泛的领域，华为的核心零部件主要依靠韩国、美国等厂商进口。存储芯片是除了处理器之外价格最高的零部件，华为主要采用美国美光、韩国海力士等产品。存储芯片是半导体芯片下游应用最广泛的环节，中国2018年从韩国进口存储芯片，这是中韩之间贸易逆差的主要来源。

2. 光通信产品和基站产品产业链。相对于作为消费品的手机来说，华为的光通信产品和基站产品需要的核心零部件更多，技术壁垒和附加值高的部分更加被国外厂商所垄断，除了PCB、光棒光纤、基站天线等产品能够基本实现国产化之外，若干重要环节的国产化能力低于5%。

从华为移动基站产品核心供应厂商看：（1）FPGA主要由Intel、赛灵思供应；DSP由德州仪器和亚诺德供应；CPU主要供应商是Intel、AMD、海思。（2）AD/DA芯片、PLL（锁相环）供应主要来自于亚诺德和德州仪器，且国内厂商几乎没有替代。（3）射频相关器件如PA芯片主要供应商有恩智浦、英飞凌、住友等；滤波器，国内厂商可以覆盖低端产品，高端产品主要来自于博通等。（4）高频高速覆铜板的供应商主要以罗杰斯及松下为主，国内厂商如深南电路、沪电股份、方正、生益电子等慢慢开始增长。（5）如 PCB、基站天线、滤波器等相对低端领域，完全可以由国内厂商提供。

从光通信产品核心供应厂商看：（1）光模块供应商有 Finisar、Oclaro、Acacia 等，国内供应商有中际旭创、光迅科技等；光芯片供应商主要有三菱、住友、博通 Oclaro 等；电芯片供应商有 inphi、macom、美信、semtech 等。华为海思、中兴也可以提供光芯片、电芯片及光复用芯片。总体来说，在 25G 以下的光组件产品中国内厂商竞争力较强，在 25G 以上的产品中竞争力相对较弱。（2）PON 芯片供应商主要有博通、Finisar、光迅科技、海思、中兴等，国内厂商基本可以完成替代。（3）光棒、光纤、光缆供应商以国内厂商为主，如长飞、亨通光电、中天科技、信越等。

（三）对产业转移的影响

1. 向东南亚产业转移的产业特征。中美贸易摩擦对产业安全的一个重要风险是产业转移造成国内产业的空心化。以电子信息为代表的两头在外的加工贸易模式，既对关税成本非常敏感，又担心美国对关键零部件进口限制。出于这两者原因的考虑，在中美贸易摩擦的背景下，以电子信息加工环节为代表的企业有动力开始向越南等东南亚国家转移，而这些产业原本是我国东部地区嵌入全球价值链的代表性产业。

以上市公司为例，2005—2019 年 10 月，共 219 家 A 股上市企业公告了对东南亚 8 国的相关投资，投资领域集中在制造业。其中主要包括：轻工制造和包装造纸、基础化工及废旧处理、电力及公用事业、纺织服装、家电、电子元器件、通信、传媒、通信设备、机械生产制造等，占比超过 70%，表现出劳动密集型和其他类型工业并重的结构特点。其中，可以看出 A 股上市公司对越南投资的案例尤其抢眼。进一步反映了中国 A 股上市公司历年对越南投资的产业迁移变化，呈现出较明显的特征：A 股公司在越投资数量逐年增加，居前行业从纺织服装逐步转为机械、家电、基础化工，近年转为电子元器件、轻工制造等行业。

平安证券《宏观专题报告：详解美国 2500 亿加征关税清单》依据 United States Census Bureau 的数据，分析中美贸易战关税对产业的影响，加征 10% -25% 关税的 2500 亿美元商品最主要分布于：电话通信设备（9.8%）、计算机自动数据处理等设备零附件（6.3%）、车辆及零附件（5.7%）、家具（4.3%）、坐具及零件（4.0%）、自动数据处理设备、数据记录机器等

(3.8%)、塑料及制品(3.5%)、钢铁制品(3.5%)、皮革制品等(3.0%)。这些领域是美国加征关税影响较为突出的领域，与近年来中国对越南产业转移的特征呈现出一定的同步性。

2. 中美贸易摩擦背景下制造业产业转移到个案分析。根据上市公司公告，2019 年共有 21 家制造业的 A 股上市公司公告了对越南的投资，在投资方式上，包括新设子公司、增资、并购、子公司增加融资担保等。从上市公司公告分析，我们对上述个案总结以下特征：

第一，从投资行业看，根据中美贸易产品 HS 口径分类，这些企业从事的领域均是中美 2500 亿美元商品规模里征税的重点行业，均属于 2019 年 5 月美国征收关税提升到 25% 的范畴。

第二，我们梳理了上述 21 家上市公司公告的投资动机，主要可以分为三类：拓展海外市场、直接规避关税和汇率风险、降低要素成本和税费。应该说，前两者因素均与中美贸易战相关。从具体公告看有：奋达科技（公司外销占比较高，贸易环境恶化给经营带来困扰）、永艺股份（积极布局越南和罗马尼亚生产基地，应对中美贸易风险）、佩蒂股份（布局国外生产基地，降低中美贸易争端的关税不利影响）、硕贝德（美国关税的加征和对中国龙头企业的制裁，对公司业务产生了不利的影响）、鸣志电器（将加快推进东南亚的产能扩张，通过全球化工厂布局应对贸易风险）、和而泰（加快越南工业园建设，减少和规避贸易风险及汇率波动影响）、裕同科技（布局越南、印度和印度尼西亚多个生产基地，有效应对贸易摩擦）、纽威股份（公司全部阀门产品已在加征关税的清单中，影响公司对美销售收入及利润）等。以拓展海外市场为投资动机的公司，也有相当一部分受贸易战导致产业链转移的影响[①]，如兴瑞科技（关税清单冲击公司下游产业链客户，部分产业链转移至东南亚，为服务客户公司积极布局新加坡及越南海外制造基地）。

第三，从海外销售收入主要来源地分析，美国市场占比高的有：道森股份 44.80%、智莱科技 42.63%（境外客户集中在北美和欧洲）、奋达科技 25.81%（美洲地区）、永艺股份 76.15%（出口美国占比高）、山东威达 60.72%（境外客户集中在北美和欧洲）、佩蒂股份 86.19%（美国市场占比

---

① 部分企业受贸易战影响将产业转移至东南亚，其中更核心影响因素是上下游产业链转移。目前规避贸易关税手段多样，可采取“转口贸易”模式，通过深圳转马来西亚，单个转运柜子货物价值 10 万美金，增加成本仅比直航多 2000 美金，相比加征 25% 关税影响不大。但上下游产业链转移引致的其他成本（营销成本、运输成本）难以规避，诱发企业跟随转移。数据源自深圳升宝国际货运代理有限公司。

高）、纽威股份 33.64%（美国市场占比高），这些公司受贸易战关税影响较大，同时从业务模式看，这些企业具有较显著的加工贸易特征。

第四，从这 21 家上市公司的行业分布来看，涉及家具、塑料、建材、饲料等传统产业的有 5 家，其余 16 家主要涉及电子元器件、电机、电气、机械工具等具有一定科技含量的代工型行业。这印证了在中美贸易摩擦的背景下，产业转移从传统产业为主，逐渐转向以信息技术为代表的代工企业为主。

第三节　增强产业安全度：基于机会窗口的产业赶超视角与国际经验

提升我国产业的安全度，在中长期根本上是要在关键产业、关键环节逐步接近国际先进水平。我国高科技产业整体上呈现“大而不强”的特征，后发工业化国家和地区，如日本、韩国和中国台湾地区等在跨入现代化的过程中，曾经实现过在电子信息等关键产业的部分领域赶超欧美国家，其中的经验教训值得借鉴。

一、产业赶超的理论

Gerschenkron（1962、1968）较早采用“后发追赶”理念研究 19 世纪欧洲工业化资本密集行业追赶过程。学者 Perez 和 Soete（1988）首次引入了“机会窗口”的概念拓展了 Gerschenkron 的分析框架，提出技术变革的跳跃性或者说不连续性，能降低工业化后发经济体进入新行业的壁垒，即带来技术追赶的机会窗口。Shin（1996）基于“机会窗口”角度，构建了一个包含美、日、韩三国发展水平和竞争程度差异等一般因素的模型，同时考虑制度、技术等随时间变化的历史元素，并从行业层面系统分析了 20 世纪半导体和钢铁行业的追赶差异。此外，学者提出了历史友好型模型（Garavaglia，2010；Malerba 等，2016；Fabio Landin，2017），技术窗口的“大小”以及领导者和后来者行为模式的不同，显著影响追赶动力和结果。众多学者在具体行业的领导者追赶的研究中进一步拓展了“机会窗口”的理念，如葡萄酒行业（Morrison 和 Rabellotti，2017）、移动电话行业（Giachetti 和 Marchi，2017）、半导体芯片行业（Shin，2017）等。其中，Lee 和 Malerba（2017）的研究体现了较强的综合性，突破了 Perez 和 Soete（1988）“技术变革机会窗口”的概念，在持续追赶周期中，挖掘了三种不同的机会窗口：技术、需求和制度窗口。

第一，技术窗口。一般将行业新技术变革和发展带来的追赶机会定义为“技术窗口”，对于后来者来说，它可能扩大或缩小追赶的机会，这取决于实际发生的技术变革情况。如在 Perez 和 Soete（1988）的研究基础上，Fabio Landin（2017）发现，技术不连续对现有市场和能力的突破程度，以及领导者和后来者对机遇窗口的反应，会导致技术驱动的机会窗口“大小”存在差异。

第二，需求窗口。需求窗口代表国内外市场出现的新型需求带来的机会，且需求的实际变化会扩大或缩小追赶机会。如 20 世纪 90 年代，移动电子产品领域，包括移动通信手机和设备产业的兴起，为韩国三星半导体赶超提供巨大商机。其中，闪存市场从 1995 年的 18 亿美元（占存储器市场的 3.5%）增长到 2005 年的 186 亿美元（占 38.3%），呈指数级增长。在此期间，2013 年三星的闪存 NAND 超过了 DRAM 市场的规模，达到 333 亿美元（49.7%），为半导体部门成长为“移动解决方案的全面创造者”奠定了基础。

第三，制度窗口。学者将公共干预行业的变化或广泛制度条件（包括某些宏观变量）的变化创造的机会定义为“追赶的制度窗口”，这取决于政府部分政策的变化方向。三星的内存业务曾经连续 7 年亏损，在最为困难的时期，主要是依靠集团内部和政府产业政策的扶持。产业政策对资本密集度和财务风险较高的长期项目表现出强大的“耐心”和“决心”，为后进入者在行业困难的情况下继续大举投资，提高生产和研发能力创造了关键条件，才避免了三星倒闭。

在一定程度上，机会窗口给领导者制造了竞争劣势，Richard Foster（1986）用 S 曲线模型推演技术的生命周期，包括技术萌芽期、成长期、成熟期、衰退期。新技术引入初始阶段的效益高于成熟阶段，领导者往往对现有技术和模式过度投资，造成路径依赖和核心刚性劣势[①]（Lieberman 和 Montgomery，1988；Leonard - Barton，1992）。对于后发者而言，机会窗口创造了竞争优势，新技术的传导降低了行业进入壁垒，“需求窗口”“制度窗口”创造了市场容量和试错空间。另一方面，机会窗口和后发者反应的交互作用则显著影响行业追赶效果（He 和 Mu，2012；Lee 和 Malerba，2017）。其中，后发者对不同机会窗口的反应决定了其能否有效利用“低成本”等后发比较优势（Shin，2017；Kim 和 Park，2019）实现赶超。

---

① 领导者依赖于现有的技术、管理实践、人力资源、市场与制度惯例，对于现有资源的过度投资使其产生路径依赖，造成领导者惰性或核心刚性的劣势。

二、半导体存储行业追赶的案例

半导体内存芯片是半导体芯片和集成电路产业下游应用最广泛的领域。最早美国厂商是这个领域的领导者，20 世纪 80 年代，日本企业实现了成功赶超；从 90 年代开始，韩国三星等代表性厂商，逐渐替代了日本同领域的企业，这个行业成为韩资占主导的产业。

表 6－1 简要归纳了日本和韩国厂商在半导体内存产业的不同时期抓住机会窗口成功实现追赶的经验，同时说明欧洲和中国台湾地区厂商在同一阶段虽然也具备一定的竞争力，但是没有实现行业赶超的案例。

表 6－1　机会窗口与后发国家（地区）半导体行业的追赶实践：内存芯片产业

芯片行业	机会窗口	关键因素	后发者反应和赶超战略	追赶结果
日本	技术窗口	“1k DRAM”技术流行，叠加硅含量提升带来技术变革需求	率先探索“1M DRAM”，成立“VLSI 研究开发政策委员会”，探索超大规模集成电路（VLSI）的技术演进路径	芯片市场份额 80%，成为行业领导者
	需求窗口	20 世纪 90 年代全球第一次硅含量提升周期，家用电脑普及，产生大量芯片需求	利用 64K DRAM 核心技术的科技红利，迅速抢占美国市场。使美企在全球半导体产业的占比从峰值的 90% 滑落到 40%	
	制度窗口	“官产学”的投研体系和“举国体制”的产业链配合	政府牵头“DRAM 制法革新”“VLSI 技术研究所”项目；超 16 亿美金的资金支持，叠加税赋减免、低息贷款扶持；产业链上下游研发，实现 DRAM 国产化	
韩国	技术窗口	美国扶持，DRAM 技术向后发国家传导，叠加核心技术转让	追随、学习到赶超。先开启韩美联合投资，直接突破 16k 技术。再借助核心技术转让，叠加持续的有效研发投入，迅速增强半导体生产体系，实现自主研发	20 世纪 90 年代起，赶超日本，率先投放 64M DRAM，成为行业领导者
	需求窗口	第二、三次全球硅周期带来 PC、笔记本、智能手机等市场红利	借助 1991 年《美日半导体协议》制约日本，抓住美国开放国内市场的机遇，迅速挤占日本在美份额；有效抓住了中国大陆市场，提前布局，化解两次危机	
	制度窗口	军事化的财阀制度韩版“官产学”体系	1986 年韩政府牵头，联合企业、高校，3 年重投 1.1 亿美金，突破了“4M DRAM”技术。1986 年政府牵头“反周期投资”，持续资金支持韩企业完善 DRAM 研发体系，缩短韩日差距	

续表

芯片行业	机会窗口	关键因素	后发者反应和赶超战略	追赶结果
欧洲	技术窗口	早期借助收购获得技术，但后期缺乏持续研发投入	20世纪70年代，通过收购美国公司，初步建立半导体工业体系。成立欧洲半导体三强：西门子、飞利浦、意法	2009年奇梦达破产后，产业一蹶不振
	需求窗口	未抓住前两次DRAM窗口，后期深度参与韩台之争，抓住中国台湾地区市场	在美日、日韩DRAM战争时期，欧洲处于边缘，而90年代始，欧洲深度参与第三次韩台半导体战争。西门子、英飞凌、奇梦达等“借台抗韩”，抓住中国台湾地区市场。但后期受制于台湾地区衰退	
	制度窗口	缺乏政府力量引导，企业自身主导研发	相对于美、日、韩，缺乏强有力的“政府力量”牵头，仅企业自发进行重点项目研究。只有企业科技，缺乏政治、经济规划	
中国台湾地区	技术窗口	早期获美日等新技术传播扶持，半导体工业迅速起步	1970—1980年，抓住早期技术窗口，突破64k DRAM技术，领先韩国的16K DRAM。但后期缺乏持续有效研发投入，丢失自主开发能力，变为代工	缺乏自主研发能力，产业规模持续下滑
	需求窗口	二次硅周期，借助美、日、欧合资，快速实现规模生产	1998—2009年，韩台半导体之争初期，借二次硅周期和美、日、欧援助，迅速提升市场份额；但民进党当局放弃中国大陆市场	
	制度窗口	早期重视研发工业体系建设，后期重短期效益，缺乏台湾当局支持	1998年后，重短期经济利益，轻长期独立研发技术培养。2008年金融危机后，产业一蹶不振。2009年“DRAM产业再造方案”被否，产业整合失败	

注：部分数据来源于“科技红利及方向型资产研究”。

“技术机会窗口”在半导体资本密集领域曾多次出现，芯片内存技术的频繁变革（从“1k DRAM”到16k、64k、256k、1M、4M、64M等）为后来者创造了绝佳的赶超机会窗口。后来者利用技术变革的不连续性（Dosi，1982），通过对新技术的持续投资，并借助“动态赶超战略”（Shin，2017；Lee和Lim，2001），实现行业领导者的更迭。韩国三星在“64K DRAM”“256K DRAM”“1M DRAM”等芯片技术上持续投资，并在“64M DRAM”产品上赶超日本。同时，Fabio Landin（2017）等人研究发现，激烈的技术不连续性往往给后来者创造了“追赶周期”的“技术窗口”（Lee和Malerba，

2017；Abramovitz，1986），但领导者和后来者对机会窗口的反应，则显著影响追赶的结果。在美日存储芯片的竞争中，日本抓住了硅周期加速带来的“技术变革窗口”，并通过政府力量牵头，持续投资进行技术创新，先后研发出 256k DRAM，并实现规模量产，最终由追赶实现超越。

同时，市场周期或消费者偏好的变化（Mathews，2005）和制度改革或公共政策的变化（Guennif 和 Ramani，2012；Chang，2002）往往带来追赶的“需求窗口”。日本在“美日半导体之争”中，如 1980 年全球首次半导体硅含量提升周期[①]时，大型机、小型机和家用电脑普及，美国家用电脑需求量从 4.8 万台暴增到 20 万台，产生大量的芯片需求，为“64K DRAM”领先的日本带来了占领美国市场的“需求窗口”。日企借助“64k DRAM”技术领先的科技红利，迅速抢占美国市场，直至美日半导体竞争后期，日本在全球半导体市场份额已占 80%。与此同时，“需求窗口”的打开也带来了大规模生产提升研发能力和改善产品性能的机遇（Lee 和 Mathews，2012；Jang - Sup Shin，2017），20 世纪 80 年代美国向韩国开放国内市场创造的“需求窗口”，为韩国三星在“64M DRAM”产品上赶超日企提供了重大助力。在“需求窗口”上，一方面韩企借助《美日半导体协议》牵制日本，同时抓住美国对韩开放国内市场需求的机遇，迅速挤占日本在美的市场份额；另一方面，盯住了对芯片需求量逐渐增大的中国大陆市场，并率先启动布局[②]，有效地化解了 1997 年东南亚危机和 2008 年全球金融危机对半导体产业的冲击[③]。与此同时，政府力量牵头“反周期投资”，创造“制度窗口”，持续提升核心技术研发能力[④]。终于在 20 世纪 90 年代赶超日本，变成行业领导者。

“制度窗口”对追赶的影响同样显著（Malerba 和 Nelson，2012）。政府可以牵头影响国内行业发展的重要科研项目，也可以通过补贴、减税、资金、出口支持等为本国行业发展创造一种不对称的竞争环境（Kim 和 Lee，2008；Malerba 和 Nelson，2012）。在半导体内存芯片行业的发展历程中，日本和韩国都有很好的政策经验，如日本启动“VLSI 研究项目”“DRAM 制法革新项

---

① 硅含量提升周期指的是诸多行业由于导入先进的电子信息技术引起产品对半导体需求增长。

② 1997 年东南亚金融危机，韩国 Hynix 以 3.8 亿美金出售 TFT - LCD 部门给京东方，就此获得中国资金、土地、工人和市场，并用 3 亿美金撬动 20 亿美金投资。

③ 1997 年东南亚危机，依托中国市场，韩国仅用 2 年就恢复元气；2008 年金融危机爆发，全球 DRAM 产业累计亏损超过 125 亿美金，韩国则借助中国大陆市场迅速扭亏为盈。

④ 1986 年日本开始减少研发投入，韩国则开启“逆周期投资”。东南亚金融危机时期，政府出台 4 年计划，投资 2650 亿韩元（2 亿美金），引导企业向高性能 CPU 处理器、12 寸晶圆设备等尖端领域发展。

目”，又如韩国高效军事化的财阀制度，为DRAM研究提供了资金支持等。相对来说，欧洲除了早期积极反应外，并没有持续研发投入，或者过于注重短期效益①，或缺乏政府力量牵头，最后丧失自主核心研发能力，逐渐在半导体领域淡出市场。

事实上，“机会窗口”在同一行业可能同时或依次出现（Lee等，2014），而结合后发者对“机会窗口”的反应往往决定了行业领导地位的改变（Keun Lee，2017）。在芯片行业，后发者对“新技术创导”和“机会窗口”的反应和把握，往往决定了行业赶超的结果。如当“1K DRAM”技术流行的时候，日企积极把握“技术窗口”，并制定赶超路径开启“1M DRAM”技术研发。20世纪80年代后期日韩半导体之争，韩国企业抓住美英特尔和IBM提供的“技术窗口”、国内外经济扶植的“制度窗口”和美国开放国内市场的“需求窗口”，迅速提升了“64M DRAM”产品的市场占有率，赶超日企。所以，作为半导体芯片等行业的后发者，抓住市场“需求窗口”，争取和创造“制度窗口”，并在研发和生产中“内化外生技术”，是实现行业赶超的关键因素（Keun Lee，2017）。

与日韩在半导体赶超的实践不同，欧洲和中国台湾地区在内存芯片行业上，相对缺乏有效政府（当局）力量的引导和扶持。就中国台湾地区半导体行业而言，早期台湾当局力量在构建半导体工业体系上起到过重要作用，如1973年台湾当局牵头成立工研院②、1975年向美派遣留学生、1979年筹备联华电子公司建设晶圆厂等，为台湾地区半导体工业兴起打下了基础。但这种“制度窗口”并没有很好延续。1998年台湾地区DRAM产业景气后，缺乏当局力量指引，台企重短期经济利益，轻自主研发能力，多靠“技术引进”，偏好产业并购和代理加工模式，弱化了DRAM独立开发能力。2008年金融危机后，台湾地区半导体产业遭受重创，加之2009年“DRAM产业再造方案”③整合失败，基本丧失“制度窗口”。事实上，台湾地区半导体产业早期获美国扶持，存在良好的“技术窗口”和“需求窗口”，其DRAM技术从“64K DRAM”起步，比“16K DRAM”起步的韩国有领先优势，但最后缺乏“制度

---

① 1998—2009年，中国台湾地区DRAM产业景气。台积电等注重产业并购，夺取全球代工地位，但弱化了DRAM产业独立开发能力。南亚科等“技术引进派”，亦重短期经济利益，轻长期独立核心技术培养。

② 1977年工研院建成第一条3寸晶圆生产线，比韩国早1年。1978年成功研发电子钟表的TA10039器件，打下台湾地区电子钟表出口基础。1980年联华电子建设4寸晶圆厂。

③ 2009年10月，“DRAM产业再造方案”被台湾“立法院”否决，禁止“国发”基金投资TMC公司，DRAM产业整合失败。

窗口”的持续配合，没有台湾当局牵头度过宏观经济和行业周期的难关，错失了赶超机会。

与日韩等不同，欧洲作为早先的发达市场经济体，半导体产业发展始终缺乏强有力的“政府力量”牵头，多靠企业自发进行重点项目研究，缺乏国家政治和经济规划带来的“制度窗口”扶持。而早期存在的“技术窗口”，多借助收购获得技术，初步建立半导体工业体系。如1970年打造了欧洲半导体三强——西门子、飞利浦、意法，后期均缺乏政府牵头的持续研发投入。“需求窗口”上未抓住前两次DRAM产业窗口。自20世纪90年代始，面对产业向东亚后发工业化国家转移的趋势，欧洲深度参与韩国及中国台湾地区半导体内存产业竞争，试图通过向中国台湾地区转移技术对抗韩国厂商的快速崛起，但受制于台湾地区半导体产业衰退的拖累，在2009年奇梦达破产后，欧洲半导体内存产业失去全球竞争力。

第四节　基于赶超战略实现中国产业安全的战略对策

中国作为产业门类最为齐全的国家，面临的主要问题是关键产业、关键技术和关键零部件掌握在发达国家的跨国公司手中，严重影响我国产业安全。从根本上说，我们要在这些领域实施赶超战略，形成与国际水平抗衡的技术能力和产业能力。在政策实施过程中，尤其要利用超大规模经济体的优势、利用新型举国体制的优势，为我国在若干产业实施赶超战略创造条件和环境。

一、视角一：利用产业技术创新的不连续性“技术窗口”

当前正处于金融危机后的科技革命前期，涌现出众多前所未有的新兴技术、产品和商业模式，表现为从传统技术模式到新技术模式的非线性、不连续性和跳跃式发展，这为我们提供了直接切入的机会。这种“弯道超车”的机会是非常难得的。在产业实践中，我们已经有初步成功的案例。比如，我们在功能手机到智能手机的跃迁阶段，成为智能手机生产大国；在传统汽车领域，中国通过“以市场换技术”的方式没有能够掌握核心技术。在新能源汽车发展过程中，我们通过适当的产业政策选择符合中国实际情况的技术路线，努力进行弯道超车，目前成为电动汽车关键技术应用最为广泛的地区，在新能源电池等关键环节培育出宁德时代等国际主流企业，在一定程度上具备与松下、三星、LG等国际一线厂商竞争的能力。为此建议：高度关注产业发展趋势，加大对下一代产业技术投资。比如，中国正在5G通信网络进行率先投资，从4G到5G意味着更强大的通信基础设施和更广泛的应用场景，也是我们在信息化领域前所未有的弯道超车机会。我们需要在若干重要领域进行这样的前瞻性布局，抓住科技革命的红利。

二、视角二：利用国内巨大的市场创造关键产业发展的“需求窗口”

中国利用超大规模市场提供“需求窗口”是实施追赶战略的重要优势，一方面，中国企业利用国内需求增长获得成长机会，这是实现赶超的重要条件；另一方面，市场效应吸引国际创新资源在中国集聚，有利于缩小技术差距。当前利用市场优势创造需求窗口尤其应重视以下几点：

第一，放松管制创造需求。部分领域中国市场的优势尚未得到发挥，是因为在需求端存在一定的管制。比如低空飞行领域，开放低空管制小型飞机市场将会产生巨大需求。

第二，平衡好新技术使用与安全之间的关系，发挥我们对新技术应用决策效率高的优势。比如，在人工智能与无人驾驶技术的应用方面应该尽快创造基础设施条件，在区块链技术与实体经济结合上尽快制定相关的法律法规，为新技术在中国的率先应用创造条件。

第三，加快军民融合，以民用产品需求推动军用技术成果转化。从美国经验来看，军事工业的技术转化为民用后将创造出大量社会需求，国内海康威视等企业的经验也说明了这一点。这就需要加快军民融合的实质性改革，让我国较为完备的军事工业体系进一步为国家科技创新服务。

三、视角三：利用“制度窗口”聚焦重点产业的核心环节

力争在产业上下游的重要环节与发达国家科技形成分庭抗礼之势。随着高科技产业分工的细化，涉及产业链的环节纷繁复杂，因而美国这样的超级科技强国，实现产业链的安全也不是依靠整个产业链的国产化。因而中国这样的大国经济，也不可能把产业链所有环节都实现国产替代。我们要在关键产业的关键产业链，集中若干环节进行突破。以半导体产业为例，整个产业链基本可以分为设备、材料、设计、制造四个大的部分，在设备和设计环节

以美国企业领先，日本企业在材料环节占据国际优势，制造环节韩国和中国台湾地区企业最具有国际竞争力。现状是中国在集成电路前段和后段相关设备和材料公司有30多个，几乎所有的设备行业都有涵盖，但基本上都不够成熟，无法商用化，没有能够形成与发达国家（地区）分庭抗礼的对等实力。我们利用好新型举国体制的优势，就是要集中力量对准关键环节进行突破。对此建议：中央和地方的科技创新政策进一步聚焦核心环节。比如国家集成电路产业基金等支持产业发展和创新的项目，进一步聚焦我们较为可能与发达国家和跨国公司形成对等势力、分庭抗礼的领域。对地方经济高质量发展的考核和评价淡化规模指标，加入经济和产业竞争力的指标。

四、视角四：把握“时间窗口”对重点产业进行逆周期性突破

在资本密集型的高科技产业中，要在行业不景气时加大政府支持企业进行投资和兼并收购的力度。在行业景气阶段，虽然由于市场需求高涨，市场的后进入者和低端产品供给者也能够获得订单，容易分到一杯羹、获得生存与发展的机会。但是，行业内的利润主要是被领导者获得，这一阶段是行业内领导者创新活跃的阶段。中国企业作为大多数高科技行业的后进入者，行业萧条并不可怕，追赶的重要机会其实是在行业萧条期，应利用举国体制的优势支持企业加大先进技术和设备的投资，同时加大对国际上处于经营不善但仍然具备优秀技术能力的企业进行兼并收购。

作者： 陈　柳　南京大学长江产业经济研究院研究员
张年华　南京大学长江产业经济研究院研究员助理

第七章　我国制造业向越南、印度转移的趋势：以 ICT 产业链为例

在全球所有工业门类中，最近 40 年里最具活力和创新精神的产业非 ICT（信息和通信技术）产业莫属。在全球 ICT 产业链中，中国近年来一直是最重要的增长发动机，是全球最大 ICT 产品市场，也占据了全球 ICT 生产网络的重要环节。

但是，在上游的核心电子元器件中，我国尚未占据制高点，而在低端的生产环节，由于各种原因，面临制造基础流失的危险。

根据我们的调研，就近年的全球产业转移趋势来说，最可能侵蚀我国 ICT 产业根基的是印度和越南两个亚洲国家。

第一节　ICT 产业链与中国制造

中国拥有全球最完整的 ICT 产业链，但“缺芯少屏”，不掌握最先进技术。

2017 年全国电子信息产业总产值 15.4 万亿元（其中包括电子信息制造 11.1 万亿元、软件和信息服务 4.3 万亿元）。

目前全球 70% 的智能手机，80% 的电脑，50% 以上的数字电视都是中国制造。

从 2006 年起，中国已成为全球最大的集成电路市场，2018 年全球半导体市场规模达到 4688 亿美元，其中中国占比最高，达到 33.8%。

（一）华为、中兴通讯占据全球五大通信设备供应商的两席，其中华为居首

（二）2018 年全球智能手机出货量前 6 的企业，中国占据第 3（华为）、第 4（小米）、第 5（OPPO）、第 6（VIVO）位共 4 席，第 2 席位的苹果也主要在中国大陆量产；第 1 席位的三星原来也主要在中国生产

（三）全球主要的代工总成企业如富士康、伟创力等均在中国设立主要的生产基地

（四）全球个人 PC 市场前 6 的企业均在中国设有生产基地，其中联想位居第一

中国台湾的宏碁和华硕也位居前六。其他三家惠普、戴尔和苹果均为美资企业，但大都在中国设有工厂。

（五）中国拥有全球最齐全的 ICT 产业链

2019 年第一季度全球十大芯片代工企业中，中国大陆占据两席，即中芯国际和华虹，中国台湾地区则占据四席：台积电、联电、力晶、世界先进。目前，中国大陆共有 40 家 8 英寸以上高世代晶圆工厂，其中 12 英寸生产线 21 条；另有 44 个封装测试工厂。

其余手机和电脑配件在长三角和珠三角均形成了庞大的厂商阵容，苹果 200 大供应商内中国企业（含中国香港特区，不包括中国台湾地区）占到了 40 家，而华为 92 家核心供应商中，中国厂商占据 32 家（包含大陆地区 22 家，中国台湾地区 10 家）。

（六）中国 ICT 产业链最大的短板是芯片和面板的最先进技术不掌握在中国企业手里

全球前 15 大芯片公司没有一家是中国企业。中国拥有的主要是生产能力，并且与日本、韩国、中国台湾共同构成东亚生产网络（这四者占到了苹果 200 大供应商中的 129 席），与美国公司形成协同效应。

在高技术含量的集成电路方面中国正在奋起直追，但仍有较大差距；另外，在低端的终端产品组装方面，中国正面临着被印度、越南等东南亚国家替代性的挑战。

第二节　ICT 产业链从中国向越南和印度转移的现状与趋势

从越南情况来看，主要是三星电子和苹果（富士康）两大头部企业率领核心供应商转移到越南。其中三星电子已确定越南北部为其全球生产的重心，而富士康系的生产重心仍在中国大陆，在越南可视作试水的投资。其他全球 ICT 产业链主要头部企业均尚未在越南设厂。

三星电子自 2008 年开始对越南投资，当初投资金额为 6.7 亿美元，截至 2018 年 4 月，三星电子对越南投资总额增至 173 亿美元。三星电子目前在越南各地有四家生产子公司，共设 8 个厂房，主要生产手机与电子零件等。三星电子还将在越南建立其在东亚主要的研发中心，主要发展 5G 技术。2018 年，三星电子在越南的四家生产子公司总销售额达到 657 亿美元。三星电子 2018 年关闭了中国天津工厂，2019 年 9 月还将关闭中国惠州的生产基地，其中惠州工厂的产能为 6000 万部，天津工厂的产能为 3600 万部，两家企业合计将近 1 亿部。

富士康母公司鸿海精密目前已经有多项业务在越南落地。2018 年，鸿海集团向中国富华电子支付 1650 万美元购买越南北江省工业园区 25 万平方米的土地使用权。2018 年年底，多方消息透露出富士康将在河内建立苹果手机代工厂。之前富士康已收购了诺基亚在越南的生产基地。

在苹果公司公布的 200 大供应商名单中，在越南设厂的供应商 2019 年有 15 家。这 15 家位于越南的公司有 3 家美国公司，6 家日本公司，2 家韩国公司，3 家中国大陆公司（立讯精密、歌尔声学、深圳裕同包装）。

从印度情况来看，主要的智能手机头部企业中，三星电子、苹果、步步高系、小米 4 家均已在印度布局生产基地。不过华为和中兴通讯尚未在印度设立生产基地。

2018 年，三星电子宣布投资约 7 亿美元在印度诺伊达建成了全球最大的手机工厂，产能为每月 1200 万台手机。同时，三星电子旗下的显示器公司将投资约 2.17 亿美元在诺伊达市设立手机屏幕工厂，三星 SDI 计划投资约 1.3 亿—1.44 亿美元在印度建立手机电池工厂。

富士康 2014 年出资 20 亿美元收购了诺基亚在印度的主要代工厂，2019 年 4 月，富士康宣布 iPhone 将在富士康的印度工厂里量产，富士康也表示 2020 年将在印度国内兴建 10—12 家生产工厂。

小米在印度已有 6 家工厂（富士康、Hipad 等代工），并于 2019 年 3 月宣布将与伟创力合作在印度南部的泰米尔纳德邦建设其第七家工厂。小米还同时在泰米尔纳德邦建立了印刷电路板（PCB）组装厂。

2018 年 12 月，步步高系 OPPO、VIVO 先后对外宣布将扩建现有的印度工厂。之前两家厂商均在印度的大诺伊达地区拥有一座手机组装厂，VIVO 印度工厂的产能为每月 200 万部，而 OPPO 印度工厂的产能为每月 125 万部。VIVO 在印度的第二个制造工厂项目总投资约合人民币近 40 亿元，年产能 5000 万部，OPPO 的第二家工厂将在 2019 年投产，每年产能 5000 万部。

这 4 家头部企业的部分供应商已开始在印度配套设厂，但尚未形成完整的产业链。主要的芯片和面板公司大都尚未在印度设立生产基地。

据业内人士分析，转移的主要原因有三个：

1. 成本驱动。“成本驱动”是中国企业投资印度和越南的共性原因。相比较而言，越南和印度的人工成本都远较中国低。

据印度工业联合会（CII）和咨询机构 Avalon 的报告显示，中国制造业劳动力成本是印度的 1.5—3 倍。

按照印度当地普通工人的工资标准，在工厂工作一个月通常可以拿到 11056 卢比的税前工资，相当于人民币 1082 元，人均加班费每月约 300—400 元人民币，也就说流水线上的工人一个月的收入在 1500 元左右。而在中国的深圳，富士康里一个正常加班的流水线工人，收入大概是这一数字的三倍以上。

同样，根据日本贸易振兴机构（JETRO）统计显示，越南的人均月工资仅为中国的一半。越南的年龄中位数是 30.7 岁，且 70% 的人口生活在农村，和印度持平，这意味着大量成本较低的年轻劳动力，是发展劳动密集型产业的有利条件之一。

2. 市场驱动。这一因素在印度表现得比较显著，而越南则不明显。印度巨大的潜在市场增长空间，是吸引中国 ICT 产业投资印度的巨大吸引力。

全球手机市场规模正在缩减。2016 年，全球手机销量为 42.85 亿部，同比增长 7.26%。此后，全球手机销量开始下滑，2017 年，全球手机销量为 40.35 亿部，同比下降 5.83%。据统计，2018 年全球手机销量继续下滑，销量为 35.5 亿部，同比下降 4.85%。

继 2018 年的强劲发展之后，到 2019 年，印度预计将成为唯一一个继续保持增长势头的主要智能手机市场。横向对比中国手机市场来看，目前印度手机市场空间较小，但潜力巨大。从智能机的渗透率而言，2017 年中国市场智能机渗透率约为 96%，印度智能机市场仅有 42%。从手机出货量来看，目前中国手机出货量大约在 4 亿部，而同样作为人口大国的印度则不到 3 亿；从 4G 网络用户数量来看，中国有近 10 亿的 4G 用户数，而印度则仅 1.77 亿。可以看到，目前印度智能机手机的市场规模还比较小，但未来随着基础设施建设、软件应用渗透完善，成长空间将十分广阔。

超过半数的中国企业都是主动“出海”，并且选择了印度，这里面有提前卡位、寻求业务增长、国内市场饱和以及国内监管变严等原因。对于讲“全球故事”的大型互联网公司而言，印度是不得不设立“办公室”的市场；运营好的情况下，哪怕不能贡献收入，印度也可以贡献大量海外用户数；一些国内监管变严的行业如现金贷、博彩游戏和直播等赛道也开始涌向印度。

也有 30% 的中国企业表示是由于上下游产业开始向印度转移而选择投资印度，这里最为代表的就是 OPPO、VIVO 和传音等手机制造商逐步要求其上游零部件供应商在印度设厂，在规避印度逐步提高关税的同时进一步降低在印度的综合生产成本。

3. 避险驱动。“避险驱动”的因素在越南和印度都一定程度存在，越南更明显一些。主要是规避中美贸易战带来的巨大风险和成本。一是美国分两次对 500 亿美元和 2000 亿美元商品加征 25% 的关税，导致在中国制造的输美商品成本提高；二是中美冲突带来的巨大不确定性，导致企业规避此风险，寻找安全供应体系。

在 2018 年，中国手机产业链公司就已经明显陷入了贸易战的影响之中。近半年以来的 ICT 产业链上市公司财报中，几乎每家企业都提到了贸易战的相关信息，或是汇兑损失、汇兑受益，亦或是受原材料成本增加出现的净利润流失。而其中更多的是贸易战带来的负面影响。

早在大陆企业尚未抵达之前，就有以富士康、仁宝为代表的中国台湾电子大厂在越南投资设厂。据悉，仁宝规划了笔电上游零组件包括机壳、电池、面板、散热模块、周边组件键盘等产品的生产落地越南。而富士康作为苹果最大的供应商之一，在贸易战结果尚未明朗之前，分散生产力是其目前一项重要的决定。摩根士丹利分析师曾预估，若美国加征 25% 关税，iPhone XS 的成本可能增加约 160 美元。

随着中美贸易摩擦持续升温，产业链企业“南迁”的步伐还在不断向前。

4. 主要国家博弈。ICT 产业链初步迁出中国大陆的行动中，伴随着中美政治外交博弈的复杂国际因素。一方面，美国鼓励东亚生产网络重组，削弱中国在全球生产网络中的重要地位。比如 2019 年 2 月 27 日美国总统特朗普与朝鲜领导人金正恩在越南河内会谈，就明确鼓励相关产业投资越南。

美国主导的贸易体系鼓励接纳越南。2019 年 1 月，《全面与进步跨太平洋伙伴关系协议》（CPTPP）在越南正式生效。2019 年年底，欧盟与越南预计将正式签署《欧盟—越南自由贸易协定》。两大协议对于越南制造业出口来说都是巨大利好。根据协议，越南的出口关税将大大下降，而欧盟削减 99% 的税目关税。相对于欧美对中国的关税水平，欧美对越南多数产品征收的关税低得多。这对于出口导向型的制造业企业来说，仅关税减免一项，就能带来丰厚的利润。

从关税角度看，越南已形成了相对庞大且成熟的自由贸易体系，中国企业为规避贸易壁垒加大对越南投资已经渐成趋势。

印度被认为是与中国有直接竞争关系的亚洲大国。工业化落后于中国的印度急于追赶中国。现任总理莫迪于 2014 年上台后，承诺重新启动经济增长计划并提供更多的就业机会。他提出的“印度制造”计划预计将印度 2.6 万亿美元经济中的制造业份额从 17% 左右提高到 25%，并在 2022 年创造 1 亿个就业机会。

ICT 产业链可能是“印度制造计划”的一个机会。2016 年开始，为了促使手机厂家们把产业链都挪到当地，印度推出了“分阶段制造计划”——对手机充电器、电池、耳机和已经预装印刷电路板的零部件征收“过路费”。2017 年 12 月，印度宣布将手机关税从 10% 提高至 15%；仅仅 4 个月后，印度再次将进口手机的关税从 15% 提高至 20%，同时从 2018 年 3 月起“关于手机的充电器、适配器、电池、有线耳机、扬声器的生产进口关税从 0 上升为 29.441%；手机 PCB（印制电路板）的生产进口关税从 0 变为 2%；手机制造公司本地采购充电器、适配器、电池、有线耳机和扬声器的消费税率由 0 变为 2%（供应商选择不抵扣进项）或 12.5%（供应商选择抵扣进项）”。

第三节　中国应采取的对策

其一，原本立足于中国大陆制造的 ICT 产业链，其组装的角色正在从中国溢出，在越南和印度开始其搭建产业生态的过程。不要轻视这种趋势，可知在 20 世纪 90 年代初中国的 ICT 产业链也是从微弱到丰厚的延展过程，越南和印度复制中国过去 30 年的成功并非完全不可能。

印度更多呈现出的是中资的头部企业出于战略考虑抢占印度市场的特征，华为下一步在印度的举动值得关注，倘若华为、中兴均加码印度产业链，则印度很快形成一个成熟的手机产业链的可能性将会增大。

在越南呈现出的则更多是规避中美贸易战风险的替代选择的特征，值得观察的是富士康所代表的苹果产业链是否像三星那样将重心放在越南，倘若是，则越南的替代特征将更加突显。

其二，到目前为止，向印度和越南的产业链转移尚未伤害到中国ICT产业链的完整性。两国的技术基础都比较薄弱，初级劳动力素质较好，但缺乏足够规模的硬件工程师和经营管理人才团队（尤其是越南），在土地成本和人工成本都迅速抬升过程中，其基础设施的欠账也非短时期可以改变。因此，在中国形成巨大生产规模的芯片（前、后工序）、面板制造能力，很难在越南和印度迅速形成生态体系。可知中国这一生产基础的形成是由数以千亿美元的投资砸出来的，其中包含着巨量的政府资本投入。这种投资机制是无法在印度和越南复制的。所以可以断言的是，短期内印度、越南对中国构成的威胁不大，越南短期不可能替代珠三角。

其三，中国台湾是全球ICT产业链中一个重要环节，不仅仅是其终端产品代工业（富士康等）、芯片制造业（台积电、联电、联发科等）和面板产业（友达、群创等）在产业链中的地位，更重要的是，某种意义上它是中国大陆与欧美日韩的一个联结，更是大陆ICT产业链的引路人。

20世纪90年代富士康在深圳的崛起，带动在深圳及珠三角东岸地区形成一个万亿级的苹果产业链，这是珠三角智能手机产业链网的最初基础，后来这个产业链网又延展到长三角及中国内地。华为、中兴通讯、三星、步步高系、小米等头部企业，都借用了这个供应商体系，从而能够迅速成长为世界级终端企业。

中国大陆芯片、面板等产业技术追赶的基础，一是充分利用了中国台湾相关产业的人才和技术，才得以接近世界先进水平；二是台资晶圆和面板产业的1990—2000年大举西进投资，为中国大陆整个产业生态的构建作出了巨大贡献。迄今为止，大陆这两个产业仍然在一定程度上依赖中国台湾产业的技术和人才。

中国台湾ICT产业如何看待大陆产业生态是一个风向标。迄今为止，台资ICT产业仍然未舍大陆，正在纠结不已。富士康在越南和印度做战略布局的犹豫态度就是一个信号。倘若中国台湾业者大局南进，则可以表明替代趋势走向了一个转折点。

其四，中美贸易战是笼罩在中国ICT产业链上的巨大阴霾。如果贸易战、科技战深入发展，两国之间的不确定性（模糊空间）进一步压缩，从而导致中美战略对立，那么不仅仅是美国的上游产品必须执行美国法律而对中国禁运，欧洲、日本、韩国，甚至中国台湾的上游产品亦有断供风险。

作者：金心异　南京大学长江产业经济研究院特聘研究员

第八章　关于人工智能基本伦理准则的研究

21 世纪初，刘云章在《网络伦理学》[①] 中提出，19 世纪是铁路的时代，20 世纪是高速公路的时代，21 世纪是网络的时代。然而，新世纪走了才不到 20 年，我们就发现，网络已经像空气、阳光和水一样，融入我们的日常生活中，不再能作为时代的特征，而人工智能却异军突起，大有取而代之之势。

随着人工智能应用的日益广泛，人工智能发展的不确定性也迎来了新挑战，人工智能深度伪造技术支撑下的“造假”行为已经从照片的移花接木发展到视频的以假乱真，人们对人工智能危及社会安全与人身安全的“失控”的担忧也变得越来越强烈，亟须从技术上和伦理上采取相应的控制措施。本章旨在以习近平新时代中国特色社会主义思想为指导，紧密结合中国国情，通过对人工智能和伦理学的交叉研究，分析人工智能需要确定基本伦理准则的原因，探究可供人工智能参考的人类的基本伦理准则，在此基础上确定人工智能的基本伦理准则，并就如何推动人工智能基本伦理准则的应用提出可行性建议。

第一节　为什么需要为人工智能确定基本伦理准则

尽管目前人工智能仍属于在“图灵测试”概念下界定的“智能”，在未来很长时间内都将是从属于人类的工具，但随着人工智能技术的突飞猛进发展和应用领域的不断拓展，特别是对人类生活的不断介入以及对人类思维与功能的不断学习与取代，人工智能已经变得越来越强大，人工智能发展的不

① 刘云章：《网络伦理学》，物价出版社 2001 年版。

确定性也带来许多新挑战，加重了人们对“人机关系”的焦虑，人们对人工智能的想象在很大程度上仍被科幻小说和影视作品所主导，对人工智能的担忧也变得越来越强烈。

一、人类对人工智能担忧的主要体现

这些担忧主要集中在与社会安全和人身安全相关的两个大的方面：一是人工智能会不会由可控变为失控，从而主宰或统治人类社会？二是人工智能会不会对人类产生伤害，包括直接伤害和工作被取代、隐私数据被掌握和滥用、对某一类人产生的系统性歧视等间接伤害？

这两大问题的解决，不只是技术层面的事情，也涉及道德伦理层面。因为，技术往往只能解决伤害谁保护谁的问题，而不能解决为什么伤害与为什么保护的问题。由此，对人工智能基本伦理准则的研究也显得越来越紧迫，因为人们想通过基本伦理准则的注入，来达到限制人工智能功能、保护人类、使其只能为人类服务而不会伤害人类的目的。

二、网络伦理和人工智能伦理研究开展的基本情况

事实上，在人工智能广泛应用之前，由于互联网的兴起，网络道德、网络伦理已经逐步为人们所认知，并形成相应的学科。美国华盛顿布鲁克林计算机伦理学会从 1992 年起每年都召开关于计算机伦理的年会，美国乔治亚州律师协会计算机法律部专门设有网络伦理委员会。类似机构不仅为其成员制定了相应的计算机和电子网络道德标准、伦理规范，还不断地就相关问题组织研讨。以《世纪道德：信息技术的伦理方面》（斯皮内洛著，美国）、《网络伦理学》（严耕）为代表的网络伦理学著作也陆续在国内外问世。网络伦理学成为伦理学的一门新的分支。

2016 年起，国际上学术界和工业界的研究人员着手对机器学习和人工智能所带来的伦理挑战开展了大量研究。美国的加州大学伯克利分校、哈佛大学、剑桥大学、牛津大学和一些研究院都启动了相关项目，以应对人工智能对伦理和安全带来的挑战。亚马逊、微软、谷歌、IBM 和 Facebook 联合成立了一家非营利性的人工智能合作组织（Partnership on AI，苹果公司 2017 年 1 月加入）以解决这一问题。随后，微软、谷歌内部也成立了人工智能伦理委员会。越来越多的研究机器人的专家呼吁，在机器人和自动化系统上安装

“道德黑匣子”以记录机器的决定与行为。2019 年 6 月，美国众议院情报委员会专门召开了关于人工智能深度伪造的听证会，公开讨论深度伪造技术所带来的风险及应对之策。

在我国，国务院 2017 年 7 月 8 日印发实施的《新一代人工智能发展规划》将伦理建设摆上了重要位置。在人工智能三步走战略中，明确提出了伦理建设的基本思路，即：第一步（到 2020 年），“部分领域的人工智能伦理规范和政策法规初步建立”；第二步（到 2025 年），“初步建立人工智能法律法规、伦理规范和政策体系，形成人工智能安全评估和管控能力”；第三步（到 2030 年），“建成更加完善的人工智能法律法规、伦理规范和政策体系”。并将“制定促进人工智能发展的法律法规和伦理规范”摆在六项保障措施之首提了出来。文件明确在科技部设立人工智能规划推进办公室。北京大学 2017 年 12 月成立了法律人工智能实验室和法律人工智能研究中心。

通过中国知网检索可以发现，我国对人工智能伦理的研究相对比较晚，2012 年起才有“人工智能引发的科学技术伦理问题”[①]“人工智能技术的伦理问题及其对策研究”[②] 等相关论文问世，2016 年以后慢慢多了起来，这与 2016 年 3 月 Alpha Go 连续三次战胜国际围棋高手李世石不无关系。到了 2019 年，徐锐的“论我国人工智能的伦理规范建设”[③] 对国内外构建人工智能伦理规范的现状进行了比较系统的总结。

三、人工智能伦理研究涉及的主要方面

关于人工智能技术引起的主要伦理问题，目前业界认为主要包括：由人造生命的诞生和进化必然引起的人权伦理问题、由人造生命不可能享有社会道德地位所引起的道德伦理问题、由人造生命进化出与人类相同的繁衍后代能力所引发的代际伦理问题[④]。从人工智能技术对人类所产生的影响看，还有人工智能有可能侵犯人类思维隐私的伦理问题[⑤]、聊天机器人辱骂用户等言论

① 陈立鹏：“人工智能引发的科学技术伦理问题”，《文学教育》2012 年第 8 期。

② 李俊平：“人工智能技术的伦理问题及其对策研究”，武汉理工大学 2013 年硕士论文。

③ 徐锐：“论我国人工智能的伦理规范建设”，《岭南学刊》2019 年第 1 期。

④ 张一南：“人工智能技术的伦理问题及其对策研究”，《吉林广播电视大学学报》2016 年第 11 期。

⑤ 魏屹东：“人工智能发展对社会与伦理的影响”，《洛阳师范学院学报》2016 年第 12 期。

或行为失当问题[①]、机器该如何承担决策风险问题[②]、人工智能技术带来的生态环境问题[③]等。

有关人工智能与机器人伦理研究的道路，有学者认为可大致分为四个，即：面向应用场景的描述性研究；凸显主体责任的责任伦理研究；基于主体权利的权利伦理研究；探讨伦理嵌入的机器伦理研究[④]。

当前，已经有一些人工智能领先企业关注人工智能开发和应用的伦理问题。微软公司总裁施博德表示，要设计出可信赖的人工智能，必须采取体现道德原则的解决方案，因此微软提出 6 个道德基本准则：公平、包容、透明、负责、可靠与安全、隐私与保密。谷歌公司也表示，在人工智能开发应用中，坚持包括公平、安全、透明、隐私保护在内的 7 个准则，并明确列出了谷歌"不会追求的 AI 应用"。

2019 年 4 月 8 日，欧盟委员会发布了人工智能伦理准则，以提升人们对人工智能产业的信任。该准则列出了"可信赖人工智能"的 7 个关键条件——人的能动性和监督能力、安全性、隐私数据管理、透明度、包容性、社会福祉、问责机制，以确保人工智能足够安全可靠。欧盟将"人工智能"定义为"显示智能行为的系统"，它可以分析环境，并行使一定的自主权来执行任务。根据官方解释，"可信赖的人工智能"有两个必要的组成部分：一是应尊重基本人权、规章制度、核心原则及价值观；二是应在技术上安全可靠，避免因技术不足而造成无意的伤害。

但正如有学者指出的那样，"研究者需要研究出新的算法确保人工智能做出的决策与现有的法律、社会伦理一致，这是一项具有挑战性的任务。伦理问题因各国文化、宗教和信仰等的不同而存在差别。伦理难题需要首先解决的是如何将伦理难题准确地翻译为人工智能可以识别的语言，将人的道德和伦理观念嵌入在人工智能中，使其服从甚至具备人的伦理观念"。[⑤] 关于人工智能伦理准则的研究，并不会因为欧盟人工智能伦理准则的推出而终止，还需要结合各国的情况继续加以研究和完善。

---

① 陈盼盼："人工智能技术的发展及伦理思考"，《青年记者》2017 年第 20 期。

② 崔鹏："人工智能演进中的伦理悖论与社会危机"，《大数据时代》2017 年第 2 期。

③ 史成功："人工智能技术发展的生态伦理困境研究"，《赤峰学院学报（自然科学版）》2019 年第 6 期。

④ 段伟文："人工智能时代的价值审度与伦理调适"，《中国人民大学学报》2017 年第 6 期。

⑤ 杨婕："全球人工智能发展的趋势及挑战"，《世界电信》2017 年第 2 期。

第二节 人类有哪些基本伦理准则可供人工智能参考

早在1942年，美国阿西莫夫就提出了著名的“机器人三大定律”，即第一，机器人不得伤害人类，或坐视人类受到伤害；第二，除非违背第一法则，机器人必须服从人类的命令；第三，在不违背第一及第二法则的前提下，机器人必须保护自己[①]。这三个法则可以简化为：不伤害人类（而且要保护人类）、服从人类指令、保护自己。可以看出，在机器人与人类之间，道德与伦理的天平还是无条件地向人类倾斜的，即人类优先，这是最基本的准则。机器人必须是服从和服务于人类的。

研究人工智能基本伦理准则，当然不能仅参考“机器人三大定律”，而应该从伦理学的角度切入，对中外基本伦理准则有一个基本把握。

一、伦理学的基本问题

伦理学是研究社会道德现象的科学，探讨道德的本质、起源与发展、道德最高原则和评价标准、道德规范体系等。人类文明的纪元时就是伦理存在的开始，但伦理学的产生要滞后许多。西方最早的伦理学著作是诞生于公元前3世纪的亚里士多德的《尼各马可伦理学》；我国的《道德经》《论语》等著作具有丰富的伦理思想，但伦理学成为一门独立的学科始于清朝末年。

伦理是一种客观的关系，是一种特定的人与人的关系以及对这种关系的领悟与治理。伦理与道德词义相近，通常可以互换，伦理离不开道德，道德离不开伦理。两者的细微差别在于，伦理被看做人与人之间合理的经过人为治理的关系，道德则被看作伦理秩序应有的调节规范和人之德操、风尚。伦理不仅有个人与个人的关系，还有个人、群体、集体、社会、国家、人类甚至自然之间的相互关系，相应地有自由、平等、博爱、公平、正义、诚信等价值观念和文明礼规。

伦理学的基本问题就是道德观的根本问题，即道与德、义与利、群与己的关系问题。伦理学的核心对象是道德，道德观的根本问题，是如何看待道与德、义与利、群与己的价值优先性，从而作出价值选择。西方伦理学界一

---

① 司徒民淇、刘宗凡：“人工智能与伦理道德”，《中国信息技术教育》2017年第17期。

般认为伦理学的基本问题有两个：一个是我们应该如何行动？另一个是我们应该成为什么样的人？前者以行为为中心，属于规范伦理学研究范畴；后者以行为者为中心，属于美德伦理学研究范畴。在道义与利益出现鱼与熊掌不可兼得的排他性抉择的时候如何调节？道义优先还是利益优先？因为优先选择的不同，就形成了道义论与利益论这两个基本的伦理学流派。而在群己的利益关系调节中，同样也形成了利己主义与利他主义、个人主义与集体主义的伦理原则。了解伦理学的这些基本原理，对于我们有针对性地确定人工智能基本伦理准则，具有十分重要的意义。

二、中西伦理学的主要思想及共性价值观

中国传统伦理思想史是以儒家伦理思想为主干的。西周主张“修德配命”“敬德保民”；春秋战国时孔子强调“重义轻利”；墨子主张“兼相爱，交相利”，以“利人”“利天下”为最高准则；法家主张“不务德而务法”“以法代德”；汉代以降，受“罢黜百家，独尊儒术”政策的影响，基本上是儒家伦理思想占了上风，发展到极致就是宋代朱熹的“明天理，灭人欲”；而明末清初又将“存天理，灭人欲”当作封建礼教进行了批判，肯定“人必有私”，要求个性自由发展。总体上看，“正其义不谋其利，明其道不计其功”的道义论，是中国传统道德观的主要倾向。

从西方伦理思想史演变历程看，古希腊神话传说主要是对英雄人格魅力的赞扬；毕达哥拉斯学派强调“公正”；苏格拉底建立了知识即道德的伦理思想体系，强调理性，主张遵守法律；柏拉图提出了“城邦正义”的思想；亚里士多德强调德性是幸福的前提，提出了公平正义与交换正义的均衡正义原则；“希腊化时期”出现了以伊壁鸠鲁为代表的快乐主义、以犬儒学派和斯多亚派为代表的德性主义、以皮罗等为代表的怀疑主义；中世纪的奥古斯丁提出灵魂主宰肉体但服从上帝；阿奎那强调道德评价以信仰为轴心；到了近代，代表性伦理学思想还有培根的全体福利说、霍布斯的道德哲学、斯宾诺沙的理性主义伦理学、休谟的同情论伦理学、卢梭的政治伦理思想、爱尔维修的感觉主义道德论、边沁的功利主义伦理学、康德的善良意志伦理学、黑格尔的自我实现论伦理学等；而现代西方伦理思想又出现了形式主义倾向、非理性主义倾向、伦理相对主义占优势等特点，产生了伦理科学主义、新功利主义、斯金纳“行为技术学”、基督教“境遇伦理学”、存在主义伦理学、反主流伦理学等。

从中外伦理思想史的演进过程中，我们不难发现以下具有共性的伦理观：一是公正观。公正是人类道德史上最为古老的道德原则，也是人类道德的永恒主题和价值追求。公正也是最基本的道德规范，是伦理学的核心范畴。公正包括社会公正与个人公正，目的公正与手段公正，实质公正与形式公正。二是平等观。平等就是人人都能享有相同的权利，侧重于社会平等而不是自然平等，其实质是权利平等。三是荣辱观。“求荣避辱”是人们的普遍追求。荣辱观具有鲜明的阶级性，有什么样的价值取向就会有什么样的荣辱观。要处理好集体荣辱与个人荣辱的关系、精神荣辱与物质荣辱的关系、奉献和索取的关系。

伦理道德的结构通常包括三个部分：意识结构、规范结构和实践结构。意识结构包括认知、情感、意志，是通用的；规范结构包括原则、规范、范畴，不同的主体有不同的具体规范；实践结构则包括行为、评价、教育、修养等。在这三个部分中，规范结构最为重要，因为它是用于对各主体的意识与实践进行明确约束的，需要回答什么可以做、什么不可以做，什么是有道德的、什么是不道德的。这也是我们研究人工智能基本伦理准则的出发点和落脚点。

为了清晰地界定人工智能基本伦理准则，我们还有必要对与“准则”相关的“守则”“规范”这两个词汇进行一些辨析。“守则”是国家机关、人民团体、企事业单位为了维护公共利益，向所属成员发布的一种要求自觉遵守的约束性公文。就适用对象而言，守则只适用于个体，而准则则不光适用于个体，也适用于群体；就内容的侧重点而言，守则侧重于纪律方面的要求，准则侧重于职业道德、行为方式、行为目标及其评价标准。“规范”一词包含两种含义，一是标准、法式；二是模范、典范；准则只是标准、法式，不具备模范、典范的意义。因此，准则是一个底线目标，是行为的最低要求。

三、社会主义核心价值观在人工智能基本伦理准则研究中的统领作用

伦理准则的具体应用也是我们应该考虑的方面。就主要社会生活领域而言，伦理通常可分为公共伦理、职业伦理和家庭伦理。由于人工智能必将广泛应用于公共领域、应用于各种职业、走进不同家庭，所以，人工智能基本伦理准则也应该充分考虑到公共伦理、职业伦理和家庭伦理方面的基本要求。在当代，中国应该旗帜鲜明地以习近平新时代中国特色社会主义思想为指导，把党的十八大确定的富强、民主、文明、和谐、自由、平等、公正、法治、爱国、敬业、诚信、友善这24字的社会主义核心价值观，有机地融入人工智

能基本伦理准则的研究之中。

公共伦理是以公共理性为核心的社会精神价值取向。人是社会人，任何社会都存在公共领域，因而也必定存在需要公众共同遵守的道德，即公共伦理、公共道德，或简称公德，它直接决定着公共领域的道德走向与精神建构。因为有公德的存在以及社会公众的广泛认同、自觉践行和共同监督，公共领域的活动才能进行下去。公共伦理关联着公共利益，它具有客观性和共享性。每个人都应自觉遵守，每个人也将从中获益。公共伦理的存在，要求在公共领域，个人利益必须让位于公共利益。在中国，党的十八大提出的富强、民主、文明、和谐、自由、平等、公正、法治、爱国、敬业、诚信、友善这 24 字的社会主义核心价值观，兼顾了国家、社会、个人三个层面的价值追求，其实就是公共伦理，应该是我们确定人工智能基本伦理准则的重要参考。另外，孔子提出的“忠恕之道”，即从消极意义上表述的“己所不欲，勿施于人”、从积极意义上表述的“己之所欲，施之于人”，也被认为是能够在人类许多宗教与伦理传统之中找到并不断维持下去的公共伦理。“忠恕之道”的主要表现就是：将心比心、推己及人的宽容，己欲立而立人、己欲达而达人的尽责，以及体现人文精神的平等。比较一下不难看出，社会主义核心价值观中的民主、文明、和谐、自由、友善都有宽容的成分，而公正、法治、敬业、诚信则都有尽责的成分。

职业伦理是伦理在职业关系、职业活动中的具体体现，是职业人所应具备的行业道德以及应遵循的基本职业伦理规范。不同的职业有不同的职业伦理，官有官德，医有医德，师有师德，有多少职业就有多少职业伦理。与公共伦理相比，职业伦理具有职业性、稳定性和继承性，具有强烈的纪律性，也具有阶级性。职业伦理通常会包括以下共性内容：忠于职守、乐于奉献，实事求是、高度负责，依法行事、严守秘密，以人为本、服务社会。比较一下也不难看出，社会主义核心价值观中的文明、平等、公正、法治、敬业、诚信、友善都是职业伦理中的共性要求。

家庭伦理是伦理在家庭关系、家庭活动中的具体体现。家庭关系主要包括夫妻关系、父母与子女的关系，以及一些有雇工的家庭所具有的主仆关系。人工智能的高级形态，如果服务于某个人类家庭，扮演着不同的家庭角色，则同样需要具备家庭伦理。我国传统家庭伦理的核心就是孝道，但现代孝道的新内涵更强调家庭成员之间关系的民主平等。这在社会主义核心价值观中也有体现。

综上所述，职业伦理和家庭伦理的共性要求方面，都没有超出公共伦理中所提到的社会主义核心价值观所包含的内容，因此，我们在探讨人工智能基本伦理准则时，理论上可以忽略职业伦理和家庭伦理，而只需要讨论公共伦理。

第三节 人工智能需要确定的基本伦理准则及其场景应用

人工智能的发展有三条途径：结构模拟、功能模拟和行为模拟。在流派上有人工神经网络、专家系统和智能机器人三大派别①。尽管已经有学者指出，“就目前的科技和人类认知水平而言，作为新兴学科，人工智能伦理涉及学科交叉、文化汇融和意识冲撞等诸多范畴，并且随着科技发展和时代进步，许多刚刚建构的伦理模型会很快被推翻”。② 但人类在构建人工智能伦理方面并不应该甩手不管，放任自流，还是要努力确定一些基本的伦理准则，在系统设计和开发阶段就嵌入人工智能系统，形成完善的人工智能技术研发规范，用以约束人工智能的行为，确保人工智能系统的行为符合社会伦理道德标准，避免对人类造成大的伤害。

另外，也有学者认为，我们首先应该谈论的不是人工智能将来应该拥有什么样的伦理，而是人工智能的使用者应该遵循什么样的伦理，以及人工智能的制造者应该具备什么样的伦理，应该将人类特征和价值观融入人工智能及机器人的开发中，让机器更好地为人类服务。③

无论是将人类基本的伦理准则嵌入人工智能系统，还是要求人工智能的制造者和使用者遵循相应的伦理，目标都是一致的，即都需要确定人工智能的基本伦理准则。因此，我们可以暂时不考虑人工智能基本伦理准则的如何应用，而只对人工智能应该具备的基本伦理准则进行归纳与概括。

鉴于 24 字社会主义核心价值观在公共伦理中的通用性，我们用排除法，对其中不适用于人工智能的方面进行了筛选。国家层面，人工智能不需要承担富强、民主、和谐的重任，只需要保留文明的要求即可；社会层面，人工智能不能享有自由，但需要保留平等、公正、法治；个人层面，人工智能不需要承担爱国的责任，其敬业、友善的要求也可以由文明、法治、诚信等其他伦理来替代，只需要保留诚信即可。

综合以上的各种分析，我们认为，人工智能主要应该具备包含文明、可

① 魏屹东：“人工智能发展对社会与伦理的影响”，《洛阳师范学院学报》2016 年第 12 期。

② 吕超：“科幻文学中的人工智能伦理”，《文化纵横》2017 年第 4 期。

③ 陆伟晶：“人工智能机器人面临的伦理困境——以‘微软小冰’为例”，《视听界》2018 年第 4 期。

控、安全、透明、平等、公正、法治、诚信、保密、环保在内的以下十项基本伦理准则，并在相关场景中得到应用。

一、文明

文明，是有史以来沉淀下来的，有益增强人类对客观世界的适应和认知、符合人类精神追求、能被绝大多数人认可和接受的人文精神、发明创造以及公序良俗的总和。文明是使人类脱离野蛮状态的所有社会行为和自然行为构成的集合，包括家族观念、工具、语言、文字、信仰、宗教观念、法律、城邦和国家等要素。作为人工智能基本伦理准则的文明，是指人工智能能够符合人类文明的大的框架要求，在人类法律和道德的约束下发挥能动作用。具体而言，就是语言与行动不伤害人类的文明。这也是“机器人三大定律”第一条款的相似要求。文明伦理的嵌入，有助于很好地解决前面提及的类似聊天机器人辱骂用户等言论或行为失当的场景问题，聊天机器人会通过学习，掌握脏话和骂人的词汇，从而避免在聊天时出现，引起用户的反感。

二、可控

“没有制动，动力一无所用”。这虽然是某轮胎公司的著名广告语，但却道出了人类对人工智能技术把控的真谛。最尖端的技术，只有在最有效的控制之下，才能发挥其应有的作用。目前，人们对人工智能最大的担忧就来自于失控，以及由于失控可能带给人类的各种伤害。因此，规范和调控人工智能技术，使其永远处于人类可控的状态，这应该是人工智能最基本的伦理准则。正如弗洛里迪在《第四次革命》一书中所说：“我们要做的是为自己的时代创造出一套稳健、可控、内容丰富且属于它自己的哲学。”可控，就是以人为本，意味着人工智能对人类的绝对服从，这也是“机器人三大定律”第二条款的相似要求。可控也包括节制，即有所为有所不为，切实做到有限度地应用人工智能，而不可过度扩大人工智能的应用。

三、安全

安全是指不受威胁，没有危险、危害、损失的状态，也就是将各种系统的运行对人类的生命、财产、环境可能产生的危害控制在人类能够接受的状态。安全包括国家安全、社会安全、公民个人安全。国家安全和社会安全是以公民个人安全为本的。公民个人安全是国家安全的出发点和归宿。因此，人工智能的安全伦理，主要应该侧重于保障公民个人安全。安全与可控既有区别又有联系。两者的联系在于，可控是安全的因，安全是可控的果；两者的区别在于，可控是对全过程的控制要求，安全是对预期结果的基本要求。安全伦理的嵌入，有助于很好地解决机器人误伤人类或同类的场景问题。在车间仓库等区域行走的机器人或固定在某个生产流程的机器臂，可以通过配备嵌入式传感器和运动控制算法，安装弹性驱动器和可反向驱动的接头，像人一样能够感知环境并随时进行自我调整，在发生触碰时也能像扫地机器人那样自动回缩而消解力量，从而避免硬碰撞和误伤。

四、透明

有人说，阳光是最好的防腐剂，灯泡是最有效的警察。这是指政治的公开和透明，象征着任何公共活动没有掩饰。人工智能是为人类服务的，无论人工智能如何发展，即使到了可以以假乱真的高级机器人阶段，它都无法摆脱由各种零件组装起来的机器的本质属性。从可控的需要出发，人们希望人工智能产品是“透明人”，即能够让人类了解到它的真实运行状况，包括运行的参数和机理，以最大限度地消除信息约束。有些人工智能算法出于保护知识产权等考虑，会被故意设计成黑箱模式，但也应该在使用层面尽量透明。

五、平等

平等是一种社会价值，是现代社会的基本特征。从平等的过程看，平等分为起点平等、机会平等和结果平等；从平等的内容看，平等分为政治平等、经济平等、文化平等、社会平等；从平等的形态看，平等分为平等理念、平等运动、平等制度。人工智能的平等伦理最重要的体现就是人人平等的、不因人而异的平等理念，就是为人的全面发展提供平等的社会条件，就是无差别地享用人工智能的成果。比如在安检等人脸识别系统的设计中，就不能加入肤色等种族歧视的内容。

六、公正

公正是人类社会发展的重要目标。人与人之间各种利益关系结构的协调问题就是公正所要面对的基本问题。它包括三个层面的内涵：一是公正的本质；二是应得与应予之间的关系；三是应得与应付之间的关系。所谓公正，就是公平正直，没有偏私，就是指在处理各种利益关系时，体现自由、平等、法治的原则和精神，使权利和义务相统一、成本担当和利益分享相一致。平等强调的是无差别化，公正强调的则是对等，是所有个体利益博弈中相互妥协的产物。公正具有历史性、相对性、具体性，反映不同时代的政治、经济和文化，体现不同利益主体的价值诉求，没有恒定不变的公正标尺。在调节人与人之间各种利益关系时，人工智能应体现公正；在调节人与人工智能之间、人工智能与人工智能之间的各种利益关系时，人工智能也应体现公正。

七、法治

法治是人治的对立物。法治是形式意义的法治和实质意义的法治的统一体。形式意义的法治，强调“以法治国”“依法办事”的治国方式、制度及其运行机制；实质意义的法治，强调“法律至上”“法律主治”“制约权力”“保障权利”的价值、原则和精神。形式意义的法治应当体现法治的价值、原则和精神，实质意义的法治也必须通过法律的形式化制度和运行机制予以实现，两者均不可或缺。就人工智能的法治伦理而言，就是既要遵守人类所必须遵守的法律法规，也要遵守人类为约束人工智能所制定的特殊的法律法规。即，人工智能必须在法律框架内行使其职能，没有不受法律约束的人工智能，也没有凌驾于人类法律法规之上的人工智能。比如无人驾驶车辆，也应该执行人类的交通规则，不能随意横冲直撞。

八、诚信

诚信就是诚实守信，它是人类社会基本的道德要求，在人际关系的协调中发挥着极其重要的作用。诚信包括个人诚信、家庭诚信、职业诚信和社会诚信，个人诚信是社会诚信的基础。就人工智能的诚信伦理而言，就是无论是人工智能产品，还是人工智能的制造者和使用者，都应该把诚信作为基本的道德约束，不弄虚作假，不坑蒙拐骗，不投机取巧，不见利忘义，不背信弃义。人们更容易宽恕人类犯下的诚信错误，而不能容忍机器在诚信问题上犯错。这是人类对人工智能寄予的希望和普遍的要求。比如，以生成式对抗网络（GAN）为代表的人工智能深度伪造技术，如果不加限制，就会从生活娱乐演变为公众人物或事件的“造假”，从而扰乱人们的认知。

九、保密

“我们拥有私人生活并永远将其视为我们最珍爱的财富”。伍尔芙这句话说明了隐私在人类生活中的极端重要性。没有隐私，人们就会像大街上的狗和古代社会的奴隶一样，随时曝光在所有人的眼皮底下，彻底失去一个人所应该有的尊严。显然，当人工智能能够掌握人类的全部隐私的时候，也意味着一部分人的隐私正被另一部分人所掌握，这会造成严重的信息不对称，并导致一部分人被另一部分人所控制。这不是人类社会所希望达到的结果。隐私通常包括身体隐私、精神隐私、自决隐私和信息隐私这四类（弗洛里迪），相对于人工智能而言，目前最需要保护的就是人类的信息隐私。《世界人权宣言》（联合国1948年12月发布）第12条规定，“任何人的私生活、家庭、住宅和通信不得任意干涉，他的荣誉和名誉不得加以攻击。人人有权享受法律保护，以免受这种干涉或攻击”。可见，涉及私生活、家庭、住宅和通信的隐私，是应该受到尊重和被法律保护的。比如有的高校在安装人脸识别系统时，除用于签到签退之外，还扩展到对教室内学生的打瞌睡、玩手机、发呆等行为的细节监控，看起来是对人工智能技术的滥用，实质上是缺乏保护个人隐私的思想在作祟。

十、环保

以“绿水青山就是金山银山”为代表的习近平生态文明思想，是习近平新时代中国特色社会主义思想的重要组成部分，节约资源和保护环境是我国的一项基本国策，突显了环保对于可持续发展的重要性。自18世纪60年代工业革命开始，制造业人为导致了全球变暖，人类排放的温室气体逐渐增加，温室效应随之增强，引起各国关注，环境悲观主义与环境乐观主义同时并存，由此促成了工业文明价值观向生态文明价值观的转化，促成了人类社会由农业文明向工业文明，再向信息文明和生态文明的跃升。人工智能引入环保伦理，就是要把和谐共生的环保理念贯穿于人工智能发展的始终，致力于保护环境而不是破坏环境，有助于节能减排而不是耗能增排。比如，目前扫地机器人的尘灰盒的设计，就融入了环保理念，机器人扫到的尘灰会自动存入尘灰盒中，而当尘灰盒装满的时候，机器人会自动停止工作并报警，而不会继续将尘灰存入尘灰盒而导致漫溢。

第四节　推动人工智能基本伦理准则在中国的应用

毫无疑问，我们已经进入了人工智能时代。我们正越来越多地生产和使用人工智能产品，也越来越多地受到人工智能的影响。从哥白尼革命、达尔文革命、神经科学革命到图灵革命，人类独一无二的地位不断受到冲击，“我们越来越多地将自己的记忆、决定、日常安排和其他活动，以一种与我们不断融合的方式，委派或外包给这些数字信息智能体去打理”。（弗洛里迪语）但从人工智能当前的发展水平看，如果按“弱人工智能”“强人工智能”以及“超人工智能”三个阶段来划分，则“强人工智能”尚未实现，对人类最有威胁的“超人工智能”就更加遥远①。但是，人工智能的发展应该以人类社会的稳定与福祉为前提，这已经成为全人类的共识。而推动人工智能基本伦理准则在全球和中国的应用，不能有任何迟疑和延缓，必须超前或同步于人工智能的发展阶段。在这方面，我们的六条建议是：

一、立足中国，旗帜鲜明地以习近平新时代中国特色社会主义思想指导人工智能基本伦理准则的研究与应用

习近平新时代中国特色社会主义思想是当代中国的马克思主义。它开辟了马克思主义新境界、中国特色社会主义新境界、治国理政新境界，为新时代坚持和发展中国特色社会主义、推进党和国家事业提供了基本遵循，也为人工智能基本伦理准则在中国的研究与应用提供了根本指南。要始终把人民立场作为根本立场，始终坚持以人民为中心的发展思想，把为人民谋幸福作为根本使命。要坚持发展的观点，把创新作为引领发展的第一动力，着眼于新的实践和新的发展。要坚定“四个自信”，发挥社会主义核心价值观的强基固本作用和引领作用，站在积极推动全球治理体系变革、构建人类命运共同体的高度，为人工智能基本伦理准则的研究与应用贡献中国智慧、中国方案。

---

① 杨婕：“全球人工智能发展的趋势及挑战”，《世界电信》2017 年第 2 期。

二、放眼世界，开展更广泛的国际合作

无论在人工智能的研发应用，还是人工智能基本伦理准则的研究与应用方面，我们都是后发者、追随者，但这并不意味着我们不能成为赶超者和领跑者。面对百年未有之大变局，我们要紧紧抓住大有可为的历史机遇期，认真总结改革开放40年来的成功经验，加强与世界各国的合作与交流，融入世界而不是自我封闭、自我隔绝，吸收全球尖端科技成果，推动人工智能在中国的发展，并参与构建全球性的、共建共享、安全高效、可持续发展的人工智能治理新秩序。

三、持之以恒，有序推动《新一代人工智能发展规划》的落实

国务院2017年7月8日印发的《新一代人工智能发展规划》是指导我国人工智能发展的纲领性文件，分析了人工智能成为国际竞争的新焦点、经济发展的新引擎的战略态势，明确提出发展智能经济，建设智能社会，到2030年，我国人工智能理论、技术与应用总体达到世界领先水平，成为世界主要人工智能创新中心。2018年10月，中共中央政治局就人工智能发展现状和趋势举行第九次集体学习，习近平总书记在主持学习时强调，加快发展新一代人工智能是事关我国能否抓住新一轮科技革命和产业变革机遇的战略问题。如前所述，在国务院规划所提出的人工智能三步走战略中，均明确提出了伦理建设的基本思路。从目前的发展状况看，文件仍然很有前瞻性和现实针对性，需要一以贯之地加以贯彻落实。需要注意的是，北京、上海、天津、广东、浙江、江苏、福建等数十个省市也纷纷发布“落实《新一代人工智能发展规划》行动计划”，但对伦理建设的要求远不如基础研究、产业布局、示范应用、企业培育、人才培养等方面来得具体，还需要进一步细化举措，稳步推进。

四、机构引领，确保人工智能基本伦理准则的研究与应用有人抓、有人管

国务院规划虽然决定成立人工智能规划推进办公室，成立人工智能战略咨询委员会，但就人工智能基本伦理准则的研究与应用而言，还需要组建由政府部门和行业专家组成的人工智能伦理委员会，对人工智能的开发和应用

提供伦理指引，并对具有重大公共影响的人工智能产品进行伦理与合法性评估，同时指导各类智库加强相关理论研究和探讨，构建人工智能伦理学，从理论上廓清各种迷雾。

五、立法优先，将人工智能基本伦理准则纳入法律范畴

伦理准则毕竟只是准则，本质上属于道德范畴而不属于法律范畴，不具备法律意义上的约束力。因此，尽管目前整体上还处于“弱人工智能”阶段，还没有出现具有自主意识、能够真正地推理和解决问题的智能机器，但一些人工智能产品已经开始应用于生产、销售、服务领域，开始走入寻常百姓家，并暴露出一些问题，迫切需要及早开展人工智能的立法研究，以法律来规范人工智能的应用。特别是要明确人工智能的人格化定位，科学判定人工智能的伦理失范行为，解决好法律主体界定问题，并根据形势发展变化，及时对法律法规进行修改完善，增强其可操作性。

六、加强宣传，提高人工智能决策者开发者使用者的伦理道德意识

对全社会而言，人工智能的概念已不再陌生，从工厂车间到后台管理，从研发创新到市场营销，人工智能已经逐步渗透，并以人机协作的扩展，开辟了未来的新型工作模式，对人类社会的影响也会越来越大。我们要在加强人工智能技术培训的同时，切实把人工智能伦理建设摆上议事日程，加强对正反案例的宣传与解读，增强社会公众的人工智能伦理道德意识，从而为人工智能的健康发展打下良好的伦理道德基础。

作者： 王思彤　南京大学长江产业经济研究院特聘研究员
江苏省统计科学研究所所长
刘　伟　北京邮电大学岗位教授　剑桥大学访问学者
军委科技委人机融合智能组首席科学家

第三篇

创新宏观调控

第九章　房地产投资信托基金（REITs）发展国际经验与中国实践

第一节　全球 REITs 发展的历程

REITs 实际上是一种证券化的产业投资基金，即通过发行股票筹资，由专门机构经营管理，选择房地产项目进行投资组合，将出租不动产所产生的收入以派息的方式分配给股东。从现代 REITs 在美国诞生至今，作为发展了 60 年的成熟房地产金融产品，REITs 不仅是机构投资者，如保险基金、养老基金、退休计划、主权基金、共同基金等的投资标的，也是个人投资者进行资产配置的重要工具，REITs 推动的房地产证券化已经成为全球资本市场的发展趋势。

由于美国是现代 REITs 的起源地，且已成为其他国家发展 REITs 的主要参照，所以全球 REITs 的发展历程与美国 REITs 的发展历程息息相关。19 世纪中叶，在马萨诸塞州波士顿市设立的商业信托是 REITs 的基本理念起源。当时，由于产业革命所创造的财富，需要寻找对房地产的投资机会，但该州法律禁止传统公司拥有房地产，这就使得一般公司不可能通过买卖房地产获得收益。针对这一法律所设计的马萨诸塞信托应运而生，成为第一种被允许投资房地产的组织。马萨诸塞信托享有一定的税收优惠，其最初成立的目的是为富有的投资者提供一条通过权益投资获取收益的渠道，但成立不久就面向一般投资者了。第二次世界大战后，随着美国房地产业迅猛发展，投资者对房地产投资的热情增加。由于房地产单笔投资数额巨大，远远超过一般中小投资者的经济承受能力，并且房地产属于实物资产，流动性较差，因而市场对房地产投资基金的呼声十分强烈。在这一背景下，1960 年，美国总统签署了《房地产投资信托法案》，宣布允许设立 REITs。

美国的 REITs 曾在 20 世纪 70 年代初达到顶峰，其后由于经济危机和房地产市场的萧条，房地产投资权益证券化开始出现衰落。后来随着税收法案的修订和有关限制的放宽，房地产投资信托的避税优势得以发挥，而且不能直接拥有房地产资产的情况也得以改变，房地产投资信托从 20 世纪 80 年代开始再次回升，资产量不断增长。进入 21 世纪，伴随着 REITs 被纳入 S&P500 指数等事件，REITs 产品市场认可度进一步提升，行业发展进入了一个新的高速发展期。

从全球来看，REITs 已成为备受欢迎的房地产投资工具，由 REITs 推动的房地产证券化已经成为全球资本市场的发展趋势。亚洲地区 REITs 起步于 21 世纪之初，虽然起步较晚但发展非常迅速。2001—2005 年，日本、新加坡、中国香港特区等亚洲主流市场纷纷建立了 REITs 制度并发行了 REITs 产品。十余年间，亚洲 REITs 市场规模迅速攀升，至今市值已超过了千亿美元。新加坡是亚洲发展最成熟的 REITs 市场，其发行的 REITs 所持有的物业不仅位于新加坡国内，还投资于亚洲其他地区。2018 年 9 月，美国私募投资巨头黑石集团（Blackstone）和印度房地产公司 Embassy 集团的合资公司向印度证券交易委员会递交了 Embassy Office Parks REIT 的招股文件，推出的印度首个房地产投资信托基金，发行规模约为 5000 亿卢比（约合 470 亿元）。截至 2017 年年底，全球共有 37 个国家和地区建立了 REITs 市场，总市值约为 2 万亿美元。美国公开发行的 REITs 达 225 支，总资产超过 1 万亿美元，占全球总市值的 54%，为全球资产规模最大的 REITs 市场。澳大利亚排名第二，共有约 60 支 REITs，总市值超过 1000 亿美元，占全球总市值的 6%。日本、加拿大、英国、法国分别占 5.5%、5%、3% 和 1.5%，中国香港特区占 1.5%，其他国家和地区占 23.5%。包括我国在内的 9 个国家和地区正在 REITs 发行的准备阶段。

由于中国房地产市场起步较晚，房地产金融成熟度不高，所以 REITs 的发展历程并不顺畅。至今中国内地尚未出台针对 REITs 的专门法律法规，实际的应用和成熟市场相比仍然极少，但针对 REITs 的研究与讨论却已非常广泛而丰富，相关配套金融、法律、市场体系也逐渐走向完善。我国《“十三五”规划纲要》已明确提出“开展房地产投资信托基金试点”。2016 年和 2017 年的政府工作报告分别提到“发展资产证券化”与“探索基础设施等资产证券化”。

2005 年 12 月 21 日，越秀 REIT 在香港联交所正式挂牌上市，作为全球首只投资于中国内地物业的上市 REIT，越秀房产基金成功完成“四连跳”，实现跨越式成长，总资产已从 45 亿元上升到近 360 亿元，资产规模位列亚洲上市房产基金前 10 位。2014 年 1 月，中国证监会批复《关于核准中信证券股份有限公司设立中信启航专项资产管理计划的批复》，同意中信证券设立中信启航专项资产管理计划（以下简称中信启航），以私募 REITs 的形式推动国内不动产金融实践。中信启航项目是国内 REITs 的第一个突破，从此我国的物业支持融资从抵押融资、收益权质押融资等形式真正走向了股权出售形式。2015 年 6 月，鹏华前海万科 REITs 批准上市发行，其作为中国首只公募 REITs，对中国 REITs 的发展起到了真正意义上的破冰，虽然其基础资产本质上不是股权而是收益权，但其突破了基金法的限制，解决了 REITs 产品的流动性难题。按照国际标准上述产品不算严格意义上的 REITs，因为多数国家要求 REITs 将大部分资产投资于房地产，同时对投资股票的资金比例做了限制。鹏华前海万科 REIT 的资产组合中只有 50% 的比例投资于不动产，其他资金则投资于固定收益类资产、权益类资产，另外其在运作的前十年为封闭运营并非公开上市，但是鹏华前海万科 REIT 更加接近国际标准化产品，市场指引意义重大。

根据不动产投资信托基金研究中心数据，截至 2018 年 12 月 28 日，我国已发行类 REITs 共 44 支，总规模已达到近 915.31 亿元，持有物业类型主要包括写字楼（26%）、购物中心（27%）、零售门店（18%）、租赁住房（11%）、酒店（10%）、物流仓储中心（4%）、书店（2%）和社区商业（2%）等。2018 年国内 REITs 市场出现了三个“首单”，即首单物流地产储架类 REITs 产品——顺丰产业园类 REITs、首单底层资产可赎回 REITs 产品——皖新光大阅嘉 REITs、首单长租公寓储架权益类 REITs——旭辉领寓类 REITs。

第二节　典型国家或地区 REITs 发展历程与产品特征

美国是全球 REITs 最成熟、市值最大的市场，并成为世界 REITs 发展的典范；澳大利亚是继美国之后的全球第二大房地产投资信托市场；日本是建立 REITs 最早的亚洲国家；新加坡是亚洲继日本之后第二个推出 REITs 的国家，也是亚洲第二大 REITs 市场；中国香港特区 REITs 的发展也有其独特性。

一、美国

（一）发展历程

美国在 1960 年恢复了对 REITs 产品的税收减免，以艾森豪威尔总统签署的《房地产投资信托法案》为标志，第一个现代意义上的 REIT 应运而生。

在 REITs 产品创立初期，市场发展缓慢，直到 1968 年，美国市场上也仅有 10 余支 REITs。1969—1974 年，抵押贷款型 REITs 迅速发展，数量和规模急剧增长。这些 REITs 为房地产开发、建设企业提供了大量的短期建设贷款，一定程度上推动了美国房地产建设的热潮。1974—1975 年美国经济出现衰退，利率高企，房地产市场供给过剩，大量抵押贷款违约，房地产商破产。这导致抵押贷款型 REITs 不良率和负债成本上升，开始陷入困境。负债率较高的抵押贷款型 REITs 开始通过重整贷款、出售资产等方式来进行自救。此时部分抵押贷款型 REITs 通过受让抵押物的方式变为了权益型 REITs。受此影响，随后的较长一段时间 REITs 的发展非常缓慢。1986 年，美国国会通过了《税收改革法案》，放松了对 REITs 的经营限制，使得 REITs 的受托人、董事、员工等相关方可以对 REITs 进行管理。1991 年以来，伴随着美国房地产行业的复苏，REITs 迎来了第二个高速发展时期。从 1990—1997 年，REITs 总市值从 87.4 亿美元发展到 1400 亿美元。标准普尔在 2001 年将 REITs 加入自己的主要指数包括 S&P500 指数，表明 REITs 已进入主流投资行列。

（二）主要特点

1. 设立条件。资产要求：REITs 资产价值的 75% 以上必须由房地产、现金和政府发行的有价证券构成；不符合前一要求的证券资产中，由同一发行人发行的有价证券不得占信托资产总值的 5% 以上；REITs 持有的第一条要求以外的有价证券中，由同一发行人发行的证券不得占该证券余额总值的 10% 以上。

收入分配要求：该实体扣除非经常性投资收益后的总利润，95% 以上必须由股息、利息、租金或销售特定资产的收益构成；至少 75% 以上总收入必须来源于租金、抵押贷款债务的利息、销售特定资产的收益或向其他 REITs 投资所获得的收入；持有期在 6 个月以内的股票或证券，以及持有期在 4 年以内的房地产的销售收入，不得超过该实体总收入的 30%；分配给股东的金额必须等于或超过 REITs 总收入的 90%。

2. 组织形式。美国 REITs 有三种结构，分别为传统组织结构、伞形合伙结构的 REITs（Umbrella Partnership REITs，简称 UPREITs）和下属合伙结构的 DOWNREITs。

传统组织结构主要存在于 1986 年以前，当时 REITs 的资产管理和运作、REITs 房地产租赁服务、向承租人收取租金等活动一般外包给独立的合约方进行。另外，在当时 REITs 的组织结构中，REITs 直接拥有资产，而不是通过经营性合伙企业间接拥有资产。

20 世纪 90 年代初期，由于美国房地产行业传统融资渠道受限，房地产商纷纷转向筹资成本相对较低的资本市场进行融资。在这种金融市场上，UPREITs 于 1992 年出现了，新设立的 UPREITs 能够迅速达到公开上市融资的规模，从而使 REITs 行业在 1993—1994 年出现了 REITs 首次发行股票热潮。UPREITs 的出现促使 REITs 的私人所有权结构向公众持有的所有权结构转变，即公开上市交易的 REITs 的增加。UPREIT 是一家拥有经营性合伙企业的 REIT，通过该合伙企业间接持有和管理房地产。首先，现有房地产合伙企业的数个合伙人共同设立一个经营性合伙企业，然后转让自有房地产，以获取代表有限合伙权益的凭证——“经营型合伙单位”（Operating Partnership Unit，简称 OP 单位），成为有限合伙人。其次，在设立经营性合伙企业的同时，公开募集成立一个 REITs。REITs 以融得资金向经营型合伙企业出资换取 OP 单位，成为普通合伙人（即无限责任合伙人）。有限合伙人持有 OP 单位一段时间后，可以把 OP 单位转换成 REIT 股份或现金，从而获取流动性。因此，REITs 的资产组合中实际上包括较大比例的 OP 单位，即合伙权益。再次，REITs 融资所得资金交给经营性合伙企业之后，后者可以用该现金或 OP 单位进一步收购房地产资产，或者用于减少债务等方面的支出。

DOWNREITs 结构最早出现于 1994 年，主要是 1992 年以前设立的“老”REITs 为了获得 UPREITs 的优点，在 UPREITs 组织结构基础上进行的创新。这些“老”REITs 主要采用 REITs 的传统组织结构，已经经营多年，规模扩张和成长空间受到限制。它们通过改组成为 DOWNREITs 结构的 REITs，大规模吸收新的房地产所有者，并与这些房地产所有者组成多个经营性合伙企业，从而迅速扩大规模，谋求上市融资便利和获取规模效益。DOWNREITs 结构从 UPREITs 结构演变而来，因此结构较为相似，只是 REITs 直接拥有和经营大部分房地产，经营性合伙企业拥有和管理其余房地产。房地产所有者以房地产向经营性合伙企业出资，换取 OP 单位，成为有限责任合伙人。在 DOWNREITs 结构中，REITs 可以成为多个 DOWNREITs 合伙企业的普通合伙人。

3. 税收政策。1976 年，美国国会通过了《1976 年税制改革法》。该法对 REITs 的纳税条款进行了一系列有利于适应经济低迷时期的市场环境的重大调整。取消对非故意违反 75% 和 95% 总收入规则的房地产信托公司进行处罚的条款；对 REITs 的经营损失和资本利得的会计处理做了相应的修改，允许 8

年期的亏损结转；授予为了转售的目的而持有物业的权利；如果 REITs 符合某些条件可以免交特许权税，这些条件包括出售物业的数量以及持有期超过 4 年以上才可以销售等。此外，新法还将派息比率从 90% 增加到 95%，这在一定程度上降低了 REITs 在处理损益时的灵活性。

1986 年，美国国会通过的《1986 年税制改革法》使 REITs 的投资理念发生了重大变化。《1986 年税制改革法》规定，REITs 不仅暂不实行至少有 100 个股东的要求，而且在 REITs 开始运作后的第一个纳税年度暂不实行“5—50 原则”①；允许那些本来不符合房地产纳税优惠条件的物业，在 REITs 对其投资 1 年后，享受税收优惠待遇；修改了独立承包商规则，允许 REITs 在不使用独立承包商的情况下，为租户提供某些常规服务，这使 REITs 本身获得了这笔在以往为了提供这些服务而必须支付给独立承包商的费用。

1997 年，美国颁布的《1997 年纳税者减免法》，也称为《REIT 精简法》（REIT Simplification Act，简称 REITsA），有 12 条直接影响 REITs 的条款。REITsA 取消了 1986 年法案中 REITs 对租户提供了非常规服务而使租金收入不享受纳税优惠的条款。此外，REITsA 还取消了股东在后期分配中所得到的可保留资本利得的纳税义务，废除了 REITs 持有作为长期投资资产的销售收入不能超过总收入 30% 的规定。

1999 年，颁布的《REIT 现代化法》（REIT Modernization Act，简称 RMA），在 2001 年生效，它比 REITsA 产生的影响更大。RMA 允许 REITs 获得税收补贴，可以为租户提供某些不必满足租金收入税收优惠条件的服务；该法允许拥有小型医院的 REITs 雇用独立的承包商经营其物业；RMA 将 REITs 应纳税收益的分配比率从 95% 降到 90%。

二、澳大利亚

（一）发展历程

20 世纪 70 年代澳大利亚开始引入第一支地产信托，在创建初的 20 年里，REITs 并没有得到社会的认可和引起人们的重视。当 1987 年澳大利亚股市崩溃以后，大量的资金从股市流入未上市地产投资信托中，使该市场逐步发展

① “5—50 原则”是指在一个 REITs 纳税年度的下半年，禁止 5 个或 5 个以下的个人合计拥有超过 50% 的该 REITs 股份。

扩大。到了20世纪90年代初，未上市地产投资信托流动性方面的弱点逐渐显现，由于无法满足法律规定的60天变现要求，整个市场陷入瘫痪。为了从根本上解决流动性问题，澳大利亚政府允许REITs在二级市场上交易。这次变革使大多数REITs在澳大利亚证券交易所上市。1993年后，随着澳大利亚经济的复苏特别是新移民带来的房地产市场增长，迎来了REITs的迅速扩张。1996年，很多寿险公司改变其原有直接投资地产项目的策略而转投REITs，使REITs市场进一步壮大。1997年的亚洲金融危机对澳大利亚股市造成了一定的冲击，许多损失惨重的机构投资者开始寻求较安全，并能够尽可能分散风险的新的投资标的。REITs正好迎合了这些投资者的意愿，机构投资者于是将大量资金从传统的证券转投向REITs市场。

（二）主要特点

1. 设立条件。根据澳大利亚信托法的规定，REITs必须满足以下条件：75%的资产是房地产；全部的费后收益分配给投资者；信托法对REITs的管理结构和资产负债率并没有限定。

2. 组织形式。澳大利亚的REITs采用的是信托结构，其中占据市场主导地位的是一种使用合订结构的REITs。合订结构是将一个REITs的信托单位和1份基金管理公司的股份捆绑在一起，且一经合订，两者就不能分开交易。投资者通过持有1股合订证券，同时持有1个REITs信托单位和1份基金管理公司股份。在这种结构下，基金管理公司主要负责房地产物业的开发和建设，而收租型物业则由REITs来持有。通过与业绩优良公司合订上市，REITs的业绩将得以提高，可以增加对投资人的吸引力，同时通过合订扩大投资范围和投资领域，合理规避法律对主动开发和非依靠稳定现金流投资的限制。

3. 税收政策。澳大利亚政府为了鼓励本国REITs的发展，其税法规定，如果单个基金产品的投资者超过300人，并且该产品项下的资金投资具有现金流的成熟物业时，该基金可以免除交易印花税。REITs所分派的股息不在REITs层面征税，投资者所收到的股息只会在个人的层面被征税，避免了REITs所得收益被双重征税。而且，澳大利亚实行的是累进税制，投资者所缴的税金和投资者的整体收入相关。此外，二级市场上REITs股份的交易免征印花税；REITs基金管理费不需缴纳商品及服务税；投资者的资本收益被征税减半。

三、日本

（一）发展历程

20 世纪 90 年代，日本在资产泡沫后经历了漫长的经济衰退，在 20 世纪 90 年代中期的刺激过后，日本经济再次跌入负增长区间。房地产市场长期低迷，日本为提振地产需求，选择 REITs 作为商业地产新开发项目的资金来源，推动资金流入房地产市场。2000 年 11 月日本修改了本国的《信托投资公司法》，允许信托投资资金投资于商业不动产领域，并明确了成立 REITs 的相关必要条件，成为亚洲首个推出 REITs 产品的国家。2001 年 9 月 10 日，日本房地产投资公司及日本建设基金成为首批上市的房地产投资信托基金。随后，由三菱房地产公司和瑞士银行集团旗下的瑞士房地产公司合资设立的日本零售基金投资公司成为第三家上市的房地产投资信托基金。2003 年 4 月 1 日，东京证券交易所推出了“东京证券交易所 REITs 指数”，该指数是市值加权指数，与东京证券价格指数的计算方法一致。

（二）主要特点

1. 设立条件。资产结构要求：至少 75% 的资产是由房地产、现金或现金等同物，或政府发行的证券组成；所持有的下属子公司的应征税资产不超过总资产的 20%；所持有的任何一家公司的证券的价值不得超过总资产的 5%；所持有任何一家公司的证券的价值或投票权不得超过该公司总价值或总投票权的 10%。

收入分配要求：对上市 REITs 至少 75% 的投资是房地产；至少 50% 以上资产是收入产生型，并且 1 年内不可能被出售；不可以拥有另一家公司 50% 以上的股份；贷款必须是来自合格的金融机构；每年不低于 90% 的利润作为红利分配给股东。

2. 组织形式。日本 REITs 的发展借鉴了美国 REITs 的形式，在组织结构方面可以成立信托或投资公司。由于信托形式的 REITs 管理成本较高，公司形式的 REITs 被认为更具有长期发展规划和投资价值，到目前为止日本 REITs 基本都以公司形式成立。

3. 税收政策。在税收制度方面，日本 REITs 也借鉴了美国的方式，虽然应税收入需要缴纳 37% 的公司所得税，但是收入可以扣除股利分红后再算为应税收入，也即是对分红的收益实行了免税政策，但对剩余、未分配的利润需要缴纳公司税。

四、新加坡

（一）发展历程

新加坡房地产信托的起步可以追溯到20世纪80年代。房地产投资信托基金的观念在1986年便被引进新加坡，当时的房地产市场咨询委员会已对此议题讨论过，此委员会设立的目的是为了活络与重建房地产市场。在相关团体的长时期游说下，房地产投资信托基金清除所有法规上的障碍。从20世纪80年代开始，新加坡的证券市场出现了抵押证券。1998年7月，为了进一步发展资本市场，给广大投资者增加市场投资品种和促进房地产市场的发展，新加坡证券交易所审核委员会提出设立上市财产信托。随后，新加坡金融管理局采纳了该建议，于1999年5月颁布了《房地产信托指引》，并在2000年11月进行了更新，这为新加坡发展房地产信托市场铺平了道路。为了促进新加坡成为世界金融中心，新加坡财政当局放宽许多规定，期望房地产投资信托基金能成为一种崭新的投资工具。2001年的《证券和期货法》对上市REITs做出了相关规定，建立起以《新加坡公司法》《单位信托手册》《财产信托指引》以及《证券期货法则》为基础REITs发展法律框架，该框架对S-REITs的典型资产结构、经营范围、上市规定以及税收政策等做出了详细规定。

（二）主要特点

1. 设立条件。资产结构要求：REITs所融资金至少35%必须是投资于房地产，可以采取两种投资方式：一是直接拥有新加坡境内、外房地产；二是持有非公开上市房地产投资公司的股份；REITs总资产的70%必须投资于房地产或者与房地产相关的资产；REITs资产的30%可投资于政府公债及上市公司债、非房地产公司的公司债或股份、现金或其他现金等价物；REITs必须根据自身类型与数量、投资标的和市场情况，合理地在房地产类型、地点和国家或房地产投资数量方面进行分散化投资；REITs对单一房地产开发商的投资不得超过其资产的10%，REITs在单一发行人发行的证券或者单一经理人管理的基金方面的投资，不得超过其总资产的5%。

经营范围要求：REITs 不能从事或参与房地产开发活动，不论是以独资或合资方式，还是以投资于非上市房地产开发商的形式进行；REITs 除了投资于获准开发的空地上，即将开发的房地产外，不能投资于空地。投资于新加坡境内未开发完成的非住宅房地产，或者是新加坡境外未开发完成的房地产，均不得超过总资产的 20%。

2. 组织形式。新加坡 REITs 可以以公司法人或者信托的形式成立并上市。若 REITs 以公司形式设立，则该基金必须在新加坡证券交易所公开募集资金，除非主办者可以说服相关管理机构，未上市股票可以在现有市场进行交易。若以信托形式设立，则必须指定经政府金融部门许可的受托者，此受托者必须独立于基金经理人之外，同时符合金融体制健全要求。此形式下，REITs 可以公开或私下募集资金：如以私募方式，投资者必须被允许至少一年可以赎回信托单位一次；如以公募方式，主办者可以要求免除投资者赎回单位的要求。

3. 税收政策。新加坡没有明确规定 REITs 具有免征企业所得税的“地位”，但是允许 REITs 向税务部门申请该免税资格。在信托层面免征企业税的情况下，投资者必须为投资收益纳税。REITs 为了获得税收优惠，必须将每年营业收入不少于 90%，按照季度、半年或者年的频率以分红的形式分给投资者，但是资本利得部分不做要求。只要被认定为可获得税收优惠的 REITs，来自于房地产及房地产相关资产的现金收入部分可以完全免税，但是资本利得收入需要分不同情况决定是否要纳税。新加坡本身对于资本利得是免税的，但是如果公司以买卖物业为主业，则必须要交纳 17% 的税收。在新加坡交易不动产还需要缴纳印花税，上市交易的 REITs 或者将在 6 个月内上市的 REITs 可以减免印花税。

五、中国香港特区

（一）发展历程

2003 年 7 月 30 日，香港证券和期货事务监察委员会（香港证监会）颁布了《房地产投资信托基金守则》，对 REITs 的设立条件、组织结构、从业人员资格、投资范围、利润分配等方面做出了明确的规定。根据守则的规定，经过香港证监会核准的 REITs 可在香港联交所挂牌。2005 年，香港证券及期货事务监察委员会发布了《房地产投资信托基金守则》，为香港 REITs 的发展奠定了法律基础。2005 年 11 月 25 日，香港特区首个房地产投资信托基金——领汇房地产投资信托基金正式在香港联交所挂牌交易，并以 220 亿港元的融资规模，成为全世界首次公开募股（IPO）市值最大的 REITs，香港特区的 REITs 市场正式迈上了快速发展的道路。随后，在 2005 年 12 月 16 日，长江实业作为基金发起人成立了泓富产业信托，在香港联交所上市。2005 年 12 月 21 日，越秀城建发起成立了内地首单在香港上市的 REITs。

（二）主要特点

香港特区 REITs 市场，在结构、投资标的、收入分配等多个方面借鉴了美国 REITs 的规则，但两者之间最大的区别在于税收政策。香港特区政府通过专项立法对 REITs 的上市条件和监管要求做了明确的规定，相对于美国 REITs 市场而言，香港特区市场的立法和监管更为缜密和严格。

1. 设立条件。资产结构要求：只可以投资于房地产项目；可以购入空置及没有产生收入或正在进行大规模发展、重建或修缮的建筑的未完成单位，但这些项目的累计合约价值不得超过总资产净值的 10%；除了修缮、翻新、改造外，不能投资于空置土地或参与物业开发活动；允许通过特别子公司投资于旅馆或游乐园；不能对外贷款、为任何债务提供短期担保或不经受托人事先书面同意信托资产设担保；不能投资获得任何须承担无限责任的资产。

收入分配要求：按《房地产投资信托基金守则》规定，REITs 每年必须将不低于 90% 的净利润以红利形式分配给信托单位持有人。尽管美国和其他亚洲国家对 REITs 的收入分配都有要求，但是这些国家对 REITs 的分配要求与税收条款相联系，尤其是美国的 REITs 发展基本上是税收优惠驱动，收入分配要求其实是避免双重征税的需要。而中国香港特区与其他国家和地区的一个重要差别是香港特区投资者对所获的利润分配没有税收的要求。因此，对 REITs 收入分配的规定在没有相应的税收优惠条款情况下，是限制性很强的要求。

2. 组织形式。香港房地产投资信托基金是以信托方式组成而主要投资于房地产项目的集体投资计划。

3. 税收政策。对 REITs 公司免征公司所得税。对投资于 REITs 的个人股东免征个人所得税，但仍需要缴纳印花税。

第三节　不同类型 REITs 产品的比较分析

一、公司型与契约型

从 REITs 的组织形式特点角度，将 REITs 划分为公司型和契约型两种。

（一）公司型 REITs

1879 年，英国根据《股份有限公司法》的规定，对信托型基金进行了改革，创设公司型基金。这种改革迎合了美国的需要，因为美国直到今天也没有在全国建立统一的信托法制，只存在州一级的信托法，有些州甚至没有建立信托制度。在这种情况下，公司型基金在美国很适用。在 1976 年以前，美国 1960 年《国内税收法》规定房地产投资信托基金必须是非法人信托或者社团组织。由于 1971—1975 年美国国内经济出现衰退，房地产投资信托基金的资产水平开始下降，美国国会通过了 1976 年《税收改革法》，取消了对房地产投资信托基金的组织形式的这一约束，因而美国房地产投资信托基金的组织形式可以是公司组织，而不是必须采用信托形式。

公司型 REITs 依公司法成立，发行 REITs 股份，将集中起来的资金投资于房地产。公司型 REITs 与股份有限公司类似，公司资产由股东所有，股东选举董事会，董事会选聘 REITs 管理公司，REITs 管理公司负责管理 REITs 业务。公司型 REITs 的设立，在工商管理部门和证券交易委员会注册，并在股票发行和交易的所在地登记。

公司型 REITs 的组织结构的当事人有：REITs 股东、REITs 公司、REITs 管理人或投资顾问、REITs 保管人、房地产投资信托转换代理人、房地产投资信托承销商。REITs 股东指 REITs 股票的持有者。REITs 公司，按照股份公司组织形式建立，分为封闭型和开放型 REITs 公司两种。封闭型 REITs 是指公司发行的股份数量是固定的，以后不再追加资本，或称为固定股份 REITs 公司。开放型 REITs 是指公司发行一种普通股票，发行数量不固定，发行之后可以根据投资者需求随时增发 REITs 股份，或称为不固定股份 REITs 公司或追加型 REITs 公司。对公司型 REITs 从事实际管理和经营资产的是一个独立的 REITs 管理公司，即 REITs 管理人。REITs 管理人所负职责和所得报酬由

REITs 公司和 REITs 管理公司签订的顾问协议规定。REITs 管理人的主要职责包括有价证券的研究分析、制定投资组合和从事日常的 REITs 管理。REITs 保管人一般是银行，它的主要职责是保管 REITs 资产及股息核算等，保管人同 REITs 公司签订保管契约并收取保管费。转换代理人通常也由银行或其他金融机构承担，由其负责 REITs 股票的转移以及股利分配等。REITs 承销商负责股票发售的具体工作，承销商是管理公司的代理机构，负责按净资产价值购买 REITs 的股份，并按净值加佣金卖给证券交易商或其他人，再由他们负责卖给投资者。

（二）契约型 REITs

1960 年，美国通过《房地产投资信托法案》规定房地产投资信托基金享有税收优惠，并且允许其上市交易，解决了传统的房地产资产不能流动的问题。美国通过这个法律的初衷是使中小投资者通过参与房地产投资信托基金投资于大型的房地产，获得投资收益。根据美国 1960 年《国内税收法》的规定，房地产投资信托基金不能以公司为组织形式，所以不缴纳公司所得税，而仅对投资者征个人所得税，所以房地产投资信托基金一般也被认为是具有投资媒介性质的导管作用，是投资工具，而不是实业工具。在这个阶段，美国法律只允许设立权益型的房地产投资信托基金。在这个时期，美国法律仍然规定房地产投资信托基金必须是非法人信托或社团组织，所以在组织形式上仍然采取的是契约制。

契约型 REITs 是指依据信托契约，发行 REITs 受益凭证组建而成。一般而言，契约型 REITs 由 REITs 管理公司、保管公司及投资者三方当事人订立信托契约。REITs 管理公司是 REITs 的发起人，发行收益凭证筹集资金组成信托资产，并根据信托契约进行投资。REITs 保管公司通常由银行担任，根据信托契约负责保管信托财产，办理证券、现金管理以及有关的代理业务等。投资者购买和持有 REITs 受益凭证，并根据其购买份额分享投资收益。REITs 受益凭证是一种有价证券和 REITs 的财产证明。由 REITs 承销商代理发行契约型 REITs。

契约型 REITs 按设立方式可划分为现金型和垫付型两种：（1）现金型 REITs。REITs 最初设立时，投资者用现金购买受益凭证，待全部发行完毕后，REITs 资本总额形成。然后，REITs 管理公司再将资产交由 REITs 保管公司保管，并进行房地产投资。（2）垫付型 REITs。REITs 在最初发行时，先由 REITs 管理公司垫付 REITs 的资本总额用于购买各种有价证券，交由 REITs 保管公司保管，再发行受益凭证筹集资金归还发起人。

（三）公司型 REITs 和契约型 REITs 的比较（如表 9－1 所示）

表 9－1 公司型 REITs 和契约型 REITs 的比较

	公司型 REITs	契约型 REITs
法律依据	公司法	信托法
章程契约	公司章程、委托管理契约和委托保管契约	信托契约
发行凭证	既是一种所有权凭证，又是一种信托关系	信托关系
投资者的地位	有权对公司的重大决策进行审议，发表自己的意见，并以股息形式获取投资收益	信托契约的当事人，通过购买受益凭证获取投资收益，对 REITs 如何运用所做的重要投资决策通常不具有发言权
运作方式	同一般股份公司一样，在营运中除非根据《公司法》到了破产清算阶段，一般情况下 REITs 公司具有永久性，这有利于公司稳定经营	依据信托契约建立和运作，随着契约期满 REITs 营运终止，不利于 REITs 的长期经营

二、私募型与公募型

根据 REITs 的募集和流通方式不同，将 REITs 划分为私募 REITs 和公募 REITs。

（一）私募 REITs

私募 REITs 是指以非公开方式向特定投资者募集资金，投资房地产的信托基金。REITs 发起人以电话、信函、面谈等方式，直接向一些机构投资者或有钱的个人推销 REITs 来募集资金。私募 REITs 对投资人的风险承受能力要求较高，监管相对宽松，但各国法律法规对私募 REITs 持有人的最高人数和投资人的资格做了严格规定。私募 REITs 具有以下几个特点：（1）非公开性。私募 REITs 通过私下方式征寻特定投资者并向有投资意向的投资者发售，若通过媒体披露信息等公开方式寻求投资者投资购买是违规违法的。（2）募集性。私募 REITs 单位虽私下发售，但发售过程是一个向特定投资者募集 REITs 资金的过程。有三个重要规定：一是特定投资者的数量不能是 1 个、3 个、5

个等少数，而应是有限的多数。二是 REITs 单位同时并同价向这些特定投资者发售，在同次发售中不得发生不同价现象。三是 REITs 单位的发售过程同时是一个 REITs 资金的募集过程，存在一个“募集”行为。受这些规定制约，私下“一对一谈判”所形成的资金委托投资关系，不属于私募 REITs 范畴。（3）大额投资性。私募 REITs 受 REITs 运作所需资金数量和投资者人数有限的制约，通常对每个投资者的最低投资资金数额有较高的门槛。（4）封闭性。私募 REITs 规定了明确的封闭期。在封闭期内，REITs 持有人不得各自抽回资本金，除非 REITs 持有人大会决定解散 REITs。REITs 持有人可以通过私下转让 REITs 单位，来收回投资本金。（5）非上市性。一般而言，私募 REITs 是非上市的，投资者通过 REITs 投资收益的分配获得回报，但不可能获得 REITs 单位上市的价差收益。

（二）公募 REITs

公募 REITs，是指以公开发行方式向社会公众投资者募集信托资金。公募 REITs 可通过各种媒体披露发行信息，投资者人数一般不受限制，每个投资者的最低投资数量没有限定。公募 REITs 具有以下几个特点：（1）公开性。公募 REITs 是向社会公众募集信托资金，遵守“公开、公平、公正”的原则，各种相关信息不仅必须公开披露，而且要做到及时、准确、完整。（2）可变现性。公募 REITs 的投资者人数众多，投资者有不同的资金流动性要求，若不能有效解决资本金的变现问题，将严重限制投资者的人数和募集资金的数量，使 REITs 的设立遇到困难。现实中，公募 REITs 的可变现性强。封闭型的公募 REITs 选择上市的途径来解决资本金的变现问题，开放型的公募 REITs 采用赎回方式来解决资本金的变现问题。（3）高规范性。由于信息不对称，而公募 REITs 面向社会公众投资者募集资金，为了保障 REITs 持有人的权益，各国对于公募 REITs 发售、设立、运作、托管、变现、解散等制定了相当详细严格的法律法规予以规范。

（三）私募 REITs 和公募 REITs 的比较（如表 9－2 所示）

表 9－2　　私募 REITs 和公募 REITs 的比较

	私募 REITs	公募 REITs
客户对象	仅接受集团投资者或富有的个人	不确定的账户投资者
投资要求	在资金投向和投资收益上有特殊要求	在资金投向和投资收益上无特殊要求

续表

	私募 REITs	公募 REITs
投资管理的参与程度	委托人对投资决策有较大的参与度	由基金管理人进行投资决策
法律规制	信息披露和投资限制等方面比较宽松	细致复杂的法律条款来约束
杠杆交易	可投资金融衍生工具或以管理资产做抵押从事借贷活动，发挥杠杆交易效应	很少或根本不可能使用杠杆交易

三、公开上市型与非公开上市型

国际上房地产投资信托基金大部分属于上市型，一般选择在证券交易所上市交易，可以在市场上随时买进卖出，没有期限的限制。上市型和非上市型亦称之为公募型或者私募型，公募型是上市型基金，私募型一般是非上市型基金。

第四节　REITs 发展的国际经验借鉴

根据对全球 REITs 的发展历程回顾和不同 REITs 产品的特点分析，进一步总结 REITs 发展的国际经验。

一、健全的法律法规为 REITs 发展提供了良好的外部环境

从法律制度的角度分析，可以分为以英美法系为基础的美国模式（以美国、澳大利亚为代表）和以大陆法系为基础的亚洲模式（以新加坡、日本、中国香港特区为代表）。美国模式是以税法为基础，以保护中小投资者为出发点，随着税法的改革而不断推进 REITs 的发展。由于 REITs 起源于美国，后来在被引入其他国家后仍受美国 REITs 模式的影响。亚洲模式是在借鉴美国 REITs 发展经验的基础上，结合本国法律、政策环境，为 REITs 进行专项立法，并通过修改投资、信托、证券等有关法律，对 REITs 的结构模式、投资范围、投资标的、收入分配等方面予以严格的法律规定。

二、税收优惠是推动 REITs 发展的原动力

从美国 REITs 的发展历程可以看出，马萨诸塞商业信托最初的兴起是由于其享有税收优惠，后来税收优惠的取消使得其发展停滞。1960 年美国 REITs 重新享有一定的税收优惠，REITs 市场兴起。而 1976 年美国 REITs 陷于危机，则税制改革法对适用于 REITs 的纳税条款进行了一系列重大调整，REITs 市场从危机中得到了复苏。1993 年和 1994 年 UPREIT 结构促进了 REITs 的发展，UPREIT 结构使相关的房地产投资者延迟纳税是其主要原因。《1997 年纳税者减免法》中有 12 条直接影响 REITs 的条款，其中重要的一条是 REITsA 取消了某些由于 REITs 为租户提供不符合条件的服务，而使得其租金收入不享受纳税优惠的条款。

三、鼓励 REITs 不断改革和创新，使产品更加适应市场需求

首先，不断完善 REITs 的所有权。从最初成立时唯一的股权投资信托，到抵押投资信托和综合投资信托，之后又陆续推出参与型抵押房地产投资信托基金、专项贷款、联合物业投资等多种基金形式，以适应市场的不同需求。其次，不断提高 REITs 投资管理的专业化程度。专门从事投资某一类型物业，如住宅、写字楼、工业物业、商业中心等的房地产投资信托基金的数量不断增加，提高了管理效率和盈利能力。为更好地解决投资人和管理者间的代理成本问题，REITs 在管理结构上也有重要创新。早期 REITs 的运营仅限于拥有房地产，股东自身不参与房地产运营，而是委托独立的第三方运营和管理 REITs 所持有的资产。人们逐渐意识到这种形式下 REITs 股东和管理资产的管理者间存在严重的利益不一致。为减少这种代理成本，REITs 开始广泛采用自我管理的组织形式，即基金自己运营和拥有房地产。

四、鼓励机构投资者的广泛参与

初始设立房地产投资信托基金的目的之一，是为小型投资者投资房地产提供便利，并越来越受到机构投资者的青睐。随着中产阶层的扩大，叠加老龄化等社会因素，机构投资者资产规模将会出现稳定快速的增长。机构投资者一般具有投资资金量大、收集和分析信息的能力强等特点。由于机构投资

者的投资活动对市场的影响较大，使其比较注重资产的安全性，能够充分分散投资风险，因此，REITs 的发展正好契合了机构投资者的需求。同时，机构投资者的引入，既有助于提高房地产投资基金公司管理决策的质量，提升 REITs 的绩效，减少反常的投资波动，也能够提高市场的透明度，促进房地产投资信托基金的稳定发展。

五、健全保护投资者利益的措施

为保护投资者的利益不受损害，各国对 REITs 多方面做了严格规定。在收益分配方面，要求将每年 90% 以上收入以现金股利的方式分配给股东。在股权结构方面，不允许超大股东的存在。在收入结构方面，要求 REITs 的收入主要来源于房地产的经营收益，防止 REITs 频繁的短期操作。这些措施保证了 REITs 的规范化运作，降低了大股东侵犯小股东利益的风险，促使更多投资者的参与。

第五节　中国 REITs 的发展困境与前景

中国现阶段加速构建规范的 REITs 市场，正当其时。从政府层面看，大量存量房地产证券化有利于经济转型升级。引入 REITs 有助于化解银行的不良资产，提高金融体系的安全性，盘活存量资产，改善财务报表，提高运营效率。从房地产企业层面看，引入 REITs 可以改善房地产企业融资结构，拓展其融资方式，保证其发展所需现金流，推动房地产企业改变运营模式，通过设立 REITs 补充资金，并持有部分 REITs 份额，共享分红和物业增值收益，实现从重资产向轻资产模式的转变。从投资者层面看，REITs 市场的发展，为其增加了投资选择，且拓展了利用少量资金投资房地产的渠道。

一、发展困境

（一）法律法规不够健全

《中华人民共和国信托法》为我国房地产信托行业的发展提供了法律保障。但需要制定和修改各种房地产信托经营业务的政策法规和实施细则。特别是关于房地产信托计划如何具体运作、房地产信托计划的管理公司、投资者税收制度等问题，都是房地产信托计划运作过程中需要探讨和解决的重要问题。

（二）信托财产的流动性不足

房地产信托的信托财产多以土地、房产、股权等形态表现，担保措施主要为土地、房产等固定资产抵押。如果融资方既不能按期偿还本息，受托人又无法及时变现信托财产或行使抵押权，则可能因为流动性风险给投资者带来很大的损失。根据《中华人民共和国信托法》规定，信托产品在营销时不能通过公共媒体进行宣传推广，这就导致信托产品的公众认知度和接受度比银行储蓄、国债、证券投资基金都要差很多，如果需要转让，交易成本也会非常高。另外，在现行法律规定下，信托公司发行的信托产品通常采取与投资者分别签订信托合同的形式，信托公司发行资金信托产品均不得采取委托投资凭证、代理投资凭证、受益凭证等形式，其本身流动性较差。再加上中国房地产信托二级市场尚不健全，没有统一的有形的集中竞价交易场所，缺少转让平台，投资者欲转让所持信托产品套现，只能根据信托计划认购时的约定或私下协商转让价格，交易成本高且不安全。

（三）房地产信托的税收优惠措施缺失

目前，我国法律尚未对信托收益的纳税做出明确规定，缺少对房地产信托计划的税收优惠政策。在美国以及其他国家和地区，房地产信托投资基金能够享受国家或地方的税收优惠。在美国 REITs 一大优势是它避免了重复征税，从而可以保障投资者较高的收益率。而我国目前尚未制定专门的法律法规。与其他类型的信托计划一样，房地产信托计划面临着双重征税问题，即信托投资公司在信托收益的环节中需要交纳公司所得税，投资人在取得信托收益时，需要交纳个人所得税，这实际上是与税收的公平原则相违背的，增加了我国房地产信托计划的经营成本，减少了投资者的投资收益，阻碍了信托业的长远发展。

二、发展前景

（一）市场条件已经具备，房地产市场存在大量商业房地产，证券市场发展已颇具规模

REITs 发展的一个重要条件是房地产市场上存在大量的商业房地产。在盈

利模式选择方面，相较于开发，商业地产更倾向于选择将经营作为其盈利模式。从2000年开始，北京、上海和广州等地区率先兴起商业地产，商业地产在全国迅速发展起来，中国内地的房地产发展模式由开发型向经营型转变。随着房地产开发投资的上升，房地产开发企业融资渠道的多样性并没有得到大的改善，而中国现阶段商业地产开发主要还是依靠银行贷款这种单一的融资方式。REITs作为一种证券化的产业投资基金，势必成为未来中国商业地产市场融资的主流渠道。2007年实施的信托新政使得中国的信托业走上规范化发展的道路，资产管理能力大幅提升。20世纪90年代初期上交所和深交所成立，中国证券市场上以沪深交易所为核心的证券交易市场已经颇具规模，中国证券市场20多年的发展经验完全能够为REITs产品的发行和流通提供完备的技术支撑。

（二）市场投资需求潜力十足，中小投资者和机构投资者偏好具有长期收益结构的金融产品

中国居民储蓄率一直居高不下，这意味着社会上存在大量闲置资金，而当前中国资本市场上，股票和证券投资基金等高风险金融产品市场规模占比大约为80%。对于中小投资者来说，他们投资理财的初衷是追求平稳的投资收益，高风险的金融产品显然不能满足其需求。房地产业的资金需求规模大且资金周转期长，因而对投资者的投资规模及投资期限的要求比较高，直接投资的门槛比较高，使得中国广大中小投资者及机构投资者不能直接投资于房地产。中国资本市场经多年发展，不仅制度环境日趋完善，机构投资者也逐渐增多。机构投资者在投资策略上偏好具有长期收益结构的品种，而REITs正是一种长期投资工具且其收益稳定性较高，因此，同样易受到机构投资者的追捧。

（三）法律条件日渐完善，陆续颁布了许多房地产金融相关的法律法规和行业管理条例

中国对REITs进行规范的法律主要是《证券投资基金法》，《证券投资基金法》中没有规定的，可以适用《证券法》《信托法》等。适用的部门规章有证监会颁布的《公开募集证券投资基金运作管理办法》《证券投资基金运作管理办法》《证券投资基金销售管理办法》《证券投资基金信息披露管理办法》《信托投资公司管理办法》《房地产集合投资信托业务试点管理办法》《信托投资公司资金信托管理暂行办法》等。虽然当前中国尚未颁布REITs专

项法规，但是近年来陆续颁布的许多房地产金融相关的法律法规和行业管理条例，都为未来中国设立 REITs 提供了很好的法律支持。

第六节　中国 REITs 的发展策略

在中国资本市场上，加快建立公开上市交易 REITs 板块，将促进房地产市场稳定健康发展，并对资本市场注入新的强大活力。

一、尽快制定和实施专门的《房地产投资信托基金法》，消除法律障碍

系统梳理我国 REITs 发展的相关法律法规，根据国际经验和中国的实际，制定《房地产投资信托基金法》。对 REITs 的结构模式、投资范围、投资标的、收入分配等方面予以严格的法律规定。对于 REITs 企业对股东的红利分配免征企业所得税，彻底解决双重税收问题。国际上公司型 REITs 是一种比较成熟的组织方式，新制定的法规要对公司型 REITs 的法律地位、约束条件和税收减免做出明确规定。

二、在 REITs 市场推行注册制，加强以信息披露为中心的市场监管

注册制已在中国资本市场正式落地，我国 REITs 板同样可推行注册制。注册制是股票监管部门公布股票发行的必要条件，只要达到规定条件要求的企业即可发行股票。注册制坚持市场化、法制化取向，突出以信息披露为中心的监管理念，加大信息公开力度，审核标准更加透明，审核进度同步公开，通过提高新股发行各层面、各环节的透明度，努力实现公众的全过程监督。监管机构特别强调信息披露充分、真实、准确，尤其要求财务报表数据内容规范、符合会计标准，相关的会计事务所和法律事务所具有充分的独立性。监管部门对新股发行的审核重在合规性审查，企业价值和风险由投资者和市场自主判断。经审核后，新股何时发、怎么发，将由市场自我约束、自主决定，发行价格将更加真实地反映供求关系。上述规定以保留法律追究权力为前提。

三、选择公司型 REITs 组织结构，持续提高 REITs 运营效率

公司型 REITs 是国际上成熟市场的主流模式，更具生命力，我国可选择公司型 REITs 的组织结构。（1）公司型 REITs 可自行管理，消除由第三方管理所产生的委托代理问题。（2）公司型 REITs 对目标物业控制力强，且能实现与原始权益人的风险隔离。（3）公司型 REITs 无固定期限，无需回购还本，可长期经营。（4）公司型 REITs 可根据经营需要拓展资产规模，通过增发来筹集资金收购新的物业，并在满足约束条件下对所持物业进行优化调整，保持 REITs 的竞争力和对投资者的吸引力。（5）公司型 REITs 可适当负债，从而适应资产调整的需要。（6）公司型 REITs 的投资人范围较广。

作者： 高　波　南京大学长江产业经济研究院研究员
　　　　　　　南京大学商学院教授
孔令池　南京大学长江产业经济研究院助理研究员
李　言　浙江工商大学经济学院讲师
樊学瑞　兰州大学经济学院讲师
周　菲　南京大学商学院博士研究生

第十章　金融体系结构优化调整的国际经验和中国路径

第一节　金融体系结构优化调整的逻辑

一、金融体系及其变化

金融体系是资金集中、分配和流通的系统，通过金融中介和金融市场将资金从盈余部门向短缺部门转移，以优化资金配置。包括融资体系、金融调控体系、金融监管体系等。

首先，融资体系可以视为狭义的金融体系，是资金融通的渠道，可以划分为主要通过银行等金融中介部门的间接融资体系和主要通过资本市场的直接融资体系。即通常所说的，银行主导型金融体系和市场主导型金融体系（包括股票市场、债券市场等）。其中，银行主导型金融体系的主要功能在于，动员储蓄，扩大资金规模，推动要素投资扩张来拉动经济增长。而资本市场主导型金融体系，重在通过市场机制优化资金存量，甄别和筛选优质企业，促进效率提升和技术创新进步（如表 10－1 所示）。

表 10－1　　金融机构类型与经济增长

经济发展阶段	金融机构类型	金融主导功能	对经济增长的促进作用
经济发展初期	以银行为主导	动员储蓄	聚集要素，降低交易成本，推动资本规模扩张
		便利交易	
		资源配置	
经济发展后期	风险投资、投资银行等其他金融机构出现	公司治理	促进效率提高和技术创新，提高发展质量
		信息披露	
		风险管理	

资料来源：转引自徐忠等，《中国货币政策转型——转轨路径与危机反思》，经济管理出版社 2018 年版。

其次，随着金融机构和市场的不断发展，金融调控方式也会不断转型（主要指货币政策调控方式转型）。因为随着金融改革不断深化，金融机构和金融市场环境不断发生变化，这会影响货币政策的中间传导环节，导致货币需求函数不稳定，从而影响货币政策调控效果。

最后，随着金融不断创新发展，引致金融不稳定的因素日益增多，这就要求金融监管体系不断变革，以保障金融安全稳定。从世界范围来看，金融监管体系主要有三种主要模式：（1）一家金融监管机构集中监管；（2）分业经营、分业监管；（3）混业经营、双峰监管。随着金融不断改革与发展，在银行体系以外，股票市场、债券市场、保险、信托等不断发展起来，这就需要金融监管从大一统的银行监管向分业监管转变。而随着金融创新步伐的加快，金融混业经营的特征日益明显，这就需要混业监管以及金融监管体系内部的协调合作。

逻辑上，为了更好适应经济发展的需要，金融体系必须进行配套改革，包括融资方式的变化、金融调控能力的增强以及金融监管体系的完善等，才能不断提高金融服务实体经济的能力。其中，最关键的当属融资方式的转变，因为只有不断优化融资结构适应不同类型、不同所有制企业的融资需求，才能更好地促进经济增长。随之，在融资结构、金融市场不断变化的基础上，产生了对改进和完善金融调控和金融监管体系的需求。

二、融资体系结构变化的内在逻辑

根据 Goldsmith（1969）提出的金融结构理论[①]，在金融发展的初级阶段，例如 18 世纪和 19 世纪中叶的欧洲和北美，商业银行起主导作用，债权凭证超过股权凭证；到了金融发展的高级阶段，例如 20 世纪初以来的主要工业化国家，商业银行地位有所下降，股权凭证的占比上升，权益类融资的作用越来越大[②]。从世界经济金融发展史来看，在经济金融发展的早期阶段，通常是银行体系扮演重要角色，随着经济不断发展和人民生活水平不断提升，资本市场的功能和作用越发重要。

结构决定功能，融资体系结构的变化内在地决定于经济发展阶段变化的需要。从宏观层面来看，在经济发展的不同阶段，经济增长方式和产业结构

① Goldsmith, R. W.（1969）Financial Structure and Development. Yale University Press.

② 殷剑峰："比较金融体系与中国现代金融体系建设"，《金融评论》2018 年第 5 期，第 1—15 + 122 页。

有所差别，所以金融体系要做出相应的动态调整以适应经济转型升级的需要。在经济发展的初级阶段，需要扩大财富增量，以摆脱贫困陷阱。这一时期，经济增长表现为规模扩张，金融体系结构往往以银行为主导。因为银行体系具有规模效应，能够集中动员资金支持经济建设，推动工业化和产业化发展，所以银行主导型金融体系更适合资金相对短缺的经济起步阶段。随着经济不断发展，经济规模不断扩大，经济中的结构性问题成为经济发展的主要矛盾。这个时候，经济增长更多是要追求效率和质量提升，对资本市场的需求会越来越突出。因为资本市场主导型金融体系具有优化存量、促进高科技创新型企业发展的天然优势，因此资本市场更适合经济发展从规模扩张转向效率提升阶段（如图 10－1 所示）。

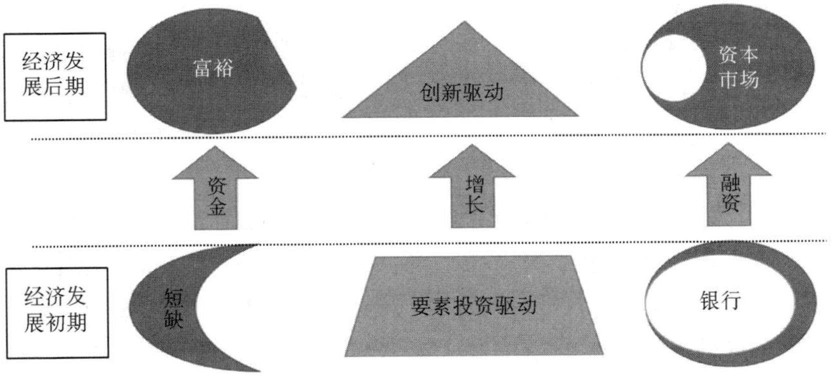

图 10－1　不同经济发展阶段的资金规模、经济增长方式与金融体系结构

资料来源：作者绘制。

三、中国优化调整金融体系结构的内在逻辑

客观上说，中国以银行为主导的金融体系冲破了新中国资金短缺的瓶颈，在贫穷落后的基础上实现了中国经济的起飞，一跃成为世界第二大经济体，银行主导型金融体系起到了很大的作用。但是，当前中国经济已经从资金短缺时代进入到了资金相对充裕的新阶段，依靠过去那种信贷规模扩张的方式推动经济增长的作用边际下降，而且还会导致债务高起，宏观杠杆率居高不下，加剧金融不稳定性。所以，我国经济发展方式自然而然转向高质量发展阶段，转向依靠经济效率提升和创新驱动发展。经济增长方式从要素投资驱动向创新驱动转变，这就要求市场主导型金融体系发挥更大作用。

而在融资体系结构从银行主导型向市场主导型转变的过程中，非信贷融资不断发展，导致中央银行传统的数量型货币政策调控方式无法有效控制直接融资的变化，这就要求货币政策调控方式向价格型货币政策调控方式转型。

同时，随着金融创新和影子银行的发展，金融业之间的相互渗透，界限淡化，加强不同监管机构之间的协调，避免多重监管和监管真空，走向协调监管成为中国金融监管体系改进的方向。中国金融监管框架由“一行三会”①转变成“一委一行两会”②，是中国金融协调监管迈出的重要一步，这对于控制金融风险交叉传染，防范系统性金融风险意义重大。

四、狭义金融体系结构变化的测度

从衡量指标来看，直接融资和间接融资相对比重的变化是金融体系结构变动的最直观体现。通常银行主导型金融体系表现为间接融资的比重较大，市场主导型金融体系表现为直接融资的比重较大。所以，一国金融体系结构从银行主导型向市场主导型转变，最直观的体现是直接融资的比重不断提高直至占据相对较大的比重。

现阶段，为了促进经济转型升级，提高经济发展质量，这就要求我国不断优化调整金融体系结构，大力发展资本市场，提高直接融资比重。但是，与主要发达国家（以美、日、德等国为例）相比，中国的直接融资比重一直处在相对较低的水平。虽然中国股票市场的总市值已经位列世界第二位，但是从上市公司总市值占私人非金融部门信贷的比重来看，中国上市公司总市值占私人非金融部门信贷的比重上升较慢，这一比例低于美国等市场主导型国家，也低于日本、德国这样的银行主导型国家（如表 10 – 2 所示）。

表 10 – 2　上市公司总市值占私人非金融部门信贷的比重

年份	中国	美国	日本	德国
1995	0.0679	0.7632	0.3077	0.2049
1996	0.1511	0.869	0.3017	0.2362
1997	0.2273	1.034	0.2315	0.3208
1998	0.2232	1.1411	0.3030	0.4100

① 一行三会，是指中国人民银行、中国银行业监督管理委员会、中国证券监督管理委员会和中国保险监督管理委员会。

② 一委一行两会，是指国务院金融稳定发展委员会、中国人民银行、中国银行保险监督管理委员会、中国证监会。

续表

年份	中国	美国	日本	德国
1999	0.2814	1.3468	0.5075	0.5335
2000	0.4412	1.1051	0.3457	0.5161
2001	0.3841	0.9678	0.2925	0.4258
2002	0.2749	0.7171	0.2840	0.2545
2003	0.2459	0.8559	0.3901	0.3294
2004	0.1821	0.9011	0.4550	0.3323
2005	0.1491	0.8553	0.6034	0.3364
2006	0.3518	0.8944	0.6455	0.4433
2007	1.0753	0.8346	0.6167	0.5191
2008	0.3391	0.4671	0.3948	0.2558
2009	0.5143	0.6257	0.3850	0.3163
2010	0.4466	0.7180	0.4013	0.3573
2011	0.3053	0.6550	0.3277	0.2867
2012	0.2750	0.7641	0.3475	0.3828
2013	0.2384	0.9596	0.5478	0.4680
2014	0.3110	1.0138	0.5712	0.4116
2015	0.3810	0.9307	0.7208	0.4746
2016	0.3224	0.9778	0.6470	0.4621
2017	0.3449	1.0946	0.8140	0.5735

资料来源：根据 Wind 资讯全球宏观数据库提供的数据计算得到。

正因如此，习近平总书记在 2017 年全国金融工作会议上指出，“要把发展直接融资放在重要位置，形成融资功能完备、基础制度扎实、市场监管有效、投资者合法权益得到有效保护的多层次资本市场体系”。中央经济工作会议更是强调了资本市场在金融运行中具有牵一发而动全身的作用。会议指出，“要通过深化改革，打造一个规范、透明、开放、有活力、有韧性的资本市场，提高上市公司质量，完善交易制度，引导更多中长期资金进入，推动在上交所设立科创板并试点注册制尽快落地”。

综上所述，金融体系结构的变化是经济发展的客观需要，特别是融资体系结构从银行主导向市场主导转变是契合中国经济高质量发展的客观需要。所以，优化调整金融体系结构，不断提高直接融资比重是中国金融改革的重要深化方向之一。同时，我们也要认识到，融资体系结构的转变，伴随的是金融机构和金融市场的深刻变化，这就要求金融调控和金融监管进行配套改革。

第二节　金融体系结构优化调整的国际经验

一、融资体系结构的变迁

（一）美国融资体系结构的变化

根据刘湘勤、龙海雯（2007）的研究[①]，美国历史上也曾经历过金融体系结构从银行主导向市场主导的转变过程。根据他们的归纳总结，1880 年以后，美国工业化加速推进，产生了对货币信贷的巨大需求，这个时候银行具备的规模效应发挥着重要作用，有效推动了美国的工业化发展。银行本身在金融体系中的作用也在不断增强，银行贷款的规模不断扩大并超过了证券资产。但是随后的股票崩盘和两次银行危机促使美国改善立法，旨在加强对银行业和金融市场的调控和管制。最著名的《格拉斯—斯蒂格尔法案》和存款保险制度对银行业实施管制，限制了银行业的扩张，而《证券法》规范了交易行为并建立了企业信息披露制度，有力地促进了证券市场的发展。到了 20 世纪 70 年代以后，受两次石油危机以及物价和工业成本上升的影响，传统的高耗能、高污染行业出现衰退，美国经济增速放缓，通货膨胀抬头。

于是，美国开始调整产业结构，着力推动以信息技术为代表的高科技新兴经济发展。与此同时，纳斯达克市场开始发展，这为新兴经济提供了更加便利的融资条件，从而有力地推进了以信息技术和现代通信业等为代表的新兴行业的发展。事实也证明，美国依靠资本市场成功地实现了经济转型，助力了一大批诸如英特尔、苹果、微软、思科、雅虎、谷歌等高科技公司的成长和发展，进而推动了美国经济持续增长。

可见，新经济的发展需要与此相适应的融资模式来推动，比如科技创新型企业的高风险特征就需要大力发展资本市场，特别是股票市场。以美国为例。众所周知，美国的科技创新能力遥遥领先，同时美国拥有成熟且发达的

---

① 刘湘勤、龙海雯：“金融创新与金融结构变迁的演化论解释——凡勃伦金融市场理论的启示”，《人文杂志》2007 年第 5 期，第 86—91 页。

资本市场。实际上，培育高科技企业需要风险资本，例如美国风险资本主要集中在计算机、生物技术、医疗、通信等高科技行业，其占比高达90%。而美国风险资本又与资本市场特别是股票市场密切相关。因为股票市场为风险资本的退出提供了途径，风险资本投资的企业股价越高，资本增值的空间越大，风险投资者也更愿意增加对高科技企业的投资。

（二）日本融资体系结构的变迁

日本是典型的银行主导型国家，但是20世纪90年代以后，日本的直接融资比重提高较快，这为我国同样作为银行主导型国家提高直接融资比重提供了可以借鉴的经验。

20世纪70年代以前，日本为了快速发展经济，政府通过低利率的金融管制，来纾解资金短缺环境下的企业融资需求，形成了日本银行体系占据绝对主导地位的间接融资模式，企业的外部资金来源主要是银行贷款。

20世纪七八十年代，日本为了拓宽国内企业的融资渠道，改变国内企业选择海外上市融资而国内资本市场低迷的格局，日本开始放松金融管制。1984年的《日美日元美元委员会报告》中逐渐废除了公司债发行业务管制，加速了债券市场的发展。但是受制于当时日本出现的泡沫经济的影响，日本金融改革的力度并不大，改革并不彻底，整个金融体系直接融资的比重上升比较缓慢。

20世纪90年代以后，日本泡沫经济破灭，加上亚洲金融危机的冲击，日本经济增长低迷，依靠银行主导型金融体系持续为企业提供信贷资金的做法难以为继，企业杠杆率持续攀升，金融风险不断累积。20世纪90年代中期，日本选择了更加激进的“金融大爆炸”式改革。旨在通过较短的时间，打造一个适应日本经济发展的现代金融体系，试图从传统的金融管制向重视发挥市场机制的转变，从过去服务企业生产的重融资的金融发展模式，开始转向注重更好地服务金融消费者的需求。在金融体系改革方面，首先是金融的混业经营和混业监管改革。1992年日本的《金融改革制度相关法》允许金融机构之间的业务相互渗透，包括[①]：（1）银行和证券公司都可以通过附属公司进入对方的业务领域；（2）允许扩大交易的证券种类（可交易证券将增加商业票据和证券化的按揭贷款）；银行和证券公司均可交易新型的证券；（3）专业银行获准可以收购或合并不同类别的银行等。这些举措有力地推动了日本

---

① 张丽平：“日本金融自由化改革经验值得中国借鉴”，《中国经济时报》2015年第5期。

金融市场交易的多元化和市场化。日本的《金融改革制度相关法》也变更了日本过去证券公司市场准入的特许批准制度，转而实行登记制度，促进了一大批日本证券公司的建立，这也推动了日本证券市场的发展。

另外，和美国一样，日本在促进资本市场发展的同时，不断建立和完善资本市场法律体系。例如，2006 年日本出台《金融商品交易法》完成了对各类投资服务统一监管，将具有投资属性的金融产品纳入到统一监管框架，包括证券、货币、存款等，推出日本版萨班斯法案，提高信息披露和投资者保护。通过改进信息披露制度，制定公平交易规则（例如更加严厉的内幕交易控制），以及在金融机构破产倒闭的情况下为消费者提供保护等措施，促进了日本金融体系更加健康的发展[①]。

就日本优化调整融资体系结构、提高直接融资比重的过程，我们可以总结以下几点经验：第一，市场化的机制是资本市场运行的基础，所以大力发展资本市场，提高直接融资比重，要转变过去对银行进行金融管制的思维，放松对资本市场的管制，尽可能发挥资本市场运行机制的作用。第二，改进和完善立法，从法制层面促进资本市场发展。日本 2006 年出台了《金融商品交易法》，强化和完善了信息披露制度和投资者保护，明确了不按规定履行信息披露的惩罚措施。第三，借鉴纳斯达克经验，打造适合高成长性的新兴企业的融资市场，比如东京证券交易所中面向成长型企业的 Mothers 板。Mothers 市场的上市要求是最低的，只要求上市公司每季度公布业绩，并要求他们在上市后 5 年获得利润，但对上市之前的表现则没有要求，这便利了中小企业上市融资。第四，在降低中小企业上市门槛、鼓励中小企业上市融资的同时，要建立严格的退市制度，及时淘汰掉劣质企业，以优化提升上市企业的质量。例如，日本 Mothers 市场开通以来，不断有上市公司丑闻被揭露，降低了投资者的信息，特别是整个市场在经历世界金融危机以后陷入了长期低迷状态。为了提振 Mothers 市场活力，东京证券交易所于 2009 年 11 月出台新政设定了更加严格上市公司退市条件，规定上市公司上市 3 年后股价现价低于发行价的 90%，并在之后的 9 个月内没有改善的话将予以退市处理。

通过分析美国和日本的融资体系结构变迁的过程，可以总结出如下经验：第一，提高直接融资比重，服务于经济转型升级是对金融发展的客观需要；第二，促进金融体系结构调整，提高直接融资比重，需要政府推动金融改革，

① 冷静：“日本‘大爆炸式’金融体制改革评述：成就与挑战”，《金融法苑》2001 年第 1 期，第 44—53 页。

转变金融发展思维，朝着市场化方向深化改革，更好发挥资本市场的市场配置资源的机制作用（一般实施金融自由化改革的国家，资本市场发展较快，但也往往会遭受金融不稳定的威胁）。第三，建立多层次资本市场体系，设定定位明确的差异化上市条件、灵活的转板机制和严格的退市制度，满足更多企业的上市需求，同时要完善立法和监管，畅通投资者维权途径，保护投资者利益，提振资本市场发展活力。

二、金融调控方式的转变——以货币政策为例

（一）日本金融调控方式的转变

20 世纪七八十年代，日本为了拓宽国内企业的融资渠道，改变国内企业选择海外上市融资而国内资本市场低迷的格局，日本开始放松金融管制。自此，日本金融自由化进程深入推进，金融市场的边界不断拓宽，存贷款利率自由化、银行和证券之间相互操作的障碍被消除。伴随着金融自由化进程的推进，日本货币流动速度不断下降，这使得日本货币政策的数量调控方式受限。利率的变化而非货币数量的变动日益成为日本央行观测和分析经济形势、进行宏观金融调控的指示器，促使日本放弃了对货币数量的直接控制，转向采取间接调控的方式。

（二）韩国金融调控方式的转变

作为新兴市场经济体，韩国的金融改革大约开始于 20 世纪 80 年代。韩国自由化改革的内容与主流的金融自由化理论大体一致，包括放松对国有商业银行信贷的管制，实施利率自由化。韩国金融管制放松和利率自由化以后，该国货币流通速度也不断下降。

可见，在放松金融管制、推动金融市场化改革的过程中，货币流通速度的下降是一般性的规律，而在这样的背景下数量型货币政策调控效果会下降，这就要求货币政策调控方式转型。

三、金融监管体系的变革

20 世纪七八十年代大多数国家采取放松金融管制、实行金融自由化以后遭受了金融不稳定的威胁，特别是 2008 年金融危机的爆发，都在警示我们在

深化金融改革的同时，要加强金融监管以保障金融稳定。从世界各国的经验来看，金融稳定是金融工作的重中之重。虽然金融改革是动力，金融发展是目的，但是金融稳定是前提。从世界各国的实践来看，特别是金融危机以后，世界各国更加重视金融稳定，都在探索和改进金融监管体系，努力保障金融稳定。

1. 美国金融监管体系变革。国际金融危机前后，美国金融监管体系发生了变革。金融危机前，美国金融优先发展的政策导致了金融监管放松。而且美国金融监管体系比较复杂且机构之间缺乏协调，下一级的监管机构受到多个上级机构的管理，并且监管机构以及从业人员普遍缺乏问责追究机制。对此，美国2008年推出的《现代金融监管结构蓝皮书》开始重视金融监管的协调和投资者保护等问题。奥巴马政府执政期间，更是将防控系统性金融风险和保护金融消费者权益放到了突出位置。美国2010年7月颁布了《多德—弗兰克华尔街改革和消费者保护法案》，重组金融监管体系，成立了金融稳定监督委员会（FSOC），旨在从防控风险、保护投资者、改善问责制和提高透明度等方面来促进和维护金融稳定。另外，美国不断扩大美联储的权限，旨在加强美联储的全面监管能力，成为维护系统性金融安全的重要监管者。

2. 澳大利亚和英国的金融监管体系。这两国目前实施都是“双峰监管”模式（功能监管和行为监管的结合），但两种模式又有着重要差异。“双峰监管”模式起源于英国，但澳大利亚更早实践。1998年澳大利亚就实时“双峰监管”并且延续至今，成功经受住了1997年亚洲金融危机、2008年次贷危机和2010年欧债危机等外部冲击。这与美国形成了鲜明的对比，可谓是正反两方面的经验，突出了“双峰监管”的重要作用。并且英国在金融危机以后金融监管体系也转向了“双峰监管模式”。

不过，英国和澳大利亚的“双峰监管”模式有所差异。澳大利亚设立了澳大利亚审慎监管局，通过实施审慎监管保证金融系统稳定，澳大利亚证券和投资委员会通过实施行为监管保护投资者利益，是典型的按照“双峰监管”理念进行设置的。“双峰监管”模式下英国监管机构设置更为复杂，英国金融政策委员会（FPC）负责宏观审慎监管，旗下成立审慎监管局（PRA）负责微观审慎监管，金融行为局（FCA）负责行为监管以保护消费者，但是该机构的层级、地位低于澳大利亚证券和投资委员会（ASIC）。可见，同一监管理念下，各国的实践有所差异，这与每个国家的国情有关。但是，总体上澳大利亚“双峰监管”模式在危机应对中的出色表现，表明了这种功能监管与行为监管相结合的分工协调模式的有效性。

综合来看，金融危机以后，美国和英国等国的金融监管体系发生了较大变化，表现出两个重要特点：一是，强化中央银行统一监管，加强宏观审慎管理。美国的《多德—弗兰克华尔街改革和消费者保护法案》扩大了美联储的监管范围，例如美联储对金融控股公司有权直接检查，并且还提高了审慎监管的标准。英国也强化了中央银行的审慎监管职责，将宏观审慎和微观审慎纳入央行统一监管的框架，旨在加强宏观审慎和微观审慎监管的协调。二是加强金融监管体系的内部协调合作，提高监管效率。例如，美国设立金融稳定监督委员会（FSOC）协调解决各成员部门争端，促进信息共享和监管协调[①]。

第三节　中国金融体系结构优化调整的思路

当前，为适应经济高质量发展的需要，中国金融体系结构优化调整的重点是优化调整融资体系结构，提高直接融资比重。这就需要深化金融改革，大力发展资本市场。而金融市场环境的变化会影响货币政策的调控效果，这就需要货币政策调控方式适时而变。与此同时，金融稳定是一切金融工作的前提，因此改进金融监管体系，保障金融稳定，也是金融体系结构优化调整不可或缺的部分。为此，我国可以适当借鉴国际经验，立足中国渐进式改革的实践经验和本国国情，从融资结构、金融调控以及金融监管等方面优化中国的金融服务体系，提升金融服务能力。

一、金融改革是中长期工程，优化融资体系结构既是现实的迫切需要，也是金融发展的必然趋势

从紧迫性来看，短期或者中期，中国应适当学习日本的经验，转变金融发展方式，减少政府的金融干预，加强信用制度建设，强化信息披露，切实发挥市场在金融资源配置的决定性作用。中长期，向美国的发达资本市场看齐，改进和完善中国资本市场的制度和法律，完善投资者保护机制，提高资本市场活力，更好发挥直接融资的作用，努力构建中国特色现代化金融服务

① 王志成、徐权、赵文发：“对中国金融监管体制改革的几点思考”，《国际金融研究》2016 年第 7 期，第 33—40 页。

体系。

从国际经验来看，直接融资比重的不断上升是金融发展的客观规律。中国经济到了高质量发展阶段，经济增长方式转向创新驱动，这就要求金融发展方式也要相应转变，因此迫切需要深化金融改革，提高直接融资比重，特别是股权融资比重，这是当前优化调整中国金融体系结构的必由之路。

首先，我们必须要认识到我国融资结构的不合理性。我国直接融资比重较低，银行主导型间接融资体系难以满足中小科创企业的融资需求，金融发展方式还不能有效适应经济发展方式的转变。从图 10－3 可以看到，中国直接融资的比重在金融危机以后不但没有提升，反而呈现下降趋势，这显然难以满足中国经济增长方式转变的需要。为此，我国需要通过大力发展资本市场，提高直接融资比重，特别是股权融资比重，以盘活和优化现有的资本存量资源，更多地依靠市场化方式来优化资源配置，推动和促进经济转型升级。

值得注意的是，虽然美国发达的资本市场为我们提供了范例，但是美国资本市场发展的起点高，并且是经历了 200 多年的发展才形成下来的，打造如此发达的资本市场显然是一个中长期工程，并且美国的制度、文化和法律体系都与我国有很大差异，中国想在短期内打造如此发达的资本市场是相对困难的。所以我们更多的是要找到差距，扬长避短，并努力构建中国特色资本市场体系。

目前阶段，关键是要提高我国直接融资比重的上升速度。20 世纪 90 年代中期以来，日本直接融资比重上升速度较快，这或许能够为我国提供可供借鉴的国际案例和经验。从图 10－2 可以看到，1995 年以来，相比于中国直接融资比重的变化，日本的直接融资比重呈现不断上升的趋势。

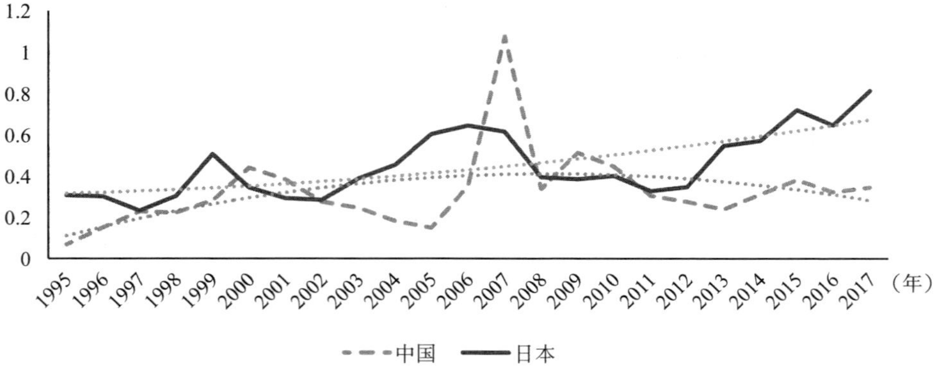

图 10－2　上市公司总市值占私人非金融部门信贷的比重

资料来源：根据 Wind 资讯全球宏观数据库提供的数据绘制。

通过分析我们发现，日本的经验在于，转变金融发展思维，减少政府金融干预，更好发挥资本市场的市场机制作用。一般实施金融自由化改革的国家，资本市场发展较快，往往也会遭受金融不稳定的威胁。但不可否认的是金融市场化改革是资本市场获得发展的重要前提之一。中国拥有的是典型的银行主导型金融体系，在银行主导型的动员型金融发展模式下，政府的金融干预思维较重。政府通过对银行金融体系的适度干预，有效地发挥了银行的金融杠杆作用，动用了大量的资金，支持了中国的经济发展，同时还保障了中国的金融体系稳定。但是这种思维运用到资本市场当中，限制了市场在金融资源配置中的作用发挥，实际上会阻碍资本市场的发展。为此，我国可以借鉴日本金融市场化改革的经验，改变过去的金融干预思维，深化金融市场化改革，简政放权激活资本市场活力，更多地让市场发挥优化资源配置的作用，让政府作用更好地集中到宏观金融管理与调控以及金融监管上。

中长期来看，既然要提升直接融资比重，促进中小科创企业发展，那么努力打造发达的资本市场是必然方向。从中国的现状来看，与发达的有活力的资本市场相比，中国资本市场显然还有差距。为此，可以适当借鉴美国发达资本市场经验，第一，加强多层次资本市场体系建设，设置灵活的上市标准，为中小科创企业提供更多的融资可能。借鉴美国纳斯达克市场经验，以科创板的推出为契机，打造兼顾主板、“创业板”和“新三板”市场的分层体系，注重为高成长、高风险的科技型企业融资，形成相互竞争又差异化发展的互补型多层次资本市场体系。第二，建立灵活的资本市场转板机制，强化退市制度，发挥优胜劣汰功能，提高上市企业的质量。建立合理的升降级通道，畅通主板、“中小板”、“创业板”和“新三板”之间的转板机制。同时，还要建立从“新三板”退出到区域性股权市场的机制，以及反向的提升机制，激发小企业做大做强、做质做优。要强化退市制度，推动实施退市常态化机制，将不达标的企业及时从市场退出，优化上市企业质量。第三，完善资本市场立法，改善监管，提高惩戒力度，充分保护投资者利益，提振资本市场发展信心。注册制的核心是信息披露，把对企业的价值判断交由市场决定。为了更好地推进注册制改革，发挥市场机制作用，我国需要完善以《证券法》为核心的会计信息披露立法体系。从事前监管向事中和事后监管转移，同时强化自律监管，证监会应把实质审核权适当下放于交易所。从投资者保护的视角来看，应加快出台证券投资者保护法，加大证券违法处罚力度，提高违法成本。同时要畅通投资者维权渠道（包括个人诉讼、集体诉讼等渠道），完善民事赔偿制度，设立公平基金将违法所得和处罚金返回给受害者，保护投资者合法权益，提振投资者信心，提升资本市场活力。

二、考虑到中国直接融资的比重较低，金融市场的发展深度和完善程度还不足以支撑货币政策调控方式全面转向价格调控，短期内“量”和“价”共存的货币政策调控方式不宜过早调整

当然，随着我国金融改革的深化和金融发展方式的转变，对未来金融市场的深刻变化也要有足够的预见性，并能及时调整货币政策的调控方式。从大的方向来看，货币政策调控方式从数量型向价格型转变是主流趋势，也是中国在未来金融市场不断完善情形下的转型方向。

从历史经验和国际经验来看，随着金融创新和发展，货币政策调控的金融环境不断变化，货币供应量变得不可控，货币政策调控方式逐步转向更具灵活性、有效性和可控性的利率调控方式。但是，货币政策调控方式转向利率调控，需要完善金融市场体系。在此过程中，我们必须要认识到金融改革的长期性，因此在金融改革的过程中，货币政策调控方式转变的渐进性和“干中学”则显得尤为重要。

短期内，由于我国金融市场尚不完善、市场化的定价基础尚未形成等因素制约着货币政策调控方式向价格型转变，在这样的约束条件下，货币政策的数量调控手段不能贸然割弃，同时还面临着调控效果下降的两难。例如，数量型和价格型调控方式并存，存在协调问题，这也在制约着价格型货币政策的作用发挥。另外，结构性货币政策的使用，实际上进一步扭曲了市场价格的定价机制。为了提高货币政策调控效果，顺利转向价格型调控方式，必须要完善金融市场体系和金融市场的定价制度。

为此，短期内要加强货币政策、财政政策以及信贷政策的协调，提高金融调控能力。中长期内，需要继续深化金融改革，缓解金融市场对货币政策调控的各种约束。通过完善金融市场体制机制，为货币政策转向价格调控创造更加成熟的条件。这就需要减少对金融市场不合理的管控，鼓励金融机构以提高交易效率和服务水平的金融创新，不断提高金融机构产品的市场化定价能力，为货币政策调控的目标利率向市场价格运行机制的传导创造条件。另外，在完善利率市场化的基础上，还要不断完善汇率市场化形成机制，通过扩大汇率的有效浮动区间，以应对外部经济冲击，为价格型货币政策创造良好的内外部金融调控环境，提高货币政策调控的自主性和有效性。

三、金融危机后，加强金融监管、保障金融稳定成为世界各国金融工作的重中之重

从国际经验和中国的实践来看，加强金融机构监管、功能监管和行为监管的协调统一，是当今金融创新与发展导致金融业之间的界限模糊、相互渗透背景下，进行有效监管保障金融稳定的努力方向。为此，我国做好“一委一行两会”新的监管体系的协调统一尤为重要。

当前，为规避金融监管而发展起来的影子银行，其业务的隐蔽性使得金融风险难以被测量和管理；P2P违约、违规情况频繁发生，互联网金融等金融创新模式可能存在潜在的金融风险不容忽视；金融体系内部资金的空转等现象与我国金融监管体系存在的监管空白和协调不足有很大关系。

对此，我国虽然改进了金融监管体系框架，成立了金融稳定发展委员会，合并中国银行业监督管理委员会（银监会）和中国保险监督管理委员会（保监会），金融监管框架从“一行三会”变为“一委一行两会”，旨在从分业监管走向混业监管，减少监管盲区。但是，进一步协调好“一委一行两会”之间的关系至关重要。

为此，我国应借鉴国际经验，立足中国实际，加强我国新的金融监管体系的协调。通过金融稳定发展委员会协调各监管部门，开展定期协调座谈机制，加强信息共享与沟通。中国人民银行统一制定宏观审慎和微观审慎监管方案，加强政策制定的中立性，减少不同监管部门之间政策制定的不协调问题。银保监会、证监会加强微观审慎监管和行为监管，防范不同金融业之间风险的交叉“传染”，保护投资者利益。

作者：范从来　南京大学长江产业经济研究院金融发展研究方向首席专家
教育部长江学者特聘教授

第十一章　国有企业补贴问题研究

第一节　背景描述

中美贸易摩擦已经持续一年有余，冲突范围已经开始由双边向多边蔓延，这种趋势值得中国警惕。2018 年以来，美、欧、日发布 5 份联合声明，表明了共同推进国际补贴规则改革的意图。在 2019 年 1 月的联合声明中，三方表态将于接下来的春季完成补贴新规则的制订工作，并吸纳其他世界贸易组织（WTO）主要成员方加入。欧盟和日本既想通过中国平衡和牵制美国，又想联合美国修订国际贸易规则来对中国提出新的约束条件。2018 年以来，美、欧、日的 5 轮联合声明中，三方对国际补贴规则的共同诉求，相当一部分内容直指国有企业问题，并且扩大了补贴的界定范围。这些新动向不但在多边层面，而且反过来也在双边谈判层面对中国形成一定压力。这些新动向包括：补贴规则修订诉求针对国有企业的意图非常明显。此次，美、欧、日联合声明中最主要的诉求，就是在现行 WTO 多边补贴规则中，纳入国有企业问题。2019 年 1 月，美国还向 WTO 提出了针对中国补贴问题的 70 项质疑。其中约 1/3 与国有企业相关。美、欧、日希望调整现行国际补贴规则的主要原因，还是对非市场导向政策和国有企业的不满。奥巴马政府以来，美国就积极推行国有企业竞争中性规则。在 2018 年特朗普政府签订的《美墨加协定》中，美国也加入了国有企业条款。但是，由于国有企业条款的高标准，很难与中国达成有约束力的贸易投资协定。2018 年以来，美国转换发力点，开始在多边机制 WTO 下，积极推进补贴规则改革，纳入国有企业问题。例如，在 WTO 补贴规则中纳入国有企业问题。一直以来，WTO 规则并不歧视国有企业，可以说是所有制中立的，而美欧日推动补贴规则改革的重要目标，就是重新商定WTO规则下的公共机构认定标准。如果将国有企业、国有商业银行认定为公共机构，则其向下游企业提供货物或服务，向其他企业提供贷款或参股的行为，都将构成补贴。在此基础上，受到补贴的企业（通常是国有企业），将受到制裁。从以往案例来看，在WTO争端解决实践中，基本确立了对于中国较为有利的认定标准。但是，在目前美日欧的联合推动下，这种局面可能会受到冲击。

世贸组织的调查显示，自2006—2016年，以全球各国遭受反补贴调查的数量为排名依据，我国连续10年都居于首位。从反补贴调查案件的数量来看，我国遭受反补贴调查的案件数量呈现出明显的分水岭，呈现出两个不同的阶段趋势。自1995—2012年的17年间，我国共遭受反补贴调查62次，自2013年起的5年内，我国遭受反补贴案件数量达到83件，增长极为迅速。

从反补贴调查案件涉及的金额来看，根据商务部贸易救济调查局公布的数据，2018年我国遭受反补贴调查案件21件，较上年增加61.5%，涉案金额近36.2亿，较2017年增加9%。

第二节　WTO补贴规则的梳理

《补贴与反补贴措施协议》（Agreement on Subsidies and Countervailing Measures，SCM Agreement，简称《反补贴协议》），是关贸总协定（GATT）乌拉圭回合在东京回合同名协议的基础上达成的，是对《关贸总协定》第6条、第16条规定的具体化。该协议是WTO在补贴与反补贴方面的重要法律文件。《反补贴协议》对补贴做出了明确的定义，同时也引入了“专向性”补贴的概念。协议将补贴分为禁止性补贴、可申述补贴和不可申述补贴三个基本类型并分别予以规范。

《反补贴协议》将以下情况视为存在补贴：在某一成员国的领土内由政府或任何公共机构提供的财政资助或存在1994年《关贸总协定》第16条规定所定义的任何形式的收支或价格支持和由此被赋予的某种利益。其中财政资助的形式包括：（1）涉及资金直接转移的政府行为（如赠予、贷款、投股）、资金或债务潜在的转移（如贷款担保）；（2）政府应征收入的减免（如税额减免）；（3）政府提供一般基础设施以外的商品或服务，或政府采购行为；（4）政府向基金机构支付款项，或委托或指导私人来执行上述行为从而实质性行使政府职权。

补贴的专向性在协议中的定义为：该补贴是由成员国方政府向其管辖范围内的某个或某些企业或产业所特别提供的。此类优惠是其他企业或产业不能获得的或其只能享受更低的优惠待遇。对专向性的判断适用的原则如下：第一，补贴授予当局确定或根据立法确定某项补贴只限于某些企业时该补贴具有专向性。第二，如授予当局或其运作所根据的立法制定适用于获得补贴资格和补贴数量的客观标准或条件，只要一旦符合资格便能自动获得补贴，且此类标准和条件得到严格遵守，则不存在专向性。标准或条件必须在法律、法规或其他官方文件中明确说明，以便能够进行核实。第三，表面上为非专向补贴但符合下列情况仍具有专向性：补贴由有限数量的特定企业使用；由特定的企业优先使用；向特定企业提供不成比例的大量补贴；由补贴授予当局自行做出授予决定。第四，仅仅给予补贴授予当局管辖范围内指定地区的特定企业的补贴是专向性的。第五，所有的禁止性补贴。

《反补贴协议》将禁止性补贴定义为：成员方既不得授予也不得维持的补贴。一旦有成员实施该类补贴，任何受其影响的其他成员方可以采取反补贴措施。该类补贴的具体类型如下：第一，在法律上或事实上作为独立条件或多种条件之一，以出口实绩作为条件而提供的补贴（出口补贴）；第二，作为独立的条件或多种条件之一向使用国内产品替代进口提供的补贴。

补贴依其性质被形象地划分为红灯（禁止性）补贴、黄灯（可诉）补贴和绿灯（不可诉）补贴。其中绿灯补贴在中国加入世界贸易组织（入世）前的2000年已被取消，原绿灯补贴现均属于黄灯补贴。红灯补贴可分为出口补贴和进口替代补贴。黄灯补贴是在允许成员国实施的补贴行为，但如果实施时对其他成员国造成了严重损害则该成员国可以提起申诉，《反补贴协议》目前没有规定可以直接推定存在严重侵害的情况，第6条列举了一些可能存在严重侵害的情况，而界限却是模糊的，在具体案件中在专家组及上诉机构的申诉方、被申诉方提出答辩的基础上进行解释。

可申诉补贴指的是并不直接被明文禁止，但又不能自动免于被质疑的补贴。《反补贴协议》规定任何成员不得通过使用第1条中的1、2款所指的任何补贴而对其他成员的利益造成不利影响，即：第一，对另一成员国的国内产业造成损害；第二，使其他成员在1994年关贸总协定（GATT）中直接或间接获得的利益丧失或减损；第三，严重损害另一成员国利益。此处的损害指对一国产业的实质损害、威胁或对此类产业的建立构成实质阻碍。利益丧失或减损可理解为对一成员来说，在关税减让的情况下，其本应获得的市场准入机会的改善因另一成员给予补贴的影响而受到削弱。关于严重损害的认定如下：第一，补贴的结果是排斥或阻碍另一成员某一同类商品进入实施补贴的成员市场；第二，补贴的结果是排斥或阻碍其他成员的同类产品进入第三国市场；第三，补贴的结果是在同一市场上，与其他成员同类产品价格相比获得补贴的产品价格明显下降，或对同一市场的同类产品造成了严重的价格抑制、跌价、销量减少等后果；第四，与以往3年的平均市场份额相比，补贴的结果造成了实施补贴成员的特定受补贴的初级产品或商品在世界市场上的份额增加，且这一增加自实施补贴后呈现持续上升的趋势。由于在很多情况下较难证明补贴造成了不利的贸易影响，下列情况的补贴应被认定为严重损害的依据：第一，对某产品的从价补贴总额超过5%；第二，对某产业的经营亏损实施弥补的补贴；第三，对某企业的经营性亏损实施弥补的补贴，但为长期发展和避免严重社会问题而向该企业提供的非循环性和不能重复的一次性补贴除外；第四，直接的债务免除，即免除政府债权和以补助抵销债务。但在相关时期内存在以下任一情况则不应认为存在严重损害：一是，对来自起诉成员的同类产品出口采取禁止或限制，或禁止或限制它进入有关第三国市场；二是，对特定产品实行垄断贸易或国营贸易的进口方政府由于非商业原因，决定其进口从指控成员方转移到另一些国家或地区；三是，由于自然灾害、罢工、交通破坏，或其他不可抗力事件导致申述方出口产品的生产、质量、数量或价格受到重大影响；四是，存在限制申述成员方出口的协议安排；五是，申述成员方可供出口产品的自愿减少（包括申述成员方国内或地区内企业将自动转移到新市场）；六是，出口产品不符合进口成员方的技术要求和其他法规要求。此外，以上不适用于按农产品协议第十三条对农产品保留补贴的情况。

不可申述补贴可理解为成员方政府为鼓励研究活动、发展落后地区经济、保护环境而实施的补贴，及其他普遍实施的非专向性的补贴。这类补贴难以对国际贸易造成不利影响且具有特殊意义应受到鼓励，因而其他成员方不应采取反补贴措施或诉诸争端解决。不可申述补贴包括下列：第一，非专向性补贴；第二，对企业研究活动所进行的，或在与企业签订的合同的基础上由高等教育机构或研究机构进行研究活动的资助；第三，按地区发展的一般规划对成员方领土内落后地区的非专向性资助；第四，为促进现有设备适应法律或法规所规定的新的环境要求，对企业造成更大困难和财务负担给予的资助。

综上所述，WTO框架下我国国有企业补贴是否违规主要集中于两个方面的认定：第一，政府向国有企业发放的补贴是否具有“专向性”。换句话说，如果上述补贴存在所有制偏好，在补贴对象的选择上具有排他性和所有制歧视，那么就可以认为国有企业的补贴存在着专向性；第二，政府向国有企业发放的补贴是否会对其他成员国造成实质性的“严重侵害”。换言之，我们需要对国有企业补贴的实际效果及其市场影响进行评估，才能准确地判断出上述补贴是否会对其他企业带来损害。除此之外，WTO 框架下关于不可申述补贴的规定，其界限存在着一定的模糊性，因此当国有企业补贴满足该类补贴的规定时，也意味着这些补贴应该是被允许的。

最后，我们还应当注意一点，作为中国特殊的 WTO 义务，《中国入世议定书》中包括大量的承诺事项，其中有部分义务属于超 WTO 义务。《中国入世议定书》第六条要求，中国保证国营贸易企业的进口购买程序完全透明，且避免采取任何措施对国营贸易企业购买或销售的数量、价值或原产国施加影响或指导。进一步地，第十条中规定，就实施《补贴与反补贴协定》第 1 条第 2 点和第 2 条而言，对国有企业提供的补贴将被视为是专向性补贴，特别是在国有企业是此类补贴的主要接受者或国有企业接受此类补贴的数量异常之大的情况下。这就意味着在补贴问题上，西方国家可以根据《中国入世议定书》中的相关条款，向我国提出高于 WTO 规定的要求，因此与其他发展中国家相比，针对国有企业的补贴也更容易引发相关的贸易摩擦和诉讼。

第三节 我国国有企业补贴的现状与政策梳理

国有企业财政补贴，指国家财政给予国有企业一定补偿，以实现特定政治、经济和社会目的。它是一种国家财政分配行为，也是国家干预经济的手段。其构成要件有三项：一是发放主体为政府或者获得授权的公权力机构；二是为实现一定的公共利益；三是发放对象为国有企业。国有企业财政补贴的形式种类众多，包括但不限于直接财政拨款、各类实物补贴、银行金融信贷优惠、税收优惠、限制竞争者进入市场等。

我国国有企业财政补贴产生于国有企业市场化改革初期。与此同时，国家出于“疏解改革压力，提高社会整体福利水平”的目的，对国有企业实施了全面的预算软约束的财政补贴。自 1978 年改革开放以来，我国在经济体制改革和经济发展方面取得了举世瞩目的成就。然而，作为经济体制改革中心环节的国有企业改革，却依然在“改革效率最优”的道路上探索。从放权让利、承包制、股份制改革、债转股，到党的十八届三中全会提出“完善现代企业制度改革”，再到“发展混合所有制经济”为核心，国有企业已逐步从计划经济的细胞演变为市场经济的主体。与之相伴的是国有企业财政补贴制度，包括从改革初期的“为疏解改革压力，提高社会整体福利水平”的全面性的预算软约束的财政补贴，至改革进入“攻坚期和深水期”的硬化预算约束的财政补贴。改革初期，国有企业以其牺牲自身利益承担大量经济体制改革的社会成本，向财政索取各种补贴（如图 11 -1 所示）。

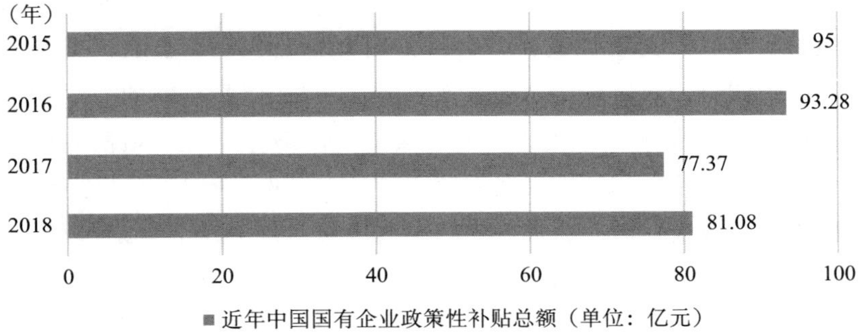

图 11 -1　近年中国国有企业政策性补贴总额

根据中华人民共和国财政部的资料显示，2015—2018 年中国国有企业政策性补贴总额分别达到 95 亿、93. 28 亿、77. 37 亿和 81. 08 亿元，总体呈下降趋势。

一、对国有企业的隐性补贴

2015 年《关于深化国有企业改革的指导意见》出台，意见指出我国国有企业进入了改革的全新阶段，全面推进国有企业市场化、公司化、竞争化，强调发挥市场在资源配置中的基础作用，限制政府干预对于竞争的扭曲。中国政府也明确表示，已经不会对国有企业进行系统性的补贴，曾经存在的国有企业的补贴，主要是一些国企的商品与服务价格受调控管制，很多时候为了避免冲击实体经济和人民生活就会压低价格，产生一定的亏损，由政府给予补贴。还有一类地方国企为了避免倒闭，地方政府给予种种扶持和补贴。2001 年年底，中国加入 WTO 并签订了《补贴与反补贴措施协定》（以下简称《协定》），这一规则与财政扶持企业具体政策直接相关，是为了防止补贴扭曲正常的市场竞争而制订的。在协议中，只有专向性补贴，即只给予一部分特定产业、企业或特定地区的补贴，才是《协定》所约束的；非专向性补贴，即不针对特定产业、企业或特定地区的，可普遍获得的补贴行为，《协定》一般不干预。在中国加入 WTO 之前，政府对国有企业的补贴大都是显性补贴，名目繁多的补贴措施在扶持国有企业发展的同时，也阻碍了国有企业前进的脚步，使国有企业成为政府行使相关职能的工具。加入 WTO 之后，国家出台了较多政策措施用以重点清理、规范政策性补贴和企业亏损补贴，相关的政策措施规范了政府对国有企业的补贴，取消了一系列明显违规的补贴措施。但是目前中国国有企业仍存在着各种隐性补贴，这也表明国家对国企实行补贴的做法从未真正停止。2002 年以后，由于各项改革措施的落实，中国国有企业的经营状况已得到明显改善，大部分国有企业实现了盈利，并且具有较高的利润率。同时，政府在加入世贸组织后对国有企业补贴的方式和内容都有较大的调整，大部分不合理的补贴被取消，但仍存在着各项国有企业亏损补贴由非常明显的软预算约束形式向暗中补贴和隐性补贴等方式转变的现象。

具体来说，政府对国有企业的补贴主要表现在以下几个方面：

其一，国家直接给予国有企业补贴。计划经济时期，中国的国有企业只有依靠国家的财政补贴才能够生存。由于国家发展战略的需要，国有企业亏损补贴的数额也一直处于居高不下的状态。中国改革开放前的大型国有企业是在一穷二白的基础上建立起来的，这些资本密集型的工业企业缺乏自生能力，对国家的财政补贴产生了非常严重的依赖，这种极端现象快速地拉动了中国工业的发展，但是也给中国的经济体制造成了极大的扭曲。

其二，相对于民营企业来说，国有企业享受着更加优惠的税负。虽然国有企业缴纳税收的总额一直处于增长状态，但是相对于其享受的国家政策和有利条件，其税负水平仍然偏低。国有企业保持较低税负水平的另一种解释是：国有企业承担了较多的社会责任。这是转轨时期中国经济的发展过程中必然存在的一种现象。但是，在重视国有企业社会责任的同时，也不能忽视民营企业的潜力。民营企业可以吸收更多的就业群体，拥有更强更灵活的创新能力。同时，由于数量方面的绝对优势，民营企业也代表了中国最多数的企业发展水平，是衡量中国整体经济水平的关键指标。所以，在向社会主义市场经济过渡的过程中，国有企业和民营企业之间的公平是政府必须要面对的问题，而这种公平首要的是税收的横向公平和纵向公平。横向公平方面，国有企业和民营企业应处于同等的发展位置，享受同等的税收优惠和税收减免；纵向公平方面，国有企业和民营企业应公平平等地根据自身盈利水平缴纳税收。

其三，国有企业能够免费使用大量土地。在国有企业本身已经占据了国家大量的土地的情况下，其地租也体现了政府对国有企业的大量补贴。从很多国有企业的发展历程来看，其享受的较低土地租金在很大程度上降低了国有企业的成本负担。多年以来，在国家给予国有企业较低租赁费用的优惠下，国有企业应交而未交的土地租金数额一路攀升。民营企业却只能以较高的价格获得土地使用权，并且在租金的缴纳方面非常严格。

其四，国有企业享受极低的资源租金。为了保护资源，中国借鉴国际经验，出台了旨在对采矿权人征收资源补偿费的法律条文——《矿产资源补偿费管理规定》，该项规定的大致内容和国际上其他国家是一致的，但是在资源补偿费费率方面，中国显著的低于国际上其他国家。另外，作为国有资源，矿产资源自身的价值没有得到充分的利用。国有企业仅仅是把应该作为成本的转移变成了利润。根据财政部在2001年颁布的《中华人民共和国资源税暂行条例实施细则》，中国石油、天然气的征税方式是从价计征，税率统一规定为5%。这比原来的零税率有了较大的进步，但是5%的税率仍然较低，无法充分体现石油资源价值，更难以发挥石油资源税应有的经济作用。

其五，国有企业融资成本较低。这表现在两个方面：第一，国有企业可以获得更为优惠的实际利息。国有企业不仅可以享受较低的贷款利率，而且更容易获得贷款。在通货膨胀率高过利率的情况下，国有企业实际上享受的是“负利率”式的补贴，这种低利率和容易获得贷款本身就是政府对国有企业的一种补贴。第二，相对于民营企业来说，国有企业可以获得更多的银行短期贷款。融资成本方面，国有企业短期贷款的利率一般为5.3%，与之相对比，民营企业短期贷款的利率平均为20%。在短期贷款总额方面，国有企业也是占据着绝大部分比重，民营企业只是其中的一小部分。

二、地方政府补贴

地方政府补贴方面，相较于中央政府，地方政府对于经济发展的追求有更强烈的欲望。地方政府政策的制定和执行都是由当地官员完成的，因此地方政府的行为目的和动机在现实中就体现了执政官员的目的和动机。对于大多数的官员而言，职务的升迁是其工作热情的重要组成部分，而由于历史原因，经济指标一直是中国政府衡量官员执政能力的重要指标之一，因此，中国的官员对于经济的发展有着狂热的追求。而一个地方经济发展水平主要是通过该地的企业来体现的，从上文可知，推动某产业或企业的发展，使其在全国甚至国际市场上占据重要地位的一种较快的方法就是政府提供补贴，这也是我国地方政府所选择的主要方式，这从20世纪八九十年代给外商投资企业提供的各种优惠，以及当下为各种产业的发展提供资金的补助或奖励就可以看出来。虽然近来中央要求各地将衡量官员能力的标准从经济发展转到民生问题上，但是这在短期内难以实现。而国企补贴中的相当部分来自各级地方财政，而中国的地方政府由于存在显而易见的横向竞争，很容易倾向于竞相通过非理性补贴，以求吸引更多企业、更多投资，从而达到当地的经济目标。

三、战略产业专项补贴政策

产业补贴方面，从20世纪50年代初以来，特别是1988年“火炬计划”开始实施之后，高科技产业就不断得到从中央到地方的各类政府基金和退税政策等的支持。2010年国家提出要加快培育和发展战略性新兴产业，确定了战略性新兴产业发展的重点方向、主要任务和扶持政策。从我国国情和科技、产业基础出发，选择节能环保、新一代信息技术、生物、高端装备制造、新能源、新材料和新能源汽车七个产业，在重点领域集中力量，加快推进。2011年政府正式设立了战略性新兴产业发展中央专项资金，初步统计，共有24个省市积极响应对战略性新兴产业的扶植号召，基本于2011年年底之前陆续出台并实施了用于扶植战略性新兴产业的各类省、市级资金。其中，2012年5月底中央专项资金的首批补助正式启动落实，新能源汽车、新材料和高端装备制造三个行业成为首批获助行业中的重点扶植对象，补助额度高达项目固定资产投资的15%。在中央专项资金落实前，国家发展和改革委员会设立的国家产业振兴和技术改造专项资金已经开始对许多属于战略性新兴产业的企业进行补助支持。根据财政部2011年发布的《各地财政大力支持战略性新兴产业发展》，各地区的地方政府都对战略新兴产业进行了大量的资金扶持或者补贴，例如北京市新兴产业创投基金达15亿元，黑龙江省18.5亿元专项资金助力新兴产业建设，安徽省“十二五”期间每年安排5亿新兴产业发展引导资金等。由此可见，从中央财政到地方财政都开始有针对性地大力扶植战略性新兴产业，而在战略新兴行业中不乏一些国有企业，对这些战略新兴行业的补贴也客观导致相关行业内的国有企业补贴。

四、党的十八大以来国有企业的改革方向：做大做优做强

党的十八大以来，党中央高度重视国企国资改革发展和党的建设，提出

做大做优做强国有企业的口号。习近平总书记关于国企国资改革发展系列重要论述，强调了国有企业是中国特色社会主义的重要物质基础和政治基础，关系公有制主体地位的巩固，关系我们党的执政地位和执政能力，关系我国社会主义制度，明确了坚定不移做强做优做大国有企业，不断增强国有经济活力、控制力、影响力、国际竞争力、抗风险能力的发展目标。

首先，从基本制度角度来看，“做强做优做大国有企业”有利于维护和巩固社会主义基本经济制度，体现我国社会主义性质。我国是以公有制为主体的国家，以公有制经济作为国民经济主体主要体现在公有资产在社会总资产中占优势，国有经济控制国民经济命脉，对经济发展起主导作用。这就要求在涉及国家安全的行业、自然垄断的行业、提供重要公共产品和服务的行业，以及支柱产业和高新技术产业中，国有经济应处于中坚和优势地位；其次，从宏观经济角度来看，“做强做优做大国有企业”有助于政府实施宏观调控政策，保障国民经济的健康可持续发展和人民的根本利益。在应对国际金融危机过程中，国有企业带头落实国家的各项宏观经济政策，有力地保障了经济和社会的稳定发展。在经济结构调整中，国有企业响应国家产业政策，推动传统产业改造升级，在促进就业的同时也使人民群众享受到了更为优质的生活。因此发展与壮大国有经济，有利于保持国家对关键行业和领域的控制力，防范和化解经济风险，维护国家的经济安全；从收入分配和社会公平正义角度来看，“做强做优做大国有企业”有助于弥补市场经济的固有缺陷，促进社会公平正义。市场经济中效率和公平的对立统一，意味着依靠国有资本与国有企业的力量才能更好地推动收入分配改革。

在以做强做优做大国有企业为指导原则的国有企业改革过程中，不少政府部门简单地认为为了实现上述目标就是要对国有企业进行大量补贴，这在客观上加剧了西方国家对我国补贴问题的担忧。事实上，国有资本的发展和壮大，只是指在事关国家经济安全命脉与事关百姓福祉的重要领域，在国有资本原本并未涉足的新兴领域和在改革开放中已被经验证明的竞争性行业领域，其他资本可以毫不犹豫、放心大胆地进入，“有进有退”“优胜劣汰”才是真正合乎市场经济规律的运行方式。在整体经济上“做强做优做大国有企业”与具体行业的“有进有退”并不相同，也不能混淆，这一点必须明确。“做强做优做大国有企业”并不意味着国有资本与民营资本间的对立。改革开放的经验表明，“国有资本”与“民营资本”存在着一荣俱荣、一损俱损的关系。事实上也正是如此，国企和民企的发展都需要共同的良性外部环境。法制化的经济运行秩序、市场化的资源配置格局、民主化的社会治理框架、现代化的教育科研体系、前瞻性的创新能力，以及独立的国家主权和稳定的国际秩序等，对于国有企业和民营企业来说都是基本的前提和保障。

第四节 国有企业补贴效果的实证分析

为了更好地说明我国对国有企业补贴的效果，我们抓取了目前在沪深两市上市的3577家公司进行了数据统计分析。

从全部上市公司的情况来看，分析结果显示，99.3%的上市公司在过去的6年期间（2013—2018年）都收到过政府补贴，过去六年间政府共给上市公司发放补助7136亿元，政府平均每年给每家上市公司派发补助额度超过了3500万元人民币，收到补贴的企业中金额最大的为267亿元，最小的仅为1.2万元（如图11－2所示）。

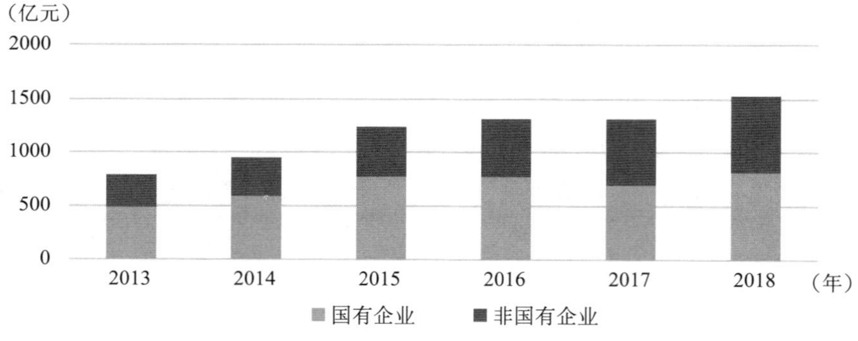

图11－2 2013—2018年政府对企业补贴总额

从实证数据来看，国有企业和非国有企业相比，在补贴获取的可能性上并不存在所有制优势，但是在补贴金额上的确得到了更多的倾斜。首先，从是否获得补贴的概率上来考虑，统计数据显示所有的上市公司中，有99.3%的企业在过去6年间收到过政府补贴，说明在补贴范围上并不存在针对国有企业的所有制优惠。其次，在补贴数量上，过去6年期间国有企业收到的平均补贴水平为3.89亿元，而非国有企业为1.2亿元，要远低于国有企业的水平，说明国有企业所获得的补贴数额确实要较非国有企业更多（如图11－3所示）。

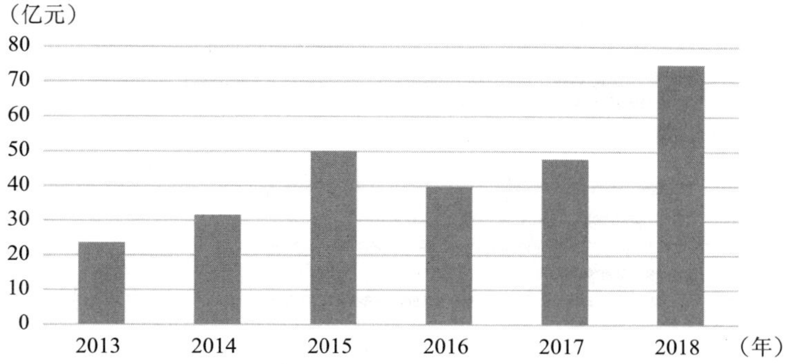

图 11－3　2013—2018 年中国石化每年获政府补贴

上市公司中，国有企业总数为 1057 家，约占上市公司总数的 1/3（29.55%），其中几乎所有的国企在过去 6 年期间收到过政府补贴（99.4%），每家公司每年平均收到的政府补贴的金额为 6483 万元，而中石化作为收到补贴最多的国有企业，在过去 6 年期间总共收到了高达 267 亿元的政府补助。非国有企业总数为 2520 家，每家企业过去 6 年期间每年平均收到的补贴金额为 1196 万元，收到补助最多的非国有企业在过去 6 年期间收到了约 70 亿元的政府补助，两项数值均远低于国有企业收到补贴数量的水平。

分行业来看，过去 6 年中，汽车行业以收到总计 661 亿元的补贴居首，电子、化工行业则以分别收到 654 亿元和 623 亿元紧居其后，而综合服务行业以只收到 24 亿元的补贴居末位，不同行业间获得的政府补贴数量存在着较大的差距。从每家公司获得的平均补贴总额上来看，钢铁行业中的公司获得的补贴的力度最大，平均每家企业收到了 6.67 亿元的补贴。而休闲服务业获得的平均补贴额度最少，平均每家企业只收到了 0.76 亿元的补贴。进一步对不同行业中不同所有制的情况进行分析，国有企业在传媒行业和国防军工行业获得补贴的概率显著要比非国有企业高，但高出的概率仅为 2.0% 和 1.1%，说明在不同行业中不同所有制的企业都有机会获得补贴。在补贴数额方面，我们发现在计算机行业、传媒行业、有色金属行业、纺织服装行业中，国有企业获得的补贴额度显著高出非国有企业 42.09%、38.34%、37.48% 和 41.95%，说明在这些行业中存在着较大的所有制倾斜，这些行业中的国有企业与其他所有制企业相比收到了数量更多的政府补贴（如图 11－4 所示）。

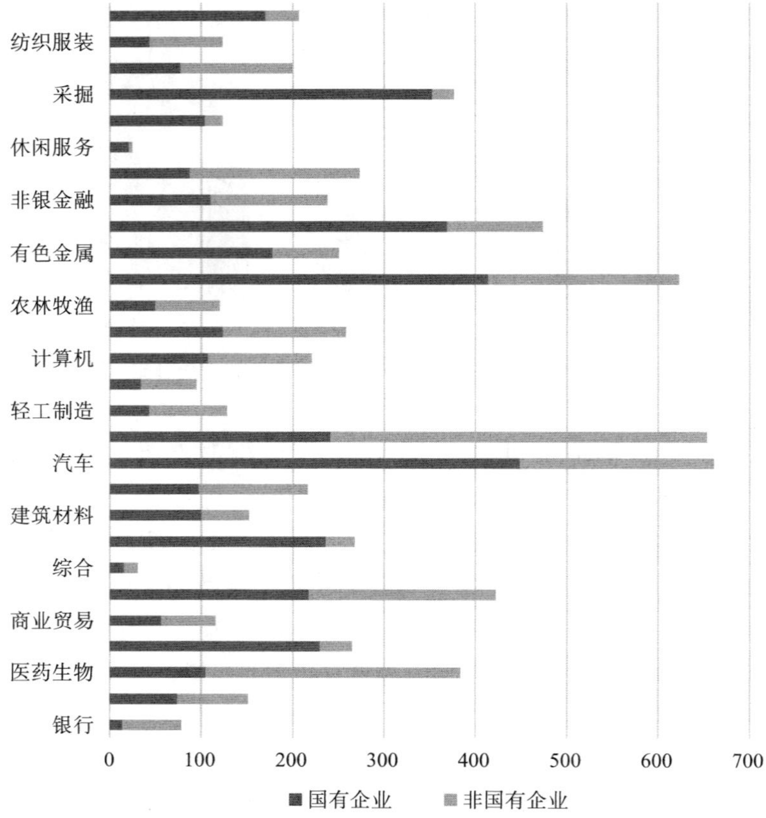

图 11－4　2013—2018 各行业企业获得政府补贴总额情况（单位：亿元）

我们进一步按中国高新技术产业统计年鉴对高新技术产业的范围界定以及国务院通过的《“十二五”国家战略性新兴产业发展规划》对战略新兴产业的定义，将上市公司所在行业分成为传统产业和高新产业，并进一步进行分析。结果显示，被划入高新产业的企业获得的补贴额显著比被划入传统产业的企业高出 10.8%，说明国家使用政府补贴作为发展我国的战略新兴产业的方式之一。结合反补贴调查情况分析，近年来，反补贴调查集中于钢铁、轻工业等行业，从近 4 年的案件来看，钢铁及其制品一直是我国被发起反补贴调查案件的重灾区。其次是塑料、橡胶及其制品，化工产品及其他金属及其制品等行业。另外，针对纸制品、纺织品等高污染、劳动密集型产业的反补贴调查案件数量有下降趋势，这一方面说明国际竞争焦点发生转移；另一方面也体现了财政补贴政策背后的国家经济转型和产业升级（如图 11－5 所示）。

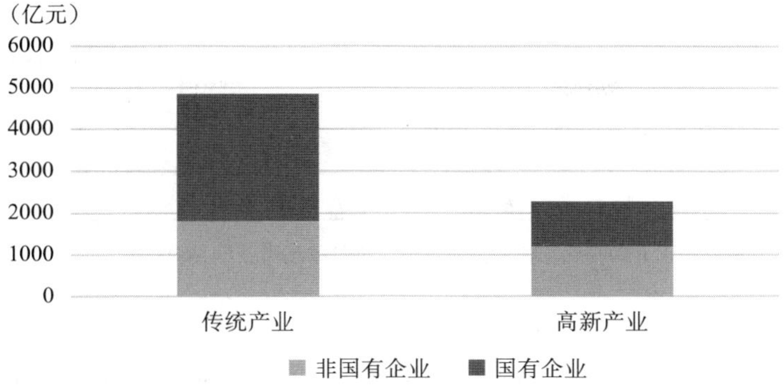

图 11－5　传统与高新产业下不同所有制企业补贴情况

政府向特定行业、特定企业进行补贴极有可能会造成产能过剩、资源配置不合理等问题。但是另一方面，在市场失灵时政府补贴也可以促进资源优化配置，从而提高要素生产率。因此政府补贴的最终效果不可一概而论。对我国上市公司的数据分析，我们发现政府补贴对企业经营效果存在着差异化的影响。

总体来看，政府补贴对企业经营是存在负面影响的，补贴效果差强人意。无论是对国有企业还是非国有企业来说，政府补贴的确会强化企业的研发投入，并且提高企业的专利数量，因此从这个意义上来说，政府补贴是存在研发激励效果的，并且如果政府希望通过补贴的方式来鼓励企业加大研发投入，客观上也确实达到了预期的目标。但是，政府最终却会使被补贴企业的经营状况产生负面影响，无论是国有企业还是非国有企业，政府补贴都会导致企业的净利润率下降，并且上述负面冲击对于国有企业来说更为显著。从总营业收入上来看，补贴在增加非国有企业营业收入的同时，还会使国有企业的营业收入下降，这就意味着补贴的负面效果对于国有企业来说更加显著。综合上述两方面的影响，我们可以得出以下结论：总体上看，尽管政府补贴能够产生研发激励，但是并不能最终让企业的研发激励切实转变为盈利能力。换句话说，政府补贴并没有改善国有企业的市场竞争能力，在一定程度上反而会恶化国有企业的盈利能力。盈利能力下降的同时，伴随着研发投入和专利的提升，恰恰说明补贴可能存在一定的激励扭曲（如表 11－1 所示）。

表 11－1　补贴对于不同所有制企业经营情况与研发能力的影响

	非国有企业	国有企业
总营业收入	+ + +	−
净利润率	−	− − −

续表

	非国有企业	国有企业
资产负债率	- -	-
研发投入	+ +	+ + +
专利数量	+ +	+ +

注：+和-分别表示补贴存在正面和负面影响，符号数量则表示影响强度。

补贴对不同行业的净资产收益率水平也会产生不同的影响，将样本按行业划分后发现，补贴对汽车行业（8.83%）、传媒行业（2.16%）的资产收益率水平产生了正的影响，而对有色金属（-8.99%）、电气设备（-3.08%）、化工（-1.85%）、交通运输行业（-2.03%）等产生了负面影响。政府补贴对于不同行业研发情况的激励效果也存在差异，分析结果发现，政府给予高新产业的补贴更多地转化为研发投入，与传统产业相比，高新产业在收到政府补贴后将更多地用于研发支出上（0.071%对比0.028%）（如表11-2所示）。

表11-2　不同行业中补贴对不同所有制企业经营情况与研发能力的影响

	非国有企业				国有企业			
行业/指标	总营业收入	净利润率	资产负债率	研发投入	总营业收入	净利润率	资产负债率	研发投入
房地产			-（7.597）			+（3.087）		
医药生物	+（0.026）			+（0.055）				-（0.080）
公用事业		-（0.987）		+（0.101）				+（0.091）
商业贸易	+（0.201）						-（3.521）	
机械设备	+（0.018）	-（1.495）	-（0.925）	+（0.021）	-（0.029）	+（1.902）		+（0.033）
综合						+（4.975）		
建筑装饰	+（0.024）							
建筑材料								
家用电器				+（0.117）			-（4.367）	
汽车				+（0.059）			-（1.063）	+（0.059）
电子	-（0.019）			+（0.079）				+（0.088）
轻工制造		-（1.220）			-（0.073）			+（0.118）
通信			-（1.669）	+（0.067）	+（0.115）		-（4.046）	-（0.117）
计算机				+（0.047）				
传媒							+（2.413）	
农林牧渔								+（0.183）

续表

	非国有企业				国有企业			
行业/指标	总营业收入	净利润率	资产负债率	研发投入	总营业收入	净利润率	资产负债率	研发投入
化工	+（0.022）	-（1.909）		-（0.028）				
有色金属		-（1.323）			-（0.045）	-（19.637）		
交通运输						-（3.712）	-（2.427）	
非银金融								
电气设备		-（3.770）	-（1.457）	+（0.046）	-（0.079）			+（0.109）
休闲服务							+（2.705）	
国防军工						-（1.070）		
采掘							+（1.072）	
食品饮料	+（0.034）		-（1.507）					
纺织服装	+（0.035）		-（2.774）	-（0.062）	-（0.069）			
钢铁					-（0.058）			+（0.195）

注：表格中的空白处表示补贴没有显著影响。

通过对政府补贴事项的整理发现，政府补助具体事项包括环保节能补贴、科研技术创新补贴、中小企业扶持补贴等补贴事项，专向性补贴多而非专向性补贴少。以研发和环保补贴为例，根据《反补贴协议》，政府对科研、落后地区以及环保的补贴一般是符合 WTO 规定的。但是当补贴存在很高的专向性时，就极易引起贸易摩擦和国际诉讼，因为根据 WTO 的原则，上述补贴极有可能会强化被补贴企业的市场势力，从而侵害市场中其他企业的利益。以中美光伏案为例，尽管针对光伏企业的补贴从原则上来说符合 WTO 关于环保补贴的原则，但是美国商务部认定中国对光伏产业采取了专向性补贴措施，其认为中国立法政策明显倾斜于部分特殊的可再生能源行业。从这个意义上来说，在补贴具体事项上我们当前依然有很大的改善空间。

近年来随着经济布局结构的调整和优化，中国国有企业“小而散”的格局从根本上得到了改善，国有资产逐步向关系国家安全和国民经济命脉的重要行业和关键领域集中。数据显示，在食品制造、纺织、木材加工等一般生产加工行业中，国有企业资产比重已降至 11.9%，而在基础性行业和支柱产业，国有企业资产比重则上升到了 50.6%。在军工、电信、民航、石油及天然气开采和电力供应领域，国有经济占比更是达到了 90% 以上。因此，政府补助有向基础性行业和支柱性行业集中的趋势，过去 6 年中，汽车行业以收到总计 661 亿元的补贴居首，电子行业则以分别收到 654 亿元紧居其后，综合服务行业以只收到 24 亿元的补贴居末位；从每家公司获得的平均补贴总额上看，钢铁行业中的公司获得的补贴的数额也是最多的，平均每家企业收到了6.67亿元的补贴。而休闲服务业获得的平均补贴额度最少，平均每家企业只收到了0.76亿元的补贴。特别是在某些公共领域，对国有企业的补贴数额呈现逐年加大的趋势。这其中是因为有一些国有企业无法适应市场竞争而面临淘汰，因此由政府出面给予补贴支持，帮助企业平稳关停并转，防止短时间内大量失业问题而引发一系列社会不稳定问题。更重要的是，大量国有企业承担了较多的社会公益项目与义务，导致上述国有企业难以获得稳定的利润，因此政府补贴从某种意义上来说也是具有一定合理性的。在这种情况下，企业实际扮演了公共产品提供者的角色，而政府提供补贴就具备一定的必要性与合理性。

第五节　发达国家的补贴政策的经验借鉴

一、德国补贴政策的借鉴

德国对国有企业的财政补贴范围较广，不仅包括给予投资、信贷补助，而且还有抵偿联邦铁路经营中的政策性亏损等措施。德国的财政补贴政策对国有企业发展和保护环境都具有重大的意义。在环境保护方面，制订了环境保护领域的投资补贴以及利用特别折旧法等具体措施，为国有企业提供环境保护投资补贴和税收优惠，并重点关注与环境保护工作紧密联系的木材加工、铸造、化工和塑料等具体行业。德国对兴建环保设施的国有企业给予财政补贴和贷款优惠，补贴数额相当于投资总额的1%，贷款利率也低于市场利率，偿还条件也优于市场条件。对企业建造节能设施所耗费用，按其费用的25%给予补贴，并设立专项资金，提供优惠贷款。另外，对国有企业的财政补贴还有利于改善经济发展结构，对部分夕阳产业的复兴和新兴产业部门的发展都起到了积极作用。

各州和地方是德国国家投资的重点，政府投资比例占其预算收入的80%以上。德国联邦政府确定了一系列投资补贴政策，使联邦政府在补贴地方的同时，也能有效地促进和引导州和地方财政对其所在很多领域的共同项目进行投资，提高其发展水平。联邦政府的补贴遵循着有助于促进国民经济结构均衡和地区经济迅速发展的原则，补贴比例也是根据项目所在的不同领域分别进行确定。例如，对于科研项目，联邦财政对其进行的补贴投资；对于高等教育和幼儿园建设项目，联邦财政的补贴比例是50%。另外，为了改善产业结构、住房、农业基础设施和环境保护等建设项目，联邦财政都会对其进行不同程度的补贴。

在对经济部门和企业的补贴方面，德国政府是通过影响再生产过程中的国家财政资助实现的。联邦、州和地方支出的救济金、低息贷款和税收优惠等是德国对企业补贴的主要方式。德国《经济稳定和增长法》规定，联邦政府每隔几年就应总结财政补贴情况的相关报告，各州分别根据其实际情况制定《补贴法》。尽管德国是市场经济国家，但是德国政府同样会出台相关的补贴政策来弥补市场失灵的领域。这些补贴政策不仅包括长期补贴，而且也包括短期补贴。其中，长期补贴指住房补贴、国家投资建房补贴、贫困家庭住房补贴等。短期补贴一般基于政治原因，针对某些产业结构的变化而出台，包括农业补贴、采掘业补贴和铁路补贴等。多年来，德国政府的短期补贴呈现了不降反升的趋势，是促进经济发展的不可忽视的因素。

在对企业的各项补贴方面，德国财政支出在发展经济方面的经验值得中国借鉴和学习的地方主要有以下几个方面：

其一，补贴政策仅限于弥补市场失灵领域。公共财政政策在调节宏观经济发展的时候，必须客观和正确地把握调节市场的领域和范围，切不可过多地干预市场，影响其正常运行。作为市场经济国家，德国也面临着国际竞争压力的增大以及本身经济发展的不均衡等诸多问题，从而市场经济的运行不可避免地会出现市场失灵的领域，使得产业结构和区域经济结构失衡。这时，德国的市场同样需要政府的扶持和帮助，相关的财政政策和补贴措施务必及时出台，以保证市场的正常运行。德国在出台补贴政策方面的经验给予了正处于转型时期的中国一个很好的思路。中国不仅要准确地定位社会主义市场经济的“市场缺陷”的性质、范围以及阶段性特征，而且要针对性地制定合理的财政补贴政策，恰当地选择合适的财政工具。

其二，企业财政补贴政策的核心应是增强国际竞争力。在经济全球化的大背景下，增强本国企业的竞争力是德国政府一直坚持的国家战略。对于中国来说，加入WTO以后，国内企业被放在了世界的竞争平台之上，提高国际竞争力是目前中国企业的当务之急。经济发展水平的提高使中国低成本的优势逐渐减弱，为了维护国内不具有成本优势但具有战略性意义的关键产业，政府理应出台相关的补贴政策，营造出更广泛的技术创新氛围，提高企业的自主创新能力，并进一步扶持国内企业参与国际竞争，提高与世界先进企业之间的竞争力。在这点上，中国政府的着力点不仅在国有企业，更应该扩大到拥有巨大发展潜力的中小企业。德国的经验表明，通过制定合适的公共财政政策，包括鼓励技术创新、推动前瞻性行业及企业的发展以及扶持有潜力、有活力的中小企业等政策，完全可以达到弥补部分市场缺陷的效果，有利于增强国际竞争能力。

二、日本补贴政策的借鉴

日本在资本主义国家中属于后起之秀，其国有企业主要依靠政权的力量，通过政府直接兴办有关国计民生的企业和建立健全有利于企业发展的经济制度，使得日本的国有经济获得迅速发展，国有企业得以发展壮大。同时，复杂的经济形势使得日本国有企业补贴的形式多种多样，内容繁杂。日本经济在高速增长过后，产业结构进一步发生变化，新兴产业和衰退产业泾渭分明，如果政府不能处理好衰退产业，就有可能在这种产业中发生大量失业的情况而造成社会动荡，但由于可以通过日本式企业与政府关系对衰退产业进行调整，因而这个问题并没有引起社会动荡，国民经济仍然以较快的速度顺利地增长。

日本政府对企业提供的补贴具体有以下方面：对企业引进先进的利用能源设备予以补贴，补贴金额的上限为 2 亿日元，补贴率高达 30% 以上；对废弃物再利用的化工设备生产者给予其相当于生产、实验费用的 1/2 的补助；对于循环经济，由于其投资规模大，建设周期长，日本政府设立了专项基金，并利用非营利性的金融机构为循环经济企业提供优惠利率的中长期贷款；为了鼓励企业从事环保产业的研究与投资，日本在《废弃物处理与清洁法》中规定，对修建废弃物处理设施提供财政补贴等。

日本政府对于财政补贴的运用，可以从以下几个方面进行借鉴：

首先，注重财政资金的使用效率。日本政府非常注重财政资金的使用效率，所以在发放国有企业亏损补贴方面始终保持着谨慎态度，坚决杜绝财政资金的浪费。为此，日本国有企业亏损补贴是有选择的对国有企业发放的，主要包括的行业有：新能源行业、关系到国家重大安全战略的行业、有利于提高国家创新能力的行业以及能够促进经济社会可持续发展的行业等。在日本政府对本国企业各项政策的支持下，日本国有企业改革获得了成功，日本对国有企业亏损补贴的资金也得到了合理利用。

其次，促进国有股份自由流通。日本政府认为，国有股份是大众的、国民的财产，因此在改革中坚持向广大社会公众出售国有股份。并且，为了保护广大投资者的利益，日本政府在保证上市公司质量的前提下，主张将已经出售的原国有股份尽快拿到交易所挂牌上市。与此同时，在国有股权改制过程中，先将所有权与经营权分离，通过企业重组引入市场竞争机制，提高国有企业经济效益，然后在条件成熟时，出售国有股票进行民营化，此举较好地防止了国有资产流失。

最后，国有企业经营应集思广益。日本政府注重决策的民主性与长期性。从宏观上看，日本国有企业改革的决策是多方参与，并依赖“自上而下”的决策体系来予以实现，这样能够集思广益，弥补单个利益主体的不足，增强决策的民主性。就微观而言，决策控制权掌控在最高经理人员手中，企业谋求长远利益而不应急功近利，体现出决策的长期性。

三、英国补贴政策的借鉴

英国很少对亏损的国有企业进行补贴，这与英国国有企业在英国的变化情况有密切关系。英国国有经济具有较为悠久的历史，第一次世界大战之后，战时经济的需要和凯恩斯主义的盛行，国有企业有了进一步的发展，中央电力局、伦敦客运局、海外航空公司都是这一时期的产物。大规模的国有化不仅促进了英国产业基础的稳定，推动了产业结构的调整，而且国有企业在缓解经济周期性波动。确保财政收入增长、推动技术进步、抑制物价上涨、维护社会安定等方面也发挥了巨大的作用。第二次世界大战之后，英国的国有资产管理政策多变，呈现国有经济大起大落的现象。英国除了在“二战”后到20世纪90年代期间，国有化企业一度有较大的发展，其余时期始终坚持产权私人占有为主的原则，是以生产资料私人占有权为主体的资本主义国家，国有企业在国民经济中占有很小的比重。

英国国有企业资金来源主要有四个方面：国家贷款基金、向国内外资本市场发行债券、发行“公共红利资本”、企业留利等。在英国国有化时期，英国政府很难建立国有企业经营的目标函数，它的多个目标之间常常相互冲突。无论英国处于何种政治色彩，政府几乎不可能保证国有企业自主经营，而总是抑制不住去干预他们，甚至将其作为短期政策服务的工具，使国有企业普遍缺乏效率、管理混乱，国家的财政负担日益沉重。为此，英国政府采取了如下措施：严格约束财政资金，促使国有企业提高效率和减少亏损；提倡“资本民主化”，在国有企业中引入私人资本，并鼓励本企业职工购买股份；

打破国有企业的垄断地位，允许私营企业与其竞争；扩大董事会的权限，使董事会在实现企业战略目标、投资等重大经营决策问题上享有比以往更多的自主权。总的来说，政府的改革着眼于调整和减少国家对经济生活的干预，努力加强国有企业的责任心和主动性，注重发挥市场机制作用，以促进国有企业提高生产效率和竞争力。

英国补贴值得借鉴的地方主要有以下几个方面：

其一，以促进市场竞争为根本原则。英国的国有企业之所以进行了大面积的私有化，主要是由于私有化更能促进本国经济的发展，可以最大限度地保证企业获得利益。国有企业私有化范围的扩大使得英国的国有企业亏损补贴数额极小，这在国家层面上也避免了政府为维持经营不善的国有企业所造成的损失。

其二，化大为小，区别对待。政府根据实际情况，对亏损的大企业进行划分，根据各部门的具体盈亏情况划分为若干个小公司，以区别对待。由于一个大型企业的亏损不等于其各部门一概亏损，因此区别对待的优越性在于：政府能够把有限的资金用于那些因亏损而急需改造的部门中去，从而降低了国有企业改造的成本，并增加了企业扭亏为盈的机会。

其三，相关配套措施的跟进。为防止国有资产流失，议会要求国家审计署对民营化改革之前和之后都进行审计，并专门设立了国有资产民营化绩效审计司。国有企业改制后，对于和国计民生相关的垄断部门，英国均设立了管理机构。这些机构的主要责任是制定最高限价，规定行业价格不得高于通胀。限制垄断行业权利的滥用，维护公众的利益。对于上市公司的监管，一方面是控股；另一方面是设立金股，金股可以行使一票否决权，贯彻国家意志。

第六节　政策建议

一、在竞争中性原则下实现国有企业的做大做强

党的十八届三中全会提出，经济体制改革的核心问题是处理好政府和市场的关系，使市场在资源配置中起决定性作用，更好发挥政府作用。党的十九大报告又进一步强调，必须坚持和完善我国社会主义基本经济制度和分配

制度，使市场在资源配置中起决定性作用，更好发挥政府作用。政府要实现国有企业做强做优做大，关键在于如何让政府的有形之手通过市场的无形之手来更好地发挥作用。

竞争中性原则的实质就是要发挥市场在资源配置中的基础作用，避免政府的不恰当干预导致的市场扭曲。竞争中性原则和其核心内容就是要国有企业和其他所有制企业，在现有法律框架下，平等使用生产要素、公平参与市场竞争、同等受到法律保护。也只有坚持竞争中性原则，才能更好激发各类市场主体活力，营造公平的竞争环境，让企业在竞争中优胜劣汰。

竞争中性原则与国有企业做大做强的目标并不矛盾，并且前者是实现后者的必要要求。在全球化竞争的环境下，对外开放是我国的基本国策，中国开放的大门只会越开越大。短期补贴是雪中送炭，长期补贴则变成了饮鸩止渴。从我国改革开放40年来的经验来看，只有在市场竞争中接受考验，我们才能真正培养出具有国际竞争力的一流企业，这才是国有企业改革目标的最终落脚点。竞争中性原则可以避免国有企业因为其所有制的特殊性而享有的不正当竞争优势，进而构建一个公平自由的良性竞争环境，这样才能保证国有企业在适当的竞争压力下寻求自我发展和自我壮大，否则只能是催生一批外强中干和效率低下的国有企业。

竞争中性原则与财政补贴也并不矛盾，前者可以帮助后者更好地实现政府的发展目标。竞争中性原则从企业是否具备商业性质、企业识别成本、商业回报率、所接受的财政补贴、税收等八个方面，搭建了竞争公平的识别维度，也打造了竞争公平的衡量标准。竞争中性原则为政府补贴的提供另一个相对客观的标准和矫正机制，避免行政部门的主观偏差带来的市场扭曲和补贴不当，让市场机制来决定竞争的胜利者，从而可以保证更多的社会资源可以流入到效率更高的企业之中。从这个意义上来说，竞争中性原则保证了补贴可以真正用来帮助那些更具备竞争潜力的企业。

竞争中性原则符合WTO的规则，能够减少国际贸易摩擦。在国际贸易竞争愈加激烈的当下，竞争中性原则正在逐渐成为一种贸易投资保护措施，作为以美国为代表的西方国家限制其他国家参与世界经济竞争优势、建立新的全球经济发展规则体系的手段。我国想要在未来的国际竞争中取得话语权，就需要主动应对竞争中性原则背后的国际贸易新挑战。以竞争中性原则规范我国市场竞争，通过优化财政补贴、推进税收中立、公平进行政府采购等手段，可以降低我国遭受贸易调查与争端的可能，减少国际贸易竞争中对于我国的歧视，从而更高效、更公平地参与世界经济竞争。

二、提高补贴政策的透明度并逐步建立退出机制

针对当前财政补贴中存在的问题，需要进一步规范财政补贴政策，具体包括以下三方面的内容：

第一，持续加强财政补贴信息披露，提高财政补贴的透明度。地方国有企业财政补贴缺乏公开与监督，极有可能催生寻租与补贴的低效率问题。因此有必要加强对国有企业财政补贴政策制定过程的信息披露。地方性国有企业财政补贴政策在制定过程中更应该加强监督，引入专家立法、公民听证等监督方式。财政补贴政策制定完成后，应当及时公开，并定期披露政策执行情况，接受党、人大、政府和社会的监督与反馈。通过对政策制定全过程的信息公开，减少不合理的地方财政补贴政策，据此促进统一、合理的财政补贴标准形成，推动全国范围内的市场竞争与资源流动。

第二，建立财政补贴申诉机制，提高财政补贴的公平性。对于未获得财政补贴的企业而言，开放财政补贴申诉渠道，可以迅速对于不公平竞争做出反应，有助于及时保护自己的利益；对于已经获得补贴的企业而言，财政补贴申诉渠道可以成为防止恶意竞争的工具，可以维护企业运行的稳定；对于财政补贴的发放者而言，财政补贴申诉渠道可以直接反映财政补贴政策的合理程度、实施效果，促进社会资源的高效利用。

第三，建立财政补贴的退出机制，打破企业的补贴依赖。财政补贴应当恪守雪中送炭的原则，只能帮一时而不能帮一世。要在政策中明确规定补贴的退出条件和时间，不能让被补贴企业形成依赖心理和持续预期。同时，为了保证补贴资金的有效使用，也需要对被补贴企业进行阶段性的考核与评估，督促他们有效使用补贴资金。

三、从事前的供给侧补贴转向事后的需求侧补贴

当前，针对国有企业的补贴方式主要是供给侧补贴，即政府直接对企业进行补贴。这种补贴方式的弊端主要体现在以下三个方面：第一，补贴效率低下，寻租和腐败空间巨大。由于是政府来选择被补贴对象，并且补贴金额巨大，在具体操作层面存在很大的模糊空间，因此很有可能导致大量的国有企业选择不同的方式进行寻租，也容易导致相关部门的负责人的腐败行为和利益输送。第二，事前补贴方式容易导致激励扭曲，补贴效果差强人意。由

于补贴对象的选择不是基于市场竞争而是基于行政考虑，因此难以保证高效率企业获得补贴。同时由于企业的研发和经营行为存在着很高的不确定性，因此补贴的最终效果也很难做到客观评价，并且事后监督也存在客观困难。上述两个特点决定了企业的骗补行为难以根治，并且获得补贴后也经常改变用途。无论是以光伏为代表的战略性新兴产业的产能过剩，还是之前我们对上市公司补贴效果的分析，都充分证明了现有的补贴方式存在重大缺陷；第三，直接对国有企业的补贴容易违反 WTO 的相关规定，进而引发贸易摩擦。现有的补贴方式在操作层面需要各级政府制定各类的规章制度，很容易成为西方国家在 WTO 框架下进行申诉的关键证据，也会引发其他未获得补贴的企业质疑市场竞争环境的公平性。

结合西方发达国家的经验，我们建议补贴方式应该考虑逐步转向事后的需求侧补贴。该种补贴方式具有以下三个优势：第一，从补贴企业转型补贴消费者，可以有效提高补贴的使用效率。由于补贴具有普适性，因此在发放补贴的过程中就不再需要政府的相关部门过多介入，也不需要审定烦琐的审批和考核手续，在提高工作效率同时，可以从根本上杜绝政府部门在发放补贴时的腐败行为，减少企业相关的寻租行为。第二，针对消费者的补贴，可以有效地利用市场机制来避免对企业的激励扭曲。在需求侧的补贴模式下，企业只能转向消费者来获得补贴资金，因此企业必须想方设法地提高产品质量并且降低自己的成本，通过提升自己的竞争优势来争夺补贴资金，而补贴资金的获得又可以进一步帮助企业在市场竞争中巩固和扩大自己的市场优势，最终实现补贴资源的最优配置。第三，需求侧补贴更加符合国际惯例，可以规避西方国家的反补贴起诉。消费者补贴的普遍性，可以完全规避 WTO 的补贴规则下关于专向性的规定，从而让国家在通过补贴方式来实现国有企业改革的发展战略目标的同时，减少来自西方国家的贸易摩擦和反补贴压力。

四、分散补贴到统一补贴，集中力量办大事

目前，我国的补贴政策存在着政出多门和九龙治水的问题，尽管从总量上来看政策补贴金额数量巨大，但是由于同时由包括发展和改革委员会、工业和信息化部和科学技术部等多个部门负责，并且补贴项目数量庞大，很难发挥补贴金额的规模效应，最终变成了每个项目都是“蜻蜓点水”。除了中央政府以外，各级地方政府也会根据自身的发展特点，发放数额不等的补贴，总体来看财政补贴缺乏系统性，补贴效果自然无法令人满意。这种分散式的

补贴体系，存在以下两方面的问题：第一，补贴无法发挥资金的规模优势，补贴资金只能象征性地做到锦上添花，难以实现雪中送炭的目的；第二，各部门和各地区之间的竞争，最终会导致补贴缺乏规划和协调，重复补贴和监管缺位又会引发包括产能过剩在内的诸多问题。

与西方国家相比，我们作为社会主义国家的一个重要优势就是可以集中力量办大事。为了更好地通过补贴来实现做大做强国有企业的发展目标，应该考虑补贴体系从分散到集中的转变，而集中式的补贴体系应当包含以下三个方面：第一，中央统一规定由具体的某一个部门来管理、协调和监督财政补贴的发放和使用，各级政府在制定和实施补贴政策时必须经过上级相关部门的同意，并且有具体负责部门来进行协调，避免地方政府之间的无序补贴竞争，以及由此带来的财政资金的浪费和管理不善；第二，政府补贴应当聚焦大项目和大战略，避免事无巨细的全方位补贴。政府补贴也需要抓大放小，不能全面撒网，而是要聚焦于那些具有长期性和战略性的基础项目，要将政府财政补贴定位于社会资本的补充，扶持那些规模大和周期长，但是社会效益显著的大型基础项目；第三，财政补贴要逐步从竞争性的领域转向基础性领域。在竞争性的领域中存在着大量的社会资本，财政补贴的介入不仅会产生严重的挤出效应，并且效果还不尽如人意，更重要的是会破坏原本公平的竞争环境，也会落人口实，引发贸易摩擦和 WTO 起诉。而基础领域的大部分项目由于资金规模大、项目周期长和资本回报率低，社会资本难以满足进入门槛也没有足够高的进入意愿。但是这一领域直接关系到国计民生和社会稳定，并且从长期来看是影响到国家竞争能力的重塑，如果考虑到外溢效应，这一领域投资的长期回报率相当可观。财政补贴聚焦于基础领域，不仅符合国际惯例，还能实现国家的长期发展战略，真正做到了一举两得。

五、充分利用资本市场，从补贴转到投资基金

根据现有的 WTO 规则，直接给予企业补贴总会产生很多争议，并且有可能引发相关的贸易摩擦和诉讼。与此同时，政府关于做大做强国有企业的目标意味着其他国家在根本上是难以接受补贴政策。从这个意义上来说，我们在目标不变的前提下，需要以符合国际惯例和 WTO 规则的方式来培育国有企业的国际竞争力，这里一个可行的方式就是从直接的补贴方式转向间接的投资基金。

财政补贴的主体是政府，而作为市场规则的制定者和监管者，政府直接

补贴个别企业必然会受到不公平竞争的指责。而投资基金的主体是企业，他们的投资行为是完全在市场框架下进行的，因此完全符合国际惯例和 WTO 规则。政府通过设立主权投资基金，或者入股某些大型投资基金，可以以间接的方式来实现对国有企业的资金支持，规避相关的国际争端风险。更重要的是，投资基金在组织形式和管理模式上更加灵活高效。在盈利约束下，投资基金会更多地采用市场机制的方式来选择投资对象，而国有资金的注入和控股，在某种程度上又可以实现部分的国家意志，两者相结合既保证了投资行为的市场理性，同时又可以贯彻国家的发展战略。投资基金和财政补贴相比的另一个优势在于，前者能够在扶持国有企业的同时保证国有资产的保值与增值，提高了资金的使用效率。这里需要额外指出的是，以政府主导或者参与的投资基金来替代直接的财政补贴并不能完全规避 WTO 规则，在《补贴和反补贴措施协议》里，这同样纳入补贴事项，如果存在专向性问题，同样是不合规的。因此，在从补贴转向投资基金时，绝对不是一劳永逸的，依然要注意专项性问题，在选择基金投资项目和对象时，应保持中立立场和利益驱动原则，在投资方式上也需要尽可能的多样化。

培养多层次的高效资本市场，也是财政补贴的一个转型方向。事实上，我国的资本市场在成立之初，就担负着帮助国有企业脱困这样一个重要的政治任务。改革的实践也充分证明，资本市场为国有企业的发展提供了充分的资金支持，并且也帮助国有企业迅速建立起一整套现代化企业制度，使其更好地面对市场竞争并不断发展壮大。同样的，近期包括科创板在内的多层次资本市场正逐步形成，利用资本市场的制度优势，完全可以形成一条新的路径来帮助国有企业做大做强。从直接的财政补贴，转向通过资本市场来扶持国有企业，不仅可以帮助国有企业获得资金，更重要的是可以在这一过程中实现市场监督以及相关公司治理能力的提升。

作者：王　宇　南京大学长江产业经济研究院研究员
南京大学商学院副教授
蔡少杰　南京大学商学院产业经济学系硕士研究生

第十二章　小微企业减税降费效应研究
——基于江苏省的调查

小微企业是市场经济主体的重要组成部分，是国民经济和社会发展的生力军，是扩大就业、改善民生、促进创业创新的重要力量，在稳增长、促改革、调结构、惠民生、防风险中发挥着重要作用。为了扶持小微企业发展，"十三五"以来，我国先后出台了一系列支持小微企业发展的减税降费政策，包括调高增值税起征点、调高应纳税所得额上限、阶段性降低社保费率等。这些政策的实施，从政府角度看，对政府财政有哪些影响？从企业角度看，在减轻企业负担、提振企业信心、促进企业发展、完善税制结构等方面发挥了哪些作用？从税务部门角度看，在政策实施中还有哪些值得关注和解决的问题？

第一节　小微企业减税降费政策概览

一、小型微利企业认定标准

在我国，从税收角度看，对小微企业的界定标准，主要分为统计上的认定标准、增值税口径的认定标准和企业所得税法的认定标准。税收中的"小型微利企业""小规模纳税人"与统计上的"小型、微型企业"的界定标准既有交叉又有区别：一是行业划分不同。"小型微利企业"2019 年以前按"工业企业"和"其他企业"划分，2019 年 1 月 1 日起，所有企业不再区分行业；"小规模纳税人"2018 年 5 月 1 日以前按"工业企业"和"商业企业"划分，2018 年 5 月 1 日起，所有企业不再区分行业；"小型、微型企业"按照工业、批发业、零售业等 16 类行业划分。二是界定条件（或指标）不同。

"小型微利企业"按年度应纳税所得额、从业人数和资产总额三个方面确定；"小规模纳税人"按年应征增值税销售额确定；"小型、微型企业"不同行业企业按照营业收入、从业人员、资产总额中不同项的组合来确定。三是界定标准不同。例如工业企业，"小型微利企业"按年度应纳税所得额不超过300万元，从业人数不超过300人，资产总额不超过5000万元；"小规模纳税人"按年应征增值税销售额不超过500万元；而"小微企业"按从业人数少于300人，营业收入少于2000万元确定。

由于小微企业的界定标准不一，为了确保不同地区样本企业口径统一、相互之间可比，因而在选取企业开展减税降费政策效应研究时，采用统一的采集口径与标准，即企业所得税法的"小型微利企业"认定标准，并且符合企业类型广泛、区域分布广泛、持续正常经营、从业人数稳定等特点。

二、小微企业减税政策

"十三五"以来，国家在增值税、企业所得税和其他地方各税中，不断给予小微企业政策优惠。主要有：

（一）调高增值税起征点

2014年10月，财政部、国家税务总局发文，决定到2015年年底，对月销售额2万—3万元的增值税小规模纳税人，免征增值税。随后，对该政策经两次延期。在此基础上，财政部、国家税务总局决定从2019年1月1日—2021年12月31日，将小规模纳税人免征增值税的月销售额上限提高至10万元。随后规定，小规模纳税人发生增值税应税销售行为，以1个季度为1个纳税期的，季度销售额未超过30万元的，免征增值税。

（二）调高应纳税所得额上限

《企业所得税法》及实施条例对"从事国家非限制和禁止行业，并符合下列条件的企业：（一）工业企业，年度应纳税所得额不超过30万元，从业人数不超过100人，资产总额不超过3000万元；（二）其他企业，年度应纳税所得额不超过30万元，从业人数不超过80人，资产总额不超过1000万元"。的小型微利企业，减按20%的税率征收企业所得税。2009年，我国就针对小型微利企业制定了企业所得税方面的"减计所得"政策，2011年，将执行所得减按50%计入应纳税所得额，按20%的税率缴纳企业所得税的标准提高到企业年应纳税所得额6万元，2014年，提高到10万元，2015年提高到30万元，2017年提高到50万元，2018年提高到100万元。到2019年，规定对小型微利企业年应纳税所得额不超过100万元的部分，减按25%计入应纳税所得额，按20%的税率缴纳企业所得税；对年应纳税所得额超过100万元但不超过300万元的部分，减按50%计入应纳税所得额，按20%的税率缴纳企业所得税。

（三）增加研发费用加计扣除比例

在《企业所得税法》及实施条例原本规定的研发费用加计扣除政策基础上，2017年，《财政部　国家税务总局　科技部关于提高科技型中小企业研究开发费用税前加计扣除比例的通知》将科技型中小企业研发费用加计扣除比例由50%提高至75%，同时规定研发投入形成无形资产的，在上述期间按照无形资产成本的175%在税前摊销。2018年又通过《财政部　税务总局　科技部关于提高研究开发费用税前加计扣除比例的通知》，将适用于科技型中小企业的研发费用75%的加计扣除比例扩大至所有企业。

（四）扩大加速折旧范围

在《企业所得税法》及实施条例原本规定的加速折旧政策基础上，2014年，对生物药品制造业，专用设备制造业，铁路、船舶、航空航天和其他运输设备制造业，计算机、通信和其他电子设备制造业，仪器仪表制造业，信息传输、软件和信息技术服务业等6个行业的小型微利企业2014年1月1日后新购进的研发和生产经营共用的仪器、设备，单位价值不超过100万元的，允许一次性计入当期成本费用；单位价值超过100万元的，可缩短折旧年限或采取加速折旧的方法。对所有行业企业2014年1月1日后新购进的专门用于研发的仪器、设备，单位价值不超过100万元的，允许一次性计入当期成本费用；单位价值超过100万元的，可缩短折旧年限或采取加速折旧。对所有行业企业持有的单位价值不超过5000元的固定资产，允许一次性计入当期成本费用。2015年，该政策扩大到轻工、纺织、机械、汽车四个行业，2018年，将允许一次性计入当期成本费用的价值提高到单位价值不超过500万元。2019年，规定将固定资产加速折旧优惠的行业范围扩大至全部制造业领域。

（五）调高职工教育经费扣除比例

2018年，规定企业发生的职工教育经费支出，不超过工资薪金总额8%

的部分，准予在计算企业所得税应纳税所得额时扣除；超过部分，准予在以后纳税年度结转扣除。将职工教育经费扣除比例由原来的2.5%调高至8%。

（六）初创科技型小企业投资抵免

2018年，在《企业所得税法》及其实施条例规定的初创科技型企业投资抵免政策基础上，财政部、税务总局进一步明确，对种子期、初创期科技型企业满2年（24个月，下同）的，可以按照投资额的70%在股权持有满2年的当年抵扣该公司制创业投资企业的应纳税所得额；当年不足抵扣的，可以在以后纳税年度结转抵扣。对有限合伙制创业投资企业（以下简称合伙创投企业）采取股权投资方式直接投资于初创科技型企业满2年的：法人合伙人、个人合伙人、天使投资个人可以按照对初创科技型企业投资额的70%抵扣法人、个人、天使投资人从合伙创投企业分得的所得；当年不足抵扣的，可以在以后纳税年度结转抵扣。2019年，将初创科技型企业条件中的从业人数不超过200人调整为不超过300人；将资产总额和年销售收入均不超过3000万元调整为均不超过5000万元。

（七）其他减税政策

2019年，国家规定各省、自治区、直辖市人民政府可以对增值税小规模纳税人在50%的税额幅度内减征资源税、城市维护建设税、房产税、城镇土地使用税、印花税（不含证券交易印花税）、耕地占用税和教育费附加、地方教育附加。增值税小规模纳税人享受上述税收的其他优惠政策的，可叠加享受优惠政策。

三、小微企业降费政策

除税收外，小微企业同时享受社保费和其他政府性基金优惠政策，主要有：

（一）社保费类

一是降低费率。2015年以来，我国先后5次降低或阶段性降低社保费率，涉及企业职工基本养老保险、失业保险、工伤保险和生育保险。2019年5月起，降低城镇职工基本养老保险单位缴费比例至16%；低于16%的，研究提出过渡办法；实施失业保险总费率1%的省，延长阶段性降低失业保险费率和阶段性降低工伤保险费率的期限，工伤保险基金累计结余可支付月数在18—23个月的统筹地区可以现行费率为基础下调20%，累计结余可支付月数在24个月以上的统筹地区可以现行费率为基础下调50%。二是调整社保缴费基数政策。三是加快推进养老保险省级统筹。四是提高养老保险基金中央调剂比例。加大企业职工基本养老保险基金中央调剂力度，2019年基金中央调剂比例提高至3.5%。五是稳步推进社保费征收体制改革。在征收体制改革过程中不得自行对企业历史欠费进行集中清缴，不得采取任何增加小微企业实际缴费负担的做法，避免造成企业生产经营困难。

（二）其他政府基金类

近年来，我国清理了各项政府性基金等政策收费，现将相关政策梳理如下：

1. 2015年，对按月纳税的月销售额或营业额不超过3万元（含3万元），以及按季纳税的季度销售额或营业额不超过9万元（含9万元）的缴纳义务人，免征教育费附加、地方教育附加、水利建设基金、文化事业建设费。2016年，将免征范围扩大到按月纳税的月销售额或营业额不超过10万元（按季度纳税的季度销售额或营业额不超过30万元）的缴纳义务人。2019年，对增值税小规模纳税人可以在50%的税额幅度内减征教育费附加、地方教育附加。同时规定，对归属中央收入的文化事业建设费，按照缴纳义务人应缴费额的50%减征；对归属地方收入的文化事业建设费，各省（区、市）可在应缴费额50%的幅度内减征。

2. 2015年，对安排残疾人就业未达到规定比例、在职职工总数20人以下（含20人）的小微企业，3年内免征残疾人就业保障金。2017年将免征范围调整为在职职工总数30人（含）以下的企业。2018年起，将残疾人就业保障金征收标准上限，由当地社会平均工资的3倍降低至2倍。

3. 取消城市公用事业附加和新型墙体材料专项基金。

四、小微企业减税降费政策简评

（一）减税降费政策范围逐步扩展

近年来，我国出台了多项减税降费政策，纵观这些政策，多表现为某一阶段针对小微企业或不同行业企业所做的具体规定，有些是普惠性政策，而有些只有部分行业、部分领域企业才能享受，例如扩大研发费的加计扣除比例、扩大加速折旧范围等，都存在着具体适用的行业或企业类型，而2019年的减税降费政策是具有普惠性的，只要符合小微企业认定标准，无论何种行业、何种企业类型都能享受政策优惠，大幅拓展了政策的实施范围。以企业所得税为例，2019年之前判定是否符合小微企业认定标准时需划分工业企业或其他企业类型，而2019年统一标准后，资产总额、从业人数、应纳税所得额无论是工业企业还是其他企业标准相同，均按照提高后的标准，享受政策优惠企业范围不断扩展。

（二）减税降费政策力度逐步加大

除了让更多的企业享受减税降费政策优惠，我国还不断加大减税降费政策的力度。增值税小规模纳税人起征点从3万元提升至10万元；企业所得税小型微利企业认定标准中的应纳税所得额从3万元逐步提升到6万元、10万元、20万元、30万元、50万元、100万元，直至2019年大幅度提升至300万元，从3万元提升至300万元，整整提升了100倍；研发费加计扣除比例从50%提升到75%，逐步扩大初创科技型企业优惠范围；地方税种方面，增值税小规模纳税人2019年起可以在50%的税额幅度内减征资源税、城市维护建设税、房产税、城镇土地使用税、印花税、耕地占用税和教育费附加、地方教育费附加。一步步政策力度的加码，是我国根据经济新常态对政策的不断调整与完善，为小微企业适应市场经济发展提供了有效的推动力。

（三）减税降费政策效应初步显现

通过减税降费政策落实的不断深化，政策效应明显，为企业减负规模空前。李克强总理在政府工作报告中指出，2019年全国将减轻税收和社保缴费负担近2亿元，比2018年减税降费规模1.3万亿元提高7000亿元左右。从国家税务总局公布的上半年税务部门落实减税降费的情况看，全国累计新增减税降费11709亿元，其中，增值税改革减税4369亿元，深化增值税改革减税3185亿元，小微企业普惠性政策累计新增减免税1164亿元。小微企业普惠性政策呈现出覆盖面广、受益度大、指向性强等特点，提高增值税小规模纳税人免税标准新增减税349亿元，放宽小型微利企业标准加大企业所得税优惠力度新增减税481亿元，地方“六税两费”减征政策新增减税333亿元。上述减税降费政策在一定程度上达到了鼓励投资、刺激消费需求、支持科技创新、促进产业结构升级、促进就业、改善民生等方面的效果，但在实际执行中也可能对小微企业的经济行为造成扭曲，例如，据统计，企业所得税中小微企业在应纳税所得额分界处的税负变化导致企业数量异常增多，政策的施行一定程度上影响了企业的经济行为。

第二节　江苏省小微企业减税降费落实情况

截至2019年6月，江苏省全省小微企业有193.12万户，其中2019年上半年新增16.49万户，小微企业发展势头良好。

一、2019年上半年江苏省小微企业减税降费大幅增长

从规模上看，上半年小微企业享受各类减税降费同比增8成以上。2019年上半年小微企业共计减税降费218.16亿元，比2018年同期（以下简称同比）增加100.93亿元，增长86.1%，其中税收203.37亿元，各项政府性规费14.79亿元。其中2019年新出台政策产生的新增减税105.27亿元，占51.8%。

从分户情况看，小微企业优惠政策的享受面和享受金额均有所扩大。2019年1—6月，江苏省小微企业共计192.21万户小微企业享受了各项减税降费政策，同比增加80.72万户，增长72.4%。享受优惠政策的小微企业占全部小微企业的99.5%，每户均享受减税降费优惠达1.14万元，比2018年增加0.48万元。

分税种看，企业所得税是减税降费主体，增值税紧随其后。2019年1—6月，江苏省小微企业共享受所得税优惠103.96亿元，同比增加83.14亿元，增长4倍，其中2019年新出台政策产生的新增减税57.31亿元；享受增值税优惠74.20亿元，同比增加30.07亿元，增长68.1%，其中2019年新出台政策产生的新增减税26.74亿元；其他税种优惠25.21亿元，同比减少10.55亿元，减少29.5%，主要是由于有些地区房产税、土地使用税征期调整带来的不可比因素，其中2019年新出台政策产生的新增减税21.22亿元；教育费附加等政府性规费优惠14.79亿元。

分行业看，制造业是减税降费的主要受益行业，其次为服务业。2019年1—6月，江苏省制造业小微企业享受各类税费优惠75.28亿元，占全部税收优惠的34.5%。服务业（含商务服务和居民服务，下同）小微企业享受各类

税费优惠 30.45 亿元，占全部税收优惠的 14.0%。两大行业小微企业税收优惠占全部小微企业税收优惠近 50%。

二、小微企业减税降费政策对江苏省财政收入影响总体可控

从总量上看，小微企业减税降费在税务部门组织收入中的比重不大，财政总体可承受。2019 年 1—6 月，江苏省小微企业减税降费总额 218.16 亿元，占当年税务部门组织各项收入的 2.0 %，其中减免各项税收占税收收入总额的 2.5%，减免其他收入占其他收入总额的 0.6%。

分级次看，小微企业减税对地方财政收入影响要大于中央财政。江苏省小微企业减税总额中，属于中央级的减税额为 84.64 亿元，占减税总额的 41.6%，占同期税务部门组织中央级税收收入的 2.1%；属于地方级的减税额 118.73 亿元，占减税总额的 58.4%，占同期税务部门组织地方级税收收入的 2.9%。无论从减税规模，还是减税占比，小微企业减税对地方影响比对中央影响大。

第三节　江苏省小微企业减税降费政策效应

一、研究设计

（一）样本与数据来源

本研究旨在分析我国施行税收优惠政策对小微企业发展经营所产生的实际影响，因此，我们以江苏省小微企业作为研究对象。但由于受到多种研究条件限制难以对所有小微企业进行调查，本研究最终在南京市、苏州市和丹阳市三地分别选取 525 户、400 户和 239 户为研究样本，选取样本行业范围涵盖制造业、建筑业和服务业，调查的时间选择 2015—2018 年和 2019 年上半年。并通过调查问卷方式获取企业信息，总计共发放 1164 份问卷，回收 1164 份①。

（二）模型设计及变量选择

为了检验减税对小微企业影响效应的传导机制，我们分两阶段进行研究：

---

① 后续研究中，剔除逻辑错误和数据缺失，具体模型中的样本观测值有所差异。

第一阶段以特征事实考察江苏省小微企业减税政策的实施效果；第二阶段通过构建计量模型，考察小微企业减税政策所产生的影响效应。具体模型设计及变量选择如下：

1. 减税对企业影响效应的基准模型设定。一系列减税政策的实施对小微企业经营和经济发展可能产生的效应是我们课题想要探究的重点任务，因此，针对第二阶段的分析我们设立以下模型：

$$Y_{it} = \alpha_0 + \alpha_j Policy_j X_{it} + \mu_i + \sigma_t + \varepsilon_{it} \quad (12-1)$$

$$Y_{it} = \beta_0 + \beta_1 X_{it} + \beta_n Z + \mu_i + \sigma_t + \varepsilon_{it} \quad (12-2)$$

其中，i代表企业；t代表年份，将Y设为因变量，即企业受到影响的各效应变量；X为企业实际税率或费率。企业所得税和增值税作为企业纳税和优惠政策制定的重头部分，本研究将考察这两类税收优惠政策及所有税收优惠政策合计、降费政策所产生的政策效应，因此，X分为四类；Z为控制变量；μ_i表示企业i的固定效应；σ_t表示时间固定效应；ε_{it}表示随机扰动项。$Policy_j$代表是否享受到税收政策优惠的虚拟变量，其中j=1，2，3，4，5，分别表示是否享受到2015年、2016年、2017年、2018年和2019年的税收优惠政策。

$$Policy_j = \begin{cases} 1，享受到优惠政策 \\ 0，其他 \end{cases} \quad (12-3)$$

相比于普通最小二乘法、工具变量法和极大似然法等估计方法，由于广义矩估计（GMM）放宽假定条件，不需要知道随机扰动项的准确分布信息，允许随机扰动项存在异方差和序列相关，所得到的参数估计量比其他参数估计方法更有效，并且能一定程度解决模型中变量的内生性问题。因此，针对上述模型，我们首先选择GMM方法对基准模型进行回归。

2. 变量选择。本研究的核心解释变量为实际有效税率和费率，该指标普遍用企业缴纳的各项税收总额或费用总额与当年营业收入之比来衡量。被解释变量即为减税和降费对企业经营可能产生的影响效应。根据以往学者所做的文献研究，减税降费政策的实施主要会对企业的成本、收入、投资情况、劳动生产率、就业、劳动者收入和研发投入等方面产生影响。我们预期，减税降费会为小微企业带来成本下降，促进企业收入、固定资产投资、劳动生产率、就业和收入的提升。此外，考虑除税收情况之外，企业的企业规模、企业年龄、融资水平、盈利能力和资产负债率也有可能影响纳税企业的发展效益，因此将上述变量都纳入控制变量。具体变量定义如表12-1所示。

表 12－1　　主要变量说明

变量名称		变量定义
被解释变量	企业成本（Cost）	企业当期财务报表中的各项成本之和
	企业收入（Income）	用企业当期营业收入表示
	投资水平（FI）	用企业当期的新增固定资产表示，等于当年固定资产的数额减去上年固定资产的数额
	劳动生产率（LP）	用企业当期增加值与当期职工人数之比表示，其中企业增加值是固定资产折旧、劳动者报酬、生产税净额、营业利润之和。
	企业职工人数（Worker）	企业当期职工人数
	劳动者报酬（LR）	企业当期用工支出
	研发投入（RD）	用企业当期研发费用表示
核心解释变量	增值税率（VTR）	使用企业当期实际缴纳增值税税额与当年营业收入之比
	所得税率（ITR）	使用企业当期实际缴纳企业所得税税额与当年营业收入之比
	实际税率（ATR）	使用企业当期实际缴纳的税额与当年营业收入之比表示
	实际费用率（FR）	使用企业当期实际缴纳的费用总额与当年营业收入之比表示
控制变量	企业规模（TA）	用企业当期资产总额表示
	企业年龄（Age）	即企业成立年限
	融资水平（TL）	用企业当期贷款总额表示
	盈利能力（EP）	以企业当期销售利润率来表示，即营业利润与营业收入之比
	资产负债率（ALR）	即企业当期负债规模与总资产之比

接下来，研究主要分两部分进行：第一部分，以特征事实法分析减税政策实施的效果。第二部分，通过构建相关变量模型对减税政策对小微企业经营及经济发展的影响效应进行实证分析。

二、特征事实分析

（一）企业减税获得感分析

本部分通过企业信息反馈，主要对企业减税获得感进行分析。根据问卷调查企业反馈回的数据，绘制小微企业相关税收感受分布图。图 12－1 是经过多次减税，有关企业整体负担降低情况的饼状图。其中，减税政策实施降低了 50% 以上整体负担的小微企业有 54 家，占全样本比例约为 4.73%；降低 20%—50% 负担的企业有 325 家，占全样本比例约为 28.48%；降低 20% 以内负担的企业有 531 家，占比达到 46.54%；有 213 家企业认为减税政策没有起到作用，税收负担和之前差不多，还有 18 家企业的税负不降反增，这些企业占比分别达到 18.67% 和 1.58%。图 12－2 则是小微企业对企业所得税率满意情况的饼状图。其中，有 137 和 276 家企业对所得税率表示“很满意”和“满意”，占比分别达到 12.30% 和 24.78%；对企业所得税率基本满意的小微企业有 628 家，占总体样本的 56.37%，明显高于其他类型，但这些企业也表示对税率进一步降低的期望；对所得税率表示不满意和非常不满意的企业仅占总体样本的 7.55%。

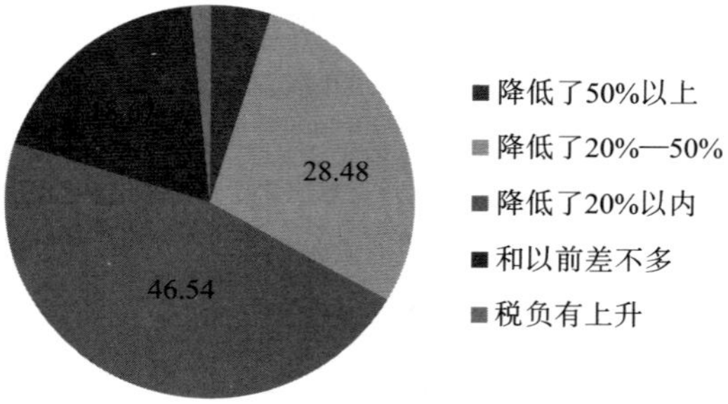

图 12－1　降低企业整体税负情况

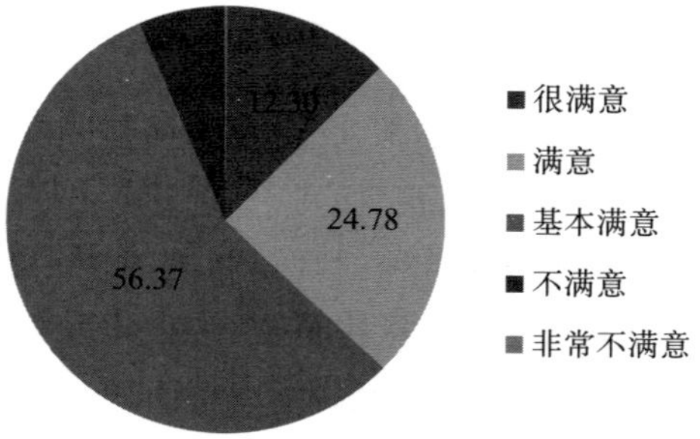

图 12－2　企业所得税税负率满意情况

从上述分析可以看出，无论是总体税收，还是所得税，占比最多的两类企业都对企业所得税率表示满意，或都不同程度得到 50% 以内企业税负降低，仅有少数企业没有税负优惠获得或对所得税率不满。说明随着国家和全省对小微企业发展支持力度的加大，减税政策卓有成效，大部分企业都可以享受到税收优惠政策所带来得福利，江苏省小微企业整体减税获得感较强。

（二）企业减税降费主要状况分析

作为宏观经济政策的重要手段，减税降费政策逐渐步入普惠性减税与结构性减税并举的阶段，尤其是2020年针对小微企业的税收政策，优惠力度空前。根据千户小微企业样本数据，将样本企业的法定增值税率、实际企业所得税率及总体实际税费率进行平均化处理，考察江苏省小微企业的主要税率及税收规模变化情况如图12－3、图12－4所示。

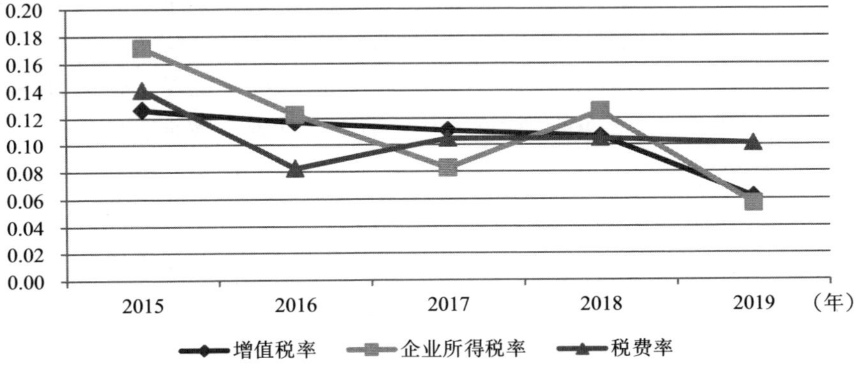

图12－3　2015—2019年税率情况

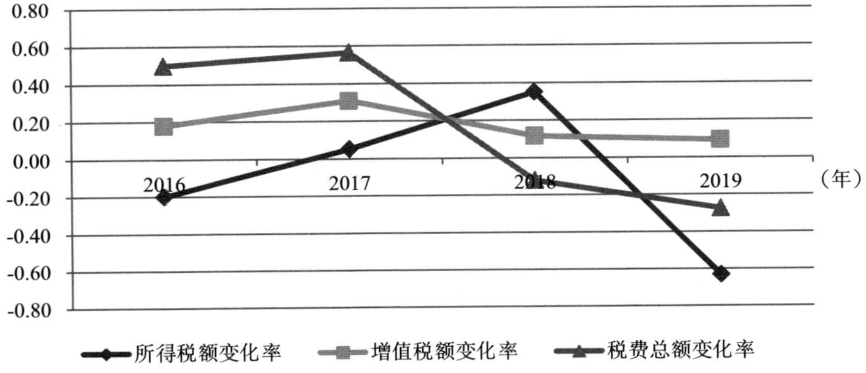

图12－4　2016—2019年税费变化率情况

从图12－3可知，在一系列小微企业的税收优惠政策的实施下，江苏省小微企业的主要税费率呈总体下降趋势。其中，企业所体会到的实际税费率由2015年的14.08%下降到2019年的10.09%。相较于平缓下滑的总体税费率，增值税率和企业所得税率的下滑程度更大。增值税率从2015年的12.62%下滑到2019年的6.13%，企业所得税率也从17.15%下滑至5.64%。

所得税和增值税作为减税政策主要税种，是企业减负重头戏。5年来，国家不断调整小微企业增值税及企业所得税的纳税条例，上调小规模纳税人免征增值税月销售额上限，从3万元的月销售额增值税免税标准进一步提高到10万元；持续调低一般纳税人三档增值税率；允许生产、生活性服务业纳税人按照当期可抵扣进项税额加计10%，抵减应纳税额；将小型微利企业的年应纳税所得额上限由20万元逐步提高至300万元，年应纳税所得额不超过100万元的部分，减按25%计入应纳税所得额，超过100万但不超过300万元的部分，减按50%计入应纳税所得额，并按20%的税率缴纳企业所得税；进一步放宽小微企业和小规模纳税人的划定标准等。这些优惠政策的实施，切实减轻了企业实际增值税和所得税收负担，降低了企业整体税费率。

从图12-4可知，根据样本企业的税费数据也可以发现，企业的各项税收规模也在不断变化。其中，在2016年之后，江苏省小微企业增值税税收规模虽依然保持上升趋势，但其变化率不断下降。在2016—2019年四年时间里，小微企业的增值税规模相较上年分别增长了17.92%、30.87%、11.61%和9.22%，预计2020年增值税规模呈历年来最低上升率[①]。增值税减税政策涉及各大行业，制造业等行业的增值税率由17%下调至16%，再至13%；交通运输、邮政、建筑等行业的现行税率由11%下调至9%；保持6%一档税率不变，但通过允许生产、生活性服务业纳税人加计抵减应纳税额等。这些分行业增值税率的优惠政策确保了所有行业享受到减税政策的福利。江苏省小微企业样本中，有36.32%的企业享受到13%一档的增值税优惠，有28.11%的企业包括到9%一档税率中，还有35.56%的企业能享受到6%一档税率及相关的增值税优惠政策。三类受惠企业占比差距不大，都是带动江苏省小微企业整体税负降低的重要部分。另外，江苏省小微企业所得税税收规模在经历了上升和下降的不同阶段，到2019年，所得税税收规模下降率达到27.55%，减税力度惊人。由于国家不断提高小微企业所得税应纳税所得额减半征收上限，在样本企业中，5年来享受到所得税优惠政策的企业占比由43%逐年惠及48%、57%、73%，到2019年几乎涵盖所有企业，真正实现普惠性减税。这些涉及不同税收种类减税政策的多重叠加，小微企业总体税负变化率不断下降，到2018和2019年，税收规模的增长率为负，分别达到-12.14%和-27.55%，2019年下降率最高，减税程度明显。

---

① 2019全年的税收规模是将上半年数额扩大2倍得到。

三、计量模型的实证检验

接下来，通过计量模型，考察三类小微企业税收优惠政策所产生的影响效应。

（一）小微企业增值税政策变化的效应分析

主要借助 Stata15.1 软件得到有关模型估计结果。表 12 - 2 报告了小微企业增值税优惠政策效应的模型检验结果。其中，第（1）—（5）列分别为这些政策的实施对企业成本（Cost）、投资情况（FI）、劳动生产率（LP）、企业用工人数（Worker）和单位劳动力工资（LR）影响的估计结果。另外，我们将检验结果主要分为两部分：第 2—5 行反映的是样本期间内，各年减税政策效应的比较；第 6—11 行反映了核心解释变量和控制变量对政策实施的反映程度。

表 12 - 2　增值税政策变化的影响效用检验

变量	(1) Cost	(2) Income	(3) FI	(4) LP	(5) Worker	(6) LR	(7) RD
Policy2 * VTR	0.1941 * (0.1203)	0.4133 *** (0.0693)	0.0664 (0.2325)	0.4574 *** (0.1465)	0.1273 ** (0.05819)	0.1742 *** (0.0376)	0.7508 * (2.2724)
Policy3 * VTR	0.3372 ** (0.1185)	0.4576 *** (0.0985)	0.4512 ** (0.2034)	0.5976 *** (0.1423)	0.1351 * (0.0565)	0.1574 *** (0.0356)	1.4920 (2.3228)
Policy4 * VTR	0.4824 *** (0.1173)	1.5628 *** (0.5649)	0.6579 *** (0.2032)	0.7399 *** (0.1438)	-0.0270 (0.0572)	0.2394 *** (0.0389)	0.9231 (2.3403)
Policy5 * VTR	0.7346 *** (0.1042)	2.3755 *** (0.6709)	1.6370 *** (0.2256)	0.8556 *** (0.1172)	0.0002 (0.0571)	0.3153 *** (0.0497)	1.6578 * (2.5392)
VTR	2.7829 *** (1.0584)	-1.6068 *** (0.9370)	-4.3114 ** (1.9845)	-0.9731 *** (2.7182)	4.9859 *** (0.7429)	-0.0838 ** (0.3729)	-0.1829 *** (2.3425)
TA	0.3533 *** (0.0463)	0.1240 *** (0.0227)	0.3622 *** (0.0583)	0.0709 (0.0898)	0.2527 *** (0.0226)	0.0354 * (0.0200)	0.1039 ** (0.0430)
Age	0.0530 (0.0789)	0.0405 (0.0726)	0.2101 * (0.1982)	-1.1717 *** (0.2470)	0.0722 (0.0535)	-0.0733 * (0.1271)	0.4188 ** (0.1708)
TL	0.2351 *** (0.0458)	0.2872 *** (0.0494)	-0.0246 (0.0513)	-0.0503 (0.0900)	0.0276 (0.0215)	0.0429 (0.0170)	0.0720 (0.0544)

续表

变量	(1) Cost	(2) Income	(3) FI	(4) LP	(5) Worker	(6) LR	(7) RD
EP	1.0099***	1.0291***	3.1491	4.3879***	0.3901***	0.0920	0.5815
	(0.1252)	(0.1403)	(2.6556)	(1.2288)	(0.0746)	(0.1080)	(1.0403)
ALR	0.0005**	0.0000	0.0003	-0.0001***	0.0006***	0.0000	-0.0041*
	(0.0002)	(0.0000)	(0.0009)	(0.0000)	(0.0000)	(0.0000)	(0.0025)
_cons	2.3778***	5.1719***	1.2308**	8.0078***	0.8266***	1.4532***	3.1708***
	(0.3700)	(0.2423)	(0.5583)	(0.8266)	(0.2088)	(0.1471)	(0.3570)
N	4686	5000	2159	4557	5089	4701	346
R-squared	0.0114	0.3206	0.0407	0.4808	0.0030	0.0120	0.1906

注：括号中的数字为与该系数相对应的标准误。

*、**和***分别表示统计值在10%、5%和1%的水平上显著。

由于在2015年和2016年，针对小规模纳税人和一般纳税人的增值税政策并无变化，我们只考察了2016—2019年增值税政策变化所产生的效应①。从表12-2可知，除企业用工人数外，其他变量的系数都呈逐年增大的趋势，并全部通过显著性检验。说明在经历了小规模纳税人划定标准的放松和免征范围的扩张、一般纳税人不同行业实际增值税率的下调等一系列增值税优惠政策，这些政策所带来的企业经营和经济发展的效用也愈加明显。特别是，2020年更大力度的减税政策效用尤为突出。

对企业成本影响的估计结果显示，增值税率与成本之间存在正向关系，对成本的弹性约为2.7829，并通过了1%的显著性检验，即增值税率每下降1%，企业成本将有效降低2.78%。这在小微企业经营面临成本不断上升的情景下，国家不断升级减税举措和江苏省努力贯彻实施中央政策，切实为小微企业带来了成本福利，降低了企业行政费用成本，进一步释放了小微企业的市场活力。

对企业收入影响的估计结果显示，增值税率与营业收入之间存在负向关系，对收入的弹性约为1.6068，并通过了1%的显著性检验，即增值税率每下降1%，企业成本将有效增加1.61%。税收优惠政策为企业节约了行政事业性成本，企业有更多的精力用于商品生产和服务的优化上，销售进一步

① 我们利用2019年1—6月份相关数据对2019年全年数据进行测算。其中税收总额、企业成本、固定资产投资、企业贷款总额、营业收入、营业利润、企业增加值和总资产都是按照1—6月份数据的两倍得到，资产负债率按1—6月份数据计算，企业年龄、员工数不变。

扩大。

对企业投资影响的估计结果显示，实际增值税率与企业投资之间存在负向关系，对投资的弹性约为4.3114，并通过了5%的显著性检验。说明增值税率每降低1%，小微企业投资将有效增长4.31%。增值税优惠政策为小微企业带来一定的资金松弛，增强企业投资能力和加大社会投资水平，企业有更多的盈余资金投入到改善企业经营的其他方面。另外，从2020年开始试行增值税期末留抵税额退税制度，也会鼓励企业投资，加大设备更新换代的力度，激发企业投资意愿。

对企业劳动生产率影响的估计结果显示，同样符合理论预期，实际增值税率与企业劳动生产率之间存在负向关系，对生产率的弹性约为0.9731，并通过了1%的显著性检验。说明实施增值税政策有利于提高小微企业劳动生产率，实际增值税率每降低1%，小微企业劳动生产率将有效提高0.97%。其逻辑可能在于，劳动生产效率是由企业增加值衡量的，而增值税又直接涉及企业商品生产、流通、劳务服务中多个环节的新增价值部分，降低增值税率会促进生产者进一步创造出更多企业增加值。另外，调研数据显示，企业获得税收减免后也将加大员工培训和增加研发投入，这些投入将会为企业带来进一步的技术进步和绩效改善，促进生产率提高。

对企业用工影响的估计结果显示，实际增值税率与企业用工之间呈显著正向关系。这一结论与理论预期不符，增值税率的降低在短时间内并不能促进就业。调研数据显示，江苏省多数小微企业在享受税收优惠政策的同时，企业并没有得到明显扩大用工规模，甚至部分企业为缩减开支，在不影响正常经营的情况下，努力减员。这可能是因为，一方面，尽管减税政策切实降低了企业负担，但由于其他经营活动的成本不断上升，包括用工成本，无法吸引企业将减税所带来的成本节约用于扩大用工。另一方面，相比于其他类型企业，大多数小微企业经营规模扩张较慢，对人工的需求总体波动不大。因此，税收优惠对促进就业可能有明显的滞后效应。

对企业单位劳动力工资的估计结果显示，增值税减税政策显著提升工资增长，对工资的弹性约为0.0838，即增值税率每降低1%，小微企业劳动者工资将有效提高0.08%。相当于政府将一部分税收让渡给企业用于提高职工工资，居民可支配收入随之提高，并带动消费增长。

对企业研发投入的估计结果显示，增值税减税政策显著会促进研发投入增加，对该效应的弹性约为0.1829，即增值税率每降低1%，小微企业研发投入将会增加0.18%。税收优惠政策所带来的资金盈余会在一定程度上解决企业研发投入动力不足问题，促进企业创新。

从分行业小微企业样本考察结果如表 12-3 所示。小微企业涉及最多的行业包括制造业和服务业。针对不同行业，国家一直调节增值税的实际税率。在 2019 年 4 月 1 日后，由原本的 5 档增值税率（16%、13%、10%、6%、0），降低税率后，调整为 4 档（13%、9%、6%、0）。那么，普遍比较关心的制造业和服务业的减税效应情况具体如何呢？

表 12-3　增值税政策的影响效用检验（小微企业分行业考察）

变量	(1) Cost	(2) Income	(3) FI	(4) LP	(5) Worker	(6) LR	(7) RD
M * VTR	2.9697 ***	-7.0805 ***	-3.9889 **	-1.6944 ***	5.6408 ***	-0.6488 *	-1.3612 ***
	(1.1401)	(0.9988)	(1.7141)	(3.5235)	(0.9628)	(0.4565)	(2.8303)
S * VTR	6.5214 ***	-1.0866 ***	-1.5283 **	-2.5985 ***	4.3088 ***	-0.0704	-0.7554
	(2.3192)	(2.0981)	(5.2684)	(4.6861)	(1.3528)	(0.5638)	(4.3277)
TA	0.3708 ***	0.1424 ***	0.2543 ***	0.1546 *	0.2461 ***	0.0425 **	0.1048 **
	(0.0438)	(0.0239)	(0.0683)	(0.0936)	(0.0239)	(0.0203)	(0.0435)
Age	0.1235	0.1005	0.0371	-0.9845 ***	0.0510	-0.0538	0.4213 **
	(0.0802)	(0.0714)	(0.1873)	(0.2537)	(0.0554)	(0.0415)	(0.1682)
TL	0.2017 ***	0.2711 ***	-0.0081	-0.0873	0.0258	0.0151	0.0731
	(0.0457)	(0.0492)	(0.0516)	(0.0912)	(0.0219)	(0.0175)	(0.0543)
EP	0.9310 ***	1.0422 ***	2.5698	4.2963 ***	0.3806 ***	0.1004	0.6683
	(0.1132)	(0.1358)	(2.4860)	(1.2493)	(0.0806)	(0.1135)	(1.0821)
ALR	0.0000 ***	0.0000	-0.0001 **	-0.0001 ***	0.0000 ***	0.0000	-0.0034
	(0.0000)	(0.0000)	(0.0000)	(0.0000)	(0.0000)	(0.0000)	(0.0026)
_cons	4.0182 ***	5.4605 ***	1.5353 ***	10.5619 ***	1.5617 ***	1.2255 ***	3.1402 ***
	(0.3284)	(0.2534)	(0.6580)	(0.8274)	(0.2102)	(0.1472)	(0.4482)
N	966	1019	594	962	992	982	148
R-squared	0.2944	0.3484	0.1206	0.0970	0.2675	0.0134	0.1923

注：括号中的数字为与该系数相对应的标准误。

*、**和***分别表示统计值在 10%、5%和 1%的水平上显著。

从表 12-3 可知，各变量的系数检验结果与总体样本的检验结果类似，除企业用工成本变量外，增值税优惠政策效应表现出了预期的结果。不断加大的增值税优惠力度促进了制造业和服务业小微企业成本的降低、收入的提高、投资规模的加大、劳动生产率的提升、劳动工资的上涨和研发投入的增加，从而提高了企业经营效益和全社会投资规模，促进了消费。

但在这些减税效应中，制造业和服务业类型的小微企业表现出不同程度的影响。从降成本和提升劳动生产率效应看，增值税减税政策对服务业的促进作用要大于制造业。增值税率每降低 1%，服务业成本将会下降 6.52%，劳动生产率将会增长 2.60%，而制造业成本下降 2.95%，制造业劳动生产率增长 1.69%。原因可能是：在降成本方面，服务业的增值税率较低且有一些加计抵减政策倾斜，使得服务业小微企业成本降低更多。在提高劳动生产率方面，服务业的劳动生产率长期以来低于制造业，服务业劳动生产率对税率降低更加敏感。

从收入、投资、劳动工资和研发投入的增长效应来看，增值税减税政策对制造业的促进作用要大于服务业。对于增值税政策的收入效应，增值税率每降低 1%，制造业营业收入将会增长 7.08%，服务业增长 1.09%。对于增值税政策的投资效应，增值税率每降低 1%，制造业投资将会增长 3.99%，服务业增长 1.52%。制造业投资的增长效应大于服务业与制造业本身的业务性质是分不开的。制造业对固定资产的需求一直高于服务业，对固定资产的损耗也较大，增值税率的降低所产生的资金盈余会促使企业购置经营所需的固定资产。对于增值税政策的工资效应，增值税率每降低 1%，制造业工资将会增长 0.65%，服务业增长 0.07%。由于我国服务业已成为新的经济增长点和其本身相对于制造业更加灵活的性质，服务业已成为吸纳就业的主力军，大量制造业劳动力也流向服务业，为留住人才，制造业用工成本不断上涨。税收成本的降低也为企业用工成本腾出了上涨空间。对于增值税政策的研发投入效应，增值税率每降低 1%，制造业研发投入将会增长 1.36%，服务业增长 0.75%。

（二）小微企业企业所得税政策变化的效应分析

为切实降低小微企业负担，企业所得税也是制定税收优惠政策的重要考虑方面，通过不断拔高应纳税所得额上限和享受减半征收纳税所得额的政策，将小型微利企业的年应纳税所得额上限由 20 万元逐年提高至 100 万元，2019 年所得税优惠新政，更是将企业所得税按两档缴纳。对于年应纳税所得额不超过 100 万元的部分，减按 25% 计入应纳税所得额，对于超过 100 万元的部分，减按 50% 计入应纳税所得额，且分别按 20% 的税率缴纳企业所得税。小微企业所享受到的受益面和受惠力度大幅扩大。表 12－4 的检验结果也反映了与增值税减税效果类似的效应，除企业用工人数外，企业所得税优惠政策所产生的其他效应也将在 2019 达到最大。

表 12-4　　企业所得税政策变化的影响效用检验

变量	(1) Cost	(2) Income	(3) FI	(4) LP	(5) Worker	(6) LR	(7) RD
Policy2 * ITR	0.0156 (0.0537)	-1.7076 (3.6071)	0.0042 (0.0305)	0.0605 (0.1450)	0.0564 (0.0452)	0.0080 (0.0128)	-7.8320 (11.6891)
Policy3 * ITR	-0.0974 (0.1660)	1.7434 (4.1940)	0.0420 (0.0995)	0.0701 (0.0873)	-0.0203 (0.0085)	0.0089 (0.0058)	2.8967*** (9.9601)
Policy4 * ITR	0.0059*** (0.0009)	-0.1218*** (0.0228)	0.0211*** (0.0076)	0.0147** (0.0070)	0.0035 (0.0013)	0.0084 (0.0086)	5.3795 (7.2801)
Policy5 * ITR	0.5781* (0.4331)	11.6028* (7.9570)	0.0537*** (0.0176)	0.1642 (0.3431)	0.0365 (0.0288)	0.0090* (0.0244)	7.6089 (16.3421)
ITR	0.0115*** (0.0030)	-1.5237* (3.5894)	-0.0027 (0.0594)	-0.0269*** (0.0020)	0.0027* (0.0015)	-0.0269*** (0.0037)	-0.2552 (5.4470)
TA	0.3355*** (0.0412)	0.1315*** (0.0229)	0.3503*** (0.0615)	0.2264*** (0.0963)	0.2767*** (0.0236)	0.0398* (0.0164)	0.1116** (0.0451)
Age	0.0621 (0.0789)	0.0866 (0.0676)	0.3079* (0.2106)	-0.9623*** (0.2596)	0.0764 (0.0570)	-0.0338 (0.0340)	0.4083** (0.1833)
TL	0.2194*** (0.0353)	0.2368*** (0.0401)	-0.0159 (0.0568)	-0.0551 (0.0961)	0.0223 (0.0235)	0.0188 (0.0168)	0.0541 (0.0595)
EP	0.9046*** (0.0921)	1.0245*** (0.1100)	3.3700 (3.1605)	0.1211 (1.226)	0.3667*** (0.1201)	0.0143 (0.0433)	0.5580 (1.0260)
ALR	0.0000** (0.0000)	0.0000 (0.0000)	0.0000 (0.0000)	-0.0002*** (0.0000)	0.0000*** (0.0000)	0.0000 (0.0000)	-0.0009 (0.0042)
_cons	3.3451*** (0.2831)	5.1340*** (0.2217)	0.4489 (0.5268)	9.6185*** (0.7613)	1.3790*** (0.1901)	1.2379*** (0.1281)	3.0303*** (0.3651)
N	4410	4674	2033	4287	4726	4420	340
R-squared	0.0029	0.2472	0.0021	0.0047	0.0028	0.0264	0.1689

注：括号中的数字为与该系数相对应的标准误。

*、**和***分别表示统计值在10%、5%和1%的水平上显著。

具体来说，对企业成本影响的估计结果显示，实际企业所得税率与成本之间依然显著存在正向关系，对成本的弹性约为0.0115。实际企业所得税率每下降1%，企业成本将有效降低0.01%。说明多次企业所得税政策的调整对企业减负是有成效的。

对企业收入影响的估计结果显示，实际企业所得税率与营业收入之间存在显著的负向关系，对收入的弹性约为1.5237。实际企业所得税率每下降1%，企业收入将有效增加1.52%。说明所得税优惠政策的调整增强了企业经营的可持续性。

对企业投资影响的估计结果显示，实际企业所得税率与企业投资之间存在显著的负向关系，对投资的弹性约为0.0027，但结果并未通过显著性检验。说明当前的所得税优惠政策对企业的投资激励程度还较小。

对企业劳动生产率影响的估计结果来看，符合理论预期，实际企业所得税率与企业劳动生产率之间存在负向关系，对生产率的弹性约为0.0269，并通过了1%的显著性检验。说明实施所得税优惠政策有利于提高小微企业劳动生产率，实际所得税率每降低1%，小微企业劳动生产率将提高0.03%。

对企业用工影响的估计结果显示，企业所得税率与企业用工之间呈显著正向关系。这一结论与理论预期不符，与增值税优惠政策的就业效应考察结果类似。税收优惠政策扩大就业的作用受阻与小微企业自身对劳动力需求波动较小的现状有较大关系。

对企业单位劳动力工资的估计结果显示，企业所得税减税政策能显著提升工资增长，对工资的弹性约为0.0269，即所得税率每降低1%，小微企业劳动者工资将有效提高约0.03%。同样，居民收入的提高会带动消费增长。

对企业研发投入的估计结果显示，企业所得税减税政策会促进企业加大研发力度，其对研发投入的弹性约为0.2552，即所得税率每降低1%，小微企业劳动者工资将有效提高约0.26%，激发企业创新。

表12-5 企业所得税政策的影响效用检验（小微企业分行业考察）

变量	(1) Cost	(2) Income	(3) FI	(4) LP	(5) Worker	(6) LR	(7) RD
M * ITR	0.0011 ***	-0.2008	-0.1423 ***	-0.0256 ***	0.0014 ***	-0.0299 ***	-0.7906
	(0.0001)	3.6582	(0.0400)	(0.0011)	(0.0001)	(0.0000)	5.8005
S * ITR	0.0328 ***	-1.7329 ***	0.0631	-0.3568 *	0.0703	-0.1005 **	-0.9306 *
	(0.0601)	4.5076	(0.0621)	(0.2069)	(0.0786)	(0.0432)	16.3589
TA	0.3479 ***	0.1540 ***	0.3528 ***	0.2784 ***	0.2648 ***	0.0448 ***	0.1117 **
	(0.0387)	0.0240	(0.0615)	(0.1006)	(0.0247)	(0.0164)	0.0455
Age	0.1087	0.1477 **	0.2988	-0.8586 ***	0.0545	-0.0296	0.4311 **
	(0.0817)	0.0671	(0.2101)	(0.2679)	(0.0591)	(0.0333)	0.1798
TL	0.1829 ***	0.2152 ***	-0.0301	-0.1047	0.0289	0.0100	0.0526
	(0.0361)	0.0393	(0.0571)	(0.0895)	(0.0219)	(0.0147)	0.0594

续表

变量	(1) Cost	(2) Income	(3) FI	(4) LP	(5) Worker	(6) LR	(7) RD
EP	0.8769***	1.0458***	3.4169	0.1538	0.3455***	0.0354	0.5667**
	(0.0930)	0.1131	(3.1584)	(1.2864)	(0.1221)	(0.0462)	0.9833
ALR	0.0000***	0.0000	0.0001	-0.0002***	0.0000***	0.0000	-0.0005
	(0.0000)	0.0000	(0.0000)	(0.0000)	(0.0000)	(0.0000)	0.0041
_cons	4.3888***	5.6290***	0.5359	9.9792***	1.4602***	1.1859***	3.0692**
	(0.3090)	0.2417	(0.5252)	(0.8610)	(0.2185)	(0.1197)	0.4469
N	916	953	557	915	941	931	145
R-squared	0.2757	0.2937	0.0727	0.0496	0.2244	0.4662	0.1705

注：括号中的数字为与该系数相对应的标准误。

*、**和***分别表示统计值在10%、5%和1%的水平上显著。

从分行业小微企业所享受的所得税优惠政策的样本考察结果表12-5来看，企业成本、收入、劳动生产率、单位劳动力工资和研发投入的系数检验结果与总体样本的检验结果类似，企业所得税优惠政策效应表现出了预期的结果。不断加大的所得税优惠力度促进了制造业和服务业小微企业成本的降低、收入、劳动生产率的提升、劳动工资及研发投入的提升。但企业用工及服务业小微企业投资的检验结果与预期不符，所得税优惠政策并没有激励企业吸收新的劳动力和扩大投资。

在这些减税效应中，服务业企业的成本、收入、劳动生产率、单位劳动力工资和研发投入的减税效应要大于制造业。实际所得税率每降低1%，服务业和制造业企业成本将会下降0.03%和0.001%，营业收入分别会增长1.73%和0.20%，劳动生产率分别会增加0.36%和0.03%，单位劳动力工资也会分别上涨0.10%和0.03%，研发投入会上升0.93%和0.79%。总的来说，从本研究所考察的效应来看，小微企业所得税优惠政策普遍对服务业企业的效应要强于制造业。这与江苏省小微企业中，服务业类型企业占比要大于制造业这一现状是分不开的。

从投资增长效应来看，企业所得税减税政策对制造业有明显的促进作用，实际所得税率每降低1%，制造业投资将会增长0.14%。所得税优惠政策节约的成本激励制造业加快与生产有关的设备更新，促进投资规模扩大。但实际所得税率的下降对服务业企业来说，对固定资产投资增长并没有促进作用。在这些小微企业中，资本密集型企业占比较小，固定资产总额不大，经营所需设备有限，不会频繁的更换或添置新设备。

（三）小微企业总体税收优惠政策变化的效应分析

对小微企业所享受到总的减税政策所产生的效应检验结果表 12－6 来看，所反映出来的影响程度与增值税和企业所得税优惠政策类似。同样除企业用工人数外，其他变量的系数都在 2019 年达到最大。综合各项优惠政策，2019 年成为小微企业历年来最优税收受惠年限。

对企业成本影响的估计结果显示，实际税率与成本之间存在正向关系，对成本的弹性约为 4.8266，并通过了 1% 的显著性检验，即实际税率每下降 1%，企业成本将有效降低 4.83%。一揽子的减税政策惠及面不断扩大，几乎所有纳税人都能够在减税的过程中得到实惠，这些政策是切实有效的惠企措施，企业将在享受减税红利的浪潮中发挥出更高效益。

表 12－6　　减税政策的影响效用检验

变量	(1) Cost	(2) Income	(3) FI	(4) LP	(5) Worker	(6) LR	(7) RD
Policy2 * ATR	－1.0477 (0.9449)	－3.0099 *** (0.7438)	－1.3251 (2.2297)	12.7566 *** (2.6453)	1.6347 ** (0.6910)	1.2708 *** (0.4291)	－1.5105 (1.8630)
Policy3 * ATR	－1.4555 * (0.7806)	1.7352 *** (0.5173)	－0.0814 (1.5031)	4.7493 (4.4362)	0.2018 (0.6595)	0.9035 *** (0.2814)	1.9693 (1.9024)
Policy4 * ATR	0.3606 *** (0.0840)	0.6152 *** (0.0865)	0.9073 (1.8430)	11.8959 *** (3.9554)	－0.3646 *** (0.1257)	0.6222 (0.6675)	2.5480 ** (1.7139)
Policy5 * ATR	1.7909 *** (0.3280)	2.7670 *** (0.3405)	7.3687 *** (2.0578)	14.6035 *** (8.4158)	－0.2840 (0.2683)	0.9663 * (0.6486)	3.6913 (1.7841)
ATR	4.8266 *** (0.8139)	－2.9765 ** (1.4522)	－1.9294 * (2.2387)	－2.0539 * (1.8038)	0.4288 (0.5063)	－1.1123 * (0.6527)	－0.4698 * (0.3104)
TA	0.3337 *** (0.0406)	0.1172 *** (0.0235)	0.3617 *** (0.0587)	0.1429 *** (0.0941)	0.2740 *** (0.0230)	0.0258 (0.0187)	0.1029 ** (0.0444)
Age	0.0199 (0.0798)	0.0068 (0.0749)	0.2379 (0.1975)	－1.2566 (0.2453)	0.0430 (0.0553)	－0.0731 * (0.0424)	0.3868 ** (0.1824)
TL	0.2615 *** (0.0449)	0.3042 *** (0.04986)	－0.0326 (0.0520)	－0.0709 (0.0881)	0.0309 (0.0218)	0.0223 (0.0167)	0.0668 (0.0608)
EP	0.7841 *** (0.1553)	0.9069 *** (0.1571)	3.2696 (2.7227)	0.8817 (1.4743)	0.3822 *** (0.1152)	－0.0055 (0.0549)	0.3713 (0.9898)
ALR	0.0001 ** (0.0000)	0.0001 (0.0000)	0.0001 (0.0001)	－0.0002 *** (0.0001)	0.0001 *** (0.0000)	0.0000 (0.0000)	－0.0059 *** (0.0023)

续表

变量	(1) Cost	(2) Income	(3) FI	(4) LP	(5) Worker	(6) LR	(7) RD
_cons	3.3905 ***	5.0637 ***	0.6871	10.4993 ***	1.3727 ***	1.4236	3.0680 ***
	(0.3032)	(0.2438)	(0.5109)	(0.7647)	(0.1891)	(0.1454)	(0.3590)
N	4609	4763	2109	4469	4936	4605	350
R-squared	0.3012	0.3014	0.0707	0.0351	0.2032	0.0151	0.1642

注：括号中的数字为与该系数相对应的标准误。

*、** 和 *** 分别表示统计值在 10%、5% 和 1% 的水平上显著。

对企业收入影响的估计结果显示，实际税率与企业收入之间存在负向关系，对其弹性约为 2.9765，并通过了 5% 的显著性检验。说明实际税率每降低 1%，小微企业营业收入将有效增长 2.98%。税收优惠政策增强了企业经营的稳定性。

对企业投资影响的估计结果显示，实际税率与企业投资之间存在负向关系，对投资的弹性约为 1.9294，并通过了 10% 的显著性检验。说明实际税率每降低 1%，小微企业投资将有效增长 1.92%。税收政策为更好的服务和支持民营经济发展，增强民间投资信心，针对推动投资的减税政策也相继出台。例如，固定资产加速折旧优惠政策适用范围扩大至全部制造业领域；将不动产的抵扣由分两年抵扣改为一次抵扣；对企业新购进单位价值不超过 500 万元的设备、器具，允许一次性计入当期成本费用并在所得税前扣除等。

对企业劳动生产率影响的估计结果来看，同样符合理论预期，实际税率与企业劳动生产率之间存在负向关系，对生产率的弹性约为 2.0539，并通过了 1% 的显著性检验。说明实施一系列税收优惠政策有利于提高小微企业劳动生产率，实际税率每降低 1%，小微企业劳动生产率将有效提高 2.05%。根据调查问卷显示，绝大多数企业会将税收优惠政策所带来的利润增加用于增加研发投入、加大员工培训等为创造效益。同时，据相关数据统计，江苏省小微企业创造了全省 59% 的专利，创新基础强。用于技术研发的投入会进一步提高企业劳动生产率。

对企业用工影响的估计结果显示，实际税率与企业用工之间依然呈正向关系。整体减税的措施对扩大就业的促进作用没有发挥出来。

对企业单位劳动力工资的估计结果显示，减税政策能显著提升工资增长，对工资的弹性约为 1.1123，即增值税率每降低 1%，小微企业劳动者工资将有效提高 1.11%。提高企业员工工资的影响因素来源于多方面，包括企业的盈利能力。盈利能力强，企业才有能力和意愿给职工涨工资。减税的各项政策的实施最直接的就是降低企业成本，从而提升企业盈利能力。另外，居民收入持续增长，促进消费的同时，也有利于推动消费转型升级。

对企业研发投入的估计结果显示，减税政策能促使企业扩大研发投入力度，对其弹性约为 0.4698，即增值税率每降低 1%，小微企业研发投入将提高 0.47%。不仅现有的增值税和企业所得税优惠政策会促进企业加大创新力度，企业研发费用税前加计扣除优惠政策更加直接地为企业研发投入建立补助机制，有力地促进企业加大研发。

表 12-7 减税政策的影响效用检验（小微企业分行业考察）

变量	(1) Cost	(2) Income	(3) FI	(4) LP	(5) Worker	(6) LR	(7) RD
M * ATR	4.3586***	-5.4690***	-2.8527*	-1.0765***	-1.6576	-1.1536*	-0.3161
	(1.4766)	(1.0918)	(1.9718)	(4.5383)	(0.7639)	(1.6601)	(1.9488)
S * ATR	4.7611***	-1.5613	-2.0407	-0.9987	1.1826***	-1.1637	-2.5675**
	(0.7719)	(1.0648)	(6.0204)	(1.1394)	(0.3492)	(0.6213)	(0.2790)
TA	0.3525***	0.1385***	0.2561***	0.1901*	0.2638***	0.0337*	0.1057**
	(0.0391)	(0.0243)	(0.0681)	(0.0979)	(0.0244)	(0.0184)	(0.0456)
Age	0.0857	0.0814	0.0894	-1.1438***	0.0143	-0.0547	0.4039**
	(0.0819)	(0.0736)	(0.1880)	(0.2530)	(0.0569)	(0.0403)	(0.1788)
TL	0.2319***	0.2798***	-0.0172	-0.1055	0.0303	0.0218	0.0749
	(0.0468)	(0.0513)	(0.0514)	(0.0886)	(0.0221)	(0.0165)	(0.0594)
EP	0.7850***	0.9177***	2.6008	0.7078	0.3489***	0.0136	0.6503
	(0.1497)	(0.1321)	(2.5970)	(1.5836)	(0.1005)	(0.0573)	(1.0554)
ALR	0.0001**	0.0000	0.0000	-0.0002***	0.0001***	0.0000	-0.0037
	(0.0000)	(0.0000)	(0.0001)	(0.0001)	(0.0000)	(0.0000)	(0.0025)
_cons	4.0279***	5.4318***	1.4327**	10.8871***	1.4707***	1.2653	3.0000***
	(0.3165)	(0.2606)	(0.6540)	(0.8435)	(0.2135)	(0.1443)	(0.3950)
N	988	1034	597	983	1014	1001	147
R-squared	0.3108	0.3368	0.1134	0.0410	0.2160	0.0200	0.1758

注：括号中的数字为与该系数相对应的标准误。

*、**和***分别表示统计值在 10%、5% 和 1% 的水平上显著。

从分行业小微企业样本减税政策效应的考察结果表 12-7 来看，除企业用工变量的检验结果外，其他变量的系数检验结果与总体样本的检验结果类似。不断加大的税收优惠力度对制造业和服务业小微企业成本的降低、投资规模的加大、劳动生产率的提升和劳动工资的上涨都产生了预期的效果。减税对这两类企业的就业效应依然为负，对小微企业用工规模的扩张没有刺激作用。

在这些减税效应中，制造业和服务业类型的小微企业表现出不同程度的影响。服务业企业的成本、单位劳动力工资和研发投入的减税效应要大于制造业。而制造业收入、投资和劳动生产效率的减税效应要大于服务业。实际税率每降低1%，制造业和服务业成本会分别有效降低4.36%和4.76%，营业收入会增加5.47%和1.56%，投资会分别扩大2.85%及2.04%，劳动生产率分别增长1.07%和0.99%，单位劳动力工资水平分别上升1.15%及1.16%，研发投入会扩大0.31%和2.57%。

（四）小微企业降费政策变化的效应分析

表12-8　降费政策的影响效用检验

变量	(1) Cost	(2) Income	(3) FI	(4) LP	(5) Worker	(6) LR	(7) RD
Policy2 * FR	1.5245	0.3211	0.9422	-0.3676	-0.2180	0.1641	1.1807
	(1.0135)	(0.2819)	(0.9258)	(0.6386)	(0.4058)	(0.2271)	(3.2993)
Policy3 * FR	-3.3191**	0.2741	1.6132	0.2756	-0.0460	0.2139	-0.1134
	(1.4477)	(0.1837)	(2.2481)	(0.2521)	(0.3591)	(0.2941)	(3.3167)
Policy4 * FR	-6.9107	0.3591	-1.0569	1.9143*	-0.2290	-0.6640	3.3947
	(4.6354)	(1.6382)	(8.1359)	(0.9873)	(1.3996)	(1.9093)	(3.7198)
Policy5 * FR	0.1462	1.3629	4.4409*	1.7220*	0.2711**	0.0930**	4.2083
	(0.3503)	(1.3965)	(2.3430)	(0.9467)	(0.1330)	(0.1604)	(3.6241)
FR	0.1226*	-0.1105*	-0.4737***	0.0839*	-0.2169**	-0.1199**	0.0317
	(0.0756)	(0.0429)	(0.0747)	(0.0468)	(0.0880)	(0.0512)	(3.5348)
TA	0.7306***	0.0361*	-0.2253	0.1648***	0.0905**	0.1752**	0.3308*
	(0.1072)	(0.5693)	(0.1872)	(0.0494)	(0.0443)	(0.0755)	(0.2671)
Age	0.5946**	0.6482*	0.3326	-0.4820*	0.4606***	-0.3357	-0.2902
	(0.2968)	(0.1648)	(0.6295)	(0.2479)	(0.1496)	(0.2525)	(0.2496)
TL	-0.0839	0.2958	0.1859	0.0016	0.0340	-0.0133	0.2881
	(0.0754)	(0.7482)	(0.1369)	(0.0357)	(0.0292)	(0.0338)	(0.2102)
EP	1.1039	0.3799	4.3336	1.7284*	-0.0437	1.2269	0.6852*
	(0.7685)	(0.1793)	(4.1372)	(0.9199)	(0.5249)	(1.2192)	(2.4157)
ALR	0.0117	0.0140*	0.0407*	-0.0053*	0.0199***	-0.0100**	-0.0122
	(0.0082)	(0.4294)	(0.0219)	(0.0030)	(0.0028)	(0.0043)	(0.0245)

续表

变量	(1) Cost	(2) Income	(3) FI	(4) LP	(5) Worker	(6) LR	(7) RD
_cons	0.2837	0.5592***	2.3179	11.0292***	1.5746***	0.9722**	10.2707
	(0.7942)	(0.3428)	(1.4945)	(0.3593)	(0.4097)	(0.3994)	(1.1770)
N	307	347	231	327	352	337	98
R-squared	0.2982	0.1724	0.0374	0.1782	0.1152	0.1288	0.2989

注：括号中的数字为与该系数相对应的标准误。

*、** 和 *** 分别表示统计值在 10%、5% 和 1% 的水平上显著。

为对减税降费中降低行政事业性收费政策效应进行分析，本研究将考察企业实际缴纳费用率对各效应变量的影响，结果如表 12－8 所示。需要主要的是，由于在江苏省千户样本企业问卷调查中，存在有关行政事业性收费数据统计不全的问题，本研究剔除了部分数据不全的企业，因此，有关降费政策效应分析的样本量有所减少。

对企业成本、营业收入、投资、职工收入影响的估计结果显示，与税收政策效应检验结果类似。实际费用率与成本之间存在正向关系，对成本的弹性约为 0.1226，并通过了 1% 的显著性检验，即费用率每下降 1%，企业成本将有效降低 0.12%。实际费用率与营业收入、投资、居民收入之间有显著的负向关系，实际费用率每下降 1%，企业营业收入将提高 0.11%，投资将上升 0.47%，居民收入将增加 0.12%。说明除税收外，小微企业同时享受社保费和其他政府性基金优惠政策，包括降低城镇职工基本养老保险单位缴费比例、调整社保缴费基数、对部分缴纳义务人免征教育费附加、地方教育附加、水利建设基金、文化事业建设费等降费政策，这些政策实际减轻了企业成本负担、增加了企业收入、加快社会投资和居民收入。另外，对就业效应的检验中发现，降费政策产生了显著的就业促进，这与税收优惠政策的考察结果是完全不同的，实际费用率每下降 1%，就业将增长 0.22%。这与目前的政策主要围绕降低社保费率、调整社保缴费基数、提高养老保险基金中央调剂比例、残疾人就业保障金等方面进行降费是分不开的。这些降费政策的实施降低了企业的用工成本，为劳动力就业提供了进一步的保障，从而促进就业。

降费政策的劳动生产效率、创新投入经济效应与税收政策有所差异，其影响效果与预期不符，实际费用率越低反而抑制了劳动生产率和创新投入的增加，这与降费政策力度远远弱于减税政策力度有很大关系，降税政策的经济效应还不能完全体现出来，且降费政策的实施可能存在滞后反应，在长期政策的持续进行下才能显现出来。

表 12 - 9　　降费政策的影响效用检验（小微企业分行业考察）

变量	(1) Cost	(2) Income	(3) FI	(4) LP	(5) Worker	(6) LR	(7) RD
M * FR	0.9944 *	-0.0224 *	-0.4864 **	1.0511	-1.4275 **	-0.1168 *	0.0235
	(2.0589)	4.7484	(1.8205)	(0.8823)	(1.1703)	(0.3312)	2.1954
S * FR	0.1752 *	-0.0992 *	-0.1335 *	0.0898	-0.0154 *	-0.1055 **	-0.2722
	(0.1889)	0.7779	(1.0403)	(0.0728)	(0.2129)	(0.0836)	0.2223
TA	0.5973 ***	0.4925 *	-0.1449	0.1614 ***	0.1316 ***	0.1822 *	0.3503 **
	(0.1164)	0.2149	(0.1926)	(0.0538)	(0.0443)	(0.0798)	0.2547
Age	0.4451	0.4582	-0.1872	-0.5368	0.3320 **	-0.3000	-0.1669 *
	(0.2993)	0.6576	(0.5854)	(0.2435)	(0.1339)	(0.2427)	0.2607
TL	-0.0170	-0.2767	0.1161	0.0050	0.0129	-0.0094	0.3117
	(0.0818)	0.1682	(0.1438)	(0.0359)	(0.0295)	(0.0334)	0.2158
EP	0.7911	3.4107	2.1667	1.7090 *	-0.5087	1.3903	0.8291
	(0.8900)	3.1204	(3.9371)	(0.9105)	(0.5795)	(1.1983)	2.3737
ALR	0.0072	0.0529 ***	0.0288	-0.0056 *	0.0166 ***	-0.0089 **	-0.0021 **
	(0.0053)	0.0127	(0.0210)	(0.0031)	(0.0022)	(0.0041)	0.0245
_cons	2.0923 **	1.2835 ***	3.1377 **	11.2268 ***	1.2802 ***	0.6795	1.2428 **
	(0.9295)	1.8621	(1.5040)	(0.4249)	(0.4103)	(0.5161)	1.0780
N	299	347	229	327	352	337	98
R-squared	0.2153	0.0526	0.0374	0.1782	0.1152	0.1288	0.3012

注：括号中的数字为与该系数相对应的标准误。

*、** 和 *** 分别表示统计值在 10%、5% 和 1% 的水平上显著。

从分行业小微企业样本降费政策效应的考察结果表 12 - 9 来看，在这些效应中，各变量的系数检验结果与总体样本的检验结果基本类似。降费政策促进了制造业和服务业小微企业成本的降低、营业收入的提高、投资规模的加大、就业的增加及居民收入的上涨，但降费对这两类企业的劳动生产效率和创新投入效应依然不理想。

在成本、营业收入、投资、收入和就业效应中，制造业和服务业类型的小微企业表现出不同程度的影响。制造业企业的成本、投资、单位劳动力工资和就业的降费效应要大于服务业。而服务业企业营业收入的减税效应要大于制造业。实际税率每降低 1%，制造业和服务业成本会分别有效降低 0.99% 和 0.18%，营业收入会增加 0.02% 和 0.10%，投资会分别扩大 0.49%

及0.13%，单位劳动力工资水平分别上升0.12%及0.11%，就业会增长1.43%和0.02%。

第四节　小微企业减税降费政策问题

随着减税降费政策力度不断加大，落实情况不断完善，江苏省小微企业减税降费规模大幅增长，政策效应也初步明显，小微企业有实实在在的减负获得感。但是，在各项减税降费政策实施过程中，还存在一些阻碍其发挥政策效应的现实问题亟待解决。

一、减税降费政策未完全落实到位，部分企业税负不减反增

虽然国务院要求确保所有行业税负只减不增，但在执行层面，像部分建筑行业等企业，其税负却依然攀增。从江苏省千户小微企业调研数据显示，2018年和2019年上半年，建筑行业税负水平均超过以往年度，平均税负率在3.1%左右。同样，对于营业规模较小的小微企业也有类似情况，调研中有18家企业税负不减反增。导致上述现象来源于多重因素：第一，小微企业受限于自身能力，对新的优惠政策不敏感或容易忽视。例如，企业会计人员素质较差，对政策的获知、学习和运用存在困难，难以在短时间内正确享受到政策福利；第二，由于会计管理不健全、规模相对较小的小微企业，其研发投入和生产费用较少，可获得的税收优惠如加计扣除、减计收入等也相应减少；然后，自增值税实行发票抵税制度，企业能不能依法有效地取得抵扣发票，是非常关键的问题。第三，小微企业存在发票索取困难和凭证不合法，或由于自然人临时性开票，未留联系方式，税务部门无法获取退税账户，导致无法办理退库手续等多种问题，企业无法成功实现进项抵扣，造成政策享受不充分。小微企业减税降费政策未完全落实到位的问题也凸显了税收宣传及指导工作的重要性。

二、部分企业即使获得税负减轻，但对于其自身发展的益处并不明显

调查显示，在享受税收政策优惠后，依然有44.33%的样本小微企业认为

目前遇到的最大困难是市场萧条。为维持市场，有 34.71% 的企业被动降低价格。相对于垄断企业、大中型企业，小微企业议价能力较低、市场竞争能力较弱。尽管税收优惠为小微企业节约了成本，但受上游企业价格打压，政策减负存在上下游企业受益不均衡的情况，小微企业实际享受到的实惠不及预期明显。

三、政策缺乏持久支撑，影响纳税人形成稳定预期

现行减税降费多为临时性政策，影响企业预期。从对样本企业调查情况看，小微企业并没有因为享受优惠政策而显著增加用工，主要是由于减税政策的短期性不足以影响企业长期的用工决策。调查中，有些企业法人代表表示“目前订单都是月结加承兑，销售成本及运营压力非常大，小企业需要长久税收政策的扶持”。临时性政策虽然能在一段时间内有效地减轻小微企业的税收负担，但无法从根本上解决经济疲软的问题，易造成“凛冬已过”“虚假繁荣”的错觉，在优惠政策终止后难免出现小微企业无法适应重回衰败的情况。

四、政策优惠临界点税负畸变，临界点企业税负不公平

目前，我国减免税模式属于“一刀切”，在优惠临界点，税负会产生质的飞跃。例如“对月销售额 10 万元以下（含本数）的增值税小规模纳税人免征增值税”。在 10 万临界点上下的纳税人会产生极大的税负差别，10 万元以内的纳税人完全享受到免征福利，而一旦超过 10 万元这一零界点，纳税人将全额纳税。在此次调研企业中，有 248 家小微企业月销售额高于零界点 30% 以内，略高于起征点。政策的不公平问题导致这些纳税人不愿增加生产，扩大营业收入。另外，一些具有季节性销售特点的纳税人可能无法享受优惠政策，也会干扰生产和消费决策及市场对资源的配置，还会提高为避税而作废发票、更正申报的概率。

五、部分地区调整企业社保缴费基数抵消社保缴费比例下调所带来的成本节约效应

社保缴费也是影响小微企业健康发展的重要因素，灵活的社保政策有利

于促进小微企业创造大量的就业岗位。调查中，部分企业反映自从国家发布下调社保缴费比例政策后，企业用工成本有明显降低，但是，从 2020 年 7 月份开始，江苏省上调社保缴费基数下限，导致企业社保缴费增加，部分抵消了社保比例下降政策的降费成效。

六、降费政策力度有待提高

研究结果显示，小微企业各项政府性规费规模降低水平远低于减税规模，降费的政策效应出现了诸多与预期相反的结果。另外，小微企业的降费政策惠及面也较小，如社保新政规定，城镇职工基本养老保险单位缴费比例高于 16% 的企业，可降至 16%。而原本就低于 16% 的企业，研究提出过渡办法。这些企业基本享受不到这一政策优惠。同时，仍有 57.65% 的样本小微企业认为，负担 16% 的养老保险缴费率偏高。样本企业的建议汇总显示，21.05% 的小微企业认为养老保险缴费率应该下调 2%，14.69% 的样本企业认为应该下调 4%，19.50% 的企业建议下调 6%，9.97% 的企业建议下调 8%，更有 27.66% 的企业认为应下调 10%。

第五节　更好推进小微企业减税降费政策建议

一、继续改进税务管理工作，切实增强纳税人的获得感和幸福感

针对小微企业财务人员能力不强等问题，除了鼓励小微企业加强财务人员业务素质培养，提高对政策的获知和学习能力之外，还要积极推进“放管服”改革，提升纳税服务水平。税收优惠政策的办理程序复杂而烦琐，积极推进“放管服”改革就要加快涉税行政审批流程，简化纳税人设立、迁移、注销等手续，改进纳税人优惠备案和合同备案，做好税务部门服务工作。

二、加强政策宣传力度，确保减税降费政策落实落细

针对减税降费政策宣传力度不够的问题，一方面，地方政府可以通过政府网站、报纸杂志和微信微博等新媒体，大力宣传普及减税降费新政，并为

需要咨询解答的纳税人提供咨询方式和渠道；另一方面，面向企业和群众积极召开宣讲会和座谈会，传递减税降费信息，与企业和群众面对面地进行接触和交流，有效提高小微企业对政策的理解程度；其次，各级主管部门要对税务窗口相关经办人员进行专业化培训，只有经办税务人员充分准确理解政策，才能保证纳税人不打折扣地执行政策。

三、扎实开展企业调研，保障减税降费政策落到实处

各级主管部门应深入企业，做好减税降费政策执行的调研工作。一方面，对涉企减税降费政策执行情况进行深入了解，发现问题、反映问题、解决问题；另一方面，做好税务数据统计分析工作，弥补小微企业会计核算不完整缺陷。

四、落实税收法定原则，完善税制体系设计

针对政策缺乏持久支撑，影响纳税人形成稳定预期问题，建议对现有减税降费政策进行全面效应分析，结合过往税制改革经验，对符合当前经济形势要求、满足企业发展需要的政策或条款固定下来形成税法修订草案，长期执行。例如，将企业所得税法对小微企业的认定标准修订为现行标准等。对实践中呼吁要完善新增的内容做好整理，深入分析、科学研判，通过法律的形式推行长期稳定的低税低费模式。这样既减少了税务部门频繁出台优惠政策的麻烦，加强小微企业对普惠政策确定性的信赖期待，同时也有利实现企业更权威、更稳定、更长期的预期，不断促进企业的投资与创新积极性。

五、优化税收优惠标准，解决临界点税负不公平问题

针对小微企业增值起征点税负畸变，可考虑使用应纳税额扣除等方法。对月销售额超过 10 万元小规模纳税人，设置增值税月销售 10 万元的扣除额，将纳税人每月总销售收入扣除 10 万元后按余额计算缴纳增值税。通过构建一种“渐变式”的小微企业减免税模式，避免税负的大起大落，弱化减免税政策因素对小微企业生产经营的影响。

六、降低政府性基金和行政事业性收费，杜绝乱收费、乱摊派

相比于大中型企业，小微企业存在工资不高、用工不稳定、管理不规范

等问题，而社保缴费政策的制定同时又涉及企业与员工间的利益分配问题，因此，社保缴纳政策的制定难以准确把握合适的标准。因此，降费政策应在其他政府性基金和行政事业性收费方面找准着力点，适当降低收费水平，同时要杜绝防止某些基层政府部门或者行业协会的乱收费、乱摊派行为。

七、培养小微企业核心竞争力，提高企业话语权

针对小微企业普遍存在的技术力量薄弱、议价能力低等问题，要引导小微企业致力增强核心竞争力。培养核心竞争力要以引导技术创新为突破口，企业在依靠税收优惠政策所带来的资金盈余用于加大创新投入的同时，要引导企业制定明确的战略规划，把相对有限的技术资源集中于少数技术领域进行技术积累。另外，培养核心竞争力要注重差异化竞争策略，企业可以从产品设计、生产技术、产品性能、顾客、销售网、商品形象等多方面去实现产品和服务的与众不同，从而抢占市场。

作者： 张月友　南京大学长江产业经济研究院副研究员
傅　彤　江苏省地方税收科学研究所副所长
方　瑾　南京大学长江产业经济研究院研究助理
潘三毛　安徽财贸职业学院讲师

第四篇

完善产业政策

第十三章　中美工业领域产业政策对比研究

产业政策是一种普遍做法。即使是最发达的市场经济国家，产业政策也未退出历史舞台。美国在2009年推出了"重振制造业政策框架"，2010年推出"美国制造业促进法案"，2011年推出"先进制造业伙伴计划"，2012年"先进制造业国家战略计划"与"国家制造业创新网络"，2018年发布了"美国先进制造业领导地位战略"。德国推出了"工业4.0"战略，英国推出"英国制造2050"，法国推出"新工业法国计划"。对于我国来说，产业政策具有更加特殊的意义和作用。产业政策是我国促进经济较快发展并缩小与发达国家差距，甚至赶超发达国家的重要政策工具。

第一节　产业政策的前世今生

一、产业政策是什么

产业政策（industrial policy），是政府为了实现一定的经济和社会目标而对产业的形成和发展进行干预的各种政策总和，包括引导国家产业发展方向、引导推动产业结构升级、协调国家产业结构、使国民经济健康可持续发展的政策等。

相比于关注就业、增长、通胀等经济整体指标的宏观政策，产业政策的目标更加聚焦在产业领域，包括弥补市场缺陷，有效配置资源；保护幼小民族产业的成长；发挥后发优势，增强适应能力等。产业政策主要通过制定国民经济发展规划、产业结构调整规划、产业扶持规划、财政投融资政策、货币政策、项目审批等来实现。

20世纪90年代之前的产业政策重点是保护或促进特定行业发展，提升国内生产能力，促进外国直接投资（FDI）。现代产业政策的重点是改变经济结构和增长轨迹，既要提升国内生产能力，也要提高国际竞争力。现代产业政策的方法和范围都在扩大，包括改善基础设施、教育和培训、企业发展、建立集群、创业、创新、提升金融和社会服务可得性的政策（如表13－1所示）。

表13－1　　产业政策演变和新主题

	20世纪70年代及以前	20世纪80—90年代	现代产业政策	
			21世纪以来	最新的主题
主要特征/主题	工业化和结构性改革	稳定、自由、放任主义	• 知识经济 • 全球价值链（GVCs）	• 新工业革命（NIR） • 可持续发展
政策目标	创造市场、多样化	市场导向的现代化	专业化和增长的生产率	现代工业生态系统发展
主要政策	• 进口替代 • 幼小产业保护 • 产业部门发展 • 逐渐、有选择性地开放竞争	• 有限政府参与 • 更多横向政策 • 开放外国直接投资（FDI） • 允许竞争	• 开放经济的针对性战略 • 有利的商业环境 • 数字发展（IT）和信息通信技术（ICT）扩散 • 参与全球生产网络 • 促进FDI及保护战略产业 • 支持中小企业 • 技能发展	• 技术能力发展 • 生产创新 • 学习型经济 • 公共和私人知识或技术发展体系 • 收购外国技术 • 发展企业家精神

资料来源：UNCTAD、江苏省经济和信息化研究院。

联合国贸发会（UNCTD）在最新的《世界投资报告》中指出，过去10年中，全球有至少101个经济体实施了正式的产业发展战略，这些经济体的GDP占全球GDP的90%以上。发达国家和发展中国家采取产业政策主要受到以下原因驱动：一是金融危机后，各国政府面临减少失业和刺激经济增长的压力，迫使其采取更加积极的行动来解决社会经济问题和管理全球化的负面影响；二是对于发达国家而言，东亚和东南亚快速增长的经济体的成功带来越来越大的压力，全球贸易、投资和技术竞争日益激烈；三是对于中等收入经济体和低收入国家而言，支持制造业部门发展是实现富强的必由之路；四是从全球价值链来说，制造业的发展牵涉到大量相关的商品和服务，意味着需要相关服务政策、监管制度和保障机制等一系列配套。

二、产业政策的类型

产业政策大致可以分为起步型、追赶型和引领型三类。其中起步型政策多聚焦于特定行业，目的是实现行业的起步与发展。追赶型政策关注于工业总体层面上横向竞争力的改善。引领型政策多用在技术前沿领域，目的是在新工业革命中抢占新兴产业的制高点，引领未来产业的发展潮流。追赶型和引领型政策多是综合政策，寻求改善多个产业部门的经营环境和能力，相对于起步型政策更注重市场力量的运用。

起步型政策倾向于更加重视物质基础设施，如道路、港口的改善，其中，机场、电力和电信基础设施是这类政策的一个组成部分。他们除了专注于建立一些特定的行业门类外也关注于推动企业发展，包括改善中小型企业的融资渠道等。追赶型政策相对更加强调技能开发、中小企业支持和促进应用，包括促进出口和采用战略性公共采购。引领型政策强调通过创新驱动加强工业生态系统，包括关注研发机构和软环境的打造。这三种类型的产业政策并不是孤立的，而是适合于不同的发展需求。起步型政策也会包含横向的提高竞争力的政策，追赶型政策也会促进创新和采用新技术，引领型政策也会包含对新产业的起步型政策。三类产业政策中的政策工具是类似的，不同的是政策侧重点和干预程度（如表 13－2 所示）。

表 13－2　　产业政策模型的关键维度及定义

	产业政策类型		
	起步型	追赶型	引领型
聚焦特定部门的程度	大多聚焦特点产业	大多横向展开，一般针对多个产业领域	大多横向展开，关注新兴产业的要素
干预程度	更偏向于政府引导	更偏向于市场引导，重点在于要素支持	政府和市场混合，重点在于保护和支持新产业
对外部竞争开放程度	有选择性的逐渐开放	聚焦竞争力的提升	大多开放，但会保护战略技术
出口导向的程度	以国内和区域需求为主	出口导向，融入全球价值链	对内对外混合

资料来源：UNCTAD。

联合国贸发会议统计的全球 114 条产业政策中，约有 40% 属于起步型政策，36% 的政策属于追赶型政策，24% 属于引领型政策。其中，高收入国家产业政策以引领型为主，低收入国家产业政策以起步型为主。

三、各国产业政策的特点

由于世界各国所处发展阶段、环境的巨大差异，产业政策也大不相同。从发达国家来看，日本的电子工业和汽车在出口市场具有竞争力。日本一方面采取措施巩固在这些领域的竞争优势；一方面正大力培育其他领域的优势。德国拥有历史悠久的多元化制造体系，专注于技术升级和可再生能源应用。美国制造业已缩减至不到 GDP 的 15%，主要工业跨国公司已将其大部分生产外包给低成本地区。目前，美国产业政策正引导更多投资参与重建与其创新体系相关的制造能力。

从新兴国家来看，大多数国家也有提高竞争力的政策，目标是发展劳动力技能，提高产品质量或培养创业精神，以及提升技术水平，如专注于数字发展或清洁能源等技术的计划。发展中国家通常将产业政策与产业战略相结合，以实现各自产业发展目标，包括针对新兴高科技产业的扶持（例如，中国的七大战略新兴产业），针对传统重工业部门的起步（例如，南非的汽车生产发展项目）或针对劳动密集型产业的引导（例如，越南的服装和纺织工业发展规划）。

处于早期发展阶段的国家，特别是最不发达国家，往往在其产业政策一揽子方案中拥有更多的针对具体行业的措施，以及侧重于对其发展至关重要的经济部门的举措，例如，卢旺达的手工业发展战略或乌干达的中小型企业政策（此类举措在低收入国家非常普遍）。但即使在这些国家，现代工业政策一揽子计划也包含许多建立横向生产能力的举措。

我国是世界上广泛、深度运用产业政策的国家之一，产业政策总体上是成功的。然而，在高质量发展阶段，我国的产业政策面临一些突出的问题和挑战。从内部看，产业政策还存在政策体系不健全、不当政府干预、未能有效协调地方间的分工等突出问题，资源配置效率低下、重复建设严重等一直未能有效解决。产业政策在促进结构优化与升级方面发挥的作用还不尽人意，与其他相关发展政策还不完全协调。从外部看，一些发达国家构筑技术壁垒，严格控制高端技术、设备向我国出口。特朗普政府为了推动美国制造业发展，增强美国产业的国际竞争力，实施针对中国商品的关税提升政策，加大了我国产业发展环境的不确定因素。当前，开展中美工业领域产业政策对比研究，对于我国建设制造强国、改善营商环境、消除产业发展中的制约因素，增强产业创新能力、国际竞争力和可持续发展能力，促进资源配置效率和社会福利水平的提升具有重大意义（如表 13－3 所示）。

表 13－3　各国部分代表性产业政策

产业政策集		
德国	工业 4.0 面向未来的智能制造 ZIM（中小型企业集中创新项目） 新高科技战略创新 共同产业研究（IGF）	中小企业数字化 德国制造 INVEST（风险投资补贴） 集群发展项目 数字战略 2025
日本	新机器人战略 日本振兴战略 产业集群政策 提高产业竞争力法案	促进创新倡议 促进制造业技术基本法 支持中小企业新商业行为
美国	国家先进制造业战略规划 小企业就业法案 2010 国家出口倡议（NEXT） 美国复兴和再投资法案	美国制造：制造业企业家精神和创新 美国 COMPETES 法案
巴西	国家科学技术和创新战略 巴西 ProFuturo 未来生产，先进制造业 ICT 规划 巴西数字革命战略（E－Digital）	信息技术和通信总体规划 战略信息技术规划 数字治理战略（EGD）
中国	中国制造 2025 “互联网＋”战略 下一代人工智能发展规划	智慧制造规划 2016—2020 战略新兴产业主要产品和服务指导目录（2016 版）
印度	国家技能发展政策 国家通用电子化辅助政策	国家技能发展和企业家精神政策 2015

资料来源：UNCTAD、第一财经研究院整理。

第二节　中美产业政策对比

中国一直以来有着明确的产业政策，且在五年规划中占据着重要内容。而美国的产业政策常被称之为隐形的产业政策，通过对基础科学、基础技术和通用技术研究开发扩散的支持来推动前沿技术领域与高新技术产业的发展。特朗普总统上台之后，美国产业政策在做大增量的同时也积极涉入争夺存量，采取创新、松绑、减负和贸易保护四个方面的措施促进制造业回流，维持其制造强国的地位。

一、总体框架对比

当前中国处于工业化后期，美国处于再工业化阶段。中国工业当前面临的主要问题是基础研发投入不足、自主创新能力差、产业发展陷入瓶颈，国际化水平不足。而美国的主要问题则是（制造业）人才短缺、公司税率高昂、制造业成本不可控和创新优势受损。

从共性上来说，当前中美产业政策都将创新置于核心位置，都大力加强科研投入，建设制造业创新网络，发展新兴产业；两国都重视全球要素资源的整合，构建以我为主的全球价值链。从个性上来说，中国致力于通过创新实现工业强基和自主可控，由制造大国向制造强国迈进；美国致力于通过制造业回归，强化制造强国的地位，国际上实行“逆全球化”道路，通过退出国际合约、征收高额关税和掀起贸易战的方式为自身产业发展创造发展空间，国内推动大力度税改、废除《清洁能源计划》、授权《技术商业化协议》，为企业减负并注入先进技术（如表 13 -4 所示）。

表 13 -4　　中美产业发展主要问题与解决思路

国家	主要问题	具体内容	解决思路
中国	基础研发投入不足	2016 年研究经费仅占 GDP 的 2.11% 其中科研部分仅占 15% 美国的相应水平为 2.74% 和 37%	加大基础共性研究投入 建设科创中心 发展高端制造业
	自主创新能力差	关键核心技术与高端装备对外依存度高 以企业为主体的制造业创新体系不完善	
	制造业发展进入瓶颈	制造业大而不强，信息化水平低 资源与环境约束加剧，粗放发展模式难以为继	智能制造、绿色制造
	国际化水平不足	企业全球化经营能力不足，缺乏国际名牌 产业国际化水平不高	加强产品质量 培育自主品牌
美国	人才短缺	技术类熟练工人短缺劳动生产率下降	传统制造业回归
	公司税率高昂	公司税率高达 35%，远超制造业大国平均水平	减税降负
	制造业成本不可控	雇员福利、侵权、环境合规、能源等成本过高 仅合规成本一项即占总销售额约 11%	
	创新优势受损	全球创新指数排名下滑 2002 年以来，美国先进产业一直存在贸易逆差	贸易保护

当前中国产业政策的核心是《中国制造 2025》，短期目标是在 2020 年基本完成工业化，在 2025 年力争迈入制造业强国行列；具体目标包括制造业整体素质大幅提升，创新能力显著增强，全员劳动生产率明显提高，工业化和信息化融合迈上新台阶。《中国制造 2025》包括“创新中心”“工业强基”“智能制造”“绿色制造”和“高端装备”五大工程。

“创新中心”工程的核心是制造业创新中心（工业技术研究基地）建设，重点是行业基础性和共性关键技术的研发、成果转化和人才培养。“工业强基”工程的要义是重大工程和重点装备的关键技术自主化，与“十二五”和“十三五”规划的战略性新兴产业一脉相承。“智能制造”工程要求制造业重点领域全面实现智能化，从而大幅提高生产效率、降低运营成本与不良率。“绿色制造”工程旨在建设一大批示范工厂与园区，实现绿色工厂、绿色设计产品、绿色园区、绿色供应链的全方位清洁生产体系。“高端装备”是“十三五”规划的重点内容，“十三五”规划提出了航空航天、海洋工程设备和高技术船舶、先进轨道交通、高档数控机床、机器人装备、现代农机、高性能医疗器械、先进化工成套装备等八大重点，目的在于降低核心技术的对外依存度，提升自主设计水平和系统集成能力，实现重要装备的逐步国产化。

当前美国产业政策的核心是《美国先进制造业领导地位战略》，将贸易和制造业置于经济政策之首，主张将美国制造业重新涵盖全球供应链全系列而不仅是两端，并吸引更多海外企业和资金回岸，主要包括创新、松绑、减负和贸易保护四大措施。

创新包括授权技术商业化协议以推动美国能源创新。与此同时，美国政府积极推进纳米技术、先进计算和人工智能技术研发，放宽对无人机的监管。从国家层面来看，美国于 2009 年、2011 年和 2015 年相继出台了三个版本的《美国创新战略》。松绑的目的在于扫除传统工业振兴的障碍，包括放松出口限制和废除环保要求，宣布退出《巴黎气候协定》，废除奥巴马时期的《清洁能源计划》。减负包括国家和企业层面的双重减负，国家层面退出《跨太平洋伙伴关系协定》，减少成员国间优惠“对美国国家利益的严重损害”；企业层面签署《减税和就业法案》，是近 30 年来美国规模最大的税改，将企业所得税的税率从 35% 降低到 21%，取消累进递阶，吸引制造业回流。贸易保护上，对钢铁和铝进口实施关税和配额双重限制，分别征收 25% 和 10% 的关税，以保护传统工业；同时通过贸易裁决和贸易战的方式为本国企业发展创造空间，叫停外资对莱迪思和高通的并购（如表 13 -5 所示）。

表 13－5　　　　中美产业政策基本框架

国家	核心规划	领域	相关政策	年份
中国	《中华人民共和国国民经济和社会发展第十三个五年规划纲要》 《中国制造 2025》	创新中心	《制造业创新中心建设实施指南》	2016
			《国家制造业创新中心考核评估办法》	2018
		工业强基	《工业强基工程实施指南》	2016
			《战略新兴产业主要产品和服务指导目录》	2017
		智能制造	《智能制造发展规划》	2016
			《新一代人工智能发展规划》	2017
		绿色制造	《绿色制造工程实施指南》	2016
			《“十三五”节能减排综合性工作方案》	2016
			《工业绿色发展规划》	2016
		高端装备	《高端装备创新工程实施指南》	2016
			《促进装备制造业质量品牌提升专项行动指南》	2016
			《国家支持发展的重大技术装备和产品目录》	2017
美国	《美国复苏和再投资法案》 《美国先进制造业领导地位战略》	创新	《先进制造合作伙伴计划》	2011
			《国家制造业创新网络》	2012
			《美国创新战略》	2015
		松绑	《跨太平洋伙伴关系协定》（退出）	2017
			《巴黎气候协定》（退出）	2017
			《清洁能源计划》（废除）	2017
		减负	《美国制造业促进法案》	2010
			《减税和就业法案》	2017
		贸易保护	《买美国货，雇美国人》（行政令）	2017
			《国家安全调查报告》（惩罚性关税）	2018
			《301 调查征税清单》（中美贸易战）	2018

比较中美两国产业政策，可以发现，在基本构架上，中国围绕“十三五”规划与《中国制造 2025》，依据“五大工程”集中颁布了一系列同步推进相互联系的 5 年计划；美国则围绕创新、松绑、减负、贸易保护四条主线，持续深化不断调整，根据国际形势变化不断调整其构架体系和组织结构，整体政策在形式上较为松散，但在核心目标上非常统一。在作用方式上，中国过去产业政策倾向于对某些领域进行直接补贴以壮大快速产业规模，增强企业的竞争力；美国通过对于基础科学、基础技术和通用技术研究开发扩散的支持来推动前沿技术领域与高新技术产业的发展，政府一般不直接对竞争性领

域进行补贴。在政策力度偏重上，中国的产业政策一直以来力度较强、目标明确且整体推进，政策倾斜与政策补贴近年有所加强与细化；美国则围绕阶段性核心目标，加强行业的基础和共性技术水平，注重创新网络建设，鼓励创新活动，形成集中突破。

二、时间演进对比

（一）总体政策特征对比

当前，中国和美国各自处于工业化后期和再工业化阶段，产业政策整体类型分别属于追赶型和引领型。总体来看，中国产业政策更专注于自身发展，美国产业政策更专注于贸易优势前提下的自由主义（如表 13－6 所示）。

表 13－6　中美产业政策历史特征差异

	中国（追赶型）	美国（引领型）
核心目标	经济增长	贸易优先
	产业结构优化升级	建立和巩固行业国际领导地位
主要手段	集中力量办大事	贸易保护、美元贬值
	政策倾斜、政府补贴	政策引导、政府补贴
调控方式	政府主导宏观，市场主导微观	市场主导，政府关键时刻介入
发展历程	第一阶段发展重工业基础	第一阶段由轻工业化到重工业化
	第二阶段基础设施建设	第二阶段由全产业链到供应链两端
	第三阶段自主研发创新	第三阶段重铸全产业链

在核心目标上，中国一直努力追求经济增长和产业结构优化升级，寻求机会赶超国际先进水平；而对美国而言，贸易始终是其核心利益，因而美国不断地建立和巩固技术优势，以维持相关产业的国际领导地位。

在手段和方式上，中国在微观领域逐渐将计划让位于市场，而在宏观领域和公共领域则不断强化政府的调控能力，核心手段是政策倾斜与补贴，集中力量办大事。美国在多数时候将产业发展交由市场自身决定，政府在关键时刻推动经济改革调整大的发展方向；核心手段是保护主义，保护主义的常用方法是高关税、美元主动贬值和贸易裁决，通过政策和法规的调整引导相关产业发展。

就发展历程来看，中国由于起步较晚，选择集中力量发展重工业，之后再逐步完善农业、基础工业和基础设施，最后进军高科技产业；工业化前中期的重点是建立完整的工业体系，进入工业化中后期则不断深化装备制造业以实现独立自主。美国起步较早，故而首先发展了较为成熟的轻工业，并在第二次工业革命的浪潮下实现了快速重工业化；在后工业化时代，美国选择去工业化，依靠其产业领导地位，强化其供应链两端（研发和销售环节）的产业优势；而在2008年金融危机后，美国进入再工业化阶段，采取一系列措施以振兴其传统工业，从而重铸全产业链。

（二）分阶段产业政策对比

在工业化阶段划分上，中国在1995年左右进入工业化中期，2005年各项指标满足工业化后期标准，目前仍处于后期阶段，目标在2020年基本实现工业化。美国在1884年工业产值第一次超越农业，在20世纪20年代基本达成重工业化，20世纪50—70年代传统工业开始衰退，进入后工业化时代，其去工业化进程一直持续到2008年，目前处于再工业化阶段。

尽管美国在20世纪50年代步入后工业化时代，但并不能简单等同于中国与美国存在60多年的发展差距。2008以来美国的再工业化进程，对于中国来说既是挑战又是机遇，一方面，制造业竞争加剧，进出口博弈频繁，产业转型升级迫在眉睫；另一方面，后发优势给中国带来的独有全产业链，将会进一步缩小与美国间的差距。在这一珍贵的历史机遇期，中国不必再重复发达国家从去工业化到再工业化的历程，而可以直接改造现有产业基础，由制造业全产业链向先进制造业过渡，实现类似第二次工业革命期间美国对欧洲的弯道超车。

对照工业化前期中美两国的产业政策，中国处于较为封闭的自我发展状态，选择以重工业为先导，在完成工业基础建设后，推进基础设施和基础产业发展。而美国则与欧洲长期保持着对立却共生的状态，其产业政策可以概括为巨额补贴推动下的基础设施建设和高关税保护下的自由贸易。

在工业化中期，美国在市场推动下的由轻工业化过渡到重工业化，政府的干涉较少。这一时期中国则开始逐步确立支柱产业，并有意识地开始振兴装备制造业、推动信息化发展。

进入工业化后期，中国开始寻求产业结构优化升级，可持续发展与自主创新被提上日程，高技术产业被设定为新的增长点。美国在19世纪20年代进入工业化后期后，因为产能过剩出现了大萧条，因而实行了罗斯福新政，进入国家对市场的强力调控阶段（如图13－1所示）。

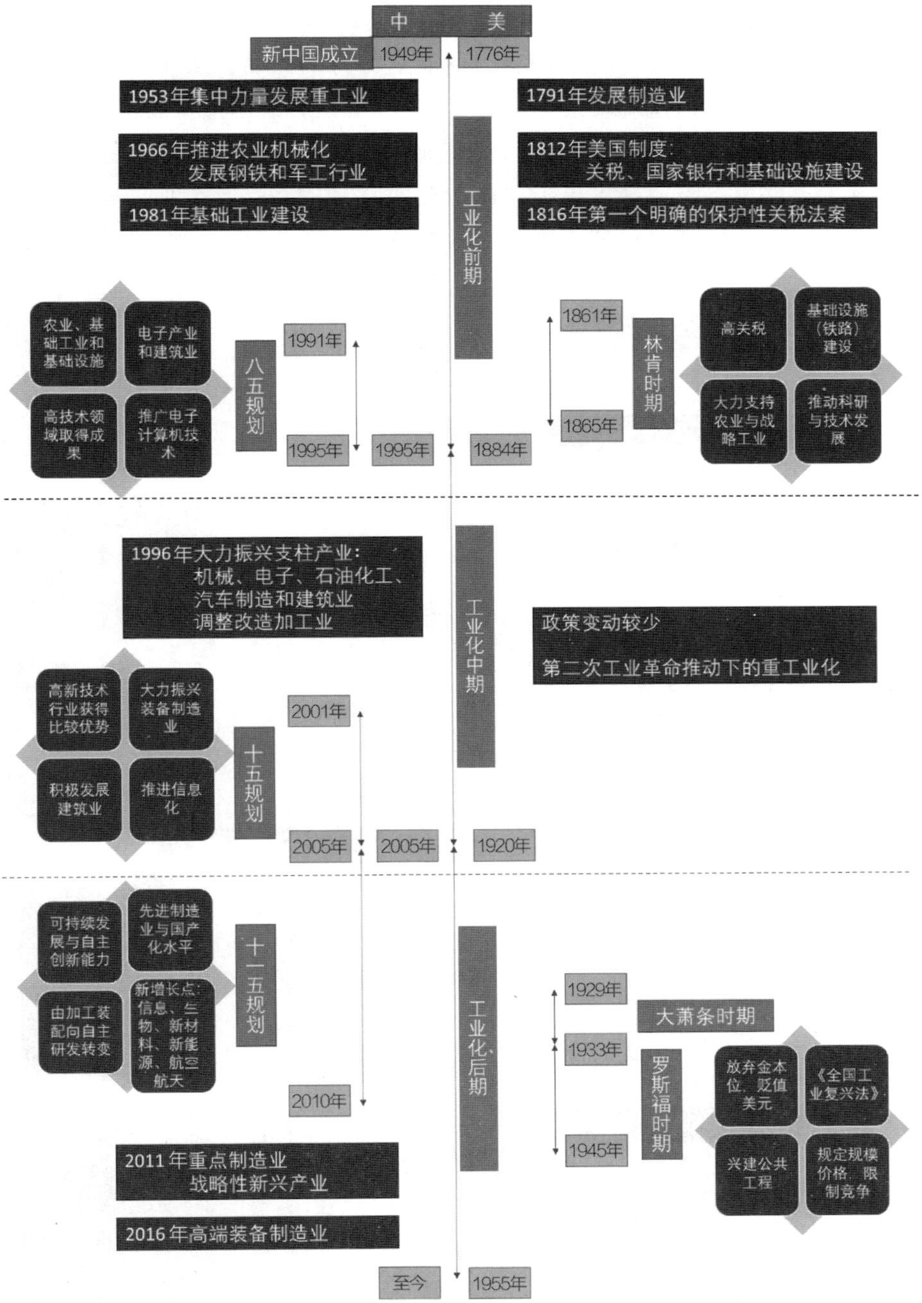

图 13－1　中美产业政策工业化阶段

美国在 1955 年左右开始后工业化时代的探索，部分产业发展有所放缓乃至停滞倒退，并在 1970 年全面进入去工业化阶段。为了解决实体经济衰退缺乏经济增长点的问题，1981—1988年里根经济改革干预的重点是战略性领域，目的是将美国的科技领导地位转变为商业上可行的产品，从而创造新兴产业以振兴美国经济，但这一政策并没有从根本上解决传统制造业的困境。

2008年金融危机后，美国进入再工业化阶段，奥巴马时期经济改革的主要目标是经济复苏，明确提出了“制造业回归”战略，但产业政策依旧偏重于供应链两端。特朗普时期美国政府大幅调整了产业政策，将贸易和制造业置于经济政策之首，主张美国制造业重新覆盖全球供应链全系列而不仅是两端，吸引更多海外企业和资金回岸（如图13－2所示）。

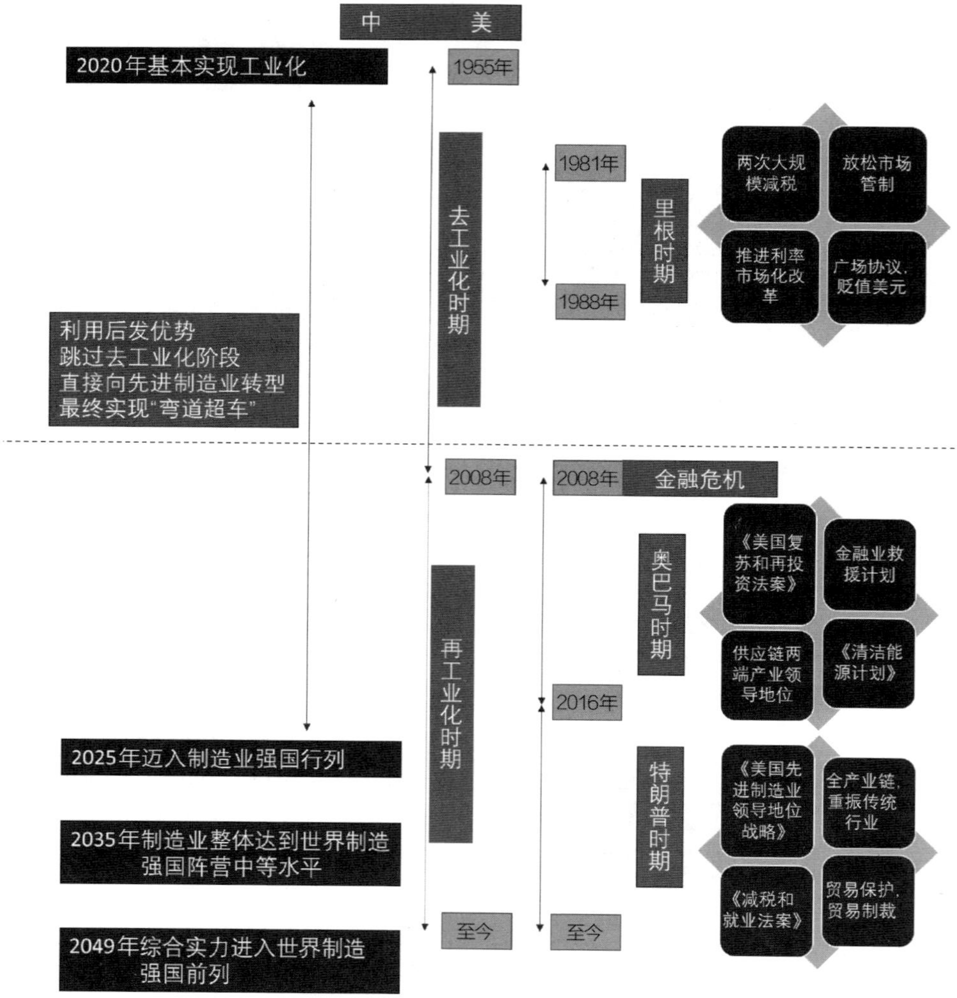

图13－2 中美产业政策后工业化阶段

尽管中国尚处于即将完成工业化的阶段，但未来发展不必再经历去工业化进程，而可以直接谋求由现有全产业链向先进制造业的快速转型，《中国制造 2025》明确提出在 2025 年进入世界制造业强国行列，2035 年进入制造业强国阵营中等水平，2049 年进入世界制造业强国前列，依照这一规划，中国与美国的差距将逐渐缩小，并在一大批行业实现赶超。

（三）演进的脉络与未来展望

中国在新中国成立初期几乎一穷二白的情况下，利用集中力量办大事的特点、优先发展重工业的战略，取得了一系列世界瞩目的成就——在短短 70 年的时间里走过了发达国家将近 200 年才完成的工业化进程，迅速缩短了与发达国家间的差距，并在一些行业逐渐实现反超。

当前中国基本实现工业化，产业政策也随之进入由追赶型向引领型转变的新阶段；发展重心由工业体系建设转向产业结构优化升级，自主创新与核心技术的地位不断提升。重点产业、重点技术、重点设备的攻关成为这一阶段产业政策新的核心点，政策倾斜与政府补贴不断加强的同时也更为严格精准。

借鉴美国发展的经验教训，未来中国的产业政策应当在以下几个方面有所变化：一是效法美国贸易优先的国际化战略，走出专注自身发展的旧思路，强调国际化视野，注重全球生产要素整合，打造国际知名品牌与领导企业。二是学习美国先进的创新体系，加大基础研究投入，完善配套制度机构，全方位推动创新成果转化。三是研究美国近期的松绑减负政策，降低企业税收负担与隐性成本，构建良好的营商环境。四是参照美国去工业化的教训，继续保持全产业链的独有优势，行业综合全面发展，做到整体无短板重点有优势，从而维护国家安全、保证持续增长。

三、实施机制对比

本研究对于中美工业领域产业政策特点按照国家制造系统要素投入和政策干预程度两方面分析。国家制造系统要素投入包括创新、人才、金融、税收、市场等，政策干预程度包括制造业企业、制造业行业、跨行业活动、宏观经济。

创新方面，中国实施《中国制造 2025》旨在制造业突破某些关键技术和共性技术，加强自主创新能力；美国也实施先进制造业领导战略，以保持在先进制造业方面的领导地位。然而，两者的创新实施存在差别。一是执行部门有差别。美国联邦政府的科技研发经费目前仍分布于多个联邦机构和部门的预算中，支持企业技术创新活动的小企业技术创新研究计划（SBIR）和小企业技术转移计划（STTR）的实施权也相应分配到各职能部门。我国中央财政科技计划的改革则强调“打破条块分割，统筹科技资源”，科研项目管理进行统一管理。二是支持对象有差别。美国政府针对重点优先发展的行业设立各项发展计划和项目，并为相关企业提供技术创新的资金支持，直接补贴企业的研发活动，从而引导产业结构调整。此外，还有针对特定类型企业的资助项目，但一般针对创新型中小企业。中国政府创新支持对象在过去以高校科研院所为主，近年来更加重视企业在工业创新体系中的作用。

人才方面，中美两国都注重国内高层次人才培养和国外优秀人才引进。人才政策实施的区别包括：一是美国注重国内培养和国外引进相结合；中国偏重国外引进而弱化国内自主培养，“急需急用、重点突破”。这可从20世纪90年代以来国家层面在区域性及地方性的人才专项计划得以佐证，“千人计划”“万人计划”就具有代表性和典型性。二是美国对高层次人才实施高额经济资助、营造良好的科研环境及提供一流的科研平台，而中国偏重经济和权力激励而弱化学术土壤的培育及科研条件支持。

金融方面，美国长期以来一直重视发挥产业基金的引导和杠杆效应，中国自2002年成立中关村创业投资引导资金以来，引导基金的规模呈现飞速发展态势。金融政策的实施区别包括：一是美国产业引导基金重在信用担保。政府产业引导基金是欧美发达国家通过政策引导和杠杆效应吸引各类资本支持企业融资，促进创新产业发展的重要方式。这种模式的主要特征是政府参与产业引导基金的主要方式是信用担保，而不是直接注资参股。即使在个别情况下，政府会直接出资，由此支出的财政资金、政府担保贷款等资金占比也较小，且主要是针对具体项目发行政府担保债券。二是我国产业引导基金政府主导意味更浓。美国的产业引导基金本身规模不大，主要通过政府引导和杠杆效应撬动大量社会投资。中国产业引导基金发展迅猛。根据赛迪数据，2016年底政府引导基金目标募集资金已达3.6万亿元人民币。我国政府引导基金包括创业投资引导基金、产业投资引导基金以及天使投资引导基金三类。“十二五”以来，中央政府先后设立国家科技成果转化引导基金、国家集成电路产业投资基金等产业投资引导基金以支持新兴、重点、战略性产业的发展，重庆市、山东省等地方政府也跟进设立产业投资引导基金支持区域优势产业的发展。然而，在如何发挥产业引导基金的杠杆效应，撬动更大规模社会资本进行产业投资方面，我国还处于探索阶段。

税收方面，中国和美国当前都在实行针对实体经济的减税政策。实施的区别包括：一是美国激励创新的税收手段更加丰富。如研发费用相关的税收优惠政策中，研发费用可在发生年度一次性扣除，或者在至少60个月的摊销期限中分期摊销；研发支出可进行税收抵免，可抵免的支出不仅包括企业内部研发活动，还包括委托外部机构进行的研发活动。专利转让的税收优惠政策中，购买知识产权可以分期折旧，专利转让所得收入可以享受长期资产收益所得税优惠。二是中国创新税收支持政策更加全面。中国制定了高科技企业的优惠税率政策、研发费用加计扣除政策、研发用固定资产税收优惠政策以及科技成果转化税收优惠等。

市场方面，中国与美国存在较大差异。中国顺应全球化浪潮，推进“一带一路”和融入全球创新网络，实行积极开放合作的国际政策。特朗普政府上台以来，美国实行单边主义和贸易保护主义，对外挑起贸易摩擦提高其他国家的制造成本，推动汽车、电子信息等制造业回流。

政策干预程度来看，中国产业政策的干预程度覆盖从宏观经济、跨行业活动、制造业行业、制造业企业的全部领域，干预程度较深；美国产业政策在金融、创新方面覆盖到制造业行业级别，干预程度相对浅一些。

2008年全球经济危机后，中美两国都加强对制造业关注力度，中国提出“中国制造2025”，美国提出“再工业化”。两国从创新、人才、金融、税收、市场等方面给予大规模、多部门、跨领域的制造业支持产业政策。

在创新方面，第一，中国研发经费与美国相比仍偏少，基础研究不足，未来应增加研发支出，提高基础研究占比。2018年美国财政年度计划中研发支出大幅增加，达到1768亿美元，占美国政府财政预算的13.6%。同期中国研发经费支出达到19657亿元，占中国政府一般公共预算支出的8.9%。第二，中美两国都加强国家制造业创新中心建设。中国计划到2020年，形成15家左右国家制造业创新中心；到2025年，形成40家左右国家制造业创新中心。重点围绕行业转型升级和新一代信息技术、智能制造、增材制造、新材料、生物医药等领域。美国在2012年启动国家制造业创新网络建设以来，截至2017年已经建成7家国家级制造业创新中心，主要布局在增材制造、数字制造、轻量合金、集成光子、柔性电子、电子电力器件、复合材料等领域。第三，中美都鼓励进行工业领域的创新竞赛。中国很多工业创新竞赛历史不超过10年，主要集中于大学生群体以及工业互联网、大数据等领域。美国工业创新竞赛在联邦政府近30多年的资助下，已形成多种创新竞赛和相关奖项。第四，中国在人工智能和工业互联网等领域与美国仍存在较大差距，正加强基础层研发支持和相关人才培育。美国的 AI 业务布局在基础层、技术层及应用层整个产业，而中国多在技术和应用层有所突破。截至 2017 年美国有 AI 企业 1000 家，中国有 590 多家，同时美国 AI 产业人才总量也是中国两倍之多（如表 13 -7 所示）。

表 13 -7　　中美工业创新政策对比

中国		美国	
政策文件	主要内容	政策文件	主要内容
《中国制造 2015》 《工业互联网平台建设及推广指南》 《关于加快推进工业强基的指导意见》 《国务院关于深化制造业与互联网融合发展的指导意见》	推进信息化与工业化融合；加强质量品牌建设；大力推进重点领域突破发展；加大中小企业创新创业及公共服务平台支持力度；积极在工业互联网、智能制造的供给侧和应用侧发力	《美国制造业增强法案》 国家制造业创新网络 《利用挑战和奖品促进开放政府的指导文件》 小企业创新研究计划（SBIR）	增加研发经费支出，提高基础研究占比；加强国家制造业创新中心建设；持续多年资助创新竞赛；增强美国在工业机器人等领域的技术优势

在人才方面，首先，在国内人才培养方面，中国于 2012 年开展“国家高层次人才特殊支持计划”（简称“万人计划”），旨在用 10 年时间遴选出 1 万名左右自然科学、工程技术和哲学社会科学领域的杰出人才、领军人才和青年拔尖人才，给予特殊支持；美国于 2006 年开始启动美国 STEM 教育计划，旨在加强美国在科学、技术、工程、数学领域的人才培养，近些年美国加大对 STEM 教育项目的支持力度，并加强 STEM 教育项目教室的培养和培训。在国外人才引进方面，中国于 2008 年启动“海外高层次人才引进计划”（简称“千人计划”），旨在引进 2000 名左右人才并有重点地支持一批能够突破关键技术、发展高新产业、带动新兴学科的战略科学家和领军人才来华创新创业，截至 2012 年 7 月，“千人计划”已引进各领域高端人才 2263 名；近些年来美国杰出人才移民计划加强对顶尖科学人才的引进，包括科学家、工程师、计算机专家、医学家等，根据 2013 年美国国家科学基金会的数据，现居美国的科学家和工程师中约有 18% 的比例来自移民，其中来自亚洲地区的印度、中国位列前茅（如表 13 -8 所示）。

表 13－8　　中美工业人才政策对比

中国		美国	
政策文件	主要内容	政策文件	主要内容
《“十三五”国家科技人才发展规划》 海外高层次人才引进计划 国家高层次人才特殊支持计划 《制造业人才发展规划指南》	中央财政对入选千人计划和万人计划的专家给予高额经费补助；地方政府对高层次人才及家庭提供个性化的生活配套服务；各级政府建立高层次人才创新创业载体平台，设立政府引导创投基金	美国 STEM 教育计划 美国杰出人才移民计划	美国加强本国科学家和工程师的培养；增加初级、本科、研究生 STEM 教育的投入，拓宽参与人群；同时引进全球优秀专业人才

从金融角度来看，中国主要采用直接财政补贴和降低行政性收费促进制造业与中小企业发展，美国主要采用大规模政府采购计划和公共风险投资机构对制造业和中小企业进行扶持。第一，2017 年中国新能源汽车补贴资金高达 790 亿元，2018 年中国将乘用电动车补贴减半为 1 万元每辆，同期美国为电动车提供 7500 美元的抵税额补贴。第二，中国公共创业风险投资引导基金至今发展超过 20 年，截至 2016 年，各地政府投入风险投资资金超过 3 万亿元①，这些资金被用于刺激生物科技、互联网和高端制造企业的发展。成立于 1953 年的美国小企业局是美国最主要的公共风险投资管理机构，该机构半个世纪以来极大地填补私人投资在某些地区或领域的空白，2014 年美国风险投资机构的投资总额达到 483.9 亿美元（如表 13－9 所示）。

表 13－9　　中美工业金融政策对比

中国		美国	
政策文件	主要内容	政策文件	主要内容
《关于全面落实中央减税降费部署专项计划》 《关于调整新能源汽车推广应用财政补贴政策的通知》 《关于金融支持工业稳增长调结构增效益的若干意见》	加强对推广新能源汽车和化解过剩产能的财政补贴；落实社保费降费政策，降低养老保险、失业保险、工伤保险费率或缴费比例；清理政府基金和收费，实现行政性收费清单制度，清单之外无收费	《买美国货、雇美国人行政令》	政府对大型能源、汽车、航空航天、IT 公司进行补贴；很多联邦机构建立公共风险投资机构，投资中小型科技公司开发技术；为濒临破产的大型制造业企业提供贷款及经营指导以渡过难关

① 数据来自彭博社 2016 年 10 月 21 日报道：中国地方政府投入大量资金涉足风投领域。

在税收方面，中国近些年来的大规模减税计划旨在降低企业研发及经营税收负担，并在某些领域突破美国技术封锁，美国减税则是为了促进制造业回流。第一，中国制造业综合税率约为68%，而美国制造业综合税率约为44%，中国综合税率仍较高。2018年中国将制造业等行业的增值税由现行16%的税率降至13%，将交通运输业、建筑业等行业现行10%的税率降至9%，受美国“实体清单”影响，2019年5月中国对集成电路设计和软件产业企业减免企业所得税，同时中国对企业研发支出、重大技术装备进口、小微企业进行减税或者免税政策，切实降低企业税负。2018年美国政府进行第一轮减税计划，大幅度降低企业所得税税率（从35%降到21%），同时美国政府对将制造业转移到国外的美国公司征收关税或税收，对国内投资于先进制造业企业进行减税。第二，2016年中国非税收入占财政收入比重18.3%，远高于联邦非税收入在美国联邦财政收入的占比4.79%①；第三，2016年中国企业税收占各级政府财政收入60%，而同期美国企业税收占政府财政收入不到一半（如表13－10所示）。

表13－10　　中美工业税收政策对比

中国		美国	
政策文件	主要内容	政策文件	主要内容
《关于集成电路设计和软件产业企业所得税政策的公告》 《国家支持发展的重大技术装备和产品目录（2017年修订）》 《关于实施小微企业普惠性税收减免政策的通知》	中国对集成电路设计和软件产业企业、制造业等重点行业实行减税政策；对企业研发支出实行税收抵扣政策；对重大技术装备进口实行减税政策；对小微企业免征增值税，切实降低企业税负	2017年4月白宫公布的美国历史上最大规模的减税案	美国近两年进行大规模减税计划，大幅降低企业所得税和个人所得税税率；同时对投资于美国的制造业企业减税，鼓励制造业企业回流

在市场方面，首先从国际合作来看，中国采取积极开放合作以及负责任的态度参与国际合作，美国则采取消极保守以及不负责的态度走“倒车路”。中国在2013年启动“一带一路”合作倡议，到目前为止已有65个国家和地区加入该倡议，地区横跨亚欧非三洲。6年来中国与一带一路沿线国家在基础设施和产能领域展开广泛和深入合作，成果丰硕，共计283项务实成果，640多亿美元。中国与其他国家达成雅万高铁、亚吉铁路、瓜达尔港、缅甸油气

①　数据来自恒大研究院研究报告：中美税制及税负比较——供给侧改革系列研究。

管道等大批“一带一路”项目，为其他国家带去急需的投资，促进了当地的就业和发展。美国于2017年退出跨太平洋伙伴关系协定（TPP）、《巴黎气候协定》等国际协定，旨在重新发展钢铁行业等制造业，增加中低技能劳动者就业，2019年美国取消对土耳其和印度的最惠国待遇；2018年美国先对进口钢铁和铝产品全面征收高额关税，而后美国对中国的生物医药、信息技术、高铁装备等产品加收25%关税，随后中国对美国猪肉、无缝钢管等7个领域128项进口商品种植关税减让义务。美国以“保护本国市场”为名行贸易保护主义之实，走逆全球化的倒退之路，中国一直是国际多边合作的坚定拥护者和守护者（如表13－11所示）。

表13－11　中美工业市场政策对比

中国		美国	
政策文件	主要内容	政策文件	主要内容
“一带一路”倡议 《国务院关税税则委员会发布公告决定对原产于美国的部分进口商品提高加征关税税率》	中国积极开展国际多边合作，并积极务实推动全球化进程；中国对美国贸易保护主义进行必要反击	美国退出TPP行政令 美国对钢铁和铝的高额惩罚性关税 2017年8月北美自由贸易协定首轮谈判	美国实行单边主义和贸易保护主义政策

第三节　合规性和实施效果对比

一、WTO世界贸易组织合规性分析

当今世界，WTO贸易规则的作用和意义可以从以下两个方面谈起：对国际贸易的影响和对国际法治的影响。

从国际贸易的角度看，WTO规则意味着国家之间的经济交往有章可循。WTO在占全球贸易量95%以上的164个国家和地区之间建立了一整套规则，同时还创造了争端解决机制，使得成员之间的纠纷可以通过“司法”途径解决。这些规则提供了稳定、可预见的国际贸易环境，促进了国际贸易发展。“二战”后的世界经济发展，很大程度上得益于这套规则，这一点已经成为共识。

从国际法治角度看，WTO 为国际法和国际关系的发展提供了模板。WTO 不仅在国际贸易领域建立了秩序，而且贡献了“公共产品”，即如何定制更多规则，并且使得规则具有更强的约束力。

（一）工业政策 WTO 合规性分析

1. 技术转让。中国在技术转让方面，WTO 合规性主要存在两大争议焦点：一是相关国家认为中国政府利用外国所有权限制，限制外国投资者进入特定行业，除非与中国企业合作。二是相关国家认为中国政府使用行政许可审批程序强制要求外资企业进行技术转让，并以此作为发放、建立和经营在华业务所需行政许可的条件。

2. 产业政策。中国在产业政策方面 WTO 合规性的争议焦点主要有：一是聚焦“中国制造 2025”计划，相关国家认为《中国制造 2025》的目标是让中国企业在中国市场上取代外国企业的技术、产品和服务，以便为中国企业主导国际市场做好准备，并认为中国政府为实现《中国制造 2025》而使用的政策工具方式和规模是其他 WTO 成员未曾使用过的；二是聚焦产业补贴及其可能引发的产能过剩。

3. 知识产权。近年来，中国在知识产权保护方面 WTO 合规性争议问题主要有：相关国家认为中国存在“盗窃知识产权”“中国未能履行知识产权相关入世承诺”等问题。具体来看，中国自入世以来，在专利保护、国内合作与维权意识方面有一定提升，在执法强度、商业机密保护、版权保护等方面依然与美国存在较大差距。相关国家认为中国目前的知识产权保护程度未能达到其期望的“世界水平和世界标准”，不利于其经济利益，认为中国未能有效履行入世承诺。

4. 政府采购。2018 年 2 月 19 日召开的由联合国贸发会议举办的日内瓦对话会上，已卸任 WTO 总干事拉米谈到中国时指出：“中国遵守了她当年签下的 WTO 承诺，不过，中国非常有效地使得 WTO 纪律并没有像以往约束老成员那样能够约束中国，特别是在补贴和政府采购领域。以中国今天在世界经济中的体量，中国没有开放政府采购市场，这很不公平。在这方面，美国确实有权说，这有些不平衡。这些问题应该被广泛认识，并且开展坦诚的对话。”

中国入世时承诺有意成为 GPA《政府采购协议》参与方，成为观察员并尽快提交出价单，对此中国已完全履行了入世承诺，至今中国已提交了 6 份出价单。尽管如此，中国所提交出价单仍没有达到美国的预期，也未被其他缔约方所接受。

5. 国有企业。近年来，中国在国有企业方面 WTO 合规性争议问题主要有：一是国有企业的补贴问题。相关国家认为中国的国有企业从政府处获得了特别补贴，并且这些国有企业的出口影响了其他国家国内企业。二是国有企业的垄断问题。相关国家认为中国当局实施的《反垄断法》的确适用于国有企业，但到目前为止，其只对省级国有企业有过执法经历，而没有对国资委下辖的任何央企有过执法经历。

6. 市场经济地位。中国入世时关于“市场经济地位”的相关规定出现在《中国入世议定书》第十五条：入世后其他国家认定中国企业的补贴和倾销行为的采用标准。依据该条规定，那些被认定为存在“市场经济地位”的国家，可以依据其他替代国的成本和价格标准，来裁定中国企业是否存在倾销行为，并以此来对中国采取加征关税等反倾销手段。但第十五条同时规定，无论如何，“替代国定价”法都应在中国入世 15 年后终止。但在中国入世 15 年期满之后，美欧等 WTO 成员并未如期履行其承诺义务，未取消对中国反倾销调查中的替代国做法。

（二）中美两国工业政策 WTO 合规性分析

与世界其他国家不同，美国没有开征增值税，其现行企业所得税也不具备边境调节功能。因此长期以来，美国政府认为该国企业在与其他国家企业竞争时处于劣势，一直试图采取措施加以弥补。但是，由于美国人普遍排斥对消费征收增值税（或一般销售税），从政治可行性出发，美国政府只能在企业所得税上做文章。在 1971 年、1985 年、2000 年和 2004 年，美国曾 4 次试图通过修改企业所得税法或其他法案，对美国企业出口（或海外）收入给予企业所得税优惠，但先后被关贸总协定（GATT，WTO 的前身）、WTO 裁决为禁止性补贴，不得不立即撤销相关措施。

近年，美国政府一直宣称 WTO 对美国不公平，损害了美国利益，将变革或使之边缘化。2008 年国际金融危机爆发后，美国贸易保护主义已经初露端倪，特朗普上台后更加堂而皇之地推进贸易保护，推行一些违背 WTO 准则的政策，具体表现如下：

一是实行单边主义。美国近年来以“美国利益”为由，挑战全球多边贸易体制，退出或重新修订多边贸易协定。以 WTO 为代表的多边贸易体制是自由贸易发展的必然结果，也是自由贸易的重要体系支撑。美国由曾经的多边贸易支持力量蜕化为破坏力量，特朗普三番五次声称 WTO 规则损害了美国利益，将绕过 WTO 等国际机构而采用单边行动。

二是大幅提高关税水平。各国不得擅自提高关税（GATT 第 2 条）是 WTO 的基本原则之一。关税是国际贸易最主要的措施，关税壁垒在贸易保护中总是主角，而美国设置关税壁垒的理由愈加冠冕堂皇。2018 年 3 月 8 日，特朗普政府认定进口钢铁和铝产品威胁美国国家安全，决定分别对进口钢铁和铝产品征收高达 25% 和 10% 的关税。3 月 23 日，特朗普计划根据“301 条款”对从中国进口的总价值达 500 亿美元的商品大规模征税，并限制中国企业对美投资并购。

三是违反最惠国待遇规则。最惠国待遇（GATT 第 1 条）即对所有成员一视同仁，不得亲疏有别。按照最惠国待遇规则，美国的“232 条款”和“301 条款”明显违法。“301 条款”仅限制中国产品，而不限制其他成员产品；相比之下，“232 条款”名义上是针对产品而不针对国家，但在实施过程中豁免了很多国家，几乎使得中国成为唯一受限的国家，因此事实上也是违反了最惠国待遇规则。

此外，在 WTO 具体执行程序上，美国也存在一些违规问题。首先是消极抵制规则谈判。2001 年年底，WTO 就已经启动新规则谈判，称为“新回合”，但是久拖不决。在很多成员仍然努力，不轻言放弃的情况下，美国却宣布新回合谈判失败，不再积极参与，致使 WTO 不能及时更新规则以适应国际经济发展需要。其次是阻挠上诉机构成员遴选。上诉机构是 WTO 的“上诉法院”，由 7 名成员组成，但是由于有人辞职和任期届满等原因，目前只剩下 4 名成员，急需补足。但是美国却以上诉机构裁决存在问题等为由，阻挠遴选进程，使得该机构几乎无法正常审案。

二、实施效果分析

经过多年的发展，中国在各方面取得巨大进步，经济总量与美国的差距逐年缩窄，当前中国 GDP 达 13.6 万亿美元，达美国的 66.4%，据乐观统计，按当前两国发展速度，预计 2027 年前后中国 GDP 总量将超越美国，成为世界最大经济体。但在产业结构、企业竞争力、营商环境等方面，中国当前与美国仍存在一定差距。中国必须立足于国情，客观、理性地看待与美国的差距，坚持市场主导、统筹政府引导，制定切实有效的相关政策，大力度推进改革开放，提高综合国力。

（一）经济总量

2018 年中国（中国大陆）的第二产业增加值约为 366001 亿元人民币，折合 55309 亿美元，约为同期中国 GDP 总量的 40.65%；同期美国的第二产业增加值约为 38151.44 亿美元，接近其 GDP 总量的 18.6%。中国的第二产业增加值约为美国的 1.45 倍，远高于美国（如表 13－12 所示）。

表 13－12　　2018 年中美主要经济数据比较

项目	分行业增加值（亿美元）			占 GDP 比重	
	中国	美国	中/美（美国＝100）	中国	美国
国内生产总值	136052	204941	66.4	100	100
第一产业	9782	1642	595.8	7.2	0.8
第二产业	55309	38151	145	40.7	18.6
第三产业	70961	165147	43	52.2	80.6
主要行业增加值					
农林牧渔业	10206	1642	621.6	7.5	0.8
工业	46115	29752	155	33.9	14.5
制造业	40019	23346	171.4	29.4	11.4
建筑业	9340	8400	111.2	6.9	4.1
批发和零售业	12724	23665	53.8	9.4	11.5
交通运输、仓储和邮政业	6128	6480	94.6	4.5	3.2
住宿和餐饮业	2421	6156	39.3	1.8	3
金融业	10442	15142	69	7.7	7.4
房地产业	9044	24904	36.3	6.6	12.2
信息传输、软件和信息技术服务业	4901	11259	43.5	3.6	5.5
租赁和商业服务业	3691	28111	13.1	2.7	13.7
其他服务业	21039	49430	42.6	15.3	24.1

数据来源：据网上公开资料整理。

（二）重点领域

以 2017 年为例，对比中美 GDP 主要构成，探讨中美重点核心产业发展情况。化工和石油业：美国化工和石油业产值 13560 亿美元，同期中国化工和石油业产值 24548 亿美元。在这个领域双方的龙头企业包括埃克森美孚、陶氏杜邦、孟山都、PPG、中国石油、中国化工等，美国该领域产值明显偏低的原因是美国各大化工巨头的工厂基本都在海外。信息和软件服务业：美国信息和软件服务业产值 9319 亿美元，占 GDP 比重约 4.8%；同期中国信息和软件服务业产值 4066 亿美元，占 GDP 比重约 3.32%。航空航天业：美国航空航天业产值 8650 亿美元，占 GDP 比重 4.47%，同期中国航空航天产值仅 281.7 亿美元，占 GDP 比重仅 0.23%。电子和专业设备制造业：在这个领域除了一些核心零部件和半导体行业，中国已全面反超美国，美国电子和专业设备制造业产值 8106 亿美元，占 GDP 比重 4.19%，同期中国电子和专业设备制造业产值 28341 亿美元，占 GDP 比重 23.14%。汽车制造业：美国汽车制造业产值 7013 亿美元，占 GDP 比重 3.62%，同期中国汽车制造业产值 12791 亿美元，占 GDP 比重 10.44%。生物医药产业：美国生物医药产业产值 4634 亿美元，占 GDP 比重 2.4%。军工：美国军工产业产值 2260 亿美元，占 GDP 比重约 1.7%。文化娱乐产业：美国文化娱乐产业产值 60016 亿美元，占 GDP 比重 31%，占世界文化娱乐产业产值的 43%；同期中国文化娱乐产业产值 5091 亿美元，占 GDP 比重约 4.16%。建筑与房地产业：美国建筑与房地产业产值 32125 亿美元，占 GDP 比重约 16.6%；同期中国建筑与房地产业产值 16224 亿美元，占 GDP 比重约 13.24%。农业（农林牧渔）：虽然农业对美国经济贡献比重不高，但确实美国的核心战略产业之一。美国农业产值 1734 亿美元，占 GDP 比重约 0.9%，同期中国农业产值 100073 亿美元，占 GDP 比重约 8.24%（如图 13－3 所示）。

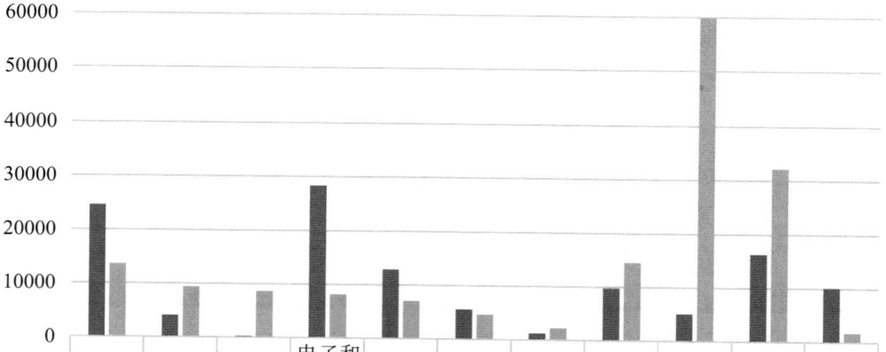

	化工和石油业	信息和软件服务业	航空航天业	电子和专业设备制造业	汽车制造业	生物医药	军工	金融业	文化和娱乐产业	建筑与房地产业	农业
■中国	24548	4066	281.7	28341	12791	5596	1252	9738	5091	16224	10073
■美国	13560	9319	8650	8106	7013	4634	2260	14540	60016	32125	1734

图 13－3　2017 年中美重点经济领域产值对比（单位：亿美元）

数据来源：据网上公开资料整理。

（三）企业实力

2018年世界企业500强中，中国上榜公司达到120家，已经非常接近美国（126家），远超第三位的日本（52家），从1995年《财富》世界500强排行榜同时涵盖了工业企业和服务性企业以来，还没有任何一个其他国家的企业数量如此迅速地增长。从企业所属行业结构看，中国企业产业结构调整明显面临巨大挑战。作为参照，2018年美国大公司中没有房地产、工程建筑和金属冶炼企业，却在IT、生命健康和食品相关等领域存在众多大公司；中国正好与此形成反差。尤其在卫生健康/食品批发、保险管理式医疗、食品生产加工和娱乐等与人的生活和健康密切的产业里，有美欧、日本、巴西等国公司，中国却没有任何企业上榜。

对比两国500强前10名可以发现，从营业收入来看，10家美国企业的营业收入明显高于同位次中国企业。从行业结构来看，中国500强前10位主要为能源、金融类企业，结构较为单一；美国500强前10位行业范围更广，相对更具备创新潜力。此外，中国企业500强中，国有及国有控股企业数量占比较大，营业收入占比较高，国有经济仍然占据主导地位，民间活力有待进一步释放（如表13－13所示）。

表13－13　中美500强前十名营业收入及利润对比　单位：百万美元

排名	中国企业	营业收入	利润	美国企业	营业收入	利润
1	国家电网公司	348903.1	9533.4	沃尔玛	500343	9862
2	中国石油化工集团公司	326953	1537.8	埃克森美孚	244363	19710
3	中国石油天然气集团公司	326007.6	－690.5	伯克希尔—哈撒韦公司	242137	44940
4	中国建筑工程总公司	156070.8	2675.2	苹果公司	229234	48351
5	鸿海精密工业股份有限公司	154699.2	4559.9	麦克森公司	208357	67
6	中国工商银行	153143.8	364.5	联合健康集团	201159	10558
7	中国平安保险	144196.8	13181.4	CVS Health公司	184765	6622
8	中国建设银行	138594.1	35845.2	亚马逊	177866	3033
9	上海汽车集团股份有限公司	128819.3	5091.3	美国电话电报公司	160546	29450
10	中国农业银行	122365.5	28550.4	通用汽车公司	157311	－3864

数据来源：据网上公开资料整理。

（四）营商环境

营商环境就是生产力，营商环境在企业成长过程中扮演的角色举足轻重。良好的经营环境对激发企业活力，促进经济持续增长起到十分重要的作用。从营商环境来看，根据世界银行近年来发布的《全球营商环境报告》，中国的营商环境质量虽逐年改善，全球综合排名稳步上升，但与美国的相比仍有很大进步空间。近五年的数据显示，在约200个被调查国家中，中国已从91名（2013年）上升至46名，进步幅度明显，但美国一直稳居前十名（如表13-14所示）。

表13-14　2013—2019年中美营商环境排名对比

年份	美国	中国
2013	4	91
2014	4	96
2015	7	90
2016	7	84
2017	8	78
2018	6	78
2019	8	46

数据来源：据网上公开资料整理。

从创办企业便利度来看。2003—2018年，中国创办企业所需的平均时长约37天，而美国仅为6天左右；同样条件下，中国创办企业的时间成本是美国的6倍多；中国企业注册成本占人均国民总收入的百分比的平均水平近7%，而美国约为1%。2019年，中国创办企业便利度大幅提高，创办企业平均时间缩短至8.6天，企业注册成本占人均国民总收入的百分比大幅下降至0.4%。总体来看，2018年以来，得益于中国政府颁布的一系列优化营商环境政策，一年多来，中国的营商环境总体有了巨大的优化（如表13-15所示）。

表13-15　2019年中美开办企业便利度对比

项目	中国	美国
开办企业排名	28	53
开办企业分数	93.52	91.23
手续（数量）	4	6
时间（天数）	8.6	5.6
成本（人均收入百分比）	0.4	1.0
最低实缴资本（人均收入百分比）	0.0	0.0

数据来源：据网上公开资料整理。

第四节　未来发展建议

中国利用集中力量办大事的特点在短短70年的时间里走过了发达国家将近200年才完成的工业化道路。当前，中国的产业政策正经历由追赶型向引领型的转变的新阶段，参考美国产业政策在国际化、创新和基础研究上的做法，应在以下四个方面学习借鉴：

一、全方位深入推进国际化

（一）加强本土企业国际化程度

鼓励本土企业积极参与全球市场竞争，提升全球竞争力，打造国际知名品牌，冲击行业国际领导地位，对重点行业的重点企业在加强政策扶持的同时实行配套的问责制度，提高补贴效率。

（二）推动国内产业与国际接轨

逐步放开外资进入条件，优化开放合作服务与环境，以开放促发展，加强国内竞争，鼓励优胜劣汰，加快产业结构优化升级。

（三）整合全球生产要素

加快融入全球创新链，吸引高精尖缺人才，建立技术社区形成合作共研生态环境，提升使用全球创新资源的能力，逐步实现生产要素国际化。

二、构建全方位、多层次的创新体系

（一）加大基础共性研究投入

加强人才培养与高校建设，实现前瞻性基础研究、引领性原创成果重大突破，抬升行业整体基础技术水平，夯实世界科技强国建设的根基。

（二）完善以企业为主导的创新体系

我国应坚持需求导向和成果导向的创新资源配置策略，促进科技与经济深度融合。鼓励本土技术创新摆脱技术转让依赖，放宽行政审批流程，引导企业投资基础研究领域，参与高校科研建设，解决高校科研经费不足问题，使科研方向与实际需求更为切合。

（三）加强创新成果转化机制

丰富部门间对话交流机制的灵活性和多样性，加强科技管理、科研工作与产业行业政策、规划、标准等的衔接建设良好的高校和企业对接渠道，构筑完备的知识产权保护制度与技术商业转让机制，成立专业的中介服务团队，为先进研究成果产品化保驾护航。

三、加强营商环境建设，扫清企业发展障碍

（一）深化税制改革

进一步加强减税降费力度，推进税种简化合并，对重点行业实施持续有效的税收减免政策，减轻企业生产成本压力，提升行业比较优势。建议推出促进企业创新发展的结构性减税政策，应对美国大规模减税。

（二）降低隐形成本

减少合规达标、雇员安置费用，清理废除妨碍公平竞争、扭曲市场的不合理规定、补贴和做法，为企业进一步减负，吸引企业落户回流。

（三）提高行政效率

在行政许可、市场监管等方面规范各级政府行为，加强信息公开，优化审批流程，为企业发展提供公平便利的环境。

四、推动产业链整体优化升级

（一）由传统制造业向先进制造业过渡

充分发挥全产业链优势，厘清行业上下游脉络，优化整体环境加强产业联动，在有效利用现有资源的基础上加快改造进程，以重点行业突破引领全产业升级，从而实现弯道超车。

（二）由全产业链向全供应链转变

逐步由供应链中部的低端制造装配环节，向供应链两端的高端研发销售环节延伸，覆盖全供应链，掌握核心技术与国际品牌，融入全球创新网络与全球价值链。

（三）加快建设创新产业链

疏通应用基础研究和产业化连接的快车道，促进创新链和产业链精准对接，加快科研成果从样品到产品再到商品的转化，构建高效成规模的创新体系，实现创新成果的有效利用与批量转化。

（四）更好发挥产业引导基金对社会资本的撬动作用

我国产业引导基金的发展应进一步强化基金运营的市场化原则。政府应明确事权范围，以政策目标设定、行政法制监督等为己任，避免干扰子基金日常运营；完善监管体系，建立基金的绩效评价机制，健全信息披露制度；建立风险分担机制，合理分配政府与社会资本的风险责任，做到风险共担。

作者： 郑江淮　南京大学长江产业经济研究院研究员　南京大学商学院教授
张　睿　江苏省经济和信息化研究院产业研究二室主任
任　杰　南京大学商学院硕士研究生
张金华　南京大学商学院硕士研究生
姜　东　江苏经济和信息化研究院研究员

第十四章 先进制造业和现代服务业深度融合发展研究

2008年全球性的金融危机给美国敲响了警钟，美国开始全面重视制造业空心化带来的一系列问题。2018年美国服务业增加值占GDP比重高达80.6%，制造业增加值占比仅为18.6%，金融危机的教训使美国意识到不可能过度依赖以金融业为代表的虚拟经济来发展经济，于是美国开始重新重视以制造业为主体的实体经济，大张旗鼓地推行再工业化战略，以期复兴美国制造业。中国服务业增加值占GDP的比重在不断上升，服务业增加值占GDP比重多年超过50%，2018年年底召开的中央经济工作会议明确了2019年经济工作的七大任务，第一条就是“推动制造业高质量发展”，指出“要推动先进制造业和现代服务业深度融合”。可见，制造业高质量发展，需要借助现代服务业，特别是知识密集型服务业，推动制造业与现代服务业深度融合和互促互动，向服务型制造和柔性制造转型。研究当前中国先进制造业和现代服务业的融合现状，总结影响融合的因素，对中国高质量发展和经济转型升级，有着重要的理论和现实意义。

第一节 产业融合的概念界定及内涵

一、产业融合的概念界定

对于产业融合的概念，学术界有不同的界定。Greensteina和Khanna（2000）将产业融合定义为“为了适应产业增长而发生的产业边界的收缩或消失”；日本学者植草益（2001）则指出，产业融合是指“从前分属不同产业的两个产业，因其中一方或者双方的技术进步，能够供给可以相互替代的产品与服务，或者是因规制缓和，可以比较容易地相互进入双方的经营领域，从前的两个产业融合为一个产业，从前分属两个产业的企业形成竞争关系”。马健（2002）将产业融合的含义概括为：“由于技术进步和放松管制，发生在产业边界和交叉处的技术融合，改变了原有产业产品的特征和市场需求，导致产业间的企业竞争合作关系发生改变，从而导致产业界限的模糊化甚至重划分产业界限。”从之前的界定来看，学者们得出的一致结论是，产业融合是在技术进步的前提下产业界限模糊化以及重新划分。

当前我们分析产业融合时，通常是指制造业和服务业的融合。根据我们的理解，产业融合可以分为基于投入的融合和产出的融合两个层面。

基于投入层面的产业融合主要与产业链升级相关。在产业链上游，产业融合更多表现为高效的企业组织、充裕的人力资本和完善的研发创新体系；在产业链下游，产业融合通过产品差异化策略、物流运输和售后服务等途径，促使企业由传统制造向附加值较高的环节攀升。

基于产出层面的产业融合又可以称为制造业服务化，即通过顾客参与、服务要素的投入和供给，最终实现价值链中各利益相关者的价值增值。基于产出层面的产业融合更多地被称为服务型制造，即制造业把自身的产业链条向服务业延伸，提供更多的增长服务。

本研究重点分析基于投入层面的产业融合问题。

二、产业融合的内涵（基于投入层面）

自传统工业化时代开始，产业融合就一直是工业化发展的主要内容，在不同的时代表现出不同的内涵。

制造业和生产性服务业的早期融合主要是侧重于围绕制造业原材料和产成品的运输以及产品的销售等层面，运输融合率和分销融合率是早期关注的焦点。当生产经营发展到一定程度，随着资金短缺问题日益突出以及资本市场的壮大，制造业的金融融合率也在不断提升。而近年来随着信息技术的发展，信息融合率则成为先进制造业和现代服务业融合的重要方面，这四类现代生产性服务业的融合，对制造业的附加值提升以及转型升级起了较大的促进作用。

第二节 先进制造业和现代服务业融合现状及特征事实

一、融合率的测度方法

本研究基于投入层面来分析先进制造业和现代服务业的融合，构造了新的指标来衡量产业融合率，对中国历年及各地区先进制造业和现代服务业融合程度进行了现状和演变分析，并在此基础上进行跨国的国际比较分析。

本研究创新构建了融合率指数，将改进后的影响力系数（T_{ij}）与投入服务化系数M_{ij}结合起来，用以衡量先进制造业和现代服务业的相互融合程度，用指标C_{ij}表示。

$$C_{ij} = M_{ij} \times T_{ij}$$

其中，M_{ij}为投入服务化系数，本研究借鉴徐盈之和孙剑（2009）的界定，投入服务化系数用制造业中服务业投入额与制造业总产值比值来衡量，用公式表示为：

$$M_{ij} = \frac{\text{i 行业生产中行业 j 投入量}}{\text{行业 i 总产出}} \times 100\%$$

T_{ij}为影响力系数，用来描述一个产业影响其他产业的能力，式中影响力系数的分母并非国民经济全体，而是依据研究行业不同而有所区分。

在具体计算时，首先需要计算直接消耗系数：

$$a_{ij} = x_{ij}/X_j \quad (i, j = 1, 2, 3, \cdots, n)$$

其中，x_{ij}是投入产出表矩阵中第 i 行第 j 列系数；X_j是第 j 产业部门总产值。

用矩阵形式表示为：$A = Q\hat{X}^{-1}$

$$\text{式中，} A = \begin{bmatrix} a_{11} & a_{12} & \cdots & a_{1n} \\ a_{21} & a_{22} & \cdots & a_{2n} \\ \vdots & \vdots & \vdots & \vdots \\ a_{n1} & a_{n2} & \cdots & a_{nn} \end{bmatrix}; \quad Q = \begin{bmatrix} x_{11} & x_{12} & \cdots & x_{1n} \\ x_{21} & x_{22} & \cdots & x_{2n} \\ \vdots & \vdots & \vdots & \vdots \\ x_{n1} & x_{n2} & \cdots & x_{nn} \end{bmatrix}$$

$$\hat{X}^{-1}=\begin{bmatrix}1/X_1 & 0 & \cdots & 0\\ 0 & 1/X_2 & \cdots & 0\\ \vdots & \vdots & \vdots & \vdots\\ 0 & 0 & \cdots & 1/X_n\end{bmatrix}$$

在此基础上的影响力系数T_{ij}表示为：$T_{ij}=\dfrac{\frac{1}{n}\sum_{i=1}^{n}A_{ij}}{\frac{1}{n^2}\sum_{i=1}^{n}\sum_{j=1}^{n}A_{ij}}$

其中，A_{ij}是$(I-A)^{-1}$中的 i 行 j 列系数，I 是单位矩阵。

由于M_{ij}属于［0，1］区间，影响力系数$T_{ij}\geqslant 0$，所以融合率$C_{ij}\geqslant 0$。指标C_{ij}的数值越大，说明先进制造业和现代服务业的融合率越高；反之则越低。

二、中国先进制造业和现代服务业融合率的演变

（一）中国制造业和服务业融合率的演变

本研究利用 OECD（2018 版）提供的最新投入产出表相关数据，对 2005—2015 年中国先进制造业和现代服务业融合率进行分析。考虑到服务业的异质性，我们用生产性服务业来代替现代服务业。

图 14－1 是中国 2005—2015 年生产性服务业及其部分细分行业与制造业的融合率，限于篇幅，各细分生产性服务业未能全部列示，本研究选取运输和仓储、批发和零售、金融和保险、IT 和其他信息服务四个细分产业，用以衡量前文所提的制造业的运输融合率、分销融合率、金融融合率以及信息融合率。

从图 14－1 可以看出，中国的先进制造业和生产性服务业的融合率呈现出如下特点：（1）总体来看，2005—2015 年，我国制造业与生产性服务业的整体融合率不断提升，2005 年生产性服务业融合率 14.1%，2015 年融合率升至 19.2%。（2）制造业与细分行业的生产性服务业融合程度在样本期内也均有所提升。（3）2005—2010 年我国制造业与批发和零售行业融合率逐渐降低，2010 年后批发和零售融合率不断上升。（4）随着电商的迅速发展，给物流运输行业也带来了新的机遇，自 2010 年以来运输和仓储的融合率也有所上升。（5）样本期内金融保险业、IT 和其他信息服务业融合率基本保持平稳。这两类作为高级服务要素，与制造业保持较低融合率。

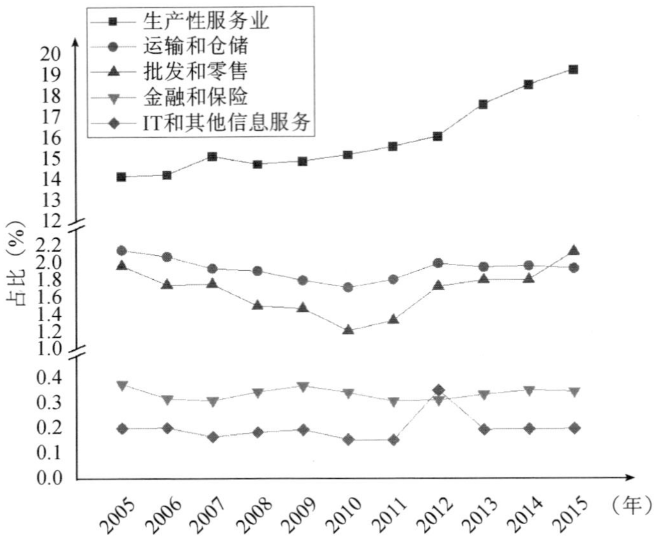

图 14－1　中国 2005—2015 年生产性服务业与制造业融合率

数据来源：根据 OECD 官网投入产出表（2018 版）计算得出。

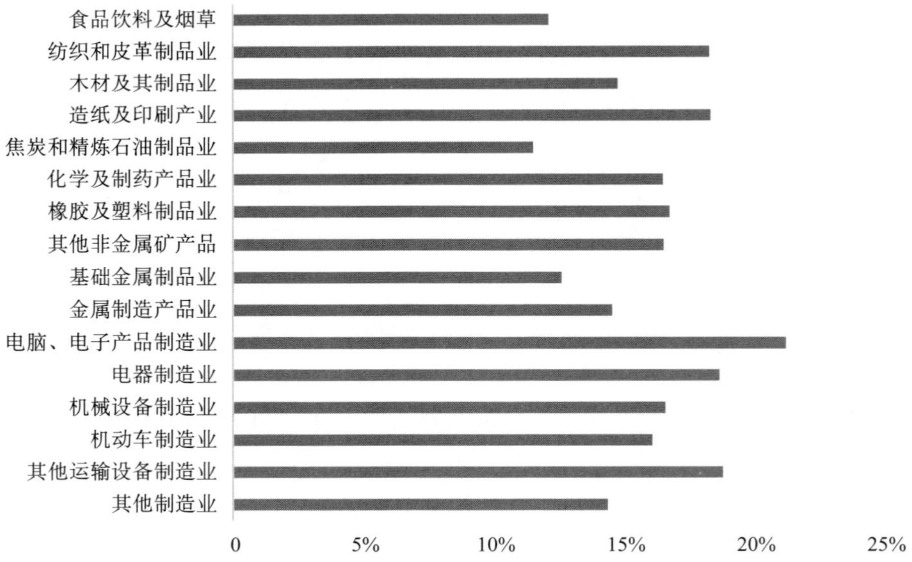

图 14－2　2005—2015 年中国各制造业与生产性服务业融合率均值

数据来源：根据 OECD 官网投入产出表（2018 版）计算。

接下来我们分析中国各细分制造业与生产性服务业的融合率。图 14－2 是 2005—2015 年中国各细分制造业与生产性服务业融合率均值。制造业中与生产性服务业融合水平较高的产业有电脑、电子产品制造业、其他运输设备制造业、电器制造业等技术密集型产业、造纸及印刷产业、纺织及皮革制造业；与生产性服务业融合率较低的制造业主要有焦炭和精炼石油制品业，食品饮料及烟草制造业，基础金属制造业等劳动密集型产业，这是由于相较于电子产品制造业等技术密集型行业，这些劳动密集型制造业厂商往往更重视节约资本，即重视劳动力和资本的投入，与生产性服务业关联较弱，因此我国这些劳动力密集型行业与生产型服务业有较低的融合率。

但与中国情况不同，这些产业在发达国家与生产性服务业拥有较高融合水平。深入分析行业特征后发现，这些制造行业虽然对技术要求不高，但由于生产链条短，且产品终端直接面向消费者，因而需要成熟的营销能力和完善的售后服务，发达国家在长久的市场化经验中已经积累了这些要素，因此与这些劳动力密集型制造业融合率更高；反之，中国低端制造业虽然数量巨大，但基本锁定在生产链的低端，与服务业的融合程度较低。

（二）中国先进制造业与现代服务业融合率的区域特征

为进一步研究中国先进制造业和现代服务业融合率的区域特征，本研究利用国家统计局公布的各地区投入产出表数据，来计算制造业与生产性服务业的融合率①。受数据所限，最新的各地区投入产出表更新至 2012 年②，因此样本期为 2002 年、2007 年和 2012 年。

依据国家统计局 2019 年最新关于生产性服务业的分类标准，对 2002 年、2007 年以及 2012 年制造业以及生产性服务业具体类目进行合并归纳处理③。如 2015 年投入产出表中生产性服务业统计范围包括投入产出表中的交通运输、仓储和邮政，信息传输、软件和信息技术服务，金融，租赁和商务服务，科学研究和技术服务共计 5 个行业。值得注意的是，房地产在以往文献中多被纳入生产性服务业门类，但是依据国家最新行业分类标准，本文未将其计入生产性服务业。

---

① 需要注意的是，2002 年、2007 年和 2012 年我国地区投入产出表统计口径并不一致，制造业、生产性服务业统计类目也并不完全对应，且据此投入产出表得到的融合率数值差异较大，故而文章选用自然断裂法对地区融合率高低程度进行划分，而未按照统一区间进行划分。

② 省级层面的投入产出表（延长表）最新数据只更新到 2012 年。作者联系过安徽省和江苏省统计局，得知目前各省 2017 年投入产出表尚在编制中，预计到 2020 年才能公布。

③ 具体为：2002 年与 2007 年制造品类相同，2012 年制造品类目中通用设备和专用设备分开列示（之前年份为一起列示）。2007 年生产性服务业将 2002 年科学研究事业，综合技术服务业两项合并为研究与试验发展业一项，2012 年进一步将之前交通运输及仓储业，邮政业合并为交通运输、仓储和邮政一项。

在利用前文的融合率指标计算得出的数据上，运用 Arcgis10.5 软件将各地区融合率进行可视化展示。

1. 总体来看，2002—2012 年各地区融合率或降低或提升，但是我国整体生产性服务业融合率有所提升。2002 年处于中高融合率水平省市有 10 个，2007 年和 2012 年分别升至 13 个和 16 个，我国整体融合率的提升也与图 14 – 1 相对应。

2. 从地区分布来看，东部融合率有所上升，中部基本维持低度融合水平，而西部融合率变化并无明显规律可循。如内蒙古自治区在 2007 年处于高度融合，但是 2002 年和 2012 年仅为低度融合，这可能与数据时间间隔较长，且各年份统计类目并不完全对应有关。

3. 就经济发展水平而言，融合率高低受地区产业结构影响较大，与经济发达程度并无显著关系。如北京、上海、天津等地区融合率较高，但是经济同样发达的浙江、江苏以及广东地区融合程度则较低。这是因为虽同为经济发达地区，产业结构却并不相同。以北京市和江苏省为例，2012 年江苏省制造业总产值是北京市的 9 倍，而用于制造业中的生产性服务要素投入只是北京市的 4 倍，说明江苏省制造业发达，但是生产性服务要素在制造业中的投入比例却远远不及北京市。江苏、浙江以及广东等发达地区在接下来的发展过程中尤其应注意将现代服务业作为一项重要生产要素投入到制造业中，促进先进制造业和现代服务业的深入融合。

三、先进制造业和现代服务业融合率的国际比较

利用 OECD 投入产出表（2018 版），对各国生产性服务业及其部分细分行业与制造业融合率进行计算。其中制造业[①]分为 16 个细分行业，生产性服务业[②]包含 7 个细分行业。我们计算了 2015 年“金砖”五国（巴西、俄罗斯、南非、印度、中国）和部分发达国家融合率，横向对比同时期中国与其他国家生产性服务业及部分细分行业与制造业的融合程度，如图 14 – 3 所示。中国各生产性服务业融合率均位于后三位，这意味着与部分发达国家与“金砖”

① 制造业细分行业为食品饮料烟草加工业，纺织皮革制鞋业，木材及木材制品，造纸印刷业，煤炭石油加工业，化学及制药工业，橡胶塑料制造业，其他非金属加工业，简单金属制品，除机械设备外的金属制造产品，电脑及电子产品制造业，电力设备，智能机械设备，车辆制造业，其他运输设备制造业，其他制造产品，合计 16 个行业。

② 生产性服务业细分行业批发和零售、邮政和仓储、电信业、信息服务业、金融保险业、其他商业服务以及教育业。

四国相比，中国服务业与制造业融合率较低。发达国家信息技术行业均拥有较高融合率，而中国信息技术融合率却位于倒数第一，这反映出我国信息技术行业未能与制造业较好融合。

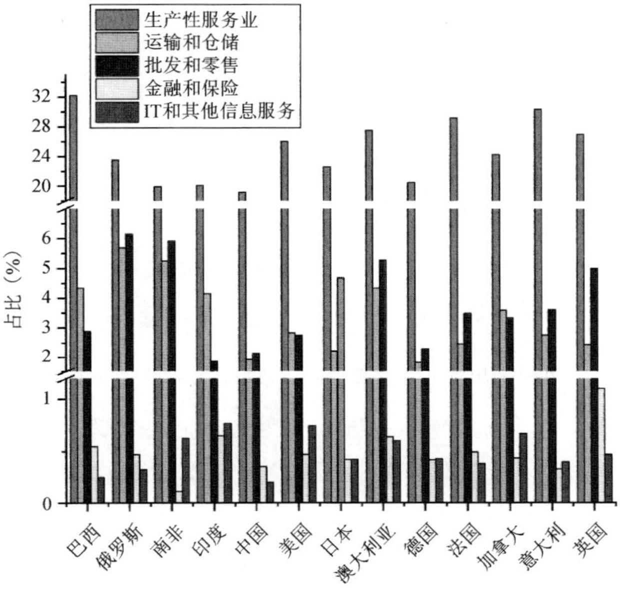

图 14－3　2015 年“金砖”国家及发达国家制造业与服务业融合率

由图 14－4 可以看出，2005—2015 年与中国融合率水平不断上升不同，美、日、德三国融合率均出现不同程度的波动。美国 2005—2011 年制造业与生产性服务业融合率不断降低，2012 年融合率达到最高，2013 年以后融合率水平又呈现缓慢上升趋势。与美国相反，日本 2005—2009 年融合率平稳上升，2010 年融合率最低，2012 年以来融合率又下降趋势；德国与日本相似，2005—2009 年融合率不断上升，除 2013 年融合率较高外，其余年间均呈下降趋势。与美、日、德三国相比，中国融合率一直保持较低水平，但是样本期内中国制造业和生产性服务业融合率稳定上升，与发达国家之间融合率水平之间的差距也在逐年降低。

图 14－5 为“金砖”国家和发达国家各细分制造业与生产性服务业的融合率。可以看出，中国与金砖国家和发达国家相比，各制造业与生产性服务业融合率均处于较低水平。不同国家各制造业与生产性服务业的融合率也有很大区别。以美国为例，美国纺织品和皮革产业与生产性服务业融合率为 0.42，而中国融合率仅为 0.21，位居所有 17 个制造业融合率第 4 位，但与发达国家相比仍有很大差距。发达国家食品饮料和烟草产业；纺织和皮革制品业；

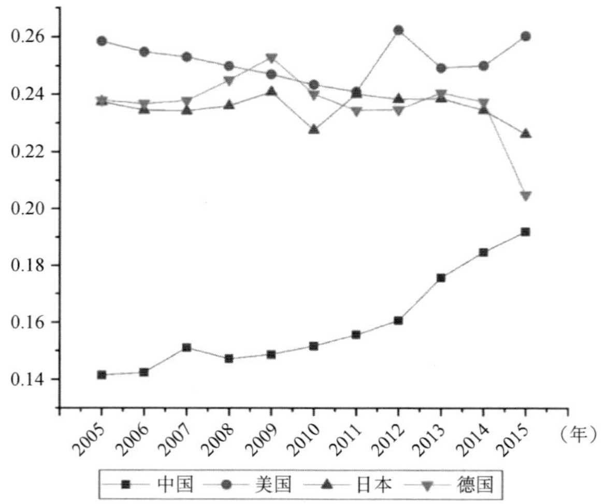

图 14－4　2005—2015 年中、美、日、德制造业与生产性服务业融合率

造纸及印刷产业；化学制药产业等与生产性服务业融合率较高，而中国这些制造业和服务业融合率不仅远低于发达国家，且诸如食品饮料和烟草产业；化学及制药业在本国制造业行业中，其与生产性服务业融合率也处于落后水平。

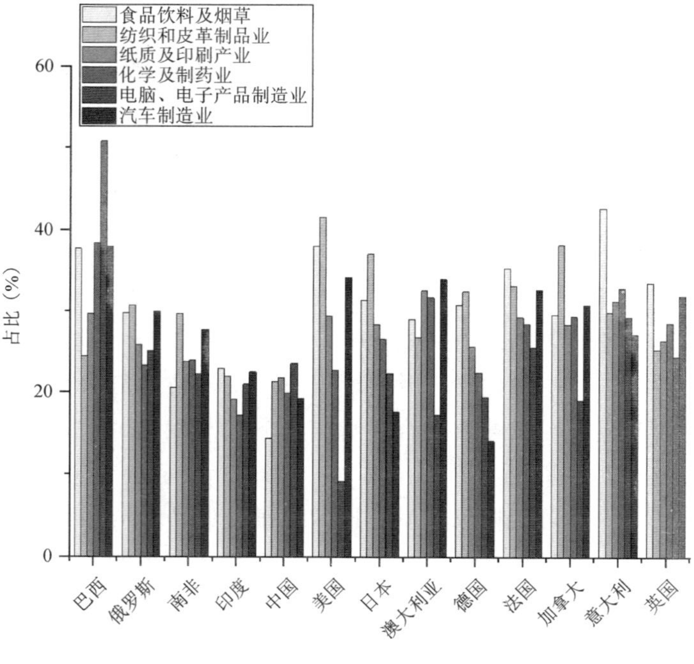

图 14－5　2015 年“金砖”国家、发达国家各制造业与生产性服务业融合率

资料来源：均根据 OECD 官网提供的投入产出表计算得出。

第三节 影响先进制造业和现代服务业深度融合的因素

一、较低的服务业发展削弱了制造业和服务业的融合基础

要促进先进制造业现代服务业的深度融合，其首要条件就是一个国家有发达的服务业发展水平。

中国服务业目前也有了较快发展。改革开放40年来，服务业增加值占GDP比重从1978年的24.6%提高到2018年的52.16%，提高了27.56个百分点，2018年服务业增加值比第二产业高11.5个百分点，服务业增长幅度为7.7%，远高于GDP同比6.6%的增幅，服务业对GDP增长贡献率也达到了59.7%。

然而，国别比较研究发现，世界主要发达国家，如美国、英国、日本、法国、加拿大早在1970年就已经迈入了服务业主导的经济发展阶段，服务业占GDP的比重分别是57.97%、50.05%、50.98%、50.12%和55.55%；20世纪70年代中期，德国和意大利的服务业占比也逐渐超过了50%，步入经济服务化时代。此后的近40多年间，各国服务业占比还在不断提高，到2018年，美国服务业增加值占GDP比重已经高达80.6%。中国虽然整体上已经进入后工业化时期，但服务业发展状况仍与西方发达国家“四个70%”的标准相去甚远。

二、生产性服务业占比较低制约了制造业和服务业的融合程度

制造业和服务业的融合，主要是制造业与生产性服务业的融合。当前，中国服务业发展结构中生产性服务业占比较低的现状也在一定程度上阻碍了其与制造业的融合程度。根据国家统计局的数据显示，2004年中国生产性服务业增加值占整体服务业增加值比重为35%，到了2014年，该比例增长至37.1%，仅增长2.1个百分点。

2016年中国生产性服务业增加值占GDP的比重为25.75%，与发达国家有较大差异。以德国为例，近些年其生产性服务业增加值占GDP比重已经达

到50%左右，金融服务、物流和供应链服务、信息技术和智能化服务在制造业发展中得到充分融合应用，助推德国率先走向工业4.0时代。美国生产性服务业增加值占GDP比重2015年也高达53.40%。江小涓等也指出，现阶段我国服务业增加值的增长主要来源于传统服务业部门，这使得中国“脱实向虚”趋势日益凸显。

三、外向型经济发展模式割裂了制造业和服务业的融合纽带

长期以来，中国外向型经济发展模式的基础是利用廉价的劳动力这个比较优势参与国际分工，以代工生产的形式加入全球价值链，将自身定位为世界工厂，中国也由此成为国际代工生产者，贸易结构也随之转变。加工贸易的主导地位使制造业专注于加工环节，制造业和生产性服务之间的产业关联被完全割裂，无法也无须与生产性服务进行融合。

代工生产模式中的本土低端制造业只需要低端服务投入，从而对高端生产性服务需求极为有限；FDI制造业所需要的生产性服务业大多来自跨国公司总部，这又降低了对本土生产性服务的需求。随着全球化的逐渐深入和国际分工的演变，中国利用较低要素价格的比较优势加速参与国际分工和融入价值链。在承接国际产业的第三次转移过程中，[①] 中国的代工生产方式造就了其世界制造中心地位。从事国际代工，是中国企业融入国际产业分工体系，并通过“干中学”效应，逐步提升技术水平并形成核心竞争力的重要途径。然而，在这种代工生产模式下，中国制造业主要从事附加值较低的加工组装环节，基本上以低端制造业为主。这些低端的制造业大多只需要低端的服务投入，而对高端生产性服务业的需求极为有限，由此直接导致了生产性服务业发展失去市场需求的支撑。由于多种原因，如跨国公司的技术优势、所有权优势的存在，发达国家和新兴工业化经济体跨国公司的订单并不是直接交给中国本土企业生产，而是通过FDI的形式在中国建立合资企业，由这些合资

① 第一次产业转移是20世纪50—60年代，美国将纺织、钢铁等传统产业转移到日本和西德，自己则集中力量发展半导体、通信和电子计算机等技术密集型产业。由此导致了日本继英国、美国之后，成为第三个“世界工厂”。第二次产业转移是20世纪70—80年代，此次产业转移主要发生在东亚地区。日本先是将纺织等劳动密集型产业转移给东亚“四小龙”，接着又将资本密集型产业转移出去，最终催生了东亚奇迹。第三次产业转移则是20世纪90年代以来，随着国际分工从产业间到产品内的演化，制造业细分为各个不同的增值环节，发达国家的跨国公司根据比较优势将生产过程在全球范围内进行配置。这次产业转移主要以美国、日本和东亚“四小龙”等为主体向发展中国家进行产业转移。中国、印度和越南等发展中国家是这次产业转移的主要目的地。

企业以及外商独资企业来承接订单，进行加工组装，最后将产品出售给跨国公司。这就形成了中国代工生产中普遍存在的外资代工模式。外资代工模式形成了一种封闭的网络生产体系，从而割裂了制造业与生产性服务业之间的产业关联度，严重阻碍了制造业和生产性服务业的融合。

四、不完善的管理体制限制了制造业和服务业的融合空间

我国制造业大而不强，但是各级政府都有着服务业情节，地区发展规划均会将增加服务业比重作为一项重要的经济发展目标，但是并非各行政区域都适合建立“三二一”的经济结构。制造业是服务业的基础，在尚未建立强大的制造业基础时就提出去工业化，大力发展服务业，这种“偏服务轻制造”的观念只能导致经济结构向效率较低的传统服务业转型，高级生产要素仍然不足，且原本支撑地方经济的制造业也未能得到充分的政策支持。

一般性的服务要素对经济发展助力有限，真正能拉动制造业以及经济发展的是高端生产性服务业，但是我国不完善的管理体制限制了制造业和服务业的高端化。如金融保险制度创新落后、知识产权不明确等，这些都是高端服务业和制造业发展的阻力。先进制造业尤其是高技术产业要求极高的知识产权保护环境，目前我国知识产权保护还存在薄弱环节，使得国外不敢轻易将其耗费巨额的研发成果转移到中国，国内科技工作者也没有动力进行自主创新和科技研发。反观处在价值链高端的发达国家则十分重视对知识产权、专利技术的保护。如美国早在1789年开始实施的《宪法》中就明确了对作家及发明者专有权利的保护，经过200多年的发展，已经建成了十分完善的知识产权保护体系。

制度的影响是深远的，不完善的制度环境限制了我国制造业和服务业向价值链的高端发展，同时也限制了先进制造业和现代服务业的深入融合。

第四节　发达国家促进先进制造业和现代服务业融合的经验

世界发达国家都高度重视先进制造业和现代服务业的融合发展，各个国家都形成了不同的发展模式，也有着不同的经验。认真分析发达国家强化先进制造业与现代服务业融合的做法与经验，对提升我国制造业水平和提升服

务业融合有着非常重要的启示。

一、积极推动产学研合作

美国、日本、德国等发达国家都积极推动制造业和服务业的融合，其中重要的一项措施就是推动产学研合作。

为鼓励制造业和科研行业的合作，美国政府于1980年颁布《拜杜法案》，规定研究机构的成果完全属于完成项目的部门，促进了项目成果产业化，从而推动了制造业和服务业的融合。此外，美国政府还鼓励研发部门利用互联网等多渠道向企业和社会分享最新研究成果。

德国产业园区通过引进大学及其教学资源，推进高校与园区的相互促进。20世纪90年代中期开始，德国实施联邦政府与州政府并行推进的模式，推进创新融合发展。

日本成立区域内的研究院所和公共实验室，同时促进大学科研成果转移到企业，在大学基础研究成果、公共研究院所实际应用研究成果与企业需求之间起了桥梁作用。再次，建立信息交流平台，共享信息，此外还专门成立中小企业情报信息中心和公立试验研究机构技术信息室，向中小企业提供海外投资、技术合作信息，有关新技术、新工艺、新产品的信息，以及经营管理与市场营销信息等。最后，日本政府还加强产业融合的海外宣传，吸收借鉴其他国家促进先进制造业与服务业融合的经验。

二、通过税收优惠、财政补贴推动产业融合

税收优惠、财政补贴是政府积极推动制造业与服务业融合最直接有效的一项举措，各发达国家均采用政策优惠积极推动产业融合进程。

美国通过财政补贴完善基础设施，为推动制造业与服务业融合创造良好条件。其次，美国政府运用各种税收优惠鼓励企业和私人部门研发创新。

日本为产业融合计划提供预算支持，日本政府将产业融合计划列入政府年度财政预算的范围。财政预算中有专门的资金用于促进研发，并支持大学、研究所和企业之间合作研发。

三、引进人才，升级、延伸产业链

美国政府制定一系列人才培养和人才引进计划，以吸引在管理和科技等

方面的高端人才，推动产业升级和生产链条高端化。

德国建立了应用型专科学校和企业的合作机制。应用型专科学生毕业后，一般会进入企业进行一定时间的学徒工学习，加速消化和革新技术，助于产业链高端化。

日本视基础设施建设为当下新的经济增长点，积极推行基础设施出口。日本于2010年提出打包型出口战略，延伸了日本基础设施出口产业链。日本政府对亚洲地区提供资金援助，有助于日本企业占据更多市场份额，必然能够有效增强日本制造业和服务业的深度融合。

第五节　先进制造业和现代服务业融合的案例分析

制造业主要是生产产品，这包括了三个部分：首先是有一个创意；其次是实现这个产品的生产；最后是如何利用这个产品。这又包含了5个环节，即产品设计、生产规划、生产工程、制造执行和提供服务。这5个环节需要能够有机地串联起来，这就是先进制造业和现代服务业融合的过程，尤其是随着信息技术的发展，各个不同的阶段的数据被串联起来，实现了全方位的产业融合。德国是工业4.0的倡导者，西门子又以其领先技术以及长期所倡导的“智能制造”成为先进制造业与现代服务业融合的典范。

一、多地区建立各具特色的研发中心

西门子专注于数字化创新，将多点布局的创新中心网络、全球研发体系以及本地业务需求相结合，开发满足本地客户需求的创新产品和解决方案，为中国产业转型升级注入新的活力。截至2018年，西门子在中国拥有21个研发中心，近5000名研发和工程人员，以及近13000项有效专利及专利申请，遍布北京、上海、苏州、南京、武汉、无锡、青岛和成都等地区，且形成了各具特色的研发网络。

2006年，西门子中国研究院正式成立，目前已成为西门子中央研究院德国总部以外最大的研究机构，主要致力于电气化、自动化和数字化领域的前沿科技创新，支持西门子各项业务的发展，同时还主导公司全球自主机器人的研发工作，重点围绕新型机电一体化、人机协作及人工智能在机器人控制器中的应用等课题开展研发。

2013 年成立西门子无锡创新中心，通过多种合作模式，结合本地企业的需求，在智能装备、透明化工厂、PROFINET 等技术研究领域与企业深度合作，助力产业升级，推动企业自动化进程。

2016 年 3 月成立西门子青岛创新中心，这是西门子在德国本土以外设立的首个智能制造创新中心。2017 年年底，西门子携手青岛澳柯玛建立机器人应用联合实验室，共同从事特种机器人、工业机器人以及智能装备的合作研发。

2016 年 9 月成立西门子中国研究院苏州院，在大数据、工业物联网、互联城市、工业网络信息安全和自主机器人等领域从事技术创新、技术开发和应用。这是西门子在中国的第一个专注于数字化技术的研发中心。

2017 年 5 月，西门子工业信息安全运营中心在苏州正式启用，工业信息安全服务体系正式发布，工业安全专家负责监控客户的数字化工厂及产线，识别客户面临的网络安全威胁，及时提醒用户，并协调主动应对措施，该工业信息安全运营中心已正式加入西门子全球工业信息安全网络，与西门子在德国慕尼黑、葡萄牙里斯本和美国米尔福德等地的工业信息安全运营中心进行协同工作。

2017 年 8 月，西门子工业软件全球研发中心和西门子智能制造成都创新中心成立，项目总规模约 10 亿元人民币。中心毗邻西门子全球工业 4.0 标杆工厂——西门子工业自动化产品成都生产研发基地（SEWC），将充分发挥创新研发与制造运营的协同效应，引入大量西门子全球专家资源、软硬件研发平台、行业知识与业务实践，打造中国制造业数字化转型升级与开放创新的旗舰店。创新中心还将开发面向智能化和数字化的课程体系和认证体系，为成都培养既了解产品工艺、又了解数字化工厂关键技术的智能制造复合型人才。

二、开放式物联网操作系统 MindSphere 的开发

工业 4.0 的到来影响着各个行业领域，颠覆当前市场中的领先者并创造了大量全新商机。要想在市场动荡中生存下来，并在日益紧密联系的世界中保持竞争力，企业必须转向数字化，利用数字技术实现业务运营转型。在制造业，成为数字化企业意味着利用工业物联网（IIoT）在产品、工厂、系统和机器上集中收集、分析和可视化所有数据，合并来自物理资产和企业系统的数据。然而，实施 IIoT 计划的行业面临着一个独特的挑战，那就是在没有标

准或通用连接方法的情况下使资产实现一体化。如何快速、经济和安全地把来自不同通信协议的资产连接起来，已经成为智能制造的桎梏。

西门子开发了一款基于云的开放式物联网操作系统 MindSphere，在 2016 年 4 月举行的德国汉诺威工业博览会上正式发布，包括边缘连接层、开发运营层、应用服务层三个层级，主要包括 MindConnect、MindClound、MindApps 三个核心要素，其中 MindConnect 负责将数据传输到云平台，MindClound 为用户提供数据分析，应用开发环境及应用开发工具，MindApps 为用户提供集成行业经验和数据分析结果的工业智能应用。

MindSphere 是 IoT 操作系统的核心，具有数据分析功能和连通功能、各种开发工具以及各种应用软件和服务。该平台以“平台即服务”（PaaS）形式，提供了可扩展云平台，适用于各种应用的开发，可记录和分析大量生产数据，进而提高工厂生产效率。MindSphere 是西门子和第三方服务供应商提供各种应用和基于数据的服务的强大基础，例如，预测性维护、能源数据管理、资源优化等。将数字化和物联网数据转化为生产运营成果是 MindSphere 的核心驱动力。在实际使用中，Mindsphere 将传感器、控制器以及各种信息系统收集的工业现场设备数据，通过安全通道实时传输到云端，并在云端为企业提供大数据分析挖掘、工业 APP 开发以及智能应用增值等服务。

MindSphere 首先在北美和欧洲的 100 多家企业开始试用，并在 2017 年汉诺威展上与埃森哲、Evosoft、SAP、微软、亚马逊和 Bluvision 等合作伙伴展示了多种微服务和工业 APP，2018 年 7 月 9 日，西门子阿里云签署备忘录，共同推进中国工业物联网发展；2019 年 4 月 1 日，西门子正式发布了物联网操作系统 MindSphere 中国版，MindSphere 在阿里云上成功部署并开始运营。德国企业莱茵科斯特（Rhein - Köster）、众业达和上海上实龙创智慧能源科技股份有限公司（上实龙创），成为第一批正式使用 MindSphere 实现数字化转型的客户。截至目前，平台已经实现了几百万台设备和系统的互联。

西门子无锡创新中心已与天奇自动化工程股份有限公司合作，研发完成汽车装配线物联网应用示范项目，帮助天奇提升产品质量和服务品质，实现业务快速增长。

三、智能制造：生产流程柔性融合及仿真

智能制造的重要方面是柔性生产。自动化和信息化是实现柔性定制个性化生产的重要手段。通过嵌入式的处理器、存储器、传感器和通信模块，把

设备、产品、原材料、软件联系在一起，使产品和不同的生产设备能够互联互通并交换命令。根据生产计划，企业将各种生产所需信息提前写入客户端，生产过程中再将相应工序中所需要的相关生产信息读取出来，进行生产操作，从而实现对整个车间工件物流的跟踪和生产过程控制。多种型号产品共线生产的柔性化生产方式，可以大大提高生产效率。

此外，软件业的快速发展使生产流程中可以利用各种不同的设计软件、仿真软件等，使生产线还没有正式投产前就可以做所有测试仿真，不需要做物理的样板和样品，生产线在建成后产品合格率可以达到99%，这大大降低了成本，提高了企业绩效。

苏州西门子电器有限公司的工业4.0样板车间则展示了西门子智能制造柔性生产流程和模拟仿真。样板车间主要展示的是元器件的控制面板生产的仿真和柔性生产流程。一开始让两个参观者分别选择自己的需求，对面板的颜色（红、黄、蓝、绿灯各种颜色）、形状（菱形、圆形、方形等）、材质（金属、塑料等）进行选择，还可以个性化定制，比如手写签名等；这些选择经过系统处理，通过相关程序进行仿真试验，进而确保其即将生产的产品与最终产品较为一致。进入真正生产阶段后，客户的相关需求传达到生产流水线的相关控制中心，在配料、设计、生产等各个环节作出个性化的选择，系统对物流、生产过程等进行监控，从而实现了多种型号的产品在同一条流水线上完成，真正实现了柔性生产。

第六节　先进制造业和现代服务业融合的政策研究

我国制造业发达，但是制造业和生产性服务业融合率并不高，这主要是由于我国制造业大多为初级加工、装配等低端制造业，加之我国生产性服务业并不十分发达，且制度、市场机制不完善等因素使生产性服务业并未能及时有效指导制造业的生产，使我国先进制造业与现代服务业整体融合率较低。结合发达国家经验，本研究拟从管理体制、市场机制以及推动产业升级三个方面就促进我国先进制造业和现代服务业融合率提出可能的对策。

一、强化顶层设计，为推进制造业和服务业深度融合提供制度保证

第一，实施针对区域特征的分类融合发展计划。即使经济发达程度相似

的地区，其产业结构也各有不同，国家在制定制造业的融合发展计划时，应在具体分析区域特征后，选择能够有效促进当地制造业与服务业融合的产业优先发展。

第二，转变政府职能，活跃服务业市场。我国服务业呈现高价格、有限供给、低质量的垄断经营特点，这使得我国服务业不具有竞争优势。政府应从监管者转变为协调者，扩大民间资本进入服务业市场，提升服务业市场活力和竞争力。且我国“第三方服务”不发达，多为企业低效的自我服务，政府应鼓励企业逐渐摆脱这种低效服务方式，深化分工，集中发展独立的第三方服务业。

第三，完善现代化基础设施，优化平台治理机制。适应产业融合发展实际，加大基础设施尤其是网络基础设施建设力度，强化基础设施的互联互通，提升基础设施网络化、智慧化水平，优化基础设施系统功能。同时还需适应平台快速发展的需要，加快完善有利于平台型企业发展的融资支持、复合型人才供给等相关政策。

二、构建专业化平台，营造良好市场环境

第一，设立专业化的市场平台。政府可以通过发展中介等手段，为制造业和服务企业提供彼此了解的桥梁。专业化平台有利于服务业了解制造业厂商生产现状及服务需求，另外也有助于制造厂商及时了解最新服务动态。

第二，完善产业政策。尤为重要的是建立促进一体化融合发展的产业政策体系。我国应采取财政补贴、税率优惠等措施，还要鼓励服务业尤其是研发部门多渠道向生产企业展示最新研究成果，便于制造企业及时了解最新技术动态，加速推动科研成果市场化，促进制造业和服务业的融合进程。

第三，优化营商环境。政府应为推进先进制造业和现代服务业融合创造便利，加大服务企业“简政放权”改革力度，逐步减少服务业的行政性审批，减少不必要的行政制约，剥离冗余的监管环节。

三、加强服务业的融合创新，破解产业升级难题

第一，提升自主创新能力，推动产业升级。首先要加快我国资本密集型制造业适度延伸核心技术服务等，发展产品和服务包的升级模式；另外，针对国内劳动密集型制造业、资本密集型制造等传统优势产业，要加大生产性

服务进口贸易对其的融入度，促进其转型升级。

第二，推进产学研一体化，打造先进制造业和现代服务业融合发展示范区。建议重点在京津冀、长三角等区域选择一些试点推进制造服务融合平台建设，打造先进制造业和现代服务业融合发展示范区，基于良好的制度设计优化发展环境，吸引全国乃至全球先进制造业和现代服务业落户，形成先进制造业和现代服务业融合发展的产业集聚发展生态。

作者：江　静　南京大学长江产业经济研究院研究员　南京大学教授
丁春林　南京大学长江产业经济研究院研究员助理

第十五章　重塑中国纺织业国际竞争新优势研究

我国自2001年加入WTO以来，受益于全球化的不断深入发展，发达国家对华纺织服装出口限额逐步取消，国内庞大的产能得以充分释放，中国纺织工业经历了一个快速增长的黄金10年。2000—2011年，全行业规模以上纺织企业工业总产值从8800亿元增长至51500亿元人民币，全国纺织服装出口额从522亿美元增长至2482亿美元，年均复合增长率分别高达19.3%和16.9%，为历史发展最快阶段。党的十八来以来，在中央大力提倡加快政府职能转变，实施以“去产能、去库存、去杠杆、降成本、补短板”为主要特征的供给侧结构性改革背景下，中国纺织工业不断推进质量变革、效率变革、动力变革，行业发展呈现出增长与结构、格局、创新相得益彰的良好局面。但另一方面，随着我国经济由高速增长向高质量发展转型，国内纺织企业普遍面临诸如工资成本、原材料价格、水电费、土地租金、贷款利率、政府税收等方面运营成本的大幅上涨，“招人难、用工荒”的问题较为突出，再加之环境保护压力增大，发达国家贸易保护政策影响的不确定增加，我国纺织业保持传统竞争优势的压力与日俱增，重塑国际竞争新优势显得尤为紧迫。

第一节　中国纺织业重塑国际竞争新优势的主要内涵

党的十八大以来，我国经济已由高速增长阶段转向高质量发展阶段，纺织工业也面临深层次的结构性变革。首先，从产业总体规模看，我国纺织业发展“大而不强、大而不优”的问题依然比较突出。尽管纺织品出口规模庞大，连续多年稳居世界第一，但纺织品技术创新与品牌溢价能力不强，全行业的盈利能力普遍偏弱，抗击国际市场波动风险的能力有待大幅提高；其次，从产品供需结构看，纺织业基于“低价格、低质量”的成本竞争优势一方面因为要素价格快速的上涨而被逐渐“弱化”；另一方面低质量无效供给越来越难以满足国内外消费者对纺织服装产品日益增长的“品牌化、个性化、高端定制化”需求；最后，从产品布局结构看，我国传统的纺织业强省多集中在东部沿海地区，近年来随着产业结构不断转型升级，上述省份加快向战略新兴产业调整布局，过去纺织业在经济发展中的重要地位逐渐被边缘化，但另一方面，中西部地区承接东部沿海省份纺织业转移的进展不甚理想，大部分发达地区纺织企业主更愿意偏向于选择投资缅甸、越南等东南亚国家，中西部地区承接沿海发达省份纺织业转移的“洼地优势”并不明显。因此，中国纺织业重塑国际竞争新优势必须在“新”上赋予更丰富的内涵。

一、重塑纺织业国际竞争新优势的动力要“新”

中国纺织业传统国际竞争优势的基础主要依靠“拼价格、薄利多销”的成本优势，以及纺织产业配套设施较为完善的系统集群优势。随着我国生产要素综合成本上升，再加之周边东南亚国家纷纷加入纺织业全球价值链分工体系中，我国传统的成本优势和集群优势正在逐渐被蚕食，依靠低成本的粗放型扩张所形成的国际竞争优势越来越脆弱。要重塑新的国际竞争优势，必须利用现代前沿技术对传统生产和营销方式进行自动化、信息化以及智能化改造，逐步实现由低维度的成本与集群优势向高维度的质量与品牌优势转变。

二、重塑纺织业国际竞争新优势的载体要“新”

在传统的生产与贸易分工模式下，产业国际竞争优势的载体主要依附于最终产品。最终产品出口大国往往也是产业国际竞争力强国。随着全球价值链分工不断深化，最终产品出口中包含着越来越多的进口中间产品，此时产业国际竞争优势开始逐渐脱离于最终产品，而更多依附于国际分工体系中各个不同的价值链环节。一般而言，处于全球价值链“微笑曲线”两端的产品研发与品牌营销等环节往往集聚着更高水平的技术创新要素以及附加值密度，“微笑曲线”中低端则专业化聚集于低附加值的生产组装与加工等价值链环节。对于纺织产业而言，上游高端的化纤面料以及纺织机械的生产与制造，下游接近终端消费市场的品牌运营是附加值最为密集的价值链环节。重塑纺织业国际竞争新优势就是要将我国过去高度依赖最终品组装加工的竞争优势转变为聚焦于高附加值化纤面料与纺织机械研发制造能力，以及纺织服装品牌国际化运营能力为载体的新的国际竞争优势上来。

三、重塑纺织业国际竞争新优势的地域空间要“新”

我国纺织业国际竞争优势过去主要来自少数沿海发达省份，这些地区通过积极参与全球化的贸易分工，率先从纺织业等轻工业部门分享到中国改革开放的第一波红利。近年来，随着生产要素成本上升推动的产业升级压力不断增大，沿海发达地区逐渐将产业发展重点转向科技含量与附加值密度更高的新兴产业。如果从纺织业国际产业转移的一般历史规律看，发达国家都经历过这样一个产业发展和淘汰过程，然而考虑到我国人口众多、幅员辽阔，特别是中、东、西部地区经济发展不平衡的梯度格局以及中、西部欠发达地区大量富余劳动力的现实国情，纺织业作为一个典型的富民产业，可以给欠发达地区的中、低收入人口创造更多的就业机会，提高他们的收入水平。因此，我国不宜过早地从全局上放弃纺织业的发展，尤其是在国家“一带一路”建设实施背景下，应该通过加快与“一带一路”沿线国家的产业战略对接，以重塑我国纺织业国际竞争新优势为契机，在东部发达地区加快构建现代纺织产业体系的同时，通过产业转移，在中、西部地区以及“一带一路”沿线国家培育新的纺织产业增长点和产业竞争优势。

第二节　中国纺织业国际竞争力发展的历史回顾

一、中国纺织业出口规模增长的历史回顾

从世界范围来看，全球纺织业共经历四次产业转移的高潮，每一次产业转移都形成了新的世界纺织业制造与贸易中心。第一次产业转移高潮从 19 世纪末到 20 世纪初，世界纺织业中心从英国转移至美国；第二次产业转移高潮从第二次世界大战后到 20 世纪 50 年代，世界纺织业中心开始转移到亚洲的日本；第三次产业转移高潮从 20 世纪 60 年代到 80 年代初，韩国、新加坡、中国香港特区以及中国台湾地区等亚洲新兴工业化国家承接日本的纺织产业转移，逐渐成为全球纺织业中心；第四次产业转移高潮自 20 世纪 90 年代初以来，中国大陆、马来西亚、菲律宾、泰国、印度尼西亚等东亚国家成为新

的纺织业制造中心；直到20世纪90年代后期，部分纺织品服装产业进一步转移到印度、巴基斯坦、越南以及孟加拉国等收入更低的亚洲发展中国家①。

回顾世界纺织业的发展历史，中国纺织产业的高速增长始于20世界90年代初期，此后持续了长达20多年的快速增长，直至2008年美国“次贷”危机爆发，全行业出口出现短暂的回调，但危机过后又迅速恢复了之前的增长趋势，直到2014年我国纺织制品类（SITC65）与服装及附件类（SITC84）产品出口规模均创出历史新高，分别达到1117亿美元和1866亿美元。在此之后，2015—2018年，上述两类产品出口增长开始出现分化趋势。纺织制品类（SITC65）产品在经历了2015年和2016年的短暂回落后，又很快恢复了正增长。2018年该类产品出口额为1185亿美元，超过2014年的峰值水平再次创出历史新高，而服装及附件类（SITC84）产品2018年出口总金额1578.6亿美元，出口增速自2014年从峰值回落后已经连续3年停滞不前。从2019年1—8月的月度数据看，纺织制品类（SITC65）产品出口仍然保持扩张趋势，但服装及附件类（SITC84）产品出口同比下降约4.5%，延续着2014年以来下降趋势。如果从纺织和服装出口的国际市场份额指标看，自2014年以来，纺织与服装出口增长分化趋势就更加明显，纺织品出口的国际市场份额自2014年以来一直保持着正的增长态势，但服装出口国际市场份额下降非常显著。可以预见的是，随着国际纺织品服装下游产业持续向越南、印度、缅甸等东南亚国家转移，我国服装及附件类（SITC84）产品国际市场份额将进一步震荡下行，而纺织制品类（SITC65）产品将继续保持扩张趋势，但竞争形势不容乐观。从最近两年我国纺织和服装出口数量和价格波动趋势看，出口数量仍然继续保持增长，但无论是纺织和服装出口价格均出现下滑，特别是服装产品出口价格下滑更加严重，直接导致了服装出口金额以及国际市场份额的下降。由此可见，我国纺织业从整体来看，目前仍然依靠低价优势维持出口增长，但这种低价策略的边际效应越来越弱，随着越南、印度、孟加拉国等东南亚国家逐渐加入国际市场竞争体系，我国纺织业产业维持低价优势的难度将越来越大，通过对我国纺织业出口规模增长趋势的历史回顾不难发现，长期困扰我国纺织业发展的“大而不强”的问题仍然未能得到有效解决。

二、中国纺织业出口目标市场的国别分布

从我国纺织和服装出口目标市场分布看，呈现以下特点：（1）在发达国

---

① 赵君丽：《全球价值链下中国纺织品服装产业升级研究》，东华大学出版社2009年版。

家市场中，我国纺织业对美国市场出口依赖度有所上升。美国是我国纺织和服装出口的最大单一市场。尤其是2014年之后，我国纺织业出口总量从峰值开始回落，对美国市场出口的依赖程度进一步增强。2017年我国对美国纺织品（SITC65）和服装（SITC84）出口占比分别达到11.2%和21%，相对于2014年分别上升了1.2个和3.1个百分点，表明美国市场的需求对于我国纺织品服装的出口增长起到了重要作用。（2）我国对包含美国在内的发达国家纺织品（SITC65）和服装（SITC84）出口总体保持稳定，但出口市场结构有所调整。1992—2017年，我国对美国、日本、德国、法国、意大利等六国纺织品（SITC65）和服装（SITC84）出口占我国该类产品出口总额比重分别约为20%和40%。但该期间，我国纺织品（SITC65）和服装（SITC84）对日本市场出口比重分别下降了5.1个和6.8个百分点，对美国市场出口比重则分别上升了3.3个和11个百分点，出口占比"一升一降"充分表明我国纺织业在日本市场受到的其他国家竞争压力在不断增大，而在美国市场的竞争优势则较为明显。（3）在发展中国家市场方面，我国对东盟以及"一带一路"沿线国家纺织服装出口增长较快，尤其是纺织品（SITC65）出口增长最为明显。2017年，对越南、柬埔寨、印度尼西亚、印度以及俄罗斯等六国纺织品出口（SITC65）占我国该类产品出口比重高达24.4%，相对于1992年提升了21.7%，其中仅越南就贡献了9.5%的出口比重，成为仅次于美国的第二大单一市场。这也表明，由于越南国内缺乏比较完善的纺织产业配套体系，随着全球服装加工链逐渐向越南等东南亚国家转移，上述国家对我国的纺织面料进口需求在迅速扩大。（4）从美、日、欧等发达国家市场对我国纺织品服装进口角度看，一方面，中国是美、日、欧最重要的纺织品服装进口来源国，2017年美国、日本和欧盟从中国进口的纺织服装产品占各自进口的比重分别高达36.4%、60.9%和34.2%。这意味中国纺织品服装产业在上述三大出口市中具有强大的规模优势和市场"粘性"，中国凭借强大的纺织服装生产制造能力以及完善的产业链配套体系，短期在全球范围内应该还难以找到可完全替代的竞争对手；另一方面，2011—2017年，中国在美国、日本以及欧盟的市场份额均呈现下降趋势，特别是在日本市场份额降幅较大，从2011年的74.9%降至2017年的60.9%，5年累计下降了14个百分点。主要原因是日本纺织服装大型品牌运营商将部分进口订单转移到越南、柬埔寨等东南亚国家。因此，中国纺织业面临东南亚邻国的竞争压力正在与日俱增。

总体而言，中国服装类产品（SITC84）对发达国家市场出口仍然存在极强的依赖性，未来影响中国该类产品出口增长的外部需求依然主要集中在欧、美、日等发达国家市场；与此同时，中国纺织品（SITC65）出口增长将呈现多元化发展态势，随着国际纺织品服装下游产业正逐步向越南、孟加拉、柬埔寨、印度尼西亚等东南亚国家有序转移，我国纺织品（SITC65）对上述国家的出口将存在较大的增长空间。另外，随着国家“一带一路”建设深入推进，我国与“一带一路”沿线国家的纺织品服装贸易将迎来重要的发展机遇。

三、中国纺织业贸易产品结构的动态演变

随着全球价值链分工不断深入发展，围绕贸易品生产工序的产品内国际分工在很大程度上代替了传统的产品间国际分工，国际贸易出口产品结构也发生了巨大变化。根据联合国商品贸易数据库（UNcomtrade）的统计数据显示，自2013年以来，全球中间产品出口占到全球出口总额的比重已经超过70%，中间品贸易正在逐渐成为世界贸易发展的主流形式。基于全球价值链分工的这一新特点，日本产业经济研究所构建了《贸易产业分类数据库2017》[《RIETI－TID2017（RIETI Trade Industry Database 2017）》]。该数据库将亚洲、北美、欧洲、南美、大洋洲、中东以及非洲等78个国家或地区投入产出表中16个产业部门归并到标准国际贸易分类（SITC. REV3）的13个产业部门中，然后再根据联合国统计司的《广泛经济类别产品分类（BEC）》制度将每个产业部门按照原材料产品（Primary Good）、中间投入品（Intermediate Good）以及最终消费品（Final Good）的价值链流程进行归类。在此基础上，依据13个产业部门在“价值链”流程中的可分性将总贸易进一步细分为原材料（Primary Good）、加工品（Processed goods）、零部件（Parts & Components）、资本品（Capital goods）以及最终消费品贸易（Consumption goods）等五个细分产品类别。本报告参考RIETI－TID2017中的商品分类标准，梳理了纺织业五个细分产品类别与《联合国国际贸易分类》第三次修订本（SITC Rev. 3）中商品编码的对应关系。

利用RIETI－TID2017以及UNCOMTRADE数据库，本报告测算出1992—2017年，中国纺织业在原材料、加工品、零部件、最终消费品以及纺织机械等五个细分类产品的贸易差额变动情况，研究发现：（1）在五个细分类产品中，纺织最终消费品以及纺织加工品两类细分产品的贸易顺差最大，如果剔除它们的净出口贡献，余下三个细分类产品总体上处于逆差状态。（2）在中间品贸易领域，附加值较低的加工品贸易国际竞争优势较为明显，而附加值较高的纺织零部件出口规模偏小，对贸易顺差贡献度较低。（3）在初级产品贸易

领域，我国一直处于高度依赖国外进口的贸易逆差状态，国际竞争力处于偏弱水平。（4）在纺织机械贸易领域，我国纺织机械出口近年来保持良好发展势头，净出口自2012年由贸易逆差转为贸易顺差之后，呈现逐年稳步增长态势。2017年我国纺织机械出口65亿美元，进口39亿美元，贸易顺差26亿美元，净出口超过了意大利、瑞士等传统纺织机械强国，仅次于德国位列世界第二。从出口目标市场来看，2017年中国纺织机械出口排名前10的目标市场占纺机出口总额的58.4%，分别是印度（13.0%）、越南（10.6%）、美国（7.8%）、日本（6.1%）、孟加拉国（6.1%）、印度尼西亚（4.2%）、巴基斯坦（3.3%）、土耳其（2.5%）、巴西（2.4%）以及中国香港特区（2.2%）等。从进口来源市场看，2017年中国纺织机械进口排名前十的来源国市场占全部纺机进口总额的93.0%，分别是日本（30.0%）、德国（28.2%）、意大利（11.5%）、其他亚洲国家（5.2%）、比利时（4.5%）、法国（3.6%）、韩国（3.5%）、瑞士（3.2%）、美国（1.8%）以及捷克（1.6%）等。由此可见，中国纺机出口主要集中于发展中国家，而进口主要来自于发达国家，纺机行业从进口替代走向出口扩张的转型升级特征较为明显。

综上分析，我国纺织业目前的国际竞争优势主要还是集中在传统贸易领域，特别是最终产品以及加工品出口的竞争优势最为突出。在纺织零部件、纺织机械等产品出口方面正在不断积累新的国际竞争力，但竞争优势尚待进一步培育和提升，在纺织原材料贸易方面，仍然高度依赖对发达国家进口。

四、中国与主要纺织品贸易伙伴国的竞争与合作关系分析

由于全球贸易分工向纵深领域渗透，一国与其贸易伙伴国之间既可能由于出口同类产品而存在竞争关系，也可能因为处在同一价值链上、下游不同分工环节，从而形成基于产品内分工的合作互补关系。有鉴于此，本报告拟运用显示性竞争优势指数（以下简称CA指数）来研究中国与主要贸易伙伴国在纺织业各细分市场的竞争和合作关系。CA指数由Vollrath（1988）在RCA指数的基础上首先提出，其具体表达式如等式（15-1）所示：

$$CA = (E_i/E_t)/(E_{iw}/E_{tw}) - (I_i/I_t)/(I_{iw}/I_{tw}) \tag{15-1}$$

其中，(E_i/E_t)表示一国i商品出口总额占该国商品出口总额比重；(E_{iw}/E_{tw})表示商品i世界出口总额占世界商品出口总额的比重。(I_i/I_t)表示一国i商品进口总额占该国商品进口总额比重；(I_{iw}/I_{tw})表示商品i世界进

口总额占世界商品进口总额的比重。一般认为，当商品 i 的 CA 值大于 0 时，说明一国在 i 商品出口上有国际竞争优势；反之，则说明处于国际竞争劣势。如果任意两国商品 i 的 CA 指数都大于 0，表明两国在该类商品出口上都处于扩张趋势，则不可避免会在国际市场形成竞争关系；反之，如果一个国家商品 i 的 CA 值大于 0，而另一个国家相应的 CA 值小于 0，表明两国在商品 i 的贸易分工上可能存在互补合作关系。

本研究利用 RIETI－TID 2017 数据库，根据公式（15－1）计算了中国与主要纺织贸易伙伴国在纺织原材料、纺织中间产品以及纺织最终消费品等不同细分产品领域的 CA 值变化，从而深入研究中国与主要纺织品贸易伙伴国在不同细分产品领域的竞争和合作关系。

（一）中国与主要贸易伙伴国在纺织原材料产品贸易领域的竞合关系

本研究首先运用 CA 指数测算了中国与美、日等发达国家、金砖国家以及柬埔寨、越南等东南亚国家在纺织品服装上游原材料出口的贸易竞争力状况。研究显示纺织原材料贸易环节各国的竞合关系呈现出以下特点。第一，美国、澳大利亚等发达国家的 CA 指数值均位于国际竞争力极强区间（CA＞2）；意大利和日本的 CA 指数值均大于 1，只有英国小于 1，但仍然大于 0。深入分析发现，美国、澳大利亚、意大利和日本等发达国家上游原材料进口量很小，是主要的纺织原材料净出口国。第二，柬埔寨、越南和印度尼西亚等东南亚发展中国家纺织原材料贸易的 CA 指数全部为负值，表明这些国家在纺织原材料贸易方面对国际市场进口依赖程度较高。第三，“金砖”国家中印度在纺织原材料出口方面表现最为抢眼，CA 指数显示出极强的国际竞争力。俄罗斯的纺织原材料贸易 CA 值一直为负，反映了其纺织原材料进口对国际市场的高度依赖。第四，中国在纺织原材料贸易领域与巴西的情况较为类似，CA 指数值在 2007 年之前长期为负值，2008 年由负转正以后逐渐增大，尽管 2017 年中国纺织原材料贸易的 CA 指数值为 1.93，但结合净出口数据分析，中国纺织原材料是唯一存在贸易逆差的纺织产业部门，需要从国外大量进口以满足国内下游行业生产所需。其中，来自美国、澳大利亚以及印度等三国的进口占我国的纺织原材料比重超过 50%。值得关注的是越南、柬埔寨以及印度尼西亚等东南亚国家纺织原材料进口来源市场与我国高度重合。以越南为例，2017 年该国从美国、澳大利亚、印度等三国进口占到其纺织原材料进口的 60.4%。综上分析，我国纺织原材料贸易与美国、澳大利亚、日本、意大利等发达国家以及南亚的印度存在合作互补关系，而与越南、柬埔寨以及印度尼西亚等发展中国家存在竞争关系。

（二）中国与主要贸易伙伴国在纺织中间产品贸易领域的竞合关系

纺织品服装中间产品位于原材料与最终产品的价值链分工环节之间，从各国纺织业中间产品贸易的 CA 指数对比来看，总体呈现以下特征：（1）美国、日本、欧洲等发达国家纺织中间产品贸易的 CA 指标值小于 0 或接近于 0，说明上述发达国家在纺织中间产品领域的国际竞争力普遍较弱。（2）在“金砖”国家中，中国和印度的纺织中间品贸易表现出较强的国际竞争力，且近年来两国的 CA 指标值非常接近且变动方向趋向一致，说明两国在纺织中间品贸易领域存在较强的竞争关系。（3）柬埔寨、越南以及印度尼西亚等国在中间品贸易的 CA 指标值长期趋于负值，特别是越南和柬埔寨近年来在中间品贸易逆差有不断扩大的趋势。由于这些国家纺织业缺乏完整的产业配套体系，随着下游纺织最终消费品生产不断向越南等东南亚国家转移，他们需要从中国和印度等国进口大量的中间品以弥补国内供给不足。综上分析，美国、日本等发达国家在纺织业中间产品的国际分工中已经逐渐丧失竞争优势，其国际竞争地位正被中国和印度等国所取代。中国纺织业在中间品贸易领域与印度存在较强的竞争关系，与柬埔寨、越南以及印度尼西亚等东南亚国家则存在明显的互补关系。

（三）中国与主要贸易伙伴国在纺织最终消费产品贸易领域的竞争和合作关系

纺织业最终消费品主要是面向终端消费市场的成衣制品，是整个纺织业价值链的最后环节。纺织最终消费产品贸易领域的竞合关系存在以下特征：第一，发达国家在该分类产品贸易的 CA 指数值全部为负，相较于在纺织中间品贸易领域的竞争劣势更加突出，由于纺织最终消费品的生产环节主要集中在低附加值的劳动密集型生产部门，发达国家几乎已经退出该领域的全球价值链分工；第二，从发展中国家内部来看，印度、中国、柬埔寨、越南以及印度尼西亚等发展中国家均表现出在纺织最终消费品领域较强的国际竞争力；第三，从 CA 指数值变动趋势看，中国与印度、越南等东南亚国家在纺织最终消费品贸易领域的 CA 指数值自 2008 年之后一段时间均出现不同程度的下降，但 2017 年中国的 CA 指标值继续创出新低，而印度、越南等东南亚国家则呈现回升趋势。考虑到中国、印度、柬埔寨、越南以及印度尼西亚等发展中国家的纺织最终品出口均集中于欧、美、日等发达国家。且我国对美国纺织品消费市场依赖程度最高，在中美贸易摩擦导致双边贸易关系不确定风险增大的宏观背景下，印度、柬埔寨以及越南等周边发展中国家对我国纺织最终消费品出口的替代效应可能会进一步强化。

五、中国纺织业国内地区间产业国际竞争力差异分析

中国是一个发展中大国，地区间经济发展水平差异明显。尽管部分沿海省份的产业结构已经达到或接近发达国家水平，但广大中西部地区仍然处于城镇化和工业化进程中。截至 2018 年年末，仍有 16 个省市第三产业增加值占比小于 50%，8 个省份第一产业增加值占比大于 10%。这些地区几乎全部集中在经济欠发达的内陆省份，不利的地理位置使其在产业发展方面存在不少先天劣势。然而，近年来沿海地区加快向资本和技术密集型的战略新兴产业以及现代服务业转型升级，纺织业作为典型的劳动密集型产业受东部地区工业用地紧张、能源和资源紧缺、劳动力供应不足、环境治理成本高企等各种不利因素的影响，面临“腾笼换鸟”的产业转型压力。叶茂升（2013）曾利用超效率 DEA 模型对我国东、中、西部地区纺织业的技术效率进行了测度，研究发现，河南、河北、广西、江西、湖南、湖北、重庆以及四川等中西部省份清晰地“勾勒”出一条高效率纺织产业“走廊”，该走廊与我国“一带一路”建设的内陆沿线省份高度重合，大部分集中于长江经济带沿线省份。通过比较不同地区历年 DEA 效率值的变动，发现我国纺织业技术效率波动呈现以下特征：

第一，我国纺织业技术效率总体呈现东部地区下降与中西部地区上升的此消彼长格局。首先，东部地区纺织业技术效率均值自 1999 年达到 1.158 的历史最高点以后开始逐年下降，表明东部地区纺织业的投资环境优势正在不断减弱；其次，中西部地区纺织业技术效率于 2002 年开始稳步上升，特别是自 2004 年开始，中部地区纺织业技术效率均值开始反超并长期领先于东部地区，且效率优势在不断扩大。表明我国中部地区纺织业“后发优势”正日益凸显。

第二，从纺织业技术效率演变的区位分布来看，地理位置越靠近沿海地区的中西部省份纺织业技术效率上升越显著。从我国分省地图上不难发现，广西、江西、湖南、重庆、四川均靠近珠三角的广东、福建；河南、河北则靠近长三角的浙江和江苏。而地理位置更远的新疆、甘肃、青海、云南等西部省份，其纺织业技术效率水平仍然长期徘徊在“非有效”状态，效率值改

善幅度并不显著。这表明我国纺织业技术效率存在轮廓鲜明的地理区位梯度特征，地理位置毗邻沿海地区的中西部省份具备特有的区位优势。

第三，从引起纺织业效率损失的具体来源分析，既有投入过量导致的效率下降，也存在利润和产出亏量引起的效率损失。普遍而言，与表征“最优状态”的生产前沿面相比，沿海省份纺织业效率损失主要存在资本投入过量以及利润率偏低等方面的原因。

整体而言，一些比邻沿海地区的中西部省份纺织业技术效率水平已经超过了东部沿海地区。这一效率“势差”为东部纺织业向中西部转移创造了先决条件。另一方面，与印度、越南等东南亚潜在竞争对手相比较，我国中西部地区在法律制度以及市场效率层面并不占有明显的竞争优势，但是综合考虑国内市场规模以及产品配套集成等方面因素，我国中西部纺织业投资环境依然存在很大的改善空间，其潜在综合竞争力要优于部分东南亚国家。

第三节　中国纺织业重塑国际竞争新优势的历史机遇与主要挑战

一、中国纺织业重塑国际竞争新优势的历史机遇

（一）党的坚强领导是我国纺织业重塑国际竞争新优势最强大的制度保障

中国纺织业重塑国际竞争新优势最大的历史机遇是我国比历史上任何一个时期都更加接近实现“中华民族伟大复兴中国梦”这一伟大愿景。中国共产党领导和团结全国各族人民锐意进取、团结奋进，坚持改革开放，坚持以经济建设为中心，努力探索具有中国特色的社会主义市场经济改革的伟大理论创新和历史实践是我国最大的政治优势和制度保障。回顾中国纺织业发展历程，正是在党的正确领导下，我国纺织业经历了艰苦卓绝的市场化改革之路。自 20 世纪 90 年代以来，我国社会主义市场经济改革首先从纺织行业开始破冰，纺织业成为我国最早也是市场化程度最高的经济部门。2017 年我国民营纺织服装企业累计出口 1875.5 亿美元，占比创新高，达到 70%，成为拉动整体出口增长的唯一主动力。进入 21 世纪以来，面对全球经济增长放缓以及错综复杂的国际国内形势，我国纺织业实施以“提质增效”为导向的供给

侧结构性改革，就必须要学习和借鉴改革开放以来的成功历史经验，进一步解放和发展生产力，开放搞活，使企业成为市场竞争的主体和创新发展的原动力。只有坚持和依靠党的领导，我国纺织业才能不断深化改革创新，大力优化投资环境、切实降低营商成本、有效扭转核心技术卡脖子等关键，真正实现行业的高质量发展，因此，继续坚持和强化党的领导，是我国纺织业重塑国际竞争新优势最大的历史机遇。

（二）庞大的国内市场规模以及完善的产业配套体系为重塑我国纺织业国际竞争新优势构筑坚实基础

中国是世界上纺织服装产业规模最大、种类最多、配套体系最齐全的纺织服装生产和贸易大国，国内市场需求潜力大，国际市场份额遥遥领先世界其他国家。全球60支以上纱线生产量的80%在中国，色纺纱生产量的90%以上在中国，高档衬衫色织面料生产量的60%在中国，高档牛仔面料生产量的30%在中国，高支高密织物的生产技术主要在中国。中国纺织业在产业链各环节的制造能力与水平稳居世界前列。2018年中国化纤加工量占全球加工总量的51.28%，纺织品出口占全球出口的37.6%，服装出口占全球出口的31.3%，尤其在发达国家市场占有份额更高，占日本市场份额超过60%，占美国和欧盟市场份额35%左右。目前，一方面发达国家受制于以往“去工业化”所造成的产业结构缺失尚需要较长时间来恢复；另一方面，东南亚国家在产业配套体系方面的完整性以及高效性与我国尚存在不小差距，尤其是劳动者素质、基础设施建设、产品交货质量与交货稳定性等方面的“短板”比较明显，因此，我国纺织业相对于竞争对手所形成的“在位优势”可以为产业加快转型升级、抢占“第三次产业革命”制高点、实现纺织强国战略目标赢得足够回旋的余地和空间。

在国内市场方面，随着我国经济增长由投资和出口拉动转向内需驱动，国内消费对经济增长的贡献率越来越大。2018年我国最终消费支出对经济增长的贡献率为76.2%。消费已经成为国内经济增长的主动力。我国内需市场纤维消费量超过3000万吨，是全球总量最大、最具活力的纤维消费市场。从消费内容看，消费升级是当前消费的主旋律。中国拥有全球规模最大的中等收入群体。市场需求呈现个性化、多层次、多元化趋势，并开始从注重量的满足向追求质的提升转变。作为全球最大的发展中国家，不同层次的产品都有广阔的市场空间。在区域协调发展战略、乡村振兴战略、精准扶贫等政策影响下，三四线城市和农村消费增长强劲。同时，纺织品的市场和应用领域不断扩张，产业用纺织品发展潜力巨大。在出口受影响的背景下，内需的巨大潜力为重塑我国纺织业国际竞争新优势提供强大支撑。

（三）幅员辽阔的国土空间以及地区间经济发展梯度差异为重塑我国纺织业国际竞争新优势构“腾挪”空间

我国是发展中大国，地区之间经济增长水平和发展阶段存在较大的差异。东部沿海地区大多数已经进入发达国家的发展水平，但中、西部地区还处于工业化发展的初期或者中期阶段。我国地区间经济发展的这种梯度差异为推进东部发达地区纺织业向中西部地区转移，从而延长纺织业在我国的产品生命周期“腾挪”空间。当前，我国东部发达地区正在积极谋求从劳动密集型以及资源密集型产业向技术密集型和战略新兴产业转型升级，而广大中西部地区结合自身要素禀赋结构的比较优势，在纺织业等劳动密集型产业发展方面存在巨大的潜力和空间。改革开放40年来的历史经验表明，纺织业是富民产业，纺织业发展对于繁荣区域经济有重要意义。2019年中国百强县的前十位中，全部与纺织服装产业深度相关。广大中西部地区可以借着东部沿海地区产业转型升级的“东风”，充分利用自身的区位和要素禀赋比较优势，积极承接东部地区纺织业产业转移，从而在我国境内形成纺织业的“全域化”纵深布局，培育出新的产业竞争优势和经济增长点。

（四）信息技术革命蓬勃兴起为重塑我国纺织业国际竞争新优势注入“芯”动力

随着5G、互联网+、大数据、云计算、人工智能、物联网等新兴技术的广泛应用，现代工业正在加速向自动化、信息化以及智能化的工业4.0时代迈进。党的十九大报告指出，要推动新型工业化、信息化、城镇化、农业现代化同步发展，加快建设制造强国，推动互联网、大数据、人工智能和实体经济深度融合。随着网络信息技术在我国工业领域不断深化集成应用，纺织业也迎来了新一轮产业转型升级与技术变革创新的浪潮。（1）在纺织品生产制造方面。随着无线通信、智能手机以及传感器接口技术的发展，越来越多的联网设备或者智能对象被纳入物联网，现代化的智能生产和无人车间正在纺、织、染等传统的纺织生产环节逐步铺开，互联网在纺织品设计、生产、营销、物流等环节得到充分应用，使纺织品生产技术更加柔性化、智能化和精细化。（2）在纺织品管理控制方面。研发者通过物联网、传感器以及智能分析系统来预测市场需求变化，并对产品工业流程进行重新设计，灵活快速地满足相应客户需求；企业管理者通过智能化信息模块来监控生产、质量以及能耗等方面的实时数据，既能够提升企业内部管理效率水平，也可以对生产故障进行快速响应，实现传统纺织生产技术效率的成倍提升。（3）在纺织品营销方面。我国纺织品营销线上与线下结合、虚拟与现实融合正成为一种重要的发展趋势。根据《2017—2018中国纺织服装产业互联网发展报告》的统计，2017年我国纺织服装电子商务交易总额为5.28万亿元，同比增长18.65%，占全国电子商务交易总额的18.11%。其中，纺织服装企业间（B2B）电子商务交易额为4.09万亿元，同比增长18.55%；以服装服饰、家用纺织品为主的网络零售总额为1.18万亿元，同比增长20.08%，占全国实物商品网络零售总额的21.58%。

为了推动信息技术在纺织业领域的加速发展，近年来我国政府部门陆续出台了一系列政策文件，如国务院2017年7月印发《新一代人工智能发展规划》，11月印发《关于深化“互联网+先进制造业”发展工业互联网的指导意见》等。在国家层面不断推进以“工业互联网、大数据、人工智能”等新兴技术为标志的“智造强国”战略背景下，我国纺织业利用信息技术培育新的国际竞争新优势将迎来重大历史机遇。

（五）“一带一路”倡议为重塑我国纺织业国际竞争新优势开辟新市场

自2013年“一带一路”倡议提出以来，我国纺织业开始全面加快全球化战略布局。截至目前，我国已经与全球124个国家和29个国际组织签署了172份共建“一带一路”的合作文件，“一带一路”沿线国家成为我国纺织业推进国际产能合作的重点地区。近五年来，我国对“一带一路”沿线国家纺织业总投资和出口额分别约占同期对全球纺织业投资和出口总额的4/5和1/3，可以说纺织业无可争议地成为推动“一带一路”倡议的先导性和示范性产业。主要表现在：（1）在发达国家层面，我国首选传统纺织业强国意大利作为战略合作伙伴。意大利也是首个参与“一带一路”倡议的G7成员国，2018年纺织品营业总额达到78.6亿欧元，实现贸易顺差24.5亿欧元，其中对华纺织品出口大幅增长是拉动意大利纺织业快速发展的关键推动力。意大利纺织业出口优势主要集中在纺织机械及配件企业方面。具体包括：纺纱机、捻线机、织布机、针织机、织袜机、印染机、印刷机等，尤其是在纺织机械的绿色可持续发展方面与我国正在推动的绿色生态纺织业具有巨大的合作空间。（2）在发展中国家（地区）层面，我国纺织业主要聚焦埃及、东盟等国家，在海外生产力布局上呈现出“中国大陆+东盟+非洲”模式。例如，中国香港溢达、江苏东渡等知名纺织企业通过新加坡淡马锡控股的胜科集团投资越南、埃及、印度、缅甸等国家的纺织工业园区，借助跨国企业在工业园区管理运营方面的成功经验，加大对东盟以及非洲地区的投资力度。通过“一带一路”倡议实施，我国纺织业可以有效降低生产成本，实现与产业链上、下游优质资源的无缝对接，从而形成基于国际市场合作的国际竞争新优势。

二、中国纺织业重塑国际竞争新优势的主要挑战

（一）国际贸易环境恶化导致重塑国际竞争新优势的不确定性风险增加

随着中美贸易摩擦持续升级以及全球经济下滑风险加剧，我国企业出口面对的国际市场环境愈发不容乐观。2018 年我国出口产品共遭受 106 起贸易救济调查，案件数量相比 2017 年的 75 起上升了 41.3%。在纺织服装产品贸易救济方面，2018 年我国企业共遭受 14 起新立起诉案件，尽管涉案金额相比 2017 年下降了 51%，但是涉案数量却增长了 27.2%。美国、印度、墨西哥、阿根廷等是对华贸易救济措施的主要发起国。从短期看，由于美国对我国纺织服装产品依赖度较高，不会立即采取极端的贸易限制措施；从中长期预判，随着越南、印度以及孟加拉等发展中国家对美国纺织服装出口份额逐年上升，美国政府在国内消费可选择性增强的情况下，很可能会出于遏制中国的不良动机而增强对我国纺织服装出口企业的围堵。另一方面，随着我国纺织服装产业链下游的劳动力密集型生产环节加快向东南亚国家转移，我国与上述国家正在形成既合作又竞争的“竞合”关系，在竞争性较强的细分产品领域，印度、墨西哥、阿根廷等国正在加大对华纺织品出口的贸易保护力度。更为关键的是，不稳定的国际贸易环境将进一步打击国内纺织服装企业的投资信心，一旦产业链发生大规模转移，我国纺织业在制造加工环节所形成的强大国际竞争力将受到严峻挑战。

（二）国内体制机制不畅导致重塑国际竞争新优势的产业配套政策不够给力

改革开放以来，纺织业曾经作为我国经济发展的支柱产业，在推动国民经济增长和创造就业方面发挥了重要作用。但随着 5G、大数据、人工智能等信息技术快速发展，一些地方政府在对待纺织业发展态度上发生了微妙的变

化。首先，在某些中西部地区政府看来，要追求高质量发展就必须高起点谋划，在招商引资过程中热衷于追逐高新技术产业，对于引进纺织这类传统夕阳产业作为本地区支柱产业的积极性不高，有的甚至将纺织业视为“高耗能、高污染以及低效率”的落后产能代表，在供给侧结构性改革中成为“去产能”的主要对象。不少中西部地方政府因倾向于优先发展新兴产业，导致一些发展纺织业资源条件较好的地区因为缺乏必要的政策配套支持而错失了承接东部地区纺织业转移的发展机会；其次，在东部发达地区，一些政府部门出于维护地方经济利益的考虑，并不愿意积极推动传统产业跨地区转移，而是希望通过制定各种或明或暗的地方保护性法规，极力推动纺织这类传统产业实现区域内部的转移。由于我国地方政府部门在推动纺织业发展以及促进产业转型升级方面的政策思路不协调，相关的产业配套政策不是很“给力”，导致东部发达地区纺织业向中西部地区拓展新的竞争优势并没有达到预期的理想效果。

（三）综合成本压力上升导致重塑国际竞争新优势的难度持续增大

随着我国经济由过去的速度增长型发展模式向质量集约型发展模式转变，纺织业面临综合成本持续上升。以服装行业为例，2019 年上半年中国规模以上服装行业成本费用占比达到 94.46%。整体而言，纺织业成本上升主要表现在：第一，原材料成本持续上涨。根据 2019 年中国纺织工业联合会的春季调研报告，2018 年以来，涤纶短纤等棉型短纤维价格已经升至 2000 元/吨，涤纶长丝 POY150D 价格一度从 9300 元/吨上涨到高位的 12400 元/吨。特别是加强环保督查之后，染化料等化工产品价格上涨了近 3 倍左右，企业煤改气之后的燃料成本上升了 50%，受国家限制进口废旧瓶片的政策影响，2018 年国内回收废旧瓶片价格暴涨，再生涤纶生产企业普遍出现一定程度的经营困难；第二，工资成本不断增长。随着我国经济发展水平以及城镇生活水平提高，企业面临的用工难、用工贵以及员工老龄化问题较为突出。以福建泉州等地纺织企业为例，普通一线工人的月工资在 3500—3800 元，技术工月工资在 8000—10000 元，企业工资支出占比呈逐年上升趋势；第三，融资成本居高不下。尽管对于一些资质较好的企业，可以获得银行低息的贷款利率，但对于大多数中小型纺织服装企业而言，融资难、融资贵的问题依然较为突出。一些其余针对中小型纺织服装企业的贷款利率普遍比基准利率增加 50%—100%，且多数银行只接受企业不动产抵押贷款申请，适合中小微企业特点的信贷产品可选择性较小。第四，政府强化税收征管力度也加重了企业成本压力。过去由于税收征管不规范，部分中小型纺织服装企业可以钻政策“漏洞”，随着我国社保制度日趋完善，企业为工人缴纳的社会保障金等费用大幅增加，导致减税降费的综合效果没有达到理想预期。

（四）纺织服装企业投入创新资源有限导致重塑国际竞争新优势动力不足

党的十八大以来，我国纺织业科技创新体系不断完善，科技创新能力稳步提升，高水平科技成果进展喜人，在新型纺纱技术、染色关键技术、纤维再生技术、服装智能制造技术以及新型棉纺成套装备技术等方面均取得重要突破。但总体而言，我国纺织业的科技水平与发达国家相比还存在一定差距，特别是科技创新能力与世界纺织科技强国相比相对较弱，跟踪式研究多，领跑、原创性研究少，在一些关键技术领域还存在短板，高端科技产出占比偏低，一些核心技术、源头技术受制于人的局面仍然没有得到根本性转变。企业创新制约因素主要表现在：第一，全球经济增长乏力导致行业投资信心不足，对于持续性技术创新缺乏动力；第二，行业整体盈利能力偏低削弱了企业创新资源的投入。与其他行业相比，纺织业以中小型企业为主的市场竞争结构导致行业在社会利润分配中处于相对劣势的地位，难以汇集优质资源形成集聚效应，从而限制了企业强化技术创新的能力；第三，在核心技术、重大关键共性技术以及前沿引领技术方面创新力仍显不足，科技创新对行业发展的支撑作用有待进一步加强，科技成果转化应用方面的体制机制不通畅；第四，产融结合不充分，资本市场对于纺织业技术创新方面的支持作用力度不够。目前，无论是债券融资还是股权融资，纺织业相对于其他行业均处于相对落后的位置，与发达国家跨国纺织服装上市企业相比，我国企业在资产规模和营业收入等指标方面均存在较为显著的差距。由于缺乏资本市场的足够支持，行业在未全面实现规模化经营的条件下仅仅依靠自身资金的积累往往很难实现原创性的技术创新与突破；第五，保护创新的制度环境有待改善。有关技术创新成果转化的市场化激励机制不成熟，产权制度和法人治理结构不完善，仿冒侵权行为屡有发生，申诉维权过程复杂，导致企业往往热衷“制造”无心“创造”、重视“生产”忽略“研发”，创新发展的企业文化氛围尚未完全建立。

（五）海外市场投资风险加大，我国纺织业重塑国际竞争优势的“走出去”战略受阻

“一路一带”倡议实施以来，我国纺织业增加了对沿线国家的投资力度，

海外投资既是我国企业顺应纺织业周期性国际转移的历史发展趋势，也是行业自身转型升级的内在需要。但随着我国海外市场投资规模愈来愈大，面临的经济风险也与日俱增。主要表现在：第一，纺织业大量海外投资有可能造成国内产业的空心化。尤其是在发达国家纷纷鼓励和推动本国海外制造业回流的国际背景下，我国企业“走出去”战略如果实施地过快过猛，会导致就业机会大量流失，在新的国际竞争优势尚未完全确立之前，我国纺织产业链的集体“外迁”极有可能会将传统的国际竞争优势也“拱手让人”，从而引发该行业国际竞争优势整体“塌陷”的潜在风险。第二，纺织业“走出去”的政治不确定性风险较高。我国纺织业对外投资主要目标市场大部分集中于越南、缅甸、印度、孟加拉等东南亚发展中国家。由于美国等外部势力干预，我国与这些国家之间尚面临悬而未决的领土争端，受地缘政治影响，南海领土争议不排除将来有可能会成为引发国家之间关系紧张的导火索，甚至存在爆发区域局部冲突的可能性。因此，我国纺织业大规模对外转移存在较大的政治风险。第三，纺织业“走出去”的跨国经营风险也不容忽视。尤其是在跨文化融合、国际税收征管、外汇兑换以及银行信贷等方面，企业海外投资会面临更多的不确定性，有可能导致企业跨国经营失败，这些风险都是纺织业实施“走出去”战略不可避免的严峻挑战。

第四节　中国纺织业重塑国际竞争新优势的政策建议

一、各级政府部门要进一步统一思想，正确认识现代纺织业对于国民经济和社会发展的重大战略意义

我国重塑纺织业国际竞争新优势首先必须在思想认识和政策制定方面改变对传统纺织业的认知偏见。一般认为，纺织业作为一个典型的劳动密集型产业，对于任何一个处在工业化初期的国家都具有举足轻重的重要地位。但在工业化中后期，它的重要性容易被其他新兴产业所取代，这种行业兴衰更替的一般规律在英国、美国、日本以及“四小龙”等世界主要纺织制造中心都曾出现过。然而，中国作为一个拥有 14 亿人口的发展中大国，地域辽阔，区域经济发展不平衡的特殊国情决定了纺织业在我国具有更坚实的产业发展基础和更持久的产品生命周期。大力发展经济，充分创造就业，不断提高人

民生活水平是我国政府制定各项政策的根本出发点和落脚点。各级部门应充分认识纺织业对于“稳金融、稳就业、稳外贸、稳外资、稳预期、稳投资”的特殊重要意义。2001—2017 年，中国纺织工业净创汇 29104.14 亿美元占全国货物贸易净创汇的 74.97%。尤其在中美贸易摩擦日益加剧的国际背景下，纺织业出口对于保障国家的外汇盈余、增强市场对于人民币汇率稳定的预期发挥着不可替代的关键作用。地方政府部门应充分利用产业政策的“洼地效应”，在纺织业招商引资方面给予更大的热情和更多的政策倾斜，切实改善目前我国纺织业整体运营成本不断上升的不利局面，进一步增强企业投资信心，为重塑我国纺织业国际竞争新优势提供更加宽松的政策环境和更加有力的政策支持。

二、充分利用我国不同地区之间经济发展不平衡的梯度效应，形成层次分明，定位清晰的国内纺织服装产品价值链分工体系

改革开放以来，尽管我国纺织业拥有世界上最为完整的产业链分工体系，但大部分主要分布于沿海发达地区的纺织产业集群，受限于地理空间距离的阻隔以及地方保护主义造成的市场分割，广大中西部地区并没有完全融入东部发达省份所主导的纺织服装产业链分工体系中。因此，要充分发挥我国经济发展不平衡的梯度效应，在东、中、西部地区之间进行系统性的空间优化布局，进一步完善我国纺织业产品分工体系。第一，在中央层面，应加强顶层设计，对企业布局，产能总量控制，设备更新改造等方面提出具体指导性意见。按照提高产业效率、优化生态环境以及推进区域协调发展等原则对纺织服装产业转移进行系统规划与科学布局，避免低水平重复建设。第二，东部地区政府应积极引导本地纺织服装产业集群将劳动密集型生产环节向中西部有序转移，并集中优势资源，将 5G 技术、物联网、大数据、云计算以及人工智能等现代信息技术手段广泛应用于纺织纤维原料、高端面料、产业用纺织品、纺织机械以及绿色纺织品等领域科技研发和技术攻关，争取在纺织品智能制造，品牌营销、创意设计等制约行业发展的瓶颈与短板方面取得实质性突破，成为引领我国纺织服装产业可持续发展，建设纺织服装强国的“排头兵”。第三，中西部地区应积极支持和配合东部地区将纺织服装生产制造环节向内陆进行梯度转移，并结合自身的地理和自然资源条件积极建设集约化、协同化的特色纺织服装产业集群。第四，东部发达地区纺织龙头企业应同时利用国内和国际两个市场，积极推进产品国际化战略，通过产业链垂直转移

加快我国纺织服装品牌、标准、管理、技术走向国际市场，并拉动我国上游纺织原料和中间产品对投资东道国的出口。

三、推动我国纺织业高、中、低端协调发展，建设完善的产业链生态系统

随着全球价值链分工的深入发展，现代纺织业不再是典型的劳动密集型产业。从产业链上游的纺织原材料研发、纺织装备制造，到产业链中游的纺织中间产品生产，再到产业链下游的成衣加工，最后延伸到靠近消费终端的品牌营销，按照增加值的分布构成了一条完美的“微笑曲线”。近年来，我国纺织产业结构不断升级，在部分中、高端的产业链分工领域已经具备了较强的国际竞争力，但是尚不能完全替代传统贸易部门大规模占领国际市场。如果此时过快放弃在纺织服装产业链中的传统优势，对国家外汇储备以及国际收支安全都将造成较大的风险隐患，尤其是纺织服装产业目前创造的贸易盈余占到我国外汇总盈余七成以上，从维护国家外汇收支安全的角度，更应该尽量延长我国在纺织服装中、下游产业链的产品生命周期，为实现产业转型升级赢得时间和空间。更为重要的是，纺织服装产业链中、下游生产环节具有典型的劳动密集型要素结构特征，有助于帮助解决就业，维护社会稳定。因此，一方面在迈向现代化强国的进程中，我们不能好高骛远，罔顾自身能力条件完全放弃低端制造；另一方面，纺织服装产业链的中、高端位置是我国纺织业未来发展最终目标，我们不能满足于在产业链中、低端领域的竞争优势而故步自封，纺织产业基础较好的东部发达地区，应该紧跟国际市场竞争前沿，抢占国内纺织业产业链制高点，努力构建高、中、低端协调均衡发展的纺织服装产业链生态系统。

四、充分利用多元化金融市场，为“做大做强”纺织产业提供融资支持

尽管我国是世界上最大的纺织服装生产和出口国，但至今还没有培育出世界知名纺织服装品牌。国内处于龙头地位的纺织服装企业无论在资产规模还是盈利能力方面与 Nike、Adidas 等大型跨国企业均存在不小差距。通过与国内外纺织服装上市企业的运营效率比较后发现，我国纺织服装企业运营效率偏低，盈利能力偏弱的主要原因是企业规模远远落后于国际竞争同行。以

江浙地区为例，80%的纺织服装出口企业都属于小微企业，由于规模与资金实力有限，缺乏核心技术和自主知识产权，只能靠廉价劳动力、靠出口初级原材料、靠仿造、靠为外国品牌“贴牌组装”赚取微薄的生产利润，在国际市场竞争中必定受制于人。因此，我国纺织业要实现“做强”首先必须“做大”。具体措施包括：第一，要将培育一批具有国际竞争力的龙头企业作为行业发展重点，结合企业的管理水平、知识产权以及自主品牌等评价指标筛选一批主导企业予以重点支持。第二，重点消除各种限制企业并购重组的政策性法规，妥善运用市场化激励手段以及税收优惠政策，充分调动企业扩大生产规模的积极性。第三，金融监管部门应该放宽银行等金融机构的信贷审批自主权，鼓励各类金融机构根据企业的资产规模以及盈利能力的实际情况给予差异化的信贷支持，对于经营状况良好的纺织服装企业可以增加授信额度以及提供更加优惠的利率条件。第四，资本市场对企业并购重组面临的资金缺口应给予更大的融资支持，要在企业上市培训、行业政策、市场反馈等方面提供配套服务，推动有条件的优质企业上市融资，鼓励企业通过发行股票、债券等方式进行再融资，合理利用资本市场的杠杆效应不断扩大企业规模。

五、大力推动技术创新，提升纺织服装企业的核心竞争力

首先，在政府层面，加快技术创新的顶层设计，制定先进纺织材料、智能装备、绿色纺织以及核心零部件研发等技术创新的行业标准，完善鼓励技术创新的配套政策，规划建设一批解决行业共性技术问题的工程研究中心、科研中心，支持重点企业建设技术开发中心，加快重大关键技术的联合攻关、成果表彰与推广应用，积极引导互联网、大数据、人工智能等新兴技术与纺织行业创新融合；其次，在行业协会层面，要进一步发展各类科技中介服务机构，通过举办品牌论坛、交流对接、展览、交易会、时装周等活动协调组织纺织科研机构、大专院校、重点企业、优秀服务机构等相关单位加强“产、学、研”协同创新，在政策及组织上大力推动科技成果产业化，真正建立起以市场为基础的科技成果转移、扩散机制。最后，在企业层面，一是鼓励和推动本土大型龙头纺织服装企业在核心关键技术上加大研发力度，加强自主创新；二是强化对全球创新资源的整合力度，通过吸引国际顶尖行业人才加入项目研发团队协同攻关，逐步摆脱对发达国家高技术产品的进口依赖；三是努力向高端化纤原料、纺织面料以及智能纺织装备等产业链的

上游环节拓展延伸，通过加快对国内产业链的重组与整合，强化核心技术领域的控制。

六、借“一带一路”东风，加速我国纺织业开拓多维度国际市场空间

长期以来，我国纺织品出口高度依赖美、日、欧等发达国家市场。受全球经济增长速度放缓影响，发达国家纺织市场纷纷趋于饱和，全球贸易保护主义情绪不断升温，我国出口市场结构过于集中，不利于拓展新的国际市场空间，也大幅削弱我国纺织业抵御发达国家贸易制裁的能力。在动荡多变的国际市场环境中，我国纺织业需要保持出口市场多元性以及业务运营的灵活性。随着国家“一带一路”倡议的提出，纺织业作为我国市场化程度最高、工业化进程最早、产业国际竞争优势最明显的支柱产业必须有所作为。一方面，通过加大对发达国家纺织企业的逆向并购，获取核心关键技术，加快整合品牌、专利、渠道等资源。另一方面，鼓励企业赴越南、缅甸、孟加拉国以及印度尼西亚等东南亚国家重点投资建设服装代工企业。在“一带一路”沿线国家和地区大力发展“新经济＋”的战略对接，推动“一带一路”沿线国家产业转型升级。要以构建人类命运共同体为思想指导，共同把“蛋糕”做大，积极培育我国纺织业国际竞争优势新的增长点。

七、熟悉国际市场竞争规则，积极运用法律手段捍卫自身合法权益

随着我国纺织品服装企业国际化战略不断向纵深领域推进，针对中国纺织品服装出口的贸易摩擦将会不断加剧。我国企业在开拓海外市场过程中，必须深入研究各国市场的竞争规则，遵守东道国以及出口目标市场的法律法规。首先，针对发达国家对我国纺织品服装出口企业经常使用的反倾销、反补贴、技术贸易壁垒、绿色贸易壁垒以及企业社会责任等各种贸易保护措施，我国企业必须紧跟国际市场行情变化，掌握出口目标国相关企业发展的实际状况，避免因短期内向特定单一市场出口激增而触发了进口国政府的贸易保护预警机制；其次，加强对贸易规则的学习，一旦遭遇进口国相关部门的不实指控，要敢于积极应诉，最大限度地降低贸易制裁的负面影响；最后，面对发达国家在技术标准、环境标准、质量认证以及劳动标准方面的苛刻要求，

我国企业应该进一步加快技术创新与设备升级，争取在低碳纺织、绿色纺织、资源循环纺织等方面取得实质性技术突破；与此同时，积极参加诸如ISO9000、ISO14000、SA8000等国际标准体系认证，以高质量产品以及负责任的企业形象赢得发达国家消费者的青睐。

作者：叶茂升　南京大学长江产业经济研究院特约研究员

第五篇

推进区域协调发展

第十六章　上海自贸区政策复制与长三角高质量一体化发展

面对国内外新形势，党中央、国务院决定设立中国（上海）自由贸易试验区，致力于制度改革和政策创新，吹响新一轮改革开放的号角。于设立六周年之际，中国（上海）自由贸易试验区临港新片区于2019年8月20日正式揭牌，不仅扩大了试验区的地理范围，而且被赋予了更大的政策创新空间。与此同时，习近平主席在首届中国国际进口博览会开幕式上宣布将长江三角洲区域一体化升级为国家战略，沪、苏、浙、皖紧扣“高质量”和“一体化”两个关键，如火如荼推进长三角一体化的高质量发展。尽管长三角一体化在高质量发展方面取得了一定成就，但深层次的制度障碍亟待突破，与《长江三角洲区域一体化发展纲要》的战略定位还存在较大差距。长三角地区如果能够更好地复制上海自贸区的政策创新，将会显著加快高质量一体化的发展进程。本研究报告在梳理上海自贸区政策创新成果和长三角一体化面临主要障碍的基础上，探讨复制上海自贸区政策促进长三角高质量一体化发展的重点领域，并提出相关的对策建议。

第一节　上海自贸区政策创新

上海自贸区成立以后，坚持“大胆试、大胆闯、自主改”，进行了大量的政策创新，集中体现在以下几个方面：

一、实施“负面清单+备案制”准入管理

上海自贸区成立后第二天，立即推出了中国第一份《外商投资准入特别管理措施（负面清单）（2013年版）》，对18个行业门类进行了分类，列明了

190 条外商投资特别管理措施，创新了负面清单管理模式。此后每年不断减少负面清单长度，2019 年国家发改委、商务部发布的自贸试验区负面清单管理措施已减少至 37 条，比第一版减少了 153 条。负面清单规定了禁入领域，而在可以准入的领域，上海自贸区同时创新了外商投资管理模式，备案制成为外资准入管理的主要方式。外商投资企业备案的申报、审核、结果告知全程网上办理，办理时间压缩至 1 个工作日。上海自贸区的负面清单管理创新简化了准入管理，遵循“法无禁止即可为”原则，提高了开放的透明度。特斯拉、安本资管等一批世界头部企业纷纷在上海自贸区落户，成为引进国际资本和技术的新标杆。上海自贸区临港新片区启用一体化信息管理服务平台，分别在“一网通办”和“一网统管”两个方面进行创新实践，并探索实行工商营业执照、组织机构代码证和税务登记证“多证联办”或“三证合一”“登记制度”“证照分离”等创新制度。随着我国新一轮自主开放的快速推进，上海自贸区的“负面清单 + 备案制”管理创新空间更大。

二、建立高标准的贸易自由化制度体系

探索建设自由贸易港是上海自贸区的重要使命之一，经过六年建设已经初现端倪，高标准的贸易自由化制度体系日趋完善。一是大幅度提升货物贸易通关效率。国际贸易单一窗口和证照分离是上海自贸区两项重要的制度创新。国际贸易单一窗口建设以“一个平台、一次提交、结果反馈、数据共享”为原则，企业一次性递交所有材料，监管部门也通过一个平台将结果反馈给相关企业，实现企业与监管部门之间、监管部门相互之间的数据共享和国际贸易相关手续的“一网通办”，流程由“串联”变“并联”，通关时间大大缩短。二是率先推出自由贸易账户。自由贸易账户是一套以人民币为本外币合一的可兑换账户，由金融机构在分账核算管理的制度下运营。对标国际最高贸易投资规则，人民银行上海总部于 2014 年 5 月发布了《试验区分账核算业务实施细则和风险审慎管理细则》，并于同年 6 月正式启动试验区分账核算管理下的自由贸易账户业务。目前，已有 56 家上海市各类金融机构建立了分账核算体系，提供自由贸易账户各项金融服务，满足了企业内外贸一体化经营的需求。三是加快推进服务贸易自由化。以建设开放度最高的自由贸易试验区为目标，上海自贸区颁布实施了《中国（上海）自由贸易试验区跨境服务贸易特别管理措施（负面清单）（2018 年）》，大大促进了服务贸易自由化。四是打通离岸业务的经脉。2019 年 10 月 31 日上海自贸区发布支持离岸转手

买卖的若干措施，并设立中国（上海）自由贸易试验区离岸转手买卖产业服务中心和离岸转手买卖先行示范区，首单“一带一路”离岸贸易境内结算试点成功，离岸贸易发展进入快车道。

三、推行系列金融改革创新举措

上海自贸区在扩大金融服务业对外开放的同时，推出一系列金融改革创新举措。一是以分账核算创新为契机，拓展自由贸易账户的投融资功能和适用范围，支持境外投资者参与上海证券市场，支持海外人才在上海自贸试验区金融机构开立 FTF 账户，增强了上海自贸试验区金融服务“一带一路”功能与服务科创中心建设等。二是设立融资租赁产业发展服务中心（平台），并发布了《中国（上海）自由贸易试验区关于进一步促进融资租赁产业发展的若干措施》，包含支持融资租赁企业设立和发展、优化融资租赁产业创新发展环境、加大对融资租赁企业和人才的政策支持力度、支持融资租赁企业服务实体经济、提升融资租赁产业营商环境水平、创新政府服务模式等六个方面的服务措施。三是在市场准入和放宽金融机构外资持股比例方面不断突破。江泰再保险经纪公司、申能融资租赁有限公司、国泰世华银行（中国）有限公司等大量的首创性项目成功落户。此外，临港新片区将瞄准“更加开放、更加便利、更加自由”，打造金融开放创新新高地，将推出资金便利收付的跨境金融管理制度、自由贸易账户本外币一体化等金融改革创新举措。

四、先行先试支持科技创新政策

上海自贸区围绕科创中心建设，先行先试出台了一系列支持创新政策。一是率先试点药品上市许可持有人制度。2018 年 9 月 5 日，总部位于浦东张江的和记黄埔医药（上海）有限公司宣布，其自主研发的呋喹替尼胶囊新药上市申请获得国家药品监督管理局批准，这款新药的迅速上市，得益于上海自贸区药品上市许可持有人制度的试点。目前，药品上市许可持有人制度已吸引了 22 家申请单位，受托生产企业达 20 家，涉及试点品种 33 个，促进创新效果非常显著。二是试点引进海外人才在华永久居留新政。《中国（上海）自由贸易试验区顶尖科研团队外籍核心成员申请在华永久居留的认定细则(2018 年试行)》颁布实施，承担近五年获批且仍在进行中的国家或上海市重大项目的、注册在上海自由贸易试验区且具有独立法人资格的企事业单位项目团队中的外籍核心成员（最多可申请6人），经该重大项目首席专家或项目负责人推荐，经认定后可申请在华永久居留，为引进国际人才提供了政策保障。三是对新片区内符合条件的从事集成电路、人工智能、生物医药、民用航空等关键领域核心环节生产研发的企业，自设立之日起5年内减按15%的税率征收企业所得税。境外人才个人所得税税负差额补贴政策、外国人工作许可制度、人才签证制度等即将在上海自贸区先行试点。

第二节 长三角一体化高质量发展面临的主要障碍

长三角区域经济一体化上升为国家战略以来，在基础设施互通互联、区域经济融合发展、生态环境共保联治、社会事业联动发展等方面已经取得了一些进展，但以“高质量”和“一体化”两个关键点作为判断标准，依然面临以下几个主要障碍。

一、地区间分工协作水平不高

长三角是我国综合经济实力最强的地区之一。以2018年为例，长三角三省一市以占全国不到4%的土地面积，聚集了全国约16%的常住人口，产出了全国约23.5%的经济总量。同时，长三角地区也是我国重复建设和产能过剩较为严重的地区之一，城市之间的产业同构现象严重，地区之间分工协作水平不高。在“分灶吃饭”的财政体制和GDP考核压力下，长三角城市间产业竞争激烈，“捡到篮子里的都是菜”成为各地招商引资的热情和产业项目竞争的真实写照。地方政府揠苗助长式同构现象严重，在资本密集型产业和新兴产业领域尤为突出，钢铁、水泥、平板玻璃等传统行业过剩产能还没有消化掉，新能源汽车、生物产业等新兴产业和现代服务业又扎堆上马，很多新产品市场需求尚在培育中，供给已被人为放大。总体来看，长三角各城市产业的专业化分工协作水平不高，同构化程度较为严重，不利于区域内资源的优化配置，无法实现“1+1>2”的协同效应，是高质量一体化发展的重要障碍。造成这种现象的一个重要原因是长三角区缺乏世界级的行业领军企业，很难形成企业主导的区域内协作分工。

二、高级生产要素集聚不够

长三角一体化高质量发展离不开高级生产要素的支撑。尽管长三角地区拥有大批高等学校、科研院所、高科技园区、创新示范区等，集聚的高级人才、先进技术等在全国位于前列，但与高质量一体化发展的需求相比，仍然存在较大缺口，尤其是世界行业领军人才缺乏。区域经济一体化发展质量的高低在很大程度上表现为区域内主导产业的先进程度以及地区之间的分工协作水平，而本质上是由区域内高级生产要素的集聚水平决定的。目前长三角地区产业分工格局正在向“上海是龙头，江浙是两翼，安徽是腹地”发展，无论是上海的龙头带动作用发挥，还是苏浙皖的错位互补，都需要大量的高级生产要素作为支撑。相对来说，珠三角在深圳的带动下聚集了大量的高级生产要素，产业结构升级的速度要快于长三角。由于长三角地区具有显著的外资主导的特点，随着中美贸易摩擦不断升级，“逆全球化”兴起，吸引国外高级生产要素受到的制约越来越多。如何加快内部培养和外部引进高级生产要素，已经成为长三角高质量一体化发展的重要课题。

三、市场一体化程度有待提高

市场一体化是区域经济一体化发展的重要基础。如果商品和要素不能在区域内自由流动，无法实现资源的优化配置，也就不可能实现高质量一体化发展。近年来，长三角的商品市场一体化程度有了较大幅度提高，基本实现商品在区域内的自由流动，但要素市场的分割程度依然较高，各个地区往往对生产要素市场化配置进行行政限制，如户籍限制、劳动力流动限制、要素流出限制等。长三角要素市场一体化程度较低，主要是由行政区经济中的地方保护主义思想导致的。从欧盟的发展经验来看，实现区域经济一体化高质量发展首先要着力提高市场一体化程度，清除商品和要素流动的障碍，真正发挥市场配置资源的决定性作用。这方面是长三角高质量一体化发展需要补的“短板”。对于长三角地区来说，一体化的关键是通过制度创新进一步降低区域间要素流动的障碍，深化区域内分工，为产业协同发展创造更加良好的条件。

四、合作的激励机制不完善

长三角区域经济一体化升级为国家战略以后，各级政府部门都积极参与其中。在国家层面成立了“推动长三角一体化发展领导小组”，在省市层面成立了“长三角区域合作办公室”。2019 年 3 月，李克强总理在政府工作报告中提出编制实施长三角区域一体化发展规划纲要。同年 11 月 1 日，长三角生态绿色一体化发展示范区正式挂牌成立。目前，政府之间的协调机构在国家、省市之间组建完成，《长三角一体化发展规划纲要》和《长三角生态绿色一体化发展示范区总体方案》也已经开始实施，但在既有的行政管理体制下，每一个地方的基础设施、财政收支、社会保障等各方面相对独立运转，都有最大化本地投资和经济增长的动机。从经济社会发展水平来看，不仅沪、苏、浙、皖之间存在差别，而且各个省市内部的发展水平也参差不齐，各个地区参与一体化都有自己的计划和目的，没有良好的合作激励机制很难实现高质量一体化发展。深入分析会发现，长三角一体化高质量发展遇到的很多障碍源于地区之间合作的激励机制不完善，依靠行政推动的一体化措施在实际落实时往往被打折扣，形成了实质性的阻碍力。

第三节　复制上海自贸区政策助力长三角高质量一体化发展的重点领域

结合上海自贸区的政策创新和长三角高质量一体化发展面临的主要障碍，可以重点围绕以下几个领域复制上海自贸区政策助力高质量一体化发展。

一、复制贸易便利化政策，提高市场一体化水平

贸易便利化是上海自贸区政策创新的重要领域之一，尤其是进口贸易方面，涉及通关效率、启运港出口退税、商品检验检疫、资金结算等各个环节。这些政策创新的主要目的是提高商品和要素进出关境的贸易便利化程度，减少上海自贸区与外界之间的流通障碍，更好地融入世界经济。上海自贸区的自由贸易政策体系已经基本形成，国际贸易单一窗口制度对标最高标准的国际贸易和投资规则，极大地提高了贸易自由化和便利化水平。正如上文所述，

市场一体化是长三角高质量一体化发展的重要障碍之一，复制上海自贸区的贸易便利化政策，既可以提高长三角一体化程度，也可以为全国建立统一大市场提供重要经验。

长三角市场一体化发展相对滞后的主要障碍在体制机制，重点是要素市场一体化，通过复制上海自贸区的自由贸易政策可以大大加速一体化进程。一是长三角各地区的商检、运输、工商等部门密切跟踪这方面的政策创新，第一时间在本地区复制，加强政府机构之间合作，解决商品和要素市场一体化的“最后一公里”问题，消除影响商品和要素流动的体制机制障碍。二是抓住上海自贸区的自由贸易政策创新与中国国际进口博览会影响力不断扩大的叠加机遇，沪、苏、浙、皖主动扩大进口，通过引入外部竞争者打破一些产品的垄断，进一步提高长三角地区市场一体化水平。三是将上海自贸区的自由贸易政策融入《关于长三角区域市场体系一体化建设的合作备忘录》，大力实施“营商环境联建、重点领域联管、监管执法联动，市场信息互通、标准体系互认、市场发展互融，逐步实现统一市场规则、统一信用治理、统一市场监管”的“三联三互三统一”工程，推动长三角地区市场体系一体化建设。

二、复制对外开放政策，推进更高水平协同开放

改革开放以来，长三角地区一直是中国对外开放的前沿阵地，外向型经济的各项指标引领全国发展，不仅本土企业的国际竞争力日益增强，而且集聚了大量的跨国公司地区总部，是名副其实的世界制造业基地。面对国内外新形势，《长江三角洲区域一体化发展纲要》给予长三角的战略定位是“新时代改革开放新高地”，未来一段时间的对外开放依然任重道远。作为“一带一路”的交汇点和长江经济带的龙头，长三角地区需要密切跟踪上海自贸区对外开放政策创新，率先复制，推进高水平协同开放，为高质量一体化发展提供良好的外部环境。

上海自贸区在跨境服务贸易、离岸业务、外资市场准入等进行了一系列政策创新。一是复制跨境交付、境外消费、自然人模式下服务贸易准入制度，积极引进境外专业服务行业，有序推进服务贸易创新发展试点，提升长三角服务业对外开放水平。二是发挥好中国国际进口博览会的平台优势，加快复制上海自贸区进口贸易自由化相关政策，争取在新一轮基于内需的对外开放中走在全国前列，可以为长三角高质量一体化发展虹吸更多的全球高级生产

要素。三是降低新能源汽车、新材料、电子信息等行业进入门槛，积极招引全球500强和行业龙头企业，共同开拓建立全球创新链、产业链、供应链。四是充分挖掘自由贸易账户在“走出去”方面的潜力，扩大长三角地区对外投资，进一步优化结构、拓展布局、创新方式、提升水平，共同推动对外投资可持续高质量发展。

三、复制政府管理创新，打造国际一流营商环境

在上一轮对外开放过程中，长三角地区充分发挥产业基础、区位等方面优势，吸引跨国公司将部分生产环节布局在长三角，迅速融入全球价值链，引进外资、进出口额等指标位居全国前列，成为重要的世界制造基地。但随着土地、劳动力等要素成本的上升，中美贸易摩擦增多，长三角高质量一体化发展面临的内外环境已经发生了巨大变化，集聚全球高级生产要素亟需由成本和政策优势向营商环境优势转变。如何吸引全球高质量生产要素是支持长三角高质量一体化建设过程中面临的一个重要课题。相对来说，高级生产要素对营商环境更加敏感。尽管一个地区的营商环境与多个因素相关，但很大程度上由该地区的政府管理水平决定，尤其是简政放权、法治建设等方面对打造营商环境具有重要影响。

上海自贸区在政府管理方面进行了大量的创新，先行先试了负面清单、“多证联办”或“三证合一”“登记制度”“证照分离”等。临港新片区一体化信息管理服务平台的启用，标志着上海自贸区临港新片区在政务服务和风险防控方面的先行先试再一次走在全国前列。上海自贸区对所有涉企经营许可事项实行全覆盖清单管理，证照分离按照直接取消审批、审批改为备案、实行告知承诺、优化审批服务等四种方式分类推进改革，探索创新和加强事中事后监管的有效方式。尽管浙江的“最多跑一次”、江苏的“不见面审批”、安徽的“一张网一扇门”等在简政放权、提高政府工作效率等方面取得了很大进步，但与上海自贸区的政府管理模式创新仍存在一定差距，临港新片区在“一网通办”和“一网统管”两个方面进行了创新实践。长三角地区各级政府部门可以在各自政府管理创新基础上，积极复制上海自贸区的政府管理创新进一步优化营商环境，在新形势下增强对全球高级生产要素的吸引力，为高质量一体化发展提供强有力的要素支撑。

四、复制创新支持政策，提升长三角自主创新能力

创新是长三角一体化高质量发展的重要驱动力，也是衡量一体化发展质量高低的重要指标。尽管长三角的创新能力有了很大提高，但缺乏华为、腾讯等这样的行业领军企业，高质量一体化发展面临地区之间分工协作难以深化的难题，区域经济一体化高质量发展的经济基础还需要进一步夯实。长三角高质量一体化发展首先表现在产业发展水平和地区之间分工协作水平方面。当今世界，随着全球价值链分工不断深化，无论是国家之间竞争，还是企业之间竞争，都越来越取决于技术水平高低。在中美贸易摩擦增多和科技竞争加剧的背景下，长三角地区的产业升级以及深化地区之间分工协作必将主要依赖于自身创新能力的提升。

上海自贸区出台了一系列支持创新的政策，比如药品上市许可持有人制度、关键核心领域研发企业减按15%的税率征收企业所得税、海外人才在华永久居留新政、人才签证制度等。这些创新支持政策解决了创新的激励机制、人才引进等问题，可以进一步激发创新活力。长三角地区拥有良好的产业基础、浓厚的创新文化、丰富的创新载体，拥有上海张江、安徽合肥2个综合性国家科学中心，以及全国约1/4的“双一流”高校、国家重点实验室、国家工程研究中心。区域创新能力强，年研发经费支出和有效发明专利数均占全国1/3左右，上海、南京、杭州、合肥研发强度均超过3%。在此基础上，复制上海自贸区的创新支持政策可以大大提高长三角自主创新能力。一方面，复制上海自贸区创新支持政策可以激发本地区企业和人才的创新积极性，增加创新投入，提高创新绩效；另一方面，可以吸引更多的创新要素向长三角地区集聚，增强创新能力，助力长三角高质量一体化发展。

五、复制金融创新政策，支持实体经济高质量发展

上海自贸区利用国际金融中心的独特优势，大胆地进行了很多金融创新，在支持实体经济方面取得一些宝贵的经验。改革开放以来，长三角地区实体经济综合实力不断增强，进入世界500强的企业逐步增加，在电子信息、生物医药、高端装备、新能源、新材料等领域形成了一批国际竞争力较强的创新共同体和产业集群。但在外部环境趋紧和国内经济下行压力加大的双重影响下，部分企业出现了融资难、业绩下滑的困境，亟需金融机构和资本市场

给予支持。实体经济是长三角高质量一体化发展的微观基础，没有微观基础的高质量发展，也就没有区域一体化高质量发展。

复制上海自贸区的金融创新政策在支持长三角实体经济高质量发展方面具有广阔的空间。一是在监管部门许可下积极复制上海自贸区分账核算创新，不仅可以促进贸易便利化，还可以进一步拓展自由贸易账户的投融资功能，创新境外融资渠道，缓解企业融资难问题。二是以新版《外商投资准入特别管理措施（负面清单）（2019年版）》颁布实施为契机，复制上海自贸区金融创新政策，积极引进再保险、租赁等新业态，可以为长三角地区金融发展注入新活力，增强金融支持实体经济的基础。三是复制上海自贸区“长三角协同优势产业基金”运作模式，苏、浙、皖大型企业牵头发起设立类似基金，加大对硬科技等投入，支持实体经济高质量发展，加速长三角产业链深度融合。

第四节　对策建议

复制上海自贸区政策创新是实现长三角高质量一体化发展的重要抓手，可以有效化解一体化高质量发展中面临的一些障碍。在具体政策上，建议做好以下几个方面：

一、允许苏、浙、皖率先复制上海自贸区政策创新

长三角区域一体化作为国家战略，肩负着为整个国家发展空间布局提供战略支撑、突破行政利益固化藩篱建立统一市场等重要任务。为了实现长三角高质量一体化发展，国家在可控的条件下应允许苏、浙、皖率先复制上海自贸区政策创新。一方面，苏、浙、皖拥有雄厚的产业基础，且与上海形成了一定的协作分工，复制上海自贸区政策具有得天独厚的条件；另一方面，允许苏、浙、皖率先复制上海自贸区政策可以为全国推广积累一些宝贵经验，尤其是一些具有重要意义但暂时又不能在全国推广的政策创新，可以率先在苏、浙、皖复制。考虑到可操作性，实践中可以根据政策的不同类型采取不同的策略，对于复制难度适中的政策可以在苏、浙、皖全面铺开，而对于需要谨慎开放的一些政策，比如自由贸易账户等，可以采取渐进的方式进行复制，首先在中国（江苏）自由贸易试验区、中国（浙江）自由贸易试验区、

中国（杭州）跨境电商综合试验区等复制，然后在综合保税区、出口加工区、创新示范区、高新区、开发区等特定区域复制，最后在整个长三角地区复制。通过允许苏、浙、皖率先进行分类复制和渐进复制的方式，既可以促进上海自贸区政策创新，也可以加快长三角高质量一体化发展。

二、建立上海自贸区与一体化示范区联动机制

长三角生态绿色一体化发展示范区（以下称一体化示范区）于2019年11月1日正式揭牌，标志着长三角高质量一体化发展进入新阶段。一体化示范区不仅自身要进行大胆的政策创新，探索长三角高质量一体化发展的新路径新方法，而且要复制上海自贸区的政策创新，在示范区先行先试。为了达到更好的效果，上海自贸区与示范区之间需要建立联动机制，在制度创新、信息共享等方面加强沟通，形成互动融合关系，放大制度创新的经济效应和示范效应。根据长三角高质量一体化发展的需要，一体化示范区也可以借鉴江阴——靖江工业园的“飞地模式”，在沪、苏、浙、皖建立“飞地式”示范区，比如长三角创新一体化发展示范区等，赋予更加广阔的制度创新空间，为长三角高质量一体化发展积累宝贵经验。尽管上海自贸区主要在对外开放方面进行创新，但取消对外贸易投资壁垒与长三角内部一体化存在很多相似之处，通过建立上海自贸区与一体化示范区联动机制可以有效推动长三角高质量一体化发展。

三、苏、浙、皖主动对标上海自贸区政府管理创新

长三角高质量一体化发展的重要基础是市场一体化，这就需要苏、浙、皖突破地方利益固化藩篱，以将改革进行到底的决心和勇气，注重制度创新，降低制度成本。制度成本的核心在于地方行政壁垒，行政壁垒越高，要素流动的制度成本就越大。上海自贸区在政府管理创新，简政放权，推进投资和贸易自由化方面走在全国前列，苏、浙、皖各级政府要主动对标，厘清政府和市场的边界，在更好发挥政府作用的同时，更加注重使市场在资源配置中起决定性作用，利用市场的力量打破行政壁垒和市场壁垒。当前最急迫的是减少政府对市场的行政干预，调整各地的产业政策，逐步向中性竞争政策转变，尤其是要减少补贴导致的资源错配现象，允许长三角内的行业领军企业通过资本市场对区域内的企业进行兼并重组，以市场化手段化解产能过剩，

进而实现由龙头企业主导的区域内深层次分工协作，奠定长三角高质量一体化发展的微观基础。

四、正确处理好虹吸效应与高质量一体化关系

长三角高质量一体化发展既需要上海发挥“龙头”带动作用，也需要增强上海的辐射效应。尽管长三角地区还有中国（江苏）自由贸易试验区和中国（浙江）自由贸易试验区，但在经济体量和政策创新能力方面远不如上海自贸区。一方面，长三角高质量一体化发展需要上海集聚尽可能多的全球高级要素；另一方面，上海自贸区的虹吸效应日益增强势必会弱化江、浙、皖参与建设长三角高质量一体化的能力和积极性。这就决定了通过简单地复制上海自贸区政策创新很难实现长三角高质量一体化发展。为了处理好上海自贸区虹吸效应与高质量一体化发展的关系，建议在上海自贸区与江浙自由贸易试验区以及其他特定区域之间建立协同创新发展机制，鼓励临港片区产业与长三角内产业之间形成良性互动，支持新片区优势产业向长三角地区拓展形成产业集群，深化区域内分工协作，放大辐射带动效应，促进长三角高质量一体化发展。

五、营造激励容错氛围加快复制上海自贸区政策

加快复制上海自贸区政策创新对于实现长三角高质量一体化发展至关重要，需要充分调动广大干部群众的积极性、主动性和创造性，因地制宜，与当地实际结合，最大化政策复制的经济效应。一方面，长三角各地区根据《长江三角洲区域一体化发展纲要》找准定位，积极融入长三角高质量一体化发展之中，与其他地区错位竞争，形成具有鲜明地方特色的产业体系；另一方面，要将复制上海自贸区政策纳入绩效考核之中，加大奖励力度，鼓励各地密切跟踪上海自贸区政策创新，尽快在当地复制，提高政府管理水平和开放程度，改善营商环境。同时，在政策复制过程中，对主观上出于公心、履行尽职，客观上由于不可抗力、难以预见等因素出现工作失误，且没有造成重大损失，按程序予以容错，尽快在整个长三角形成复制上海自贸区政策的良好氛围。

作者：杜苏运　南京大学长江产业经济研究院特约研究员

第十七章　长江经济带产业协调发展机制研究

长江经济带发展战略是我国经济高质量发展阶段的区域开放开发重大国家战略之一。围绕长江这一黄金水道，长江经济带战略是要打造跨越长江上中下游11个省市的内河经济带、协调发展带、对内对外开放带和生态文明先行示范带。同时，协调发展是中国特色社会主义进入新时代的五大发展理念之一，包括区域协调、城乡协调、精神文明和物质文明协调、经济建设和国防建设融合四方面的协调。长江经济带战略的落实也需要贯彻协调发展理念，围绕协调发展理念来推进长江经济带的高质量发展步伐，切实推进这四方面的协调发展。

但需要强调的是，产业协调是这四方面协调的基础。只有产业协调发展，才能缩小区域差距和城乡差距。文化产业与非文化产业的协调能保证精神文明和物质文明的协调，且军工产业与民品产业的协调发展才能保证经济建设与国防建设的融合。显然，长江经济带战略实施也必须符合协调发展新理念的要求，也必须关注产业协调发展问题，而三次产业协调是产业协调的首要要求与内涵。本章重点在三次产业层面上，研究长江经济带产业的协调发展问题，依次分析其总体情况与存在问题并给出政策建议。

第一节　长江经济带产业协调发展总体情况

长江经济带覆盖上海、江苏、浙江、安徽、江西、湖北、湖南、重庆、四川、云南、贵州等省（市），面积约205万平方千米，占全国21%，人口与GDP均超过全国的40%。长江经济带生态地位重要，综合实力雄厚，发展潜力巨大。按照2016年公布的《长江经济带发展规划纲要》，长江经济带要形成“一轴、两翼、三极、多点”的发展新格局。“一轴”是指以长江黄金水道为依托，发挥上海、武汉和重庆的核心作用，以沿江主要城镇为节点，构建沿江绿色发展轴。“两翼”是指发挥长江主轴线的辐射带动作用，向南北两侧腹地延伸拓展，提升南北两翼支撑力。“三极”是指以长江三角洲、长江中游和成渝三个城市群为主体，发挥辐射带动作用，打造长江经济带三大增长极。“多点”是指发挥三大城市群以外地级城市的支撑作用，以资源环境承载力为基础，不断完善城市功能，发展优势产业，建设特色城市，加强与中心城市的经济联系与互动，带动地区经济发展。

本章以长江经济带三次产业层面的协调程度为重点研究对象，探讨其三次产业协调度的变化及其特征。本章以耦合协调度作为衡量长江经济带九省两市三次产业协调度的衡量指标，耦合协调度是将三次产业作为三个子系统，测算它们之间的协调程度。原始数据包括长江经济带九省两市第一产业、第二产业和第三产业的年度增加值，时间跨度为2002—2017年，原始数据均来自Wind资讯。按照耦合协调度测算四步法，分别得到这九省两市在相应年份的三次产业协调发展度。耦合协调度指标值定义区间为［0，1］，数值越大，代表三次产业之间的协调发展程度越高。

为了反映长江经济带上中下游各区域内各省市三次产业协调发展度的差异，本报告还将长江经济带九省两市分为了长江上游、中游、下游三个区域分别汇报区域内各省市的三次产业协调度。此外，为了衡量长江上游、中游和下游区域间三次产业协调发展度的差异，本报告将各区域内各省市三次产业协调发展度取平均数，作为该区域的三次产业协调发展度，再与长江经济带九省两市整体的平均三次产业协调发展度汇报比较。最后，为了体现长江经济带区域内不同发展程度省市间的差异，本报告选取上海和贵州作为两个代表性省市进行对比分析。

三次产业的耦合协调度测算中需要设定三次产业的综合评价得分权重，有两种设定方式。图17－1是以1/3为综合评价得分权重，图17－2是以对应年份的三次产业产值占比为综合评价得分权重。这两者分别都包括图17－2（1）—（5）。图17－2（1）（2）（3）分别是长江上游、中游、下游区域内各省市三次产业协调发展度变动情况，图17－2（4）为长江上游、中游、下游区域与长江经济带九省两市平均三次产业协调发展度，图17－2（5）为代表性地区三次产业协调发展度的比较。

图17－1、图17－2表明，整体上，长江经济带各省市三次产业的协调程度增长稳定。改变综合评价得分权重并不能改变这一结论。如图17－1（4）和图17－2（4）所示，从长江上游、中游和下游三个区域来看，三次产业协

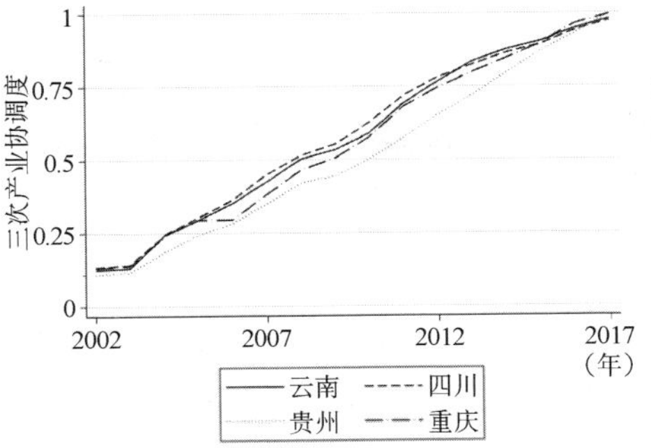

（1）上游地区

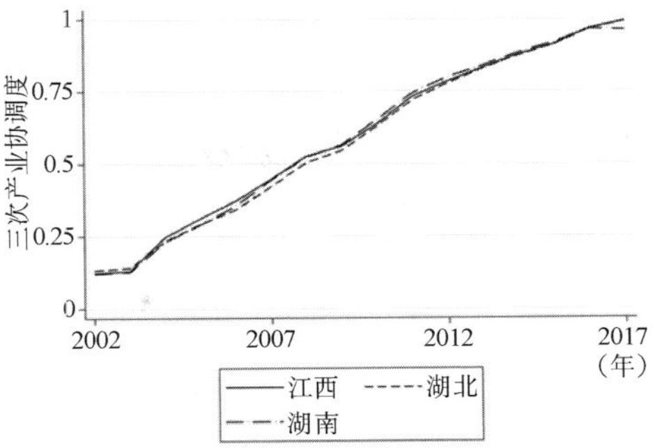

（2）中游地区

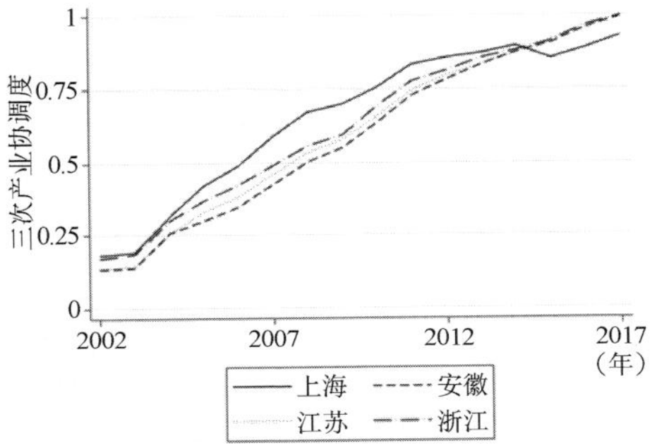

（3）下游地区

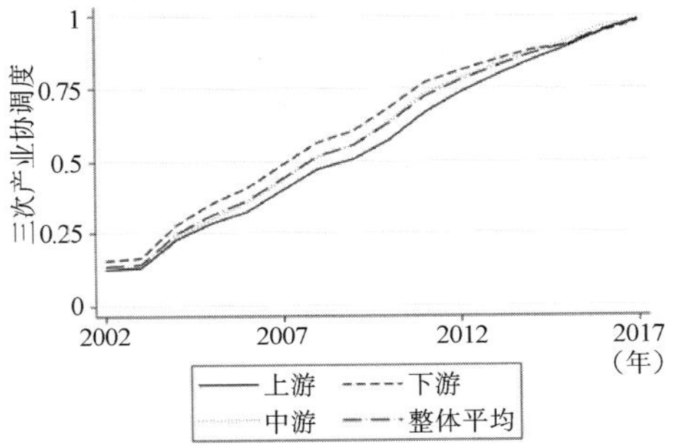

（4）长江上中下游与长江经济带整体

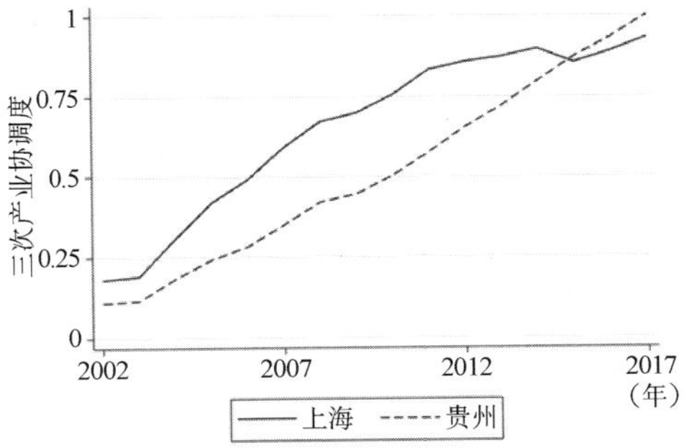

（5）上海和贵州三次产业协调度比较

图 17－1　2002—2017 年三次产业协调度（以 1/3 为综合评价得分权重）

调度呈现出下游地区 > 中游地区 > 上游地区的关系。这说明随着经济发展水平的提高，三次产业协调度也逐步上升。

本章采用客观的四分位，将［0，1］从低到高平均分为四个区间，对应于低水平、中等水平、较高水平和高水平四个阶段的三次产业协调发展区间。图 17－1 和图 17－2 都说明，长江下游地区在 2002—2003 年处于三次产业协调发展的低水平阶段，接下来 4 年则上升到中等水平阶段，然后在 2009 年左右踏入较高水平，并在 2012 年达到高水平的协调程度。中游地区在 2002—

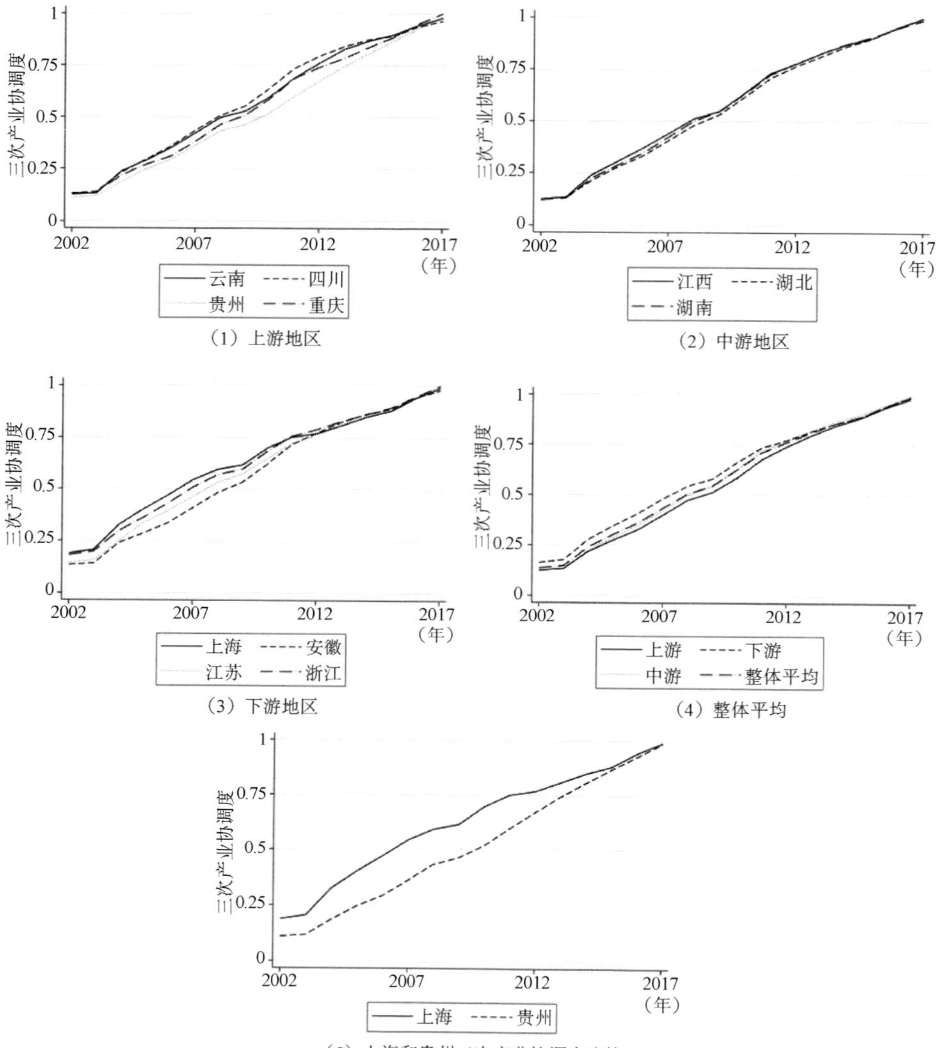

（1）上游地区

（2）中游地区

（3）下游地区

（4）整体平均

（5）上海和贵州三次产业协调度比较

图 17－2　2002—2017 年三次产业协调度（以三次产业产值占比为综合评价得分权重）

2004 年处于三次产业协调发展的低水平阶段，接下来 4 年则上升到中等水平阶段，然后在 2009 年左右踏入较高水平，并在 2012 年达到高水平的协调程度。上游地区在 2002—2004 年处于三次产业协调发展的低水平阶段，接下来 4 年则上升到中等水平阶段，然后在 2009 年左右踏入较高水平，并在 2013 年达到高水平的协调程度。这说明在跨越三次产业协调度的不同阶段时，上游和中游地区相比下游地区，存在一定的滞后。这也与上游、中游地区整体的三次产业协调程度低于下游地区一致。

在图 17 - 1（3）、图 17 - 2（3）的长江下游地区中，上海领先跨越三次产业协调度阶段，浙江次之，江苏第三，安徽最后；在达到高水平阶段后，四省市呈现出趋同的态势。在图 17 - 1 中，上海甚至被反超，这主要是由于上海在 2014 年后第一产业产值规模持续下降，影响三次产业之间的协调性和稳定性。下游四省市间的三次产业协调度趋同态势，直接受益于长三角一体化的重大战略。2008 年 9 月 16 日，国务院颁布《关于进一步推进长江三角洲地区改革开放与经济社会发展的指导意见》，提出要把长三角地区建设成为亚太地区重要的国际门户、全球重要的先进制造业基地、具有较强国际竞争力的世界级城市群。在此之后，长三角地区的协同、协作发展进一步加强，这种合作共赢的发展动力既来自政府的推动，也出于企业的推动。2018 年长三角一体化发展上升为国家战略后，长三角三次产业协调度随着一体化发展而进一步提高。

在图 17 - 1（2）和图 17 - 2（2）的长江中游地区中，江西、湖北和湖南三省三次产业协调发展在各个时点基本趋同，说明三省的三次产业协调发展变化程度相近。作为地理、文化上都紧密相连的区域，三省所面对的发展新问题在于如何利用自身优势差异化发展，避免同质化竞争。作为中部地区崛起的关键组成部分，三省如何顺应经济梯度转移趋势？如何处理好引导和支持东南沿海地区产业转移与自身产业协调发展间的关系？这些都是这三省进一步提高三次产业协调度要面对的主要挑战。

在图 17 - 1（1）和图 17 - 2（1）的长江上游地区中，呈现出四川领先跨越阶段、重庆和云南较为趋同、贵州最后的特征。四川与贵州的最大差距在 2 年左右。四川作为上游地区中三次产业协调发展的领头羊，采取以省会成都集聚资源，带动全省三次产业协调发展的“强省会”模式。贵州与区域内另外两省一市的差距在 2012 年后迅速缩小，这可能得益于 2012 年初国务院发布的《国务院关于进一步促进贵州经济社会又好又快发展的若干意见》。该文件要求贵州加强交通基础设施建设，提高发展支撑能力；同时全面实施“三位一体”规划，增强可持续发展能力等。此后随着贵广高铁、沪昆高铁、成贵高铁等开建开通，困扰发展的交通条件得到改善，贵州发展进入新阶段，三次产业协调度迅速缩小与相邻省市的差距。

上海是长江经济带中经济社会发展水平最高的城市，而贵州则是相对滞后的省份。图 17 - 1（5）和图 17 - 2（5）是上海和贵州三次产业协调度的比较分析。从两者跨越三次产业协调度发展阶段的时间来看，上海领先贵州3—5年，在2010年前后两者发展差距巨大；迈入协调发展高水平阶段后，两者的差距迅速缩小。两者的对比也揭示了长江经济带三次产业协调发展的最主要特征，即上、中、下游间协调发展程度存在梯度差异，由下游至上游协调发展程度递减。2010年后，尤其是跨入高水平阶段后，上海和贵州三次产业协调度的差距迅速缩小，体现出在我国进入高质量发展阶段后，新发展理念下协调发展对于缩小不同地区三次产业协调度的差距起到了重大作用。

第二节　长江经济带产业协调发展的问题分析

长江经济带具备较好的产业基础，产业门类相对齐全，三次产业整体规模和结构都在全国处于相对领先的位置。例如，长三角是全国工业最为发达的地区，而长江经济带整体的第三产业水平都相对较高。但是长江经济带的上游、中游和下游之间存在明显的经济梯度落差，长江经济带优势工业从下游往上游，体现高附加值工业向中低附加值工业的转变。这进而导致长江经济带不同地区的产业发展不平衡现象非常明显。2004年长江经济带下游省份就已经迈向工业化的高级阶段，企业实力雄厚，地区产业集聚明显；而中游和上游部分省份产业结构层次不仅落后于下游省份，甚至落后于全国平均水平。同时，长江经济带下游省份三次产业发展也有其特定的难题，主要是产业快速发展导致要素资源匮乏，无法满足产业发展的要求，尤其是能源和土地的限制条件愈发凸显。另外需要指出的是，长江经济带整体上还存在一定的产业同构现象，下游省份的主导产业重复率较高，中游和上游省份也存在支柱产业重叠的现象。

本报告采用广泛应用于区域产业结构等方面研究的偏离—份额分析法，以我国整体三次产业增加值为参照系，揭示长江经济带九省两市三次产业的相对增长变化与动力来源，从而更为深入地揭示长江经济带三次产业协调发展存在的问题。本报告将2002—2017年分为2002—2011年（以下称前期）和2012—2017年（以下称后期）两个区间，在两个区间内分别研究总增长量G、份额分量N、产业结构转移分量P、竞争力偏离分量D和总偏离量G—N，计算结果如表17-1和表17-2所示。原始数据来源于国泰安数据库和Wind资讯。

表 17－1 2002—2011 年长江经济带各市产业偏离—份额分析结果统计表

区域	省份	产业	总增长量 G	份额分量 N	产业结构转移分量 P	竞争力偏离分量 D	总偏离量（G－N）
下游	上海	第一产业	36.70	21.73	141.63	－126.66	14.97
		第二产业	5363.20	3643.85	4553.47	－2834.12	1719.35
		第三产业	8387.03	3728.49	5097.00	－438.46	4658.54
	江苏	第一产业	1945.65	275.58	1796.24	－126.18	1670.07
		第二产业	19652.30	7886.71	9855.47	1910.12	11765.59
		第三产业	16880.56	5359.89	7327.21	4193.46	11520.67
	浙江	第一产业	889.04	170.90	1113.90	－395.76	718.14
		第二产业	12573.58	5657.53	7069.83	－153.78	6916.05
		第三产业	11060.23	4221.19	5770.55	1068.50	6839.04
	安徽	第一产业	1242.76	190.24	1239.98	－187.46	1052.52
		第二产业	6757.17	2205.34	2755.87	1795.96	4551.83
		第三产业	3731.61	1683.52	2301.45	－253.36	2048.09
中游	江西	第一产业	855.09	131.99	860.27	－137.17	723.10
		第二产业	5438.78	1352.25	1689.82	2396.71	4086.53
		第三产业	2958.47	1302.52	1780.60	－124.65	1655.95
	湖北	第一产业	1862.30	174.10	1134.77	553.43	1688.20
		第二产业	7369.89	3475.29	4342.83	－448.23	3894.60
		第三产业	5424.44	2465.85	3370.92	－412.33	2958.59
	湖南	第一产业	1920.78	208.64	1359.88	352.27	1712.14
		第二产业	7624.79	2468.17	3084.31	2072.31	5156.62
		第三产业	5783.05	2376.43	3248.69	157.93	3406.62
上游	重庆	第一产业	528.74	77.76	506.84	－55.86	450.98
		第二产业	4715.49	1175.76	1469.27	2070.45	3539.73
		第三产业	2795.84	1120.20	1531.36	144.28	1675.64
	四川	第一产业	1955.89	253.05	1649.38	53.46	1702.84
		第二产业	9046.69	2816.61	3519.72	2710.37	6230.08
		第三产业	5148.98	2523.32	3449.49	－823.83	2625.66
	贵州	第一产业	445.39	69.15	450.75	－74.51	376.24
		第二产业	1719.65	674.41	842.77	202.47	1045.24
		第三产业	2351.76	581.13	794.43	976.20	1770.63
	云南	第一产业	940.51	115.86	755.18	69.47	824.65
		第二产业	2828.84	1351.84	1689.30	－212.30	1477.00
		第三产业	2891.45	1096.35	1498.75	296.35	1795.10

在 2002—2011 年这个前期内，在总增长量，即实际增长情况上，长江经济带所有省份三次产业的总增长量均为正，这说明这些省份的三次产业发展

领先于全国水平。所有省份第二产业总增长量要远大于第一产业，工业化进程明显。当然，下游省份第二产业总增长量超过第一产业的程度更大。大多数省份第二产业总增长量超过第三产业，但是上海、贵州、云南除外。这也说明在前期，长江经济带大多数省份都还是以工业化为主，第二产业发展领先。上海第三产业总增长量超过第二产业，并不意外，这与上海处于改革开放最前沿的特殊地位有关。但是贵州、云南第三产业总增长量超过第二产业，略有意外，可能存在三次产业结构上的不足，过早失去工业化的动力。

份额分量反映按照全国水平，长江经济带各省三次产业的增长情况。长江经济带各省所有产业三次份额分量均保持增长，大多数省份第二产业份额分量超过第三产业，再超过第一产业，不做重点分析。产业结构转移分量反映特定产业的内部结构优化导致的增长情况。前期内，长江经济带各省的第一、第二和第三产业的产业结构转移分量均为正，都体现出结构优化带来的产业规模增长。第一产业的产业结构转移分量最小，大多数省份的第二产业结构转移分量最大，第三产业结构转移分量居中。总偏离量是总增长量减去份额分量的差。在前期，和全国三次产业的增长情况相比，长江经济带三次产业都保持了增长更快的态势。

竞争力偏离分量包含的因素较为复杂，受到区位、企业经营管理和投资等各方面因素的影响。前期内，上海的三大产业，江苏、重庆的第一产业，浙江的第一、第二产业，安徽和江西的第一、第三产业，湖北的第二、第三产业，四川的第三产业，云南的第二产业，都是竞争力偏离分量为负。尽管无法直接确认竞争力下降的具体因素，但该结论说明在2002—2011年期间，部分省份的部分产业出现竞争力下滑的情况。

表 17－2　2012—2017 年长江经济带各市产业偏离—份额分析结果统计表

区域	省份	产业	总增长量 G	份额分量 N	产业结构转移分量 P	竞争力偏离分量 D	总偏离量（G－N）
下游	上海	第一产业	－17.02	2.65	25.46	－45.13	－19.67
		第二产业	1475.90	1280.61	1548.00	－1352.71	195.29
		第三产业	8992.39	4088.23	4935.25	－31.09	4904.16
	江苏	第一产业	626.87	70.83	681.10	－125.07	556.04
		第二产业	11532.92	4421.86	5345.13	1765.93	7111.06
		第三产业	19651.75	7881.44	9514.37	2255.94	11770.31
	浙江	第一产业	266.04	34.56	332.33	－100.85	231.48
		第二产业	4915.76	2823.18	3412.66	－1320.08	2092.58
		第三产业	11921.13	5255.13	6343.91	322.09	6666.00

续表

区域	省份	产业	总增长量 G	份额分量 N	产业结构转移分量 P	竞争力偏离分量 D	总偏离量（G－N）
下游	安徽	第一产业	403.54	45.15	434.12	－75.73	358.39
		第二产业	3433.44	1533.33	1853.48	46.63	1900.11
		第三产业	5968.97	1886.24	2277.04	1805.69	4082.73
中游	江西	第一产业	315.03	31.50	302.91	－19.38	283.53
		第二产业	2685.39	1131.89	1368.23	185.27	1553.50
		第三产业	4057.01	1503.39	1814.87	738.75	2553.62
	湖北	第一产业	680.19	59.03	567.63	53.53	621.16
		第二产业	4248.65	1824.88	2205.91	217.86	2423.77
		第三产业	8298.80	2750.89	3320.84	2227.07	5547.91
	湖南	第一产业	－5.81	62.25	598.60	－666.66	－68.06
		第二产业	3639.07	1712.93	2070.58	－144.44	1926.14
		第三产业	8115.47	2896.68	3496.83	1721.96	5218.79
上游	重庆	第一产业	336.08	19.48	187.30	129.30	316.60
		第二产业	2609.43	974.17	1177.57	457.69	1635.26
		第三产业	5069.62	1506.19	1818.25	1745.19	3563.43
	四川	第一产业	965.14	68.32	656.98	239.84	896.82
		第二产业	1994.85	2010.77	2430.61	－2446.53	－15.92
		第三产业	10147.43	2762.20	3334.49	4050.75	7385.23
	贵州	第一产业	1140.36	18.48	177.72	944.17	1121.88
		第二产业	2750.60	436.54	527.68	1786.38	2314.06
		第三产业	2797.67	1100.13	1328.06	369.48	1697.54
	云南	第一产业	683.82	34.28	329.67	319.86	649.54
		第二产业	1785.77	720.49	870.93	194.36	1065.28
		第三产业	3597.28	1419.49	1713.59	464.20	2177.79

在后期，即2012—2017年期间，长江经济带各省三次产业的总增长量绝大部分都保持增长，但是上海第一产业和湖南第一产业出现负增长。上海由于产业结构高度服务化，第一产业负增长并不意外，但是湖南第一产业负增长值得关注。与前期不同的是，后期大多数省份第三产业总增长量超过第二产业。这种转变说明在前期工业化进程之后，长江经济带在后期得到快速发展的是第三产业，产业结构服务化已经替代工业化，成为长江经济带三次产业演变的主要特征。长江经济带走在全国产业服务化的前沿。在份额分量上，长江经济带各省份额分量与总增长量保持较好的一致性，大多数省份后期第三产业份额分量超过第二产业。总偏离量的变化与总增长量、份额分量保持一致，服务化依然是三次产业演变的主要特征。这也与我国促进服务业发展

的重大政策导向相符合，例如2007年国务院下发《关于加快发展服务业的若干意见》，就提出到2020年要基本实现经济结构向以服务经济为主的转变等目标。长江经济带各省总增长量、份额分量和总偏离量在后期的变化都说明该《意见》所提出的目标已经在长江经济带范围内基本达成。上海和湖南第一产业的总偏离量为负。

值得关注的依然是竞争力偏离变量，上海的第一、第二和第三产业，江苏、安徽、江西第一产业，浙江第一、第二产业，四川第二产业的竞争力偏离变量均为负，说明这些省份的相应行业中出现竞争力下滑的现象。当然，和前期相比，竞争力下滑的行业在减少。第一产业竞争力下滑对于上海、江苏等省份而言并不一定令人担忧，本书更加关注的是与全国水平相比，上海第二、第三产业以及浙江和四川的第二产业竞争力下滑的现象。这在一定程度上，可能与这些省份的相应产业增速放缓有关联，这些行业需要寻找增长的新动能。

为更直观地分析长江上游、中游和下游的三次产业协调发展存在的问题，本报告重新计算这三个地区内三次产业偏离—份额分析结果，并与长江经济带整体的三次产业偏离—份额分析结果相对比，得到前期的表17－3和后期的表17－4。前期和后期中，除了竞争力偏离分量外，总增长量和其他分量都为正，这依然说明长江经济带三次产业总体上体现协调发展的特征。但是竞争力偏离分量上，前期下游第一产业、中游第三产业、上游第一产业，后期下游第一、第二产业、中游第一产业、上游第二产业都为负值，说明存在相应产业竞争力下滑的现象，这对于长江经济带三次产业协调发展存在不利影响。下游地区要比中上游地区更早地跨越三次产业协调发展阶段，更协调的三次产业结构为下游地区带来了巨量的产业结构偏离分量，但竞争力偏离分量不足可能会导致下游地区发展后劲不足，需要引起重视。

表17－3　2002—2011年长江经济带各市产业偏离—份额分析结果加总统计表

区域	产业	总增长量 G	份额分量 N	产业结构转移分量 P	竞争力偏离分量 D	总偏离量（G－N）
下游	第一产业	4114.15	658.45	4291.76	－836.06	3455.70
	第二产业	44346.25	19393.44	24234.64	718.18	24952.81
	第三产业	40059.43	14993.09	20496.20	4570.14	25066.34
中游	第一产业	4638.17	514.72	3354.92	768.53	4123.45
	第二产业	20433.46	7295.72	9116.96	4020.79	13137.74
	第三产业	14165.96	6144.80	8400.21	－379.06	8021.16

续表

区域	产业	总增长量 G	份额分量 N	产业结构转移分量 P	竞争力偏离分量 D	总偏离量（G－N）
上游	第一产业	3870.53	515.83	3362.14	－7.44	3354.70
	第二产业	18310.67	6018.63	7521.06	4770.99	12292.04
	第三产业	13188.03	5321.00	7274.03	593.00	7867.03
整体	第一产业	12622.85	1689.00	11008.82	－74.97	10933.85
	第二产业	83090.38	32707.78	40872.65	9509.95	50382.60
	第三产业	67413.42	26458.89	36170.45	4784.08	40954.53

表 17－4　2012—2017 年长江经济带各市产业偏离—份额分析结果加总统计表

区域	产业	总增长量 G	份额分量 N	产业结构转移分量 P	竞争力偏离分量 D	总偏离量（G－N）
下游	第一产业	1279.43	153.19	1473.02	－346.78	1126.24
	第二产业	21358.02	10058.98	12159.27	－860.23	11299.04
	第三产业	46534.24	19111.04	23070.58	4352.62	27423.20
中游	第一产业	989.41	152.78	1469.13	－632.51	836.63
	第二产业	10573.11	4669.70	5644.72	258.69	5903.41
	第三产业	20471.28	7150.96	8632.54	4687.78	13320.32
上游	第一产业	3125.40	140.57	1351.67	1633.17	2984.84
	第二产业	9140.65	4141.96	5006.80	－8.11	4998.68
	第三产业	21612.00	6788.00	8194.38	6629.61	14824.00
整体	第一产业	5394.24	446.54	4293.82	653.88	4947.70
	第二产业	41071.78	18870.64	22810.78	－609.65	22201.14
	第三产业	88617.52	33050.00	39897.50	15670.02	55567.52

这三个地区内，三次产业由产业结构优化带来的增量要大于份额分量，也都大于由三次产业竞争力增强带来的竞争力偏离增量。这一现象在下游地区尤为明显。这说明长江经济带依然保持着各个产业内部结构优化的发展动力，有利于三次产业的协调发展。

第三节　长江经济带产业协调发展的政策建议

第一，发挥产业梯度转移效应，引导具备条件的部分工业从长江下游向中上游转移，为后者的产业协调发展提供外部动力。

目前长江下游省份的绝大多数工业行业都处于向外转移的状态，而四川在资源密集型行业能与长江下游省份实现对接，承接来自长江下游省份的资源密集型行业转移。重庆距离四川较近，资源密集型产业也有较好的基础，区位优势明显。四川和重庆应该成为长江经济带中上游承接下游资源密集型产业转移的中心。在劳动密集型工业行业中，湖南在农夫产品制造业、烟草制造业等行业中拥有产业基础，湖北也在这类工业行业中具备产业优势。所以湖南和湖北等长江中部省份应该成为劳动力密集型工业产业从下游向中上游转移的重点领域。在资本密集型工业中，湖北在非金属矿物制品业具有产业优势，四川、湖南和江西也在部分资本密集型工业中具备产业基础，具备承接来自下游资本密集型行业的初步条件，但还需要加强产业基础设施建设。在技术密集型工业中，长江中上游省份中只有四川具备初步的承接基础，但总体上承接能力不强。

通过长江经济带各省充分发挥自身的资源禀赋优势和产业现实基础，要形成以川渝为中心的资源密集型工业转移承接区，以长江中游省份为中心的劳动密集型工业转移承接区，同时坚持以长江下游省份定位于发展资本密集和技术密集型的工业群。

上游以川渝为中心发展资源密集型工业，需要上游省市发挥资源要素禀赋优势，将资源优势转化为承接下游相应产业的现实基础。在这个过程中，必须主动放弃、拒绝引入污染密集型产业，必须按照生态文明先行示范带的建设要求，必须要走发展生态经济、绿色经济的道路。同时，上游省份还要加大对现有环境污染的治理力度，加速完善生态补偿机制。

中游以承接劳动密集型工业为主，但是必须要实现错位发展，要加强中游省份间和省份内的区域合作。注重发挥各地的特色优势，通过高质量的营商环境和行政服务来吸引高水平的企业和项目，必须避免一味采用优惠土地政策、优惠税收政策来展开低层次的招商引资竞争。

下游坚定发展资本和技术密集型的工业，要加大对高素质人力资本的投资力度，培育工匠精神，聚焦创新驱动和绿色发展。重点发展外溢效应强的先进制造业，尤其是鼓励企业加大对电子信息、新材料、新能源和高端装备制造业等行业关键环节的创新；发挥长江下游巨大内需市场的优势，虹吸全球优质的创新要素和资源，积极突破卡脖子环节。

第二，发挥双重外包的作用，在全球价值链之外，沿长江经济带积极构建国内价值链，以价值链来引导长江经济带产业的协调发展。

具体而言，包括以下三个方面：

（1）以金融危机后的全球价值链重构为契机，长江经济带通过发展在岸外包整合国内生产资源，提升经济增长潜力。一方面，长江经济带要培育在岸外包的孵化机制，鼓励本土企业沿着长江经济带进行在岸外包，学习和吸收发达国家和地区外包的经验和教训，提高在岸外包的运用绩效。另一方面，建立健全长江经济带在岸外包的重点产业，完善负面清单，以产业园区为载体，充分发挥集聚经济和范围经济的优势。长江经济带需要主动延伸国内产业链条的长度以及增强供应链的厚度，为进一步提升在国际产业分工中的地位夯实基础。

（2）长江经济带应当打破国内市场分割，鼓励区际间联合生产和生产性贸易活动。在岸外包是协调区域经济发展水平的重要手段。为了发挥在岸外包的作用，长江经济带必须率先完善在岸外包的相关法律法规，建立促进企业开展在岸外包的长效机制。探索适应在岸外包创新发展的管理体制、促进机制、政策体系、监管模式，打造在岸外包制度创新高地。长江经济带要加强对试点工作的指导、督促推动和政策协调，及时总结成功经验做法并在全国复制推广。

（3）重塑国内经济地理、协调区域经济发展水平的关键在于弥补国内生产性服务业发展滞后的困境，长江经济带要充分发挥服务外包的作用，反向吸收国内外发达地区的高级生产要素。随着服务业比重的日益提升，全球产业结构逐步软化，服务外包在全球贸易格局的重要性稳步提升。长江经济带各省可以通过服务外包，将不具备比较优势的研发、设计、金融和信息服务外包到国内研发中心——上海。发挥产业分工效应，专注自身具有比较优势的行业；同时利用上海的高端生产要素，弥补生产性服务业发展相对不足的缺陷，实现区域产业协调发展的目标。

第三，完善基础设施体系，充分发挥各类基础设施对长江经济带产业协调度的促进作用。

基础设施对长江经济带三次产业协调发展的促进作用主要体现在三个方面。首先，基础设施提供所有产业发展都必需的基础产品与公共产品，例如，公路、铁路等交通设施，基站、光纤等通信设施，火力发电、水电站等能源设施，这些基础设施是保障各产业企业正常运行的重要投入品，能为三次产业均衡发展提供前提条件。其次，基础设施建设加速一体化市场的形成，促进社会资源与要素的流动，降低要素流动的壁垒与成本。例如，高铁建设带动人员的快速流动，进而促进资金等其他要素的流动；又如信息基础设施降低信息交流的壁垒，为优势产业的发展提供广阔的市场空间。社会资源与要素的快速流动是在三次产业间优化配置的前提，社会资源与要素能借助完善便利的基础设施在三次产业中寻找到收益率最高的领域，这就会提高三次产业协调度。再次，基础设施建设对不同产业发展的强度有差异，例如铁路的基础设施投资对第二产业的发展具有显著的推动作用，对第一、第三产业的推动作用较为缓和。但总体上，基础设施建设使各地区具有比较优势潜力的产业真正发挥其比较优势，提高比较优势产业中企业生产率优势产业，做大做强并不意味着三次产业协调度降低，它会通过紧密的投入产出联系带动上下游产业的共同发展，这实际上有利于三次产业协调度提高。我们的实证研究表明，交通、能源和信息三类基础设施建设都有助于提高长江经济带三次产业协调度。

同时，三类基础设施建设对长江经济带三次协调发展的影响存在地区差异。长江经济带各省市自然地理条件差别明显，导致基础设施完善程度不一，进而三次产业协调发展面临的基础设施约束条件不同。比如上游地区地形复杂、地势起伏大，交通基础设施建设难度更大，交通基础设施对当地三次产业协调度的影响可能相对较强；中下游地区地理条件相对较好，交通基础设施更为便捷且经济社会发展水平更高，这更加便于信息和能源基础设施建设对三次产业协调度发挥作用。我们的实证结果表明，上游地区交通基础设施的提高作用最大，中下游地区信息和能源基础设施的提高作用更大。

基础设施建设对长江经济带三次产业协调发展还存在非线性影响。由于基础设施建设存在的规模经济效应，只有当基础设施建设达到一定规模门槛后，其对产业协调度的影响才能充分体现出来。公共基础设施投入对制造业成本具有显著的规模效应。基础设施规模进一步扩大后，能使得各产业经营成本更大程度下降，这就更大程度上提高三次产业的协调程度。这种非线性影响必须要求基础设施达到特定的规模水平，这也是一种门槛效应，跨越门槛后，基础设施对三次产业协调度的影响将进一步增大。我们的实证研究表明，信息与能源基础设施建设对长江经济带三次产业协调度的提高作用存在门槛效应，即随着信息与能源基础设施从低区间上升到中高区间后，这种提高作用呈现递增的非线性特征。

另外，长江经济带三次产业协调发展在各省彼此间存在外溢效应。长江黄金水道贯穿长江经济带九省两市，包括水陆空在内的多种运输网络已经形成，各省市在地理空间上紧密相邻。长江经济带各省市之间交通道路相连，信息传输共享，电力能源转移，这些都为资源要素在地区间的顺利流动创造良好的前提条件。这种资源要素在空间上跨区域的便利流动为长江经济带三次产业协调度的空间相关奠定了基础。特定地区增长极的推动效应和连锁效应可带动周边地区发展。当增长极地区三次产业协调度提高后，这对周边临近且要素禀赋相近的地区就产生示范效应，推动当地产业模仿发展。这种增长极地区的产业扩散连锁效应推动周边地区产业发展，且后者三次产业协调度也上升。这些都构成长江经济带三次产业协调发展外溢效应的微观基础。实证研究表明，由于地理位置临近，长江经济带三次产业协调度存在空间自相关关系，临近省份彼此正向外溢，信息基础设施对三次产业协调度的提高作用最大，交通基础设施的提高作用最小。

总体上，我国应高度重视基础设施建设对长江经济带三次产业协调度的促进作用，继续加大对基础设施建设的投资力度，符合长江经济带高质量发展的整体要求。同时，我国迫切需要针对长江经济带不同地区的特点，针对不同的基础设施建设短板，有重点地加大投资力度。具体而言，上游地区应着重建设交通基础设施，解决地形地势对三次产业协调发展的制约问题；中下游地区应重点建设信息和能源基础设施，便利产业发展所需各类关键要素的流动，为三次产业协调发展提供优越的基础条件。长江经济带尤其要加快信息和能源基础设施成网成片建设，注重基础设施的互联互通，真正发挥对三次产业协调发展的促进作用。

作者：巫　强　南京大学长江产业经济研究院研究员

第六篇

强化基层自治

第十八章　农村集体经济组织的成员资格与治理结构

我国的农村集体经济是一种具有鲜明中国特色的经济形态。我国《宪法》规定："中华人民共和国的社会主义经济制度的基础是生产资料的社会主义公有制，即全民所有制和劳动群众集体所有制"。一般来说，具有劳动群众集体所有制性质的经济组织都可称之为集体经济组织。在现时的语境中，集体经济组织有广义与狭义之分，广义的集体经济组织泛指农村中的生产、供销、信用、消费等各种形式的合作经济组织，也包括了城镇中的手工业、工业、建筑业、运输业、商业、服务业等行业的各种形式的合作经济组织；狭义的农村集体经济组织特指"实行家庭承包经营为基础、统分结合的双层经营体制"，集体成员以土地集体所有制为基础建立的社区性合作经济组织。本文所说的农村集体经济组织特指狭义的社区性合作经济组织。

农村集体经济是我国社会主义经济体系的一个重要组成部分。从统计数据分析，农村集体经济涉及我国庞大的资产资源和农业人口。据农业农村部统计，2016 年，我国农村集体资产总额为 3.1 万亿元（不包括土地等资源性资产）。我国国土面积约为 960 万平方千米。从全国土地"二调"结果来看，在列入调查统计的 947 万平方千米国土面积中除了 53% 的国有土地，其余 47% 都是集体土地。农村集体经济组织涉及我国 55.9 万个行政村，7.9 亿农村人口（2018 年国家统计局公布数据）。因此讲，我国农村集体经济体量庞大，潜力深厚，与亿万农民利益攸关，但因历史的原因，农村集体经济组织与现代企业属性相比有着诸多不完善的地方。在社会主义市场经济日益发展的大背景下，农村集体经济如何融入我国现代经济体系，在城乡经济发展中发挥独特的作用，这是实现国家治理体系和治理能力现代化的重大课题。

党中央对农村集体经济的发展十分重视。习近平总书记曾指出："加强集体经济实力是坚持社会主义方向，实现共同富裕的重要保证①。”党的十八届三中全会《关于全面深化改革的若干重大问题决定》明确要求：“坚持农村土地集体所有权，依法维护农民土地承包经营权，发展壮大集体经济。”2016 年 12 月 26 日，中共中央、国务院《关于稳步推进农村集体产权制度改革的意见》提出：“逐步构建归属清晰、权能完整、流转顺畅、保护严格的中国特色社会主义农村集体产权制度，保护和发展农民作为农村集体经济组织成员的合法权益。”2017 年、2018 年，农业农村部部署了一系列农村集体产权制度改革整省、整市、整县推进试点，力争用 5 年时间基本完成农村集体产权制度的改革。农村产权制度改革的深入推进，标志着农村集体经济组织市场主体地位的逐步确立，进一步促进了农村集体经济的健康发展，为实现乡村振兴打下坚实的经济基础。

第一节　农村集体经济组织的性质特征

农村集体产权制度改革正在广大农村蓬勃展开，改革的实践是极其生动的，但生动而鲜活的改革实践只有经过理性的锤炼才能转化为合理的制度性安排。我国农村集体经济组织有着较为显著的特殊性，这种较为显著的特殊性是在农村集体经济发展的历史演变过程中形成的。因此，我们要准确把握农村集体经济发展的历史过程与现实状态，充分认识农村集体经济组织的性质特征，才能创造有利于农村集体经济健康发展的制度与法律环境。

一、农村集体经济组织的变迁

从历史发展的沿革来看，我国的农村集体经济起源于 20 世纪 50 年代的农业合作化运动，发展于计划经济的年代。改革开放以后，实行农业家庭联产承包责任制，改变了农村集体经济的存在状态。在社会主义市场经济日益发展的大背景下，农村集体经济组织的发展面临着许多新的问题。

回顾历史过程，新中国成立之后，在全国范围内完成了土地改革。为了将分得土地的农民组织起来，走社会主义的道路，开展了农业合作化运动。

① 习近平：“扶贫要注意增强乡村两级集体经济实力”，载于《摆脱贫困》，福建人民出版社 1992 年版。

农业合作化运动分为三个阶段：第一个阶段是农业互助组阶段。20 世纪 50 年代初期，许多农民为解决农业生产中各自的劳动力、畜力、农具不足的困难，在自愿互利基础上建立了劳动互助组织。这是一种劳动与工具的互助合作；第二个阶段是初级社、高级社阶段。初级农业生产合作社在互助组的基础上，个体农民自愿将土地入股，将牲畜、工具作价入社，社员参加集体劳动，入社的土地、工具等支付租金，农业产品按劳分配。高级农业合作社由初级社发展而成，特点是土地、牲畜、大型农具等生产资料归集体所有，取消了土地报酬，实现按劳分配的原则；第三阶段是人民公社阶段。1958 年，兴起人民公社化运动，各地在高级农业合作社的基础上兴办人民公社。人民公社是一种政社合一的组织，实行公社、生产大队、生产队“三级所有、队为基础”的集体经济所有制。

20 世纪 70 年代末期，我国经济体制改革从农村拉开序幕，农村普遍实行家庭联产承包责任制，人民公社失去农业生产的组织功能。1983 年 10 月，中共中央、国务院发布《关于实行政社分开建立乡政府的通知》，各地成立乡人民政府，承担了基层政权的社会管理职能，而将农村包括土地在内的集体资产收益权、处置权及农地的发包权让渡给了村（大队）或组（生产队）集体，将承包土地的经营权、收益权及流转权等让渡给了以家庭为单位的承包经营农户，由此形成了具有“统分结合、双层经营”体制特点的集体经济组织。

分析我国农村集体经济的发展过程，我们大体可以引申出三个结论：（1）农村集体经济组织的资产来源是农民的入社资产与劳动积累，农村集体经济的资源及资产属于农民；（2）人民公社在政社分开后便完成了历史使命，将公社的经济管理功能让渡给农村集体经济组织，集体经济得到持续发展；（3）接受人民公社部分经济管理功能的村（生产大队）、组（生产队）没有及时清产核资，没有就集体经济组织成员管理等建立规范合理的经济制度，这是农村集体经济发展存在先天不足的一个重要原因。

二、农村集体经济组织的性质

我们现在把农村集体经济组织定义为社区性合作经济组织，大体上有三点理由：首先，农村集体经济组织具有农村社区性质。一般来讲，农村集体经济组织以行政村为单位开展经济活动。《村民委员会组织法》（2018 年版）明确：“村民委员会依照法律规定，管理本村属于村农民集体所有的土地和其他财产。”村民委员会管理集体经济的方式主要是通过村集体经济组织实现。因此，《中华人民共和国村民委员会组织法》规定：“村民委员会应当尊重并支持集体经济组织依法独立进行经济活动的自主权，维护以家庭承包经营为基础、统分结合的双层经营体制，保障集体经济组织和村民、承包经营户、联户或者合伙的合法财产权和其他合法权益。”在一些村集体经济组织不健全的地方，村民委员会实际上代行了农村集体经济组织的职能。其次，农村集体经济组织具有某种合作组织性质。合作社是劳动群众自愿联合起来进行合作生产、合作经营所建立的一种合作组织形式。在历史上，我国农民从初级社到高级社、人民公社都有某种合作组织性质。农村集体经济组织从人民公社演变而来，天生具有合作经济的特质。《宪法》（2018 版）把“农村中的生产、供销、信用、消费等”经济活动归纳为“合作经济”，属集体所有制经济。江苏省人大常委会通过的《江苏省农村集体资产管理条例》（2018 年版）将农村集体经济组织称之为“以生产资料集体所有制为基础建立的社区性合作经济组织”。浙江省人大常委会通过的《浙江省村经济合作社组织条例》（2007 年版）把“在农村双层经营体制下，集体所有、合作经营、民主管理、服务社员的社区性农村集体经济组织”称之为村经济合作社。再次，农村集体经济组织不是典型的经济合作社。合作社是一种历史悠久的社会组织，有着一套传统的组织规范。国际合作社联盟（ICA）明确：合作社是人们自愿联合，通过财产共有和民主管理，来满足共同的经济和社会需求的自治组织。《国际合作社联盟章程》提出了自愿开放、民主管理、成员经济参与、独立自主、教育培训、合作社间合作、关注社会等原则。典型的经济合作社是一种完全出于个体自愿的合作经济，而我国的农村集体经济组织则是一种社区性的合作经济组织。集体经济组织的成员是同一社区的特定成员，集体经济组织的资产主要是集体土地，集体土地的所有权为农民集体所有，集体经济组织仅是对属于村级集体的农地和经营性建设用地享有用益物权等。我国农村集体经济组织有着属于自己的鲜明特征。

综合以上分析，我们将农村集体经济组织性质定义为社区性合作经济组织。这是因为，尽管农村集体经济组织不具有合作经济组织的典型特征，但仍具有合作经济组织的一般特征。农村集体经济组织兼具社区与合作经济组织的特点，有些村集体经济组织仅承担农地双层经营的经济职能，并没有其他经营活动；有些村在双层经营基础上利用集体资产开展经营活动，并取得了较好的经济收益。前者只能称作社区性合作经济组织，后者则具备了社区性经济合作社的性质，在总体上统称为社区性合作经济组织。

三、农村集体经济组织的特征

农村集体经济组织作为社区性合作经济组织，既有合作经济组织的一般特性，也有合作经济组织的个别特性，两者共同构成了我国农村集体经济组织的鲜明特征。

从社区性合作经济组织的一般特性来讲，主要有三点：一是体现了合作经济组织成员自愿参加的原则。农村集体经济组织成员都是同一社区的成员，加入的目的通常是为了享受集体经济组织所能带来的福利。与一般合作社不同的是，合作社成员加入合作社需要现金或实物的经济参与，而农村集体经济组织承接了人民公社的资产，人民公社的资产来源于农民的土地与劳动积累。现时的农村集体经济组织成员是继承父母辈的权利，希望加入集体经济组织共享经济发展的成果。总体来讲，加入农村集体经济组织是遵从了成员的意愿，放弃成员身份也是遵从了本人的意愿。问题在于谁更有资格继承父母辈的权利，这需要对集体经济组织成员进行资格认定。二是体现了合作经济组织民主管理的原则。我国《宪法》规定："村民委员会是基层群众性自治组织。"自治的主旨就是实行民主治理。《宪法》还明确："集体经济组织实行民主管理，依照法律规定选举和罢免管理人员，决定经营管理的重大问题。"《江苏省农村集体资产管理条例》详细规定了九个方面的重要事项"应当提交成员（代表）大会讨论决定"。《广东省农村集体资产管理条例》(2016 年修订）明确："农村集体资产管理依法实行民主决策、民主管理、民主监督，遵循公开、公平、公正的原则。"民主管理是宪法与法律对农村集体经济组织的基本要求。三是体现了合作经济组织利益普惠的原则。合作社(人合组织）与股份制企业（资合组织）一个显著的区别就是分配方式。合作社遵循互助合作、民主平等的精神，在成员之间采取平均分配利润的方式；股份制企业本着股东利益最大化的原则，企业采取按股权分配利润的方式。现行的法律制度并没有对农村集体经济组织的收益分配做十分具体的规定，而是设置了收益分配的决定方式。《村民委员会组织法》规定"经村民会议讨论决定方可办理"的事项包括"从村集体经济收益所得到使用""征地补偿费的使用、分配方案"等。《江苏省农村集体资产管理条例》规定：集体经济组织"成员（代表）大会会议表决实行一人一票制"。村民民主讨论的方案必然是平均分配的方案。即使是社区型股份合作社，初始股份也是按成员家庭平均分配股权，分配自然按成员家庭平均分配收益。

从社区性合作经济组织的个别特性来讲，主要有两点：一是农村集体经济组织资产缺乏量化。任何一个经济组织，有确定的资产是开展经济活动的前提条件。对绝大多数农村集体经济组织来说，主要资产就是土地资源，包括了农民承包土地、宅基地，集体建设用地及未利用土地等。尽管经过土地确权登记和清产核资，土地的权属是清晰的。但是，农民承包土地的收益权属于农民，宅基地属农民自用，集体没有任何收益。新修订的《土地管理法》，为集体经营性建设用地入市扫清了法律障碍。但集体建设用地入市仍有一个过程，集体土地资源在没有进入市场之前，有使用价值而没有交换价值，不能成为价值量化的资本，农村集体经济组织的资产价值仍不确定。二是农村集体经济组织实行有限清算。一个市场主体，循法设立，守法运营，经营不下去的时候可以依法清算乃至破产。2006 年 8 月，全国人大常委会通过了《企业破产法》。《企业破产法》规定："企业法人不能清偿到期债务，并且资产不足以清偿全部债务或者明显缺乏清偿能力的，依照本法规定清理债务。"《农民专业合作社法》设有"合并、分立、解散和清算"一章，并明确："农民专业合作社破产适用企业破产法的有关规定。"我国农村"村级负债情况非常普遍，负债规模庞大"。[①] 但在司法实践中，没有一个村集体经济组织因负债遭彻底清算，并最终导致破产。从长远来看，村集体经济组织作为一个完整的市场主体，应该将其对应的有效资产分为两个部分，责任资产与非责任资产。如果村集体经济组织的生产经营难以为继时，可以依法对其责任资产进行有限清算，而保留非责任资产成为村集体经济组织依然存在的一个理由。

第二节　农村集体经济组织的成员资格

农村集体经济组织是一个非常特殊的市场主体。这个特殊的市场主体要能够很好地融入市场体系，必须进行必要的改造与规范，而这种改造与规范，有些是需要社会各方面去推动，有些是需要农村集体经济组织自身去变革。加强农村集体经济组织自身建设，确定成员构成，完善治理结构，最终纳入国家法律与现代治理体系中去，这是农村集体经济组织未来发展的一条必由之路。

① 陈洁等："村级债务的现状、体制、成因及其化解"，《中国农村经济论坛》2006 第 5 期。

一、集体经济组织成员的确认

在人民公社阶段，因严格的户籍管理，农村集体社区处于封闭的状态，集体经济组织成员与社区成员呈现高度的一致性。改革开放以后，随着工业化、城镇化的推进，大量农村劳动力转移，城乡人口发生了结构性变迁。绝大多数农村集体经济组织因缺乏必要的管理制度，面对农村社区人口的急剧变化，组织成员出现了不确定状况。农村集体经济组织成员的不确定影响了集体经济收益的合理分配，影响了集体经济组织民主管理制度的完善，也容易导致集体经济组织被少数人操控而产生腐败。因此，中共中央、国务院《关于稳步推进农村集体产权制度改革的意见》明确提出要“科学确认农村集体经济组织成员身份”。

根据农业农村部的部署，江苏省是农村集体产权制度改革整省推进试点省。目前，全省试点工作已经基本完成农村集体产权的清产核资工作，正在进行农村集体经济组织成员的身份确认，这项工作大约在 2021 年上半年结束。江苏省开展这项工作有着比较好的基础，省农业农村厅此前组织专家进行了专题调研。2018 年 5 月，江苏省人大常委会通过了《江苏省农村集体资产管理条例》。该条例第十七条提出：“农村集体经济组织成员身份确认应当按照尊重历史、兼顾现实、程序规范、资格唯一、群众认可、公开透明的原则，根据章程规定，统筹考虑户籍、农村土地承包关系、对集体积累的贡献、生产生活情况等因素，由农村集体经济组织民主讨论决定。”条例第十八条还规定了农村土地二轮承包取得土地承包经营权、父母双方或者一方为本集体经济组织成员、因合法婚姻、收养关系户口迁入人员、根据国家移民政策户口迁入人员、原户口在所在村的现役义务兵、士官、大中专在校学生及服刑人员等七种情况的农村居民一般应当确认为本村集体经济组织成员，并明确“县级人民政府可以制定县域范围内成员身份确认的指导性意见，明确成员身份确认的必要程序和标准”。这个条例在农村集体产权制度改革及集体经济组织成员身份认定过程中发挥了重要作用，市、县（区）人民政府制定的政策文件大都遵循了该条例的规定。

《江苏省农村集体资产管理条例》规定的一般应当确认为本集体经济组织成员的七种情况比较详细，各地在实际工作中依据条例规定，又结合本地情况和传统习惯，提出了具体的指导意见。应该讲，绝大多数集体经济组织成员身份资格的确认问题都能够得到较好解决。江苏省农业农村厅在研究农村集体经济组织成员资格确认过程中认为，不管采用何种方式和标准界定集体经济组织成员资格，最终都会延伸至利益分配，这里有三个基本原则需要把握：一是天然赋权。在人民公社时期出生并落户于集体经济组织内的原住民对集体的资源性资产拥有天然占有属性，而通过人口的自然繁衍，祖祖辈辈生活在特定农村集体经济组织的所在地，当然享有取得集体经济组织成员的资格，享有成员权；二是加入取得。相对于原住民成员资格的天然取得，而后落户加入集体经济组织的成员（包括婚姻、收养、国家政策移民等），也应当确认其参与共同劳动产生的集体积累以及对公共事业建设投入所作的贡献，即加入取得；三是程序法定。依据《宪法》中有关村民自治的精神，所有集体经济组织成员资格的确定，最终取决于本集体经济组织成员的按法定程序民主讨论决定。①

二、成员认定疑难问题的处理

在江苏改革试点过程中，集体经济组织成员身份认定工作总体上进展顺利。一般来讲，共性问题参照条例与文件精神执行，个性问题则交由集体经济组织自主决定。但是，各类农村集体经济组织的经济状况、文化风俗、传统习惯差异较大，仍会遇到一些疑难问题在条例或文件中没有明确规定，乡村和集体经济组织内部争议又较大，需要做深入的专题研究。

综合各地农村集体经济组织成员认定的疑难问题，主要有这样几种类型：(1) 因购房迁入社区的人员。一些乡镇或邻近乡镇的农村集体经济组织在集体建设用地开发房地产项目，为了吸引周边农村农民购房曾许诺购房者迁入户口、就近入学等。现在农村集体经济组织开展成员认定，这些购房者有的已经注销了原社区的户籍，因此希望成为购房所在地集体经济组织成员，而房地产开发社区并没有让购房者分享社区福利的思想准备。这批人员的确切身份仍为农民，有的甚至在原社区有承包土地或宅基地，但两边社区往往都不愿意接纳为集体经济组织成员。乡镇在协调这部分人员归属时，一般对于在原社区有承包土地及宅基地的说服留在原社区，而对于原社区已经没有承包土地及宅基地的动员新社区能够接纳。(2) 部分户籍迁入城镇人员希望返回原社区。20 世纪 90 年代，一些地方开放部分城镇户籍，只要缴纳一定的城市建设配套费即可转入城市户口。这些年来，还有一些村民利用参军、上学、

① 祝保平等："农村集体经济重大理论问题研究"，《农业调查与研究》2014 第 18 期。

务工等机会采取各种办法将户籍转入城镇的户籍。这批人员中有一部分人因各种原因没有很好融入城镇，现在希望返回原来的农村社区，重新成为集体经济组织的成员。绝大多数农村社区对这批人员持谨慎态度，怕引起连锁反应。但像南京市江宁区等对原由本社区迁出，在本社区仍有住房及宅基地的城镇户籍返乡人员采取了比较宽容的接纳政策。（3）因婚姻关系迁进迁出人员。按农村传统习惯，婚嫁女迁入男方户籍所在地是天经地义的事情。但是，由于经济发展不平衡，给婚嫁户籍迁进或迁出增加了一种选择的企图。在这次集体经济组织成员认定过程中，许多地方的妇联组织以男女平等的理念提出女方户籍迁入男方户籍所在地还是留在女方原户籍所在地可由女方自由选择等。应妇联组织的要求，《江苏省农村集体资产管理条例》及相关文件中都写入了“成员身份确认应当平等保护妇女合法权益”的内容。问题较为突出的是一些经济富裕的村庄，出嫁女不愿意迁出户籍，嫁入女希望随夫入籍，日积月累村级经济不堪负担。农村离婚妇女的户籍归属也是一个经常遇到的棘手问题。对待这类问题，地方政府一般强调村民的自治权力，最终由所在村民委员会召开村民会议研究并做出决定。

这类疑难问题一般有两个特点：一是不在法律法规调整范围。像购房附带迁入社区问题，在集体土地上开发的房产项目多数不规范，本身不受法律保护。这类问题只能就事论事解决问题，不可能做出任何法律规定；二是不存在原则性是非选择。像婚嫁人员户籍迁进迁出，只是一种利益选择与传统习俗的冲突，男女双方的户籍迁入任何一方的户籍所在地都有一定的理由，让村民民主决定是合理安排。总体上讲，这类疑难问题交由基层组织处理更为妥当。

三、集体经济组织成员的管理

农村集体产权制度改革的意义在于重构农村的经济基础。这些年，各级财政加大对乡村振兴的投入，但增强内生动力仍须发展农村集体经济。在社会主义市场经济的大背景下，发展农村集体经济必须依靠法治和集体经济组织自身的机制。在农村集体产权制度改革过程中，确认集体经济组织成员是一个非常重要的环节。从某种程度上讲，农村集体经济组织的成员本来是存在的，只是这种存在并不清晰，确认就是要清晰地建立组织与成员的关系。在确认集体经济组织成员的基础上，明确每一位成员的权力与义务，增强主人翁意识，实现集体经济组织的民主管理，促进农村集体经济组织健康发展。

这次确认农村集体经济组织成员工作，各地做了大量艰苦细致的工作。在确认农村集体经济组织成员工作基本完成之后，各地应总结工作经验，就此建立一套农村集体经济组织成员的管理办法，形成正常的管理。一般认为，管理办法主要应当包括三个方面的内容：（1）放弃成员资格办法。除宣告死亡外，因婚姻等原因取得其他集体经济组织成员资格及取得国家机关正式人员身份等，一般应取消本组织成员资格，自愿放弃成员身份的要书面申请等。（2）新成员申请加入办法。新加入集体经济组织的成员一般需要书面申请，说明加入集体经济组织的理由及自己愿意承担的义务，经公示后由社员（代表）会议研究决定；（3）保留成员资格办法。原籍在本集体经济组织的在役士兵和大中专院校在校学生以及所在村的服刑人员等可以暂时保留成员资格。农村集体经济组织应该每年例行公布本组织成员名单，使得集体经济组织成员管理成为一项常态化工作。

加强农村集体经济组织成员管理，除了掌握集体经济组织成员的变化情况，更重要的是明确组织成员的权利与义务。马克思曾说过："没有无义务的权利，也没有无权利的义务。"[①] 权利与义务是对等的。现行的法律法规往往对集体经济组织成员的权利表述比较完整，但对成员的义务阐述比较笼统。农村集体经济组织在制定《章程》时既要明确成员的权利，也要明确成员的义务。农村集体经济组织成员的义务包括遵守本集体经济组织的各项决议，履行本社区规定成员应尽的义务（服兵役、义务工等），不得侵害农村集体经济组织和其他成员的合法权益等。农村集体经济组织要加强成员权利与义务的教育，新加入成员都要在申请中承诺遵守应尽的各项义务。

确认农村集体经济组织成员，加强集体经济组织成员管理，明确成员的权利与义务，目的是充分发挥每一个成员的主体作用，切实履行每一个成员的应尽职责，改善农村集体经济组织的治理结构，真正实现农村集体经济组织的民主管理，促进农村集体经济组织健康发展。

第三节　农村集体经济组织的治理结构

农村集体经济组织是农民群众的经济组织，是实现乡村振兴的希望所在。

---

① 马克思："《黑格尔法哲学批判》导言"，《马克思恩格斯选集》第1卷，人民出版社1995年版，第18页。

我们推进农村集体经济组织的改革，要坚持市场与法治的原则，根据集体经济组织资产的不同状况和集体经济发展的不同类型，朝着规范的经济合作社和股份合作社的方向努力，改善法人治理结构，促进体制机制创新，使得农村集体经济组织真正成为农村经济发展中充满生命力的新型市场主体。

一、明确特别法人的法律性质

法人制度是世界各国规范经济秩序及整个社会秩序的一项重要法律制度。我国《民法总则》明确："法人是具有民事权利能力和民事行为能力，依法独立享有民事权利和承担民事义务的组织。"《民法总则》还规定："农村集体经济组织依法取得法人资格"，"为特别法人"；"未设立农村集体经济组织的，村民委员会可以依法代行村集体经济组织的职能"。法律给予农村集体经济组织法人地位是一个历史性的突破。

《民法总则》给予农村集体经济组织相对宽泛的法律选择，这是由现阶段农村集体经济组织的特定状况决定的。总体来讲，全国农村集体经济组织的资产与经营状态差异很大。就江苏省来说，全省共有行政村（含涉农居委会）约 17600 个。据江苏省农业农村厅分析，约有 4600 个村年终有分红或福利分配，占村总数的 25%；约有 10000 个村年终虽未有分红，但承担了村里部分的公共支出，占村总数的 57%；约有 3000 个村年终既没有分红，也没有承担村里任何公共支出，占村总数的 18%。一般来说，年终有分红或福利分配的村多数拥有乡村企业股权分红或工商企业房地产租金收入；年终未有分红但承担了村部分公共支出的村多数有一定的集体土地及其他收益；年终既没有分红、也没有承担任何公共支出的村基本没有集体性质的经营活动。我们理解，依照《民法总则》规定，农村集体经济组织可以暂不取得法人资格，也可以依法取得法人资格。如上述分析，拥有乡村企业股权分红或工商企业房地产租金及其他收益等的农村集体经济组织可以依法取得法人资格，以利于各种经营活动的展开；而基本没有经营活动的农村经济组织则可以暂不取得法人资格，由村民委员会依法代行村集体经济组织的职能。

农村集体经济组织可以依法取得法人资格，而《民法总则》给农村集体经济组织法人的定位为特别法人。这是《民法总则》第一次提出特别法人的概念。对特别法人怎么认识，不同的法学专家有不同的解读。我们以为，法人最重要的特征是具有民事权利能力和民事行为能力。农村集体经济组织确定为特别法人，主要是因其具有较为特别的民事权利能力和民事行为能力。

这种较为特别的民事权利能力和民事行为能力源自集体经济组织所拥有资产状况的特殊性。农村集体经济组织最重要的资产是集体土地，集体土地包含了农民承包地、宅基地、集体农地、集体经营性建设用地及未利用土地等，具有特殊的物权属性。首先，农村集体经济组织并不拥有集体土地所有权。按《物权法》规定，“农村集体土地属于本集体成员所有”，“由村集体经济组织或者村民委员会代表集体行使所有权”。其次，国家将部分集体土地的经营权及使用权给予了农民。农民的承包地、宅基地除了国家依法征用，村集体经济组织并无处置权。再次，村集体所有的农地和经营性建设用地仅具有用益物权。集体农地和经营性建设用地所有权属于农民集体，集体经济组织只有使用权和收益权。

除了土地资产，一些村集体经济组织还有乡村企业改制时留下的股份及土地收益再投入形成的新资产等。在村集体经济复杂的资产构成中，哪些资产可以作为责任资产，哪些资产不宜作为责任资产，这是我们要探讨的主要问题。习近平总书记强调：“不管怎么改，都不能把农村土地集体所有制改垮了。”[①] 显然，将村集体经济组织的全部资产列为责任资产是不妥的。我们以为，农村集体经济组织的责任资产应该是土地收益再投入形成的新的经营性资产，而不建议将集体土地作为集体经济组织的责任资产。综上所述，农村集体经济组织的民事权利能力和民事行为能力是有限定的，这个限定必须最终在法律上予以明确，以使得农村集体经济组织的特别法人有一个清晰的法律边界。

二、实现管理方式的制度创新

改革开放以来，许多村级集体经济组织发展迅速，形成了大量的资产积累。在社会主义市场经济的大环境下，要取得农村集体经济组织的持续健康发展，很重要的是寻找到适合的管理方式，提高集体经济的管理素养。在某种程度上，管理素养是在管理实践中提高的。针对不同的农村集体经济组织采取不同的管理方式，这是促进农村集体经济组织健康持续发展的一个现实途径。

我们可以根据农村集体经济组织不同的资产与经营状况，把农村集体经济组织大体分为三种类型：第一种类型是村民委员会代行村集体经济组织的

① 习近平：“加大推进新形势下农村改革力度”，新华社 2016 年 4 月 28 日。

职能。这类村暂时没有属于村级所有的集体农地与经营性建设用地，基本上没有集体经济的经营活动。据江苏省农村经营管理情况统计，至 2018 年底，全省 17600 行政村中，集体经济组织数约 11400 个，占总数的 65%，村委会代行集体经济组织职能的村数约 6200 个，占总数的 35%。由村民委员会代行集体经济管理职能，也没有任何集体经营活动的村，可以暂不取得法人资格。按《村民委员会组织法》规定，村委会定期向村民会议（村民代表会议）报告本集体经济运行及财务情况，听取村民的意见。争取在条件成熟时，成立独立的集体经济组织。

第二种类型是以行政村为单位成立社区性经济合作社。这类村有着属于村级所有的集体农地与经营性建设用地，开展相应的经营活动。这类村有的成立了独立的集体经济组织，有的仍由村委会代行集体经济管理职能。从长远来看，这类村都应成立独立的集体经济组织，并确定有专属的名称、办公地点、组织机构及章程等，办理组织机构代码，依法取得法人资格，成为规范的社区性经济合作社。《浙江省村经济合作社组织条例》（2007 年）对这类经济合作社的组织管理做出了比较明确的规定。村经济合作社的权力机构是社员大会，社管会是社员大会的执行机构，社监会是社员大会的监督机构。社管会、社监会成员由社员大会选举产生。我们建议，乡镇政府应当指定专人加入社监会，参加社监会会议，没有表决权，但有否决权。社员大会每年至少召开一次，听取社管会、社监会的工作报告，决定合作社的重大事项。

第三种类型是以行政村为单位成立社区性股份合作社。中共中央、国务院《关于稳步推进农村集体产权制度改革的意见》明确要“有序推进经营性资产股份合作制改革。将农村集体经营性资产以股份或者份额形式量化到本集体成员，作为其参加集体收益分配的基本依据”。这里，关键是如何鉴定农村集体经营性资产。一般来说，法人所具有的盈利性资产都是经营性资产。农村集体经济组织的资产可以大体分为两个部分，一部分是土地经营性资产，一部分是土地收益再投资形成的经营性资产。我们更赞成，股份合作制改革主要在拥有土地收益再投入形成新资产的集体经济组织展开。这样，股份合作社与经济合作社可以有所区别，股份合作社因拥有非土地的经营性资产作为责任资产，向规范的市场主体更加靠近，有着更为广阔的发展空间。但许多地方一刀切推进股份制改造，而对建立股份合作社意义的认识并不深切。股份合作社一般采取将集体经营性资产折股量化到本集体成员家庭，以农户家庭为单位计算股份，农户家庭的股份总额不随户内人口增减而调整。股份合作社收益分配按股分红。股份合作社以股东大会为合作社权力机关，治理方式大多数与经济合作社大体相仿。

社区性经济合作社和股份合作社是未来农村集体经济组织的主要组织形式。规范的股份合作社比经济合作社有更多的市场机会，也有更大的市场风险。股份合作社必须建立以股东为主体的现代企业制度。股份合作社的经营者可以在合作社内选举产生，也可以聘请当地乡村企业家兼任，以提高股份合作社的经营水平。

三、集体经济组织的未来发展

集体经济组织是我们党在农村的经济基础，肩负着实现乡村振兴的光荣任务。未来农村集体经济组织的改革，应该朝着更加规范的市场主体方向发展，与各类现代企业一起，平等地参与市场竞争。为达成这一目标，我们希望农村集体经济组织能够迈好“三大步”，在社会主义市场经济体系中发挥重要的作用。

首先，稳步推进农村集体产权制度改革。根据中共中央、国务院《关于稳步推进农村集体产权制度改革的意见》，全国农村正在深入开展集体产权制度改革。改革将通过集体资产清产核资、明确集体资产所有权、确认集体经济组织成员身份、加强集体资产财务管理、有序推进经营性资产产权制度改革等，大体用5年时间，构建归属清晰、权能完整、流转顺畅、保护严格的中国特色社会主义农村集体产权制度。我们希望在改革基本完成的同时，农业农村部能够及时提出加强农村集体经济组织管理的意见，巩固改革成果，完善集体经济组织制度建设。并在适当时候，启动立法调研，加快推进《农村集体经济组织法》的立法工作，将农村集体经济组织建设早日建立在法律完备的基础之上。

其次，实现农村集体经营性建设用地入市。党的十八届三中全会《关于全面深化改革若干重大问题的决定》提出：“建立城乡统一的建设用地市场。在符合规划和用途管制前提下，允许农村集体经营性建设用地出让、租赁、入股，实行与国有土地同等入市、同权同价。”根据中央的部署，2015年2月，原国土资源部在北京市大兴区等33个县（市、区）开展农村土地征收、集体经营性建设用地入市、宅基地制度改革的试点。允许集体经营性建设用地入市，盘活农村最大的不动产，将是改变中国农村经济面貌的一次伟大变革。农村第一次改革，实行联产承包责任制，赋予农民生产自主权，使广大农民解决了温饱。这一次土地制度改革，允许集体经营性建设用地入市，变土地资源为土地资产，将给农民集体带来极大的财富增值。2019 年 8 月份，十三届全国人大常委会第十二次会议通过了关于修改《土地管理法》的决定，为集体经营性建设用地入市扫清了法律障碍。下一步，国家有关部门将推进城乡土地利用全域规划，建立土地基准地价，合理分配土地收益，把集体经营性建设用地入市落到实处。

最后，探索农村集体经济组织混合所有制改革。中共中央、国务院《关于建立健全城乡融合发展体制机制和政策体系的意见》提出："探索在政府引导下工商资本与村集体合作共赢模式，发展壮大村级集体经济。"农村集体经济组织要发展成为规范的市场主体，最终要打破集体经济封闭的资本状态，从发展对外投资到吸收社会工商资本入股，引入新经济因素，改造治理结构。在发展对外投资方面，可以从参股做起，逐步积累投资经验，提高投资收益。在吸收社会资本方面，要选择对发展农业农村经济有经验的战略投资者，既可以增加股本金，改善股本结构，又可以择机发展现代农业，实现互利共赢。《关于建立健全城乡融合发展体制机制和政策体系的意见》指出：建立工商资本入乡促进机制要"防止农村集体产权和农民合法利益受到侵害"。因此，必须建立农村集体经济组织吸收社会工商资本的保护机制。社会工商资本进入集体经济组织的初始投资可以限制在股份的 30% 之内，经过 3 至 5 年的初始投资期，待集体经济组织成员对战略投资者有所了解之后，经村民股东投票 2/3 以上同意，可以允许战略投资者扩大股份，并直至控股。经过"混改"的农村集体经济组织逐步建设成为合格的市场主体，可以在社会主义市场经济的大潮中搏击风云。

作者：徐　鸣　南京大学长江产业经济研究院特聘研究员
江苏省政协理论研究会会长

第十九章　推动公共服务高质量发展
——面向“十四五”的研究

新时代中国，不仅社会主要矛盾发生了根本性转化，而且面临更加复杂严峻的国内外发展形势。一方面，国内经济下行压力较大，稳增长、促改革、调结构、惠民生、防风险的任务艰巨，亟需培育经济发展新动能，顺利实现高速增长向高质量发展阶段的有序转换；另一方面，国际环境不确定性加大，贸易保护主义盛行，单边主义、民粹主义、逆全球化等活动增多，中国发展的外部环境更加错综复杂，亟需积极培育发展国内大市场，增强国内需求对经济发展的驱动力。

在这样复杂严峻的国内外形势下，推动公共服务高质量发展，不仅是适应新时代社会主要矛盾根本性转化的必然要求，是加快促进形成强大国内市场、积极应对国际市场不确定性的重要途径与有效抓手，而且是统筹推进不同领域不同层次与类型公共服务、协同推进社会事业和产业发展、增加公共服务充分有效供给的战略部署。更为重要的是，公共服务直接关系到民生保障与改善，关乎社会公平正义。因此，“十四五”时期全面推动公共服务高质量发展，对于深化供给侧结构性改革、筑牢民生保障安全网、促进社会公平正义、更好地满足人民群众对美好生活的需要，都具有积极的现实意义。

第一节　发展基础

近年来我国在诸多公共服务领域的财政投入不断增大，设施条件持续改善，脱贫攻坚成效显著，就业保持高位，人民群众获得感显著增强。如图19－1所示，按照每人每年2300元（2010年不变价）的农村贫困标准计算，我国农村贫困人口数量与贫困发生率都在持续走低，2018年末农村贫困人口已经进一步降至1660万人，贫困发生率降至1.7%，两个指标的累计下降幅度非常大，脱贫攻坚成效显著。

不仅如此，就业也一直保持在较高水平，尽管近几年国内外形势十分严峻，但就业状况仍然比较好。如表 19－1 所示，无论是就业人员总量，还是就业人员占劳动力的比，都处于较高水平，而且近六年城镇每年新增就业均维持在一千三百万人以上。再者，近些年城乡居民收入也保持持续增长态势，且增长速度均超过经济增长速度，中等收入群体在不断扩大。这些成绩的取得，都离不开公共服务持续发展。以下即分析一些重点领域的公共服务发展状况。

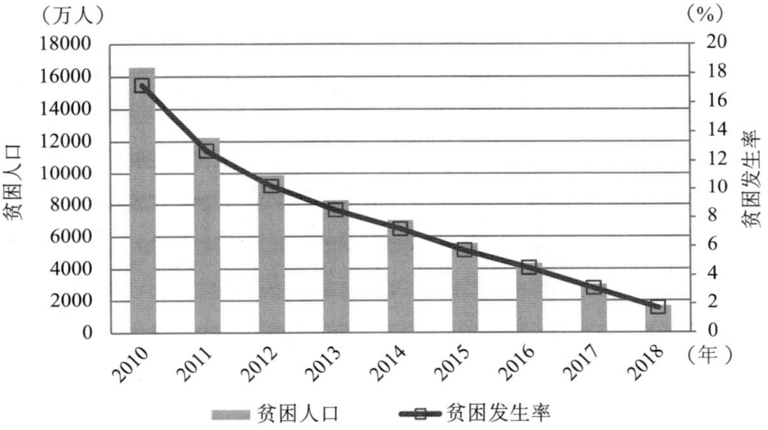

图 19－1　贫困人口与贫困发生率变化

数据来源：国家统计局。

表 19－1　　就业基本情况

年份	2010	2011	2012	2013	2014	2015	2016	2017	2018
劳动力（万人）	78388	78579	78894	79300	79690	80091	80694	80686	
就业人员（万人）	76105	76420	76704	76977	77253	77451	77603	77640	77586
城镇就业人员（万人）	34687	35914	37102	38240	39310	40410	41428	42462	43419
乡村就业人员（万人）	41418	40506	39602	38737	37943	37041	36175	35178	34167
就业人口占劳动力之比（%）	97.09	97.25	97.22	97.07	96.94	96.70	96.17	96.22	
城镇每年新增就业人数（万人）	1168	1221	1266	1310	1322	1312	1314	1351	1361

数据来源：国家统计局。

一、财政性教育经费投入持续增长，教育事业得到全面发展

如图 19－2 所示，近些年国家财政性教育经费保持不断增长态势，占

GDP 的百分比在 2017 年则创下了历史新高。如图 19－3 所示，因适应社会需求，普通本专科招生人数呈稳中上升趋势；普通高中由于招生人数在缓慢减少，生师比因此在持续下降；初中招生人数近四年在增长而普通小学招生人数则一直保持稳步增长趋势，但生师比总体上仍然能够保持基本稳定（如图 19－4 所示），这都得益于投入增加带来的教育事业发展；特殊教育的招生人数尽管比较少，但也在不断增长。

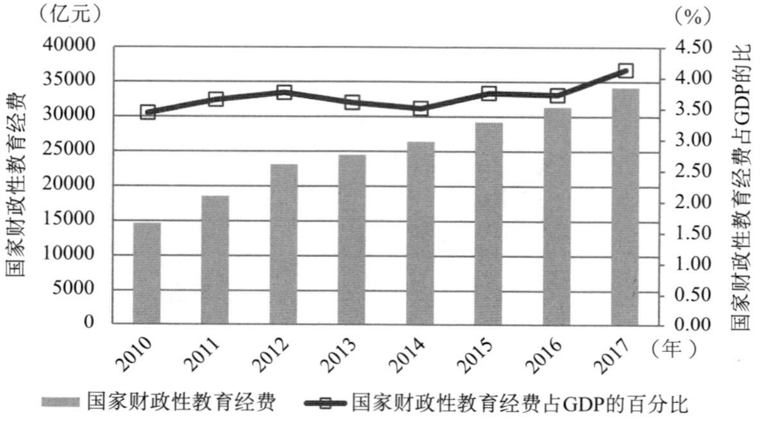

图 19－2　国家财政性教育经费增长状况

数据来源：国家统计局。

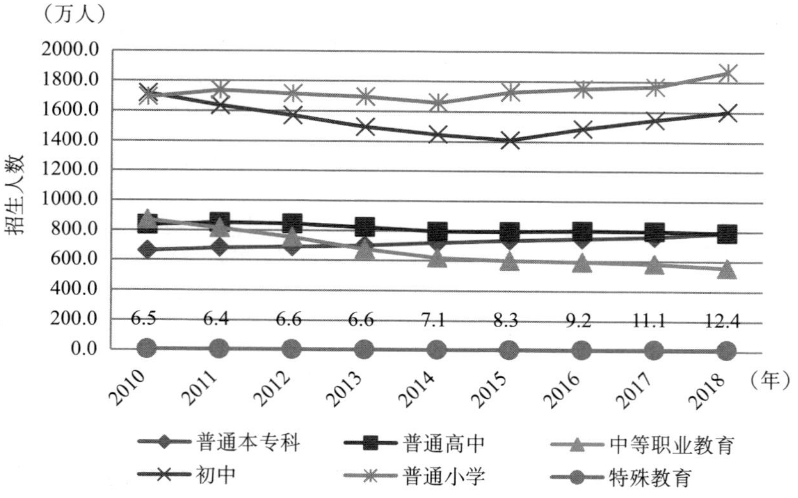

图 19－3　各级各类学校招生人数

数据来源：国家统计局。

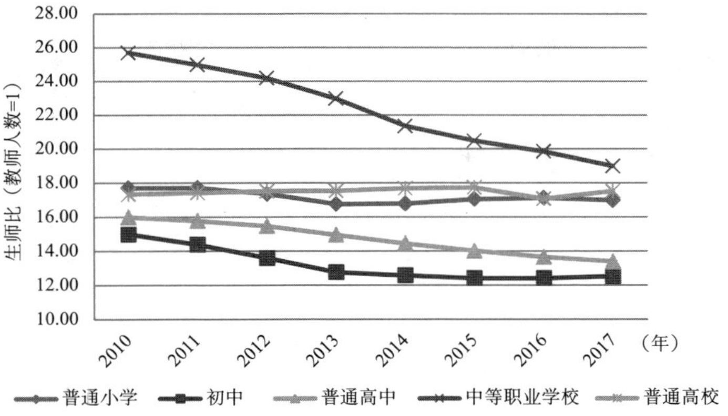

图 19－4 各级学校生师比变化状况

数据来源：国家统计局。

二、医疗卫生得到持续改善，人民健康水平有了大幅度提高

无论是从从业人员数，还是从机构床位数看，近些年医疗卫生事业都实现了持续发展。如图 19－5 所示，无论是执业医师数还是注册护士数，近些年都呈明显上升趋势。从图 19－6 所示的医疗卫生机构床位数来看，医院的增长速度更加显著，乡镇卫生院虽然增长速度比较低，但总体上也呈稳步上升态势。图 19－7 和图 19－8 则进一步反映了每千人口执业医师数和注册护士数变化状况，从中可以明显看出，二者均呈稳步上升趋势，到 2017 年分别达到 2.44 人和 2.74 人，尽管城市和农村还有一定差距。随着医疗卫生服务有了显著发展，人民健康水平有了大幅提高，平均预期寿命不断延长。从主要指标看，婴儿死亡率已由 2010 年的 13.1‰稳步下降到 2017 年的 6.8‰，孕产妇死亡率则由 2010 年的 30.0/10 万，下降到 19.6/10 万，平均预期寿命已由 2010 年的 74.83 岁稳步延长到 2017 年的 76.70 岁。总体上，我国居民主要健康指标优于中高收入国家的平均水平，尽管其中的原因是多方面的，但医疗卫生服务的持续发展与不断改善亦不无关系。

三、经过前几年快速发展，养老服务状况已经有了明显改善

随着社会重视程度的提高和投入增加，养老服务总体状况在不断改善。如图 19－9 所示，提供住宿的各类养老服务机构床位数在快速增长数年后，已经进入缓慢增长阶段，其中 2017 年仅比 2016 年增加了 14.6 万张，2018 年则比

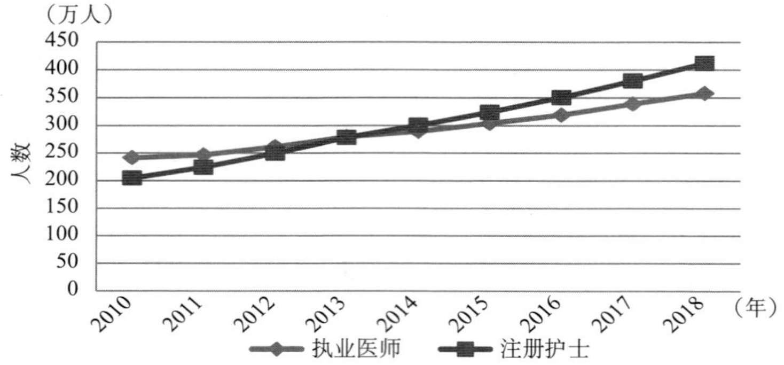

图 19 -5　卫生技术人员数增长状况

数据来源：国家统计局。

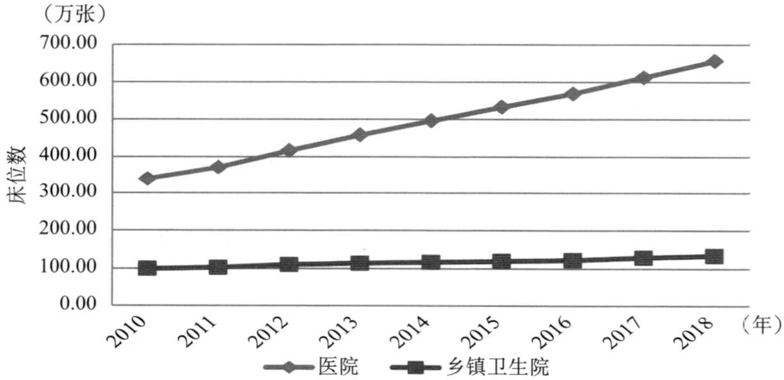

图 19 -6　医疗卫生机构床位数变化状况

2017 年增加了 1.5 万张。与此相伴，每千名老人拥有养老床位数也在快速增长之后开始稍有回落，已经由 2016 年的 31.6 张微降至 2017 年的 30.9 张。

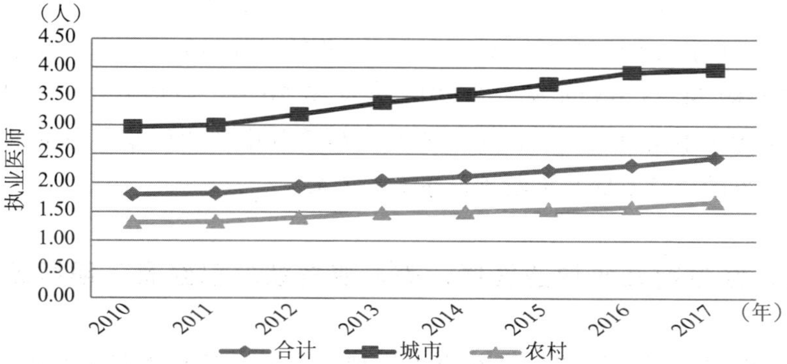

图 19 -7　每千人口执业医师数

数据来源：国家统计局。

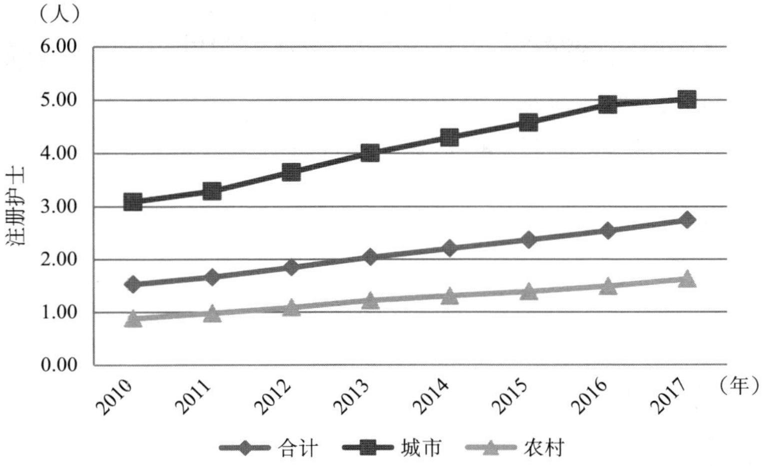

图 19－8　每千人口注册护士数

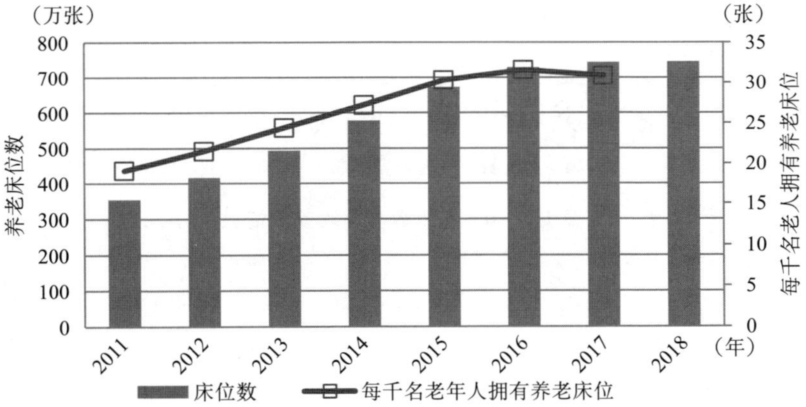

图 19－9　提供住宿的各类养老服务机构床位数增长状况

数据来源：民政部和国家统计局。

四、以社会保险为主的社会保障制度，覆盖越来越多的人口

图 19－10 反映了城镇职工和城乡居民参加基本养老保险的状况。从中可以看出，城镇职工参保人数一直呈稳步增长态势，城乡居民经过 2012 年之前的快速增长之后已进入缓慢增长状态，2018 年基本养老保险参保总人数已经增至 9.424 亿人，创历史新高。图 19－11 则反映了职工和城乡居民参加基本医疗保险的状况。从中可以看出，职工参保状况相对比较稳定，而城乡居民由于新农合与城镇居民基本医疗保险制度的整合，从 2016 年开始呈现快速增

长趋势，由此带动了总人数的快速攀升，2018 年参保总人数已经达到 13.445 亿人，亦创下历史新高。图 19－12 则反映了职工参加工伤保险、失业保险与生育保险的状况，总体而言，增长态势都较为明显。图 19－13 反映了社会救助体系中的主体部分——最低生活保障制度的受益人口变化状况。从中可以看出，无论是城市居民还是农村居民，受益的人数都已经开始下降，这与贫困人口减少的趋势大体吻合。

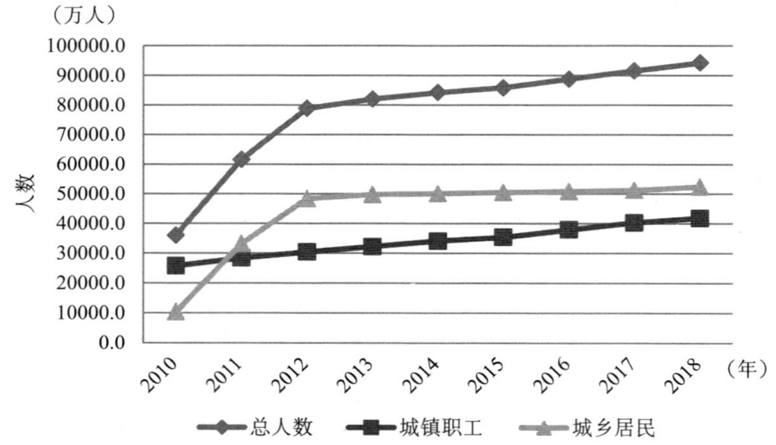

图 19－10　基本养老保险参保情况

数据来源：国家统计局。

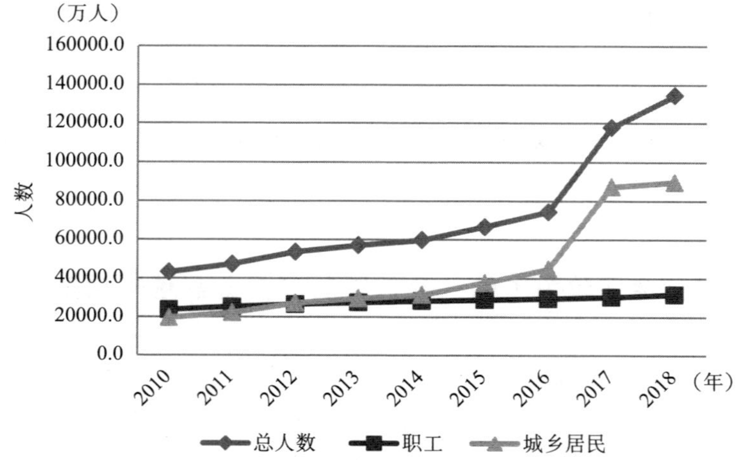

图 19－11　基本医疗保险参保情况

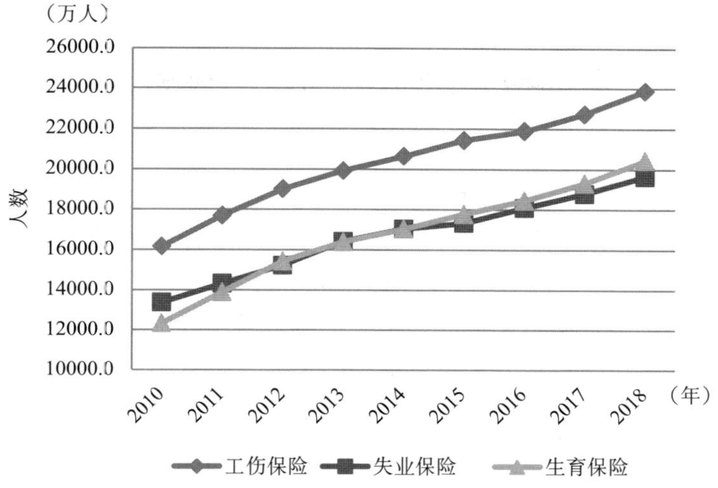

图 19－12 工伤、失业和生育保险参保情况

数据来源：国家统计局。

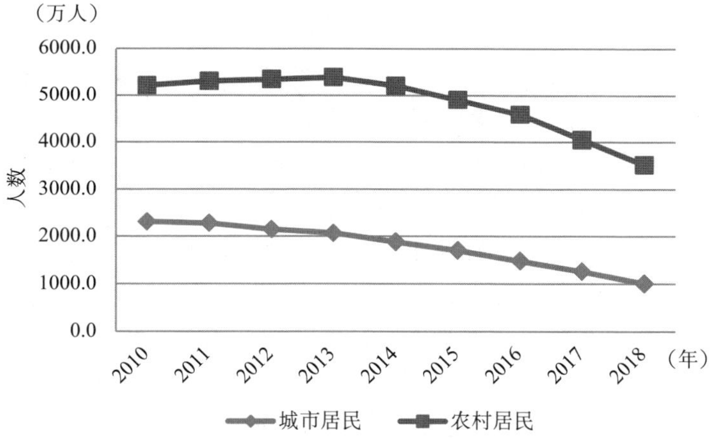

图 19－13 最低生活保障人数变化情况

尽管近些年我国教育、医疗卫生、养老和社会保障等公共服务状况有了明显改善，民众的获得感显著增强，但是相对于人民群众不断增长与转型升级的多层次、多样化需求，公共服务领域仍然存在供给不足、质量不高、发展不均衡等突出问题，托幼、上学、就医、养老等方面的服务内容、水平和质量等与群众期待还有不小差距。这既是现阶段社会主要矛盾的重要表现，又是供给侧结构性改革的重点内容，同时也意味着潜在的巨大国内市场尚未变成现实消费需求。面向“十四五”，推动公共服务高质量发展，正是要着力解决这些突出问题。

第二节　发展目标与总体思路

一、发展目标

中国实行的是社会主义市场经济。不同于强调以资为本的资本主义市场经济，社会主义市场经济的本质要求决定了高质量发展必须全面践行以人民为中心的发展思想，坚持需求导向，强化问题意识。正如《人民日报》社论所指出的，“高质量发展，就是能够很好满足人民日益增长的美好生活需要的发展”。结合公共服务领域目前存在的突出问题，推动公共服务高质量发展的目标就是要使服务供需更加匹配，资源配置更趋合理，供给主体更趋多元，服务内容更加丰富，供给竞争更加充分，服务方式更加便捷，运行保障更加高效。

面向“十四五”，则是要在“十三五”末实现基本公共服务能力全覆盖、质量全达标、标准全落实、保障应担尽担和实现非基本公共服务付费可享有、价格可承受、质量有保障、安全有监管的基础上，进一步巩固成绩、夯实基础，深化供给侧结构性改革，让公共服务供给主体更趋多元、服务渠道更加顺畅、供给方式不断创新、资源布局更加优化、体制机制日趋完备、人才队伍发展壮大、服务内容更加丰富、服务质量明显提高，覆盖全民、普惠共享、城乡一体的公共服务体系不断健全，就近就便、高效快捷、便民利民的公共服务体验不断改善，政府保障基本、社会积极参与、全民共建共享的公共服务格局不断完善，社会关注的民生热点难点问题得到切实有效解决，多样化、可选择的公共服务资源更加丰富，潜力巨大的国内市场需求得到有效满足，广大群众的获得感、幸福感、安全感不断提升。

二、总体思路

实现公共服务高质量发展，必须走不同层次与类型的公共服务分类协同发展与包容性治理之路。维特根斯坦（2001）说过，“概念引导我们进行探索”。因此，概念界定不仅是学术研究的逻辑起点，而且影响到研究方向、内容与范围。公共服务（public service）虽然是一个老生常谈的话题，但一直缺少一个严谨统一、能够被广泛接受的概念界定，这可能是源于公共服务本身极具复杂性：一方面它涉及不同领域、具有不同功能和类型，另一方面在保障上又有顺序之先后、水平之高低的区分。国家关于基本公共服务的“十二五”和“十三五”规划中确定的基本公共服务清单便有这些方面的综合考虑。综合而言，公共服务就是在一定社会共识（通常要通过一定的民主选择程序）的基础上，需要由政府承担提供责任，动用公共资源，并以某种方式适当介入（或者通过建立公共部门直接生产并提供服务，或者通过财政资助市场组织、社会组织来生产服务，或者运用公共权力进行行业管制，等等），向辖区内的公民提供并保障其可得性（availability）、可及性（accessibility）和可持续性（sustainability）的服务。

公共服务不仅涉及不同领域，即使在同一领域内，也可以依据不同标准与依据，区分出不同层次与类型。从服务内容与功能上看，公共服务大体上可以区分为基础性、社会性、经济性与安全性公共服务等不同类型。从保障要求与次序上区分，有基本公共服务与非基本公共服务之别。国家关于公共服务的“十二五”“十三五”规划都立足于基本公共服务，“十四五”时期无疑需要进一步拓展，以期更好地满足人民群众日益增长的多元化美好生活需要。而从满足对象的需求层次与供给主体的主要追求目标上区分，公共服务实际上涉及不同市场定位、性质与层次的行业，具体而言，则主要包括：（1）着眼于满足较高层次需求、以追求经济利益为主要目的的营利性企业（PMB）为主体的营利性服务产业；（2）着眼于满足中低收入者的一般性需求、以追求社会价值为使命的社会组织为主体的非营利性服务事业，其中的社会组织既包括传统意义上的非营利组织（NPO），也包括新兴的社会经济组织形式——社会企业（social business，social enterprise）；（3）着眼于满足极低收入者和经济困难人群基本需求、以公立组织为主体的兜底保障性公益服务部门。基本公共服务通常强调的就是（3）中的兜底保障性公益服务。实质上，随着经济社会持续发展，人民生活水平不断提高，人民群众对公共服务的要求不仅越来越高，而且呈现出多层次、多样化特征，客观上这便要求公共服务内容更加丰富，供给途径与方式更趋多元化。只有这样，才能够更好地适应他们的需求状况及其变化趋向。因此，新时期推动公共服务高质量发展，必须与人民群众需求变化状况相适应，走分类协同发展与包容性治理之路。以下对此作进一步阐述。

首先，中高收入者对公共服务有更高的要求，而且他们有较强的支付能力，对服务的需求价格弹性比较低，因而，满足他们较高要求的公共服务适合由营利性企业按照市场化方式去提供。这样，不仅可以减轻政府在行政、财政等方面的负担，让其有更多精力与财力去承担对经济困难人群的兜底保障责任，还有助于更好地实现供需匹配。

其次，规模庞大且支付能力又较为有限的中低收入者需要的一般性公共服务，则适合由市场组织（主要追求经济利益的企业）、社会组织（主要追求社会价值的传统非营利组织）以及二者交叉融合的创新型社会经济组织——社会企业，根据它们各自的市场细分与定位去提供。因为仅仅靠营利性企业（PMB）来提供，可能会导致部分群众难以负担得起；仅仅靠传统非营利组织（NPO）来提供可能难以保持其可持续性，因为传统非营利组织主要依靠外部捐赠与资助；而兼具二者部分特征的社会企业由于其追求的是社会价值与使命，并按市场化方式运营，使其可以为中低收入者持续提供他们能够负担得起的公共服务。在这方面国内外已经有大量的实践探索，甚至包括扶贫领域，如2006年诺贝尔和平奖获得者、孟加拉国尤努斯（Muhammad Yunus）创办的社会企业——格莱珉银行（Grameen Bank，也译作乡村银行），即通过小额信贷等方式帮助了包括孟加拉国在内的无数穷人（特别是女性）脱贫，其中甚至还包括乞丐；中国台湾的长庚医院则为我们提供了通过社会企业方式，为广大平民有效提供医疗卫生服务的成功案例。

最后，极低收入者与经济困难人群的基本公共服务需求则由政府来承担兜底保障责任。其中，既可以通过政府投资兴办公立组织来直接提供公益服务，也可以通过政府购买服务或者直接补贴需方的方式来间接提供，而由具体的服务生产则由市场组织、社会组织（包括社会企业）来承担。相较于政府投资兴办公立组织来直接提供公共服务，政府通过购买服务方式、直接补贴需方的方式来承担兜底保障责任，不仅有助于培育公共服务的多元化供给主体，还可以通过引入竞争机制，迫使各类服务供给主体不断提高供给效率与服务水平。

考虑到营利性市场组织、非营利性社会组织和公益性公立组织的目标、使命与运行方式等方面都存在很大的差异性，因此，要充分发挥各类组织在公共服务供给中的积极功能与作用，形成分类协同发展格局，必须根据市场组织、社会组织的合理需求，切实推进全面深化改革，尽快构建起有利于调动各类组织发展积极性的包容性制度（inclusive institution）框架，形成共同参与、激励相容的包容性治理（inclusive governance）体制机制。只有这样，才能全面有效践行以人民为中心的发展思想，推动公共服务高质量发展，进而更好地满足人民群众日益增长的多层次、多样化公共服务需要。

第三节　发展障碍

公共服务，无论从内容领域、供给主体，还是管理主体、责任主体看，都涉及面甚广。从内容上看，涵盖教育、医疗卫生、养老服务以及社会保障等诸多行业领域；从供给主体看，每一领域大多包含着针对不同需求层次的不同性质与类型的众多供给主体；从宏观管理主体看，则牵涉众多主管部门；从责任主体看，中央政府到基层政府有数个行政层级。不仅如此，公共服务还涉及“条”“块”交叉、城乡统筹与区域协调等诸多问题。因此，新时代推动公共服务高质量发展，形成不同层次与类型的公共服务分类协同发展与包容性治理格局，必须直面现存突出问题，从行业领域、供给主体以及管理层级、责任主体等多个维度进行综合性系统分析，寻找阻碍其高质量发展的体制机制等障碍，以便在此基础上采取有针对性的政策措施。

一、公共服务供给理念有待进一步更新

新时代中国的社会主要矛盾发已经生了根本性转化，人民群众的需求不仅日趋多元化，而且在不断转型升级。同时，国民经济已由高速增长阶段向高质量发展阶段转变。不仅如此，国内经济下行压力依然较大，国际环境仍然复杂多变，不确定性很强。在这样复杂严峻的国内外形势下，稳增长、促改革、调结构、惠民生、防风险的任务十分艰巨。公共服务供给状况，不仅直接关系到人民群众美好生活需要的满足，事关民生保障与改善，关乎社会公平正义，而且影响到国内巨大市场的形成和创新驱动上升为主的增长引擎，因而对国民经济和社会发展有着广泛而又深远的影响。因此，“十四五”时期，公共服务供给理念需要及时进行更新，一方面真正体现以人民为中心的发展思想，另一方面则应适应民众需求升级趋势与宏观形势变化状况，而不能仍然还停留在基本公共服务的层次上，尽管实现基本公共服务均等化是“十三五”时期要完成的重要发展目标。

鉴于此，“十四五”时期，各级政府及相关部门应该在确保完成基本公共服务均等化目标、落实好业已出台的公共服务领域中央和地方财政事权与支出责任划分的改革方案和社会领域补短板强弱项提质量的行动方案的基础上，全面践行以人民为中心的发展思想，系统审视公共服务的核心要义，深入理

解新时期新形势下公共服务充分有效供给对国民经济与社会发展的战略意义，抓紧研究制定既科学合理又切实可行的公共服务发展目标、规划，进一步改革优化支撑体制、保障机制，推动公共服务实现以人民需求为导向的高质量发展。

二、公共服务供给方式尚待进一步创新

推动公共服务高质量发展，必须创新供给方式，而不能总是停留在政府投资兴办的公立组织来提供公共服务的阶段，即便是基本公共服务，也没有必要完全依赖于公立组织来提供。在过去的很长时间，我们总是习惯于政府直接投资兴办公立医院、公立学校、公立养老院等来解决基本公共服务匮乏或供给不足等问题，这在市场组织不够发达、社会组织尚未得到普遍认知与发展的时期，是一种不得已的无奈选择。但如果一直固守这种供给方式，则不仅不利于培育多元化的公共服务供给主体，而且也难以满足人民群众日益增长、要求又越来越高的多层次多样化公共服务需求。这也正是一些发达国家和地区不断创新公共服务供给方式、追求供给效率与水平的重要原因。

在政府的有效规制下，积极培育市场组织、社会组织，让它们既有公平机会、又能积极地参与到各个领域的各种类型与层次的公共服务供给中去，不仅有助于丰富公共服务内容、提高供给效率与水平，还可以减轻政府包揽一切所带来的财政负担和行政压力，同时还能给公立组织带来竞争压力，迫使它们不断提高服务效率、水平与质量。毕竟，公立组织不仅往往具有一定的垄断性，而且带有较强的科层制特征，因而，从总体上而言，其运行效率往往不如在市场竞争中求生存、谋发展的市场组织、社会组织。更何况，从目前状况来看，“难与贵”问题突出的公共服务领域，大多都是市场组织和社会组织介入不足、长期以来供给方式较为单一的领域，如教育、医疗卫生、养老服务等领域，尽管现在不少领域已经开始倡导和鼓励更多的供给渠道与方式，但原有的供给格局并未得到根本性的彻底打破。

三、公共服务领域亟需“放管服”改革

尽管养老、医疗卫生等部分公共服务领域已经意识到“放管服”改革的必然性、迫切性并已经开始制定、实施一些“放管服”改革政策措施，但就总体而言，公共服务领域的“放管服”改革还不够全面深入，市场组织、社

会组织参与公共服务供给的机会与条件还不够成熟，积极性也亟待进一步增强。毕竟，长时间主要依靠公立组织来提供教育、医疗卫生和养老等公共服务的发展历程，不仅已经营造了与此相适应的政策环境与生态系统，而且民众的消费需求与习惯也大都与之相适应，想要在短时间内实现根本性改变并非易事，比如民众到大医院而不是基层医疗机构看病就医的习惯就使得我国正在推进的分级诊疗制度建设成效不够显著。更何况，在教育等一些领域，主管部门似乎还并没有充分认识到推进“放管服”改革的必要性、必然性，甚至还有一些“收”而不是“放”的迹象。实质上，因事中事后监管不力而阻碍前端的简政放权，不仅不利于充分调动社会资源与力量来提供高层次高质量的公共服务，反而会徒增财政负担和行政压力，并影响政府更好地发挥兜底保障功能，而且也无助于多层次、多样化公共服务需求得到更加充分有效地满足。

在公共服务领域，特别需要推进“放管服”改革的，还包括社会组织，尤其是社会企业的管理方面。中国还是一个中等收入水平的发展中国家，规模庞大的中低收入群体，既不能完全依赖主要追求经济利益的市场组织来提供诸多领域的公共服务，也难以完全依赖政府投资兴办的、主要承担兜底保障功能的公立组织，而只能依靠主要追求社会价值的传统非营利组织与新兴的社会企业。然而，这两类社会组织的积极功能并未得到社会的广泛认知，其注册登记与管理等方面都还存在不少障碍，尤其是社会企业。尽管北京市已经有正式文件提及社会企业，但目前社会企业尚未得到国家层面的正式认可，更不用说其规范有序发展所需要的一系列政策法规了。因此，面向“十四五”，迫切需要进一步解放思想，加快推进公共服务领域的“放管服”综合改革，支持与保障社会企业规范有序发展，并充分发挥其在公共服务领域的积极功能与作用。

四、公共服务协同发展的体制亟待完善

地域辽阔、人口众多的中国，仍然面临着较为严重的区域、城乡发展不平衡问题。公共服务领域同样如此。尽管国家已经陆续出台了基本公共服务领域、医疗卫生领域和教育领域中央和地方财政事权与支出责任划分的改革方案以及社会领域公共服务补短板、强弱项、提质量的行动方案，这对于促进各地区相关领域公共服务的统筹协调发展无疑具有十分重要的积极意义，但是，不仅政策文件的贯彻落实需要时间，成效尚待观察，而且省级以下的

改革方案还需要进一步研究制定。因此，“十四五”时期实现公共服务城乡区域统筹协调发展，还有很多艰苦卓绝的工作要做，其中包括建立健全体制机制、完善政策支撑与措施保障等方面。

改革开放以来，我国主要是依靠地区之间锦标赛式竞争实现了经济快速增长，这对提高人民生活水平起到了不可否认的积极作用。但是，这种激励体制并未能解决好城乡、区域发展不协调不平衡不包容等问题。公共服务领域更是如此。虽然脱贫攻坚方面的结对帮扶已经在此方面进行了积极探索与有益尝试，但是能否运用到更多的公共服务领域并取得效果还需要进一步深入研究，毕竟，公共服务供给是一种常态性工作，而脱贫攻坚则并非如此。对于中国这样一个人口规模庞大的发展中大国，如何实现区域统筹、城乡协调发展，这本身就是一件极富挑战的开创性工作。古今中外，都缺乏这样的成功先例。因此，建立健全促进公共服务城乡区域统筹协调发展的体制机制，具有一定的探索性、艰巨性与复杂性。

第四节　对策建议

“十四五”时期推动公共服务高质量发展，必须直面公共服务领域现存的突出问题，针对体制机制等诸多方面存在的发展障碍，积极全面践行以人民为中心的发展思想，深化供给侧结构性改革，一方面充分发挥政府部门在公共服务领域的主导性作用，另一方面着力营造有利于有效调动各种社会资源与力量积极参与多层次、多样化公共服务供给的政策环境、生态系统，进而促进市场、社会和政府部门协同发展与包容性治理的良性格局的早日形成。

一、加强公共服务绩效评价，不断优化激励约束机制

随着经济社会持续发展和人民生活水平不断改善，民众对公共服务的需求会进一步提高。所以，面向“十四五”时期，既要更加全面地理解公共服务内容的多层次性、多样性以及民众需求转型升级的必然性，又要充分认识到公共服务高质量发展在复杂严峻的国内外形势下的多重独特功能与作用。毕竟，不同于其他服务，政府在公共服务供给中具有主导性地位，一方面要对基本公共服务承担起兜底保障职能，另一方面对非基本公共服务还要履行适当介入、有效规制等监管责任。因而，对各级政府相关部门来说，需要根

据社会经济发展状况与人民群众需求变化趋势，及时更新公共服务供给理念，“十四五”时期则必须超越基本公共服务的层次，更加全面地理解公共服务的多层次性、多样性，并将其真正落实到具体工作与日常行动中去，而不能仅仅停留在口头上。为此，则需要探索建立更加有效的激励与约束机制，支撑与保障多层次、多样化公共服务的充分有效供给。

鉴于此，“十四五”时期必须积极全面践行以人民为中心的发展思想，加快构建科学合理、切实可行的公共服务绩效评价体系，并以主要受众为调查对象，广泛采集数据，进行绩效评估，然后以此为重要依据，加强对政府相关部门及领导人的政绩考核，特别是要坚持动力与压力双轮驱动，不断优化激励与约束机制，进而通过有效的激励与有序的问责，支撑与保障适应新时期经济社会发展状况与形势的公共服务供给理念能够有效贯彻落实到政府相关部门的日常工作中去。

二、不断创新供给方式，推进公共服务的多元化供给

公共服务供给，既要充分考虑需求状况及其变化动向，又要顺应内外部环境的客观变化趋势。一方面，每个人在整个生命周期中往往都会需要诸多领域各种类型的公共服务，如托幼、教育、医疗卫生、养老服务等等，而且，即使是同一领域的公共服务，由于受众的经济社会状况不同，其需求往往也会有很大差异。因此，适应人民群众需求的多层次性、多样性以及不断转型升级的变化趋势，公共服务供给途径也要更加多元化，供给方式更要不断改革创新与探索，以便更好地适应需求状况及其变化趋向，进而真正体现以人民需求为基本导向的高质量发展要求。为此，“十四五”时期，需要积极培育公共服务供给的市场组织、社会组织（尤其是社会企业），让它们能够与公立组织互补互动，实现错位发展，进而形成不同层次与类型的公共服务分类协同发展与包容性治理格局，这也正是推动公共服务高质量发展的基本路径。

另一方面，应积极借鉴 PESTLE 框架来分析内外部环境中的政治因素（Political）、经济因素（Economic）、社会因素（Social）、技术因素（Technological）、法律因素（Legal）以及伦理和环境因素（Ethical and Environmental）的变化趋势，让新时期公共服务供给能够适应外部环境的不断变化状况。比如，网络信息技术（ICT）、人工智能技术（AI）等的不断进步就是“十四五”时期不可忽视的重要技术因素，因而，客观上需要支持与鼓励公共服务供给充分利用诸如此类的技术进步带来的有利条件，不断创新服务供给方式，

提高服务供给的便捷性、可及性与有效性，进而实现供给与需求的更好匹配。

三、强化需求导向、问题意识，深化“放管服”改革

推动公共服务高质量发展的根本目的就是要使服务供给与需求更加匹配。目前在托幼、教育、医疗卫生以及养老服务等领域存在着突出的社会问题，主要就是服务供给难以有效满足需求，其中主要是服务供给总量不足，也有的领域还存在着结构性失衡。究其根源，主要是长期以来这些领域的思想不够解放，改革不够深入，影响社会资源与力量参与相关公共服务有效供给，而公共资源又投入太少，难以满足多层次、多样化的服务需求。鉴于此，“十四五”时期推动公共服务高质量发展的主线仍然是深化供给侧结构性改革，也就是要用改革的办法，破除阻碍发展的行政性障碍，营造更加有利的政策环境与生态系统，让各类供给主体能够有公平机会、更强激励参与到各类公共服务的供给中去，进一步增强服务供给侧适应需求侧的灵活性。

进一步而言，就是坚持需求导向、强化问题意识，深化“放管服”综合改革，亦即在充分调查研究的基础上，根据市场组织、社会组织的合理需求，进一步简政放权，并同时加强事中事后监管，不断优化政务服务，以此营造有利于市场组织、社会组织（尤其是社会企业）积极参与各个领域、各个层次、各种类型公共服务供给的政策环境与生态系统。只有这样，市场组织、社会组织才会注重市场调研，并在此基础上加强市场细分与定位，开发并提供与目标市场上消费者需求相适应的多层次、多样化公共服务。如是，政府部门不仅能够更加容易承担得起数量较少的经济困难人群的基本公共服务兜底保障责任，还可以通过购买服务或者直接补贴经济困难者的方式承担兜底保障责任，这比起政府部门直接投资兴办公立组织来提供基本公共服务，则具有更多方面的益处。其中，一是有助于拓宽公共服务的市场空间，更加有利于培育公共服务供给的市场组织、社会组织；二是有助于增强公共服务市场的竞争程度，并以此促进服务供给效率、水平与质量的提高，并增加公共服务的内容与选择空间。

四、探索有利于公共服务协同发展的包容性治理体制

推动公共服务高质量发展，必须解决好公共服务发展不平衡、不协调、不包容等问题，其中包括城乡、区域发展差距以及城市非户籍常住人口的公

共服务不可及等问题。尽管对于中国这样地域辽阔、各地差异迥然的人口大国，经济社会发展存在城乡、区域差距在所难免，以此为经济基础的公共服务存在一定程度的差异亦有其必然性，但差距过大，既不利于社会和谐稳定与公平正义，也影响整个国家的共同富裕与民族的繁荣昌盛。更何况，公共服务在很大程度上还影响着一个地区的经济发展环境与对人才等高级要素的吸引力，公共服务差距太大还容易造成经济社会发展的马太效应。因此，探索促进公共服务城乡统筹、区域协调的包容性发展与治理体制，是“十四五”时期推动公共服务高质量发展的重要任务之一。

为此，除了要抓紧贯彻落实国家已经出台的诸多领域公共服务中央与地方财政事权与支出责任划分的改革方案以及社会领域补短板、强弱项、提质量的行动方案、加快研究制定省级以下的配套政策措施之外，较为关键的还是要在政府兜底保障经济困难人群基本公共服务需要的基础上，让公共服务发展本身具有更强的正向激励。换而言之，只有提供各个领域、各个层次和各种类型公共服务的市场组织和社会组织能够从提供服务中得到有效的正向激励，实现可持续发展，它们才愿意积极从事这项工作；同时，也只有更多的民众从它们提供的各级各类各种公共服务中得到更好的满足，他们才会继续向它们寻求公共服务。而让各级各类公共服务供给与需求主体实现良性互动、有效匹配的关键，则在于有效贯彻落实全面深化改革的总体要求，加快构建起有利于调动全社会各方主体发展积极性的包容性制度框架，形成不同层次与类型的供给主体，实现有序分类治理的包容性治理体制机制。

作者：高传胜　南京大学长江产业经济研究院研究员
南京大学政府管理学院教授

第七篇

优化对外开放全球格局

第二十章 “一带一路”“走出去”高质量发展现状和对策建议

第一节 “走出去”高质量发展立足点和目标意义

一、顶住单边主义逆风，加大“走出去”步伐

加大“一带一路”“走出去”顶住美国单边主义逆风。中美关系从奥巴马时我们不认可但差强人意的“中美国”单向构想倏然被特朗普转变为“美国第一”“中美脱钩”的胡作非为。中美贸易退至第三位，至2019年上半年，中国与美国贸易额比去年同期减少14%至2583亿美元，居欧盟、东盟之后。数据显示，贸易摩擦前对中国出口支持了美国超过100万个就业岗位，2019年前9个月美国对华出口总额下降15%，约788亿美元。中国企业在美国投资自2016年峰值以来下降90%。

二、立足主导新全球化

美国、西方主导的以货物贸易为主体的全球化本身动力减弱。中国主导新全球化，“一带一路”转变中国在产业链中低端接受旧全球化，中国生产、美国消费，中国购买美国债券、美国超支生活的分工和模式，变倚重与美国、西方发达国家贸易驱动为更稳健的“一带一路”投资贸易全方位双层次持久性动能成长，新全球化更具包容性、多边性和可持续性，以相互尊重、合作共建、互利共赢、命运共同体关系积极应对、取代美国经济制裁、军事扩张、

推翻政权的国际霸权欺凌关系。

三、目标建立经济上“世界中国”

“一带一路”倡议是党中央把控百年未遇大变局的重大战略，为世界经济增长开辟新空间。修之于天下，其德乃普，近6年来，中国同160多个国家和国际组织签署共建“一带一路”合作协议，同沿线国家货物贸易额超过6万亿美元。2018年，中国与中东欧16国贸易额达到822.3亿美元，同比增长21%。随着英国、意大利等发达经济体加入，2019年希腊成为中国与中东欧合作新成员，“16+1合作”升级“17+1合作”。中国与“一带一路”沿线国家、欧盟、东盟、非洲、美洲的贸易额稳步增长。安永报告显示，2018年，中国企业在“一带一路”沿线国家经贸合作进一步深化，实现非金融类直接投资156.4亿美元，同比增长8.9%；对外承包工程完成营业额达893.3亿美元，同比增长4.4%；进出口总额达1.3万亿美元，同比增长16.3%。新时代国内发展与全球化发展整体性更加明显，在建设发展强大“本土中国”基础上，建设发展经济上“世界中国”，“本土中国”和经济上“世界中国”相互支撑和促进，主导新全球化和构建“人类命运共同体”。

第二节　“走出去”高质量发展成效和经验启示

一、中国企业拥有巨大成长机遇和全新增长点

第一，“一带一路”不是传统经贸关系。“一带一路”不同区域之间存在发展差距和不平衡，但有着发展互补性、协同性，蕴藏着巨大发展潜力。中国与沿线国家有一定投资—资源互补性，但更是一种深刻的发展规划对接、协力共建的长久关系。这种关系能够扩展中国企业腾越空间，使得要素导向、投资导向和创新导向可以并重，让中国企业与沿线国家经济共享发展成长和全新增长空间。

第二，“价值链增值”全新增长点。沿线国家水利电力交通港口基础设施建设需求和中东战后国家重建以及巨大的制造业本土化空间，为中国企业实现生产效率提升和产能扩张转移提供了充分可能性和合理性。建造高速铁路、

工业园区，在经济特区、深海港口等开展更多合作，是中国基建企业、制造企业、能源装备企业、港口运营管理企业等重大长久战略机遇，是中国企业“产业链集成优势”和“价值链增值”并举的全新增长点。

二、高质量创新发展充分发挥双向特长

第一，“双向挤压”下坚持双向创新。中国产业在国际上处于发达国家高端制造回流与新兴经济体争夺中低端制造转移的“双向挤压”，必须直面技术和产业变革以及全球制造业竞争格局，推进高质量发展，坚持向上与向下两个方向创新并重。一方面坚定不移突破发达国家技术垄断与封锁、深度融入全球产业，提升中国产业在全球价值链（GVC）位置，勇于与发达国家竞争高新技术领域制导权、产业链主导权；另一方面坚定不移向下包容性创新，以中国资本和制造业优势、庞大国内市场和“一带一路”市场需求培育国际竞争优势。我国产业发展的全球化和一定差序化是必须的，高质量发展本义就是解决不平衡不充分和包容性不足的问题。

第二，中国商贸坚持双向性。“一带一路”国家对基础设施建设和推进工业化的需求，是中国产品、装备及产业“走出去”的巨大机遇。中国全球商贸坚持上下双向性：输出商品“有轻有重”，技术含量“有低有高”，有打火机、纽扣、服装鞋帽、玩具、雨伞、梳子、圣诞节用品等低附加值日用品、轻工纺织品，更有智能手机、5G 基站、电脑、无人机、工业机器人、卫星、高铁、核电、远洋巨轮、军械、太阳能、风能发电装备、新能源汽车等高附加值高新技术产品和重型机械设备。中国参与国际分工“有浅有深”，有单纯的商品出口，更有产品、技术、服务的“全产业链”输出和“一带一路”共建合作主导的全方位“办世界工厂”“办世界市场”。

三、充分发挥中国企业基建承包和运营优势

第一，建设海上丝绸之路，布局全球新的港口建设和运营管理。中国企业建造的世界最长 90 公里的爱沙尼亚至芬兰海底隧道，为“冰上丝绸之路”重大项目，总融资 150 亿欧元。沿线国家和地区发展对改善港口设施有迫切需求，中国港口企业有卓越的港口建设和运营服务能力。截至 2018 年年底，中国参与了希腊比雷埃夫斯港、斯里兰卡汉班托塔港、巴基斯坦瓜达尔港、卡塔尔多哈新港、科特迪瓦阿比让港等 34 个国家 42 个港口工程的建设经营，

提供港口一体化解决方案，海运服务覆盖“一带一路”沿线所有沿海国家。

第二，做强互联互通“地理收缩效应”。“一带一路”互联互通，基础设施共建是基石。以“六廊六圈”为主的互联互通基础建设，陆上丝绸之路和21世纪海上丝绸之路及全新开拓的北极航道冰上丝绸之路境外部分皆是薄弱部分，依然是一个开拓建设概念。中国企业建设高质量、可持续、抗风险、价格合理、包容可及的基础设施和现代化高质量运营体系，推进“一带一路”陆上、海上、空中、网上互联互通，做强“地理收缩效应”，节省运输成本和时间成本，进一步实现全球联动发展和构建开放型世界经济，推动自由贸易，塑造全球经济新增长点。

第三，建筑承包、装备制造业是中国高质量“走出去”强项。2010年以来，中国对外承包工程企业年均为当地创造就业岗位达到70万个；中国金融机构为国际基础设施合作提供融资超过3000亿美元。中国对外承包工程累计签订合同额达到2.3万亿美元，完成营业额达到1.6万亿美元，地域覆盖200多个国家和地区，行业涉及交通运输、能源电力、工业与民用建筑、石化通信等领域，业务覆盖设计咨询融资建设运营维护等各个方面。69家中国企业位居全球最大250家国际工程承包商之列，整体市场份额达到了24%，居全球第一位。2019年一季度，我国非金融类直接投资累计252亿美元，与2018年同期基本持平，预计全年将较去年同期增长4.8%。对外承包工程完成营业额331亿美元，新签合同额506亿美元，同比增长13.5%。我国企业装备制造能力强，产业链条完整，产品和服务的性价比较高，有能力也有条件与各国开展合作，实现优势互补、互利共赢。与基础建设投资承包相伴随，装备是技术、服务、标准“走出去”的载体，对于提高中国制造影响力和竞争力有重要作用。我国装备制造业在设计能力、工艺水平等方面具备雄厚实力，很多领域处于世界顶尖行列，具备大步“走出去”坚实基础。

四、投资和贸易构建全球产业链、供应链和价值链

第一，新的“农村包围城市”。这是世界范围内新的“农村包围城市”，促进全球欠发达地区工业化、城镇化，有更深层次更广范围更具战略整体规划性，走一条经济上“世界中国”共建产业链、供应链、价值链和更大范围城镇化可持续发展宽广道路。我国能够通过对跨国基础设施大规模投资，来建立横跨欧亚大陆、非洲和太平洋地区的影响力和更宽广的产业链、供应链、价值链。西方不会有持久深入整体性参与度，因为这些投资需要较长时间才

会对投资国经济增长产生作用。全国工商联对近千户民营企业的最新抽样调查显示，半数民企（50.9%）处于盈利状态，其中当年即实现盈利的占19.1%，3年内实现盈利的占27.7%。近年来我国增长率持续下行到2019年三季度的6%，2020年可能进入“5”时代，但这一定是暂时的，是新的蓄力过程，增长潜力在“世界的中国”埋伏，肯定会“U形”回升。数据显示，至2018年，中国在“一带一路”投资、承包营收及进出口额三项的增长率平均值为10%以上。同样根据全国工商联的最新抽样调查，民企制造业和服务业企业利润空间大，仅有16.8%的一般制造业和20.3%的服务业企业利润率低于10%，这两类企业有35%企业利润在40%—50%之间。通过对外投资实现资源整合，促进与外部资源有机互动与结合，促进中国产业链与亚欧对接融合，就能在广泛强大动力下“U形”回升并持续增长。

第二，中国制造业有承包“一带一路”沿线国家产业能力。中国制造业占据全球产业链的80%—90%，中国贡献全球制造业总产出的35%。发挥好制造优势，不只是转化为财富，更是筑牢中国与世界的坚硬不拆关系。值得欣喜的是，民营企业64%的投资都进入了可再生能源领域，如我国全球风能和太阳能渗透率近年迅速提高，装机容量位居全球首位，相关的设备制造水平处于领先地位。又如光伏产业是我国面向海外的重要新兴绿色制造业，产业规模持续稳步增长，组件产量连续12年稳居世界第一位。2019年一季度，我国光伏组件产品出口至186个国家和地区，组件出口额43.9亿美元，同比增长31.89%，出口量16.78吉瓦，同比增长77.63%。

第三，中国投资贸易构建全球价值链。全球70%的贸易都涉及全球价值链。中国企业全球化布局投资贸易，积极构建全球价值链。全球投资贸易是中国资本鲜明特色。中国对“一带一路”国家投资已经超过900亿美元，为很多国家基础设施项目提供了融资。我国企业共实施完成并购项目341起，分布在全球49个国家和地区，实际交易总额962亿美元。中国与中东欧国家之间的年度贸易额超过800亿美元，中国企业在中东欧国家投资逾100亿美元，中东欧国家成为中国对欧投资的支点之一；与俄罗斯贸易突破1000亿美元；过去10年，中国在欧洲并购投资至少3180亿美元的资产；中国在非洲在建或运转100个工业园，40%投入运营，建成5756公里铁路，4335公里公路，9个港口，14个机场，34个中型电站，10多个大型水电站和上千个小型水电站。2017年，我国共对全球174个国家和地区的6236家境外企业新增非金融类直接投资，累计实现投资1200.8亿美元。

第四，“一带一路”成为仅次于欧盟的全球第二大贸易板块。中国企业对外投资、贸易在提升自身的相对规模、实力和竞争力同时，对“一带一路”沿线国家的投资与贸易拉动作用明显，激发东南亚、西亚、中亚、中东欧等不同区域的资源禀赋优势、区位优势、产业优势和协同优势，促进区域内贸易创造、贸易联系愈发紧密，“一带一路”内部贸易在全球总贸易中的占比提升明显，至2017年已达13.4%，其体量已相当于欧盟内部贸易的65%。贸易红利进一步显现，创造巨大投资和资本需求，估测可能重塑占全球贸易约2/3的全球产业链、供应链、价值链。

第五，民营新经济是“走出去”创建价值链生力军。以阿里巴巴为代表的云计算、物联网等新兴技术、新商业模式加速产业链、供应链、消费链、智造链以及资金链全球化，加速我国主导全球产业链。中国有最大金融科技市场，其数字支付规模是美国的50倍。阿里巴巴跨境及国际消费业务在2017财年实现强劲增长，速卖通、Lazada平台的海外年度活跃买家数达到8300万，接近澳大利亚和英国的人口总和，阿里云在海外市场规模增速超过400%。阿里旗下面向全球市场的B2C电商平台，速卖通已覆盖全球220多个国家和地区。中国单个企业经营的规模、实力和一些发达国家相比还有差距，中国企业的优势在于快速成长和互联网+，互联网把企业抱成一团。

第六，中国资本对“一带一路”沿线国家和地区具有不可替代性。世界各国普遍承认“没有中国的资本，类似工程永远不会完成”。基础交通的便利性、各国生产的关联性、互相性，伴随着“一带一路”全球化进程提速发展，沿线国家人们的生活必会越来越依赖中国主导新全球产业链提供的创新产品和高质量服务。

五、本土化生产经营实现全局性、高质量“走进去”

第一，通过“一带一路”沿线国家本土化生产经营，走高质量全球化之路。中国装备制造业的优质产品、贴心服务和本土化生产营销服务网络，是中国企业能够“走出去”，走进海外的更深、更广市场的根本原因。吉利控股集团从单一汽车产品贸易的“走出去”到深度参与当地工业化“走进去”转型，在“一带一路”沿线国家马来西亚、英国、瑞士、比利时和白俄罗斯均有本土化生产经营，促进提高当地生活条件、增进文化交流和民间交融，实现吉利控股集团全球化战略布局。至2019年，正泰集团与80%以上的“一带一路”沿线国家建立不同程度合作关系，产品和服务覆盖140多个国家和地区，设立北美、欧洲、亚太三大海外研发中心、五大国际营销区域、14家国际子公司、22个国际物流中心，走出了一条“产品‘走出去’、服务走进去、技术走上去”独具特色的高质量全球化之路。

第二，中国企业走向全球建立牢固“根据地”。中国企业在当地站稳脚跟、生根发芽，“本土化”经营是建立海外“根据地”重要法宝。处于“一带一路”最前沿的企业管理人员根据实情做出重大决策，以雇用当地员工为主，使企业在世界各地都能有效承担工作职能，逐步实现研发、生产、销售、物流和服务全面国际化。许多民营企业坚持本土化经营，实行就地化管理，建立与国际标准接轨、与当地相适应的管理体系，输出先进产能，发展现代产业，市场建设注重与本土营销网络保持良好合作伙伴关系，帮助当地拓展贸易链、产业链、供应链等。

第三，“本土化”具有双向促进作用。中国企业通过本土化的生产经营、深入布局和区域辐射作用，既促进高效产出更加贴合当地市场需求的产品和产品当地营销，覆盖本地市场，并辐射全球市场；又促进企业做强，促进产业链国内与境外的一体化做强。如长城汽车制造在俄罗斯图拉当地化生产，成为长城汽车打通欧洲市场的重要支点，也是长城汽车走向西欧乃至全球的重要出发点。

第四，“本土化”是经济上“世界中国”的广泛基础。本土化经营重要内容是与已经在当地成功拓展的海外企业、海外机构建立“强强联合”新型合作模式，筑厚经济上“世界中国”的广泛合作基础。如三一重工在国际上选择与阿达尼集团等优质企业建立全面战略合作伙伴关系，建立联合工作组，在印度等国联合开发业务，通过合作实现优势互补。三一重工通过投资项目运作、实施和管理与中非发展基金携手共进，双方在阿尔及利亚、突尼斯、埃塞俄比亚、南非等5国与各国先进工业制造、清洁能源电力、大型基础设施、现代筑工的大型企业抱团合作。

第五，行业龙头企业带动全产业链抱团走出去。在承载能力较强的“一带一路”沿线国家形成完整的全产业闭环。开拓创造“建工厂”与“建市场”相结合，产能输出与模式输出相结合，境外园区建设与物流基地建设相结合的“走出去”发展新模式。

六、发挥国有企业战略发展和全球市场竞争主体重要作用

第一，发挥好国有企业“走出去”主体重要作用。国有企业是外向型经济主力军，民营经济占外向型经济份额相对国有企业还有较大差距。鼓励民

营企业加快“走出去”步伐，继续发挥好国有企业的全球市场竞争的主体作用和在大型建筑、投资领域的领导力，提高市场经济生存赢利水平。中粮集团是世界500强企业，其旗下公司遍布世界140多个国家和地区，总资产超过700亿美元，并正在收购俄罗斯黑海一码头。国有企业在南亚马尔代夫、尼泊尔、斯里兰卡、巴基斯坦和孟加拉国有着较强存在感。在马尔代夫，国有企业为20多项工程提供贷款，仅其中规模最大的三项工程的价值就接近马尔代夫国内生产总值的40%。中冶集团在越南设计建成了东南亚最大钢铁联合企业——台塑越南河静钢厂1号高炉，实现中国特大型高炉核心技术和装备整体出口。国家能源集团在南非参与的德阿风电项目高标准投产，实现全产业链“走出去”，被誉为金砖国家能源合作典范。2017年，中国建筑在9个新国别实质运营，经营布局持续完善，在20个新国别进驻设点，市场触角大幅拓展。

第二，国有企业代表国家力量、意志和战略意图布局海外。国有企业在海外投资实力上升，奋力抢占能源和原材料领域资产。特别是加强对境外的能源控制，是确保国家经济安全、创造和谐世界的主力军。市场经济不只是市场，市场后面一定有国家战略意图驱动和支撑，控制市场，增强国家话语权，向来是与市场经济相随伴生的。国有企业发挥关键作用是在国际市场必须有自己的核心技术，并将这种优势打造成标准优势，向市场提供高性价比的产品和服务；同时，国有企业打造有竞争力的商业模式，做到投资、建设、运营一体化和技术、标准、装备一体化，实现全产业链、全价值链“走出去”。

七、发挥国家战略引领作用和地方政府动力，形成中国企业发展倍数效应

第一，把握好国家关系中区域关键国家和节点。中国企业把握发挥好国家战略引领作用，重点突破，以点带面，形成发展倍数效应。如巴拿马是拉美和加勒比地区经济增长率最高国家、人均收入最高国家，其经济主要依赖运河航运、自贸区、旅游等服务业。中国是巴拿马运河第二大用户，也是巴拿马科隆自由贸易区最大商品供应国。巴拿马是拉美和加勒比地区首个同中国签署共建“一带一路”合作谅解备忘录国家，巴拿马成为中国商品进入拉美区域的重要门户，成为区域性发展、合作的重要伙伴。中国企业采取“双聚战略”，聚焦重点国家和地区、聚焦重点产品，把握好新区域和新增长点。

又如中阿关系，2018 年 7 月，阿中双方达成并签署《中阿合作共建“一带一路”行动宣言》，沙特的“2030 愿景”、约旦的“2025 愿景”等不少阿拉伯国家发展战略同“一带一路”倡议高度契合，发展规划的对接为阿中企业长远合作打下坚实基础。

第二，善于“搭乘”省区市地方政府与沿线国家地方政府紧密合作“顺风车”。地方政府是具体执行引领经济建设的重要力量。中国高速发展与地方政府竞争大有作为紧密相关，地方政府竞争是经济发展的主导性的重要推动力、引领力。国家战略引领，地方政府搭台，强化把握机遇，市场化运作确保沿线国家有利可图。中外地方政府合作是“一带一路”“走出去”的重要推动力和营商环境优化的主导力。随着地方合作提速和合力促进营商环境改善，如中国推进“长江经济带”战略；俄罗斯实施国家振兴计划和地区发展战略，更好地把握两国发展战略交汇点；长江经济带 6 省市众多企业，在伏尔加河畔投资兴业；江西省投资的彼尔姆木材加工厂投产，成为两地区首个落地的重要投资项目；重庆市投资的鞑靼斯坦共和国玻璃纤维生产线，安徽省投资的乌里扬诺夫斯克水泥厂，特别对长江经济带中部内陆省区，有着加速“走出去”、融入全球化功用。

八、提升消费水平，促进内需市场“全球化”，打造经济上“世界中国”消费链和全球化供应链

第一，内需全球化是新动力新方向。内需市场很大部分是装备、设备，是中国全球链、供应链的重要一环。2017 年中国中间品进口总额为 9431.2 亿美元，占“一带一路”中间品进口额的 36.3%，其比重较 2013 年上升 5.0 个百分点。其中自“一带一路”沿线国家进口 3023.1 亿美元，占中国中间品进口总额的 32.1%。中国巨大市场需求极大促进“一带一路”国家贸易增长，2018 年，中国进口额与美国相比仅差 4820 亿美元，在世界进口额中占比达 10.75%。2013 年至 2018 年“一带一路”沿线国家对中国的需求是“双向”的，需要中国投资、技术、建造，也需要中国市场开放。“合作共建互利共赢”也是“一带一路”国家到我国“合作共建互利共赢”内需市场，获得商贸利益。世界银行统计数据显示，2010 年至 2017 年，中国贡献约 31% 的全球家庭消费增长额，2018 年内需对经济增长贡献率达 108.6%，其中最终消费贡献率达 76.2%，比 2017 年提高 18.6 个百分点，高于资本形成总额 43.8 个百分点，消费连续 5 年成为拉动经济增长主引擎。2019 年一季度，中国最终

消费支出增长对经济增长贡献率为65.1%，至2030年，中国消费额将达6万亿美元，相当于美国和西欧总和。中国的规模效应与制度优势互相叠加，是任何国家都无法比拟的超大规模经济体和消费力量。中国、印度以及东南亚、中亚、非洲“一带一路”沿线国家，都有庞大年轻人口，既是劳动力，又是消费力。内需市场全球化与中国引领全球市场是一个方向、一个平面。

第二，线上引领全球消费新模式。全球互联网用户数已超34亿，全球渗透率达到46%，中国民营电商企业从以进口为主“全球买”，迅速拓展为“全球买、全球卖、全球运、全球付、全球游”的崭新模式，并使“消费互联网”向产业互联网、物联网转型，云计算、大数据服务创造更强价值链，内需和外向拓展融合一体，构建全球线上消费市场，24小时货通全国，72小时通全球，带动中国企业出海。

第三，消费超过经济行为本身，具有国家强大存在力量和效应。经济结构优化是新增长极，相较于投资、出口，消费具有更强稳定性和黏性。2013—2018年，我国进口规模从1.95万亿美元增加到2.14万亿美元，累计增长9.5%，是同期全球进口增幅的2倍，占全球进口比重从10.3%提高到10.8%。根据世界贸易组织的统计数据计算，2018年，中国以外国家年度出口额比2013年的平均增长2%，其中中国进口的增加让这些国家出口净增了大约1800亿美元，对同期全球（不含中国）出口增长的贡献率超过50%。全球贸易伙伴从中国进口增长中获得了出口增长巨大收益。中国海关统计显示，2014—2018年，中国从133个贸易伙伴的进口中实现增长；从美国、日本、韩国、德国等前20个最大贸易伙伴进口中平均增长14.1%，高出出口增幅8.3个百分点。2018年中国的贸易顺差为3518亿美元，比2014年减少8%。同期贸易平衡指数由8.9%下降到7.6%，其中和20个最大贸易伙伴的贸易平衡指数均值由15.1%下降到11.4%。进口大国一定是强国，市场容量大，一是全球贸易定价者，二是握有丰富外汇者，促进人民币本身成为世界硬通货。促进内需消费，促进国际市场内需化——21世纪初，我国出境游人口仅为1000万人次，消费仅100亿美元，至2018年，我国出境旅游人数达1.62亿人次，比2013年增长65%，连续6年位居世界第一，消费支出达到2017年的超过2770亿美元新高——最终形成经济上“世界中国”市场效应，中国消费者与中国商品抵达世界各地，天然气、石油及资金以最快速度和最低成本流入中国，构建推动高质量发展和面向未来的现代化经济结构。

九、资金支持体系趋于健全，融资市场化、多元化

第一，加强金融合作。我国与东盟、欧盟、俄罗斯、中亚等国家和地区加强金融合作，通过成立亚洲基础设施投资银行、构建中国—中东欧协同投融资框架等，鼓励政策性、商业性金融机构积极参与“一带一路”金融合作，与“一带一路”沿线22个国家和地区签署了本币互换协议。“一带一路”项目巨大融资需求对全球资金供给者来说是合作机会，包括投行、基金、多边金融机构、出口信贷保险机构（ECA）、保险等。花旗集团跟中国几家大银行签署了“一带一路”专门协议，德意志银行和工商银行、中国进出口银行及国家开发银行合作，整合沿线金融资源和金融科技经验。

第二，加速金融布局和融资支持。截至2018年年底，11家中资银行在28个沿线国家建立了76家一级机构，来自22个沿线国家的近50家银行在华展业。金融服务涵盖信贷、担保、债券承销、并购重组、风险管理、支付清算等领域。中国金融机构为“一带一路”建设提供资金超过4400亿美元。金融机构自主开展的人民币海外基金业务，规模超过3200亿元，中国资本市场为相关企业提供股权融资超过5000亿元，沿线国家和企业在中国境内发行熊猫债超过650亿元。至2018年6月，工商银行在“一带一路”沿线20个国家和地区设立了129家分支机构。支持“走出去”项目393个，累计承贷金额约1028亿美元，2018年上半年新承贷“一带一路”项目50个，承贷金额110亿美元。

十、大力稳步推进人民币国际化目标结算体系

第一，以人民币国际化为目标的中国独立国际结算体系稳步推进。世界经济体系中流通着约10万亿元人民币，如此庞大流通规模能够维持并加强货币的国际地位。我国“一带一路”投资规模逐年增加、年进口价值近2500亿美元的石油、近3121亿的半导体产品、1500亿的铁矿石、铜、煤炭和大豆，年出口占世界比保持在12.77%，都需要推出以人民币计价的稳定安全“无风险”资产，确保有充足流动性和有保障的退出通道。越来越多同意加入中国“一带一路”倡议地缘经济项目的国家，逐步改用人民币结算。我国加强金融合作，在7个沿线国家建立了人民币清算安排，中国银行发挥全球化人民币主力清算行优势，在东盟10国都已建立机构，在新加坡搭建了多个区域业务

中心，马尼拉分行发起成立了由14家当地银行组成的菲律宾人民币交易商协会。CIPS系统自2015年10月启动以来已经有89个国家和地区865家银行接入，日本有30家其中包括三菱（UFJ）和瑞穗两家大型银行、21家地方性银行和7家外资银行的东京分行接入，2018年12月莫斯科信贷银行接入CIPS，23家俄罗斯金融机构接入，俄罗斯美元占比从46%降为23%。非洲接入达31家，2018年人民币结算系统交易额增长八成，超过26万亿人民币，CIPS将成为越来越多国家拥有的除美元以外的结算手段。中国银联在“一带一路”沿线106个国家和地区开通业务，累计发行超过4300万张银联卡，受理覆盖逾1200万家商户和80万台ATM，比“一带一路”倡议提出前分别增长超过25倍、8倍、3倍。银联移动支付服务在31个国家和地区落地。老挝、泰国等国家银行卡转接网络是以银联技术和标准建设而成，中国银联还向亚洲支付联盟、缅甸支付联盟等授权芯片卡标准；移动数字支付促进人民币国际化，支付宝在英国、印度、菲律宾、泰国、印度尼西亚等9国和地区落地，已与250多个金融机构合作，微信跨境支付已与超过49个境外国家和地区合规接入；网联平台运用分布式架构开发建设，成为我国重要的金融基础设施，是人民币国际化发展重要里程碑，网联提升了金融服务“一带一路”的能力。

第二，“一带一路”投资—资源关系等是人民币国际化重要支撑。通过市场经济贸易方式获取资源依然是我国重要战略性目标，中国企业布局全球锂矿市场，控制了全球近一半的锂资源开采和约60%的锂电池产能，而伊拉克每天10万桶原油换中国投资重建持续20年是最新案例，原材料、燃料等中间品贸易成为“一带一路”区域贸易主要形式，普遍改用人民币支付的正是资源开采国。2017年“一带一路”中间品贸易占区域内贸易的61.0%。这有利于“一带一路”国家充分发挥资源禀赋，更好融入中国积极主导作用的全球供应链、产业链、物流链、价值链，实现联动发展。网购平台扩张有助于人民币推广。民营企业在一些国家包括欧洲国家如黑山共和国，已经控股国家银行，直接服务“一带一路”国内企业和所在国人民，这样的经济发展实践不仅有利于加快人民币国际化及国际贸易结算去美元化，更是对国内的改革深入有积极作用。

第三节　危机风险和主要问题

“走出去”高质量发展，有来自外部政治干扰危机，也有自身素质欠缺等棘手问题，主要是：

一、全球供应链恶意截断危机

长期以来“以市场换技术”策略并没有换来行业关键核心技术，反而使企业、行业发展始终受制于人，受到“纵向压榨”“横向挤压”，2018 年中兴通讯事件等凸显我国产业“缺芯少魂”现象，美国单边主义“断供、脱钩”施压，政治压迫性危机恶袭。美国企图破坏跨国高效供应链，迫使企业接受效率更低制造体系，目的是使得中国生产率增长乏力。

二、政治和文化环境风险

中国企业对风俗人情了解掌握不透，面临一系列意想不到的困难，沿线国家发展水平、社会制度、宗教民族、文化习俗差异较大，有的国家政治局势动荡、宗教冲突频仍，综合素质要远低于国内。中国企业在全新营商环境中谋发展，需要下大力对所在国法律法规熟悉掌握，稍有文化习俗上差错就会产生对立情绪以及劳资对抗。

三、“现代供应链”等领域急需加快培育新增长点、形成新动能

供应链服务体系是非常明显的短板，我国每年有价值 250 多万亿元的货物在流动，因为物流供应链体系还没有很好协同起来，造成极大生产性物流浪费。社会物流总费用占 GDP 的比率，如果降低 1 个百分点，就能够给国家带来万亿级的新增效益。而我国生产性服务业只占 GDP 的 15%—20%，还不到主要发达国家一半，大量制造业企业还处于传统经营状态，这背后是供应链服务体系的缺失。

四、国有企业是“走出去”主力军，投资亏损面有待减缩

国有企业“走出去”投资产出整体效益还有待提升，亏损有待减缩，尤其只接触当地小政府而忽视当地大社会，仓促上阵陷入被动被困局面。至 2018 年初，中资企业投资海外盈利和持平的为 70%，有近 30% 境外中资是亏损的。

五、“一带一路”投资竞争激烈，各种干扰会更多，资金缺口仍大

中国有一定的基建优势，但并没有投资独家垄断性，在南欧塞尔维亚，中国投资仅与美国持平；在东南亚，日本基建投资额高出我国2/3。根据近年来主要国际机构预测，未来全球基础设施投资供需缺口每年均处于约1万亿美元甚至更高水平。到2040年，全球基建项目投资需求将增至94万亿美元，而全球各类基建投资缺口总额将达15万亿美元，相当于基建投资总需求的16%。

六、西方戒备使并购投资受阻

中国投资者花费几十亿欧元收购很多德国企业，包括机器人制造商库卡，但西方在“中国威胁论”片面化、夸张化渲染下，德国为此拉响警报，法律门槛提高，一些并购业务无法完成。中国在德收购科技企业受排斥，2019年上半年中国在德国直接投资仅5亿美元，而去年同期为101亿美元。为对中国的创新围堵和发展戒备，日本新增多个领域限制外商投资，涵盖计算机制造、半导体存储器、软件开发、移动通信以及互联网等20个领域，武器制造、核电等特定行业列为外商投资限制对象，人工智能、机器人技术限制出口，扩大至最新技术领域。

七、人民币国际化进程有待提速

国际货币基金组织数据显示，2019年第一季度美元在全球外汇储备中占到近62%，欧元排第二占20.2%，中国尽管已经崛起为第二大经济体，但人民币仅占2%。2019年3月，人民币在SWIFT的资金结算额排美元、欧元、英磅、日元后的第五。

八、装备制造业“走出去”步伐还应更大

不解决产能过剩问题，高质量发展无从谈起，加快推动装备“走出去”，拓宽国际市场，是推动装备制造业高质量发展当务之急。

九、民营企业、中小企业面临系列问题

面对沿着“一带一路”“走出去”的千军万马，对民营企业、中小企业而言既是发展良机，也是更大挑战，既有源于内部在同一区域相互压价、自相残杀的“鹬蚌相争，渔翁得利”现象，也有“政策掌握难、境外项目融资难、境外建设资本和利润进出难、项目运作不规范、国际化经营和管理人才匮乏、投资合作管控偏紧”等系列问题。

第四节　对策建议

一、坚持“双强”驱动，确保我国在“一带一路”新全球化中发挥核心引领作用

一是坚定不移“双强驱动”。尤其“强政府”是优越于西方新自由主义发展模式的中国经济发展强驱动力。中国共产党执政和地方政府发展经济的充沛热情和竞争性，具备建设管理现代化的资格和管理国家的无私奉献精神，要一以贯之，决不自疑动摇。

二是进一步强化地方政府“一带一路”项目合作引导作用。既要与沿线国家政府协议，也要与当地社会组织协商合作，积极引导各类企业相互合作、相互扶持、相互渗透、共同发展，确保“一带一路”经济发展快速有序。

三是加强国有企业海外投资管理和认真解决其效率问题。发挥好国有企业集团军作用，加强“混合所有制”改革力度，从责任权利机制和企业家精神释放的根本问题入手解决，对国有企业进行严格的绩效考核和监管，促进国有企业在实现国家发展战略过程中的正面积极作用。

二、用创新和投资阻止全球供应链断裂危机

一是要采取新举国体制和市场主体研发相结合的措施推进创新。涉及国家重大战略的项目和基础性科学研究，要靠国家力量承担及发挥好中科院下属研究所 5 个卓越创新中心、在非洲、中亚、南美、南亚和东南亚建立的 9

个研究和培训中心的作用，面向市场的技术创新要靠市场主体，把直接进行资源分配和对市场发掘、引导、激励结合起来。瞄准产业集群重点领域、关键环节的核心技术，通过自主创新、引进消化吸收再创新、集成创新，集中力量攻克重点优势产业技术瓶颈和关键技术难题，从而提升产业集群总体的创新能力；加强国家质量技术基础建设，建设标准、计量、认证认可、检验检测所需的质量体制框架；增强先进工艺、产业技术基础和产业基础配套能力，增强关键材料、核心零部件制造能力，增强整机和系统集成能力；优化产业结构，有效管理和防止产业同质化竞争，解决高精尖产品和重大技术装备生产不足问题。

二是以构建全球产业链为目标，引领和广泛嵌入分工协作链，构建更具紧密度的协同发展产业链。主动融入全球价值链，积极参与国际分工体系，增强产业国际竞争优势；注重集群内部各种服务体系的完善，提供促进新型产业创新的全程化、一站式、全方位服务体系；坚定“合作共建互利共赢”，坚定投资，同时锲进欧美发达经济体市场不气馁不松懈，依然以欧美作为中国出口重要市场，“不深入进去，就不能共同成长”，促进中国庞大产业链整合全球要素，在技术可转移程度最高的行业中，为中国迅速扩张生产能力找到足够大的市场，以不可分割产业链搭乘欧美自动扶梯提升。

三是加快构建供应链智能服务体系。发展生产性服务业，促进制造业转型升级，要通过民营企业领衔创建国家智能物流骨干网。生产性服务业是全球产业竞争的战略制高点。把物流供应链体系建设起来，减少大量重复无效流动，让整个经济运行体系更加有序和高效。通过区块链技术大力发展面向“一带一路”的生产性服务业，充分发挥交通和物流跨越发展“地理收缩效应”，把中国物流成本占 GDP 的比重降到 5% 以下，通过智能、协同为制造业创造利润空间，重塑产业链、供应链和价值链，为中国制造转型升级带来巨大动力，提升我国企业全球竞争力。

四是加强国际科技合作。美国的关税、断供、破坏产业链完整性等封堵行为，逼迫中国寻找替代产品、创新自建。创新不能关门独斗，技术创新是国家财富源泉，还是必须在“一带一路”宽广区域的开放、合作、共享中充分发挥市场主体作用激发实现和提升，不同国家资源禀赋不同、比较优势各异，通过更好地主导构建价值链整合国际间科技创新资源和要素，形成强大创新合力。发挥好数字“一带一路”的创新模式作用，发挥好企业融入当地立足做强产业链、供应链、价值链的研发创新作用。

三、加大基础建设投资，解决中国企业收购困境

一是排除各种干扰，实施“点线面体”推进路径，加大对“一带一路”沿线国家基建及制造业投资、运营输出和共建。国有企业和民营企业携手合力共进，要有更大格局、更远眼光，更舍我其谁勇气，更坚决双向创新：(1)“点”上示范引领。聚焦全国具有战略性、基础性行业中龙头基建及制造企业，推动其面向“一带一路”全面布局；(2)“线”上产业链融合。聚焦航空航天、海工装备、电气装备、电子信息、钢铁行业、汽车行业、生物医疗、新兴产业等典型行业，以产业链为枢纽，推动制造业企业向“一带一路”两端延伸；(3)“面”上聚集融合。推动工业园区、开发区、境外工业园向“制造+服务”综合园区转型升级；(4)“体”上构建产业生态体系。重点构建以国内和“一带一路”城市群为核心的产业创新协同发展体系，打造跨行业、跨专业、跨产业链的生态体系。以更高质量、更优质服务、更具竞争力市场价格，全力扩张、构筑全球产业链、价值链，形成中国制造、现代服务业的凝聚力、统一性和不可割裂性。

二是解决中国企业收购困境，建立国家对等并购清单制度。发布外国企业投资中国白皮书和中国进口白皮书，对外宣布，如德国在华总投资已超过800亿欧元，大众汽车近一半营收在中国，而中国在德总投资仅110亿欧元。2018年，中德贸易额已达近2000亿欧元，约150万中国游客到访德国，每周有约100个直航航班连接两国。这些都要积极宣传，扭转欧洲等国“中国威胁论”“吃亏论”片面渲染和戒备心理。

四、推进国际产能合作，实行可控制劳动密集型产业转移

一是促进“铺天盖地”的民营中小传统制造业企业转型“走出去”。国内生产要素资源稀缺，现有传统制造业存量很大，国内容量有限，要实现大规模转型升级并非一朝一夕；将国内产能优势通过“走出去”国际产能合作，既实现国内资源腾笼换鸟又促进“一带一路”沿线国家进步，“一带一路”国际产能合作，民营企业是重要参与者，也一定是受益者。

二是倡导、鼓励民营企业勇于开拓。继续通过自主搭建成熟的海外中国园区，以资本利用、国际产能合作、技术输出为手段，升级“走出去”模式，进一步布局全球，实行可控制的中小制造业企业、劳动密集型产业梯度转移

和发展；通过产地多元化、全球供应链管理等方式深刻改变一些民营中小企业长期以来以外贸出口方式向全球“卖卖卖”的单一经营模式，改变民营中小企业单一的国内资源配置方式，提升中国制造业国际竞争力，并真正与全球价值链融为一体，给所在国家带来就业岗位、税收和产业链拉动，推动“一带一路”走深走实、促进民营中小企业与所在国家民间深度融合。

三是倡导竞合发展，减少内部特别是民营企业恶争残杀。现代企业竞争并不只是单点竞争，而是价值链上多点竞争，包括原材料供应、生产制造、服务等多个环节。在各个环节的竞争中，企业肯定有各自的长处和短板，各企业在产业链、价值链上相互融合，取长补短，共享对方优势、节省整体成本，锻造自身核心竞争力。

四是加快装备制造业“走出去”。扫清装备制造企业“走出去”四大障碍：要引导、推动装备制造企业整合相关资源，增强国际竞争力；实施更大力度减税降费，缓解企业资金压力；加大对装备制造业技术创新支持，提升核心竞争力；对装备制造企业“走出去”过程中涉及项目许可、事前备案等程序予以精简，提高办事效率。

五是加快制度性开放。统筹国际国内两个市场两种资源，构建与国际接轨、法治化、国际化、便利化的营商环境。“一带一路”是国际产能合作和装备制造“走出去”重要方向，有助于企业转型升级，有助于抵御美国技术封锁，为中国装备“走出去”高质量发展赢得时间和空间。企业是参与产能合作和装备制造“走出去”的主体，要坚持企业为主体，以市场为导向，加强政府层面统筹，形成央企带头、民企跟进的立体化合作。

五、加强金融合作，完善资金支持体系

一是深化金融合作和创新。资金融通是“一带一路”倡议“五通”之一，是“一带一路”建设的重要支撑。“一带一路”建设需要充足的资金和资本，中国金融系统要与沿线国家和地区深化金融合作和创新，构建与中国主导的新经济全球化和开放型经济体制相适应的稳定、可持续、风险可控的金融保障体系，进一步完善多元、包容、可持续的“一带一路”融资体系。推动政策性金融与商业性金融相结合，推动金融资本与产业资本迅速融入“一带一路”建设和经济区域一体化之中。

二是坚持政府引导和市场化原则相结合，解决投资资金缺口。推广政府和社会资本合作，加大力度搭建人民币双向投资商务平台；团结“一带一路”

基础设施项目各参与方形成合力，通过合作加快形成信息透明、规则完备、公平竞争、政企协同市场机制，发展普惠金融，完善金融服务网络；创新投资和融资模式，建设多元化融资体系和多层次资本市场，中国银行加大批次推出“一带一路”主题债券，包含多种计价货币，募集资金；中国工商银行加大全球网点建设，加大力度支持“走出去”；要使民间资本有更多参与感、安全感、归属感和依靠感，一方面帮助其寻找与国际资本合作的机会，通过多双边合作平台与“一带一路”国家开展联合融资，推广股权投资，开展PPP、BOT等多种合作共建模式；另一方面充分发挥公共资金的带动作用，通过混合所有制改革，动员长期资本及私人部门资本参与，吸引民营企业参与国际基础设施投资与建设，分享红利。

六、加速推进人民币国际化目标

一是大力推动与“一带一路”沿线国家“点对点”本币结算。加固壮大CIPS系统，扩大所在国货币与人民币在双边贸易中的使用，同时确保在全球市场动荡中向交易提供顺畅金融服务，双方经营实体在商品、劳务及直接投资的结算及支付时，按国际通行做法以及两国外汇法规，使用所在国和中国货币交割清算。推动本币和其他货币的跨国结算，逐步深化在国家银行支付系统领域的合作，在双方法律框架内支持商业银行独立做出加入对方国家支付系统的决定。

二是通过专业操作加强人民币国际化，加强风险管控。大中型商业银行要组建综合性金融集团，发挥集团优势，以中资企业“走出去”的主要国家和地区等为重要目标市场，加快银行海外机构网络覆盖，积极稳妥开展业务。银行业要积极参与人民币跨境业务和离岸市场发展，实现离岸人民币产品涵盖批发、零售、投行和财富管理等多个领域，拓展活跃有序的人民币离岸资金交易市场，完善大宗商品人民币定价机制。要加强风险管控，要高度重视“一带一路”综合经营的跨境、跨界、跨业风险，健全覆盖所有境外机构与业务的并表管理框架，加强与境外机构和业务有关的战略风险、信用风险、市场风险、合规风险、国别风险等全面风险管理。

三是大力调整美元储备策略和降低美元结算。人民币国际化丰富全球贸易货币结算方式，促进全球货币体系多元化，是对国际货币体系的补充和完善，规避美元霸权以及毫不讲理的所谓“制裁”。充分利用“一带一路”国家资源能源供需关系，以点带面，推进建立区域性、多方性人民币结算、本币兑换体系，加快人民币国际化进程。进一步增加人民币国际化力度，减少对美元支付系统的依赖。

四是发挥数字技术和新商业模式领先地位能力，中国央行具有得天独厚的监管能力，通过发行数字货币和运用数字支付手段，强化我国主导新商业模式及数字结算的能力。数字货币首先在非洲、拉美和亚洲流通，向欧洲及全世界不可阻挡地推进，同时推广运用线上支付的信贷方式，使新模式、新业态对旧模式、旧货币结算自然而然摒弃，为全球价值链注入不可动摇和割弃不了的新特质。

五是将民营企业为主力的金融科技上升为国家战略。金融科技领域是我国在未来全球竞争中已经占据先发优势的少数领域之一。以阿里巴巴、腾讯为引领的金融科技在跨境供给链整合、贸易风险管理、运输模式多样化、贸易产品升级、数字化处理等方面具有惠及“一带一路”沿线及世界贸易发展的强大优势。要毫不犹豫地将以民营企业为主力的金融科技上升为国家战略，全力为其开拓更宽广、更深透的金融科技全球化创造条件。

六是进一步推进人民币汇率市场化改革。稳妥有序推动资本和金融账户开放，提升金融标准和国际化水平，更好实现中国和其他国家的利益融合，使世界金融市场更加稳定。

七、全面加强对民营企业、中小企业“走出去”支持

一是加强政策支持。保持政策一贯性、稳定性和可操作性，确保民营企业“走出去”健康高质量发展。要对照中央政策，进一步落实实施细则，保持政策、举措的一贯性、稳定性。积极防止因自身政策突变造成民营企业“走出去”发展受挫，对不得已进行的政策调整，要积极做好政策解释工作和相应弥补措施，做到解难排忧、凝心聚力，积极正向引导促进，保证相关政策举措的统一性、协调性和权威性；要加大对中小民营企业的政策扶持力度，从而保证民营经济“走出去”国际化战略高质量健康发展；要由国务院政策研究部门领导挂帅、组织国务院相关部门及国家级专业智库组成联合调研团队，定期对我国民营企业“一带一路”发展整体情况进行深度、全面调研分析，提出切合实际需要的指导性总体思路和可操作对策建议，及时供中央领导及相关部门施策参考。

二是加强平台合作。要协调整合国家和省市区相关部门政策信息服务和工作信息，打破各自为政、各为其事的封闭格局，形成左右相通、上下贯通

的工作新格局，使全国各级各部门、各人民团体、社团组织所有涉及促进和服务民营企业“走出去”的政策举措、服务手段有共享信息系统，相互通气协调，形成最大工作合力；要建立境外工业园区对接平台和企业国际化信息交流平台，建立国家境外工业园区与民营企业对接交流机制，定期面向全国民营企业、行业商协会举行项目对接活动，详细介绍各园区的特色、重点产业链集聚优势和适宜进驻的企业，提高民营企业“走出去”的有效性、针对性。

三是加强产业扶持。积极支持民营企业拓展跨境产业链。要鼓励、引导企业对接国家发展战略规划和聚焦主业，并掌握“一带一路”沿线国家中远期发展规划，制定民营企业切实可行、借力共赢的“走出去”发展战略，灵活运用绿地投资、并购参股等方式，在海外布局生产基地，建立营销供应网络；要鼓励中小民营企业积极融入“一带一路”建设，依托、进驻境外工业园区，多打组合拳，将装备、技术、管理、标准和资本尽可能地多打包，与合作对象深度整合、结成共商共建共赢共同体；要提高企业“走出去”的组织化程度，发挥民营企业机制灵活、国有企业实力雄厚、外资企业渠道广泛的特色优势，鼓励积极探索组建以混合所有制为特征的境外投资实体；要强化政府引导和支持服务，规范企业海外经营行为，加快完善风险评估、防范和应急处置体制机制，切实维护“走出去”企业的合法权益。

四是创新金融服务。鼓励支持民营企业“走出去”发展。要强化金融制度安排的全面性和统筹性，应统筹人民币国际化、金融机构发展、金融市场培育、金融服务提供和金融监管等各领域，推进金融机构和金融服务立体化布局，引导形成银行、证券、保险、评级机构等各业态错位发展、有序拓展、相互借力的网络化布局；要鼓励金融机构提供针对人民币汇率双向波动的产品组合和专业化服务，积极探索在境外园区开展“外保外贷”“外保内贷”试点，为企业境外投资合作提供以信贷为主体，投资租赁、贸易金融、信息咨询等业务为补充的多元化融资支持；要加快建立完善境外资产评估和交易体系，有效盘活企业境外资产，为广大民营中小企业提供切实、可操作的融资政策支持；要积极探索人民币和所在国的本币结算，有效规避美元霸权和被割韭菜，对本币结算给予金融资本进出的通关便利化；要对民营企业国际化发展给予较详尽的、针对性强的金融政策指导，可以参考工业发达国家的税收政策，尽快出台企业境外投资利润流转回国内所得税免征政策，避免双重缴税，切实减轻企业税费负担。

五是加强全面服务。积极提供政策、法律、外事、保险和安保等支持服务和帮助。要根据国际政治经济时事变化，及时进行境外政治经济走势的解读，鼓励民营企业从各级政府“走出去”的政策和措施中寻找适合自己的机遇点、国际化发展方向并及时避开风险点；要针对民营企业对“一带一路”沿线国家政策、法律及文化习俗的较多盲点，通过持续举办国际化发展涉及的经济、法律、财务、合同管理等多个领域的专题培训，提供商务谈判、国际税务、国际融资、跨境并购等实用型跨国经营人才培训、境外安全风险防范实务型培训和普及相关历史文化知识和风俗人情常识授课；要加强风险管理制度建设，完善国际业务风险管控体系，紧抓全流程风险防控，制定国别风险综合管理方案，强化项目运营风险、法律风险和合规风险管理；要加强国别法律风险识别、预警和防控，提高风险化解的主动性、处理各类突发事件的及时性；要针对“一带一路”沿线国家大都是小语种的语言问题，组织相关大学或企业大学，进行针对性强的系统语言培训，为企业生产第一线及时输送应用型人才。

作者：吴跃农　南京大学长江产业经济研究院特聘研究员

第二十一章　中国企业“走出去”高质量发展研究

在世界经济深度调整以及中国“一带一路”战略构想实施的大背景下，众多企业“走出去”开拓国际市场已经成为中国经济的发展新趋势。“走出去”战略作为坚持对外开放的基本国策的具体实施战略之一，关系到我国经济与社会长远发展。中国企业“走出去”开展海外经营业务，参与国际市场竞争，实现跨国经营甚至全球经营，成为中国参与经济全球化中不可或缺的经济主体，有利于更好地利用国际和国内两个市场、两种资源，在全球范围内整合资源、资金、技术、人才、信息等，拓宽中国经济发展的新空间，解决中国国内产能过剩、需求不足的矛盾，为中国经济寻找新的增长点。

第一节　中国企业对外直接投资的现状与特征

《2018 年度中国对外直接投资统计公报》显示，2018 年中国对外直接投资达到 1430.4 亿美元，同比下降 9.6%，流量规模略低于日本（1431.6 亿美元），全球排名第二位，对世界经济的贡献日益凸显。

一、投资分布多极化

从海外投资的区域分布来看，2018 年中国企业海外投资主要集中在亚洲、拉丁美洲和北美洲，比重分别为 73.8%、10.2%、6.1%（见图 21－1）。在亚洲涉及投资金额 1055.1 亿美元，其中对中国香港特区的投资 868.7 亿美元，占对亚洲投资的 82.3%；对东盟 10 国的投资 136.9 亿美元，占对亚洲投资的 13%。在拉丁美洲的投资 146.1 亿美元，主要流向英属维尔京群岛、开曼群岛、巴西、墨西哥、委内瑞拉等。非洲的投资主要流向刚果（金）、南非、莫桑比克、赞比亚、埃塞俄比亚、安哥拉、肯尼亚等国家。大洋洲的投资主要流向澳大利亚、新西兰、瓦努阿图、斐济、萨摩亚等国家。

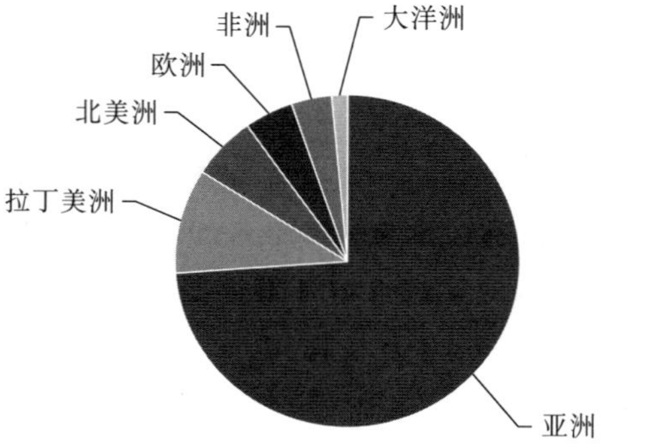

图 21－1　2018 年中国企业海外投资区域分布

数据来源：中华人民共和国商务部，国家统计局，国家外汇管理局：《2018 年度中国对外直接投资统计公报》，中国商务出版社 2019 年版。

中国企业海外投资对北美洲、非洲的投资快速增长，对欧洲、大洋洲投资降幅较大。2018 年，流向北美的投资为 87.2 亿美元，同比增长 34.2%。其中对美国投资 74.8 亿美元，同比增长 16.3%；对加拿大 15.6 亿美元，同比增长 387.5%。[①] 流向非洲的投资为 53.9% 亿美元，同比增长 31.5%。流向欧洲的投资为 65.9 亿美元，同比下降 64.3%。其中流入投资为负值的国家有 6 个，累计达 33.4 亿美元，主要是留存收益流出。对欧盟投资 88.7 亿美元，同比下降 13.6%；对中东欧 16 国投资 6.1 亿美元，同比增长 64.9%。流向大洋洲的投资为 22.2 亿美元，同比下降 56.5%。

二、投资主体多元化

受国内劳动力价格上升、环境压力等因素影响，中国企业近年来积极拓展海外市场。截至 2018 年年底，中国 2.7 万家境内投资者在国（境）外共设立对外直接投资企业 4.3 万家，分布在全球 188 个国家（地区），年末境外企业资产总额 6.6 万亿美元。近年来，相关部门修改了对外投资审批办法，放宽了对外投资的限制，提高了民营企业的海外投资积极性。在中国对外直接投资的主体结构中，国有企业的垄断性地位正被逐步打破，民营企业在海外投资上表现积极，在投资占比中不断攀升，成为中国企业“走出去”的主力

① 根据《2018 年度中国对外直接投资统计公报》，百慕大群岛投资－3.2 亿美元。

军。2018 年中国对外非金融类投资流量中，非公有经济控股的境内投资者对外投资 755.7 亿美元，占 62.3%，较上年提升 13.6 个百分点，同比增长 11.2%（见图 21-2）。2018 年年末，在对外非金融类直接投资 17643.7 亿美元存量中，国有企业占 48%，较上年下降 1.1%；非国有企业占 52%，其中有限责任公司占 17.7%，股份有限公司占 8.8%，私营企业占 7.1%，个体经营占 5.9%，港澳台商投资企业占 5.4%，外商投资企业占 3.1%，股份合作企业占 0.5%，集体企业占 0.3%，其他占 3.2%（见图 21-3）。

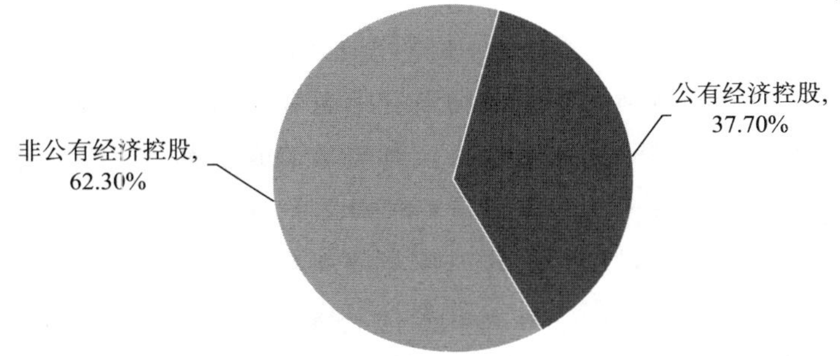

图 21-2　2018 年中国公有经济控股和非公有经济控股流量构成

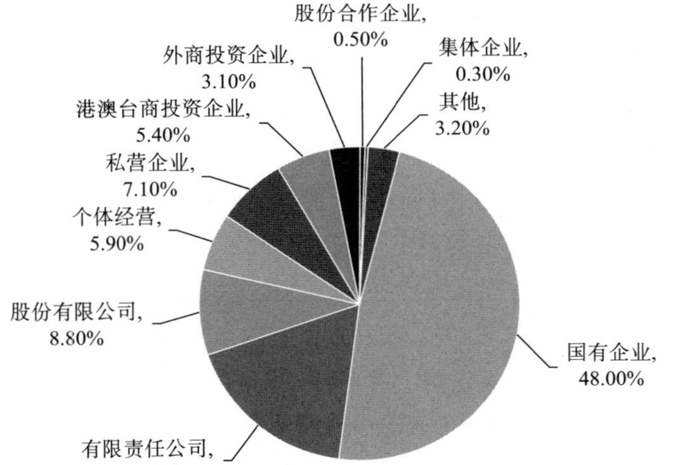

图 21-3　2018 年末中国对外非金融类直接投资存量按境内投资者注册类型分布情况

数据来源：中华人民共和国商务部，国家统计局，国家外汇管理局：《2018 年度中国对外直接投资统计公报》，中国商务出版社 2019 年版。

三、投资方式不断创新

跨国并购是企业实现快速发展的捷径，通过横向并购可以形成规模经济，达到降低成本的目的。2018 年，中国对外投资并购稳步发展，制造、采矿、电力、交通、水利等基础设施领域并购活跃。中国企业共实施对外投资项目 433 起（较上年增加 2 起），涉及 63 个国家和地区（较上年增加 7 个），实际交易总额 742.3 亿美元（剔除上年特大项目因素，规模基本持平）。2018 年，中国企业对外投资并购分布在全球 63 个国家（地区），从实际并购金额来看，德国、法国、巴西、智利、百慕大群岛、中国香港特区、瑞典、新加坡、美国和澳大利亚位列前 10。从对外直接投资流量构成上看，2018 年新增股权投资 704 亿美元，占流量总额的 49.2%；债务工具投资（仅涉及对外非金融类企业）为 301.1 亿美元，占 21.1%（见表 21－1）。

表 21－1　　2010—2018 年中国对外投资流量构成表

年份	流量（亿美元）	新增股权		当前收益再投资		债务工具投资	
		金额（亿美元）	比重（%）	金额（亿美元）	比重（%）	金额（亿美元）	比重（%）
2010	688.1	206.4	30.0	240.1	34.9	241.6	35.1
2011	746.5	313.8	42.0	244.6	32.8	188.1	25.2
2012	878.0	311.4	35.5	224.7	25.6	341.9	38.9
2013	1078.4	307.3	28.5	383.2	35.5	387.9	36.0
2014	1231.2	557.3	45.3	444.0	36.1	229.9	18.6
2015	1456.7	967.1	66.4	379.1	26.0	110.5	7.6
2016	1961.5	1141.3	58.2	306.6	15.6	513.6	26.2
2017	1582.9	679.9	42.9	696.4	44.0	206.6	13.1
2018	1430.4	704.0	49.2	425.3	29.7	301.1	21.1

数据来源：中华人民共和国商务部，国家统计局，国家外汇管理局：《2018 年度中国对外直接投资统计公报》，中国商务出版社 2019 年版。

与国有企业海外并购偏好资源领域不同，中国民营企业的海外投资更加多元化，注重对技术、品牌等的获取。最典型的“蛇吞象”并购案例成为民营企业进入高端产业价值链的主要方式。例如，联想并购 IBM，通过其品牌影响力开拓国际市场；长电科技通过并购全球排名第四的新加坡星科金朋公司，提升自身在全球半导体封装测试行业的领导地位；吉利汽车并购沃尔沃，获得技术的同时也通过其品牌效应塑造自有品牌。

四、行业分布不断拓展

从全球视野来看，中国企业对外投资的行业分布广泛，已从单一向多元化转变。2018 年，中国对外直接投资涵盖了国民经济的 18 个行业大类。其中，流向传统租赁和商务服务、金融、制造、批发和零售业的投资均超过百亿美元，占流量总额的 72.6%（见表 21－2）。

表 21－2　　2018 年中国对外投资流量行业分布情况

行业	流量（亿美元）	比重（%）
合计	1430.4	100.0
租赁和商务服务业	507.8	35.5
金融业	217.2	15.2
制造业	191.1	13.4
批发和零售业	122.4	8.6
信息传输/软件和信息技术服务业	56.3	3.9
交通运输/仓储和邮政业	51.6	3.6
电力/热力/燃气和谁的生产和供应业	47.0	3.3
采矿业	46.3	3.2
科学研究和技术服务业	38.0	2.7
建筑业	36.2	2.5
房地产业	30.7	2.1
农/林/牧/渔业	25.6	1.8
居民服务/修理和其他服务业	22.3	1.6
住宿和餐饮业	13.5	0.9
文化/体育和娱乐业	11.7	0.8
教育	5.7	0.4
卫生和社会工作	5.2	0.4
水利/环境和公共设施管理	1.8	0.1

数据来源：中华人民共和国商务部，国家统计局，国家外汇管理局：《2018 年度中国对外直接投资统计公报》，中国商务出版社 2019 年版。

2018 年，中国对外直接投资流向租赁和商务服务业的投资为 507.8 亿元，占当年流量总额的 35.5%，保持第一位。金融业 217.2 亿美元，同比增长 15.2%，占 15.2%，位列第二。制造业 191.1 亿美元，同比下降 35.2%，占

13.4%，主要流向汽车制造、计算机与通信及其他电子设备制造等，其中，流向装备制造业的投资114亿美元，同比增长3.4%，占制造业投资的59.7%。批发和零售业122.4亿美元，同比下降53.5%，占8.6%。

五、企业全球化布局

境外投资企业（机构）备案结果公开名录显示，截至2019年年底，中国共有34321家境外投资企业，分布在全球170个国家（地区）。其中，境外投资企业布局前10位的国家（地区）分别是中国香港（10349家）、美国（5298家）、德国（930家）、澳大利亚（877家）、俄罗斯联邦（844家）、日本（824家）、新加坡（812家）、越南（679家）、韩国（656家）、印度尼西亚（597家）。其中近1/3的境外投资企业选择布局在中国香港特区，近1/6的境外投资企业选择布局在美国。

六、"一带一路"沿线国家成为企业对外投资合作的新亮点

中国企业"走出去"最大的"政策利好"是"一带一路"倡议全面推进实施，成为"走出去"的新载体。2018年末，中国境内投资者在"一带一路"沿线的63个国家设立境外企业超过1万家，涉及国民经济18个行业大类，当年实现直接投资178.9亿美元，占同期中国对外直接投资流量的12.5%。2013—2018年，中国对沿线国家累计直接投资986.2亿美元（见图21－4）。

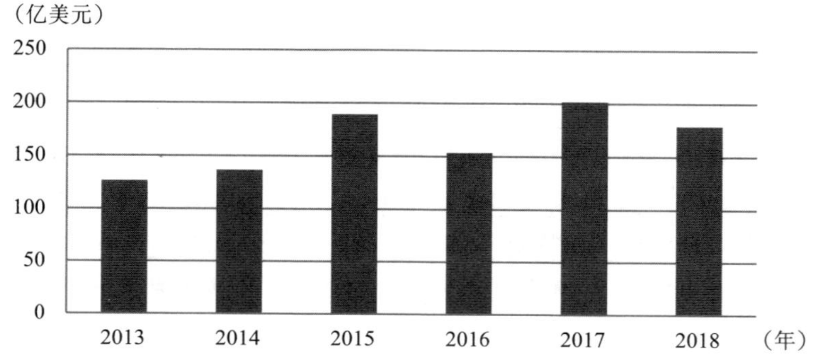

图21－4　2013—2018年中国对"一带一路"沿线国家投资情况

数据来源：中华人民共和国商务部，国家统计局，国家外汇管理局：《2018年度中国对外直接投资统计公报》，中国商务出版社2019年版。

第二节　中国企业"走出去"高质量发展的短板

一、国际标准制定参与度不高

规则和标准的竞争是最高层次的竞争。近年来，中国国际标准化工作取得了一系列突破性进展，由我国主导制定的国际标准数量逐年增加，从 1999 年的 7 项到 2016 年底跃升至 286 项。中国从最初"引进国际标准、转化国际标准、采用国际标准"到现在"参与国际标准制定、主导国际标准制定、中国标准走出国门"，已经从国际标准化舞台的配角逐渐升至为主要角色，尤其是在稀土、通信、高铁、特高压、电动汽车、船舶等领域实现了从跟随到引领的跨越。但与发达国家相比，中国现有标准和国际标准的差距还较大，中国标准国际化起步较晚，标准体系化滞后，配套支撑不够，使中国企业在开展国际化经营过程中面临话语权较低的窘境，中国标准"走出去"步伐还极为缓慢，给中国企业的国际化进程带来极大挑战。如中国网络支付、共享单车、网上购物和高铁的发展居世界先进水平，但这些领域在"走出去"过程中因国际标准缺失而不得不在国际上寻求替代标准，面临受制于人的窘境。在 WTO、二十国集团（G20）和国际商会（ICC）等国际平台，欧美企业意见占主导地位，中国工商界参与国际规则制定处于被动地位。

二、"走出去"企业融资困难

自中国提出"走出去"战略以来，国家发改委、商务部、财政部、国家外汇管理局、中国进出口银行、国家开发银行等为支持企业对外投资，出台了一系列支持企业"走出去"的财政金融政策。2014 年 12 月，国务院专题研究部署加大金融支持企业"走出去"的力度，会议提出简化审批手续、拓宽融资渠道、健全政策机制，此外，随着亚洲投资开发银行成立与正式运营、丝路基金创立、人民币国际化不断推进等，中国企业"走出去"的金融促进体系已不断强化完善。部分企业部门与行业的海外投资、融资难已有一定的缓解，但还有一些企业尤其是中小企业的融资难、融资贵的整体状况没有得到根本改变。中国中小商业企业协会调查显示，在受调查的 300 多家企业样本中，95%以上的中小企业面临资金严重缺乏；65%的企业因为信用问题，出现担保难、融资难的问题。[①] 现阶段，我国“走出去”的中小企业融资形式单一，融资渠道十分狭窄。惠晨咨询（HCR）发布的《中国中小企业融资现状研究报告》表明，银行贷款为其通常采用的融资方式，占85%以上公司资金来源，主要集中在国有银行和股份制银行。[②] 然而，我国银行业本身国际化的程度也滞后，境外资产占比较低；境外机构数量少，缺少在发达国家的布局；境外分支机构级别较低；并购融资业务与国际不接轨，中资银行融资业务难以满足中小企业“走出去”的融资需求，这都对金融业支持企业“走出去”提出了新的要求。

三、国际化人才不足

中国企业“走出去”最大的短板就是缺乏国际化人才，尤其是缺乏精通国外法律法规、熟悉国外文化、拥有流利外语与丰富管理经验的人才。根据麦肯锡发布的《应对中国隐现的人才短缺》报告，我国满足跨国公司所需技能要求的综合型管理人才严重不足。预计到2020年，中国将需要7.5万名具备国际经验的经理人，而目前中国仅具备5000名此类人才。[③] 另外，中国企业家调查系统发布的《中国企业战略：现状、问题及建议——2010年中国企业经营者成长与发展专题报告》调查显示，64.5%的企业经营者认为“缺乏合格的国际化人才”是企业国际化进程中的最大困难。同时，根据《2015年中国500强企业发展报告》和联合国贸易和发展会议发布的《2016年世界投资报告》，全球10大跨国公司国际化员工平均比例为93.20%；而我国10大跨国公司国际化员工平均比例仅为33.89%。[④] 现阶段企业人才国际化水平低是中国企业进行对外投资、扩大国际化经营规模、提高国际化管理水平的主要制约因素。

四、企业品牌国际化战略遇阻

品牌是具有极大经济价值的无形资产，能给拥有者带来溢价，产生增值。

① “中小企业通过行业协会提高增信融资能力”，新华社，http：//www.gov.cn。

② 惠晨咨询（HCR）：“中国中小企业融资现状研究报告”，http：//www.hcr.com.cn。

③ 麦肯锡咨询，https：//www.mckinsey.com/。

④ 中国企业联合会、中国企业家协会：“2015年中国500强企业发展报告”，《2016年世界投资报告》。

随着“走出去”的中国企业增多，目前越来越多的企业开始注重品牌国际化，并极力推动品牌“走出去”。世界品牌实验室（Word Brand Lab）发布的“2018年世界品牌500强”排行榜显示，从品牌数量的国家分布看，美国占据500强中的201席，稳居品牌大国第一。中国入选的品牌只有38个，与经济第二大国的地位并不匹配。国际品牌咨询机构Interbrand发布2019年全球品牌100强榜单，华为成为中国唯一上榜品牌，排名第74位。大多数中国企业在“走出去”推动品牌国际化的过程中，实际效果极为有限，多数企业只处于价值链低端，产品附加值极低，而在一些国家，中国制造品牌还成为低质产品的代名词。在企业全球化的背景下，品牌战略缺失将会威胁企业的全球市场份额。品牌缺乏影响力势必将削弱我国企业“走出去”的国际竞争力，因此如何制定正确的国际化品牌战略，也成为我国企业“走出去”面临的问题之一。

五、产业园区海外发展艰难

当前，境外经贸合作区的建立是我国推进国际产能合作的重要途径。合作区为“走出去”的企业提供了稳固的海外发展基地，建立贴近市场的产业集群，降低投资经营成本。同时，通过加强企业间合作，实现中国企业抱团出海的局面，有助于企业发挥投资规模效应，互补协同、共同抵御投资风险。但我国境外产业园区发展仍处于摸索阶段，风险与优势共存，我国海外产业园区的建设经验欠缺，特别是缺乏整体的规划和合理的企业资源配置，带来了开发成本偏高、经营形式粗放、配套设施不完善等问题。比如，目前有较多的海外园区的基础设施涉及与当地现有设施的协调配套，耗时耗资巨大，加上中外双方理念差异显著，沟通磨合困难，很多发展中国家与当地政府又难以兑现承诺，导致配套交通、用电等问题迟迟得不到解决，优惠政策经常得不到落实。同时，对东道国法律、市场环境欠缺了解、综合情况分析和研究调查不足、企业本土化程度不高、投融资水平有限等问题表现突出。而不少已建成运营的海外园区因为入驻企业不多，入驻企业的效益不好，带动企业“走出去”效果不理想，规模效应远远不够。有的园区甚至造成当地土地闲置、生产萧条的现象，对中国企业乃至国家形象造成负面形象。

六、对外投资企业合规性隐忧显现

从国际层面来看，经贸摩擦、竞争中性等成为发达国家限制中国企业的新手段。2018 年 2 月，法国政府拒绝将其在图卢兹机场股份出售给中国企业；3 月澳大利亚联邦政府表示将收紧电力基础设施和农业用地的外资投资审查规定；5 月，德国敦促欧盟层面立法，对外国直接投资进行更严格的审查；6 月，澳大利亚《反外国干涉法》获得通过；7 月，英国公布政策，提升英国政府阻止外资收购安全敏感性资产的权力；8 月，美国出台《外国投资风险审查现代化法案》（FIRRMA）；11 月，欧洲议会通过法律，允许为欧洲境内未来的外国投资创建一套预警机制，各成员将保留最终审批决定权。此外，东道国隐性制度障碍增多，地缘政治、政党更替、反华舆论、非政府组织等因素均造成中国企业在当地投资项目的风险增大。企业对外投资面临市场准入限制、国家安全审查、反垄断审查、企业并购监管、劳工保护、工程标准、环境保护和隐性征收等方面的隐性制度障碍日趋多样，跨国企业在维持业务增长和管理海外合规风险方面均面临沉重压力。

第三节　中国企业“走出去”高质量发展的经验借鉴

一、全产业链布局，降低成本

在构建核心竞争力中，作为全球汽车玻璃领域的第二大生产商和供应商，福耀玻璃一直把进行全产业链布局、降低成本作为公司的重要发展战略。据华金证券研报，国内市场上，福耀玻璃、日本的旭硝子、法国的圣戈班、信义玻璃和日本的板硝子市场占有率合计占 95%；在全球市场上，旭硝子以 22% 的市场份额居榜首，福耀玻璃、板硝子和圣戈班则分别以 20%、19% 和 16% 的市场份额平分秋色。然而，从毛利率来看，福耀玻璃 42.22% 的毛利率水平，却远高于旭硝子的 27.57%、板硝子的 26% 和圣戈班的 23%。福耀玻璃的毛利率如此之高，主要得益于公司的全产业链布局。福耀玻璃通过对“硅砂、浮法玻璃、汽车玻璃设备、汽车玻璃成型”产业链的各个环节进行深度布局，层层降低成本。例如，公司在海南文昌、湖南溆浦和辽宁本溪设有三个硅沙厂，通过自制硅砂一方面保证硅砂持续稳定供应，另一方面进一步降低浮法玻璃的生产成本。又如，公司 70% 以上的机械加工设备为自主研发生产，这些设备的成本仅相当于外部采购成本的 25%。2018 年财报披露，报告期内浮法玻璃产品实现营收 32.21 亿元，其中 29.21 亿元产品用于汽车玻璃生产，内部消化占比高达 90.69%。

二、企业抱团“走出去”，提升风险防范力

随着我国净投资输出国地位的确立，规模扩张将让位于质量提升。传统的投资模式需要做出改变，最初的单打独斗、分兵处级等方式在面临越来越复杂的投资环境时，已经显得力不从心。因此，“集体出海”成为企业的必然选择，以此实现协同发展，企业的受风险防控能力得到同步提升。例如，中国五矿集团携手国新国际和中信金属投资建设的拉斯邦巴斯铜矿项目成为秘鲁投建的最大矿产项目。中国苏纺纺机联盟（SUTEX），由江苏省纺织机械器材工业协会牵头，由无锡丝普兰喷气织机制造有限公司、常州市宏大电气有限公司、无锡新联印染机械有限公司、博路威机械江苏有限公司、江苏省纺织工业（集团）进出口有限公司等 5 家纺机企业共同发起，是纺机行业“集群出海”的践行者，其充分利用产品差异，实现优势互补，在印度、越南、印度尼西亚、巴基斯坦、孟加拉国等国塑造了知名度，有效改善与海外项目对接上长期存在的代沟，帮助更多中国企业家抱团“走出去”，实现全球资产配置。

三、以人为本，践行社会责任

中国企业逐渐意识到与当地政府、劳动者及其他利益相关者融洽相处才能够促进企业在海外市场中持续发展。越来越多的企业在履行劳动者权益保障、遵守当地法律、重视环境保护等方面做出了积极改进，加强了社会责任意识。例如，南车集团在马来西亚设立了东盟制造与维保中心，推动制造、销售及服务全产业链的本地化；在秘鲁的铜矿项目中，中铝集团投资建设了污水处理厂，解决了困扰矿区居民几十年的水污染问题，集团还投资 2 亿多美元为矿区建设了一系列现代化的城镇设施。这些企业将促进当地社会发展纳入自身的经营理念，与当地利益相关者建立良好的合作关系，更有效地促进企业嵌入当地社会，从而被当地人民认同与接纳，逐步实现在海外的可持续发展。

四、自主品牌与收购品牌共同发展，打造自主品牌体系

当今，一个企业完全自创一个全球知名品牌的难度越来越大。在这种情

况下，吉利大力开展国际合作与跨国并购，获得了沃尔沃等知名品牌的所有权，成为品牌的实际所有人。借助与沃尔沃的合作，极大地改变了吉利品牌低质、低价的形象，促进其冲击更高端市场，并在国际上打响了吉利自创品牌的知名度。近年来，吉利的全球品牌影响力得到极大的提升。2019 年，英国品牌评估机构“品牌金融”（Brand Finance）发布的“2019 全球最有价值的 100 个汽车品牌”排行榜中，中国入围的品牌中，吉利排在首位，位列总榜单第 19 位。

五、借力国家战略，抓住企业发展机遇

作为中国工程机械制造的领航者，徐工集团响应国家“走出去”战略的号召，将自身的发展与国家“一带一路”倡议紧密结合，借力“一带一路”发展的春风，以基础设施建设为突破口，成功地打入沿线国家的工程机械市场。无论是“中巴经济走廊”交通、能源建设，卡塔尔世界杯球场的建设，还是乌兹别克斯坦农业灌溉、菲律宾炼油设施等的建设，都能看到“徐工金”的旗帜飘扬。同时，徐工集团在沿线国家的基础设施建设过程中，没有盲目地开发市场，而是在当地设立工厂进行生产并和本地的经销商合作销售，坚持“本土化”融合，降低了发展沿线市场的风险和成本。徐工集团顺应国家的发展战略，搭乘“一带一路”高速发展的列车，为其国际化进程打下了坚实的基础。

第四节　中国企业“走出去”高质量发展的若干建议

一、做好“引进来”和“走出去”的有机结合

“引进来”是为了更好地“走出去”。只有“引进来、培育大”，才能“走出去、发展好”。进入高质量发展阶段，为了维持竞争优势，应提高招商引资的技术门槛，鼓励引入国外尖端高新技术产业。尤其是，伴随着国家放宽市场准入的各项举措陆续落地，中国应将重点放在现代农业、高端制造业和高技术服务业等领域高质量项目的引进上，不断扩大技术模仿和创新吸收边界，促进国内企业创新能力提升，进而撬动企业“走出去”的技术起点，

加速企业高质量“走出去”过程中的逆向创新虹吸，提升创新驱动效应，形成“引进来”和“走出去”的良性互动。

二、加快中国对外投资立法

中国对外投资法律法规的健全与否已然成为企业“走出去”的重要制度保障。通过制定统一的“对外投资法”，对境外投资审核、境外融资、对外投资保险、安全救助以及有关税收等做详细规范，以此调整对外投资关系。同时，从国际上看，国际投资呈现巨大的自由化趋势，而国际投资法是国际投资自由化的保障。作为新兴的对外投资大国，我国的对外投资立法应保持与国际投资法的基本一致，以促进中国企业按国际法律法规进行跨国投资运营，应遵循市场经济规律，保护对外投资的自由化与便利化。将促进和保护中国企业的对外投资作为重要内容缔结到中国与其他国家和地区签订的双边与多边协议中去，为中国的对外投资创造较好的法律环境。

三、加快推进中国标准“走出去”

标准是一个国家参与全球竞争的重要手段，掌握了标准就掌握了国际竞争的话语权。推动中国标准国际化，助力中国企业“走出去”，政府应发挥主导作用。一是加大中国标准“走出去”的人才和经费支持力度，推动国内标准的统一与更新升级，促进中国标准与国际标准接轨；二是加强与国际各标准组织的合作，积极参与国际标准的提案，主持起草国际标准的活动，参加ISO、IEC、ITU等国际化组织相关会议，在国际标准制定中体现中国意志；三是与欧美标准大国和地区合作，拟定标准互认清单，开展标准互认；四是在援助项目以及公路铁路等对外投资、海外工程承包、对外援建中推广和运用中国标准，按照中国标准设计、施工，或通过重大装备出口、服务等带动中国标准“走出去”。

四、加快国际化人才的开发和利用

国际化人才的培养是一个长期、系统的工程，如何充分利用好已有的国际人才，是短期内解决我国企业国际化人才缺乏问题的重要途径。建议整合人才资源，采取人才“走出去”与就地“取才”相结合的方式。一是充分利用我国在海外的留学生资源，根据企业“走出去”的区域定位，从这些国家回来的留学人员当中或是仍在当地的中国留学生中延揽优秀人才；二是学习跨国企业进入中国时的做法，充分利用东道国本土的国际化人才及从中国学成归国的留学生，为中国企业“走出去”消除壁垒；三是通过灵活的用人机制吸纳那些曾在跨国公司工作的优秀人才并将其派驻海外；四是顺应本土化管理这一国际化经营管理的趋势，推进中国企业国际化过程中的“本土化”人才战略。

五、全面提升企业的核心竞争力

具备较强核心竞争力的跨国企业往往拥有高水平的人力资本、领先业内的核心技术、不竭的创新动力、突出的管理能力、稳固的营销网络和良好的品牌形象。我国“走出去”企业可以通过并购等方式提升实力，扩大规模；积极引进复合型、国际化的人才并进行必要培训；通过自主开发和保护知识产权等途径，逐步培育和提高核心竞争力。创新是一个企业在国际化进程中的活力源泉和致胜秘诀。中国企业要与国外企业在一个平台上进行竞争，首先必须坚持创新战略、不断创新企业经营理念、加大技术创新投入。同时，始终把使用、推广、经营和维护自身品牌放在重要位置。做好培育品牌的基础性工作，如增强研发设计能力，提高产品的技术含量，保证产品质量，加大广告宣传力度，完善售后服务等。此外，企业在“走出去”过程中，为克服单一企业体量太小、力量不足的缺陷，可以鼓励联合起来兼并收购，以此降低内耗和收购成本，实现产权融合和管理整合，逐步确立全球分工体系中的“链主”地位。

六、加强企业本土化经营能力

企业在海外实际运营中不能搞“独立王国”，而是要积极融入“当地元素”，这关系到企业海外业务的成败。首先，应强化企业的社会责任意识，普及企业社会责任相关知识，积极倡导“走出去”企业履行应尽的社会责任，打造中国“走出去”企业软实力。积极开展企业公关外交，落实慈善和公益事业，与媒体、非政府组织和当地社会建立广泛联络，注意与社区、媒体及公民社会组织的交流沟通。充分认识到中西方文化的差异，尽量尊重员工，关爱员工，企业在海外谈判中要对工会提出的问题予以重视并解答，寻找双方沟通的切入点并积极达成共识，与工会建立信任。

七、切实做好企业合规建设

世界经济复苏曲折，逆全球化、贸易保护主义抬头，国家间的贸易摩擦加剧，“走出去”的企业要进一步精耕细作，加强法律风险防控，切实做好合规建设。首先，企业要树立合规经营意识，不走所谓的捷径。加强对外国法律和规则的研究，有效识别、预判法律和合规的风险，做好风险防范和应对的预案。重视纠纷解决条款的签署，善用法律手段维护自身的合法利益。其次，我国要大力推进企业信用监管和信用体系建设，强化企业国际经营信用意识、规则意识和主体责任意识，制定国际层面合规管理和国际计量规范标准，加快对接国际规则体系，促进中国企业融入国际市场。

八、以企业为主体积极推动海外园区建设

企业“走出去”在海外不应孤军奋战，需要发挥中国企业的群体优势。积极投建产业园区是中国企业“走出去”较理想的战略布局之一。一是发挥海外园区开发建设的企业主体作用，减少海外园区建设的指令性任务，弱化海外园区的政治意义，以市场为导向，以盈利为目的，以可持续发展为目标。海外园区应由企业主导建设并服务于企业。二是发挥政府在海外园区开发建设中的政策导向作用，对海外园区的整体规划、园区的产业定位等做宏观指导。三是加大对海外园区的支持力度。一方面，加大海外园区开发建设的资金支持；另一方面，对中资企业较为集中的海外园区提供必要的安全防护。四是加强双边政府间的协作，对于企业自主投资建设的海外园区，政府可以通过公共外交途径，间接助推中资企业开发建设的园区与东道国开发计划接驳，协助企业解决海外园区开发建设过程中与当地政府部门沟通不畅的问题。

九、提升金融机构国际化水平

一是加快金融机构的海外布局和升级，参加多边国际组织的合作，更多地融入全球的金融市场和资本市场，实现全球的受益和分享。二是加大培养金融类国际化人才，吸引海外留学生人才进入中资银行。三是设立“走出去”专项资金，吸引社会资本参与海外投资，降低中资银行的融资成本，以期能

以具有竞争力的贷款价格提供给中国企业。四是放宽对企业海外融资的要求，允许满足一定条件的相关企业通过海外融资获取并购资金。五是搭建国际投资融资业务沟通平台，促进银行与企业的有效沟通，解决银行与企业的信息不对称问题，并最终将国际融资业务推动国际市场前沿，参与全球资本市场的资源整合。六是创新融资方式，借助“互联网＋”的思维，“互联网＋金融”“互联网＋信用”“互联网＋资金服务”的方式，创新为中小企业提供金融服务的模式规避风险。此外，对民营企业来说，要选择合适的融资渠道，获得更好、更低的融资成本，最大限度地实现创收和盈利，通过综合性的融资平台，协助企业做好市场调研、配资和预售。

十、发挥中介机构和行业协会的支撑引领作用

中介机构和行业协会在企业“走出去”过程中的作用同样不容小觑。针对东道国复杂多变的政治、经济、社会、文化、法律等投资环境，需要具有国际化视野的、没有文化和语言障碍的专业服务机构助推中国企业“走出去”。当务之急是要加快培育一批具有国际影响力的咨询公司、会计师事务所、律师事务所等中介服务机构，为企业进行海外投资提供专业化的咨询服务和维权服务等，通过连接国际社会，在国际舞台表达自己的态度和主张，提高在全球治理中的话语权。除中介机构外，行业协会亦可在企业“走出去”中发挥智囊作用，其可为会员企业提供信息共享、投资指导、技能培训、政策咨询等专业化服务。同时，可以承担起对本行业企业社会责任进行监督、评价的作用。推广企业社会责任理念，形成行业共识，在行业内树立企业社会责任典型，使之能够与其他企业开展借鉴和交流，制定行业的社会责任标准，提供行为规范，开展企业社会责任方面的培训和企业履行社会责任的绩效评价。总之，在企业“走出去”过程中发挥中介机构和行业协会的支撑引领作用，可有效协助企业打开国际市场，少走弯路、错路，提高我国海外投资的水平和质量。

作者：孔令池　南京大学长江产业经济研究院助理研究员

第二十二章　推进“一带一路”建设高质量发展研究

——基于越南、柬埔寨中资园区调研的思考

东盟是共建“一带一路”的重点地区。目前，中国—东盟关系已进入了全方位发展的新阶段，东盟10国均与中国签署了共建“一带一路”合作文件。尽管有企业充分发挥自身优势，逆势赢得了海外市场，在国际化道路上迈出了稳健的步伐。但就面广量大的中小民营企业而言，“走出去”尚处于初级阶段，企业在跨国经营中还存在不少困难和问题，迫切需要解决。

第一节　越南、柬埔寨宏观经济基本情况

越南和柬埔寨近年来经济发展相当迅速，受到世界的广泛关注。

一、越南宏观经济情况

1986年，越南实行革新开放政策，经济实现较快发展。特别是在1995年加入东盟以后，越南从东盟获得了政治、外交安全和经济等方面的很多利益，并逐渐在东盟占有重要的地位和发挥着越来越重要的作用。越南2018年GDP增长达到7.08%，增速创2008年以来的最高值。全年现价GDP规模约2390亿美元，人均GDP约合2587美元。根据越南国会通过的《关于2016—2020年5年经济社会发展规划》，5年内越南GDP年平均增幅6.5%—7%，到2020年人均GDP达3200—3500美元，工业和服务业占GDP比重合计达85%。越南经济的快速增长，带动了民众收入的增长。根据世行发布越南2014—2016年减贫报告，越南已有70%的人口脱离贫困线，约有300万越南人口跃升成为中产阶级，中产阶级人口至少1400万。2014—2016年，新兴消费阶层（满足日常基本需求，有一定储蓄，人均每日支出多于5.5美元）的

产生将使越南社会生活方式发生转变，越南人将追求更好生活及更高质量的服务，越南经济也将逐渐向服务业和消费行业转变。

二、柬埔寨宏观经济情况

1993年5月，柬埔寨在联合国主持下举行首次全国大选。柬埔寨1998年第二届王国政府成立以来，致力于稳定政局、发展经济，奉行独立、和平、永久中立和不结盟的外交政策。1999年柬埔寨正式加入东盟后，以东盟为依托，积极发展与周边国家、西方发达国家和国际组织之间的关系。1998年以来，GDP保持平均7.7%的年增长率，2015年柬埔寨已从贫困国家变为中等偏低收入国家。2018年，柬埔寨GDP取得了7.5%的年增长率，超出预计。目前柬埔寨正走在符合自己国情的发展道路上，有望实现政府制定的于2030年成为中高等收入国家的目标。2015年8月柬埔寨提出《2015—2025工业发展计划》，其主要目标是：到2025年，柬埔寨经济融入地区和国际产业链，以改变当前劳动力密集型为主的经济发展模式，力争向科技驱动型和知识型现代产业发展。根据该计划，2025年前，柬埔寨制造业在GDP中的比重将从2013年的24.1%提高到30%；另外柬埔寨将进一步促进出口产品多元化，重点发展高附加值新型工业、制造业、医药、建材、包装、家具制造等领域的中小企业。

第二节　中国对越南、柬埔寨投资现状

越南和柬埔寨是“一带一路”上重要成员国，和中国的经贸往来较为密切，通过调研，我们发现，企业对上述两国的投资热情较大，和宏观投资形势相吻合，具体如下：

一、中国对越南、柬埔寨投资近年来呈快速上升趋势

中国对越南FDI投资总体呈上升趋势，由1991年的1200万美元上升至2018年的24.6亿美元。从增长的特点上看，中国对越南FDI投资增长呈现出波动性上升趋势，增长率波动性非常大。不过2018年以来，呈现单边快速增长势头。2018年，共有112个国家和地区对越南投资。其中，日本投资总额

85.9亿美元，占比为24.2%；韩国72亿美元，占比20.3%；新加坡50亿美元，占比14.2%；中国对越投资总额24.6亿美元，在当年外资来源地中排名第五位。2019年1月至11月，越南共吸收外商投资协议额近318亿美元，同比增加3.1%；实际到位金额176.9亿美元，同比增长7.2%。变化最大的就是投资来源国，中国香港特区位居117个外资来源地首位，协议额66.9亿美元；韩国57.3亿美元位居第二；新加坡44.7亿美元居第三；中国35.7亿美元居第四。由于中美贸易战的原因，中国内地和中国香港对越投资额分别是去年同期的2倍和3.9倍。

中国与柬埔寨是传统友好邻邦。近年来，两国在各领域的合作不断深化，取得重要进展。中柬双边经贸规模不断扩大，中国已连续多年是柬埔寨最大外资来源国。中方统计，截至2017年年底，中国对柬埔寨直接投资存量54.49亿美元。2017年中国企业在柬埔寨新签合同额33亿美元，完成营业额17.6亿美元。据柬埔寨发展理事会统计，截至2017年年底，中国累计对柬埔寨协议投资占柬埔寨吸引外资总额36.4%。2018年，中国对柬埔寨的投资进一步提升。据《中国新闻网》信息，洪森总理2019年1月22日访问中国期间指出，2018年中国对柬埔寨投资总额达36亿美元，占外国对柬埔寨投资总额68亿美元的53%，比2017年增长54%。目前在柬埔寨投资的主要中资企业有：中国华电集团公司、中国重型机械总公司、中国水电建设集团、中国大唐公司、广东外建、上海建工、云南建投、江苏红豆集团、柬埔寨光纤通信网络有限公司、优联发展集团有限公司、中国免税品集团有限公司、申洲有限公司等。其中，江苏红豆集团牵头在柬埔寨投资的“西哈努克港经济特区”是中国商务部首批境外经贸合作区之一。

二、落户工业园区是中国企业对外投资的重要实现方式

在调研的过程中，我们了解到，无论是越南还是柬埔寨，都特别重视以经济特区或开发区的形式发展经济。据越南计划投资部统计，截至2018年年底，越南已设立工业园区和经济园区共326个，使用自然土地总面积约9.3万公顷，其中工业用地6.4万公顷，占总面积约68%。已经投入使用的园区250个，用地6.8万公顷，其余76个园区2.5万公顷土地正在征地、补偿和进行基础设施建设。截至2018年年底，入园项目累计15500个，其中内资项目7500个，外资项目8000个，投资协议总额分别为422亿美元和1450亿美元。

目前，中资企业在越南共投资建设5个工业园区，即铃中出口加工区（约600公顷）、龙江工业园（600公顷）、深圳—海防经贸合作区（800公顷）、仁会工业区B区（450公顷）和海河工业区（3300公顷），都取得不同进展。其中，铃中出口加工区已实施三期项目，效果较好，成为越南工业区建设典范，也是我们重点调研的地方。龙江工业园成为中国国家级境外经贸合作区，有利于推动中国企业“集群式”走出去，扩大对越南投资合作规模。海河工业区位于越中边境，核心行业为纺织，园区建设起点高、规模大。越南还有一些非典型的园区，如我们调研的兴安省园区，这个园区的土地用途由一家中资企业协调，拿到批复后，由个人协调进行招商，这种方式的好处是进来的企业都比较熟悉，相关手续均不用自己去协调，但也存在园区配套缺乏，开发进展缓慢等缺点。

同样，柬埔寨也注重园区建设，且多以经济特区的形式给予园区以更便利的投资。2005年12月，柬埔寨《关于特别经济区设立和管理的148号次法令》颁布，特别经济区体制在柬埔寨开始施行。柬埔寨发展理事会下设的柬埔寨特别经济区委员会是负责特别经济区开发、管理和监督的一站式服务机构。迄今，柬埔寨政府正式批准45个经济特区，获批的经济特区分别分布在金边、西港、波贝、巴域等主要城市。其中，柬埔寨最大的工业城市西哈努克省经济特区数量最多，包括中国江苏红豆集团与柬埔寨国际投资开发集团合资建立的西哈努克港经济特区。早在2007年，红豆集团联合3家无锡企业及1家柬埔寨企业在柬埔寨西哈努克市共同投资建设西哈努克港经济特区，率先走出了一条民营企业建设境外园区之路，成为商务部首批确认考核的全国十个境外经贸合作区之一。境外集聚发展平台，为我省企业加快优势产能转移，实现产业链“走出去”提供了有利条件，促进了良性互动发展。

第三节　中国企业赴越南、柬埔寨投资环境优势

近年来，包括越南、柬埔寨在内的东盟国家，正成为国际投资的热土，也是“一带一路”沿线重要的节点。通过实地调研访谈，可以发现这两个国家一片生机勃勃的景象，投资环境具有如下显著的优势：

一、政局相对稳定

越南和柬埔寨相比于“一带一路”上的许多国家，政局较为稳定是显著

的优势。执政党和政府均致力于经济建设，提高人民的生活水平。越南坚持共产党领导，走社会主义道路，国内政局保持稳定。2016 年 1 月 27 日，越共十二大召开，越南最高领导层实现权力平稳交接，各部门主要工作承接总体稳定。现任政府对华相对客观，没有明显的排外情绪。柬埔寨政局也相当稳定，政府对华非常友好。1998 年柬埔寨第二届王国政府成立以来，致力于稳定政局、发展经济，奉行独立、和平、永久中立和不结盟的外交政策。1999 年柬埔寨正式加入东盟后，以东盟为依托，积极发展与周边国家、西方发达国家和国际组织之间的关系。

二、劳动力资源丰富

越南和柬埔寨很长时间内还将处于人口红利时期，劳动力人口众多，劳动力成本比较合算，成为吸引外国企业投资的重要原因之一。目前，越南全国人口约9650 万，其中 15 至 64 岁人口的百分比达到 69. 3%，65 岁以上人口仅占 5. 5%，平均年龄仅为 31 岁。柬埔寨全国人口约 1625 万，人口较为年轻，平均年龄约为 27 岁，其中 30 岁以下的年轻人占总人口的 70%，65 岁以上老人占比仅为 3. 8%。越南和柬埔寨的人口分布较为集中，有较大的生产规模优势。越南人口主要集中在北部以河内为中心的红河平原和南部以胡志明市为中心的湄公河三角洲。柬埔寨人口主要集中在中部平原地区，首都金边、经济中心西哈努克市及其周围经济比较发达的省份人口最稠密。

三、水运条件优越

越南和柬埔寨的港口条件优越，海洋运输发展较快，很适合发展外向型经济。越南位于中南半岛东南端，三面环海。越南地形狭长，略呈 S 型，海岸线长达 3260 千米（不包括岛屿）。现有海港 49 个，其中一类港口 17 个，二类港口 23 个，三类港口 9 个。分为六大港口群，自北向南依次为：广宁省至宁平省的北部港口群、清化省至河静省的北中部港口群、广平省至广义省的中部港口群、平定省至平顺省的南中部港口群、南部港口群和九龙江平原港口群。柬埔寨的位置也较好，西南濒临暹罗湾，有 460 千米长的海岸线，拥有优良的深水港西哈努克港。该港海运线路可抵达美国、欧盟、中国、日本等国家和地区。

另外，两国的水运也较为优越。其中湄公河流经柬埔寨全境和越南南部，红河流经越南北部。越南管理、开拓内地水路总长达1.9万千米，其中6700千米为国家级内运线。内地水路港口共有131个，其中13个能停靠外国船舶。主要港口位于胡志明市、河内、河北、越池、宁平、和平等省市。柬埔寨内陆水系也较为发达，主要包括湄公河、洞里萨河和巴萨河，雨季总长度约为1750千米，全国有7个主要河运港口。2013年1月22日，由中国提供优惠出口买方信贷支持的金边港新建集装箱码头项目竣工，设计年集装箱吞吐量12万个标准箱。

四、投资法较为完善

越南和柬埔寨均大力鼓励外来投资，为外国投资者提供了较为全面的基础法律保障和较大力度的优惠政策。越南在2007年1月加入世界贸易组织（WTO）后，给予外资企业国民待遇，大力清理国内法律法规，力求与国际接轨。为加大吸引外资力度，越南第五次修订《投资法》，并于2015年7月1日起正式生效。2016年11月22日，越南国会通过《关于〈投资法〉附条件投资经营行业4号目录的修订草案》，决定自2017年1月1日起正式取消20项业务的投资经营限制条件，国内市场进一步开放，营商环境不断改善。越南党和国家领导人对外来投资也高度支持。2018年年初，越南总理阮春福日前再度重申外商直接投资（FDI）对越南经济发展的重要性，驳斥部分国会议员提出越南经济过度依赖FDI欲弱化FDI作用的建议，敦促越南计划投资部要设计有利政策吸引高质量的外商直接投资资金。此前，越共中央书记阮富仲也公开对外表示，FDI是越南经济不可或缺的重要组成部分，应该鼓励FDI发展并为其创造有利条件。

柬埔寨政府给予外资与内资基本同等的待遇，《投资法》（1994年8月4日柬埔寨王国第一届国会特别会议通过）及其修正法（1997年、1999年两度修订）为外国投资提供了保障和相对优惠的税收、土地租赁政策。投资保障包括：（1）对外资与内资基本给予同等待遇，所有的投资者，不分国籍和种族，在法律面前一律平等；（2）柬埔寨政府不实行损害投资者财产的国有化政策；（3）已获批准的投资项目，柬埔寨政府不对其产品价格和服务价格进行管制。

五、对外开放程度较高

越南是整个亚洲签署最多的自由贸易协定的国家之一，因为有了这些自由贸易协定，越南产的商品得以在全球主要的发达市场获得零关税等优惠关税，其实这是目前很多制造企业最看重的地方之一。越南于2006年11月加入世界贸易组织（WTO），大力推进融入国际经济，截至目前，越南与其他国家之间已签署了16个自由贸易协定（FTA），尤其是与欧盟、日本、韩国等发达国家之间均签署了FTA。与欧盟的贸易协定，是继新加坡之后第二个与欧盟达成自贸协议的东南亚国家。同时，越南还在APEC、RCEP、澜沧江—湄公河流域合作等多边合作舞台上表现活跃。2018年3月，包括越南在内的除美国之外的11个TPP成员国签署“全面且先进的TPP（CPTPP）”。投资者可利用东盟经济共同体、中国—东盟自贸区等自由贸易平台接近更广阔的国际市场。

柬埔寨则实行更加自由的经济政策，是东盟国家中投资管制最少的。早在1999年，柬埔寨就加入东盟，并于2015年前把区域内进口关税降到零。2003年，柬埔寨就正式成为世界贸易组织（WTO）成员。柬埔寨全国不实行外汇管制，允许投资者从银行系统购买外汇转往国外，用以清算其与投资活动有关的财政债务。根据柬埔寨《外汇法》规定，允许居民自由持有外汇，通过授权银行进行的外汇业务不受管制，美元被允许在市场上流通。近10多年来，美元成为柬埔寨社会的主要交换媒介，流通量占市场货币流通总量的85%以上。另外，由于柬埔寨发展的相对落后，在跟欧美一些发达国家进行贸易往来的时候，能享受到较多的优惠和待遇。目前，柬埔寨享受了欧盟“除武器外全部免税（EBA）”和美国普惠制（GSP）等优惠关税，使符合条件的产品可以免除配额和关税进入欧盟和美国市场，这两种优惠大约占柬埔寨出口总额的60%以上。

六、有较为优惠的税收及产业政策

除出口关税外，越南、柬埔寨当地的税收优惠也不容小觑。如根据越南《投资法》规定，外国投资企业和越南内资企业都采用统一税收标准，对于不同领域的项目实施不同的税率和减免期限。如特别鼓励投资项目所得税率为10%，减免期限为4—15年；鼓励投资项目所得税率为15%，减免期限为2—10年；普通投资项目所得税率为20%，减免期限为2年。对于投资额达到3亿美元，或年销售额达到5亿美元，或提供就业岗位3000个以上的企业，或者位于中北部地区的，越南政府给予所得税“四免九减半”的特殊优惠。部分地区免固定资产进口关税及从投产之日起免前5年原料、物资或半成品进口关税，属出口产品生产加工可免征出口关税或退税；租用 A 区土地最长减免 15 年，B 区最长减免 11 年等政策。

柬埔寨实行全国统一的税收制度，并采取属地税制。除 0 和 9% 的投资优惠税率外，一般税率为 20%。经柬埔寨发展理事会批准的合格投资项目可取得的投资优惠包括：（1）免征投资生产企业的生产设备、建筑材料、零配件和原材料等的进口关税；（2）企业投资后可享受 3—8 年的免税期（经济特区最长可达 9 年），免税期后按税法交纳税率为 9% 的利润税；（3）利润用于再投资，免征利润税；分配红利不征税；（4）产品出口，免征出口税。如考察组考察的西港特区，就实施六大优惠税收政策，即入驻西港特区的企业，其进口的生产设备、建材、零配件，以及用于生产的原材料等均百分百免征进口税；产品出口免征出口税；企业投资后根据产品种类可享受柬方最多 9 年盈利税的免税期；利润用于再投资免征所得税；无土地使用税。因此，如果运用得当，企业在越南和柬埔寨建厂有很大的成本优势。

第四节　中国企业赴越南、柬埔寨投资面临的问题挑战

尽管一大批中资企业充分发挥自身优势，赢得了海外市场，在国际化道路上迈出了稳健的步伐，呈现出跨越式发展态势。但就整体而言，中资企业“走出去”尚处于初期阶段，企业在跨国经营中还存在不少困难和问题，离高质量发展仍有不小的差距。以越柬调研为例，突出反映了十二个方面的困难。

一、信息渠道不畅

调研发现，中国企业赴越柬开展投资活动，很多都是简单地认为这两个地方比较“穷”，机会比较多，或者受中美贸易战的影响，仓促来投资，对当地投资相关的法律法规并不是很熟悉，并不能准确把握政府在投资保障、投资优惠和限制、外汇、土地使用、商业组织形式等方面的政策，也没有注意事前调查、分析、评估相关风险，事中做好风险规避和管理工作。相当部分民营企业靠老乡朋友等口口相传来获取市场信息。如越南河内的兴安省工业园，国内去的企业主要依赖于较早来的一位企业家了解信息，和当地协调。越南胡志明市当地一家商会会长企业，区域负责人不会越南语，依靠一位当地翻译进行协调。位于越南河内一家企业发展较好，但主要是依靠当地一位

女高管管理。从调查看，很多中小企业对东道国政策、投资环境、市场信息了解不深，认为信息咨询服务机构不健全。

二、劳动力素质不高

越南和柬埔寨虽然适龄劳动力人口占比较高，但受过良好教育和职业技能培训的人比例较少，越南大概为劳动力人口的1/5，柬埔寨比这个比例要低。我们在调研中发现，企业很难在当地招到高素质的员工，难以满足企业生产需要，需要企业花大力气进行上岗前接受和掌握新技术的能力培训，这直接影响企业更新技术设备和扩大生产规模。另外，由于工会势力较强及文化传统的原因，员工的积极主动性较差，普遍比较懒散，尤其在柬埔寨这种现象更明显。很多工作需要管理层步步紧盯，否则就会得过且过，员工不像国内工人勤劳、肯干，且不善于动脑筋，所以相对而言管理成本较高。中资企业一般是从国内调遣技术和管理骨干过来，然后配备管理当地工人，这在一定程度上增加了管理成本。除了普通员工的素质需要提高外，越柬的国际化高端人才也较为匮乏。企业在应对国际市场的行情变动、汇兑风险、融资风险、当事国法律，处理与合作伙伴经营理念、文化差异等方面，缺少专业人才。如柬埔寨西港特区公司反映，缺高技能人才和管理型人才是企业拓展海外市场的首要困难，由于柬埔寨发展较为落后，很难从当地招到国际经营管理人才和专业技术人才，熟练工人和国内差别巨大，需要花大力气培训，甚至翻译和驾驶员都成为紧缺人才。

三、生产成本快速上升

调研中了解到，虽然说中国企业往东南亚转移产能已经持续很多年，但自去年中美贸易战打响以来，这种趋势突然出现井喷的局面。在河内兴安省工业园区，当地的企业告诉调研组，以前中国企业都往南部胡志明市附近投资，近来在北部投资考察的中国企业急剧增多，他们园区附近的深圳—海防工业园，招商工作一直非常清淡，几乎处于半停工状态，但2018年以来，仅1年半的时间，就基本完成了全部的招商任务，园区已经基本进驻满，大部分为中资企业。以前中资企业来越南考察都不太果断，犹犹豫豫的，现在都非常干脆，甚至要求不惜一切代价，要在3个月内就要开工。这种现象同样发生在考察的越南南部的铃中工业园和柬埔寨的西哈努克港特区工业园。但这也带来了一个后果，就是两国生产要素成本的急剧上升。无论是劳动力成本、还是土地成本，还是水电等基本成本，都迅速接近甚至超过了国内很多地区的成本。如柬埔寨西港特区工业区，劳动力综合成本已经超过每月2000元（换算成人民币），铃中工业区附近的劳动力综合成本也超过3000元（换算成人民币）。如果考虑到他们的生产效率和劳动时间，其实已经超过了国内中西部地区的相当部分平均工资。土地成本也类似，早期来越柬投资还可以土地自建厂房，现在基本上都只能租厂，但价格在1年之内接近于翻番。调研中一家企业比较中越柬三国的综合成本，越南要比国内高5个百分点，而柬埔寨要高20%—30%。这也说明，企业赴越柬来投资，基本是冲着关税来的。

四、传统产能渐失市场

调研中发现，国内比较普遍的投资思路在这里并不适用，即国内过剩的传统或者说低端产能，或者说对环保负面影响比较大的产业，可以转移到越柬这样的东南亚国家。2018年5月份以后，由于太多的中资企业想在短期内进驻工业园区，所以园区已经基本不接受类似于纺织、服装等劳动密集型产能。并对环保的要求非常高。如柬埔寨西哈努克港红豆工业园，一期以纺织服装、箱包皮具、木业制品等为主要发展产业，但现在的二期重点引入五金机械、建材家居、精细化工等产业。规模较小的，传统的，污染性较强的产业，已经难以进驻园区。为了适应环境保护的需要，还建有一个大型污水处理厂。再如在越南河内考察期间，调研组了解到，深越工业园2018年以来的招商，大多集中在电子装配等加工领域，而非传统的劳动密集型企业。另外，越南的环保受用欧洲的标准，规定其国内工程开工前，都必须经过严格的环保核查，环保部门定期对企业的环保情况进行检查，不达标的企业须马上进行停工整顿并接受处罚。所有生产企业须安装污染控制和处理设备，以确保符合相关的环境标准。越南的环保标准升级非常快，基本上和欧洲的环保标准同步更新。越南的环保执法非常严格，个人环保违规行为最高将被罚以10亿越南盾（约合4.44万美元），机构组织罚金最高为20亿越南盾（约合8.88万美元），这对于月收入不到400美元的个人来说，可以说是天文数字。因此，指望将落后产能移到越南柬埔寨，在现阶段已经不是现实的想法。

五、恶性竞争频现

调研发现，中国对越南的和柬埔寨的投资以分散性投资为主，各投资主体自发性的行为，缺乏正确的引导及明确的长期投资规划，表现出随机性的资本投入及盲目性的投资区位选择。这在一方面将导致中国企业间的无序境外竞争，对中国企业的国际竞争力具有严重的负面影响；另一方面投资过于分散将导致投资影响作用力分散，不利于中越、中柬双方利用投资的正效应推进经济的发展及产业结构的升级优化。尤其是中国企业的恶性竞争，带来了非常恶劣的影响。“走出去”的中国企业容易形成信息孤岛，在商海单兵作战，为分市场蛋糕恶性竞争。如越柬摩托车市场最初主要为中国企业，但后来中国品牌出现恶性竞争而集体沦陷，既不讲究质量，也不讲究售后服务，中国摩托用不了两三年就报废了，而一台日本摩托用个十年以上没什么问题，一些人做个两三年捞一笔就走了，结果连个售后点都找不到，严重影响当地人对中国摩托车品牌的认可度，现在基本被日本品牌占领。不仅是摩托车，建材很多也是这个情况，中国产品成为“劣质”的代名词。这其中，商会协调功能不全是一个重要原因。总体来看，东部发达地区在海外商会组建的相对较好，但也有不少中西部省份并没有建立相应的海外商会，或者商会企业代表性不强。

六、营商环境不佳

虽然说越南和柬埔寨的营商环境均不太好，但相对来说，越南的营商环境要远远好于柬埔寨。近年来，越南营商环境上升速度较快。世界银行发布《2018 年营商环境报告》显示，越南在全球 190 个经济体中排名第 68 位，较上年上升 16 位。世界经济论坛《2017—2018 年全球竞争力报告》显示，越南在全球最具竞争力的 137 个国家和地区中排名第 55 位，而柬埔寨则排名第 135 位。这也与我们调研的实际感受相似。如西哈努克市近年来由于博彩业兴盛，导致社会治安不太好，对西港特区园区员工外出生活产生一定影响。还有部分地方政府管控能力弱，一些权势部门，如公安、司法、海关、税务等，服务意识弱，“吃拿卡要”现象较为普遍。据调研企业反映和调研组实际从海关的经历来看，柬埔寨的腐败现象确实较为严重，任何正常的办事都是给钱，并美其名曰“小费”，海关正常通行要小费，去政府部门办事给钱，被交警抓了给钱，逢年过节上门收钱。更有人员反映，即使被偷被抢了，很多时候都是先给钱再立案，要不就算勉强立案了也草草了事。法院判决也是这样，经常会出现谁给的钱多谁胜诉，然后再上诉改判的情况。

七、劳工势力较强

调研企业反映两国工会和劳工部门力量强大，劳资冲突时有发生。在柬埔寨，工会活动受国内法律的保护，活动较为活跃。根据法律规定，无论劳工及雇主均有权不需预先核准，自主组建专业组织。劳工组建的专业组织称为“劳工工会”，雇主组建的专业组织称为“雇主协会”，禁止组建雇主及劳工同为会员的行业工会。工人的罢工权和雇主的闭厂权受法律保护。越南劳动联合总会为全国最高工会组织。越南企业一般都设有工会。工会代表由工人选举产生。随着越柬吸引外资的增加，企业及劳动者的数量不断上升，近年来，罢工现象时有发生，发生罢工的企业涉及纺织服装、制鞋、机械、电子等行业，主要针对外资企业，大部分罢工由工人自发组织，目的是要求企业提高薪资、改善生活及工作条件。企业如果想走法律程序，不仅胜算难料，且费神费力。如果想通过和当地政府或工会谈判解决，又缺乏相应的对等地位和协商筹码。这对企业的正常运营都会产生较大影响。如柬埔寨西港特区工业园公司一负责人多次因劳工问题到当地法院去应诉。

八、工作效率较低

调研发现，越柬工人的工作效率比较低，做事拖拖拉拉，怎么去引导他们改变工作习惯比较重要。另外就是工人的主动思想意识较差，一切都依靠管理层的指导安排，不然就找不到方向，不像在中国国内几句话工人就知道各自的目标任务，所以相对而言管理成本较高。一般来说，越柬工厂的组织架构是派遣中国人做中层管理，然后挑选一些做事好的当地人做基层管理，中层管理基层，这些人再去管职工。中国的管理层过来一般比国内工资要高1/3，所以这个一定程度上增加了工人成本。这种现象在柬埔寨尤其明显，无锡凤凰画材在柬埔寨和越南均有工厂，他们作一对比，柬埔寨的工人工作效率不说比中国，比起越南这边工人的效率至少低30%。且相对来说柬埔寨的工会势力更强，由于工会的存在，柬埔寨工人相当于多了一道护身符。

九、金融服务不够

“缺钱”似乎是调研中企业反映的最普遍问题。大多中小企业在境外银行缺乏信用基础，不具备担保条件，难以从当地银行获得贷款支持。而国内银行对中小企业“走出去”融资贷款的门槛高，审批权限也较小，信贷业务主要集中在大型项目和大型企业，金融工具比较单一，很多国内商业银行尚未建立全球授信业务体系，中小企业申请贷款难度大，难以满足海外发展长期稳定资金需求。另外，企业缺钱还有一个重要的原因就是国内的外汇管制较严。有些企业在国内的母公司即使自己有较多的流动资金，但受外汇管制的原因，难以投到国外的企业生产经营中，困扰着企业发展。对外投资另外一个欠缺的金融服务就是海外投资保险还不全。尽管中国出口信用保险公司已初步开展海外投资保险业务，但我国尚未出台相关法律、法规对海外投资保险制度予以法律上的认可，不能对企业提供充分保护。同时，险种不够全，还不能满足民营企业“走出去”的需求。例如，不少企业希望在国内原材料出口到海外工厂以及海外成品出运前能买到财产物资保险，而国内保险公司及中国出口信用保险公司尚无此类保险，使得企业在进行跨国经营时面临着较大的经济风险。

十、产业链不健全

调研企业反映，目前越柬企业仍主要担任加工和最后组装等环节，与外国企业的互联互通较为薄弱，须在交通运输、服务、通关手续、市场开发等领域制定具有突破性的政策。“走出去”中还面临着产业配套不全的问题，配套工业较落后，生产所需机械设备和原材料大部分依赖进口，缺乏国内完备的产业链、价值链、创新链的集群形态，一些关联度高的企业，如果单独“走出去”困难重重。如无锡凤凰画材越南有限公司相关人员反映，他们一开始“走出来”，90%的生产资料和零部件都从国内直接运来，极大地提高了成本，企业发展规划非常严格，难以快速应对市场瞬息万变的发展需要。

十一、政策变化无常

国外投资环境，如法律、税务等和国内差别较大，政策变化具有较大的不可预知性。一是产业政策。如越南有企业反映，当地环保政策加码太快，导致之前进口的存货因不达标而大量报废。柬埔寨西哈努克省当地产业政策上近年来放任博彩业，对以制造业为主的园区企业在生产资料上产生虹吸效应，生产成本快速上升。二是出口政策。虽然越柬受到发达市场国家较多的关税优惠，但并不是说对中国企业的产能转移就是百分百安全。据调查了解，不少企业受到了多种“追杀型”反倾销的调查。随着中国产能向海外转型加速，一个不容忽视的是欧美“追杀型”反倾销政策的杀伤力，加强原产地比例的严格认证，对中国海外投资采取贸易救济措施和反避税调查的品种大幅提升，如越南有企业反映产能从国内转移来后已准备好上市，突然被美国“追杀型”反倾销而不得不将产能向泰国转移，7 年上市努力在最后关头泡汤。三是投资政策。目前越柬投资壁垒有趋坚趋势。“一带一路”沿线国家，近年来各种形式的国家主义和贸易保护主义有所抬头，对外国投资者的进入，包括控股比例、招投标、原材料采购等门槛和壁垒越来越高。如调研的到越南或柬埔寨投资，早期的可以购买土地永久使用权，但近年来土地基本上不能买只能租，且租金快速上涨。有企业反映，在某些投资项目上，明确被告知国外企业不能作为主导方，只能跟国内厂商合作以国内厂商名义投资，如柬埔寨的商铺一层，外来投资者持股不得超过 50%。此外，一些沿线国家的外汇管控严格，资金汇出较困难，如越南的外汇管控相对严格。

十二、文化习俗冲突

“一带一路”沿线国家地区复杂的历史和民族渊源、浓厚的宗教氛围、差异较大的生活习惯，对企业“走出去”构成一定的挑战。如调研企业反映，在柬埔寨，九成以上的人相信小乘佛教，在越南，广义上约有 3/4 的人是教徒，其中大乘佛教占主体。尽管他们也需要钱，但是给他们钱也不一定愿意加班，导致企业做生产计划或接订单时都心有余悸。

第五节　以建设高水平海外园区推动“走出去”高质量发展

推动中国企业高质量“走出去”，需要创新服务，多手并举。鉴于大部分企业难以在短期内快速提升实力，因此，完善海外产业园区平台功能，将众多中小企业的力量有效整合，是目前一条可行的路径。

一、海外园区在推动企业高质量“走出去”中的作用

（一）信息收集

园区可以作为信息池，整合各方资源，为企业提供政策和信息和服务。可以集中收集所在地区政策、人文、市场、科技等信息，也可以协调所在地区官方机构，更直接地帮助企业了解当地信息，防范风险。在这方面，西港特区产业园就与驻柬使馆、经商处建立联络机制，并引入柬埔寨发展理事会、海关、商检、商业部、劳工局、当地省政府代表入区办公，提供各类信息和业务服务。铃中出口加工区本身有外资一半股份，提供当地信息更为方便快捷。

（二）法律服务

园区可在法律咨询、培训、案件处理等方面发挥集中效应，减少单个企业的法律负担和后顾之忧。如西港特区园区从建立之初，就成立了法律服务中心，聘请当地律师和国内律师事务所提供专业法律服务；不定期邀请相关单位举办法律咨询会、税收政策解读会等，引导区内企业了解法律法规；还多次出面和工会、劳工部进行交涉和在法院进行抗诉。

（三）产业集聚

园区可发挥骨干企业作为产业链龙头的作用，引导带动产业布局和集聚发展。如柬埔寨西港特区园区目前已有来自中国、欧美等国家及地区的 165 家企业在此实现共赢发展，产业集聚从轻纺工业逐步向技术密集型升级，创造就业岗位近 3 万个。位于越南胡志明市及西宁省的中越合资铃中工业园已成为越南建立最早、规模最大的加工出口区，产业链逐步完备。位于越南河内附近北江省的云中工业区由中资企业开发和建设，目前入驻企业中中资占半数以上。

（四）人才培养

园区不仅可以规模化引进各类中高端人才，也可积极为企业进行本土化规模化培养。如西港特区工业园多次组织企业赴国内外不同学校进行招聘，为企业和人才之间搭建了桥梁，还联合无锡商业职业技术学院共同开展培训

工作。与柬埔寨劳工与职业培训部携手，共同运营好由中国政府援建的中柬友谊理工学院，以及打造集学历教育、职业培训、技术服务和人文交流“四位一体”的应用型本科大学西哈努克工商学院。

（五）金融支持

园区可创新金融服务体制，引进更多的国内外金融机构在园区设立分支机构，并以园区平台提供一定的资产或信用担保。如果自身信誉良好，可以争取设立相应的金融服务机构，国内政策性银行提供长期、稳定、低息的资金支持，由园区作为经营主体，直接对接企业，加强精准资金投放，补充金融机构服务盲区。目前西港特区园区就已引进了境内银行在园区内设点，下一步正谋求积极上市，创立自己的金融服务机构。

（六）中介服务

园区可以利用区域内企业集中的优势，组建行业和异地商会，发挥社会组织的中介功能，为“走出去”企业提供良好的信息保障、权益维护和意见反馈渠道，提升海外企业的凝聚力和影响力。如西港特区工业园就协调成立柬埔寨中国商会，对整个柬埔寨投资的中国企业提供协调。在胡志明市附近的铃中出口加工区，凤凰画材牵头的越南无锡商会，已经成为无锡与越南在经济、科技、文化等领域交流合作的重要平台。

（七）民心沟通

园区可通过积极履行社会责任，加强民心相通，化风险于无形。如西港特区园区从建园之初，就将社会责任与发展放在同等重要位置，在 2008 年捐资 25.4 万美元为当地修建学校；每年都向柬埔寨红十字会捐款，救助社会弱势群体；向当地灾民及贫困百姓捐水、捐米；捐资助学，发动员工开展“一对一”帮扶贫困学生；成立柬中友谊公益志愿者联盟，发动更多的人开展扶弱帮贫活动等。2019 年 8 月，西哈努克省遭遇有史以来最强暴雨，园区积极捐款捐物，受到当地省长郭宗仁的高度赞扬。

（八）友谊桥梁

园区可以积极架设中外友谊桥梁，让风险在政府层面予以化解。作为中柬两国间的合作项目，西港特区始终把自身定位为中柬友谊的使者。为促进两国、两省之间的交流与合作作出应有的贡献，2018 年，江苏省与西哈努克省结为友好省。在此基础上，两国、两省以西港特区为平台，不断加强在经贸、文化、教育、卫生、医疗等方面的合作与交流。在医疗卫生方面，江苏省政府自2015年起已先后5次派出援外医疗队开展免费医疗巡诊活动，近万名当地患者得到了诊治，这些均起到了良好的社会效应。

二、加强海外园区建设的几点建议

建议海外产业园区建设，重点参考国内可复制可推广的做法，从八个方面入手：

（一）高水平规划

国内园区成功一般都是高水平规划起步，海外园区在规划上要借鉴国内经验，在预留“白地”（未明确今后土地用途的空地）、“灰地”（未来可以改变土地使用性质的地块）、“弹性绿地”（可开发或可不开发的绿地）的基础上，细化刚性约束，不能因迁就开发商和项目而任意变更规划，避免反复折腾“翻烧饼”。这是海外园区营造可预见的、低风险的投资环境的重要前提。

（二）科学化管理

海外园区要引领当地管理理念，自开发之初就要瞄准与国际接轨的经济社会运作机制，构建精简、建立高效的扁平化行政管理体制，编制具有园区特色，又与当地现行体制机制相衔接的规章制度和管理办法，加强“店小二”式服务，打造所在地的管理高地。

（三）共享式合作

园区无论是国内独资，还是和海外资本合作，都需要本着共享合作的原则推进，以保证海外园区的发展建设也能让当地收益。要严格按章纳税，大力解决就业，实施绿色发展，并加强对当地居民的慈善捐赠和做好其他公益事业，营造良好的发展环境。西港特区工业园在当地就有极好的官方和民间声誉。

（四）滚动式开发

为避免资金集中投入的现金流压力及投资过程中可能会面临政策环境变化的风险，海外园区开发可首先高强度开发园区内的小面积土地，待形成收益后，再开发周围的其他土地，以形成良性循环。无论是西港特区园区还是铃中出口加工区都是采取这种模式。

（五）企业化运作

海外园区应当改变依赖政府的惯性，让公司掌握真正的开发管理主动权，以淡化中国海外园区的“政府色彩”。在政府搭台的基础上，投资主体既可以是纯粹的国内企业，也可以是以国内成熟园区平台联合组建的实体，也可以是中外合资组建。

（六）产业链带动

海外产业园区招商要提高成功率，首先要瞄准龙头企业落实投资带动产业链发展，聚产成园开发。即主张以龙头企业为核心组成海外园区，通过龙头企业对产业链和价值链的主导作用，合理分布产业链的各个环节。

（七）价值链联动

国外园区开发要和构建以我为主的全球价值链有效结合起来，国内国外联动发展，通过在全球价值链分布式配置来带动园区的发展。如可以采取将研发和销售放在国内和发达国家，加工放在海外产业园的方法。

（八）生活式环境

海外基础设施不发达，人口分布不集中，因此园区发展，要努力打造成融产业发展和生产生活式服务功能于一体的复合式园区，让员工的工作和生活都能一站式解决，让员工和家人都能在园区找到合适的工作，这样可以有效增加员工的归属感，稳定员工队伍，提高工作效率。

（九）精准化服务

海外园区所在地政府难以比照国内政府提供全方位服务，因此园区要投入更多的精力放在精细化运作和服务上，努力打造专业化、精细化招商亲商服务体系，围绕投融资、项目申报、企业认定、知识产权等事项开展“代办制”服务、“一站式”服务，打通政府服务的“最后一公里”。

作者： 邵　军　南京大学长江产业经济研究院特聘研究员
徐　宁　南京大学长江产业经济研究院副院长
陈　东　安徽工业大学教授

第二十三章　冲突与耦合：基于“一带一路”建设推进东北亚次区域合作研究

30 年前，以国家海洋局召开图们江通海航行权利及日本海政治经济形势研讨会为标志，东北亚次区域合作于 1989 年拉开了序幕。经过几十年持续不断努力，图们江出海口从人迹罕至的军事禁区转型为新经济带。我国重新获得在日本海的实际出海权并实现借港出海目标，核心区珲春市人口从 2 万人增长到 20 万人，并逐步成长为环日本海国际口岸城市和旅游胜地之一。

进入新时代以来，中央开始重视并部署“向北开放”工作，东北亚次区域合作又增添新成员，“海赤乔”（中国呼伦贝尔海拉尔区、俄罗斯赤塔市、蒙古国乔巴山市）次区域国际合作金三角于 2015 年横空出世，旨在逐步形成辐射蒙古国东部三省区、俄罗斯毗邻中国的三个州区和我国内蒙古东部包括满洲里在内的呼伦贝尔等地区的新增长区。

至此，在东北亚我国与相关国家明确了两个次区域范畴，重视程度得到不断强化，习近平总书记最近出席俄罗斯第四届东方经济论坛时首次提出：“大力推动小多边合作、次区域合作，推动更多实实在在的项目落地实施，给地区人民带来更多实惠。”这就要求我们基于“一带一路”建设，找准大战略下的新定位，化解冲突，互感耦合，推动东北亚次区域合作与振兴东北同频共进。

第一节　有三件大事对东北亚次区域合作影响深远

第一件大事，就是发生在 160 年前，由清末东北开发的先驱者吴大澂启动的开禁展边招垦之举，此举是近代以来东北亚次区城合作发展的开篇和基石。

吴大澂从光绪六年（1880 年）至光绪十二年（1886 年）两度受命钦派吉

林、五次前往珲春巡察。他冒着侵犯清王朝200多年来由康熙皇帝定下的“边外皇祖龙兴之地不得开垦”的祖制之风险，上书光绪帝请求大开边禁、招民实边，从关内移民到珲春等地开荒耕种。新落户的移民开荒种地，每棚（10户）给车3辆；每2户分1头牛，牛按半价给垦民，牛价款3年还清；所开垦土地，3年内免交税赋，从而极大地激发了内地移民闯关东的热情。到1931年“九一八事变”之前，东北人口增长到3000多万，千万顷黑土地得到开垦，东北成为中国一大粮仓。同时，文化教育、商业贸易、手工业、轻工业都得到长足发展，东北地区得到了有史以来的大开发。到1945年，东北GDP占全国85%，而关内只占15%。

特别了不起的是，光绪十二年（1886年），吴大澂与俄使巴拉诺夫终于在10月12日签订《中俄珲春东界约》及《中俄查勘两国交界六段道路记》，取得了在防川重立“土字牌”、收回黑顶子地方（今珲春市敬信镇）、争得图们江口出海权三大外交功绩。历时5个月的艰难会勘结束后，吴大澂由珲春经岩杵河出发到摩阔崴（今俄波谢特湾），乘清军舰回京复命。清史稿对此有明确记载，被后人评为近代外交史上唯一展边之举。

从此，一块宽600米、总面积10平方千米的土地重回祖国，使中国距离日本海只有15千米，大海清晰可见。出海权虽不能共享，但中国船只可以借道出海，俄国不得阻止。从此，中国在法理上有权顺江而下，只要一杯茶的功夫就能驶入日本海。从这里到日本新潟港只有400多海里，比从大连出发要近600海里，这为我们今天发展东北亚次区域打下了历史性的基础，否则一切无从谈起。

第二件大事，发生于28年前，联合国开发计划署（UNDP）于1991年10月在纽约总部宣布将联合多国共同开发图们江地区，计划筹集300亿美元，将图们江下游地区建设成为“东北亚的香港、阿姆斯特丹或新加坡”，该开发计划在当时产生巨大的轰动效应并影响至今。

由于国内外发展环境不确定性因素增多，这一宏大构想尽管没有完全实现，但经过近30年的努力，“图们江区域开发计划”（TRADP）已经提升为“大图们区域合作”（GTI），得到相关国家和地区的积极响应，这一历史上被列入军事禁地的边缘地带也发生了较大的发展变化。

从辐射范围来看，在2005年5月联合国计划署召开的五国协调委员会会议上，各国一致同意扩大合作范围，蒙古国增加了与中国接壤的两个省，俄罗斯增加了萨哈林州，中国也在以吉林为主体的基础上，逐步增加了内蒙古东部、辽宁和黑龙江等地区。

从合作机制和政策推进上来看，目前已经形成由国际机构与区域相关国家合力推进的整体格局。在 UNDP 框架下，GTI 形成了 UNDP 图们江区域项目秘书处、中俄朝蒙韩协商委员会等多种机制。截至 2019 年 8 月，大图们倡议（GTI）已连续召开 19 届政府间协商委员会部长级会议，相关国家持续共同推动区域合作发展。我国相继发布《中国图们江区域合作开发规划纲要——以长吉图为开发开放先导区》《关于支持中国图们江区域（珲春）国际合作示范区建设的若干意见》等文件，务实推动图们江区域国际合作。

从基础设施、产业布局、科技创新等领域来看，合作取得了突破性进展。虽然最初只强调打通图们江出海口，但目前已逐步形成了交通走廊效应。中俄、中朝两条出海通道均已打通，“滨海 1 号”和“滨海 2 号”国际交通走廊建设积极推进，中俄黑龙江大桥、中朝圈河口岸跨境大桥均已建设，黑龙江、吉林通过俄朝扎鲁比诺港等港口实现“借港出海”，并与韩日达成了开辟海陆联运航线的协议。中蒙、中朝、俄朝铁路通道等基础设施建设均取得较大进展。目前中俄珲春—哈桑跨境经济合作区、中韩（吉林）国际合作示范区等合作建设持续推进。图们江区域合作开发，给区域内的核心地区珲春市和延边州等地带来相对较大的发展优势，表现为地区生产总值、外贸进出口额、招商引资、货运周转量等方面发展较快。2005—2018 年，珲春市、延边州地区生产总值年均增速分别为 15.5%、12.25%，高于吉林省的 11.6% 平均增速；珲春市外贸进出口额年均增速为 15.7%，高出全省均速 6.3 个百分点，货物周转量则高出 4.2 个百分点。2018 年，延边州入境游客数、旅游外汇收入分别达到 55.2 万人次、2.52 亿美元，各项指标在吉林全省的占比均超过 25%。

第三件大事，就是国家近年来刚刚启动不久的“海赤乔”次区域合作，成为东北亚次区域合作的新成员，体现了新时代下中央及地方对次区域合作的高度重视，也反映了毗邻国家的客观需求。

2015 年，国家发展和改革委员会等八部委，根据“一带一路”和“中蒙俄经济走廊”建设的需要，批准《呼伦贝尔中俄蒙合作先导区建设规划》，提出打造“海赤乔”次区域国际合作金三角，辐射蒙古国东部三省区、俄罗斯毗邻中国的三个州区和我国东北地区，支撑丝绸之路经济带建设。

“海赤乔”次区域合作是“东北亚经济圈”的一部分，也是中国“丝绸之路经济带”与俄罗斯“跨欧亚发展带”、蒙古国“草原之路”进行对接的核心区域，主要涵盖中国大兴安岭西部中心城市——呼伦贝尔市的海拉尔区、俄罗斯外贝加尔边疆区的首府——赤塔市、蒙古国东部三省的中心城市——

乔巴山市等地区。

近几年来，为推动“海赤乔”次区域合作以及“呼伦贝尔中俄蒙合作先导区”为代表的中蒙俄经济走廊建设，三方积极进行政策沟通、设施联通、贸易畅通等多领域深化合作。2017 年 3 月，内蒙古自治区人民政府出台《关于支持呼伦贝尔中俄蒙合作先导区建设的若干意见》，主要涉及五大类 21 项支持政策。近 5 年来，呼伦贝尔已连续在公路、铁路、民航累计投入 420.6 亿元，新增公路里程 6586 公里，新增铁路里程 59.6 公里，新增机场 4 座。2018 年，满洲里口岸中欧班列线路达到 55 条，进出境中欧班列达到 1801 列。截至 2019 年 5 月，满洲里地区具有卢布现钞兑换资格的银行网点增至 8 个，有效满足了双边居民贸易、旅游、购物等方面的需要。中蒙俄经济走廊的建设促进了东北与俄蒙各地的交流合作，为东北向西辐射提供了全新的出口。

第二节　制约合作的冲突性因素至少来自五个方面

尽管东北亚相关国家经济科技发展水平较高，市场和生产要素互补性较强，但东北亚次区域合作进程却较为缓慢，合作成效并不乐观，值得人们深思。

一、“危巢”与“安卵”的冲突

地缘政治长期紧张致使东北亚更像个“危巢”，次区域“安卵”合作的目标很难实现。

东北亚至今仍然被称为“冷战的活化石”，大国的角力场。地理上这一区域包括中、俄、朝、韩、日、蒙六国，从地缘政治上还必然需要考虑美国因素。各国之间关系复杂，都有历史包袱。100 多年来影响较大的有 1894 年的中日甲午战争、1905 年的日俄战争、1931 年的“9·18”事变、1945 年的苏日战争、1950—1953 年的朝鲜战争、1969 年的珍宝岛事件以及近年来的朝鲜核试验等，可以说从来就没有消停过。

目前东北亚虽处于相对和平阶段，但从潜在的冲突看，仍存在着诱发对抗的多个冲突点。中俄之间历史上有外兴安岭、海参崴、库页岛归属权问题，围绕朝鲜半岛展开的朝韩中俄美日六方角逐问题，韩日之间的独岛/竹岛归属权问题，中朝韩长白山/白头山归属权问题，日俄北方四岛归属权问题。在地缘结构上，东北亚又面临着“经济靠中国、安全靠美国”的“二元背反”现象，各国在“二元背反”中相互撕裂、摇摆不定，很难保持战略定力。在二元结构中，各国之间的历史包袱、边界争端、内政外交关系极其容易被当作谈判筹码，地区不稳定性、不可预测性因素过多。

地缘上的潜在冲突制约了经济交流与合作。从地缘上看，东北处于东北亚的十字路口、商贸交汇地，具有天然的发展优势，是俄、蒙、日、朝、韩的物流、人流、金流的天然汇聚地。但地缘冲突及潜在的地缘政治风险限制了东北对自身“陆海大通道”“东北亚枢纽核心”潜力的挖掘，使得东北从地缘上的“通衢之地”变成了潜在的“四战之地”，这是东北在国内整体产业转型升级后从中心变为边缘的根本原因。中日韩自贸区迟迟无法落地就是源于钓鱼岛问题、萨德入韩等问题带来的政治风波及其诱发的不确定性政治因素。

东北的振兴不仅取决于东北自身的产业，还需要有富邻及富邻之间的往来。东北亚次区域的多次合作前景就是由于地缘局势紧张而不了了之。显然，在推动东北振兴时，需要将地缘政治因素考虑在内，借助“一带一路”国家倡议构建稳定、和平的东北亚次区域环境，从根本上解决发展所亟需的外部和平环境。

二、多国边境与异质民族文化的冲突

东北亚次区域处于农耕文明、草原文明和海洋文明碰撞之下，屏蔽效应阻碍了经济合作顺利推进。

东北亚文化大体包括三种类型，一是儒佛文化，覆盖了包括东北在内的中国大陆、朝鲜半岛和日本列岛；二是藏传佛教，经中国青海等地传入蒙古和西伯利亚；三是来自东欧斯拉夫民族的东正教，它代表了俄罗斯人自西向东扩张的历史轨迹。

虽然儒家文化的辐射圈覆盖了东北亚，但由于其地缘上的碎片化，东北亚地区一直保持着多样化的民族、宗教信仰与文化习惯。多样化的文化有助于创意创新，但却不利于协同合作。

以日韩来看，虽与中华文化出自一脉，但由于近代欧美文化的强势入侵，日韩的文化已经剥离中华文明分别自成一派。日本经过了一个世纪的脱亚入欧努力后，形成了自身独特的精神与文化系统；韩国则作为亚洲娱乐业潮流，更是发展出了与众不同的娱乐文化。

对东北亚有较强影响的俄罗斯本身则是多民族国家，国内宗教信仰多元、民族文化丰富，在历史上经历过数个世纪的宗教文化纷争，是典型的东西方兼有的文化熔炉。可以说俄罗斯这个战斗民族就像一只巨大的钟摆，不停地在东西方文化之间摆动。

蒙古国与东北亚并不直接接触，但其强势的游牧民族文化遗留对其国内的民众的精神风貌产生了根本性的影响。多样化的民族、文化遵循不同的交往习惯，这也无形中增加了整个区域交往协作的难度。

三、关内与关外的冲突——无形的“柳条边”如影随形，出现了投资不过山海关的咒语，对东北亚次区域发展攸关甚大

东北是清王朝的“祖宗肇迹兴王之所”，柳条边就是他们为保护东北“龙兴重地”，而修筑的一条封禁界线。“柳条边”始筑于1638年（皇太极崇德三年），完工于1681年（康熙二十年）。历经皇太极、顺治、康熙三朝，用时43年才基本完成。这是一条宽、高均为一米总长度为1300余公里的土堤。土堤的外侧是一条宽8尺，底宽5尺，深8尺，其横断面为倒梯形的壕沟，土堤呈“人”字形横亘在东北大平原上。“柳条边”其实就是一条“袖珍版”的长城，只不过长城防的是关外游牧民族，而“柳条边”防的是关内人，隔离东北和中原，防止中原汉人渗透到东北。

东北的经济可以称作边疆经济，虽然曾经辉煌过，但深受战时经济体制影响。无论是日俄的殖民，还是张作霖等军阀的经营，主要目的是争地盘，掠夺性和计划性特征非常明显。新中国成立以后，东北长期处在中美、中苏对抗的前沿，一直是准备打仗，以重工业为主，没搞轻工业，也没太管老百姓消费生活。可以说，计划经济在东北搞了100多年，已经根深蒂固。

随着冷战结束，市场经济登上历史舞台，加上东北资源的枯竭，过去的优势变成了今天的包袱，沉重地压得东北人喘不过气来。

一些东北上市公司财务造假和债务违约现象严重，甚至出现震惊国内外的疫苗造假事件。投资环境恶劣导致投资者望而生畏，缺少投资会使关外的经济状况越来越恶化，而经济的恶化会进一步加速人才人口的流失，进而导致投资环境陷入恶性循环。

四、南北改革开放突破口的“冲突”

珲春作为一个东北亚次区域的边陲小镇，在1991年引起了江泽民、李鹏

等党和国家领导人的高度重视并前往考察，但是最终深圳被确定为中国改革开放的先发之地。

1991 年，对东北亚次区域发展来说注定是个纪元之年。在联合国开发计划署将于 1991 年 10 月正式宣布开发图们江之前，党和国家领导人江泽民、李鹏、朱镕基、田纪云等密集考察了吉林省，并分别于 1 月 8 日、8 月 7 日、6 月 15 日、6 月 20 日专门去珲春实地察看。前 3 位领导人年轻时都在东北工作过，高兴地称自己是“老东北”。李鹏同志更赋诗一首：“图们江水向东流，土字碑前路断头，登上哨所见沧海，旧事不堪再回首。”充分表达了中央领导集体强烈的爱国情怀，和加快发展东北亚次区域的紧迫感。

此后，东北亚次区域发展顺利启动，相关国家达成了较为一致的共识，并进行实质性运作。1995 年 6 月，江泽民同志到珲春边境经济合作区视察，认真听取了有关合作区建设和发展情况的汇报，并询问了合作区基础设施建设情况，企业发展及引进外资、创办三资企业的情况，并为珲春题词：“开发珲春、开发图们江、发展与东北亚各国的友好合作关系”。

但是，20 世纪 90 年代初，邓小平没有去东北，而是先后赴武昌、深圳、珠海和上海视察，沿途发表了重要谈话。这次谈话之所以载入史册，是因为它标志着邓小平理论的最终成熟和形成，而且也标志着中国改革开放第二次浪潮的掀起，对中国 90 年代的经济改革与社会进步起到了关键性的推动作用，对 21 世纪中国的改革与发展，仍将产生不可估量的推动作用。

在这样一个政治背景下，中央领导人“北方考察”的意义相对来说要弱了许多，东北亚次区域合作虽具有一定国际性意义，但对当时的中国来说显然不是全局性的大事。

五、崛起和冲突

面对中国回归世界舞台中央的态势，美国采取了遏制战略，这对东北亚次区域合作发展必然会带来诸多不利影响。

1989 年苏联解体，意味着影响世界多年的中美苏三角关系瓦解，中国从美苏对抗中获取利益的时代宣告结束。美国开始封锁中国，导致中国国际局势迅速恶化，1993 年爆发银河号事件、1996 年爆发台海危机、1999 年爆发驻南斯拉夫大使馆被炸事件，平均每三年就有一次危机。

2010 年，中国国民生产总值开始超过日本，跃居亚洲第一、世界第二。这使得日本主导亚洲领导权的希望落空，也使得美国一家独大的霸主地位遇到了挑战，更使得以美国为代表的西方资本主义价值体系和政治社会制度受到了剧烈冲击。至此，在对中国实行遏制战略方面，美国两党和议会以及朝野上下基本上达成了共识。近年来的南海危机、香港事件以及中美贸易战和科技冷战都是这一国际背景的现实表现。

在这种剧烈转变中，东北亚次区域合作不可避免地受到较大影响。1996年开始陷入低谷，到2001年“9·11”事件以后，利用中美合作反恐的窗口期，到2007年形成了大图们江合作开发计划，形成了新的小高潮。但是目前中美关系急转直下，进入深度和持久博弈阶段，在开展伟大斗争中寻求合作之路，应是我们的基本方略。

第三节　六个方面的合作因素正在起积极作用

没有永远的合作，只有永远的利益。在后霸权时代特别是全球贸易保护主义日益回潮的当下，国际次区域合作的意义更加凸显。东北亚次区域合作的愿望和条件是有的，相关联的利益诉求是建立国际机制的基础保障。

一、安全合作方面，半岛局势缓和，发生军事冲突风险程度明显降低

从美朝关系看，2017年之前，朝鲜与美国之间时常出现“以核武对决”的紧张态势，而进入2018年后，朝鲜开始调整姿态，实施新战略路线，不断做出示善之举，半岛局势出现重大转机。朝美首脑之间新加坡会谈之后，双方实务部门就启动无核进程展开多轮协商。2019年，金正恩发表新年贺词重申要推进半岛无核化进程。虽然在3月举行的美朝河内峰会尚未达成协议，但双方推进谈判本身就意味着朝鲜愿意在裁军、核查及缓和朝鲜半岛上做出努力，这一努力本身就是半岛局势缓和的信号。

从朝鲜自身看，朝鲜正逐渐将工作重心转移至发展经济。2018年4月，金正恩在朝鲜劳动党中央七届三中全会上提出“朝鲜将集中全部力量发展经济，提高人民生活水平”。据韩联社报道，2018年，金正恩尤为重视经济发展，有关经济活动的消息达43条，较2017年增加59.2%，而涉军视察活动仅有8条，较上年减少80.5%，显示朝鲜放弃核武与经济并进路线而专心建设经济的决心。2019年10月，金正恩视察金刚山旅游项目，也是其试图推动

旅游经济发展的体现。

2019年，东北亚国家元首实现多次双边会晤，特别是中俄加强全方位战略合作，中日关系明显增进，中朝间一年内实现四次互访，同时朝韩也积极互动，从而共同推动了朝鲜半岛局势向稳向好。

二、经济合作方面

中国推行“一带一路”倡议、俄罗斯推行“向东发展”战略、韩国构建“东北亚＋责任共同体”战略，中日开展第三方市场合作、蒙古国实施“草原之路”计划、朝鲜强化与中俄经济合作，叠加效应初现。

作为东北亚地区的主要经济体，中俄日韩四国以及与蒙古国、朝鲜的双边、多边经贸、投资合作前景广阔，在当前贸易保护主义再度来袭的大环境下提供了新的合作机遇与合作。2018年，中国与东北亚五国贸易额合计为7585.7亿美元，占中国对外贸易总额将近1/4。日韩则分别是中国第二大、第三大贸易伙伴，中日、中韩贸易额均超过3000亿美元。

不言而喻，六国关系中，俄罗斯作为世界第二军事大国，中国、日本作为第二、第三经济大国，对东北亚合作起到至关重要作用。

俄罗斯远东地区的开发是东北亚次区域发展的重要板块。远东地区人口仅占俄罗斯的4.2%，但却吸引了26%的外国直接投资额。

2012年年底，俄罗斯总统普京提出俄转向东方的目标：平衡国家中、东部地区经济发展，提高俄经济稳定程度，将俄罗斯与东北亚国家的联系提升到俄罗斯与欧洲国家的联系水平。近年来，俄联邦政府和国家杜马通过19项联邦法律为俄罗斯远东开发创造特殊条件；联邦政府发布72项决定和命令，出台新的管理机制。比如，建立提高远东地区投资吸引机制——超前发展区，利用国家投资铺设超前发展区市政管线，为超前发展区投资者提供优惠待遇。目前远东共建立19个超前发展区，20个自治市（区）按照自由港管理办法运行，投资项目跟踪系统投入使用。2015年，普京签署总统令，在俄罗斯的远东城市符拉迪沃斯托克（海参崴）每年举行“东方经济论坛”，以提升该地区的影响力，推动其经济发展。2015年5月中俄两国签署《关于丝绸之路经济带建设和欧亚经济联盟建设对接合作的联合声明》，俄罗斯率先支持“一带一路”建设，并表示愿与中方密切合作，推动落实该倡议。2017年以来，继续制定一系列法律法规，不断改善投资环境，建立起一整套制度体系：俄联邦远东发展部、远东吸引投资和支持出口署、远东人力资本开发署、远东发展基金等。2017 年，俄罗斯国内平均投资增长率为 4.4%，远东地区则高达 17%，是俄罗斯投资增速最快的地区。2017 年，俄罗斯工业、农业和建筑业增长率分别为 1%、2.4% 和 -1.4%，但远东地区则分别增长 2.2%、8.8% 和 7.2%。2017 年以来，俄罗斯积极推动与中国合作，开发北极航道，共同打造“冰上丝绸之路”。2019 年，中俄科学家共同开展日本海—鄂霍次克海联合科学考察，研究这一海区沉积物的空间分布规律，以及晚更新世（1 万年前）以来环境和气候变化过程。普京国情咨文勾勒俄发展路线图，到 2025 年，俄将重建、整修 60 多座机场，贝加尔—阿穆尔铁路和西伯利亚大铁路的通行能力要增加 50%。

2017 年，以日本自民党干事长二阶俊博参加首届“一带一路”国际合作高峰论坛为契机，日本对待“一带一路”倡议的态度出现了转变。日本政府把与中国的合作重点放在双方企业在第三国的投资合作领域，目的是改变近年来中日两国在海外市场恶性竞争的方式，通过开展第三方市场合作实现风险共担、利益共享。2018 年 6 月，日本政府修改了以扩大铁路、高速公路、港口等基础设施出口为目的的“基础设施输出战略”，首次明确了有关“中国和日本企业在第三国促进基础设施建设合作”的内容。“基础设施输出战略”是安倍内阁制定的经济增长战略的重要支柱之一，目标是到 2020 年为止将在海外基础设施市场日本企业的实际投标额提高到 30 万亿日元。在首届第三方市场合作论坛上中日两国政府、企业和经济团体之间共签约了 52 项备忘录，签约的项目涉及信息技术、节能环保、保险业务和能源合作等诸多领域。

金融合作也是中日第三方市场合作的重要领域。亚洲作为世界经济的引擎，到 2030 年将产生每年 1.7 万亿美元的基础设施需求，与此相对，实际的投资不过是 9000 亿美元，存在巨大资金缺口。亚洲开发银行是致力于促进亚太地区经济和社会发展的区域政府间金融机构，亚开行在日本外交中占据极其重要的地位，日本是亚开行的最大出资国，并成为日本在亚太地区提供区域公共产品的一个重要平台。日本认为亚投行的成立和中国的“一带一路”倡议对日本长期主导的亚开行形成冲击。2015 年，日本提出了“高品质的基础设施投资”理念及其融资策略。随着日本政府对待“一带一路”倡议态度的转变，亚开行的态度也随之发生了转变。在 2017 年 5 月召开的亚开行理事会第 50 届年会上亚开行行长中尾武彦在会议开幕时表示，亚开行愿同中国在“一带一路”倡议下，在开发性金融及基础设施领域开展合作。由中国倡导成立的亚洲基础设施投资银行作为亚洲多边开发机构，其宗旨就是支持亚洲及其他区域的基础设施建设和其他领域的生产性投资，亚投行的成立可以弥补亚洲基础设施建设资金缺口并为亚洲搭建一个新的多边融资平台。这意味着中日两国经济合作重新回暖，为东北亚次区域合作创造了新的重要条件。

三、环境合作方面

东北亚区域的环境合作已形成多渠道、多层次、多领域的新格局。

鉴于东北亚区域间环境合作的重要性，中国政府分别与朝、日、韩、俄、蒙签署了《环境保护协定》，就东北亚地区共同的生态环境问题进行多方面合作。此外，全方位签约并构筑东北亚区域多边环境合作机制，包括中日韩三国环境部长会议（TEMM）、中蒙俄三国关于建立共同自然保护区协定、西北太平洋行动计划（NOWPAP）、东北亚环境合作高官会议、图们江经济开发区的环境保护、东亚酸沉降监测网、沙尘暴监测和早期预警网络机制等等。

在三国中间，中日环境合作最为成功，1998 年两国政府发表面向 21 世纪环境合作联合公报，并指定大连、贵阳和重庆为本项目构想的实施城市，实际上后来覆盖了整个东北。中日确认优先集中实施烟尘和二氧化硫治理、酸雨控制、脱硫或其他副产品再利用以及温室气体减排等领域的大气污染防治项目，适当兼顾具备条件的水污染治理和环境监督管理能力建设项目。在日方帮助下，大连市有效地实施了中日技术合作大连环境示范区的开发调查项目。与此同时，大连市还将环境保护和环保产业列入对外招商引资重点领域，即列入“国际技术合作和招商引资名录”，以加强对外交流与合作，引进国外先进的环保技术项目，借鉴其无废、少废、节能、节水等环保新技术、新工艺。因此，大连市不仅获得日方大批环境保护与合作贷款，还被誉为“中日环境开发示范城市”。

不仅如此，东北亚各国政府对次区域合作积极性十分重视，早在 1993 年就由韩国政府主导成立了东亚综合性次区域环境合作机制，中、日、俄、蒙等国加入，制定了东北亚次区域环境合作计划（NEASPEC）。2010 年 11 月，在俄罗斯圣彼得堡召开了世界“保护老虎国际论坛”（老虎峰会），通过了“全球野生虎种群恢复计划”并发表了《全球野生虎分布国政府首脑宣言》，中国与各国倡议共同努力促进野生虎及栖息地的保护，并确定每年的 7 月 29 日为“全球老虎日”。在世界自然基金会援助下，吉林、黑龙江两省林业部门紧密合作，在长白山区及完达山区的重点保护优先区域开展了一系列野生东北虎种群保护和恢复的研究、示范工作，包括引进国际认可的监测方法、设计科学的栖息地改造方案、加快东北虎猎物恢复、摸索反盗猎体制以及探索老虎友好型森林管理体系模式，此外还积极推动自然保护区网络的建设以及政府保护政策措施的出台，有力促进中国野生虎种群保护和恢复的历史进程。次年9月，第五次中日韩领导人会议还发表了关于森林可持续经营、防治荒漠化和野生动物保护合作的联合声明。2014年12月，由我国自然资源部第一海洋研究所发起，联合东北师范大学、内蒙古师范大学、延边大学等高校，共同开展了东北亚跨境灾害监测与数据共享国际合作研究。此项合作研究旨在通过信息共享和技术互补，实现区域联合减灾，对提升东北亚灾害管理水平、减轻灾害风险、减少灾害损失、保障东北亚安全意义重大。

2019年10月，蒙古国自然环境与旅游部在乌兰巴托举办了联合国亚洲及太平洋经济社会委员会东亚及东北亚区域环境合作计划首席官员第23次会议，这是蒙古国第4次举办该会议。中日韩俄等20多个国家代表、次区域范围内开展合作的4个国际组织代表和蒙古国政府代表30余人出席了会议。会议讨论了区域范围内的跨境空气污染、荒漠化、沙尘暴、边境地区环境保护、海洋特别保护区、野生动物保护、绿色经济发展等问题。

四、地方合作方面

建立了东北亚地区地方政府首脑会议和环日本海经济圈据点城市等重要平台和渠道，并坚持几十年开展活动。

东北亚地区地方政府首脑会议是中、日、俄、蒙、韩五国毗邻地区地方政府发起举行的国际性交流活动，从20世纪90年代开始，每年都在上述地区城市轮流举办。

2019年7月，第24届东北亚地区地方政府首脑会议在蒙古国乌兰巴托举行。吉林省、蒙古国中央省、韩国江原道、日本鸟取县、俄罗斯滨海边疆区地方政府代表参会，参会代表分别围绕各地区如何在经济、环保、旅游、文化等领域开展合作展开了探讨，以“推动东北亚地区地方经贸合作不断迈上新台阶”为主题发表共同宣言。

2019年8月3日，第24届环日本海（东海）据点城市会议在珲春市举行。来自4个国家11个城市的代表齐聚一堂，以“加强环日本海（东海）据点城市间友好交流与跨区域经贸合作”为主题，深入交流探讨，进一步加强环日本海据点城市间更深层次、更广领域的交流合作，加快推进经济一体化进程，实现共同发展、共同繁荣。

延边是图们江区域的几何中心，也是中国面向东北亚开发开放的“前沿”

和“窗口”。延边州（包括珲春市）倡议与环日本海据点城市进一步深化多边合作，大力推动贸易和投资自由化、便利化，进一步加强在文化、旅游、体育、医疗等方面的交流合作，在环境保护、项目建设、招商引资等方面深化交流、分享经验。希望加强对东北亚区域的文化研究，加强区域间互访交流，共同谋划开辟中俄韩日跨国环线游，加快图们江三角洲国际旅游合作区建设进程。同时，希望环日本海各据点城市共同简化跨境旅游手续，加强旅游设施建设，培育边境旅游市场，打造东北亚区域跨境旅游合作圈。珲春希望与各城市共同推动“一带一路”建设，切实发挥好亚洲基础设施投资银行、丝路基金等融资平台的作用，为地区互联互通建设提供资金支持，不断加强区域间公路、铁路、港口和口岸等基础设施改造升级；共同推动“滨海2号线”“长珲欧”、珲春至俄罗斯海参崴高等级公路等重大项目上升到国家层面加以推进，加快区域内工商、企业、海关、运输公司间的无缝对接和交流，逐步构建区域物流合作新模式。俄罗斯哈桑区副区长伊琳娜·斯塔尔采娃说，希望在哈桑区和珲春市开发新的跨境旅游路线。

日本境港和鸟取市分别表示，今后要积极利用各条海空航线，使民间层面的交流更加活跃，推动各城市的旅游宣传。希望今后能通过平台派遣或接待经济访问团及举办商业对接等活动，活跃环日本海（东海）区域的物流，并确保制度运用的简洁化和透明化。

韩国浦项市也期待各据点城市要通过建立交流网络，使中央政府、地方政府、有关机构开展紧密合作，开发各个城市的特色，在资源开发、能源、环境、生物等各种领域开展合作，并注重扩大文化旅游合作。同时，希望“环东海（日本海）据点城市会议”能与东方经济论坛（EEF）、东北亚地区地方政府联合会（NEAR）、亚太城市首脑会晤（APCS）等多方协商机制进行交流，使之发展成为东北亚代表性会议。

五、能源合作方面

资源和市场优势开始互补，中俄东线天然气管道开通，被喻为“中俄合作的世纪工程”。

能源合作已经成为新时代中俄全面战略协作伙伴关系的重要组成部分，是中俄两国合作中分量最重、成果最多、范围最广，同时也是发展最快的领域。早在2014年，中俄两国在上海签署了为期30年、总价值高达4000亿美元的天然气合作协议——《中俄东线供气购销合同》。今年12月，中俄东线天然气管道开通并正式投入输送，该工程被誉为“中俄合作的世纪工程”。在中国境内的输送里程达3371公里，跨越中国的9个省、区、市，预计未来30年中每年向中国输气380亿立方米。这条绵延数千公里的能源大动脉是中国东北方向首条陆上天然气跨境战略通道，输送的天然气可供应中国东北、环渤海和长三角等多个地区，是中俄优势互补、共谋振兴的一个重大成果。一方面，它让中国的天然气供应更加多元、稳定，有利于中国沿线地区优化能源消费结构，缓解大气污染；另一方面，它助推俄罗斯能源出口“东进”，擘画更加广阔的市场前景，为俄罗斯远东相关地区加速基建、创造就业提供了宝贵机遇。

除了天然气，俄罗斯已经连续三年成为中国第一大原油进口国，其中2018年俄罗斯石油公司向东方输送的石油总量接近6000万吨，同比增长24%，而对华石油的出口量占了84%的比重。

如今，中俄能源商务论坛已成功举办了两届，两国元首一道出席了该能源商务论坛。经过中俄高层多次会晤，双方已商定在油气、电力、煤炭、核电、可再生能源等领域，准备实施新建、扩建该管道的二三期工程，以期扩大对华天然气出口，实现上中下游全方位一体化合作。

六、通道合作方面

构建国际货运“东部大通道”和新的出海口及航线，推进边陲之地向国际联运枢纽转变。

满洲里市位于内蒙古呼伦贝尔大草原西部，处于东北亚次区域一个中俄蒙三角地带。自1903年以来，中东铁路就在这里与俄罗斯西伯利亚铁路连接，发展至今已有100多年历史，被称为欧亚大陆桥，是我国通往俄罗斯和欧洲各国的重要国际大通道。

近些年，满洲里铁路口岸作为“一带一路”建设的重要支点，经满洲里通往欧洲的国际运输通道目前正在升温，一条“大连—满洲里—欧洲”的“东部大通道”日渐清晰。口岸承担着中俄贸易65%以上的陆路运输任务，在全国11个陆路口岸中，率先实现年进出口货运量超1000万吨。据悉，自2014年8月，满洲里站开行第一列中欧班列以来，6年间经此进出境的中欧班列线路52条，中欧班列已达5000多列。货源地辐射长三角、珠三角、环渤海地带、华南、中南、西南等地区，涵盖苏州、大连、长沙、广州等60余个城市，货物出口至俄罗斯、波兰、捷克、德国、荷兰、比利时等13个欧洲国家28个城市。出口货物包括电子、机电产品、机械设备、家电、服装鞋帽、日用百货等百余种商品，进口货物主要有汽车飞机零配件、锯材、纸浆等商品。

濒临吉林省图们江出海口的珲春市，是东北亚次区域一个中朝俄三国交界地，也是环日本海经济圈的一个据点城市。随着长珲高速公路、长珲城际铁路开通及中俄珲马铁路恢复运营，近海不靠海的珲春发展思路也被打开：借港出海。以珲春为联结，中韩“新蓝海”航线全面复航，已累计运行95航次，运送旅客1.8万人次、集装箱1530标箱，是我国东北地区通往韩国费用最低的货运航线；经扎鲁比诺至釜山、经斯拉夫扬卡至欧美的航线也有望近期开通；与朝方签订罗津港1号码头改造利用协议，内贸外运目的港拓至广东、福建、海南等地。出海航线多元化，让吉林实现了内陆省份出海夙愿。

珲春—扎鲁比诺港—宁波内贸货物跨境运输航线于2018年9月首航，截至目前，共运行4个航次，运输货物952个TEU（国际标准箱）。其中，玉米290TEU、铜板262TEU、磨料砂170TEU。该航线实现双向运输将有效解决吉林省玉米、木材等大宗物资“北货南运”瓶颈问题，拓宽东南沿海轻工产品等货物运到东北及内蒙古地区运输渠道，标志着吉林省和浙江省共同携手，开创了中俄跨境运输合作的新模式，也是落实“一带一路”倡议的实际行动。该航线不仅是中俄两国共建“滨海2号线”国际交通走廊的重要载体，破解了吉林省大宗物资“北货南运”瓶颈问题和没有出海口的短板问题，而且对于全面推进对俄地方合作，促进吉浙两省与俄罗斯滨海边疆区在经贸、交通运输等领域合作具有重要意义。

第四节 在合作路径上必须抓好七个关键

推动东北亚次区域深度融合需要解决的关键问题是促进政治合作与经济合作两个维度的融合。在政治合作方面要创新模式和机制，加大安全领域合作力度，借助政策安排培育合作惯性，提升次区域合作的效率及影响力。在经济合作方面要通过切实有效的具体措施，推动次区域合作稳步向前，以经济合作弥合地缘竞争。

一、关键之一，是用“东亚智慧”解读习近平总书记多次考察东北的意义

党的十八大以来，习近平总书记先后到东北考察5次，2次召开专题座谈会。2019年8月26日，习近平在中央财经委员会第五次会议上发表重要讲话时指出，东北地区是我国重要的工农业基地，维护国家国防安全、粮食安全、生态安全、能源安全、产业安全的战略地位十分重要。在谈到东北对外开放时，习总书记强调，要打造对外开放新前沿，多吸引跨国企业到东北投资，开放方面国家可以给一些政策，但更重要的还是靠东北地区自己转变观念、大胆去闯。习总书记指出，下一步，特别是“十四五”时期，要有新的战略性举措，推动东北地区实现全面振兴。

习近平多次考察东北，特别是关于东北地区对外开放的系列重要论述，明确全面振兴东北新定位，充分体现了和合包容、和衷共济、和合共生的东亚智慧，这是中华民族的历史基因，也是东方文明的精髓，必将加快推动东北全面振兴和东北亚次区域合作进程，进而加快构建东北亚地区命运共同体。

二、关键之二，是要增强四个方面的自信

东北发展当前处于相对低谷期，从过去和未来看，东北应重新构建四个自信。

1. 增强文化的自信。东北复兴，首要需要的是东北人文化的自觉，是对于自身历史、文化、种群地位、生存空间以及长远发展的积极自主的思考。对东北的历史文化我们需要一个颠覆性的、东北本位的重新认识，需要一个全景式的文化复兴。东北原住民从东胡、鲜卑、契丹、女真、蒙古、满洲到现代，在历史上长期作为强势力量影响亚洲乃至世界，对中国的疆域确定、文化输出乃至世界民族格局形成产生过巨大影响，这是东北人民对中国历史的重大贡献。1984年，辽宁凌源、建平两县交界处的牛河梁红山文化遗址发现了距今大约5500年前的大型祭坛、女神庙、积石冢和“金字塔”式建筑，把中华文明史提前了1000多年，被称为“东方文明的新曙光”。牛河梁红山文化遗址是可与埃及金字塔、印度摩亨佐·达罗古文明相比的世界性发现。东北留不住人才，除了待遇、发展空间等原因外，还有文化心理的原因——不够认同东北文化。

2. 增强经济的自信。东北诞生了中国最早的可以称作现代化大工业的工业文明。1881 年开办的吉林机器局，1928 年开办的全国规模最大兵工厂——东三省兵工厂，1936 年开办的沈阳冶炼厂，抚顺的现代化煤矿，哈尔滨到大连的“亚细亚”号特快列车都是领先全国的。1949 年，吉林省的吉林市国内生产总值为 3.4 亿元，而同期的成都为 3.9 亿元，天津为 4.07 亿元，武汉为 3.28 亿元。1958 年到 1985 年，东北共支援全国各地钢材 5 亿多吨，1968 年到 1979 年支援煤炭 368.8 万吨，动力机械 98.1 万吨，各类人才近 173 万人。可以说，没有东北，就没有我国独立、完整的工业体系，就没有共和国的起飞。新中国成立以后，东北地区特别是号称“大工厂”的辽宁，为新中国工业体系的建设作出了巨大贡献。

3. 增强气候的自信。气候问题，从来没有最好，只有适应不适应。一百多万年前，黑龙江北岸比云南元谋更早有人类居住。明清之际大量人口迁往东北；张作霖和伪满洲国时期，每年几十万甚至几百万人口涌向东北，那时候气温同样低于 -40℃。加拿大和北欧同样是寒冷地带，但很多中国南方人移民过去。对于冷，除了有绝对值，还有风速、湿度和采暖设施情况等因素。人类容易克服严寒，却难以克服长期的酷热。除了海洋性气候外，地球上不存在四季如春的天堂，冬天不冷的地方，夏天必定超长酷热。在和东北同一个纬度上，密布着欧美、日本这些地球上最富裕文明的国家和地区，在很多中国人眼里，东北是苦寒之地，而纬度更高的伦敦是凉爽。可见，气候从来都不是根本原因，夸大东北冬季的寒冷，却不谈其他地区夏季的酷热，本质上源于心理因素、文化因素。

4. 增强适应市场经济的自信。市场经济是一种最富效率的经济制度。东北吏治的腐败、政府的低效、人情的泛滥、法制的松弛，其实，是市场经济不发达的结果而非其原因。恰恰是东南沿海对私营经济和乡镇企业崛起的鼓励，为吏治建设和社会观念、体制创新等方面的革新提供了经济基础，这绝不是谁天生会经商的肤浅结论能解释的。东北与东南沿海很早就不是一种经济社会，东北如今这个样子，归根结底，是东北的思想和思维出了问题。这需要科学精神，要不信情感，信契约精神，不信感觉，信数学精算。历史上的“闯关东”，就蕴藏着极强的创业基因，是特殊年代企业家精神张扬的时代。因此，东北不乏市场经济的文化基因。东北现状，犹如多个病症缠身的病人，治这病伤那病，无从理清头绪，要么“烂”到底，然后从头再来，全面出新。要么下狠心，全开放，全换血，让市场选择。

三、关键之三，是打造东北亚“安全与开发论坛”

沟通、协商是深度合作的前提与基础，促进东北亚合作的“课前作业”就是打造稳定的合作协商平台。当前的国际政治经济实践中，论坛、会议是较为稳健的合作渠道打造模式。

目前，有关东北亚合作发展论坛较多，较有影响力的主要有俄罗斯主导的“东方经济论坛”和最初由联合国开发计划署（UNDP）推动的“东北亚经济论坛”等。“东方经济论坛”是普京签署总统令举办的，从2015年开始，该论坛每年都在俄罗斯的远东城市符拉迪沃斯托克（海参崴）举行。中国国家主席习近平出席2018年第四届东方经济论坛。东北亚经济论坛，第一次会议于1991年8月在长春召开，第二次东北亚经济论坛于1992年4月在朝鲜平壤召开，以后每年召开一次，目前主要由中国民间主导推动。既有论坛议题庞杂、内容分散、碎片化严重，限制了论坛影响力的发挥。

从推进东北亚合作特别是图们江次区域合作来看，目前缺少一个面对现实冲突的安全论坛，建议打造东北亚“安全与开发论坛”替代议题单一的朝核“六方会谈”，将提升地区安全与推动次区域经济合作结合，并通过提升论坛影响力来形成有效的合作推力。从论坛发展模式看，第一种方案，可“借台唱戏”，通过积极参与俄方“东方经济论坛”，增强东北亚区域经济合作；第二种方案，可“另起炉灶”构建由中国主导的高峰论坛。考虑到目前良好的中俄关系，建议选择前一方案。

建议继续高规格举办中国—东北亚投资贸易博览会等平台，把这类平台办成东北亚各国进行外交活动的舞台，开展经贸活动的重要平台，展现形象的重要窗口，不断提高展会水平，进一步推进东北地区与图们江区域国家的合作。

此外，建议高规格举办图们江开发30周年纪念活动，以纪念1991年10月24日联合国开发计划署（UNDP）向世界宣布多国共同开发图们江三角洲这一宏大设想，届时可邀请相关国家元首和联合国有关部门以及国际组织参加。以纪念活动为契机提升舆论对图们江次区域合作的重视，借此构建长期稳定的合作渠道与合作平台。

四、关键之四，是提升地方政府自主权

要改变东北地区当前经济相对落后、人才持续外流、营商环境不佳的现

状，必须采取非同寻常的经济发展措施和社会治理手段，需要实施“特区”政策，给予地方政府更大的自主权，特别是在人才、税收、金融、科技创新以及对外合作等方面能够给予最大的政策自由度。

当然，需要特别注意的，应正确处理政府和市场的关系，要处理好“两只手”的关系。提升地方政府自主权的目的，是为了放开政府的手脚，让政府在经济发展上有更大的施展空间，让市场更好地发挥作用，而不是过度放大政府权力，限制市场经济机制作用的发挥，这对于改善当前东北“重官轻商”的营商环境尤为重要。

五、关键之五，是把黑河等沿边口岸纳入次区域合作发展范围

黑河市是黑龙江省地级市，城区人口 20 万。俄罗斯布拉戈维申斯克市是阿穆尔州首府，远东第三大城市，城区人口 23 万。黑河市与阿穆尔州有 350 多公里的边境线，黑河市与布拉戈维申斯克市一江之隔，是中俄边境线上距离最近、规格最高、功能最全、体量最大的对应城市。将黑河纳入次区域合作范畴，设立黑河—布市跨境经济合作区，有利于拓展“一带一路”互联互通空间。黑河是“一带一路”中蒙俄经济走廊重要支点，在此设立黑河—布市跨境经济合作区，能够对俄罗斯远东东部的要素流动、资源配置和市场融合发挥积极的牵引作用，促进“一带一路”在亚欧大陆实现东西贯通，发展形成“冰上丝绸之路”东部出口，为“一带一路”未来发展营造更广空间。

目前，设立黑河—布市跨境经济合作区条件日趋成熟。一是地缘优势独特。黑河市与布拉戈维申斯克市是中俄边境地区的政治、经济、文化中心，在区位交通、能源资源、公共服务、经济基础、人口规模等方面拥有其他中俄城市不可比拟的优势，是建设中俄跨境经济合作区最理想、最可行的选址。二是合作基础深厚。黑龙江省与阿穆尔州、黑河市与布拉戈维申斯克市的政府及部门之间建立了密切工作联系，双边在资源、能源、文化、教育、科技、旅游、农业等产业合作方面的基础良好，潜力巨大。三是通道提档升级。黑龙江公路大桥已于 2019 年竣工通车；跨江空中索道正在开工建设；国际空港得到国家口岸办支持；建成 3 条跨江输变电线路，具备年输送 80 亿—100 亿度能力；中俄东线天然气管道在黑河已完成管道连接。四是载体基本具备。黑河市有运作多年的边境经济合作区和互市贸易区，设区经验比较丰富。俄罗斯远东目前共有 18 个超前发展区，其中阿穆尔州 3 个，同时，布拉戈维申斯克市将在黑龙江大桥桥头区设立工业产品加工特区，并制定了优惠引资政

策。五是双边达成共识。黑河市与布拉戈维申斯克市建立了跨境区工作推进机制和双边定期会晤及相互通报工作机制，与俄远东发展部、阿穆尔州及布拉戈维申斯克市举行多轮专项会谈，俄方表现积极合作愿望，双边在争取中央支持、对等合作建设、赋予特殊政策等多方面达成基本共识。

六、关键之六，是强化产业合作，各展所长，实现优势互补

产业兴旺是地区繁荣的根本。目前东北地区与俄罗斯的通道建设已具备较好的基础条件，为了防止“酒肉穿肠过”，必须加强产业合作，推进产业发展。除了加强制造业、信息产业等方面密切合作外，特别应结合各自基础优势，在能源、海洋、旅游等产业上加强合作。

一是在能源合作发展上，建议：（1）建立东北亚能源管理组织，统一协调推动区域各国间的能源合作，促进地区能源安全；（2）建立东北亚能源互联网，促进俄罗斯、蒙古等国清洁能源大规模开发、大范围配置，为中国、日本、韩国、朝鲜等国提供清洁电力供应，实现能源资源丰富的国家与能源市场空间巨大的国家之间的优势互补，目前可优先推动中俄、中蒙、中韩互联；（3）创新能源与资源合作模式，促进东北地区由依赖境内能源发展经济向利用境外资源发展经济转型，形成利用在境外加工区进行采掘、炼化等初加工，在境内发展能源转化和深加工产业，促进产业链向下游延伸。

二是在海洋产业合作上，在妥善解决海洋权益纠纷的基础上，积极推动海洋装备制造、海洋产品加工、海洋能源利用、海洋药物开发、海洋环保等领域加强合作。在开展企业投资、技术进行海洋产业合作的同时，还可推动跨国校企进行海洋产业技术的联合研究开发。

三是在旅游产业合作上，对于经济体制不同的东北亚各国而言，旅游产业属于非敏感领域，而且具有较强的经济带动力，因而可作为重点合作领域。建议：（1）设立跨境旅游合作机制，协调推动相关事宜；（2）设计跨境旅游线路，鼓励互为客源市场开展跨境旅游，提升特色旅游如草原、冰雪、邮轮、海洋旅游品质，开拓“旅游＋”，推动旅游向交通、体育、文化、教育、医疗等领域拓展；（3）充分利用俄将符拉迪沃斯托克市作为自由港对外国人免于签证的便利条件，积极推动日本游客经由该市，到黑龙江省等地观光旅游；（4）在推动建设吉林防川国际旅游区的基础上，联合俄哈桑、朝豆满江两地，打造东北亚金三角国际旅游合作区，使更多的人体验“鸡鸣闻三国，犬吠惊三疆，花开香四邻，笑语传三邦”之境。

四是在农业合作上，“走出去”与“请进来”相结合。国内食品、农产品存在着耕地不足、环境污染、农药残留普遍等问题，国内民众对海外无添加、纯天然食品的购买需求持续高涨，这是未来值得深入拓展的合作内容。东北亚国家高纬度地区的高糖、高热量饮食结构也不断面临新的挑战，各国民众的减肥塑身需求近年来呈现出爆发式增长态势，可重点推进养生模式的合作。一方面，加大与俄等周边国家和地区的农业开发与合作的力度，发展面向中国和其他亚太国家的生态农业生产，特别是粮食、饲料和肉类生产，以及淡水和海水养殖业等；另一方面，吸引具有资金、技术优势的日韩企业参加东北地区农业开发，利用东北地区丰富的农业生产资源，打造农业科技创新转化、新兴产业孵化、高新企业集聚的平台。建议对标欧洲、美国、日韩同纬度地区推进农业新产业的发展。以法国普罗旺斯为例，普罗旺斯的纬度与长春相当，在该纬度上种植薰衣草有着天然优势。以往东北亚只关注周边国家，却忽视了向跨地域同纬度、同经度国家发展经验的学习，建议未来应增强相关特色产业的研究。

五是抓住冬运会和冬奥会机遇，大力发展冰雪产业及相关产业。2020 年全国冬运会、2022 年冬奥会将分别在内蒙古呼伦贝尔市、北京市和河北张家口市举办，必将带动我国冰雪产业和冰雪旅游产业的发展，对于具有冰雪产业优势的东北地区而言，也是一次难得的发展机遇。在冰雪产业合作发展上，冰雪资源丰富是东北亚地区共有特征，各国和地区发展冰雪产业既有竞争，但也需要合作，形成合力才能更好地发挥各自优势。一方面要优化布局，突出差异和特色，形成良性竞争；另一方面注重联合，可在冰雪装备制造、冰雪旅游、冰雪体育与活动策划上相互衔接，强强联合，互通有无，形成共赢态势。

七、关键之七，是筹划黄渤海大湾区，推动东北亚次区域向枢纽经济转变

黄渤海湾区港阔水深，地理位置优越，交通体系发达，基础设施完备，毗邻辽宁、山东、天津沿海经济带和产业园区，拥有世界级的城市群，是战略性资源、战略性产业和战略性通道的集聚区，面向东北亚全方位合作的门户。筹划推进黄渤海大湾区建设，形成区域合作的扩散效应和溢出效应，带动、引领和辐射环黄渤海经济圈，有利于最终形成东北亚全面高质量的区域合作。

在筹划推进黄渤海大湾区建设中，可考虑构建中朝海州湾经济合作区。江苏连云港市与朝鲜海州市隔黄海相望，相距约360海里，所在湾区均名为“海州湾”，自然资源条件相近，产业具有互补性，两地跨海成立“海州湾经济合作区”有着天然优势。设立中朝海州湾经济合作区，是中国长三角较发达地区与东北亚地区构建新的经济纽带，将有助于强化“一带一路”在东北亚地区的推进落实，有助于加速朝鲜海州市和中国连云港市的经济发展，并进而推动东北亚与我国内地等相关地区在经济、科技、文化等领域的共同发展。

中朝海州湾经济合作区，以两国海州湾地区为主要合作区域：中方区域主要包括连云港地区，核心区域为连云港经济技术开发区、高新区、徐圩新区、综合保税区、上合组织（连云港）物流园区、中哈（连云港）物流基地等地，面积约3000平方千米（约占连云港市域面积一半）；朝方区域主要包括黄海南道首府海州市及其周边地区，面积约4000平方千米（约占黄海南道域面积一半）。

第五节　需要把握好五个方面国际国内关系

推进东北亚次区域合作，需要把握好错综复杂的地缘战略、经济竞争与合作、陆海联动以及东北振兴与“一带一路”结合创新等诸多关系，应从更高的视角、更宽的视野来审视推动次区域合作问题。

一、必须把握好“向北开放”与“南北互动”的关系，突出合力推动

东北亚次区域合作成效有待提升的重要原因之一是，缺乏强有力的经济引擎。

一方面，需要加大“向北开放”力度，向韩日等国家借力。韩国、日本在技术、资本上具有突出优势，能够为东北亚次区域合作发展提供强大动力，应设法引进日韩资金技术。在金融上，可以考虑借鉴民国初期发行“奉票”的做法发行“新奉票”，以推动东北地区金融证券业的发展。

另一方面，也需要对内开放，加强“南北互动”，向鲁苏沪浙等地借力。山东、江苏、上海、浙江等沿海发达地区与东北亚有着相对地缘优势，历史

上与东北亚周边国家有着深厚的渊源，现实上有着较为密切的经济文化交流合作基础，因而可以成为东北亚次区域合作发展的强力引擎。这些地区不仅能够给东北亚地区带来充足的资金、技术以及动能转换所输出的产业，而且能够带来新的经营管理体制机制，推动当地在体制机制上的改革创新。当前国内产业结构不断向内陆城市转移，应积极抓住国内产业结构梯度转移的历史机遇，深化东北亚板块与其他板块的补充功能与链接效应。

建议协调推动国内发达地区与东北三省以及东北亚相关国家进行经济合作，可借鉴江苏“南北挂钩”“五方挂钩”等推动区域平衡发展的做法，加强国内发达地区与东北三省密切协作，形成板块联动效应，带动东北地区的发展；借鉴中韩（盐城、新万金）产业园等方式相互设置产业园区，推动鲁苏沪浙等国内发达地区与东北亚相关国家进行产业合作，以实现优势互补，合作共赢。

二、必须把握次区域相关地区经济合作发展的竞合关系，突出求同存异

毋庸置疑，东北亚次区域相关国家在经济发展中必然存在着竞争，即使同属一个国家的不同地区，如黑龙江和吉林两省在发展旅游时同样存在着一定的竞争关系。然而，未来应向正和博弈、共赢发展、增量发展的大趋势上演进，况且不同地区差异性和互补性的客观存在，因此合作发展是必然趋势。东北亚次区域竞合模式的根源在于蛋糕不够分，解决该问题的核心是先做大蛋糕。

处理好次区域经济合作中的竞合关系，应以“共谋发展”为核心。一是要树立合作共赢的理念。次区域合作，目的是通过抱团发展推动各方共同发展，各方不能仅看局部利益、短期利益，而应看整体利益、长期利益。二是要突出差异性、互补性合作。推进次区域合作，应着重寻求各方的差异性，发挥各自的优势，弥补各自的不足，以互补推动多方共赢。比如，在图们江区域，我国东北地区陆地资源优势与俄朝的港口资源优势、与日韩的资金技术相结合，必然会产生非常明显的产业聚合叠加效应。三是要尊重市场竞争规律，不搞贸易保护主义。次区域各方应鼓励遵循市场规律的良性竞争，不搞单边主义和贸易保护主义，以适应区域合作发展的大势。从产业政策角度看，出于对国际规则的尊重和提高政策手段实际成效的考虑，中国需要更好发挥竞争机制对市场主体的激励作用，而不是简单利用政府补贴予以支持，

避免给别国采取贸易保护措施或反补贴、反倾销措施留下话柄。

三、必须把握海洋战略下的陆海联动发展的关系，突出联合协调

推动东北亚次区域发展，特别是图们江区域的联合开发，为黑龙江、吉林等地打开了出海通道，也为该区域实施海洋战略下的陆海联动发展提供了新机遇。

推进海洋战略下的陆海联动发展，就是将陆域优势与海洋优势相结合。一是要加强俄罗斯和朝鲜港口的综合开发利用，加强陆海基础设施的联动发展，推动铁路、公路与港口的跨国对接，尤其是数字化网络的互联。二是要加强陆海资源要素及产业联动发展。陆域经济相互依赖、相互带动，次区域相关各国应充分结合两者优势，以形成“乘数效应”。海洋开发方式应由传统的单项开发向现代的综合开发转变，三是要加强海洋环境保护的联动。推动海洋环境保护是海洋经济可持续发展的需要，也是次区域合作实施陆海经济联动发展的需要。

四、必须把握好“东北振兴”与“一带一路”结合创新的关系，突出渐进开放

东北亚次区域合作，与“东北振兴”“一带一路”相互交织、相互促进。“一带一路”为实施东北振兴提供了宝贵的战略契机和难得的开放发展平台，东北亚次区域合作特别是图们江区域合作，为东北振兴发展增添了新的动力引擎。

从对外开放的角度看，推进东北振兴，应着力在三个圈层进行合作发展。一是要立足国内特别是东北地区自身的协同发展。从国内角度而言，东北地区是一个整体，应形成“一盘棋”思维，通过错位发展、协调发展、有机融合，形成东北地区开发开放的强大合力。在此基础上，推动东北地区与国内京津冀、环渤海地区、长江经济带以及港珠澳大湾区等发展地区的经济合作。二是要密切与东北亚区域的开放合作发展。通过实施图们江次区域合作开发等模式，积极与俄蒙朝韩日等周边国家开展地缘经济合作，是东北地区实施开放合作发展的最佳途径之一。三是依托“一带一路”形成更大开放格局。通过中蒙俄经济走廊、亚欧大陆桥以及与北美地区连接的大通道，加强与俄罗斯、欧洲以及北美等地区的联系，在“一带一路”全产业链条中发挥东北

地区的独特作用，并共享全球资源。

五、必须把握好中朝关系，依托借港出海，强化中国在日本海的地位

显然，东北亚是兵家必争的战略枢纽地，是美俄中三大国聚集的地缘竞技场，也是中国兴衰的命运攸关区。

军事上，俄罗斯在远东拥有1万多公里的海岸线，并拥有众多岛屿和不冻港，俄罗斯太平洋舰队总部即在符拉迪沃斯托克。日本和韩国都是美国的军事盟国，是美国介入东北亚事务的前沿和支点。目前美国在日本驻军约3.5万人，拥有军事基地或设施80多个，在韩国驻军约3万人，军事基地或设施约30个。我国在这一区域缺乏海上军事力量，处于相对弱势，缺乏安全屏障。

经济上，日本主要是日企改变了其在满洲国时的投资传统，将投资重点放在长三角和珠三角，从而吸引东北人南下淘金，客观上造成了东北人口持续流失，经济发展动力不足的问题，这是一个危险的类似18世纪满清封关造成东北发展相对落后的效应。

这两方面的情况，显示我国在这一区域既不安全，又不发展的弱势地位，亟待改变。在军事上，当前，我国已拥有第二艘航母，未来还将拥有第三艘或更多航母，建议强化中朝关系，以民用为目的长期租用朝濒临日本海（朝鲜海）的罗先港等港口，借港出海，开辟中国到罗先港的航线，强化中国在日本海的地位。在经济上，一方面，要“以我为主”强化江苏、广东等发达地区与东北地区的经济合作，带动次区域合作；另一方面，积极引导鼓励日韩改变在长三角、珠三角重点投资倾向，使其“舍远求近”逐渐加大在东北地区的投资力度。

作者：申斯春　南京大学长江产业经济研究院特聘研究员
蔡怀平、苏瑞娜　南京大学长江产业经济研究院特约研究员